866

LA LOGIQUE
DE PORT-ROYAL

—

ÉDITION NOUVELLE

AVEC

INTRODUCTION, EXTRAITS ET ÉCLAIRCISSEMENTS

PAR

Alfred FOUILLÉE

MAÎTRE DE CONFÉRENCES A L'ÉCOLE NORMALE SUPÉRIEURE

PARIS
LIBRAIRIE CLASSIQUE D'EUGÈNE BELIN
RUE DE VAUGIRARD, N° 52

—

1878

Tout exemplaire de cet ouvrage non revêtu de ma griffe sera réputé contrefait.

ANALYSE DE LA LOGIQUE DE PORT-ROYAL

L'*Art de penser*, plus connu sous le nom de *Logique de Port-Royal*, a pour auteurs Arnauld et Nicole. D'après Racine fils, Arnauld a travaillé aux trois premières parties; la quatrième tout entière est de lui; Nicole a fait les deux discours préliminaires, outre le chapitre bien connu sur les sophismes.

L'ouvrage, remarquable surtout par le bon sens et par la clarté de la forme, n'offre pas une grande originalité pour le fond. Les règles du raisonnement sont empruntées à Aristote; les règles de la méthode à Descartes[1] et à Pascal[2]. « On est obligé, dit Arnauld, de reconnaître que ces réflexions, qu'on appelle nouvelles parce qu'elles ne se trouvent pas dans les Logiques communes, ne sont pas toutes de celui qui a travaillé à cet ouvrage et qu'il en a emprunté quelques-unes des livres d'un célèbre philosophe de ce siècle, qui a autant de netteté d'esprit qu'on trouve de confusion dans les autres[3]. » Les auteurs se sont très-souvent bornés à vulgariser les idées de Descartes[4]. Ils ne perdent aucune occasion d'opposer les doctrines de Descartes à celles d'Aristote que, du reste, ils ne comprennent guère et dont la profondeur métaphysique leur échappe. L'excuse de cette polémique est dans la nécessité où l'on était encore à cette époque de réagir contre la domination d'Aristote et de ses sectateurs : « Le monde, dit Arnauld, ne peut durer plus longtemps dans cette contrainte, et se remet insensiblement en possession de la liberté naturelle et raisonnable, qui consiste à approuver ce qu'on juge vrai et à rejeter ce qu'on juge faux. »

Dans l'avis de la première édition, qui parut en 1662, Arnauld raconte à quelle occasion le livre fut composé. « La naissance de ce petit ouvrage, dit-il, est due entièrement au hasard. Une personne de condition causait de la Logique avec un jeune seigneur d'une intelligence déjà très-développée, Charles Honoré d'Albert, duc de Chevreuse, fils du duc de Luynes qui traduisit en français les *Méditations* de Descartes. Arnauld, présent à la conversation, dit en riant « que, si Monseigneur de Chevreuse voulait en prendre la peine, on s'engagerait

---

1. Clerselier avait communiqué à Arnauld le manuscrit de Descartes intitulé *Regulæ ad directionem ingenii*, œuvre de la plus haute valeur, très-supérieure à l'*Art de penser* et dont Arnauld n'a vraiment pas su tirer tout le parti possible.

2. Arnauld, dit Nicole, avait entre les mains les manuscrits des opuscules de Pascal sur l'*Art de penser* et l'*Esprit géométrique*.

3. Il y a beaucoup d'emprunts à la *Logique* de Clauberg, disciple de Descartes, qu'Arnauld cite avec éloge. Les auteurs connaissaient aussi les livres de Bacon, dont on regrette qu'ils ne se soient pas inspirés davantage, principalement pour la théorie de l'induction, si insuffisante dans la *Logique de Port-Royal*.

4. C'est surtout par l'*Art de penser* que le cartésianisme pénétra dans l'enseignement. A partir de la fin du dix-septième siècle, nous voyons la plupart des professeurs de l'Université de Paris et particulièrement le célèbre Pourchot, suivre fidèlement le cartésianisme, et le reproduire presque tout entier dans la partie logique de leurs *Cursus philosophici* ou *Institutiones philosophicæ*.

bien à lui apprendre en quatre ou cinq jours tout ce qu'il y avait d'utile dans la Logique. » Arnauld fit alors un abrégé de la Logique, qui, développé ensuite, devint la Logique de Port-Royal.

L'ouvrage, dont nous donnons ici le résumé en conservant les expressions mêmes de l'original, est précédé de deux discours préliminaires, l'un où l'on fait voir le dessein de la nouvelle Logique, l'autre où l'on répond aux principales objections dirigées contre cette Logique. Une note de Racine attribue ces deux discours à Nicole.

PREMIER DISCOURS. — Où l'on fait voir le dessein de cette nouvelle logique.

« Il n'y a rien de plus estimable que le bon sens et la justesse de l'esprit dans le discernement du vrai et du faux. Toutes les autres qualités d'esprit ont des usages bornés ; mais l'exactitude de la raison est généralement utile dans toutes les parties et dans tous les emplois de la vie. Ce n'est pas seulement dans les sciences qu'il est difficile de distinguer la vérité de l'erreur, mais aussi dans la plupart des sujets dont les hommes parlent et des affaires qu'ils traitent.

» Ainsi, la principale application qu'on devrait avoir serait de former son jugement et de le rendre aussi exact qu'il peut l'être ; et c'est à quoi devrait tendre la plus grande partie de nos études. On se sert de la raison comme d'un instrument pour acquérir les sciences, et l'on devrait se servir, au contraire, des sciences comme d'un instrument pour perfectionner sa raison, la justesse de l'esprit étant infiniment plus considérable que toutes les connaissances spéculatives auxquelles on peut arriver par le moyen des sciences.

» Mais parce que l'esprit se laisse quelquefois abuser par de fausses lueurs, lorsqu'il n'y apporte pas l'attention nécessaire, et qu'il y a bien des choses que l'on ne connaît que par un long et difficile examen, il serait utile d'avoir des règles pour s'y conduire de telle sorte, que la recherche de la vérité en fût plus facile et plus sûre.

» Les philosophes ordinaires ne se sont guère appliqués qu'à donner des règles des bons et des mauvais raisonnements. Or, quoique l'on ne puisse pas dire que ces règles soient inutiles, puisqu'elles servent quelquefois à découvrir le défaut de certains arguments embarrassés, et à disposer ses pensées d'une manière plus convaincante, néanmoins on ne doit pas aussi croire que cette utilité s'étende bien loin, la plupart des erreurs des hommes ne consistant pas à se laisser tromper par de mauvaises conséquences, mais à se laisser aller à de faux jugements dont on tire de mauvaises conséquences. C'est à quoi ceux qui jusqu'ici ont traité de la logique ont peu cherché de remèdes, et ce qui fait le principal sujet des nouvelles réflexions qu'on trouvera dans ce livre.

SECOND DISCOURS. — Contenant la réponse aux principales objections qu'on a faites contre cette logique.

« Tous ceux qui font part au public de quelques ouvrages doivent en même temps se résoudre à avoir autant de juges que de lecteurs, et cette condition ne doit leur paraître ni injuste ni onéreuse ; car, s'ils sont vraiment désintéressés, ils doivent en avoir abandonné la propriété en les rendant publics, et les regarder ensuite avec la même indifférence qu'ils feraient des ouvrages étrangers.

» Il serait à désirer qu'on ne considérât les premières éditions des livres que comme des essais informes que ceux qui en sont auteurs proposent aux personnes de lettres pour en apprendre leurs sentiments, et qu'ensuite, sur les différentes vues que leur donneraient ces différentes pensées, ils y travaillassent tout de nouveau pour mettre leurs ouvrages dans la perfection où ils sont capables de les porter.

» C'est la conduite qu'on aurait bien désiré de suivre dans la seconde édition de cette Logique.

» S'il se trouvait des personnes qui prétendissent qu'il n'est permis en aucune sorte de témoigner, comme nous l'avons fait, qu'on n'est pas du sentiment d'Aristote, il serait aisé de leur faire voir que cette délicatesse n'est pas raisonnable.

» Car si l'on doit de la déférence à quelques philosophes, ce ne peut être que par deux raisons : ou dans la vue de la vérité qu'ils auraient suivie, ou dans la vue de l'opinion des hommes qui les approuvent.

» Dans la vue de la vérité, on leur doit du respect lorsqu'ils ont raison ; mais la vérité ne peut obliger de respecter la fausseté en qui que ce soit.

» Pour ce qui regarde le consentement des hommes dans l'approbation d'un philosophe, il est certain qu'il mérite aussi quelque respect.

» Mais lorsque le monde est partagé touchant les opinions d'un auteur, et qu'il y a des personnes considérables de côté et d'autre, on n'est plus obligé à cette réserve, et l'on peut librement déclarer ce qu'on approuve ou ce qu'on n'approuve pas.

» C'est proprement l'état où se trouve maintenant la philosophie d'Aristote. L'on écrit tous les jours librement en France, en Flandre, en Angleterre, en Allemagne, en Hollande, pour et contre la philosophie d'Aristote : les conférences de Paris sont partagées aussi bien que les livres, et personne ne s'offense qu'on s'y déclare contre lui. Les plus célèbres professeurs ne s'obligent plus à cette servitude de recevoir aveuglément tout ce qu'ils trouvent dans ses livres, et il y a même de ses opinions qui sont généralement bannies ; car qui est le médecin qui voulût soutenir maintenant que les nerfs viennent du cœur, comme Aristote l'a cru, puisque l'anatomie fait voir clairement qu'ils tirent leur origine du cerveau ?

LA LOGIQUE, OU L'ART DE PENSER.

» La logique est l'art de bien conduire sa raison dans la connaissance des choses, tant pour s'instruire soi-même que pour en instruire les autres.

» Cet art consiste dans les réflexions que les hommes ont faites sur les quatre principales opérations de leur esprit, *concevoir*, *juger*, *raisonner* et *ordonner*.

» On appelle *concevoir* la simple vue que nous avons des choses qui se présentent à notre esprit, comme nous nous représentons un soleil, une terre, un arbre, un rond, un carré, la pensée, l'être, sans en former aucun jugement exprès ; et la forme par laquelle nous nous représentons ces choses s'appelle *idée*.

» On appelle *juger* l'action de notre esprit par laquelle, joignant ensemble diverses idées, il affirme de l'une qu'elle est l'autre, ou nie de l'une qu'elle soit l'autre, comme lorsqu'ayant l'idée de la terre et l'idée du rond, j'affirme de la terre qu'elle est ronde, ou je nie qu'elle soit ronde.

» On appelle *raisonner* l'action de notre esprit par laquelle il forme un jugement de plusieurs autres; comme lorsque ayant jugé que la véritable vertu doit être rapportée à Dieu, et que la vertu des païens ne lui était pas rapportée, il en conclut que la vertu des païens n'était pas une véritable vertu.

» On appelle ici *ordonner* l'action de l'esprit par laquelle, ayant sur un même sujet, comme sur le corps humain, diverses idées, divers jugements et divers raisonnements, il les dispose en la manière la plus propre pour faire connaître ce sujet. C'est ce qu'on appelle encore *méthode*.

» De tout ce que nous venons de dire, il s'ensuit que la logique peut être divisée en quatre parties, selon les diverses réflexions que l'on fait sur ces quatre opérations de l'esprit.

PREMIÈRE PARTIE. — CONTENANT LES RÉFLEXIONS SUR LES IDÉES, OU SUR LA PREMIÈRE ACTION DE L'ESPRIT QUI S'APPELLE CONCEVOIR.

» On peut réduire les réflexions suivantes à cinq chefs, selon les cinq manières dont nous considérons les idées :

» La première, selon leur nature et leur origine;

» La deuxième, selon la principale différence des objets qu'elles représentent;

» La troisième, selon leur simplicité ou composition, où nous traiterons de l'abstraction;

» La quatrième, selon leur étendue ou restriction, c'est-à-dire leur universalité, particularité, singularité;

» La cinquième, selon leur clarté et obscurité, ou distinction et confusion.

CHAPITRE Ier. — **Des idées selon leur nature et leur origine.**

» Le mot d'*idée* est du nombre de ceux qui sont si clairs qu'on ne peut les expliquer par d'autres, parce qu'il n'y en a point de plus clairs et de plus simples.

» Mais tout ce qu'on peut faire pour empêcher qu'on ne s'y trompe, est de marquer la fausse intelligence qu'on pourrait donner à ce mot.

» La plupart croient ne pouvoir concevoir une chose quand ils ne se la peuvent imaginer, c'est-à-dire se la représenter sous une image corporelle, comme s'il n'y avait en nous que cette seule manière de penser et de concevoir.

» Lorsque je m'imagine un triangle, je ne le conçois pas seulement comme une figure terminée par trois lignes droites : mais, outre cela, je considère ces trois lignes comme présentes, par la force et l'application intérieure de mon esprit, et c'est proprement ce qui s'appelle *imaginer*. Que si je veux penser à une figure de mille angles, je conçois bien, à la vérité, que c'est une figure composée de mille côtés, aussi facilement que je conçois qu'un triangle est une figure composée de trois côtés seulement; mais je ne puis m'imaginer les mille côtés de cette figure, ni pour ainsi dire les regarder comme présents avec les yeux de mon esprit.

» Que concevons-nous plus clairement que notre pensée lorsque nous pensons? Et cependant il est impossible de s'imaginer une pensée, ni d'en peindre aucune image dans notre cerveau.

» C'est ce qui fait voir la fausseté de deux opinions qui ont été avancées par des philosophes de ce temps (Hobbes et Gassendi).

» La première est que nous n'avons aucune idée de Dieu, car si nous n'en avions aucune idée, en prononçant le nom de Dieu nous n'en concevrions que ces quatre lettres, D, i, e, u, et un Français n'aurait rien davantage dans l'esprit en entendant le nom de Dieu, que si, entrant dans une synagogue et étant entièrement ignorant de la langue hébraïque, il entendait en hébreu Adonaï ou Eloha.

» Si nous n'avions point l'idée de Dieu, sur quoi pourrions-nous fonder tout ce que nous disons de Dieu, comme, qu'il n'y en a qu'un, qu'il est éternel, tout-puissant, tout bon, tout sage, puisqu'il n'y a rien de tout cela enfermé dans ce son *Dieu*?

» La seconde de ces fausses opinions est ce qu'un Anglais a dit: « Que le raisonnement n'est peut-être autre chose qu'un assemblage et enchaînement de noms par ce mot *est*. D'où il s'ensuivrait que, par la raison, nous ne concluons rien du tout touchant la nature des choses, mais seulement touchant leurs appellations (Hobbes).

» Les diverses nations ayant donné divers noms aux choses, et même aux plus claires et aux plus simples, comme à celles qui sont les objets de la géométrie, ils n'auraient pas les mêmes raisonnements touchant les mêmes vérités, si le raisonnement n'était qu'un assemblage de noms par le mot *est*.

» Nous voyons donc assez ce que nous entendons par le mot d'*idée* : il ne reste plus qu'un mot à dire de leur origine.

» Toute la question est de savoir si toutes nos idées viennent de nos sens, et si l'on doit passer pour vraie cette maxime commune : *Nihil est in intellectu quod non prius fuerit in sensu.*

» C'est le sentiment d'un philosophe (Gassendi) qui est estimé dans le monde, et qui commence sa logique par cette proposition : *Omnis idea ortum ducit a sensibus* : « Toute idée tire son origine des sens. »

» Il n'y a rien que nous concevions plus distinctement que notre pensée même, ni de proposition qui puisse nous être plus claire que celle-là : *Je pense, donc je suis.* Or, nous ne pourrions avoir aucune certitude de cette proposition, si nous ne concevions distinctement ce que c'est qu'*être* et ce que c'est que *penser*. Si donc on ne peut nier que nous n'ayons en nous les idées de l'être et de la pensée, je demande par quel sens elles sont entrées : sont-elles lumineuses ou colorées, pour être entrées par la vue? d'un son grave ou aigu, pour être entrées par l'ouïe? d'une bonne ou mauvaise odeur, pour être entrées par l'odorat? de bon ou mauvais goût, pour être entrées par le goût? froides ou chaudes, dures ou molles pour être entrées par l'attouchement?

CHAPITRE II. — **Des idées, considérées selon leurs objets.**

» Tout ce que nous concevons est représenté à notre esprit, ou comme chose, ou comme manière de chose, ou comme chose modifiée.

» C'est ce qui se comprendra mieux par des exemples.

» Quand je considère un corps, l'idée que j'en ai me représente une chose ou une substance, parce que je le considère comme une chose qui subsiste par soi-même, et qui n'a point besoin d'aucun sujet pour exister.

» Mais quand je considère que ce corps est rond, l'idée que j'ai de la rondeur ne me représente qu'une manière d'être, ou un mode que je conçois ne pouvoir subsister naturellement sans le corps dont il est rondeur.

» Et enfin, quand, joignant le mode avec la chose, je considère **un corps rond**, cette idée me représente une chose modifiée.

CHAPITRE III. — Des dix catégories d'Aristote.

» On peut rapporter à cette considération des idées selon leurs objets les dix catégories d'Aristote, puisque ce ne sont que diverses classes auxquelles ce philosophe a voulu réduire tous les objets de nos pensées, en comprenant toutes les substances sous la première, et tous les accidents sous les neuf autres. Voici les quatre plus importantes :
I. LA SUBSTANCE, qui est spirituelle, ou corporelle, etc.
II. LA QUANTITÉ.
III. LA QUALITÉ.
IV. LA RELATION.

CHAPITRE IV. — Des idées des choses et des idées des signes.

» Quand on considère un objet en lui-même et dans son propre être, sans porter la vue de l'esprit à ce qu'il peut représenter, l'idée qu'on en a est une idée de chose, comme l'idée de la terre, du soleil ; mais quand on ne regarde un certain objet que comme en représentant un autre, l'idée qu'on en a est une idée de signe, et ce premier objet s'appelle signe. C'est ainsi qu'on regarde d'ordinaire les cartes et les tableaux. Ainsi le signe enferme deux idées, l'une de la chose qui représente, l'autre de la chose représentée ; et sa nature consiste à exciter la seconde par la première.

CHAPITRE V. — Des idées considérées selon leur composition ou simplicité, et où il est parlé de la manière de connaître par abstraction ou précision.

» Le peu d'étendue de notre esprit fait qu'il ne peut comprendre parfaitement les choses un peu composées, qu'en les considérant par parties, et comme par les diverses faces qu'elles peuvent recevoir. C'est ce qu'on peut appeler généralement connaître par abstraction.

» Mais comme les choses sont différemment composées, et qu'il y en a qui le sont de parties réellement distinctes, qu'on appelle parties intégrantes, comme le corps humain, les diverses parties d'un nombre, il est bien facile alors de concevoir que notre esprit peut s'appliquer à considérer une partie sans considérer l'autre, parce que ces parties sont réellement distinctes.

» La seconde connaissance par partie est quand on considère un mode sans faire attention à la substance.

» La troisième manière de concevoir les choses par abstraction est quand une même chose ayant divers attributs, on pense à l'un sans penser à l'autre.

» Il est visible que, par ces sortes d'abstractions, les idées, de singulières, deviennent communes, et les communes plus communes, et ainsi cela nous donnera lieu de passer à ce que nous avons à dire des idées considérées selon leur universalité ou particularité.

CHAPITRE VI. — Des idées, considérées selon leur généralité, particularité et singularité.

» Les idées qui ne représentent qu'une seule chose s'appellent singulières ou individuelles, et ce qu'elles représentent, *des individus;* et celles qui en représentent plusieurs s'appellent universelles, communes, générales.

» Dans ces idées universelles, il y a deux choses qu'il est très-important de bien distinguer, *la compréhension et l'étendue.*

» J'appelle *compréhension* de l'idée, les attributs qu'elle enferme en soi, et qu'on ne peut lui ôter sans la détruire, comme la compréhension de l'idée du triangle enferme extension, figure, trois lignes, trois angles, et l'égalité de ces trois angles à deux droits, etc.

» J'appelle *étendue* de l'idée, les sujets à qui cette idée convient; ce qu'on appelle aussi les inférieurs d'un terme général, qui, à leur égard, est appelé supérieur, comme l'idée d'un triangle en général s'étend à toutes les espèces diverses de triangle.

CHAPITRE VII. — Des cinq sortes d'idées universelles, genres, espèces, différences, propres, accidents.

Du genre.

» On appelle les idées genres quand elles sont tellement communes, qu'elles s'étendent à d'autres idées qui sont encore universelles, comme le quadrilatère est genre à l'égard du parallélogramme et du trapèze.

De l'espèce.

» Et ces idées communes, qui sont sous une plus commune et plus générale, s'appellent espèces; comme le parallélogramme et le trapèze sont les espèces du quadrilatère, le corps et l'esprit sont les espèces de la substance.

» On appelle les idées *différences,* quand l'objet de ces idées est un attribut essentiel qui distingue une espèce d'une autre, comme étendu, pesant, raisonnable.

» On les appelle *propres,* quand leur objet est un attribut qui appartient en effet à l'essence de la chose, mais qui n'est pas le premier que l'on considère dans cette essence, mais seulement une dépendance de ce premier, comme divisible, immortel, docile.

» Et on les appelle *accidents,* quand leur objet est un vrai mode qui peut être séparé, au moins par l'esprit, de la chose dont il est dit accident, sans que l'idée de cette chose soit détruite dans notre esprit, comme rond, dur, juste, prudent.....

CHAPITRE IX. — De la clarté et distinction des idées, et de leur obscurité et confusion.

» On peut distinguer dans une idée la clarté d'avec la distinction, et l'obscurité d'avec la confusion : car on peut dire qu'une idée nous est claire quand elle nous frappe vivement, quoiqu'elle ne soit point distincte, comme l'idée de la douleur nous frappe très-vivement, et, selon cela, peut être appelée claire; et néanmoins elle est fort confuse en ce qu'elle nous représente la douleur comme dans la main blessée, quoiqu'elle soit dans notre esprit.

» Néanmoins, on peut dire que toute idée est distincte en temps que claire.

» L'idée que chacun a de soi-même comme d'une chose qui pense est très-claire, et de même aussi l'idée de toutes les dépendances de notre pensée, comme juger, raisonner, douter, vouloir, désirer, sentir, imaginer.

» Les idées confuses et obscures sont celles que nous avons des qualités sensibles, comme des couleurs, des sons, des odeurs, des goûts, du froid, du chaud, de la pesanteur, etc., comme aussi de nos appétits, de la faim, de la soif, de la douleur corporelle, et voici ce qui fait que ces idées sont confuses.

» Si les hommes ont bien vu que la douleur n'est pas dans le feu qui brûle la main, peut-être qu'ils se sont encore trompés en croyant qu'elle est dans la main que le feu brûle ; au lieu qu'à le bien prendre, elle n'est que dans l'esprit, quoique à l'occasion de ce qui se passe dans la main, parce que la douleur n'est autre chose qu'un sentiment d'aversion que l'âme conçoit de quelque mouvement contraire à la constitution naturelle de son corps.

» Si quelque obstruction empêche que les filets de nerfs ne puissent communiquer leur mouvement au cerveau, comme il arrive dans la paralysie, il se peut faire qu'un homme voie couper et brûler sa main sans qu'il en sente de la douleur ; et au contraire ce qui semble bien étrange, on peut avoir ce qu'on appelle mal à la main sans avoir de main, comme il arrive très-souvent à ceux qui ont la main coupée.

CHAPITRE X. — Quelques exemples de ces idées confuses et obscures, tirés de la morale.

» La première et la principale pente de la concupiscence est vers le plaisir des sens qui naît de certains objets extérieurs ; et comme l'âme s'aperçoit que ce plaisir qu'elle aime lui vient de ces choses, elle y joint incontinent l'idée de bien, et celle de mal à ce qui l'en prive. Ensuite, voyant que les richesses et la puissance humaine sont les moyens ordinaires de se rendre maître de ces objets de la concupiscence, elle commence à les regarder comme de grands biens, et par conséquent elle juge heureux les riches et les grands qui les possèdent, et malheureux les pauvres qui en sont privés.

» Or, comme il y a une certaine excellence dans le bonheur, elle ne sépare jamais ces deux idées, et elle regarde toujours comme grands tous ceux qu'elle considère comme heureux, et comme petits ceux qu'elle estime pauvres et malheureux ; et c'est la raison du mépris que l'on fait des pauvres, et de l'estime que l'on fait des riches.

Il n'y a rien de plus ordinaire que de voir ces vains fantômes, composés des faux jugements des hommes, donner le branle aux plus grandes entreprises, et servir de principal objet à toute la conduite de la vie des hommes.

» Cette valeur, si estimée dans le monde, qui fait que ceux qui passent pour braves se précipitent sans crainte dans les plus grands dangers, n'est souvent qu'un effet de l'application de leur esprit à ces images vides et creuses qui le remplissent.

» Qu'est-ce que se proposent ces gens qui bâtissent des maisons superbes beaucoup au-dessus de leur condition et de leur fortune ? Ils s'imaginent que tous ceux qui verront leurs palais concevront des mouvements de respect et d'admiration pour celui qui en est le maître.

CHAPITRE XI. — **D'une autre cause qui met de la confusion dans nos pensées et dans nos discours, qui est que nous les attachons à des mots.**

» Il faut remarquer que, quoique les hommes aient souvent de différentes idées des mêmes choses, ils se servent néanmoins des mêmes mots pour les exprimer, comme l'idée qu'un philosophe païen a de la vertu n'est pas la même que celle qu'en a un théologien, et néanmoins chacun exprime son idée par le même mot de vertu.

CHAPITRE XII. — **Du remède à la confusion qui naît dans nos pensées et dans nos discours de la confusion des mots ; où il est parlé de la nécessité et de l'utilité de définir les noms dont on se sert, et de la différence de la définition des choses d'avec la définition des noms.**

» Si je veux prouver que notre âme est immortelle, le mot d'âme étant équivoque, comme nous l'avons montré, fera naître aisément de la confusion dans ce que j'aurai à dire : de sorte que, pour l'éviter, je regarderai le mot d'âme comme si c'était un son qui n'eût point encore de sens, et je l'appliquerai uniquement à ce qui est en nous le principe de la pensée, en disant : *J'appelle âme ce qui est en nous le principe de la pensée.*

» C'est ce qu'on appelle la définition du mot, *definitio nominis*, dont les géomètres se servent si utilement, laquelle il faut bien distinguer de la définition de la chose, *definitio rei*.

» Car dans la définition de la chose, comme peut être celle-ci : *L'homme est un animal raisonnable, le temps est la mesure du mouvement,* on laisse au terme qu'on définit, comme *homme* ou *temps,* son idée ordinaire, dans laquelle on prétend que sont contenues d'autres idées, comme *animal raisonnable* ou *mesure du mouvement ;* au lieu que dans la définition du nom, comme nous avons déjà dit, on ne regarde que le son, et ensuite on détermine ce son à être signe d'une idée que l'on désigne par d'autres mots.

CHAPITRE XIII. — **Observations importantes touchant la définition des mots.**

» Il ne faut pas entreprendre de définir tous les mots, parce que souvent cela serait inutile, et qu'il est même impossible de le faire.

» Tels sont les mots d'*être,* de *pensée,* d'*étendue,* d'*égalité,* de *durée* ou de *temps,* et autres semblables.

» Il ne faut point changer les définitions déjà reçues, quand on n'a point sujet d'y trouver à redire ; comme peut être celle de l'angle et de la proposition dans Euclide.

» Quand on est obligé de définir un mot, on doit, autant que l'on peut, s'accommoder à l'usage, en ne donnant pas aux mots des sens tout à fait éloignés de ceux qu'ils ont.

CHAPITRE XIV. — **D'une autre sorte de définitions de noms, par lesquelles on marque ce qu'ils signifient dans l'usage.**

» Tout ce que nous avons dit des définitions de noms ne doit s'entendre que de celles où l'on définit les mots dont on se sert en particulier ; et c'est ce qui les rend libres et arbitraires, parce qu'il est permis à chacun de se servir de tel son qui lui plaît pour exprimer ses idées, pourvu qu'il en avertisse. Mais comme les hommes ne sont maîtres que de leur langage, et non pas de celui des autres, chacun a le droit de faire un dictionnaire pour soi ; mais on n'a pas le droit d'en faire pour les autres ni d'expliquer leurs paroles par ces significations particulières qu'on aura attachées aux mots. C'est pourquoi, quand on n'a pas dessein de faire connaître simplement en quel sens on prend un mot, mais qu'on prétend expliquer celui auquel il est communément pris, les définitions qu'on en donne ne sont nullement arbitraires.

» Ces sortes de définitions de mots semblent être le partage des grammairiens.

DEUXIÈME PARTIE. — CONTENANT LES RÉFLEXIONS QUE LES HOMMES ONT FAITES SUR LEURS JUGEMENTS.

CHAPITRE Ier. — Des mots par rapport aux propositions.

» Il est de quelque utilité pour la fin de la logique, qui est de *bien penser*, d'entendre les divers usages des sons qui sont destinés à signifier les idées.

» On peut dire en général sur ce sujet, que les mots sont des sons distincts et articulés, dont les hommes ont fait des signes pour marquer ce qui se passe dans leur esprit.

» Les objets de nos pensées étant, comme nous avons déjà dit, ou des choses ou des manières de choses, les mots destinés à signifier, tant les choses que les manières, s'appellent *noms*.

» Ceux qui signifient les choses, s'appellent *noms substantifs*, comme *terre*, *soleil*. Ceux qui signifient les manières, en marquant en même temps le sujet auquel elles conviennent, s'appellent *noms adjectifs*, comme *bon*, *juste*, *rond*.

CHAPITRE II. — Du verbe.

» Les hommes, n'ont pas eu moins besoin d'inventer des mots qui marquassent l'affirmation, qui est la principale manière de notre pensée, que d'en inventer qui marquassent les objets de nos pensées.

» Et c'est proprement en quoi consiste ce que l'on appelle *verbe*, qui n'est rien autre qu'*un mot dont le principal usage est de signifier l'affirmation*.

CHAPITRE III. — Ce que c'est qu'une proposition et des quatre sortes de propositions.

» Après avoir conçu les choses par nos idées, nous comparons ces idées ensemble ; et trouvant que les unes conviennent entre elles et que les autres ne conviennent pas, nous les lions ou délions, ce qui s'appelle *affirmer* ou *nier*, et généralement *juger*. Ce jugement s'énonce par la *proposition*.

» On peut réduire toutes les propositions à quatre sortes, que l'on a marquées par ces quatre voyelles A, E, I, O, pour soulager la mémoire.

A. L'universelle affirmative, comme, *tout vicieux est esclave*.
E. L'universelle négative, comme *nul vicieux n'est heureux*.
I. La particulière affirmative, comme *quelque vicieux est riche*.
O. La particulière négative, comme *quelque vicieux n'est pas riche*.

CHAPITRE XV. — De deux sortes de propositions qui sont de grand usage dans les sciences, la division et la définition, et premièrement de la division.

» Il est nécessaire de dire quelque chose en particulier de deux sortes de propositions qui sont de grand usage dans les sciences, la division et la définition.

» La division est le partage d'un tout en ce qu'il contient.

» Mais comme il y a deux sortes de *tout*, il a aussi deux sortes de divisions. Il y a un tout composé de plusieurs parties réellement distinctes, appelées en latin *totum*, et dont les parties sont appelées *parties intégrantes*. La division de ce tout s'appelle proprement *partition*; comme quand on divise une maison en ses appartements, une ville en ses quartiers, un royaume ou un État en ses provinces, l'homme en corps et en âme, le corps en ses membres. La seule règle de cette division est de faire des dénombrements bien exacts et auxquels il ne manque rien.

» L'autre *tout* est appelé en latin *omne* et ses parties sont les sujets compris dans son étendue. Le mot *d'animal* est un tout de cette nature, dont les inférieurs, comme *homme* et *bête*, qui sont compris dans son étendue, sont les parties. Cette division retient proprement le nom de division, et on en peut remarquer de quatre sortes.

» Les règles de la division sont : 1° qu'elle soit entière, c'est-à-dire que les membres de la division comprennent toute l'étendue du terme que l'on divise, comme *pair* et *impair* comprennent toute l'étendue du terme de *nombre*.

» La deuxième règle, qui est une suite de la première, est que les membres de la division soient opposés, comme *pair, impair*; *raisonnable, privé de raison*.

CHAPITRE XVI. — De la définition qu'on appelle définition de choses.

» Il y en a deux sortes : l'une plus exacte, qui retient le nom de définition; l'autre moins exacte, qu'on appelle description.

» La plus exacte est celle qui explique la nature d'une chose par ses attributs essentiels, dont ceux qui sont communs s'appellent *genre*, et ceux qui sont propres *différence*.

» Ainsi on définit l'homme un animal raisonnable; l'esprit, une substance qui pense : le corps; une substance étendue; Dieu, l'être parfait. Il faut, autant qu'on peut, que ce qu'on met pour genre dans la définition, soit le genre prochain du défini, et non pas seulement le genre éloigné.

» La définition moins exacte qu'on appelle description, est celle qui donne quelque connaissance d'une chose par les accidents qui lui sont propres, et qui la déterminent assez pour en donner quelque idée qui la discerne des autres.

» Il y a trois choses nécessaires à une bonne définition : qu'elle soit universelle, qu'elle soit propre, qu'elle soit claire.

TROISIÈME PARTIE. — DU RAISONNEMENT.

CHAPITRE 1er. — De la nature du raisonnement et des diverses espèces qu'il peut y en avoir.

» La nécessité du raisonnement n'est fondée que sur les bornes étroites de l'esprit humain, qui, ayant à juger de la vérité ou de la fausseté d'une proposition, qu'alors on appelle *question*, ne peut pas toujours le faire par la considération des deux idées qui la composent, dont celle qui en est le sujet est aussi appelée le *petit terme*, parce que le sujet est d'ordinaire moins étendu que l'attribut, et celle qui en est l'attribut est aussi appelée le *grand terme* par une raison contraire. Lors donc que la seule considération de ces deux idées ne suffit pas pour faire juger si l'on doit affirmer ou nier l'une de l'autre, il a besoin de recourir à une troisième idée, et cette troisième idée s'appelle *moyen*.

» Le moyen étant une fois comparé avec l'attribut de la conclusion (ce qui ne peut être qu'en affirmant ou niant), fait la proposition qu'on appelle *majeure*, à cause que cet attribut de la conclusion s'appelle *grand terme*.

» Et, étant une autre fois comparé avec le sujet de la conclusion, il fait celle qu'on appelle *mineure*, à cause que le sujet de la conclusion s'appelle *petit terme*.

» Et puis vient la conclusion, qui est la proposition même qu'on avait à prouver, et qui, avant que d'être prouvée, s'appelait *question*.

CHAPITRE III. — Règles générales des syllogismes.

» RÈGLE I. *Le moyen ne peut être pris deux fois particulièrement; mais il doit être pris au moins une fois universellement.*

» Car, devant unir ou désunir les deux termes de la conclusion, il est clair qu'il ne peut le faire s'il est pris pour deux parties différentes d'un même tout, parce que ce ne sera pas peut-être la même partie qui sera unie ou désunie de ces deux termes.

» RÈGLE II. — *Les termes de la conclusion ne peuvent point être pris plus universellement dans la conclusion que dans les prémisses.*

» RÈGLE III. *On ne peut rien conclure de deux propositions négatives.*

» De ce que les Espagnols ne sont pas Turcs, et de ce que les Turcs ne sont pas chrétiens, il ne s'ensuit pas que les Espagnols ne soient pas chrétiens, aussi que les Chinois le soient, quoiqu'ils ne soient pas plus Turcs que les Espagnols.

» RÈGLE VI. *De deux propositions particulières il ne s'ensuit rien.*

» Car si elles sont toutes deux affirmatives, le moyen y sera pris deux fois particulièrement.

CHAPITRE IV. — Des figures et des modes des syllogismes en général; qu'il ne peut y avoir que quatre figures.

» On peut dire en général qu'il y a autant de sortes de syllogismes qu'il peut y avoir de différentes manières de disposer, en gardant ces règles, les trois propositions d'un syllogisme et les trois termes dont elles sont composées.

» La disposition des trois propositions selon leur quatre différences, A, E, I, O, s'appelle *mode*.

» Et la disposition des trois termes, c'est-à-dire du moyen avec les deux termes de la conclusion s'appelle *figure*.

» Ou le moyen est *sujet en la majeure et attribut en la mineure*, ce qui fait la première *figure*;

» Ou il est *attribut en la majeure et en la mineure*, ce qui fait la deuxième *figure*;

» Ou il est *sujet en l'une et l'autre*, ce qui fait la troisième *figure*;

» Ou il est enfin *attribut dans la majeure et sujet en la mineure*, ce qui peut faire une quatrième *figure*.

CHAPITRE X. — Principe général par lequel, sans aucune réduction aux figures et aux modes, on peut juger de la bonté ou du défaut de tout syllogisme.

» Nous avons vu comme on peut juger si les arguments sont concluants ou vicieux, en les réduisant à la forme des arguments plus communs, pour en juger ensuite par les règles communes ; mais comme il n'y a point d'apparence que notre esprit ait besoin de cette réduction pour faire ce jugement, cela a fait penser qu'il fallait qu'il y eût des règles plus générales, sur lesquelles même les communes fussent appuyées, par où l'on reconnût plus facilement la bonté ou le défaut de toutes sortes de syllogismes : et voici ce qui en est venu dans l'esprit.

» On peut juger de la bonté ou du défaut de tout syllogisme, sans considérer s'il est simple ou composé, complexe ou incomplexe, et sans prendre garde aux figures ni aux modes, par ce seul principe général, que *l'une des deux propositions doit contenir la conclusion, et l'autre faire voir qu'elle la contient :* c'est ce qui se comprendra mieux par des exemples.

EXEMPLE. Je doute si ce raisonnement est bon :
Le devoir d'un chrétien est de ne point louer ceux qui commettent des actions criminelles ;
Or, ceux qui se battent en duel commettent une action criminelle ;
Donc le devoir d'un chrétien est de ne point louer ceux qui se battent en duel.

» Je n'ai que faire de me mettre en peine pour savoir à quelle figure ni à quel mode on peut le réduire ; mais il me suffit de considérer si la conclusion est contenue dans l'une des deux premières propositions, et si l'autre le fait voir.

CHAPITRE XIV. — Des enthymèmes et des sentences enthymématiques.

» L'enthymème est un syllogisme parfait dans l'esprit, mais imparfait dans l'expression, parce qu'on y supprime quelqu'une des propositions comme trop claire et trop connue, et comme étant facilement suppléée par l'esprit de ceux à qui l'on parle. Cette manière d'argument est si commune dans les discours et dans les écrits, qu'il est rare, au contraire, que l'on y exprime toutes les propositions, parce qu'il y en a d'ordinaire une assez claire pour être supposée, et que la nature de l'esprit humain est d'aimer mieux qu'on lui laisse quelque chose à suppléer, que non pas qu'on s'imagine qu'il ait besoin d'être instruit de tout.

» Ainsi cette suppression flatte la vanité de ceux à qui l'on parle, en se remettant de quelque chose à leur intelligence, et en abrégeant le discours, elle le rend plus fort et plus vif. Il est certain, par exemple, que si de ce vers de la Médée d'Ovide, qui contient un enthymème très-élégant :

Servare potui, perdere an possim, rogas?
Je t'ai pu conserver, je te pourrai donc perdre?

on en avait fait un argument en forme en cette manière : *celui qui peut conserver peut perdre ; or, je t'ai pu conserver : donc je te pourrai perdre,* toute la grâce en serait ôtée.

» Les enthymèmes sont donc la manière ordinaire dont les hommes expriment leurs raisonnements, en supprimant la proposition qu'ils jugent devoir être facilement suppléée ; et cette proposition est tantôt la majeure, tantôt la mineure, et quelquefois la conclusion.

» Au lieu que la méthode de l'école est de proposer l'argument entier, et ensuite de prouver la proposition qui reçoit difficulté, celle que l'on suit dans les discours ordinaires est de joindre aux propositions douteuses les preuves qui les établissent, ce qui fait une espèce d'argument composé de plusieurs propositions : car à la majeure on joint les preuves de la majeure, à la mineure les preuves de la mineure, et ensuite on conclut.

» L'on peut réduire ainsi toute l'oraison pour Milon à un argument composé, dont la majeure est qu'il est permis de tuer celui qui nous dresse des embûches.

CHAPITRE XVI. — Des dilemmes.

» On peut définir un dilemme un raisonnement composé, où après avoir divisé un tout en ses parties, on conclut affirmativement ou négativement du tout ce qu'on a conclu de chaque partie.

» Un dilemme peut être vicieux principalement par deux défauts. L'un est, quand la disjonctive sur laquelle il est fondé est défectueuse, ne comprenant pas tous les membres du tout que l'on divise.

» L'autre défaut, est quand les conclusions particulières de chaque partie ne sont pas nécessaires.

CHAPITRE XIX. — Des sophismes.

I. *Prouver autre chose que ce qui est en question.*

» Ce sophisme est appelé par Aristote *ignoratio elenchi*, c'est-à-dire l'ignorance de ce que l'on doit prouver contre son adversaire. C'est un vice très-ordinaire dans les contestations des hommes. On dispute avec chaleur, et souvent on ne s'entend pas l'un l'autre.

II. *Supposer pour vrai ce qui est en question.*

» C'est ce qu'Aristote appelle *pétition de principe*, ce qu'on voit assez être entièrement contraire à la vraie raison ; puisque, dans tout raisonnement, ce qui sert de preuve doit être plus clair et plus connu que ce qu'on veut prouver.

III. *Prendre pour cause ce qui n'est point cause.*

» Ce sophisme s'appelle *non causa pro causâ*.

» Quand nous voyons un effet dont la cause nous est inconnue, nous nous imaginons l'avoir découverte, lorsque nous avons joint à cet effet un mot général de *vertu* et de *faculté*.

» Il y a dans les artères une vertu pulsifique, dans l'aimant une vertu magnétique, dans le séné une vertu purgative et dans le pavot une vertu soporifique.

» C'est encore à cette sorte de sophisme qu'on doit rapporter cette tromperie ordinaire de l'esprit humain, *post hoc, ergo propter hoc*. Cela est arrivé ensuite de telle chose : il faut donc que cette chose en soit la cause. C'est par là que l'on a conclu que c'était une étoile nommée Canicule qui était cause de la chaleur extraordinaire que l'on sent durant les jours que l'on appelle caniculaires.

IV. *Dénombrement imparfait.*

» Il n'y a guère de défaut de raisonnement où les personnes habiles tombent plus facilement qu'en celui de faire des dénombrements imparfaits, et de ne considérer pas assez toutes les manières dont une chose peut être ou peut arriver : ce qui leur fait conclure témérairement, ou qu'elle n'est pas, parce qu'elle n'est pas d'une certaine manière, quoiqu'elle puisse être d'une autre; ou qu'elle est de telle ou telle façon, quoiqu'elle puisse être encore d'une autre manière qu'ils n'ont pas considérée.

V. *Juger d'une chose par ce qui ne lui convient que par accident.*

» Ce sophisme est appelé dans l'école *fallacia accidentis*, qui est lorsque l'on tire une conclusion absolue, simple et sans restriction de ce qui n'est vrai que par accident. C'est ce que font tant de gens qui déclament contre l'antimoine, parce qu'étant mal appliqué il produit de mauvais effets; et d'autres qui attribuent à l'éloquence tous les mauvais effets qu'elle produit quand on en abuse; ou à la médecine, les fautes de quelques médecins ignorants.

VI. *Passer du sens divisé au sens composé, ou du sens composé au sens divisé.*

» L'un de ces sophismes s'appelle *fallacia compositionis*, et l'autre *fallacia divisionis*.

» Jésus-Christ dit dans l'Evangile en parlant de ses miracles; *Les aveugles voient, les boiteux marchent droit, les sourds entendent.* Cela ne peut être vrai qu'en prenant ces choses séparément, et non conjointement, c'est-à-dire dans le sens divisé, et non dans le sens composé.

VII. *Passer de ce qui est vrai à quelque égard à ce qui est vrai simplement.*

» C'est ce qu'on appelle dans l'école *a dicto secundum quid ad dictum simpliciter*. Les épicuriens prouvaient encore que les dieux devaient avoir la forme humaine, parce qu'il n'y en a point de plus belle que celle-là, et que tout ce qui est beau doit être en Dieu. C'était mal raisonner : car la forme humaine n'est point absolument une beauté, mais seulement au regard des corps.

VIII. *Abuser de l'ambiguïté des mots, ce qui peut se faire en diverses manières.*

» On peut rapporter à cette espèce de sophisme tous les syllogismes qui sont vicieux, parce qu'il s'y trouve quatre termes : soit parce que le milieu y est pris deux fois particulièrement; ou parce qu'il est pris en un sens dans la première proposition, et en un autre sens dans la seconde.

» Ce serait mal raisonner que de dire : l'homme pense ; or, l'homme est composé de corps et d'âme : donc le corps et l'âme pensent.

IX. *Tirer une conclusion générale d'une induction défectueuse.*

» On appelle induction, lorsque la recherche de plusieurs choses particulières nous mène à la connaissance d'une vérité générale. Ainsi, lorsqu'on a éprouvé sur beaucoup de mers que l'eau en est salée, et sur beaucoup de rivières que l'eau en est douce, on conclut généralement que l'eau de la mer est salée, et celle des rivières douce. Les diverses épreuves qu'on a faites que l'or ne diminue point au feu a fait juger que cela est vrai de tout or : et comme on n'a point trouvé de peuple qui ne parle, on croit pour très-certain que tous les hommes parlent c'est-à-dire se servent des sons pour signifier leurs pensées.

» Quoi qu'il en soit, les inductions défectueuses, c'est-à-dire qui ne sont pas entières, font souvent tomber en erreur.

CHAPITRE XX. — Des mauvais raisonnements que l'on commet dans la vie civile et dans les discours ordinaires.

Des sophismes d'amour-propre, d'intérêt et de passion.

» I. Si on examine avec soin ce qui attache ordinairement les hommes plutôt à une opinion qu'à une autre, on trouvera que ce n'est pas la pénétration de la vérité et la force des raisons, mais quelque lien d'amour-propre, d'intérêt ou de passion. C'est le poids qui emporte la balance, et qui nous détermine dans la plupart de nos doutes; c'est ce qui donne le plus grand branle à nos jugements, et qui nous y arrête le plus fortement. Nous jugeons des choses non par ce qu'elles sont en elles-mêmes, mais par ce quelles sont à notre égard ; et la vérité et l'utilité ne sont pour nous qu'une même chose.

» Il n'en faut point d'autres preuves que ce que nous voyons tous les jours, que des choses tenues partout ailleurs pour douteuses, ou même pour fausses, sont tenues pour très-certaines par tous ceux d'une nation ou d'une profession, ou d'un institut; car n'étant pas possible que ce qui est vrai en Espagne soit faux en France, ni que l'esprit de tous les Espagnols soit tourné si différemment de celui des Français, qu'à ne juger des choses que par les règles de la raison, ce qui paraît vrai généralement aux uns paraisse faux généralement aux autres, il est visible que cette diversité de jugement ne peut venir d'autre cause, sinon qu'il plaît aux uns de tenir pour vrai ce qui leur est avantageux, et que les autres n'y ayant point d'intérêt en jugent d'une autre sorte.

» Cependant qu'y a-t-il de moins raisonnable que de prendre notre intérêt pour motif de croire une chose ? Tout ce qu'il peut faire, au plus, est de nous porter à considérer avec plus d'attention les raisons qui peuvent nous faire découvrir la vérité de ce que nous désirons être vrai; mais il n'y a que cette vérité, qui doit se trouver dans la chose même indépendamment de nos désirs, qui doive nous persuader. Je suis d'un tel pays : donc je dois croire qu'un tel saint y a prêché l'Evangile. Je suis d'un tel ordre : donc je crois qu'un tel privilége est véritable. Ce ne sont pas là des raisons. De quelque ordre et de quelque pays que vous soyez, vous ne devez croire que ce qui est vrai, et que ce que vous seriez disposé à croire si vous étiez d'un autre pays, d'un autre ordre, d'une autre profession.

» II. Mais cette illusion est bien plus visible lorsqu'il arrive du changement dans les passions : car, quoique toutes soient demeurées dans leur place, il semble néanmoins à ceux qui sont émus de quelque passion nouvelle, que le changement qui ne s'est fait que dans leur cœur ait changé toutes les choses extérieures qui y ont quelque rapport. Combien voit-on de gens qui ne peuvent plus reconnaître aucune bonne qualité, ni naturelle, ni acquise, dans ceux contre qui ils ont conçu de l'aversion, ou qui ont été contraires en quelque chose à leurs sentiments, à leurs désirs, à leurs intérêts? Cela suffit pour devenir tout d'un coup à leur égard téméraire, orgueilleux, ignorant, sans foi, sans honneur, sans conscience. Leurs affections et leurs désirs ne sont pas plus justes ni plus modérés que leur haine. S'ils aiment quelqu'un, il est exempt de toute sorte de défaut; tout ce qu'ils désirent est juste et facile, tout ce qu'ils ne désirent pas est injuste et impossible, sans qu'ils puissent alléguer aucune raison de tous ces jugements que la passion même qui les possède : de sorte qu'encore qu'ils ne fassent pas dans leur esprit ce raisonnement formel : je l'aime : donc c'est le plus habile homme du monde ; je le hais : donc c'est un homme de néant, ils le font en quelque sorte dans leur cœur ; et c'est pourquoi on peut appeler, ces sortes d'égarement des sophismes et des illusions du cœur, qui consistent à transporter nos passions dans les objets de nos passions, et à juger qu'ils sont ce que nous voulons ou désirons qu'ils soient : ce qui est sans doute très-déraisonnable, puisque nos désirs ne changent rien dans l'être de ce qui est hors de nous, et qu'il n'y a que Dieu dont la volonté soit tellement efficace, que les choses sont tout ce qu'il veut qu'elles soient.

» III. On peut rapporter à la même illusion de l'amour-propre celle de ceux qui décident tout par un principe fort général et fort commode, qui est, qu'ils ont raison, qu'ils connaissent la vérité ; d'où il ne leur est pas difficile de conclure que ceux qui ne sont pas de leur sentiment se trompent : en effet, la conclusion est nécessaire.

» Le défaut de ces personnes ne vient que de ce que l'opinion avantageuse qu'elles ont de leurs lumières leur fait prendre toutes leurs pensées pour tellement claires et évidentes, qu'elles s'imaginent qu'il suffit de les proposer, pour obliger tout le monde à s'y soumettre ; et c'est pourquoi elles se mettent peu en peine d'en apporter des preuves : elles écoutent peu les raisons des autres, elles veulent tout emporter par autorité, parce qu'elles ne distinguent jamais leur autorité de la raison ; elles traitent de téméraire tous ceux qui ne sont pas de leur sentiment, sans considérer que si les autres ne sont pas de leur sentiment, elles ne sont pas aussi du sentiment des autres, et qu'il n'est pas juste de supposer sans preuve que nous avons raison, lorsqu'il s'agit de convaincre des personnes qui ne sont d'une autre opinion que nous que parce qu'elles sont persuadées que nous n'avons pas raison.

» IV. Il y en a de même qui n'ont point d'autre fondement, pour rejeter certaines opinions, que ce plaisant raisonnement : *Si cela était, je ne serais pas un habile homme ; or, je suis un habile homme : donc cela n'est pas.* C'est la principale raison qui a fait rejeter longtemps certains remèdes très-utiles et des expériences très-certaines, parce que ceux qui ne s'en étaient point encore avisés concevaient qu'ils se seraient donc trompés jusqu'alors. Quoi ! si le sang, disaient-ils, avait une révolution circulaire dans le corps ; si l'aliment ne se portait pas au foie par les veines mésaraïques ; si l'artère veineuse portait le sang au cœur ; si le sang montait par la veine cave descendante ; si la nature n'avait point d'horreur du vide ; si l'air était pesant et avait un mouvement en bas, j'aurais ignoré des choses importantes dans l'anatomie et dans la physique : il faut donc que cela ne soit pas. Mais pour les guérir de cette fantaisie, il ne faut que leur bien représenter que c'est un très-petit inconvénient qu'un homme se trompe, et qu'ils ne laisseront pas d'être habiles en d'autres choses, quoiqu'ils ne l'aient pas été en celles qui auraient été nouvellement découvertes.

» V. Il n'y a rien aussi de plus ordinaire que de voir des gens se faire mutuellement les mêmes reproches, et se traiter, par exemple, d'opiniâtres, de passionnés, de chicaneurs, lorsqu'ils sont de différents sentiments.

» L'esprit des hommes n'est pas seulement naturellement amoureux de lui-même, mais il est aussi naturellement jaloux, envieux et malin à l'égard des autres : il ne souffre qu'avec peine qu'ils aient quelque avantage, parce qu'il les désire tous pour lui ; et comme c'en est un que de connaître la vérité et d'apporter aux hommes quelque nouvelle lumière, on a une passion secrète de leur ravir cette gloire : ce qui engage souvent à combattre sans raison les opinions et les inventions des autres.

» Ainsi, comme l'amour-propre fait souvent faire ce raisonnement ridicule : *C'est une opinion que j'ai inventée, c'est celle de mon ordre, c'est un sentiment qui m'est commode, il est donc véritable* ; la malignité naturelle fait souvent faire cet autre qui n'est pas moins absurde : *C'est un autre que moi qui l'a dit, cela est donc faux ; ce n'est pas moi qui ai fait ce livre, il est donc mauvais.*

» C'est la source de l'esprit de contradiction si ordinaire parmi les hommes, et qui les porte, quand ils entendent ou lisent quelque chose d'autrui, à considérer peu les raisons qui pourraient les persuader et à ne songer qu'à celles qu'ils croient pouvoir opposer. Ils sont toujours en garde contre la vérité, et ils ne pensent qu'aux moyens de la repousser et de l'obscurcir.

» Pascal qui savait autant de véritable rhétorique que personne en ait jamais su, portait cette règle jusqu'à prétendre qu'un honnête homme devait éviter de se nommer, et même de se servir des mots de *je* et de *moi*.

» C'est ce qui fait voir qu'un des caractères les plus indignes d'un honnête homme est celui que Montaigne a affecté de n'entretenir ses lecteurs que de ses humeurs, de ses inclinations, de ses fantaisies, de ses maladies, de ses vertus et de ses vices.

» L'esprit de dispute est encore un défaut qui gâte beaucoup l'esprit.

» On s'accoutume sans qu'on s'en aperçoive, à trouver raison partout, et à se mettre au-dessus des raisons, en ne s'y rendant jamais : ce qui conduit peu à peu à n'avoir rien de certain, et, à confondre la vérité avec l'erreur, en les regardant l'une et l'autre comme également probables. C'est ce qui fait qu'il est si rare que l'on termine quelque question par la dispute.

» VII. Il se trouve des personnes principalement parmi ceux qui hantent la cour, qui, reconnaissant assez combien ces humeurs contredisantes sont incommodes et désagréables, prennent une route toute contraire, qui est de ne rien contredire, mais de louer et d'approuver tout indifféremment ; et c'est ce qu'on appelle complaisance, qui est une humeur plus commode pour la fortune, mais aussi désavantageuse pour le jugement : car, comme les contredisants prennent pour vrai le contraire de ce qu'on leur dit, les complaisants semblent prendre pour vrai tout ce qu'on leur dit ; et cette accoutumance corrompt premièrement leurs discours, et ensuite leur esprit.

» IX. Entre les diverses manières par lesquelles l'amour-propre jette les hommes dans l'erreur, ou plutôt les y affermit et les empêche d'en sortir, il n'en faut pas oublier une, qui est sans doute des principales et des plus communes : c'est l'engagement à soutenir quelque opinion à laquelle on s'est attaché par d'autres considérations que par celle de la vérité ; car cette vue de défendre son sentiment fait que l'on ne regarde plus dans les raisons dont on se sert, si elles sont vraies ou fausses, mais si elles peuvent servir à persuader ce que l'on soutient : l'on emploie toutes sortes d'arguments bons ou mauvais, afin qu'il y en ait pour tout le monde ; et l'on passe quelquefois jusqu'à dire des choses qu'on sait bien être absolument fausses, pourvu qu'elles servent à la fin qu'on se propose.

Des faux raisonnements qui naissent des objets mêmes.

» I. C'est une opinion fausse et impie, que la vérité soit tellement semblable au mensonge, et la vertu au vice, qu'il soit impossible de les discerner ; mais il est vrai que dans la plupart des choses il y a un mélange d'erreur et de vérité, de vice et de vertu, de perfection et d'imperfection, et que ce mélange est une des plus ordinaires sources des faux jugements des hommes.

» On peut dire généralement que l'on n'estime dans le monde la plupart des choses que par l'extérieur, parce qu'il ne se trouve presque personne qui en pénètre l'intérieur et le fond : tout se juge sur l'étiquette, et malheur à ceux qui ne l'ont pas favorable !

» II. Entre les causes qui nous engagent dans l'erreur par un faux éclat qui nous empêche de la reconnaître, on peut mettre avec raison une certaine éloquence pompeuse et magnifique que Cicéron appelle *abundantem sonantibus verbis uberibusque sententiis;* car il est étrange combien un faux raisonnement se coule doucement dans la suite d'une période qui remplit bien l'oreille, ou d'une figure qui nous surprend et qui nous amuse à la regarder.

» III. C'est un défaut très-ordinaire parmi les hommes de juger témérairement des actions et des intentions des autres, et l'on n'y tombe guère que par un mauvais raisonnement, par lequel en ne connaissant pas assez distinctement toutes les causes qui peuvent produire quelque effet, on attribue cet effet précisément à une cause, lorsqu'il peut avoir été produit par plusieurs autres ; ou bien l'on suppose qu'une cause qui, par accident, a eu un certain effet en une rencontre, et étant jointe à plusieurs circonstances, le doit avoir en toutes rencontres.

» IV. Les fausses inductions par lesquelles on tire des propositions générales de quelques expériences particulières sont une des plus communes sources des faux raisonnements des hommes. Il ne leur faut que trois ou quatre exemples pour en former une maxime et un lieu commun, et pour s'en servir ensuite de principe pour décider toutes choses.

» Il y a beaucoup de maladies cachées aux plus habiles médecins, et souvent les remèdes ne réussissent pas ; des esprits excessifs en concluent que la médecine est absolument inutile, et que c'est un métier de charlatan.

» V. C'est une faiblesse et une injustice que l'on condamne souvent et que l'on évite peu, de juger des conseils par les événements, et de rendre coupables ceux qui ont pris une résolution prudente, selon les circonstances qu'ils pouvaient voir, de toutes les mauvaises suites qui en sont arrivées, ou par un simple hasard, ou par la malice de ceux qui l'ont traversée, ou par quelques autres rencontres qu'il ne leur était pas possible de prévoir.

» VI. Mais il n'y a point de faux raisonnements plus fréquents parmi les hommes que ceux où l'on tombe, ou en jugeant témérairement de la vérité des choses par une autorité qui n'est pas suffisante pour nous en assurer.

» VII. Il est vrai que s'il y a des erreurs pardonnables, ce sont celles où l'on s'engage en déférant plus qu'il ne faut au sentiment de ceux qu'on estime gens de bien ; mais il y a une illusion beaucoup plus absurde en soi, ce qui est néanmoins très-ordinaire, qui est de croire qu'un homme dit vrai, parce qu'il est de condition, qu'il est riche ou élevé en dignité.

» Ce n'est pas que personne fasse expressément ces sortes de raisonnements : il a cent mille livres de rente, donc il a raison ; il est de grande naissance, donc on doit croire ce qu'il avance comme véritable ; c'est un homme qui n'a point de bien, il a donc tort : néanmoins il se passe quelque chose de semblable dans l'esprit de la plupart des hommes, et qui emporte leur jugement sans qu'ils y pensent.

QUATRIÈME PARTIE. — DE LA MÉTHODE.

CHAPITRE Ier. — De la science ; qu'il y en a. Que les choses que l'on connaît par l'esprit sont plus certaines que ce que l'on connaît par les sens. Qu'il y a des choses que l'esprit humain est incapable de savoir. Utilité que l'on peut tirer de cette ignorance nécessaire.

» Il s'est trouvé des philosophes qui ont fait profession de nier la possibilité de la science, et qui ont même établi sur ce fondement toute leur philosophie ; et entre ces philosophes, les uns se sont contentés de nier la certitude en admettant la vraisemblance ; et ce sont les nouveaux académiciens : les autres, qui sont les pyrrhoniens, ont même nié cette vraisemblance, et ont prétendu que toutes choses étaient également obscures et incertaines.

» Il y a de la certitude et de l'incertitude et dans l'esprit et dans les sens ; et ce serait une faute égale de vouloir faire passer toutes choses ou pour certaines ou pour incertaines.

CHAPITRE II. — De deux sortes de méthode, analyse et synthèse. Exemple de l'analyse.

» On peut appeler généralement méthode l'art de bien disposer une suite de plusieurs pensées, ou pour découvrir la vérité quand nous l'ignorons, ou pour la prouver aux autres quand nous la connaissons déjà.

» Ainsi, il y a deux sortes de méthodes : l'une pour découvrir la vérité, qu'on appelle *analyse* ou *méthode de résolution*, et qu'on peut aussi appeler *méthode d'invention* ; et l'autre pour la faire entendre aux autres, quand on l'a trouvée, qu'on appelle *synthèse* ou *méthode de composition* et qu'on peut aussi appeler *méthode de doctrine*.

» De quelque nature que soit la question que l'on propose à résoudre, la première chose qu'il faut faire est de concevoir nettement et distinctement ce que c'est précisément qu'on demande, c'est-à-dire quel est le point précis de la question.

» Lors donc qu'on a bien examiné les conditions qui désignent et qui marquent ce qu'il y a d'inconnu dans la question, il faut ensuite examiner ce qu'il y a de connu, puisque c'est par là qu'on doit arriver à la connaissance de ce qui est inconnu.

CHAPITRE III. — De la méthode de composition, et particulièrement de celle qu'observent les géomètres.

» Cette méthode consiste principalement à commencer par les choses les plus générales et les plus simples, pour passer aux moins générales et plus composées.

RÈGLES NÉCESSAIRES POUR LES DÉFINITIONS.

1. *Ne laisser aucun des termes un peu obscurs ou équivoques sans le définir.*

ANALYSE DE LA LOGIQUE DE PORT-ROYAL.

2. N'employer dans les définitions que des termes parfaitement connus ou déjà expliqués.

POUR LES AXIOMES.

3. Ne demander en axiomes que des choses parfaitement évidentes.

POUR LES DÉMONSTRATIONS.

4. Prouver toutes les propositions un peu obscures, en n'employant à leur preuve que les définitions qui auront précédé, ou les axiomes qui auront été accordés, ou les propositions qui auront déjà été démontrées, ou la construction de la chose même dont il s'agira, lorsqu'il y aura quelque opération à faire.

5. N'abuser jamais de l'équivoque des termes, en manquant d'y substituer mentalement les définitions qui les restreignent et qui les expliquent.

CHAPITRE XI. — La méthode des sciences réduite à huit règles principales.

DEUX RÈGLES TOUCHANT LES DÉFINITIONS.

1. Ne laisser aucun des termes un peu obscurs ou équivoques sans le définir.
2. N'employer dans les définitions que des termes parfaitement connus ou déjà expliqués.

DEUX RÈGLES POUR LES AXIOMES.

3. Ne demander en axiomes que des choses parfaitement évidentes.
4. Recevoir pour évident ce qui n'a besoin que d'un peu d'attention pour être reconnu véritable.

DEUX RÈGLES POUR LES DÉMONSTRATIONS.

5. Prouver toutes les propositions un peu obscures, en n'employant à leurs preuves que les définitions qui auront précédé, et les axiomes qui auront été accordés, ou les propositions qui auront déjà été démontrées.
6. N'abuser jamais de l'équivoque des termes, en manquant de substituer mentalement les définitions qui les restreignent et qui les expliquent.

DEUX RÈGLES POUR LA MÉTHODE.

7. Traiter les choses, autant qu'il se peut, dans leur ordre naturel, en commençant par les plus générales et les plus simples, et expliquant tout ce qui appartient à la nature du genre avant que de passer aux espèces particulières.
8. Diviser, autant qu'il se peut, chaque genre en toutes ses espèces, chaque tout en toutes ses parties, et chaque difficulté en tous ses cas.

CHAPITRE XII. — De ce que nous connaissons par la foi, soit humaine, soit divine.

» Il y a deux voies générales qui nous font croire qu'une chose est vraie. La première est la connaissance que nous en avons par nous-mêmes, pour en avoir reconnu et recherché la vérité, soit par nos sens, soit par notre raison : ce qui peut s'appeler généralement *raison*, parce que les sens mêmes dépendent du jugement de la raison; ou *science*, prenant ici ce nom plus généralement qu'on ne le prend dans les écoles, pour toute connaissance d'un objet tiré de l'objet même.

» L'autre voie est l'autorité des personnes dignes de croyance qui nous assurent qu'une telle chose est, quoique par nous-mêmes nous n'en sachions rien ; ce qui s'appelle foi ou croyance, selon cette parole de saint Augustin : *Quod scimus, debemus rationi ; quod credimus, auctoritati.*

» Mais comme cette autorité peut être de deux sortes, de Dieu ou des hommes, il y a aussi deux sortes de foi, divine et humaine.

CHAPITRE XIII. — Quelques règles pour bien conduire sa raison dans la croyance des événements qui dépendent de la foi humaine.

» Pour juger de la vérité d'un événement, et se déterminer à le croire ou à ne pas le croire, il ne faut pas le considérer nûment et en lui-même, comme on ferait une proposition de géométrie ; mais il faut prendre garde à toutes les circonstances qui l'accompagnent, tant intérieures qu'extérieures. J'appelle circonstances intérieures celles qui appartiennent au fait même, et extérieures celles qui regardent les personnes par le témoignage desquelles nous sommes portés à le croire. Cela étant fait, si toutes ces circonstances sont telles qu'il n'arrive jamais, ou fort rarement, que de pareilles circonstances soient accompagnées de fausseté, notre esprit se porte naturellement à croire que cela est vrai, et il a raison de le faire, surtout dans la conduite de la vie, qui ne demande pas une plus grande certitude que cette certitude morale, et qui doit même se contenter en plusieurs rencontres de la plus grande probabilité.

CHAPITRE XVI. — Du jugement que l'on doit faire des accidents futurs.

» Ces règles, qui servent à juger des faits passés, peuvent facilement s'appliquer aux faits à venir ; car, comme l'on doit croire probablement qu'un fait est arrivé lorsque les circonstances certaines que l'on connaît sont ordinairement jointes avec ce fait, on doit croire aussi probablement qu'il arrivera lorsque les circonstances présentes sont telles qu'elles sont ordinairement suivies d'un tel effet. C'est ainsi que les médecins peuvent juger du bon ou du mauvais succès des maladies, les capitaines des événements futurs d'une guerre, et que l'on juge dans le monde de la plupart des affaires contingentes.

» Mais à l'égard des accidents où l'on a quelque part, et que l'on peut ou procurer ou empêcher en quelque sorte par ses soins en s'y exposant ou en les évitant, il arrive à bien des gens de tomber dans une illusion qui est d'autant plus trompeuse qu'elle leur paraît plus raisonnable. C'est qu'ils ne regardent que la grandeur et la conséquence de l'avantage qu'ils souhaitent ou de l'inconvénient qu'ils craignent, sans considérer en aucune sorte l'apparence et la probabilité qu'il y a que cet avantage ou cet inconvénient arrive ou n'arrive pas. »

La *Logique de Port-Royal* aurait besoin d'être à la fois simplifiée et complétée. Pour la simplifier dans une certaine mesure, nous avons fait imprimer en petits caractères les parties de l'ouvrage les moins importantes et les plus obscures; de plus, nous nous sommes efforcé de ne pas compliquer pour les élèves les difficultés du texte par des notes trop nombreuses. Comme complément de l'*Art de penser*, nous avons placé à la suite les pages les plus remarquables des grands philosophes sur la Logique, depuis Aristote jusqu'à Kant et Stuart Mill.

LA LOGIQUE

OU

L'ART DE PENSER

AVIS DE LA PREMIÈRE ÉDITION[1]

La naissance de ce petit ouvrage est due entièrement au hasard, et plutôt à une espèce de divertissement qu'à un dessein sérieux. Une personne de condition entretenant un jeune seigneur[2], qui dans un âge peu avancé faisait paraître beaucoup de solidité et de pénétration d'esprit, lui dit qu'étant jeune, il avait trouvé un homme qui l'avait rendu, en quinze jours, capable de répondre sur une partie de la logique. Ce discours donna occasion à une autre personne qui était présente, et qui n'avait pas grande estime pour cette science, de répondre en riant, que si monseigneur... voulait en prendre la peine, on s'engagerait bien à lui apprendre en quatre ou cinq jours tout ce qu'il y avait d'utile dans la logique. Cette proposition faite en l'air ayant servi quelque temps d'entretien, on se résolut d'en faire l'essai; mais comme on ne jugea pas les logiques ordinaires assez courtes, ni assez nettes, on eut la pensée d'en faire un petit abrégé qui ne fût que pour lui.

C'est l'unique vue qu'on avait lorsqu'on se mit en devoir d'y travailler, et l'on ne pensait pas y employer plus d'un jour; mais quand on voulut s'y appliquer, il vint dans l'esprit tant de réflexions nouvelles qu'on fut obligé de les écrire pour s'en décharger; ainsi, au lieu d'un jour, on y employa quatre ou cinq, pendant lesquels

---

1. Elle parut en 1662.
2. Charles-Honoré d'Albert, duc de Chevreuse, mort en 1712. Il était fils du duc de Luynes, qui traduisit en français les Méditations de Descartes.

on forma le corps de cette logique, à laquelle on a depuis ajouté diverses choses.

Or, quoiqu'on y ait embrassé beaucoup plus de matières qu'on ne s'était engagé de faire d'abord, néanmoins l'essai en réussit comme on se l'était promis; car, ce jeune seigneur l'ayant lui-même réduite en quatre tables, il en apprit facilement une par jour, sans même qu'il eût presque besoin de quelqu'un pour l'entendre. Il est vrai qu'on ne doit pas espérer que d'autres que lui y entrent avec la même facilité, son esprit étant tout à fait extraordinaire dans toutes les choses qui dépendent de l'intelligence.

Voilà la rencontre qui a produit cet ouvrage; mais, quelque sentiment qu'on en ait, on ne peut, au moins avec justice, en désapprouver l'impression, puisqu'elle a été plutôt forcée que volontaire : car, plusieurs personnes en ayant tiré des copies manuscrites, ce qu'on sait assez ne pouvoir se faire sans qu'il s'y glisse beaucoup de fautes, on a eu avis que les libraires se disposaient à l'imprimer : de sorte qu'on a jugé plus à propos de le donner au public correct et entier, que de permettre qu'on l'imprimât sur des copies défectueuses; mais c'est aussi ce qui a obligé d'y faire diverses additions qui l'ont augmenté de près d'un tiers[1], parce qu'on a cru devoir étendre ces vues plus loin qu'on n'avait fait en ce premier essai. C'est le sujet du discours suivant, où l'on explique la fin qu'on s'y est proposée, et la raison des matières qu'on y a traitées.

AVERTISSEMENT DE LA CINQUIÈME ÉDITION.

On a fait diverses additions importantes à cette nouvelle édition de la logique, dont l'occasion a été que les ministres[2] se sont plaints de quelques remarques qu'on y avait faites; ce qui a obligé d'éclaircir et de soutenir les endroits qu'ils ont voulu attaquer. On verra, par ces éclaircissements, que la raison et la foi s'accordent parfaitement, comme étant des ruisseaux de la même source, et que l'on ne saurait

---

1. L'ouvrage est devenu ainsi bien long.
2. Les ministres du culte réformé.

guère s'éloigner de l'une sans s'écarter de l'autre. Mais quoique ce soient des contestations théologiques qui ont donné lieu à ces additions, elles ne sont pas moins propres ni moins naturelles à la logique ; et l'on aurait pu les faire, quand il n'y aurait jamais eu de ministres au monde qui auraient voulu obscurcir les vérités de la foi par de fausses subtilités.

PREMIER DISCOURS

OU L'ON FAIT VOIR LE DESSEIN DE CETTE NOUVELLE LOGIQUE[1].

Il n'y a rien de plus estimable que le bon sens et la justesse de l'esprit dans le discernement du vrai et du faux. Toutes les autres qualités d'esprit ont des usages bornés ; mais l'exactitude de la raison est généralement utile dans toutes les parties et dans tous les emplois de la vie. Ce n'est pas seulement dans les sciences qu'il est difficile de distinguer la vérité de l'erreur, mais aussi dans la plupart des sujets dont les hommes parlent et des affaires qu'ils traitent. Il y a presque partout des routes différentes, les unes vraies, les autres fausses, et c'est à la raison d'en faire le choix. Ceux qui choisissent bien sont ceux qui ont l'esprit juste ; ceux qui prennent le mauvais parti sont ceux qui ont l'esprit faux ; et c'est la première et la plus importante différence qu'on peut mettre entre les qualités de l'esprit des hommes[2].

Ainsi, la principale application qu'on devrait avoir serait de former son jugement et de le rendre aussi exact qu'il peut l'être ; et c'est à quoi devrait tendre la plus grande partie de nos études. On se sert de la raison comme d'un instrument pour acquérir les sciences, et l'on devrait se servir, au contraire, des sciences comme

---

1. Une note de Racine attribue ces deux discours à Nicole.
2. « Le bon sens, dit Descartes : est la chose du monde la mieux partagée.... La puissance de bien juger et distinguer le vrai d'avec le faux est naturellement égale en tous les hommes. » *Discours de la méthode*, 1ʳᵉ partie. « Ce n'est pas assez d'avoir l'esprit bon, ajoute Descartes, mais le principal c'est de l'appliquer bien. »

d'un instrument pour perfectionner sa raison[1], la justesse de l'esprit étant infiniment plus considérable que toutes les connaissances spéculatives auxquelles on peut arriver par le moyen des sciences les plus véritables et les plus solides : ce qui doit porter les personnes sages à ne s'y engager qu'autant qu'elles peuvent servir à cette fin, et à n'en faire que l'essai et non l'emploi des forces de leur esprit.

Si l'on ne s'y applique dans ce dessein, on ne voit pas que l'étude de ces sciences spéculatives, comme de la géométrie, de l'astronomie et de la physique, soit autre chose qu'un amusement assez vain, ni qu'elles soient beaucoup plus estimables que l'ignorance de toutes ces choses, qui a au moins cet avantage qu'elle est moins pénible, et qu'elle ne donne pas lieu à la sotte vanité que l'on tire souvent de ces connaissances stériles et infructueuses[2].

Non-seulement ces sciences ont des recoins et des enfoncements fort peu utiles, mais elles sont toutes inutiles, si on les considère en elles-mêmes et pour elles-mêmes[3]. Les hommes ne sont pas nés pour employer leur temps à mesurer des lignes, à examiner les rapports des angles, à considérer les divers mouvements de la matière : leur esprit est trop grand, leur vie trop courte, leur temps trop précieux pour l'occuper à de si petits objets ; mais ils sont obligés d'être justes, équitables, judicieux dans tous leurs discours, dans toutes leurs actions et dans toutes les affaires qu'ils manient, et c'est à quoi ils doivent particulièrement s'exercer et se former[4].

Ce soin et cette étude sont d'autant plus nécessaires,

---

1. Excellente remarque qui maintient la supériorité du sujet pensant sur l'objet pensé.

2. S'il y a de sottes vanités, n'y a-t-il point aussi d'aveugles dédains, et que penser de celui de Nicole pour les hautes sciences spéculatives ? — Quand ces sciences ne serviraient à rien, qu'à donner à l'esprit la conscience de sa grandeur, elles seraient encore au dessus de toutes les études ; mais les spéculations les plus inutiles en apparence sont presque toujours les plus fécondes dans la pratique même. L'histoire des sciences l'a assez montré.

3. Affirmation vraiment choquante.

4. La justice et la spéculation ne s'excluent pas.

qu'il est étrange combien c'est une qualité rare que cette exactitude de jugement. On ne rencontre partout que des esprits faux, qui n'ont presque aucun discernement de la vérité ; qui prennent toutes choses d'un mauvais biais ; qui se payent des plus mauvaises raisons, et qui veulent en payer les autres ; qui se laissent emporter par les moindres apparences ; qui sont toujours dans l'excès et dans les extrémités ; qui n'ont point de serres pour se tenir fermes dans les vérités qu'ils savent, parce que c'est plutôt le hasard qui les y attache qu'une solide lumière, ou qui s'arrêtent, au contraire, à leur sens avec tant d'opiniâtreté, qu'ils n'écoutent rien de ce qui pourrait les détromper ; qui décident hardiment ce qu'ils ignorent, ce qu'ils n'entendent pas, et ce que personne n'a peut-être jamais entendu ; qui ne font point de différence entre parler et parler, ou qui ne jugent de la vérité des choses que par le ton de la voix : celui qui parle facilement et gravement a raison ; celui qui a quelque peine à s'expliquer, ou qui fait paraître quelque chaleur, a tort : ils n'en savent pas davantage [1].

C'est pourquoi il n'y a point d'absurdités si insupportables qui ne trouvent des approbateurs. Quiconque a dessein de piper le monde est assuré de trouver des personnes qui seront bien aises d'être pipées ; et les plus ridicules sottises rencontrent toujours des esprits auxquels elles sont proportionnées. Après que l'on voit tant de gens infatués des folies de l'astrologie judiciaire, et que des personnes graves traitent cette matière sérieusement, on ne doit plus s'étonner de rien. Il y a une constellation dans le ciel qu'il a plu à quelques personnes de nommer Balance, et qui ressemble à une balance comme à un moulin à vent ; la balance est le symbole de la justice : donc ceux qui naîtront sous cette constellation seront justes et équitables. Il y a trois autres signes dans le zodiaque, que l'on nomme l'un Bélier, l'autre Taureau, l'autre Capricorne, et qu'on eût

---

1. Joli portrait qui annonce l'auteur du chapitre sur les sophismes.

pu aussi bien appeler Éléphant, Crocodile et Rhinocéros; le bélier, le taureau et le capricorne sont des animaux qui ruminent; donc ceux qui prennent médecine lorsque la lune est sous ces constellations, sont en danger de la revomir. Quelque extravagants que soient ces raisonnements, il se trouve des personnes qui les débitent et d'autres qui s'en laissent persuader.

Cette fausseté d'esprit n'est pas seulement cause des erreurs que l'on mêle dans les sciences, mais aussi de la plupart des fautes que l'on commet dans la vie civile, des querelles injustes, des procès mal fondés, des avis téméraires, des entreprises mal concertées. Il y en a peu qui n'aient leur source dans quelque erreur et dans quelque faute de jugement : de sorte qu'il n'y a point de défaut dont on ait plus d'intérêt de se corriger.

Mais autant cette correction est souhaitable, autant est-il difficile d'y réussir, parce qu'elle dépend beaucoup de la mesure d'intelligence que nous apportons en naissant. Le sens commun n'est pas une qualité si commune que l'on pense. Il y a une infinité d'esprits grossiers et stupides que l'on ne peut réformer en leur donnant l'intelligence de la vérité, mais en les retenant dans les choses qui sont à leur portée, et en les empêchant de juger ce qu'ils ne sont pas capables de connaître. Il est vrai néanmoins qu'une grande partie des faux jugements des hommes ne vient pas de ce principe, et qu'elle n'est causée que par la précipitation de l'esprit et par le défaut d'attention, qui fait que l'on juge témérairement de ce que l'on ne connaît que confusément et obscurément. Le peu d'amour que les hommes ont pour la vérité fait qu'ils ne se mettent pas en peine la plupart du temps de distinguer ce qui est vrai de ce qui est faux. Ils laissent entrer dans leur âme toutes sortes de discours et de maximes; ils aiment mieux les supposer pour véritables que de les examiner; s'ils ne les entendent pas, ils veulent croire que d'autres les entendent bien, et ainsi ils se remplissent la mémoire d'une infinité de choses fausses, obscures et non entendues, et raisonnent ensuite sur ces principes, sans presque considérer ce qu'ils disent ni ce qu'ils pensent.

La vanité et la présomption contribuent encore beaucoup à ce défaut. On croit qu'il y a de la honte à douter et à ignorer, et l'on aime mieux parler et décider au hasard, que de reconnaître qu'on n'est pas assez informé des choses pour en porter jugement. Nous sommes tous pleins d'ignorance et d'erreurs; et cependant on a toutes les peines du monde à tirer de la bouche des hommes cette confession si juste et si conforme à leur condition naturelle : je me trompe, et, je n'en sais rien.

Il s'en trouve d'autres, au contraire, qui, ayant assez de lumières pour connaître qu'il y a quantité de choses obscures et incertaines, et voulant, par une autre sorte de vanité, témoigner qu'ils ne se laissent pas aller à la crédulité populaire, mettent leur gloire à soutenir qu'il n'y a rien de certain : ils se déchargent ainsi de la peine de les examiner, et, sur ce mauvais principe, ils mettent en doute les vérités les plus constantes, et la religion même. C'est la source du pyrrhonisme[1], qui est une autre extravagance de l'esprit humain, qui, paraissant contraire à la témérité de ceux qui croient et décident tout[2], vient néanmoins de la même source, qui est le défaut d'attention; car comme les uns ne veulent pas se donner la peine de discerner les erreurs, les autres ne veulent pas prendre celle d'envisager la vérité avec le soin nécessaire pour en apercevoir l'évidence. La moindre lueur suffit aux uns pour les persuader de choses très-fausses; et elle suffit aux autres pour les faire douter des choses les plus certaines; mais, dans les uns et dans les autres, c'est le même défaut d'application qui produit des effets si différents.

La vraie raison place toutes choses dans le rang qui leur convient; elle fait douter de celles qui sont douteuses, rejeter celles qui sont fausses, et reconnaître de bonne foi celles qui sont évidentes, sans s'arrêter

---

1. Allusion au pyrrhonisme de Montaigne.
2. *Que sais-je?* disait Montaigne.

aux vaines raisons des pyrrhoniens, qui ne détruisent pas l'assurance raisonnable que l'on a des choses certaines, non pas même dans l'esprit de ceux qui les proposent. Personne ne douta jamais sérieusement qu'il y a une terre, un soleil et une lune, ni si le tout est plus grand que sa partie. On peut bien faire dire extérieurement à la bouche qu'on en doute, parce que l'on peut mentir; mais on ne peut pas le faire dire à son esprit. Ainsi le pyrrhonisme n'est pas une secte de gens qui soient persuadés de ce qu'ils disent, mais c'est une secte de menteurs[1]. Aussi se contredisent-ils souvent en parlant de leur opinion, leur cœur ne pouvant s'accorder avec leur langue, comme on peut le voir dans Montaigne[2], qui a tâché de le renouveler au dernier siècle.

Car après avoir dit que les académiciens[3] étaient différents des pyrrhoniens, en ce que les académiciens avouaient qu'il y avait des choses plus vraisemblables que les autres, ce que les pyrrhoniens ne voulaient pas reconnaître, il se déclare pour les pyrrhoniens en ces termes : *L'avis*, dit-il, *des pyrrhoniens est plus hardi, et quant et quant plus vraisemblable*[4]. Il y a donc des choses plus vraisemblables que les autres : et ce n'est pas pour faire une pointe qu'il parle ainsi ; ce sont des paroles qui lui sont échappées sans y penser, et qui naissent du fond de la nature, que le mensonge des opinions ne peut étouffer.

---

1. Arnaud ne comprend point la vraie pensée des sceptiques ni la sincérité de leur doute.

2. L'ancienne Académie eut Platon pour fondateur, la seconde eut pour maître Arcésilas, la troisième, Carnéade, dont la doctrine était le probabilisme. (Voir notre *Histoire de la philosophie*.)

3. Michel de Montaigne, né en 1533 au château de Montaigne, dans le Périgord, mort en 1592.

4. « Cette inclination académique, et cette propension à une proposition plustost qu'à une aultre, qu'est-ce aultre chose que la recognoissance de quelque plus apparente vérité en cette cy qu'en celle là ? Si nostre entendement est capable de la forme, des lineaments, du port et du visage de la vérité, il la verrait entière, aussi bien que demie, naissante et imperfecte : cette apparence de verisimilitude qui incline la ballance, multipliez la de cent, de mille onces ; il en adviendra enfin que la balance prendra party tout à faist, et arrestera un chois et une vérité entière. Mais comment se laissent ils plier à la vraysemblance, s'ils ne cognoissent le vrai ? Comment cognoissent ils la semblance de ce dequoy ils ne cognoissent pas l'essence ? Ou nous pouvons juger tout à faict : ou tout à faict nous ne le pouvons pas. » (*Essais*, liv. II, ch. XII, p. 288.)

Mais le mal est que, dans les choses qui ne sont pas si sensibles, ces personnes, qui mettent leur plaisir à douter de tout, empêchent leur esprit de s'appliquer à ce qui pourrait les persuader, ou ne s'y appliquent qu'imparfaitement, et ils tombent par là dans une incertitude volontaire à l'égard des choses de la religion, parce que cet état de ténèbres qu'ils se procurent leur est agréable, et leur paraît commode pour apaiser les remords de leur conscience et pour contenter librement leurs passions.

Ainsi, comme ces déréglements d'esprit, qui paraissent opposés, l'un portant à croire légèrement ce qui est obscur et incertain, et l'autre à douter de ce qui est clair et certain, ont néanmoins le même principe, qui est la négligence à se rendre attentif autant qu'il faut pour discerner la vérité, il est visible qu'il faut y remédier de la même sorte, et que l'unique moyen de s'en garantir est d'apporter une attention exacte à nos jugements et à nos pensées. C'est la seule chose qui soit absolument nécessaire pour se défendre des surprises : car ce que les académiciens disaient, qu'il était impossible de trouver la verité, si on n'en avait des marques, comme on ne pourrait reconnaître un esclave fugitif qu'on chercherait si on n'avait des signes pour le distinguer des autres, au cas qu'on le rencontrât, n'est qu'une vaine subtilité. Comme il ne faut point d'autres marques pour distinguer la lumière des ténèbres que la lumière même, qui se fait assez sentir, ainsi il n'en faut point d'autres pour reconnaître la vérité, que la clarté même qui l'environne et qui soumet l'esprit et le persuade malgré qu'il en ait de sorte que toutes les raisons de ces philosophes ne sont pas plus capables d'empêcher l'âme de se rendre à la vérité, lorsqu'elle en est fortement pénétrée, qu'elles sont capables d'empêcher les yeux de voir lorsqu'étant ouverts, ils sont frappés par la lumière du soleil.

Mais, parce que l'esprit se laisse quelquefois abuser par de fausses lueurs, lorsqu'il n'y apporte pas l'attention nécessaire, et qu'il y a bien des choses que l'on ne connaît que par un long et difficile examen, il est certain qu'il serait utile d'avoir des règles pour s'y conduire de telle sorte, que la recherche de la vérité en fût et plus facile et plus sûre ; et ces règles, sans doute, ne sont pas impossibles : car, puisque les hommes se trompent quelquefois dans leurs jugements, et que quelquefois aussi ils ne se trompent pas, qu'ils raisonnent tantôt bien et tantôt mal, et qu'après avoir mal raisonné, ils sont capables de reconnaître leur faute, ils peuvent remarquer, en faisant des réflexions sur leurs pensées, quelle méthode ils ont suivie lorsqu'ils ont bien raisonné et quelle a été la cause de leur erreur lorsqu'ils se sont trompés, et former ainsi des règles sur ces réflexions, pour éviter à l'avenir d'être surpris.

C'est proprement ce que les philosophes entreprennent, et sur quoi ils nous font des promesses magnifiques. Si on veut les en croire, ils nous fournissent, dans cette partie qu'ils destinent à cet effet, et qu'ils appellent logique, une lumière capable de dissiper toutes les ténèbres de notre esprit ; ils corrigent toutes les erreurs de nos pensées, et ils nous donnent des règles si sûres, qu'elles nous conduisent infailliblement à la vérité, et si nécessaires tout ensemble, que sans elles il est impossible de la connaître avec une entière certitude. Ce sont les éloges qu'ils donnent eux-mêmes à leurs préceptes. Mais si l'on considère ce que l'expérience nous fait voir de l'usage que ces philosophes en font, et dans la logique, et dans les autres parties de la philosophie, on aura beaucoup de sujet de se défier de la vérité de ces promesses.

Néanmoins, parce qu'il n'est pas juste de rejeter absolument ce qu'il y a de bon dans la logique, à cause de l'abus qu'on peut en faire, et qu'il n'est pas vraisemblable que tant de grands esprits qui se sont appliqués avec tant de soin aux règles du raisonnement n'aient rien du tout trouvé de solide ; et enfin parce que la coutume a introduit une certaine nécessité de savoir au moins grossièrement ce que c'est que logique, on a cru que ce serait contribuer en quelque chose à l'utilité publique, que d'en tirer ce qui peut le plus servir à former le jugement : et c'est proprement le dessein qu'on s'est proposé dans cet ouvrage, en y ajoutant plusieurs nouvelles réflexions qui sont venues dans l'esprit en écrivant, et qui en font la plus grande et peut-être la plus considérable partie.

Car il me semble que les philosophes ordinaires ne se soient guère appliqués qu'à donner des règles des bons et des mauvais raisonnements. Or, quoique l'on ne puisse pas dire que ces règles soient inutiles, puisqu'elles servent quelquefois à découvrir le défaut de certains arguments embarrassés, et à disposer ses pensées d'une manière plus convaincante, néanmoins on ne doit pas aussi croire que cette utilité s'étende bien loin, la plupart des erreurs des hommes ne consistant pas à se laisser tromper par de mauvaises conséquences, mais à se laisser aller à de faux jugements dont on tire de mauvaises conséquences. C'est à quoi ceux qui jusqu'ici ont traité de la logique ont peu cherché de remèdes, et ce qui fait le principal sujet des nouvelles réflexions qu'on trouvera partout dans ce livre.

On est obligé néanmoins de reconnaître que ces réflexions qu'on appelle nouvelles, parce qu'on ne les voit pas dans les logiques communes, ne sont pas toutes de celui qui a travaillé à cet ouvrage, et qu'il en a emprunté quelques-unes des livres d'un célèbre philosophe [1] de ce siècle, qui a autant de netteté d'esprit qu'on trouve de confusion dans les autres. On en a aussi tiré quelques autres d'un petit écrit non imprimé qui avait été fait par feu M. Pascal, et qu'il avait intitulé : *De l'Esprit géométrique ;* et c'est ce qui est dit, dans le chapitre XII de la première partie, de la différence des définitions de noms et des définitions de choses, et les cinq règles qui sont expliquées dans la quatrième partie, que l'on y a beaucoup plus étendues qu'elles ne le sont dans cet écrit.

Quant à ce qu'on a tiré des livres ordinaires de la logique, voici ce qu'on y a observé :

Premièrement, on a eu dessein de renfermer dans celle-ci tout ce qui était véritablement utile dans les autres, comme les règles des figures, les révisions des termes et des idées, quelques réflexions sur les propositions. Il y avait d'autres choses qu'on jugeait assez inutiles, comme les catégories et les lieux ; mais parce qu'elles étaient courtes, faciles et communes, on n'a pas cru devoir les omettre, en avertissant néanmoins du jugement qu'on doit en faire, afin qu'on ne les crût pas plus utiles qu'elles ne sont.

On a été plus en doute sur certaines matières assez épineuses et peu utiles, comme les conversions des propositions, la démonstration des règles des figures ; mais enfin on s'est résolu de ne pas les retrancher, la difficulté même n'en étant pas entièrement inutile : car il est vrai que, lorsqu'elle ne se termine à la connaissance d'aucune vérité, on a raison de dire : *Stultum est difficiles habere nugas ;* mais on ne doit pas l'éviter de même, quand elle mène à quelque chose de

---

[1]. Descartes.

vrai, parce qu'il est avantageux de s'exercer à entendre les vérités difficiles.

Il y a des estomacs qui ne peuvent digérer que les viandes légères et délicates : et il y a de même des esprits qui ne peuvent s'appliquer à comprendre que les vérités faciles et revêtues des ornements de l'éloquence. L'un et l'autre est une délicatesse blâmable, ou plutôt une véritable faiblesse. Il faut rendre son esprit capable de découvrir la vérité, lors même qu'elle est cachée et enveloppée, et de la respecter sous quelque forme qu'elle paraisse. Si on ne surmonte cet éloignement et ce dégoût, qu'il est facile à tout le monde de concevoir de toutes les choses qui paraissent un peu subtiles et scolastiques, on rétrécit insensiblement son esprit, et on le rend incapable de comprendre ce qui ne se connaît que par l'enchaînement de plusieurs propositions : et ainsi, quand une vérité dépend de trois ou quatre principes qu'il est nécessaire d'envisager tout à la fois, on s'éblouit, on se rebute, et l'on se prive par ce moyen de la connaissance de plusieurs choses utiles : ce qui est un défaut considérable.

La capacité de l'esprit s'étend et se resserre par l'accoutumance, et c'est à quoi servent principalement les mathématiques, et généralement toutes les choses difficiles, comme celles dont nous parlons ; car elles donnent une certaine étendue à l'esprit, et elles l'exercent à s'appliquer davantage et à se tenir plus ferme dans ce qu'il connaît.

Ce sont les raisons qui ont porté à ne pas omettre ces matières épineuses, et à les traiter même aussi subtilement qu'en aucune autre logique. Ceux qui n'en seront pas satisfaits peuvent s'en délivrer en ne les lisant pas : car on a eu soin pour cela de les en avertir à la tête même des chapitres, afin qu'ils n'aient pas sujet de s'en plaindre, et que s'ils les lisent, ce soit volontairement.

On n'a pas cru aussi devoir s'arrêter au dégoût de quelques personnes qui ont en horreur certains termes artificiels qu'on a formés pour retenir plus facilement les diverses manières de raisonner, comme si c'étaient des mots de magie, et qui font souvent des railleries assez froides sur *baroco* et *baralipton*, comme tenant du caractère de pédant ; parce que l'on a jugé qu'il y avait plus de bassesse dans ces railleries que dans ces mots. La vraie raison et le bon sens ne permettent pas qu'on traite de ridicule ce qui ne l'est point : or, il n'y a rien de ridicule dans ces termes, pourvu qu'on n'en fasse pas un trop grand mystère, et que, comme ils n'ont été faits que pour soulager la mémoire, on ne veuille pas les faire passer dans l'usage ordinaire, et dire, par exemple, qu'on va faire un argument en *bocardo* ou en *felapton*, ce qui serait en effet très-ridicule.

On abuse quelquefois beaucoup de ce reproche de pédanterie, et souvent on y tombe en l'attribuant aux autres. La pédanterie est un vice d'esprit et non de profession ; et il y a des pédants de toutes robes, de toutes conditions et de tous états. Relever des choses basses et petites, faire une vaine montre de sa science, entasser du grec et du latin sans jugement, s'échauffer sur l'ordre des mois attiques, sur les habits des Macédoniens et sur de semblables disputes de nul usage ; piller un auteur en lui disant des injures, déchirer outrageusement ceux qui ne sont pas de notre sentiment sur l'intelligence d'un passage de Suétone [1] et sur l'étymologie d'un mot, comme s'il s'y agissait de la religion et de l'État ; vouloir faire soulever tout le monde contre un homme qui n'estime pas assez Cicéron, comme contre un perturbateur du repos public, ainsi que Jules Scaliger [2] a tâché de faire contre Erasme [3]; s'intéresser pour la réputation d'un ancien philosophe, comme si l'on était son proche parent, c'est proprement ce qu'on peut appeler pédanterie ; mais il n'y en a point à entendre ni à expliquer des mots artificiels assez ingénieusement inventés, et qui n'ont pour but que le soulagement de la mémoire, pourvu qu'on en use avec les précautions que l'on a marquées.

Il ne reste plus qu'à rendre raison pourquoi on a omis grand nombre de questions qu'on trouve dans les logiques ordinaires, comme celles qu'on traite dans les prolégomènes, l'universel *a parte rei*, les relations et plusieurs autres semblables ; et sur cela il suffirait presque de répondre qu'elles appartiennent plutôt à la métaphysique qu'à la logique ; mais il est vrai néanmoins que ce n'est pas ce qu'on a principalement considéré : car quand on a jugé qu'une matière pouvait être utile pour former le jugement, on a peu regardé à quelle science elle appartenait. L'arrangement de nos diverses connaissances est libre comme celui des lettres d'une imprimerie ; chacun a droit d'en former différents ordres, selon son besoin, quoique, lorsqu'on en forme, on doive les ranger de la manière la plus naturelle. Il suffit qu'une matière nous soit utile pour nous en servir, et la regarder non comme étrangère, mais comme propre ; c'est pourquoi on trouvera ici quantité de choses de physique et de morale et presque autant de métaphysique qu'il est nécessaire d'en savoir, quoique l'on ne prétende point pour cela avoir emprunté rien de personne. Tout ce qui sert à la logique lui appartient ; et c'est une chose entièrement ridicule que les gênes que se donnent certains auteurs, comme Ramus et les Ramistes [4], quoique d'ailleurs fort habiles gens, qui prennent autant de peines pour borner les juridictions de chaque science, et faire qu'elles n'entreprennent pas les unes sur les autres, que l'on en prend pour marquer les limites des royaumes et régler les ressorts des parlements.

Ce qui a porté aussi à retrancher entièrement ces questions d'école, n'est pas simplement de ce qu'elles sont difficiles et de peu d'usage : on en a traité quelques-unes de cette nature ; mais c'est qu'ayant toutes ces mauvaises qualités, on a cru de plus qu'on pourrait se dispenser d'en parler sans choquer personne, parce qu'elles sont peu estimées.

Car il faut mettre une grande différence entre les questions inutiles

---

1. L'auteur des *Vies des douze Césars*.

2. Scaliger (Jules-César), grammairien, né à Padoue en 1484, mort en 1558.

3. Erasme, né en 1467 à Rotterdam, mort en 1536. Ses principaux ouvrages sont l'*Éloge de la folie* et les *Colloques*.

4. Pierre de la Ramée (en latin, Ramus), né en 1515 à Cuth en Vermandois, avait embrassé la Réforme, et fut tué dans la nuit de la Saint-Barthélemy.

dont les livres de philosophie sont remplis. Il y en a qui sont assez méprisées par ceux mêmes qui les traitent, et il y en a, au contraire, qui sont célèbres et autorisées, et qui ont beaucoup de cours dans les écrits de personnes d'ailleurs estimables.

Il semble que c'est un devoir auquel on est obligé à l'égard de ces opinions communes et célèbres, quelque fausses qu'on les croie, de ne pas ignorer ce qu'on en dit. On doit cette civilité, ou plutôt cette justice, non à la fausseté, car elle n'en mérite point, mais aux hommes qui en sont prévenus, de ne pas rejeter ce qu'ils estiment sans l'examiner: et ainsi il est raisonnable d'acheter, par la peine d'apprendre ces questions, le droit de les mépriser.

Mais on a plus de liberté dans les premières ; et celles de logique, que nous avons cru devoir omettre, sont de ce genre : elles ont cela de commode qu'elles ont peu de crédit, non-seulement dans le monde où elles sont inconnues, mais parmi ceux-là même qui les enseignent. Personne, Dieu merci, ne prend intérêt à l'universel *a parte rei*, à l'être de raison, ni aux secondes intentions ; et ainsi on n'a pas lieu d'appréhender que quelqu'un se choque de ce qu'on n'en parle point ; outre que ces matières sont si peu propres à être mises en français, qu'elles auraient été plus capables de décrier la philosophie de l'école que de la faire estimer.

Il est bon aussi d'avertir qu'on s'est dispensé de suivre toujours les règles d'une méthode tout à fait exacte, ayant mis beaucoup de choses dans la quatrième partie, qu'on aurait pu rapporter à la seconde et à la troisième ; mais on l'a fait à dessein, parce qu'on a jugé qu'il était utile de voir en un même lieu tout ce qui était nécessaire pour rendre une science parfaite; ce qui est le plus grand ouvrage de la méthode dont on traite dans la quatrième partie et c'est pour cette raison qu'on a réservé de parler en ce lieu-là des axiomes et des démonstrations.

Voilà à peu près les vues que l'on a eues dans cette logique. Peut-être qu'avec tout cela il y aura fort peu de personnes qui en profitent ou qui s'aperçoivent du fruit qu'elles en tireront, parce qu'on ne s'applique guère d'ordinaire à mettre en usage des préceptes par des réflexions expresses: mais on espère néanmoins que ceux qui l'auront lue avec quelque soin pourront en prendre une teinture qui les rendra plus exacts et plus solides dans leurs jugements, sans même qu'ils y pensent, comme il y a de certains remèdes qui guérissent des maux, en augmentant la vigueur et en fortifiant les parties. Quoi qu'il en soit, au moins n'incommodera-t-elle pas longtemps personne, ceux qui sont un peu avancés pouvant la lire et apprendre en sept ou huit jours : et il est difficile que, contenant une si grande diversité de choses, chacun n'y trouve de quoi se payer de la peine de sa lecture.

SECOND DISCOURS

CONTENANT LA RÉPONSE AUX PRINCIPALES OBJECTIONS QU'ON A FAITES CONTRE CETTE LOGIQUE.

Tous ceux qui se portent à faire part au public de quelques ouvrages doivent en même temps se résoudre à avoir autant de juges que de lecteurs, et cette condition ne doit leur paraître ni injuste ni onéreuse ; car, s'ils sont vraiment désintéressés, ils doivent en avoir abandonné la propriété en les rendant publics, et les regarder ensuite avec la même indifférence qu'ils feraient des ouvrages étrangers [1].

Le seul droit qu'ils peuvent s'y réserver légitimement est celui de corriger ce qu'il y aurait de défectueux, à quoi ces divers jugements qu'on fait des livres sont extrêmement avantageux ; car ils sont toujours utiles lorsqu'ils sont justes, et ils ne nuisent de rien lorsqu'ils sont injustes, parce qu'il est permis de ne pas les suivre.

La prudence veut néanmoins qu'en plusieurs rencontres on s'accommode à ces jugements qui ne nous semblent pas justes ; parce que, s'ils ne nous font pas voir que ce qu'on reprend soit mauvais, ils nous font voir au moins qu'il n'est pas proportionné à l'esprit de ceux qui le reprennent. Or, il est sans doute meilleur, lorsqu'on peut le faire sans tomber en quelque plus grand inconvénient, de choisir un tempérament si juste, qu'en contentant les personnes judicieuses, on ne mécontente pas ceux qui ont le jugement moins exact ; puisque l'on ne doit pas supposer qu'on n'aura que des lecteurs habiles et intelligents.

Ainsi il serait à désirer qu'on ne considérât les premières éditions des livres que comme des essais informes

---

[1]. Réflexion d'une haute moralité que les écrivains devraient toujours avoir présente à l'esprit ; c'est pour ainsi dire la règle du désintéressement littéraire.

que ceux qui en sont auteurs proposent aux personnes de lettres pour en apprendre leurs sentiments, et qu'ensuite, sur les différentes vues que leur donneraient ces différentes pensées, ils y travaillassent tout de nouveau pour mettre leurs ouvrages dans la perfection où ils sont capables de les porter [1].

C'est la conduite qu'on aurait bien désiré de suivre dans la seconde édition de cette Logique, si l'on avait appris plus de choses de ce qu'on a dit dans le monde de la première. On a fait néanmoins ce qu'on a pu, et l'on a ajouté, retranché et corrigé plusieurs choses, suivant les pensées de ceux qui ont eu la bonté de faire savoir ce qu'ils y trouvaient à redire.

Et premièrement, pour le langage, on a suivi presque en tout les avis de deux personnes, qui se sont donné la peine de remarquer quelques fautes qui s'y étaient glissées par mégarde, et certaines expressions qu'ils ne croyaient pas être du bon usage; et l'on ne s'est dispensé de s'attacher à leurs sentiments que lorsqu'en ayant consulté d'autres, on a trouvé les opinions partagées, auquel cas on a cru qu'il était permis de prendre le parti de la liberté.

On trouvera plus d'additions que de changements ou de retranchements pour les choses, parce qu'on a été moins averti de ce qu'on y reprenait. Il est vrai néanmoins que l'on a su quelques objections générales qu'on faisait contre ce livre, auxquelles on n'a pas cru devoir s'arrêter, parce qu'on s'est persuadé que ceux mêmes qui les faisaient seraient aisément satisfaits, lorsqu'on leur aurait représenté les raisons qu'on a eues en vue dans les choses qu'ils blâmaient; et c'est pourquoi il est inutile de répondre ici aux principales de ces objections.

Il s'est trouvé des personnes qui ont été choquées du titre d'*art de penser*, au lieu duquel elles voulaient qu'on mit l'*art de bien raisonner :* mais on les prie de considérer que, la logique ayant pour but de donner des règles pour toutes les actions de l'esprit, et aussi bien pour les idées simples que pour les jugements et pour les raisonnements, il n'y avait guère d'autre mot qui enfermât toutes ces différentes actions; et certainement celui de pensée les comprend toutes : car les simples idées sont des pensées, les jugements sont des pensées, et les raisonnements sont des pensées. Il est vrai que l'on eût pu dire, *l'art de bien penser;* mais cette addition n'était pas nécessaire, étant assez marquée par le mot d'*art,* qui signifie de soi-même une méthode de bien faire quelque chose, comme Aristote même le remarque; et c'est pourquoi on se

---

1. Voilà une méthode à la fois morale et littéraire dont les préceptes, trop peu suivis, sont tracés avec une rare sagacité.

contente de dire « l'art de peindre, l'art de conter, » parce qu'on suppose qu'il ne faut point d'art pour mal peindre ni pour mal conter.

On a fait une objection beaucoup plus considérable contre cette multitude de choses tirées de différentes sciences que l'on trouve dans cette Logique ; et, parce qu'elle en attaque tout le dessein, et nous donne ainsi lieu de l'expliquer, il est nécessaire de l'examiner avec plus de soin. — A quoi bon, disent-ils, toute cette bigarrure de rhétorique, de morale, de physique, de métaphysique, de géométrie ? Lorsque nous pensons trouver des préceptes de logique, on nous transporte tout d'un coup dans les plus hautes sciences, sans s'être informé si nous les avions apprises. Ne devait-on pas supposer, au contraire, que si nous avions déjà toutes ces connaissances, nous n'aurions pas besoin de cette Logique ? Et n'eût-il pas mieux valu nous en donner une toute simple et toute nue, où les règles fussent expliquées par des exemples tirés des choses communes, que de les embarrasser de tant de matières qui les étouffent ?

Mais ceux qui raisonnent de cette sorte n'ont pas assez considéré qu'un livre ne saurait guère avoir de plus grand défaut que de n'être pas lu, puisqu'il ne sert qu'à ceux qui le lisent ; et qu'ainsi tout ce qui contribue à faire lire un livre contribue aussi à le rendre utile. Or, il est certain que, si on avait suivi leur pensée et que l'on eût fait une Logique toute sèche, avec les exemples ordinaires d'animal et de cheval, quelque exacte et quelque méthodique qu'elle eût pu être, elle n'eût fait qu'augmenter le nombre de tant d'autres, dont le monde est plein, et qui ne se lisent point. Au lieu que c'est justement cet amas de différentes choses qui a donné quelque cours à celle-ci, et qui la fait lire avec un peu moins de chagrin qu'on ne fait les autres.

Mais ce n'est pas là néanmoins la principale vue qu'on a eue dans ce mélange, que d'attirer le monde à la lire, en la rendant plus divertissante que ne le sont les Logiques ordinaires. On prétend, de plus, avoir suivi la voie la plus naturelle et la plus avantageuse de traiter cet art, en remédiant, autant qu'il se pouvait, à un inconvénient qui en rend l'étude presque inutile.

Car l'expérience fait voir que, sur mille jeunes gens qui apprennent la logique, il n'y en a pas dix qui en sachent quelque chose six mois après qu'ils ont achevé leurs cours. Or, il semble que la véritable cause de cet oubli ou de cette négligence si commune soit que, toutes les matières que l'on traite dans la logique étant d'elles-mêmes très-abstraites et très-éloignées de l'usage, on les joint encore à des exemples peu agréables, et dont on ne parle jamais ailleurs ; et ainsi l'esprit, qui ne s'y attache qu'avec peine, n'a rien qui l'y retienne attaché, et perd aisément toutes les idées qu'il en avait conçues, parce qu'elles ne sont jamais renouvelées par la pratique.

De plus, comme ces exemples communs ne font pas assez comprendre que cet art puisse être appliqué à quelque chose d'utile, ils s'accoutument à renfermer la logique dans la logique, sans l'étendre plus loin, au lieu qu'elle n'est faite que pour servir d'instrument aux autres sciences; de sorte que, comme ils n'en ont jamais eu de vrai usage, ils ne la mettent aussi jamais en usage, et ils sont bien aises même de s'en décharger comme d'une connaissance basse et inutile.

On a donc cru que le meilleur remède de cet inconvénient était de ne pas tant séparer qu'on fait d'ordinaire la logique des autres sciences auxquelles elle est destinée, et de la joindre tellement, par le moyen des exemples, à des connaissances solides, que l'on vît en même temps les règles et la pratique; afin que l'on apprît à juger de ces sciences par la logique, et que l'on retînt la logique par le moyen de ces sciences.

Ainsi, tant s'en faut que cette diversité puisse étouffer les préceptes, que rien ne peut plus contribuer à les faire bien entendre, et à les faire mieux retenir, que cette diversité, parce qu'ils sont d'eux-mêmes trop subtils pour faire impression sur l'esprit, si on ne les attache à quelque chose de plus agréable et de plus sensible.

Pour rendre ce mélange plus utile, on n'a pas emprunté au hasard des exemples de ces sciences; mais on en a choisi les points les plus importants, et qui pouvaient le plus servir de règles et de principes, pour trouver la vérité dans les autres matières que l'on n'a pu traiter.

On a considéré, par exemple, en ce qui regarde la rhétorique, que le secours qu'on pouvait en tirer pour trouver des pensées, des expressions et des embellissements, n'était pas si considérable. L'esprit fournit assez de pensées, l'usage donne les expressions; et pour les figures et les ornements, on n'en a toujours que trop. Ainsi, tout consiste presque à s'éloigner de certaines mauvaises manières d'écrire et de parler, et surtout d'un style artificiel et rhétoricien, composé de pensées fausses et hyperboliques, et de figures forcées, qui est le plus grand de tous les vices. Or, l'on trouvera peut-être autant de choses utiles dans cette Logique pour connaître et pour éviter ces défauts, que dans les livres qui en traitent expressément. Le chapitre dernier de la première partie, en faisant voir la nature du style figuré, apprend en même temps l'usage que l'on doit en faire, et découvre la vraie règle par laquelle on doit discerner les bonnes et les mauvaises figures. Celui où l'on traite des lieux en général peut beaucoup servir à retrancher l'abondance superflue des pensées communes. L'article où l'on parle des mauvais raisonnements où l'éloquence engage insensiblement, en apprenant à ne prendre jamais pour beau ce qui est faux, propose, en passant, une des plus importantes règles de la véritable rhétorique, et qui peut plus que toute autre former l'esprit à une manière d'écrire simple, naturelle et judicieuse. Enfin, ce que l'on dit dans le même chapitre, du soin que l'on doit avoir de n'irriter point la malignité de ceux à qui l'on parle, donne lieu d'éviter un très-grand nombre de défauts, d'autant plus dangereux qu'ils sont plus difficiles à remarquer.

Pour la morale, le sujet principal que l'on traitait n'a pas permis qu'on en insérât beaucoup de choses. Je crois néanmoins qu'on jugera que ce que l'on en voit dans le chapitre des fausses idées des biens et des maux dans la première partie, et dans celui des mauvais raisonnements que l'on commet dans la vie civile, est de très-grande étendue, et donne lieu de reconnaître une grande partie des égarements des hommes.

Il n'y a rien de plus considérable dans la métaphysique que l'origine de nos idées, la séparation des idées spirituelles et des images corporelles, la distinction de l'âme et du corps, et les preuves de son immortalité fondées sur cette distinction; et c'est ce que l'on verra assez amplement traité dans la première et dans la quatrième partie.

On trouvera même en divers lieux la plus grande partie des principes généraux de la physique, qu'il est très-facile d'allier, et l'on pourra tirer assez de lumière de ce que l'on a dit de la pesanteur, des qualités sensibles, des actions des sens, des facultés attractives, des vertus occultes, des formes substantielles, pour se détromper d'une infinité de fausses idées que les préjugés de notre enfance ont laissées dans notre esprit.

Ce n'est pas qu'on puisse se dispenser d'étudier toutes ces choses avec plus de soin dans les livres qui en traitent expressément; mais on a considéré qu'il y avait plusieurs personnes qui, ne se destinant pas à la théologie, pour laquelle il est nécessaire de savoir exactement la philosophie de l'école, qui en est comme la langue, se peuvent contenter d'une connaissance plus générale de ces sciences. Or, encore qu'ils ne puissent pas trouver dans ce livre-ci tout ce qu'ils doivent en apprendre, on peut dire néanmoins avec vérité qu'ils y trouveront presque tout ce qu'ils doivent en retenir.

Ce que l'on objecte, qu'il y a quelques-uns de ces exemples qui ne sont pas assez proportionnés à l'intelligence de ceux qui commencent, n'est véritable qu'à l'égard des exemples de géométrie; car, pour les autres, ils peuvent être entendus de tous ceux qui ont quelque ouverture d'esprit, quoiqu'ils n'aient jamais rien appris de philosophie: et peut-être même qu'ils seront plus intelligibles à ceux qui n'ont encore aucuns préjugés, qu'à ceux qui auront l'esprit rempli des maximes de la philosophie commune.

Pour les exemples de géométrie, il est vrai qu'ils ne seront pas compris de tout le monde; mais ce n'est pas un grand inconvénient, car on ne croit pas qu'on en trouve guère que dans des discours exprès et détachés que l'on peut facilement passer, ou dans des choses assez claires par elles-mêmes, ou assez éclaircies par d'autres exemples, pour n'avoir pas besoin de ceux de géometrie.

Si l'on examine, de plus, les endroits où l'on s'en est servi, on reconnaîtra qu'il était difficile d'en trouver d'autres qui y fussent aussi propres, n'y ayant guère que cette science qui puisse fournir des idées bien nettes et des propositions incontestables.

On a dit, par exemple, en parlant des propriétés réciproques, que c'en était une des triangles rectangles, que le carré de l'hypoténuse est égal au carré des côtés: cela est clair et certain à tous ceux qui l'entendent; et ceux qui ne l'entendent pas peuvent le supposer, et ne laissent pas de comprendre la chose à laquelle on applique cet exemple.

Mais, si l'on eût voulu se servir de celui qu'on apporte d'ordinaire, qui est la risibilité, que l'on dit être une propriété de l'homme, on eût avancé une chose assez obscure et très-contestable; car, si l'on entend par le mot risibilité le pouvoir de faire une certaine grimace qu'on fait en riant, on ne voit pas pourquoi on ne pourrait pas dresser des bêtes à faire cette grimace, et peut-être même qu'il y en a qui la font. Que si on enferme dans ce mot, non-seulement le changement que le ris fait dans le visage, mais aussi la pensée qui l'accompagne et qui le produit, et qu'ainsi l'on entende par risibilité le pouvoir de rire en pensant, toutes les actions des hommes deviendront des propriétés réciproques en cette manière, n'y en ayant point qui ne soient propres à l'homme seul, si on les joint avec la pensée. Ainsi, l'on dira que c'est une propriété de l'homme de marcher, de boire, de manger, parce qu'il n'y a que l'homme qui marche, qui boive et qui mange en pensant : pourvu qu'on l'entende de cette sorte, nous ne manquerons pas d'exemples de propriétés ; mais encore ne seront-ils pas certains dans l'esprit de ceux qui attribuent des pensées aux bêtes, et qui pourront aussi bien leur attribuer le ris avec la pensée ; au lieu que celui dont on s'est servi est certain dans l'esprit de tout le monde.

On a voulu montrer de même, en un endroit, qu'il y avait des choses corporelles que l'on concevait d'une manière spirituelle et sans se les imaginer ; et sur cela on a rapporté l'exemple d'une figure de mille angles que l'on conçoit nettement par l'esprit, quoiqu'on ne puisse s'en former d'image distincte qui en représente les propriétés ; et l'on a dit, en passant, qu'une des propriétés de cette figure était que tous ses angles étaient égaux à 1996 angles droits. Il est visible que cet exemple prouve fort bien ce qu'on voulait faire voir en cet endroit.

Il ne reste plus qu'à satisfaire à une plainte plus odieuse que quelques personnes font, de ce qu'on a tiré d'Aristote des exemples de définitions défectueuses et de mauvais raisonnements ; ce qui leur paraît naître d'un désir secret de rabaisser ce philosophe.

Mais ils n'auraient jamais formé un jugement si peu équitable, s'ils avaient assez considéré les vraies règles que l'on doit garder en citant des exemples de fautes, qui sont celles qu'on a eues en vue en citant Aristote.

Premièrement, l'expérience fait voir que la plupart de ceux qu'on propose d'ordinaire sont peu utiles, et demeurent peu dans l'esprit, parce qu'ils sont formés à plaisir, et qu'ils sont si visibles et si grossiers, que l'on juge comme impossible d'y tomber. Il est donc plus avantageux, pour faire retenir ce qu'on dit de ces défauts, et pour les faire éviter, de choisir des exemples réels tirés de quelque auteur considérable dont la réputation excite davantage à se garder de ces sortes de surprises, dont on voit que les plus grands hommes sont capables.

De plus, comme on doit avoir pour but de rendre tout ce qu'on écrit aussi utile qu'il peut l'être, il faut tâcher de choisir des exemples de fautes qu'il soit bon de ne pas ignorer; car ce serait fort inutilement qu'on se chargerait la mémoire de toutes les rêveries de Flud [1], de Van Helmont [2] et de Paracelse [3]. Il est donc meilleur de chercher de ces exemples dans des auteurs si célèbres, qu'on soit même en quelque sorte obligé d'en connaître jusqu'aux défauts.

Or, tout cela se rencontre parfaitement dans Aristote; car rien ne peut porter plus puissamment à éviter une faute que de faire voir qu'un si grand esprit y est tombé : et sa philosophie est devenue si célèbre par le grand nombre de personnes de mérite qui l'ont embrassée, que c'est une nécessité de savoir même ce qu'il pourrait y avoir de défectueux. Ainsi, comme l'on jugeait très-utile que ceux qui liraient ce livre apprissent, en passant, divers points de cette philosophie, et que néanmoins il n'est jamais utile de se tromper, on les a rapportés pour les faire connaître, et l'on a marqué en passant le défaut qu'on y trouvait, pour empêcher qu'on ne s'y trompât.

Ce n'est donc pas pour rabaisser Aristote, mais, au contraire, pour l'honorer autant que l'on peut en des choses où l'on n'est pas de son sentiment, que l'on a tiré ces exemples de ses livres ; et il est visible, d'ailleurs, que les points où on l'a repris sont de très-peu d'importance, et ne touchent point le fond de sa philosophie, que l'on n'a eu nulle intention d'attaquer.

Que si l'on n'a pas rapporté de même plusieurs choses excellentes que l'on trouve partout dans les livres d'Aristote, c'est qu'elles ne se sont pas présentées dans la suite du discours ; mais si on en eût trouvé l'occasion, on l'eût fait avec joie, et l'on n'aurait pas manqué de lui donner les justes louanges qu'il mérite : car il est certain qu'Aristote est en effet un esprit très-vaste et très-étendu, qui découvre dans les sujets qu'il traite un grand nombre de suites et de conséquences ; et c'est pourquoi il a très-bien réussi en ce qu'il a dit des passions dans le second livre de sa Rhétorique.

Il y a aussi plusieurs belles choses dans ses livres de politique et de morale, dans les Problèmes et dans l'Histoire des animaux ; et quelque confusion que l'on trouve dans ses Analytiques, il faut avouer néanmoins que presque tout ce qu'on sait des règles de la logique est pris de là. De sorte qu'il n'y a point en effet d'auteur dont on ait emprunté plus de choses dans cette Logique, que d'Aristote, puisque le corps des préceptes lui appartient.

Il est vrai qu'il semble que le moins parfait de ses ouvrages soit sa Physique, comme c'est aussi celui qui a été le plus longtemps condamné et défendu dans l'Église, ainsi qu'un savant homme [4] l'a fait voir dans un livre exprès ; mais encore le principal défaut qu'on peut y trouver n'est pas qu'elle soit fausse, mais c'est, au contraire, qu'elle est trop

---

1. Robert Flud, né dans le comté de Kent en 1574, mort à Londres. Il est auteur du *De supernaturali, naturali, præternaturali et contranaturali cosmi historia.*

2. Jean-Baptiste Van Helmont, né

3. Philippe-Aurèle-Théophraste Paracelse, né en 1493 en Suisse, mort à Salzbourg en 1541.

4. Jean de Launoy, né à Valogne en 1603, mort à Paris en 1678.

vraie, et qu'elle ne nous apprend que des choses qu'il est impossible d'ignorer. Car qui peut douter que toutes choses ne soient composées de matière et d'une certaine forme de cette matière ? qui peut douter qu'afin que la matière acquière une nouvelle manière et une nouvelle forme, il faut qu'elle ne l'eût pas auparavant, c'est-à-dire qu'elle en eût la privation ? qui peut douter enfin de ces autres principes métaphysiques, que tout dépend de la forme ; que la matière seule ne fait rien ; qu'il y a un lieu, des mouvements, des qualités, des facultés ? Mais après qu'on a appris toutes ces choses, il ne semble pas qu'on ait appris rien de nouveau, ni qu'on soit plus en état de rendre raison d'aucun des effets de la nature.

Que s'il se trouvait des personnes qui prétendissent qu'il n'est permis en aucune sorte de témoigner qu'on n'est pas du sentiment d'Aristote, il serait aisé de leur faire voir que cette délicatesse n'est pas raisonnable.

Car si l'on doit de la déférence à quelques philosophes, ce ne peut être que par deux raisons : ou dans la vue de la vérité qu'ils auraient suivie, ou dans la vue de l'opinion des hommes qui les approuvent.

Dans la vue de la vérité, on leur doit du respect lorsqu'ils ont raison ; mais la vérité ne peut obliger de respecter la fausseté en qui que ce soit.

Pour ce qui regarde le consentement des hommes dans l'approbation d'un philosophe, il est certain qu'il mérite aussi quelque respect, et qu'il y aurait de l'imprudence de le choquer, sans user de grandes précautions ; et la raison en est, qu'en attaquant ce qui est reçu de tout le monde, on se rend suspect de présomption, en croyant avoir plus de lumière que les autres.

Mais lorsque le monde est partagé touchant les opinions d'un auteur, et qu'il y a des personnes considérables de côté et d'autre, on n'est plus obligé à cette réserve, et l'on peut librement déclarer ce qu'on approuve ou ce qu'on n'approuve pas dans ces livres sur lesquels les personnes de lettres sont divisées, parce que ce n'est pas tant alors préférer son sentiment à celui de cet auteur et de ceux qui l'approuvent, que se ranger au parti de ceux qui sont contraires en ce point.

C'est proprement l'état où se trouve maintenant

philosophie d'Aristote. Comme elle a eu diverses fortunes, ayant été en un temps généralement rejetée, et en un autre généralement approuvée, elle est réduite maintenant à un état qui tient le milieu entre ces extrémités : elle est soutenue par plusieurs personnes savantes, et elle est combattue par d'autres qui ne sont pas en moindre réputation. L'on écrit tous les jours librement en France, en Flandre, en Angleterre, en Allemagne, en Hollande, pour et contre la philosophie d'Aristote : les conférences de Paris sont partagées aussi bien que les livres et personne ne s'offense qu'on s'y déclare contre lui. Les plus célèbres professeurs ne s'obligent plus à cette servitude de recevoir aveuglément tout ce qu'ils trouvent dans ses livres, et il y a même de ses opinions qui sont généralement bannies ; car qui est le médecin qui voulût soutenir maintenant que les nerfs viennent du cœur, comme Aristote l'a cru, puisque l'anatomie fait voir clairement qu'ils tirent leur origine du cerveau ; ce qui a fait dire à saint Augustin : *Qui ex puncto cerebri et quasi centro sensus omnes quinaria distributione diffudit?* Et qui est le philosophe qui s'opiniâtre à dire que la vitesse des choses pesantes croît dans la même proportion que leur pesanteur, puisqu'il n'y a personne qui ne puisse se désabuser de cette opinion d'Aristote, en laissant tomber d'un lieu élevé deux choses très-inégalement pesantes, dans lesquelles on ne remarquera néanmoins que très-peu d'inégalité de vitesse [1].

Tous les états violents ne sont pas d'ordinaire de longue durée, et toutes les extrémités sont violentes. Il est trop dur de condamner généralement Aristote comme on a fait autrefois, et c'est une gêne bien grande que de se croire obligé de l'approuver en tout, et de le prendre pour la règle de la vérité des opinions philosophiques, comme il semble qu'on ait voulu le faire ensuite. Le monde ne peut demeurer longtemps dans cette contrainte, et se remet insensiblement en possession de la

---

1. Allusion aux célèbres expériences de Pascal.

liberté naturelle et raisonnable, qui consiste à approuver ce qu'on juge vrai et à rejeter ce qu'on juge faux.

Car la raison ne trouve pas étrange qu'on la soumette à l'autorité dans des sciences qui, traitant des choses qui sont au-dessus de la raison, doivent suivre une autre lumière, qui ne peut être que celle de l'autorité divine; mais il semble qu'elle soit bien fondée à ne pas souffrir que dans les sciences humaines qui font profession de ne s'appuyer que sur la raison, on l'asservisse à l'autorité contre la raison [1].

C'est la règle que l'on a suivie en parlant des opinions des philosophes, tant anciens que nouveaux. On n'a considéré dans les uns et dans les autres que la vérité, sans épouser généralement les sentiments d'aucun en particulier, et sans se déclarer aussi généralement contre aucun.

De sorte que tout ce qu'on doit conclure, quand on a rejeté quelque opinion ou d'Aristote ou d'un autre, est que l'on n'est pas du sentiment de cet auteur en cette occasion; mais on n'en peut nullement conclure que l'on n'en soit pas en d'autres points, et beaucoup moins qu'on ait quelque aversion de lui, et quelque désir de le rabaisser. On croit que cette disposition sera approuvée par toutes les personnes équitables, et qu'on ne reconnaîtra dans tout cet ouvrage qu'un désir sincère de contribuer à l'utilité publique, autant qu'on pouvait le faire par un livre de cette nature, sans aucune passion contre personne.

---

[1]. Comparer les Fragments de Pascal sur *l'autorité en matière de philosophie*.

LA LOGIQUE

OU L'ART DE PENSER

La logique est l'art de bien conduire sa raison dans la connaissance des choses, tant pour s'instruire soi-même que pour en instruire les autres [1].

Cet art consiste dans les réflexions que les hommes ont faites sur les quatre principales opérations de leur esprit, *concevoir, juger, raisonner* et *ordonner* [2].

On appelle *concevoir*, la simple vue que nous avons des choses qui se présentent à notre esprit, comme nous nous représentons un soleil, une terre, un arbre, un rond, un carré, la pensée, l'être, sans en former aucun jugement exprès; et la forme par laquelle nous nous représentons ces choses s'appelle *idée* [3].

On appelle *juger*, l'action de notre esprit par laquelle, joignant ensemble diverses idées, il affirme de l'une qu'elle est l'autre, ou nie de l'une qu'elle soit l'autre, comme

---

1. On sait que la définition de la logique a donné lieu à de nombreuses controverses. En premier lieu, quel en est l'objet? — Les opérations de la pensée qui servent à former la science. La logique, en effet, étudie la *forme* de la science, indépendamment de la *matière* des sciences. — En second lieu, la logique est-elle une science ou un art? — Les deux à la fois. En effet, quand on a déterminé avec exactitude les lois ou règles du raisonnement, il n'y a rien dans l'application qui ne soit contenu dans ces lois, rien qui échappe à ces règles. Ce n'est pas comme dans la statuaire, par exemple, où aucune théorie et aucune règle abstraite ne peut embrasser toute la pratique. Dans la logique, la science et l'art se confondent.

2. « Ce que nous appelons bien penser, dit Gassendi, semble comprendre quatre opérations, à savoir : bien imaginer, bien proposer, bien colliger ou inférer, bien ordonner. — La logique semble par conséquent pouvoir être divisée en quatre parties, dont la première soit *de la simple imagination;* la seconde *de la proposition*, la troisième *du syllogisme*, la quatrième *de la méthode.* »

3. Gassendi définit la logique *l'art de bien penser*. « On lui donne aussi, dit-il, le nom de dialectique, du mot διαλέγεσθαι, qui veut dire *raisonner* ou *discourir*, d'où vient qu'on la définit *l'art de bien raisonner, de bien discourir*. — Il y en a qui la nomment la *canonique*, parce qu'elle est comme une règle qui dresse l'entendement dans ses opérations, qui lui fait éviter l'erreur, et qui le dirige à la vérité, qui est le but où il tend. » (*Abrégé de la philosophie de Gassendi*, par Bernier, III.)

lorsqu'ayant l'idée de la terre et l'idée du rond, j'affirme de la terre qu'elle est ronde, ou je nie qu'elle soit ronde.

On appelle *raisonner*, l'action de notre esprit par laquelle il forme un jugement de plusieurs autres; comme lorsqu'ayant jugé que la véritable vertu doit être rapportée à Dieu, et que la vertu des païens ne lui était pas rapportée, il en conclut que la vertu des païens n'était pas une véritable vertu.

On appelle ici *ordonner* l'action de l'esprit par laquelle, ayant sur un même sujet, comme sur le corps humain, diverses idées, divers jugements et divers raisonnements, il les dispose en la manière la plus propre pour faire connaître ce sujet[1]. C'est ce qu'on appelle encore *méthode*.

Tout cela se fait naturellement, et quelquefois mieux par ceux qui n'ont appris aucune règle de la logique que par ceux qui les ont apprises.

Ainsi, cet art ne consiste pas à trouver le moyen de faire ces opérations, puisque la nature seule nous les fournit en nous donnant la raison, mais à faire des réflexions sur ce que la nature nous fait faire, qui nous servent à trois choses :

La première est d'être assurés que nous usons bien de notre raison, parce que la considération de la règle nous y fait faire une nouvelle attention;

La seconde est de découvrir et d'expliquer plus facilement l'erreur ou le défaut qui peut se rencontrer dans les opérations de notre esprit; car il arrive souvent que l'on découvre, par la seule lumière naturelle, qu'un raisonnement est faux, et qu'on ne découvre pas néanmoins la raison pourquoi il est faux, comme ceux qui ne savent pas la peinture peuvent être choqués du défaut d'un tableau, sans pouvoir néanmoins expliquer quel est ce défaut qui les choque;

La troisième est de nous faire mieux connaître la nature de notre esprit par les réflexions que nous faisons

---

1. Ordonner n'est pas une opération particulière de l'esprit, mais un ensemble d'opérations.

sur ces actions : ce qui est plus excellent en soi, quand on n'y regarderait que la seule spéculation, que la connaissance de toutes les choses corporelles, qui sont infiniment au-dessous des spirituelles.

Que si les réflexions que nous faisons sur nos pensées n'avaient jamais regardé que nous-mêmes, il aurait suffi de les considérer en elles-mêmes, sans les revêtir d'aucunes paroles ni d'aucuns autres signes; mais, parce que nous ne pouvons faire entendre nos pensées les uns aux autres qu'en les accompagnant de signes extérieurs, et que même cette accoutumance est si forte que, quand nous pensons seuls, les choses ne se présentent à notre esprit qu'avec les mots dont nous avons accoutumé de les revêtir en parlant aux autres, il est nécessaire dans la logique de considérer les idées jointes aux mots et les mots joints aux idées [1].

De tout ce que nous venons de dire, il s'ensuit que la logique peut être divisée en quatre parties, selon les diverses réflexions que l'on fait sur ces quatre opérations de l'esprit.

---

1. L'habitude n'est pas la seule raison de cette impuissance où nous sommes à penser sans mots et sans images; on sait que ce fait a son explication dans la nature même de la pensée.

PREMIÈRE PARTIE

CONTENANT LES RÉFLEXIONS SUR LES IDÉES, OU SUR LA PREMIÈRE ACTION DE L'ESPRIT, QUI S'APPELLE *CONCEVOIR*.

Comme nous ne pouvons avoir aucune connaissance de ce qui est hors de nous que par l'entremise des idées qui sont en nous, les réflexions que l'on peut faire sur nos idées sont peut-être ce qu'il y a de plus important dans la logique, parce que c'est le fondement de tout le reste.

On peut réduire ces réflexions à cinq chefs, selon les cinq manières dont nous considérons les idées :

La première, selon leur nature et leur origine;

La deuxième, selon la principale différence des objets qu'elles représentent;

La troisième, selon leur simplicité ou composition, où nous traiterons des abstractions et précisions d'esprit[1];

La quatrième, selon leur étendue ou restriction, c'est-à-dire leur universalité, particularité, singularité;

La cinquième, selon leur clarté et obscurité, ou distinction et confusion.

CHAPITRE PREMIER

DES IDÉES SELON LEUR NATURE ET LEUR ORIGINE.

Le mot d'*idée* est du nombre de ceux qui sont si clairs qu'on ne peut les expliquer par d'autres, parce qu'il n'y en a point de plus clairs et de plus simples[2].

---

1. On verra plus loin, au XVIIᵉ siècle, que le mot *précision* d'esprit était synonyme d'*abstraction*. L'abstraction, en effet, a pour résultat de *couper* pour ainsi dire l'idée, de la séparer des autres, *præcidere*, de la ramener à ses éléments, et de la rendre ainsi précise.

2. La simplicité et la clarté ne sont ici qu'apparentes : la preuve en est dans les discussions sans nombre auxquelles a donné lieu ce mot vague d'idée.

Mais tout ce qu'on peut faire pour empêcher qu'on ne s'y trompe, est de marquer la fausse intelligence qu'on pourrait donner à ce mot, en le restreignant à cette seule façon de concevoir les choses qui se fait par l'application de notre esprit aux images qui sont peintes dans notre cerveau, et qui s'appelle *imagination*[1].

Car, comme saint Augustin remarque souvent, l'homme, depuis le péché, s'est tellement accoutumé à ne considérer que les choses corporelles dont les images entrent par les sens dans notre cerveau, que la plupart croient ne pouvoir concevoir une chose quand ils ne se la peuvent imaginer, c'est-à-dire se la représenter sous une image corporelle, comme s'il n'y avait en nous que cette seule manière de penser et de concevoir[2].

Au lieu qu'on ne peut faire réflexion sur ce qui se passe dans notre esprit, qu'on ne reconnaisse que nous concevons un très-grand nombre de choses sans aucune de ces images, et qu'on ne s'aperçoive de la différence qu'il y a entre l'imagination et la pure intellection. Car lors, par exemple, que je m'imagine un triangle, je ne le conçois pas seulement comme une figure terminée par trois lignes droites : mais, outre cela, je considère ces trois lignes comme présentes, par la force et l'application intérieure de mon esprit, et c'est proprement ce qui s'appelle *imaginer*. Que si je veux penser à une figure de mille angles, je conçois bien, à la vérité, que c'est une figure composée de mille côtés, aussi facilement que je conçois qu'un triangle est une figure composée de trois côtés seulement ; mais je ne puis m'imaginer les mille côtés de cette figure, ni pour ainsi dire les regarder comme présents avec les yeux de mon esprit.

Il est vrai néanmoins que la coutume que nous avons de nous servir de notre imagination, lorsque nous pensons aux choses corporelles, fait souvent qu'en concevant

---

1. A vrai dire, les images des choses ne sont point peintes dans le cerveau : les traces qu'elles y laissent sont des vibrations, des mouvements.

2. On sait que Démocrite, Epicure, Hobbes, Gassendi, réduisaient toutes nos idées à des images.

une figure de mille angles, on se représente confusément quelque figure ; mais il est évident que cette figure, qu'on se représente alors par l'imagination, n'est point une figure de mille angles, puisqu'elle ne diffère nullement de ce que je me représenterais si je pensais à une figure de dix mille angles, et qu'elle ne sert en aucune façon à découvrir les propriétés qui font la différence d'une figure de mille angles d'avec tout autre polygone.

Je ne puis proprement m'imaginer une figure de mille angles, puisque l'image que j'en voudrais peindre dans mon imagination me représenterait toute autre figure d'un grand nombre d'angles, aussitôt que celle de mille angles ; et néanmoins je puis la concevoir très-clairement et très-distinctement, puisque j'en puis démontrer toutes les propriétés, comme, que tous ces angles ensemble sont égaux à dix-neuf mille quatre-vingt-seize angles droits ; et, par conséquent, c'est autre chose de s'imaginer, et autre chose de concevoir [1].

Cela est encore plus clair par la considération de plusieurs choses que nous concevons très-clairement, quoiqu'elles ne soient en aucune sorte du nombre de celles que l'on peut s'imaginer. Car, que concevons-nous plus clairement que notre pensée lorsque nous pensons ? Et cependant il est impossible de s'imaginer une pensée, ni d'en peindre aucune image dans notre cerveau. Le *oui* et le *non* n'y peuvent aussi en avoir aucune, celui qui juge que la terre est ronde, et celui qui juge qu'elle n'est pas ronde, ayant tous deux les mêmes choses peintes dans le cerveau, savoir la terre et la rondeur ; mais l'un y ajoutant l'affirmation, qui est une action de son esprit, laquelle il conçoit sans aucune image corporelle, et l'autre une action contraire, qui est la négation, laquelle peut encore moins avoir d'image.

Lors donc que nous parlons des idées, nous n'appelons

---

1. Il est vrai pourtant que, si nous n'avons pas toujours dans l'imagination la représentation de l'objet même auquel s'applique notre pensée, nous ne laissons pas d'avoir toujours devant l'esprit quelque image, fussent seulement les mots *figure*, *angles*, etc.

point de ce nom les images qui sont peintes en la fantaisie[1], mais tout ce qui est dans notre esprit lorsque nous pouvons dire avec vérité que nous concevons une chose, de quelque manière que nous la concevions.

D'où il s'ensuit que nous ne pouvons rien exprimer par nos paroles, — lorsque nous entendons ce que nous disons, — que de cela même il ne soit certain que nous avons en nous l'idée de la chose que nous signifions par nos paroles, quoique cette idée soit quelquefois plus claire et plus distincte, et quelquefois plus obscure et plus confuse, comme nous l'expliquerons plus bas ; car il y aurait de la contradiction entre dire que je sais ce que je dis en prononçant un mot, et que néanmoins je ne conçois rien, en le prononçant, que le son même du mot.

Et c'est ce qui fait voir la fausseté de deux opinions très-dangereuses qui ont été avancées par des philosophes de ce temps.

La première est que nous n'avons aucune idée de Dieu[2], car si nous n'en avions aucune idée, en prononçant le nom de Dieu nous n'en concevrions que ces quatre lettres D, i, e, u, et un Français n'aurait rien davantage dans l'esprit en entendant le nom de Dieu, que si, entrant dans une synagogue et étant entièrement ignorant de la langue hébraïque, il entendait en hébreu Adonaï ou Eloha.

Et quand les hommes ont pris le nom de Dieu, comme Caligula et Domitien, ils n'auraient commis aucune impiété, puisqu'il n'y a rien dans ces lettres ou ces deux syllabes *Deus*, qui ne puisse être attribué à un homme, si on n'y attachait aucune idée. D'où vient qu'on n'accuse point un Hollandais d'être impie pour s'appeler *Ludovicus Dieu*? En quoi donc consistait l'impiété de ces princes, sinon en ce que, laissant à ce mot *Deus* une

---

1. Le mot φαντασία, en grec, désigne l'imagination.
2. Opinion de Hobbes et de Gassendi. « Dans les êtres où il n'y a lieu ni à composition ni à division, ni à plus ou moins, dit Hobbes, il n'y a matière à aucun raisonnement. » (*Logique*, ch. I). Nous ne pouvons donc raisonner ni juger de Dieu, et son idée, échappant à toutes les opérations de l'esprit, est inintelligible ; de là il suit qu'à vrai dire nous n'avons point, selon Hobbes, d'*idée* de Dieu.

partie au moins de son idée, comme est celle d'une nature excellente et adorable, ils s'appropriaient ce nom avec cette idée?

Mais, si nous n'avions point l'idée de Dieu, sur quoi pourrions-nous fonder tout ce que nous disons de Dieu, comme, qu'il n'y en a qu'un, qu'il est éternel, tout-puissant, tout bon, tout sage, puisqu'il n'y a rien de tout cela enfermé dans ce son *Dieu*, mais seulement dans l'idée que nous avons de Dieu, et que nous avons jointe à ce son [1] ?

Et ce n'est aussi que par là que nous refusons le nom de Dieu à toutes les fausses divinités, non pas que ce mot ne puisse leur être attribué, s'il était pris matériellement, puisqu'il leur a été attribué par les païens ; mais parce que l'idée qui est en nous du souverain Être, et que l'usage a liée à ce mot de *Dieu*, ne convient qu'au seul vrai Dieu.

La seconde de ces fausses opinions est ce qu'un Anglais [2] a dit : « Que le raisonnement n'est peut-être autre chose qu'un assemblage et enchaînement de noms par ce mot *est*. D'où il s'ensuivrait que, par la raison, nous ne concluons rien du tout touchant la nature des choses, mais seulement touchant leurs appellations ; c'est-à-dire que nous voyons simplement si nous assemblons bien ou mal les noms des choses selon les conventions que nous avons faites à notre fantaisie, touchant leurs significations. »

A quoi cet auteur ajoute : « Si cela est, comme il peut être, le raisonnement dépendra des mots, les mots de l'imagination, et l'imagination dépendra peut-être, comme je le crois, du mouvement des organes corporels ; et ainsi notre âme (*mens*) ne sera autre chose qu'un mouvement dans quelques parties du corps organique [3]. »

Il faut croire que ces paroles ne contiennent qu'une

---

1. Cette discussion n'est pas très-sérieuse. Hobbes ne prétend point que nous ayons seulement des lettres et des mots dans l'esprit : il nie l'existence d'une idée positive de Dieu.

2. Voir la quatrième objection de Hobbes.

3. C'est l'opinion que soutient encore aujourd'hui l'école anglaise.

objection éloignée du sentiment de celui qui la propose; mais comme, étant prises assertivement[1], elles iraient à ruiner l'immortalité de l'âme, il est important d'en faire voir la fausseté; ce qui ne sera pas difficile, car les conventions dont parle ce philosophe ne peuvent avoir été que l'accord que les hommes ont fait de prendre de certains sons pour être signes des idées que nous avons dans l'esprit. De sorte que si, outre les noms, nous n'avions en nous-mêmes les idées des choses, cette convention aurait été impossible, comme il est impossible par aucune convention de faire entendre à un aveugle ce que veut dire le mot de rouge, de vert, de bleu, parce que n'ayant point de ces idées, il ne peut les joindre à aucun son.

De plus, les diverses nations ayant donné divers noms aux choses, et même aux plus claires et aux plus simples, comme à celles qui sont les objets de la géométrie, ils n'auraient pas les mêmes raisonnements touchant les mêmes vérités, si le raisonnement n'était qu'un assemblage de noms par le mot *est*.

Et comme il paraît, par ces divers mots, que les Arabes, par exemple, ne sont pas convenus avec les Français pour donner les mêmes significations aux sons, ils ne pourraient aussi convenir dans leurs jugements et leurs raisonnements, si leurs raisonnements dépendaient de cette convention.

Enfin, il y a une grande équivoque dans ce mot d'*arbitraire*, quand on dit que la signification des mots est arbitraire, car il vrai que c'est une chose purement arbitraire que de joindre une telle idée à un tel son plutôt qu'à un autre; mais les idées ne sont point des choses arbitraires et qui dépendent de notre fantaisie, au moins celles qui sont claires et distinctes, et, pour le montrer évidemment, c'est qu'il serait ridicule de s'imaginer que des effets très-réels pussent dépendre de choses purement arbitraires. Or, quand un homme a conclu par son

---

[1] ASSERTIVEMENT, c'est-à-dire affirmativement et au pied de la lettre.

raisonnement que l'axe de fer qui passe par les deux meules du moulin pourrait tourner sans faire tourner celle de dessous, si, étant rond, il passait par un trou rond, mais qu'il ne pourrait tourner sans faire tourner celle de dessus, si, étant carré, il était emboîté dans un trou carré de cette meule de dessus, l'effet qu'il a prétendu s'ensuit infailliblement, et, par conséquent, son raisonnement n'a point été un assemblage de noms, selon une convention qui aurait entièrement dépendu de la fantaisie des hommes, mais un jugement solide et effectif de la nature des choses par la considération des idées qu'il en a dans l'esprit, lesquelles il a plu aux hommes de marquer par de certains noms.

Nous voyons donc assez ce que nous entendons par le mot d'*idée* ; il ne reste plus qu'un mot à dire de leur origine.

Toute la question est de savoir si toutes nos idées viennent de nos sens, et si l'on doit passer pour vraie cette maxime commune : *Nihil est in intellectu quod non prius fuerit in sensu* [1].

C'est le sentiment d'un philosophe [2] qui est estimé dans le monde, et qui commence sa logique par cette proposition : *Omnis idea ortum ducit a sensibus :* « Toute idée tire son origine des sens. » Il avoue néanmoins que toutes nos idées n'ont pas été dans nos sens telles qu'elles sont dans notre esprit, mais il prétend qu'elles ont été au moins formées de celles qui ont passé par nos sens, ou par composition, comme lorsque, des images séparées de l'or et d'une montagne, on s'en fait une montagne d'or ; ou par ampliation et diminution, comme lorsque de l'image d'un homme d'une grandeur ordinaire, on s'en forme un géant ou un pygmée ; ou par accommodation et proportion, comme lorsque de l'idée d'une maison qu'on a vue, on s'en forme l'image d'une maison qu'on

---

[1] C'est la maxime des stoïciens et des péripatéticiens sensualistes. Leibnitz dit qu'il faut ajouter : *nisi intellectus ipse*.

[2] Pierre Gassendi, né près de Digne, en 1592, mort en 1655.

n'a pas vue. Et ainsi, dit-il, nous concevons Dieu, qui ne peut tomber sous le sens, sous l'image d'un vénérable vieillard.

Selon cette pensée, quoique toutes nos idées ne fussent pas semblables à quelque corps particulier que nous ayons vu ou qui ait frappé nos sens, elles seraient néanmoins toutes corporelles, et ne nous représenteraient rien qui ne fût entré dans nos sens au moins par parties. Et ainsi nous ne concevrons rien que par des images semblables à celles qui se forment dans le cerveau, quand nous voyons ou nous imaginons des corps.

Mais, quoique cette opinion lui soit commune avec plusieurs des philosophes de l'école, je ne craindrai point de dire qu'elle est très-absurde et aussi contraire à la religion qu'à la véritable philosophie ; car, pour ne rien dire que de clair, il n'y a rien que nous concevions plus distinctement que notre pensée même, ni de proposition qui puisse nous être plus claire que celle-là : *Je pense, donc je suis* [1]. Or, nous ne pourrions avoir aucune certitude de cette proposition, si nous ne concevions distinctement ce que c'est qu'*être* et ce que c'est que *penser ;* et il ne nous faut point demander que nous expliquions ces termes, parce qu'ils sont du nombre de ceux qui sont si bien entendus par tout le monde qu'on les obscurcirait en voulant les expliquer. Si donc on ne peut nier que nous n'ayons en nous les idées de l'être et de la pensée, je demande par quel sens elles sont entrées : sont-elles lumineuses ou colorées, pour être entrées par la vue? d'un son grave ou aigu, pour être entrées par l'ouïe ? d'une bonne ou mauvaise odeur, pour être entrées par l'odorat? de bon ou de mauvais goût, pour être entrées par le goût ? froides ou chaudes, dures ou molles pour être entrées par l'attouchement? Que si l'on dit qu'elles ont été formées d'autres images sensibles, qu'on nous dise quelles sont ces autres images sensibles dont on prétend que les idées de l'être et de la pensée ont été formées, et comment elles ont été formées, et comment elles ont pu être

---

[1]. Voir le *Discours de la méthode*, IVe partie.

formées, ou par composition, ou par ampliation, ou par diminution, ou par proportion [1]. Que si l'on ne peut rien répondre à tout cela qui ne soit déraisonnable, il faut avouer que les idées de l'être et de la pensée ne tirent en aucune sorte leur origine des sens, mais que notre âme a la faculté de les former de soi-même, quoiqu'il arrive souvent qu'elle est excitée à le faire par quelque chose qui frappe les sens ; comme un peintre peut être porté à faire un tableau par l'argent qu'on lui promet, sans qu'on puisse dire pour cela que le tableau a tiré son origine de l'argent.

Mais ce qu'ajoutent ces mêmes auteurs, que l'idée que nous avons de Dieu tire son origine des sens, parce que nous le concevons sous l'idée d'un vieillard vénérable, est une pensée qui n'est digne que des anthropomorphites [2], ou qui confond les véritables idées que nous avons des choses spirituelles avec les fausses imaginations que nous en formons par une mauvaise accoutumance de se vouloir tout imaginer, au lieu qu'il est aussi absurde de se vouloir imaginer ce qui n'est point corporel que de vouloir ouïr des couleurs et voir des sons.

Pour réfuter cette pensée, il ne faut que considérer que, si nous n'avons pas d'autre idée de Dieu que celle d'un vieillard vénérable, tous les jugements que nous ferions de Dieu nous devraient paraître faux, lorsqu'ils seraient contraires à cette idée ; car nous sommes portés naturellement à croire que nos jugements sont faux, quand nous voyons clairement qu'ils sont contraires aux idées que nous avons des choses ; et ainsi nous ne pourrions juger avec certitude que Dieu n'a point de parties, qu'il n'est point corporel, qu'il est partout, qu'il est invisible, puisque tout cela n'est point conforme à l'idée d'un vénérable vieillard [3]. Que si Dieu s'est quelquefois représenté sous

---

1. Ce sont les différents procédés par lesquels, selon Epicure, nous transformons les idées des sens. Voir notre édition du *De finibus*, Préface.

2. L'anthropomorphisme consiste à se figurer Dieu à notre image (ἀνθρώπου μορφή).

3. Gassendi n'a pas voulu dire que l'image d'un vénérable vieillard fût toute notre idée de Dieu, mais qu'elle est une des images dont peut se composer cette idée.

cette forme, cela ne fait pas que ce soit là l'idée que nous en devions avoir, puisqu'il faudrait aussi que nous n'eussions point d'autre idée du Saint-Esprit que celle d'une colombe parce qu'il s'est réprésenté sous la forme d'une colombe; ou que nous conçussions Dieu comme un son, parce que le son du nom de Dieu nous sert à nous en réveiller l'idée.

Il est donc faux que toutes nos idées viennent de nos sens; mais on peut dire, au contraire, que nulle idée qui est dans notre esprit ne tire son origine des sens, sinon par occasion, en ce que les mouvements qui se font dans notre cerveau, qui est tout ce que peuvent faire nos sens, donnent occasion à l'âme de se former diverses idées qu'elle ne se formerait pas sans cela, quoique presque toujours ces idées n'aient rien de semblable à ce qui se fait dans les sens et dans le cerveau, et qu'il y ait de plus un très-grand nombre d'idées qui, ne tenant rien du tout d'aucune image corporelle, ne peuvent, sans une absurdité visible, être rapportées à nos sens.

Que si l'on objecte qu'en même temps que nous avons l'idée des choses spirituelles, comme de la pensée, nous ne laissons pas de former quelque image corporelle, au moins du son qui la signifie, on ne dira rien de contraire à ce que nous avons prouvé : car cette image du son de *pensée* que nous nous imaginons n'est point l'image de la pensée même, mais seulement d'un son; et elle ne peut servir à nous la faire concevoir qu'en tant que l'âme, s'étant accoutumée, quand elle conçoit ce son, de concevoir aussi la pensée, se forme en même temps une idée toute spirituelle de la pensée, qui n'a aucun rapport avec celle du son, mais qui y est seulement liée par l'accoutumance, ce qui se voit en ce que les sourds, qui n'ont point d'image des sons, ne laissent pas d'avoir des idées de leurs pensées, au moins lorsqu'ils font réflexion sur ce qu'ils pensent[1].

---

1. Il est utile de comparer ce chapitre d'Arnauld avec les pages correspondantes de la *Logique* de Bossuet.

« Il faut examiner, avant toutes choses, ce que c'est que l'entendement.

» *Entendre*, c'est connaître le vrai et le faux, et discerner l'un d'avec

CHAPITRE II

DES IDÉES, CONSIDÉRÉES SELON LEURS OBJETS.

Tout ce que nous concevons est représenté à notre es-

l'autre. C'est ce qui fait la différence entre cet acte et tous les autres.

» Par les sens l'âme reçoit des objets certaines impressions qui s'appellent sensations. Par l'imagination elle reçoit simplement et conserve ce qui lui est apporté par les sens. Par l'entendement elle juge de tout, et connaît ce qu'il faut penser, tant des objets que des sensations.

» Elle fait quelque chose de plus, elle s'élève au-dessus des sens, et entend certains objets où les sens ne trouvent aucune prise, par exemple Dieu, elle-même, les autres âmes semblables à elle, et certaines vérités universelles.

» Voilà ce qui s'appelle *entendement.* Il nous apprend à corriger les illusions des sens et de l'imagination, par un juste discernement du vrai et du faux. Je vois un bâton dans l'eau, comme rompu ; tous les objets me paraissent jaunes ; je m'imagine, dans l'obscurité, voir un fantôme : la lumière de l'entendement vient au-dessus, et me fait connaître ce qui en est.

» Il juge, non-seulement des sensations, mais de ses propres jugements, qu'il redresse, ou qu'il confirme, après une plus exacte perquisition de la vérité, parce que la faculté de réfléchir, qui lui est propre, s'étend sur tous les objets, sur toutes les facultés et sur lui-même.

» Nous entendons la vérité par le moyen des idées, et il faut ici les définir.

» Nous nous servons quelquefois du mot d'*idée* pour signifier les images qui se font en notre esprit, lorsque nous imaginons quelque objet particulier ; par exemple, si je m'imagine le château de Versailles, et que je me représente en moi-même comme il est fait ; si je m'imagine la taille ou le visage d'un homme, je dis que j'ai l'idée de ce château ou de cet homme. Les peintres disent indifféremment qu'ils font un portrait d'imagination ou d'idée, quand ils peignent une personne absente, sur l'image qu'ils s'en sont formée en la regardant.

» Ce ne sont point de telles idées que nous avons ici à considérer.

» Il y a d'autres idées qu'on appelle intellectuelles, et ce sont celles que la Logique a pour objet.

» Pour les entendre, il ne faut qu'observer avec soin la distinction qu'il y a entre imaginer et entendre.

» La même différence qui se trouve entre ces deux actes se trouve aussi entre les images que nous avons dans la fantaisie, et les idées intellectuelles qui sont celles que nous nommerons dorénavant proprement *idées*.

» Comme celui qui imagine a, dans son âme, l'image de la chose qu'il imagine, ainsi celui qui entend a, dans son âme, l'idée de la vérité qu'il entend. C'est celle que nous appelons *intellectuelle ;* par exemple, sans imaginer aucun triangle particulier, j'entends, en général, le triangle comme une figure terminée de trois lignes droites. Le triangle ainsi entendu dans mon esprit est une idée intellectuelle.

» L'idée peut donc être définie : *ce qui représente à l'entendement la vérité de l'objet entendu.* Ainsi on ne connaît rien que ce dont on a l'idée présente.

» De là s'ensuit que les choses dont nous n'avons nulle idée, sont, à notre égard, comme n'étant pas.

» Il faut ici observer la liaison des idées avec les termes.

» Il n'y a rien de plus différent que ces deux choses, et leurs différences sont aisées à remarquer.

» L'idée est *ce qui représente à l'entendement la vérité de l'objet entendu*.

» Le terme est *la parole qui signifie cette idée.* » BOSSUET, *Logique*, I, III.

prit, ou comme chose, ou comme manière de chose, ou comme chose modifiée.

J'appelle *chose* ce que l'on conçoit comme subsistant par soi-même, et comme le sujet de tout ce que l'on y conçoit. C'est ce que l'on appelle autrement substance.

J'appelle *manière de chose,* ou *mode,* ou *attribut,* ou *qualité,* ce qui, étant conçu dans la chose et comme ne pouvant subsister sans elle, la détermine à être d'une certaine façon, et la fait nommer telle.

J'appelle *chose modifiée,* lorsqu'on considère la substance comme déterminée par une certaine manière ou mode.

C'est ce qui se comprendra mieux par des exemples.

Quand je considère un corps, l'idée que j'en ai me représente une chose ou une substance, parce que je le considère comme une chose qui subsiste par soi-même, et qui n'a point besoin d'aucun sujet pour exister.

Mais quand je considère que ce corps est rond, l'idée que j'ai de la rondeur ne me représente qu'une manière d'être, ou un mode que je conçois ne pouvoir subsister naturellement sans le corps dont il est rondeur.

Et enfin, quand, joignant le mode avec la chose, je considère un corps rond, cette idée me représente une chose modifiée [1].

Les noms qui servent à exprimer les choses s'appellent *substantifs* ou *absolus,* comme terre, soleil, esprit, Dieu.

Ceux aussi qui signifient premièrement et directement les modes, parce qu'en cela ils ont quelque rapport avec les substances, sont aussi appelés substantifs et absolus, comme dureté, chaleur, justice, prudence.

Les noms qui signifient les choses comme modifiées, marquant premièrement et directement la chose, quoique plus confusément, et indirectement, quoique plus distinctement, sont appelés *adjectifs* ou *connotatifs,* comme rond, dur, juste, prudent.

Mais il faut remarquer que notre esprit, étant accoutumé de connaître la plupart des choses comme modifiées, parce qu'il ne les connaît presque que par les accidents ou qualités qui nous frappent les sens, divise souvent la substance même dans son essence en deux idées, dont il regarde l'une comme sujet et l'autre comme mode. Ainsi, quoique tout ce qui est en Dieu soit Dieu même, on ne laisse pas de le concevoir

1. Comparer avec la définition célèbre de Spinoza au début de son *Éthique.*

comme un être infini, et de regarder l'infinité comme un attribut de Dieu, et l'être comme sujet de cet attribut. Ainsi l'on considère souvent l'homme comme le sujet de l'humanité, *habens humanitatem*, et par conséquent comme une chose modifiée.

Et alors on prend pour mode l'attribut essentiel qui est la chose même, parce qu'on le conçoit comme dans un sujet. C'est proprement ce qu'on appelle abstrait des substances, comme humanité, corporéité, raison.

Il est néanmoins très-important de savoir ce qui est véritablement mode, et ce qui ne l'est qu'en apparence, parce qu'une des principales causes de nos erreurs est de confondre les modes avec les substances et les substances avec les modes. Il est donc de la nature du véritable mode qu'on puisse concevoir sans lui clairement et distinctement la substance dont il est le mode, et que néanmoins on ne puisse pas réciproquement concevoir clairement ce mode, sans concevoir en même temps le rapport qu'il a à la substance dont il est mode, et sans laquelle il ne peut naturellement exister.

Ce n'est pas qu'on ne puisse concevoir le mode sans faire une attention distincte et expresse à son sujet; mais ce qui montre que la notion du rapport à la substance est enfermée au moins confusément dans celle du mode, c'est qu'on ne saurait nier ce rapport du mode, qu'on ne détruise l'idée qu'on en avait : au lieu que, quand on conçoit deux choses et deux substances, l'on peut nier l'une de l'autre, sans détruire les idées qu'on avait de chacune.

Par exemple, je puis bien concevoir la prudence, sans faire attention distincte à un homme qui soit prudent; mais je ne puis concevoir la prudence en niant le rapport qu'elle a à à un homme ou à une autre nature intelligente qui ait cette vertu.

Et au contraire, lorsque j'ai considéré tout ce qui convient à une substance étendue qu'on appelle corps, comme l'extension, la figure, la mobilité, la divisibilité, et que d'autre part je considère tout ce qui convient à l'esprit et à la substance qui pense, comme de penser, de douter, de se souvenir, de vouloir, de raisonner, je puis nier de la substance étendue tout ce que je conçois de la substance qui pense, sans cesser pour cela de concevoir très-distinctement la substance étendue et tous les autres attributs qui y sont joints, et je puis réciproquement nier de la substance qui pense tout ce que j'ai conçu de la substance étendue, sans cesser pour cela de concevoir très-distinctement tout ce que je conçois dans la substance qui pense.

Et c'est ce qui fait voir aussi que la pensée n'est point un mode de la substance étendue, parce que l'étendue et toutes les propriétés qui la suivent se peuvent nier de la pensée, sans qu'on cesse pour cela de bien concevoir la pensée[1].

On peut remarquer sur le sujet des modes, qu'il y en a qu'on peut appeler intérieurs, parce qu'on les conçoit dans la substance, comme rond, carré; et d'autres qu'on peut nommer extérieurs, parce qu'ils sont

---

1. Argument emprunté à Descartes.

pris de quelque chose qui n'est pas dans la substance, comme aimé, vu, désiré, qui sont des noms pris des actions d'autrui ; et c'est ce qu'on appelle dans l'école *dénomination externe.*

Que si ces modes sont tirés de quelque manière dont on conçoit les choses, on les appelle secondes intentions. Ainsi être sujet, être attribut, sont des secondes intentions, parce que ce sont des manières sous lesquelles on conçoit les choses qui sont prises de l'action de l'esprit qui a lié ensemble deux idées en affirmant l'une de l'autre.

On peut remarquer encore qu'il y a des modes qu'on peut appeler substantiels, parce qu'ils nous représentent de véritables substances appliquées à d'autres substances, comme des modes et des manières : habillé, armé, sont des modes de cette sorte.

Il y en a d'autres qu'on peut simplement appeler réels, et ce sont les véritables modes qui ne sont pas des substances, mais des manières de la substance.

Il y en a enfin qu'on peut appeler négatifs, parce qu'ils nous représentent la substance avec une négation de quelque mode réel ou substantiel.

Que si les objets représentés par ces idées, soit de substances, soit de modes, sont en effet tels qu'ils nous sont représentés, on les appelle véritables ; que s'ils ne sont pas tels, elles sont fausses en la manière qu'elles le peuvent être ; et c'est ce qu'on appelle dans l'école *êtres de raison*[1], qui consistent ordinairement dans l'assemblage que l'esprit fait de deux idées réelles en soi, mais qui ne sont pas jointes dans la vérité, pour en former une même idée, comme celle qu'on peut se former d'une montagne d'or est un être de raison, parce qu'elle est composée des deux idées de montagne et d'or, qu'elle représente comme unies, quoiqu'elles ne le soient pas véritablement[2].

CHAPITRE III

DES DIX CATÉGORIES D'ARISTOTE.

On peut rapporter à cette considération des idées selon leurs objets les dix catégories d'Aristote, puisque ce ne

---

1. *Ens rationis.*
2. Descartes appelait ces sortes d'idées des *idées factices*, par opposition aux idées *innées* et aux idées *adventices.*

sont que diverses classes auxquelles ce philosophe a voulu réduire tous les objets de nos pensées, en comprenant toutes les substances sous la première, et tous les accidents sous les neuf autres [1]. Les voici :

I. La substance[2], qui est spirituelle, ou corporelle, etc.

II. La quantité[3], qui s'appelle discrète, quand les parties n'en sont point liées, comme le nombre ;

Continue[4], quand elles sont liées ; et alors elle est ou successive, comme le temps, le mouvement ;

Ou permanente, qui est ce qu'on appelle autrement l'espace, ou l'étendue en longueur, largeur, profondeur ; la longueur seule faisant les lignes, la longueur et la largeur les surfaces, et les trois ensemble les solides :

III. La qualité[5], dont Aristote fait quatre espèces.

La première comprend *les habitudes*, c'est-à-dire les dispositions d'esprit et de corps, qui s'acquièrent par des actes réitérés, comme les sciences, les vertus, les vices, l'adresse de peindre, d'écrire, de danser ;

La deuxième, *les puissances naturelles*, telles que sont les facultés de l'âme ou du corps, l'entendement, la volonté, la mémoire, les cinq sens, la puissance de marcher ;

La troisième, *les qualités sensibles*, comme la dureté, la mollesse, la pesanteur, le froid, le chaud, les couleurs, les sons, les odeurs, les divers goûts ;

La quatrième, *la forme et la figure*, qui est la détermination extérieure de la quantité, comme être rond, carré, sphérique, cubique.

IV. La relation[6], ou le rapport d'une chose à une

---

1. Les catégories d'Aristote, qui ne méritent point le dédain d'Arnauld, expriment les éléments les plus simples de la pensée et de l'existence. C'est plutôt une division métaphysique que logique. On sait que Kant a proposé aussi une table des catégories.

2. « Aristote, dit Bossuet, a défini la substance : *ce qui est le sujet*, et l'accident : *ce qui est dans un sujet* ; et encore : la substance, dit-il, *est ce qui est, et en qui quelque chose est* ; et l'accident *est ce qui n'est qu'un autre ; ce qui est inhérent à un autre*. — Les accidents, comme on dit dans l'école, ne sont pas tant des êtres que des êtres d'être, *accidens non tam est ens quam entis ens.* » (*Logique*, liv. I, ch. LII.)

3. « Aristote appelle *quantité* ce qu'on répond à la question : Combien ce corps est-il grand ? Il est grand de deux, de trois pieds, de deux ou de trois coudées. On détermine par cette réponse la grandeur, la quantité, l'étendue d'un corps. » (Bossuet, *Logique*, liv. I, ch. LII.)

4. Les quantités continues sont par cela même divisibles à l'infini.

5. « Aristote ne définit pas autrement la qualité que *ce qui fait les choses telles ou telles*. Quelle est cette chose ? Elle est blanche ou noire, douce ou amère, et ainsi du reste. » (Bossuet, *Logique*, liv. I, ch. LII.)

6. « Les choses qui ont relation aux autres sont celles, dit Aristote, qui, considérées en ce sens, n'ont rien qui ne regarde une autre. Le père, en tant

autre, comme de père, de fils, de maître, de valet, de roi, de sujet ; de la puissance à son objet, de la vue à ce qui est visible ; et tout ce qui marque comparaison, comme semblable, égal, plus grand, plus petit[1].

V. L'AGIR, ou en soi-même, comme marcher, danser, connaître, aimer ; ou hors de soi, comme battre, couper, rompre, éclairer, échauffer.

VI. PATIR, être battu, être rompu, être éclairé, être échauffé.

VII. Où, c'est-à-dire ce qu'on répond aux questions qui regardent le lieu, comme être à Rome, à Paris, dans son cabinet, dans son lit, dans sa chaise.

VIII. QUAND, c'est-à-dire ce qu'on répond aux questions qui regardent le temps, comme quand a-t-il vécu ? il y a cent ans ; quand cela s'est-il fait ? hier.

IX. LA SITUATION, être assis, debout, couché, devant, derrière, à droite, à gauche.

X. AVOIR, c'est-à-dire avoir quelque chose autour de soi pour servir de vêtement, ou d'ornement, ou d'armure, comme être habillé, être couronné, être chassé, être armé.

Voilà les dix catégories d'Aristote, dont on fait tant de mystères, quoique, à dire le vrai, ce soit une chose de soi très-peu utile, et qui non-seulement ne sert guère à former le jugement, ce qui est le but de la vraie logique, mais qui souvent y nuit beaucoup pour deux raisons qu'il est important de remarquer.

La première est qu'on regarde ces catégories comme une chose établie sur la raison et sur la vérité, au lieu que c'est une chose tout arbitraire, et qui n'a de fondement que l'imagination d'un homme qui n'a eu aucune autorité de prescrire une loi aux autres, qui ont autant de droit que lui d'arranger d'une autre sorte les objets de leurs pensées, chacun selon sa manière de philosopher. Et, en effet, il y en a qui ont compris en ce distique tout ce que l'on considère selon une nouvelle philosophie en toutes les choses du monde :

> Mens, mensura, quies, motus, positura, figura
> Sunt cum materia cunctarum exordia rerum.

C'est-à-dire que ces gens-là se persuadent que l'on peut rendre raison de toute la nature en n'y considérant que sept choses ou modes : 1. *Mens*, l'esprit, ou la substance qui pense ; 2. *Materia*, le corps ou la substance étendue ; 3. *Mensura*, la grandeur ou la petitesse de chaque partie de la matière ; 4. *Positura*, leur situation à l'égard les uns des autres ; 5. *Figura*, leur figure ; 6. *Motus*, leur mouvement ; 7. *Quies*, leur repos ou moindre mouvement.

---

que père, regarde son fils ; le fils, en tant que fils, regarde son père. » (BOSSUET. *Logique*, liv. I, ch. LII.)

1. Aristote a réduit lui-même les dix catégories aux quatre premières, qui ont une incontestable valeur.

La seconde raison qui rend l'étude des catégories dangereuse est qu'elle accoutume les hommes à se payer de mots, à s'imaginer qu'ils savent toutes choses lorsqu'ils n'en connaissent que des noms arbitraires qui n'en forment dans l'esprit aucune idée claire et distincte, comme on le fera voir en un autre endroit.

On pourrait encore parler ici des attributs des Lullistes[1], *bonté, puissance, grandeur, etc.*; mais en vérité c'est une chose si ridicule, que l'imagination qu'ils ont, qu'appliquant ces mots métaphysiques à tout ce qu'on leur propose, ils pourront rendre raison de tout, qu'elle ne mérite seulement pas d'être réfutée.

Un auteur de ce temps[2] a dit avec grande raison que les règles de la logique d'Aristote servaient seulement à prouver à un autre ce que l'on savait déjà, mais que l'art de Lulle ne servait qu'à faire discourir sans jugement de ce qu'on ne savait pas. L'ignorance vaut beaucoup mieux que cette fausse science qui fait que l'on s'imagine savoir ce qu'on ne sait point. Car, comme saint Augustin a très-judicieusement remarqué dans le livre de l'*Utilité de la créance*, cette disposition d'esprit est très-blâmable pour deux raisons : l'une, que celui qui s'est faussement persuadé qu'il connaît la vérité, se rend par là incapable de s'en faire instruire ; l'autre, que cette présomption et cette témérité est une marque d'un esprit qui n'est pas bien fait : *Opinari, duas ob res turpissimum est : quod discere non potest qui sibi jam se scire persuasit, et per se ipsa temeritas non bene affecti animi signum est*[3]. Car le

---

1. Raymond Lulle, né à Palma dans l'île Majorque (1234-1315), fut un des esprits les plus aventureux et les plus étranges de son époque. Aussi le surnomma-t-on *doctor illuminatus*. Après une jeunesse dissolue, il se convertit et se livra à l'étude. Possédé du désir de convertir les infidèles, il passa trois fois en Afrique, et la dernière fois il y trouva le martyre. Raymond Lulle avait pris à tâche de vulgariser la science des Arabes et de créer une méthode universelle qu'il nommait le grand art, *ars magna*. C'est une classification et une notation de toutes les catégories de la pensée, de tous les genres et de toutes les espèces, avec leurs combinaisons possibles, comme celles des nombres dans la table de Pythagore. Au moyen de cercles qui tournent autour d'un même centre, les sujets et les attributs de toutes sortes viennent se placer l'un devant l'autre pour former des propositions, et les propositions se combinent pour former des syllogismes : c'est une machine à penser. Voir, sur Raymond Lulle, notre *Histoire de la philosophie*, p. 211.

2. Descartes. *Discours de la Méthode*, IIe partie, page 16.

3. Saint Augustin, *De Utilitate credendi*, ch. XI.

mot *opinari*, dans la pureté de la langue latine, signifie la disposition d'un esprit qui consent trop légèrement à des choses incertaines, et qui croit ainsi savoir ce qu'il ne sait pas. C'est pourquoi tous les philosophes soutenaient *sapientem nihil opinari*; et Cicéron, en se blâmant lui-même de ce vice, dit qu'il était *magnus opinator* [1].

CHAPITRE IV

DES IDÉES DES CHOSES ET DES IDÉES DES SIGNES.

Quand on considère un objet en lui-même et dans son propre être, sans porter la vue de l'esprit à ce qu'il peut représenter, l'idée qu'on en a est une idée de chose, comme l'idée de la terre, du soleil; mais quand on ne regarde un certain objet que comme en représentant un autre, l'idée qu'on en a est une idée de signe, et ce premier objet s'appelle signe. C'est ainsi qu'on regarde d'ordinaire les cartes et les tableaux. Ainsi le signe enferme deux idées, l'une de la chose qui représente, l'autre de la chose représentée; et sa nature consiste à exciter la seconde par la première.

On peut faire diverses divisions des signes : mais nous nous contenterons ici de trois qui sont de plus grande utilité.

1º Il y a des signes certains qui s'appellent en grec τεκμήρια, comme la respiration l'est de la vie des animaux : et il y en a qui ne sont que probables, et qui sont appelés en grec σημεῖα, comme la pâleur n'est qu'un signe probable de grossesse dans les femmes.

La plupart des jugements téméraires viennent de ce que l'on confond ces deux espèces de signes, et que l'on attribue un effet à une certaine cause, quoiqu'il puisse aussi naître d'autres causes, et qu'ainsi il ne soit un signe probable de cette cause.

2º Il y a des signes joints aux choses, comme l'air du visage, qui est

---

1. « Nec tamen ego is sum, qui nihil unquam falsi approbem, qui nunquam assentiar, qui nihil opiner; sed quærimus de sapiente. Ego vero ipse et magnus quidem sum opinator (non enim sum sapiens), etc. » *Acad.*, liv. II.

signe des mouvements de l'âme, est joint à ces mouvements qu'il signifie; les symptômes, signes des maladies, sont joints à ces maladies; et pour me servir d'exemples plus grands, comme l'arche, signe de l'Eglise, était jointe à Noé et à ses enfants, qui étaient la véritable Eglise de ce temps-là; ainsi nos temples matériels, signes des fidèles, sont souvent joints aux fidèles; ainsi la colombe, figure du Saint-Esprit, était jointe au Saint-Esprit; ainsi le lavement du baptême, figure de la régénération spirituelle, est joint à cette régénération.

Il y a aussi des signes séparés des choses, comme les sacrifices de l'ancienne loi, signes de JÉSUS-CHRIST immolé, étaient séparés de ce qu'ils représentaient.

Cette division des signes donne lieu d'établir ces maximes:

1º Qu'on ne peut jamais conclure précisément, ni de la présence du signe à la présence de la chose signifiée, puisqu'il y a des signes de choses absentes; ni de la présence du signe à l'absence de la chose signifiée, puisqu'il y a des signes de choses présentes. C'est donc par la nature particulière du signe qu'il en faut juger.

2º Que, quoique une chose dans un état ne puisse être signe d'elle-même dans ce même état, puisque tout signe demande une distinction entre la chose représentante et celle qui est représentée, néanmoins il est très-possible qu'une chose dans un certain état se représente dans un autre état, comme il est très-possible qu'un homme dans sa chambre se représente prêchant; et qu'ainsi la seule distinction d'état suffit entre la chose figurante et la chose figurée, c'est-à-dire qu'une même chose peut être dans un certain état chose figurante et dans un autre chose figurée.

3º Qu'il est très-possible qu'une même chose cache et découvre une autre chose en même temps, et qu'ainsi ceux qui ont dit que *rien ne paraît par ce qui le cache* ont avancé une maxime très-peu solide; car la même chose, pouvant être en même temps et chose et signe, peut cacher comme chose ce qu'elle découvre comme signe: ainsi la cendre chaude cache le feu comme chose et le découvre comme signe: ainsi les formes empruntées par les anges les couvraient comme chose et les découvraient comme signes: ainsi les symboles eucharistiques cachent le corps de JÉSUS-CHRIST comme chose et le découvrent comme symbole.

4º L'on peut conclure que la nature du signe consistant à exciter dans les sens par l'idée de la chose figurante celle de la chose figurée, tant que cet effet subsiste, c'est-à-dire tant que cette double idée est excitée, le signe subsiste, quand même cette chose serait détruite en sa propre nature. Ainsi il n'importe que les couleurs de l'arc-en-ciel, que Dieu a prises pour signe qu'il ne détruirait plus le genre humain par un déluge, soient réelles et véritables, pourvu que nos sens aient toujours la même impression, et qu'ils se servent de cette impression pour concevoir la promesse de Dieu.

Il n'importe de même que le pain de l'eucharistie subsiste en sa propre nature, pourvu qu'il excite toujours dans nos sens l'image d'un pain qui nous serve à concevoir de quelle sorte le corps de JÉSUS-

CHRIST est la nourriture de nos âmes, et comment les fidèles sont unis entre eux.

La troisième division des signes est qu'il y en a de naturels qui ne dépendent pas de la fantaisie des hommes, comme une image qui paraît dans un miroir est un signe naturel de celui qu'elle représente, et qu'il y en a d'autres qui ne sont que d'institution et d'établissement, soit qu'ils aient quelque rapport éloigné avec la chose figurée, soit qu'ils n'en aient point du tout. Ainsi les mots sont signes d'institution des pensées, et les caractères, des mots[1]. On expliquera, en traitant des propositions, une vérité importante sur ces sortes de signes, qui est que l'on en peut, en quelques occasions, affirmer les choses signifiées.

CHAPITRE V

DES IDÉES CONSIDÉRÉES SELON LEUR COMPOSITION OU SIMPLICITÉ, ET OU IL EST PARLÉ DE LA MANIÈRE DE CONNAÎTRE PAR ABSTRACTION OU PRÉCISION[2].

Ce que nous avons dit en passant dans le chapitre II, que nous pouvions considérer un mode sans faire une réflexion distincte sur la substance dont il est mode, nous donne occasion d'expliquer ce qu'on appelle *abstraction d'esprit*.

Le peu d'étendue de notre esprit fait qu'il ne peut comprendre parfaitement les choses un peu composées, qu'en les considérant par parties, et comme par les diverses faces qu'elles peuvent recevoir. C'est ce qu'on peut appeler généralement connaître par abstraction.

Mais comme les choses sont différemment composées,

---

1. Il n'en faudrait pas conclure que le langage soit tout à fait arbitraire.
2. Ce sont deux mots synonymes dans la langue scholastique. Les idées abtraites sont séparées l'une de l'autre, donc distinctes, donc précises.

et qu'il y en a qui le sont de parties réellement distinctes, qu'on appelle parties intégrantes, comme le corps humain, les diverses parties d'un nombre, il est bien facile alors de concevoir que notre esprit peut s'appliquer à considérer une partie sans considérer l'autre, parce que ces parties sont réellement distinctes, et ce n'est pas même ce qu'on appelle *abstraction*.

Or, il est si utile dans ces choses-là même de considérer plutôt les parties séparément que le tout, que sans cela on ne peut avoir presque aucune connaissance distincte; car, par exemple, le moyen de pouvoir connaître le corps humain, qu'en le divisant en toutes ses parties similaires et dissimilaires, et en leur donnant à toutes différents noms? Toute l'arithmétique est aussi fondée sur cela : car on n'a pas besoin d'art pour compter les petits nombres, parce que l'esprit peut les comprendre tout entiers; et ainsi tout l'art consiste à compter par parties ce qu'on ne pourrait compter par le tout, comme il serait impossible, quelque étendue d'esprit qu'on eût, de multiplier deux nombres de 8 ou 9 caractères chacun, en les prenant tout entiers.

La seconde connaissance par parties est quand on considère un mode sans faire attention à la substance, ou deux modes qui sont joints ensemble dans une même substance en les regardant chacun à part. C'est ce qu'ont fait les géomètres qui ont pris pour objet de leur science le corps étendu en longueur, largeur et profondeur : car, pour le mieux connaître, ils se sont premièrement appliqués à le considérer selon une seule dimension qui est la longueur; et alors ils lui ont donné le nom de ligne. Ils l'ont considéré ensuite selon deux dimensions, la longueur et la largeur, et ils l'ont appelé surface. Et puis, considérant toutes les trois dimensions ensemble, longueur, largeur et profondeur, ils l'ont appelé solide ou corps.

On voit par là combien est ridicule l'argument de quelques sceptiques qui veulent faire douter de la certitude de la géométrie, parce qu'elle suppose des lignes et des surfaces qui ne sont point dans la nature : car les géomètres ne supposent point qu'il y ait des lignes sans largeur ou des surfaces sans profondeur ; mais ils supposent seulement qu'on peut considérer la longueur sans faire attention à la largeur ; ce qui est indubitable, comme lorsqu'on mesure la distance d'une ville à une autre, on ne mesure que la longueur des chemins, sans se mettre en peine de leur largeur.

Or, plus on peut séparer les choses en divers modes, et plus l'esprit devient capable de les bien connaître ; et ainsi nous voyons que tant qu'on n'a point distingué dans le mouvement la détermination vers quelque endroit, du mouvement même, et même diverses parties dans une même détermination, on n'a pu rendre de raison claire de la réflexion et de la réfraction, ce qu'on a fait aisément par cette distinction, comme on peut voir dans le chapitre II de la *Dioptrique* [1] de Descartes.

La troisième manière de concevoir les choses par abstraction est quand une même chose ayant divers attributs, on pense à l'un sans penser à l'autre, quoiqu'il n'y ait entre eux qu'une distinction de raison [2] : et voici comme cela se fait. Si je fais par exemple, réflexion que je pense, et que par conséquent je suis moi qui pense, dans l'idée que j'ai de moi qui pense, je puis m'appliquer à la considération d'une chose qui pense sans faire attention que c'est moi, quoique en moi, moi et celui qui pense ne soit que la même chose ; et ainsi l'idée que je concevrai d'une personne qui pense pourra représenter non-seulement moi, mais toutes les autres personnes qui pensent. De même, ayant figuré sur un papier, un triangle équilatère [3], si je m'attache à le considérer au lieu où il est avec tous les accidents qui le déterminent, je n'aurai l'idée que d'un seul triangle ; mais si je détourne mon esprit de la considération de toutes ces circonstances

---

1. La *Dioptrique* de Descartes fut publiée avec le *Discours de la Méthode*, les *Météores* et la *Géométrie*, en 1637 ; Leyde, 1 vol. in-4°.

2. La distinction de *raison* s'oppose à la distinction réelle ou de *fait*.

3. Ou *équilatéral*.

particulières, et que je ne l'applique qu'à penser que c'est une figure bornée par trois lignes égales, l'idée que je m'en formerai me représentera d'une part plus nettement cette égalité des lignes, et de l'autre sera capable de me représenter tous les triangles équilatères. Que si je passe plus avant, et que, ne m'arrêtant plus à cette réalité des lignes, je considère seulement que c'est une figure terminée par trois lignes droites, je me formerai une idée qui peut représenter toutes sortes de triangles. Si ensuite, ne m'arrêtant point au nombre des lignes, je considère seulement que c'est une surface plate [1], bornée par des lignes droites, l'idée que je me formerai pourra représenter toutes les figures rectilignes, et ainsi je puis monter de degré en degré jusqu'à l'extension. Or, dans ces abstractions, on voit toujours que le degré inférieur comprend le supérieur avec quelque détermination particulière, comme *moi* comprend ce qui pense, et le triangle équilatère comprend le triangle, et le triangle la figure rectiligne; mais que le degré supérieur, étant moins déterminé, peut représenter plus de choses.

Enfin, il est visible que, par ces sortes d'abstractions, les idées, de singulières, deviennent communes, et les communes plus communes, et ainsi cela nous donnera lieu de passer à ce que nous avons à dire des idées considérées selon leur universalité ou particularité.

CHAPITRE VI

DES IDÉES, CONSIDÉRÉES SELON LEUR GÉNÉRALITÉ, PARTICULARITÉ ET SINGULARITÉ.

Quoique toutes les choses qui existent soient singulières, néanmoins, par le moyen des abstractions que nous venons d'expliquer, nous ne laissons pas d'avoir tous plusieurs sortes d'idées, dont les unes ne nous repré-

---

1. C.-à-d. *plane.*

sentent qu'une seule chose, comme l'idée que chacun a de soi-même, et les autres en peuvent également représenter plusieurs, comme, lorsque quelqu'un conçoit un triangle sans y considérer autre chose, sinon que c'est une figure à trois lignes et à trois angles, l'idée qu'il en a formée peut lui servir à concevoir tous les autres triangles.

Les idées qui ne représentent qu'une seule chose s'appellent singulières [1] ou individuelles, et ce qu'elles représentent, *des individus;* et celles qui en représentent plusieurs s'appellent universelles, communes, générales.

Les noms qui servent à marquer les premières s'appellent propres, *Socrate, Rome, Bucéphale,* et ceux qui servent à marquer les dernières, communs et appellatifs, comme *homme, ville, cheval;* et tant les idées universelles que les noms communs peuvent s'appeler termes généraux.

Mais il faut remarquer que les mots sont généraux en deux manières : l'une, que l'on appelle *univoque,* qui est lorsqu'ils sont liés avec des idées générales; de sorte que le même mot convient à plusieurs, et selon le son, et selon une même idée qui y est jointe : tels sont les mots dont on vient de parler, d'homme, de ville, de cheval.

L'autre, qu'on appelle *équivoque,* qui est lorsqu'un même son a été lié par les hommes à des idées différentes ; de sorte que le même son convient à plusieurs, non selon une même idée, mais selon les idées différentes auxquelles il se trouve joint dans l'usage : ainsi le mot *canon* signifie une machine de guerre, et un décret de concile, et une sorte d'ajustement [2]; mais il ne les signifie que selon des idées toutes différentes.

Néanmoins cette universalité équivoque est de deux sortes. Car les différentes idées jointes à un même son, ou n'ont aucun rapport naturel entre elles, comme dans le mot de *canon,* ou en ont quelqu'un, comme lorsqu'un mot étant principalement joint à une idée, on ne le joint à une autre idée que parce qu'elle a un rapport de cause ou d'effet, ou de signe, ou de ressemblance à la première ; et alors ces sortes de mots équivoques s'appellent *analogues;* comme quand le mot de *sain* s'attribue à l'animal, à l'air et aux viandes, car l'idée jointe à ce mot est princi-

---

1. C'est-à-dire ayant une unité individuelle et propre, τὸ καθ' ἕκαστον. C'est le grand principe opposé par Aristote à Platon. « La première propriété, dit Bossuet, qui convient à une chose existante, c'est l'unité individuelle. » *Logique,* I, 29.

2. Le CANON était une espèce d'ornement d'étoffe en rouleau.

palement la santé qui ne convient qu'à l'animal ; mais on y joint une autre idée approchante de celle-là, qui est d'être cause de la santé, qui fait qu'on dit qu'un air est sain, qu'une viande est saine, parce qu'ils servent à conserver la santé.

Mais quand nous parlons ici de mots généraux, nous entendons les univoques qui sont joints à des idées universelles et générales.

Or, dans ces idées universelles, il y a deux choses qu'il est très-important de bien distinguer, *la compréhension* et *l'étendue*.

J'appelle *compréhension* de l'idée, les attributs qu'elle enferme en soi, et qu'on ne peut lui ôter sans la détruire, comme la compréhension de l'idée du triangle enferme extension, figure, trois lignes, trois angles, et l'égalité de ces trois angles à deux droits, etc.

J'appelle *étendue* de l'idée, les sujets à qui cette idée convient ; ce qu'on appelle aussi les inférieurs d'un terme général, qui, à leur égard, est appelé supérieur, comme l'idée du triangle en général s'étend à toutes les espèces diverses de triangle [1].

Mais quoique l'idée générale s'étende indistinctement à tous les sujets à qui elle convient, c'est-à-dire à tous ses inférieurs, et que le nom commun les signifie tous, il y a néanmoins cette différence entre les attributs qu'elle comprend et les sujets auxquels elle s'étend, qu'on ne peut lui ôter aucun de ses attributs sans la détruire, comme nous avons déjà dit ; au lieu qu'on peut la resserrer, quant à son étendue, ne l'appliquant qu'à quelqu'un des sujets auxquels elle convient, sans que pour cela on la détruise.

Or, cette restriction ou resserrement de l'idée générale, quant à son étendue, peut se faire en deux manières :

La première est, par une autre idée distincte et déterminée qu'on y joint, comme lorsqu'à l'idée générale du triangle je joins celle d'avoir un angle droit ; ce qui resserre cette idée à une seule espèce de triangle, qui est le triangle rectangle.

L'autre, en y joignant seulement une idée indistincte et indéterminée de partie, comme quand je dis : quelque triangle ; et on dit alors que le terme commun devient particulier, parce qu'il ne s'étend plus qu'à une partie des sujets auxquels il s'étendait auparavant, sans que néanmoins on ait déterminé quelle est cette partie à laquelle on l'a resserré.

---

1. On sait que l'extension et la compréhension des idées générales sont en raison inverse : l'idée la plus générale et la moins compréhensive est l'idée de l'être.

CHAPITRE VII

DES CINQ SORTES D'IDÉES UNIVERSELLES, GENRES, ESPÈCES, DIFFÉRENCES, PROPRES, ACCIDENTS.

Ce que nous avons dit, dans les chapitres précédents, nous donne moyen de faire entendre en peu de paroles les cinq universaux qu'on explique ordinairement dans l'école [1].

Car lorsque les idées générales nous représentent leurs objets comme des choses, et qu'elles sont marquées par des termes appelés substantifs ou absolus, on les appelle *genres* ou *espèces*.

Du genre [2].

On les appelle genres quand elles sont tellement communes, qu'elles s'étendent à d'autres idées qui sont encore universelles, comme le quadrilatère est genre à l'égard du parallélogramme et du trapèze ; la substance est genre à l'égard de la substance étendue qu'on appelle corps, et de la substance qui pense qu'on appelle esprit.

De l'espèce.

Et ces idées communes, qui sont sous une plus commune et plus générale, s'appelent espèces ; comme le parallélogramme et le trapèze sont les espèces du quadrilatère, le corps et l'esprit sont les espèces de la substance.

Et ainsi la même idée peut être genre, étant compa-

---

1. Porphyre, philosophe néoplatonicien d'Alexandrie (233-305 ap. J.-C). avait écrit une Introduction aux *Catégories d'Aristote*. Il y définit les termes universels ou *universaux*, et se demande s'ils existent seulement dans la pensée ou s'ils existent aussi dans les choses sensibles : χωριστὰ τὰ γίνη ἢ ἐν τοῖς αἰσθητοῖς ; c'est la question qui donna lieu à la querelle des nominalistes et les réalistes.

2. « Le genre, dit Bossuet, est *ce qui convient à plusieurs choses différentes en espèce*, comme l'espèce est *ce qui convient à plusieurs choses différentes seulement en nombre*. (*Log.*, livre 1er, chap. XLV.)

rée aux idées auxquelles elle s'étend, et espèce *, étant comparée à une autre qui est plus générale, comme corps, qui est un genre au regard du corps animé et du corps inanimé et une espèce au regard de la substance ; et le quadrilatère, qui est un genre au regard du parallélogramme et du trapèze, est une espèce au regard de la figure [1].

Mais il y a une autre notion du mot d'espèce, qui ne convient qu'aux idées qui ne peuvent être genres : c'est lorsqu'une idée n'a sous soi que des individus et des singuliers, comme le cercle n'a sous soi que des cercles singuliers, qui sont tous d'une même espèce. C'est ce qu'on appelle espèce dernière, *species infima*.

Il y a un genre qui n'est point espèce ; savoir, le suprême de tous les genres, soit que ce genre soit l'être, soit que ce soit la substance, ce qu'il est de peu d'importance de savoir et qui regarde plus la métaphysique que la logique.

J'ai dit que les idées générales qui nous représentent leurs objets comme des choses sont appelées genres ou espèces, car il n'est pas nécessaire que les objets de ces idées soient effectivement des choses et des substances ; mais il suffit que nous les considérions comme des choses, en ce que, lors même que ce sont des modes, on ne les rapporte point à leurs substances, mais à d'autres idées de modes moins générales ou plus générales, comme la figure, qui n'est qu'un mode au regard du corps figuré, et un genre au regard des figures curvilignes et rectilignes, etc.

Et au contraire les idées qui nous représentent leurs objets comme des choses modifiées, et qui sont marquées par des termes adjectifs ou connotatifs, si on les compare avec les substances que ces termes connotatifs signifient confusément, quoique directement, soit que dans la vérité ces termes connotatifs signifient des attributs essentiels, qui ne sont en effet que la chose même, soit qu'ils signifient de vrais modes, on ne les appelle point alors genres ni espèces, mais, ou *différences*, ou *propres*, ou *accidents*.

On les appelle *différences*, quand l'objet de ces idées est un attribut essentiel qui distingue une espèce d'une autre, comme étendu, pesant, raisonnable.

On les appelle *propres*, quand leur objet est un attribut qui appartient en effet à l'essence de la chose, mais qui n'est pas le premier que l'on considère dans cette essence, mais seulement une dépendance de ce premier, comme divisible, immortel, docile.

Et on les appelle *accidents communs*, quand leur objet est un vrai mode qui peut être séparé, au moins par l'esprit, de la chose dont il est dit accident, sans que l'idée de cette chose soit détruite dans notre esprit, comme rond, dur, juste, prudent. C'est ce qu'il faut expliquer plus particulièrement.

De la différence.

Lorsqu'un genre a deux espèces, il faut nécessairement que l'idée de chaque espèce comprenne quelque chose qui ne soit pas compris dans l'idée du genre ; autrement, si chacune ne comprenait que ce qui est compris dans le genre, ce ne serait que le genre ; et, comme le genre convient à chaque espèce, chaque espèce conviendrait à l'autre. Ainsi le premier attribut essentiel que comprend chaque espèce de plus que le genre s'appelle sa différence ; et l'idée que nous en avons est une idée universelle, parce qu'une seule et même idée peut nous représenter cette différence partout où elle se trouve, c'est-à-dire dans tous les inférieurs de l'espèce.

Exemple. Le corps et l'esprit sont les deux espèces de la substance. Il faut donc qu'il y ait dans l'idée du corps quelque chose de plus que dans celle de la substance, et de même dans celle de l'esprit. Or, la première chose que nous voyons de plus dans le corps, c'est l'étendue ; et la première chose que nous voyons de plus dans l'esprit, c'est la pensée. Et ainsi la différence du corps sera l'étendue, et la différence de l'esprit sera la pensée, c'est-à-dire que le corps sera une substance étendue, et l'esprit une substance qui pense.

De là on peut voir, 1° que la différence a deux regards : l'un au genre qu'elle divise et partage ; l'autre à l'espèce qu'elle constitue et qu'elle forme, faisant la principale partie de ce qui est enfermé dans l'idée de l'espèce selon sa compréhension : d'où vient que toute espèce peut être exprimée par un seul nom, comme esprit, corps ; ou par deux mots, savoir, par celui du genre, et par celui de sa différence joints ensemble ; ce qu'on appelle définition, comme substance qui pense, substance étendue.

On peut voir en second lieu que, puisque la différence constitue l'espèce et la distingue des autres espèces, elle doit avoir la même étendue que l'espèce, et ainsi qu'il faut qu'elles puissent se dire réciproquement l'une de l'autre, comme tout ce qui pense est esprit, et tout ce qui est esprit pense.

Néanmoins il arrive assez souvent que l'on ne voit dans certaines choses aucun attribut qui soit tel, qu'il convienne à toute une espèce, et qu'il ne convienne qu'à cette espèce ; et alors on joint plusieurs attributs ensemble, dont l'assemblage, ne se trouvant que dans cette espèce, en constitue la différence. Ainsi les platoniciens, prenant les démons [1] pour des animaux raisonnables aussi bien que l'homme, ne trouvaient pas que la différence de raisonnable fût réciproque à l'homme : c'est pourquoi ils y en ajoutaient une autre, comme mortel, qui n'est pas non plus réciproque à l'homme, puisqu'elle convient aux bêtes ; mais toutes deux ensemble ne conviennent qu'à l'homme. C'est ce que nous faisons dans l'idée que nous nous formons de la plupart des animaux.

Enfin, il faut remarquer qu'il n'est pas toujours nécessaire que les deux différences qui partagent un genre soient toutes deux positives, mais que c'est assez qu'il y en ait une, comme deux hommes sont distingués l'un de l'autre, si l'un a une charge que l'autre n'a pas, quoique celui qui n'a pas de charge n'ait rien que l'autre n'ait. C'est ainsi que l'homme est distingué des bêtes en général, en ce que l'homme est un animal qui a un esprit, *animal mente præditum*, et que la bête est un pur animal, *animal merum*. Car l'idée de la bête en général n'enferme rien de positif qui ne soit dans l'homme ; mais on y joint seulement la négation de ce qui est en l'homme, savoir, l'esprit. De sorte que toute la différence qu'il y a entre l'idée d'animal et celle de bête est que l'idée d'animal n'enferme pas la pensée dans sa compréhension, mais ne l'exclut pas aussi et l'enferme même dans son étendue, parce qu'elle convient à un animal qui pense ; au lieu que l'idée de bête l'exclut dans sa compréhension, et ainsi ne peut convenir à l'animal qui pense.

Du propre [1].

Quand nous avons trouvé la différence qui constitue une espèce, c'est-à-dire son principal attribut essentiel qui la distingue de toutes les autres espèces, si, considérant plus particulièrement sa nature, nous y trouvons encore quelque attribut qui soit nécessairement lié avec ce premier attribut, et qui par conséquent convienne à toute cette espèce et à cette seule espèce, *omni et soli*, nous l'appelons propriété ; et étant signifié par un terme connotatif, nous l'attribuons à l'espèce comme son propre ; et parce qu'il convient aussi à tous les inférieurs de l'espèce, et que la seule idée que nous en avons une fois formée peut représen-

---

1. « La propriété est *ce qui est entendu dans la chose comme une suite de son essence :* par exemple, la faculté de parler, qui est une suite de la raison, est une propriété de l'homme. » BOSSUET, *Log.*, liv. Ier, ch. XLVI.

ter cette propriété partout où elle se trouve, on en a fait le quatrième des termes communs et universaux.

Exemple. Avoir un angle droit est la différence essentielle du triangle rectangle ; et parce que c'est une dépendance nécessaire de l'angle droit que le carré du côté qui le soutient soit égal aux carrés des deux côtés qui le comprennent, l'égalité de ces carrés est considérée comme la propriété du triangle rectangle, qui convient à tous les triangles rectangles, et qui ne convient qu'à eux seuls.

Néanmoins on a quelquefois étendu plus loin ce nom de propre, et on en a fait quatre espèces :

La première est celle que nous venons d'expliquer, *quod convenit omni, et soli, et semper,* comme c'est le propre de tout cercle, du seul cercle, et toujours, que les lignes tirées du centre à la circonférence soient égales ;

La deuxième, *quod convenit omni, sed non soli,* comme on dit qu'il est propre à l'étendue d'être divisible, parce que toute étendue peut être divisée, quoique la durée, le nombre et la force le puissent être aussi ;

La troisième est *quod convenit soli, sed non omni,* comme il ne convient qu'à l'homme d'être médecin ou philosophe, quoique tous les hommes ne le soient pas ;

La quatrième, *quod convenit omni et soli, sed non semper,* dont on rapporte pour exemple le changement de la couleur du poil en blanc, *canescere ;* ce qui convient à tous les hommes et aux seuls hommes, mais seulement dans la vieillesse.

De l'accident.

Nous avons déjà dit dans le chapitre second qu'on appelait mode ce qui ne pouvait exister naturellement que par la substance, et ce qui n'était point nécessairement lié avec l'idée d'une chose, en sorte qu'on peut bien concevoir la chose sans concevoir le mode, comme on peut bien concevoir un homme sans le concevoir prudent ; mais on ne peut concevoir la prudence sans concevoir, ou un homme, ou une autre nature intelligente qui soit prudente.

Or, quand on joint une idée confuse et indéterminée de substance avec une idée distincte de quelque mode, cette idée est capable de représenter toutes les choses où sera ce mode, comme l'idée de prudent, tous les hommes prudents ; l'idée de rond, tous les corps ronds ; et alors cette idée, exprimée par un terme connotatif *prudent, rond,* est ce qui fait le cinquième universel qu'on appelle accident, parce qu'il n'est pas essentiel à la chose à qui on l'attribue ; car s'il l'était, il serait différence ou propre.

Mais il faut remarquer ici, comme on l'a déjà dit, que, quand on considère deux substances ensemble, on peut en considérer une comme mode de l'autre. Ainsi un homme habillé peut être considéré comme un tout composé de cet homme et de ses habits ; mais être habillé au regard de cet homme, est seulement un mode ou une façon d'être sous laquelle on le considère, quoique ses habits soient des substances. C'est pourquoi être habillé n'est qu'un cinquième universel.

En voilà plus qu'il n'en faut touchant les cinq universaux qu'on traite dans l'école avec tant d'étendue, car il sert de très-peu de savoir qu'il y a des genres, des espèces, des différences, des propres et des accidents ; mais l'importance est de reconnaître les vrais genres des choses, les vraies espèces de chaque genre, leurs vraies différences, leurs vraies propriétés, et les accidents qui leur conviennent ; et c'est à quoi nous pourrons donner quelque lumière dans les chapitres suivants, après avoir dit auparavant quelque chose des termes complexes.

CHAPITRE VIII

DES TERMES COMPLEXES ET DE LEUR UNIVERSALITÉ OU PARTICULARITÉ.

On joint quelquefois à un terme divers autres termes qui composent dans notre esprit une idée totale, de laquelle il arrive souvent qu'on peut affirmer ou nier ce qu'on ne pourrait pas affirmer ou nier de chacun de ces termes étant séparés ; par exemple, ce sont des termes complexes, *un homme prudent, un corps transparent; Alexandre, fils de Philippe.*

Cette addition se fait quelquefois par le pronom relatif, comme si je dis : *Un corps qui est transparent ; Alexandre, qui est fils de Philippe ; le pape, qui est vicaire de Jésus-Christ.*

Et on peut dire même que si ce relatif n'est pas toujours exprimé, il est toujours en quelque sorte sous-entendu, parce qu'il peut s'exprimer, si l'on veut, sans changer la proposition.

Car c'est la même chose de dire, un corps transparent, ou un corps qui est transparent.

Ce qu'il y a de plus remarquable dans ces termes complexes est que l'addition que l'on fait à un terme est de deux sortes : l'une qu'on peut appeler *explication*, et l'autre *détermination*.

Cette addition peut s'appeler seulement *explication* quand elle ne fait que développer, ou ce qui était enfermé dans la compréhension de l'idée du premier terme, ou du moins ce qui lui convient comme un de ses accidents, pourvu qu'il lui convienne généralement et dans toute son étendue ; comme si je dis : *L'homme, qui est un animal doué de raison*, ou *l'homme qui désire naturellement d'être heureux*, ou *l'homme qui est mortel*. Ces additions ne sont que des explications, parce qu'elles ne changent point du tout l'idée du mot d'homme, et ne la restreignent point à ne signifier qu'une partie des hommes, mais marquent seulement ce qui convient à tous les hommes.

Toutes les additions qu'on ajoute aux noms qui marquent distinctement un individu sont de cette sorte ; comme quand on dit : *Paris, qui est la plus grande ville de l'Europe; Jules César qui a été le plus grand capitaine du monde; Aristote, le prince des philosophes; Louis XIV, roi de France.* Car les termes individuels, distinctement exprimés, se prennent toujours dans toute leur étendue, étant déterminés tout ce qu'ils peuvent l'être.

L'autre sorte d'addition, qu'on peut appeler *détermination*, est quand ce qu'on ajoute à un mot général en restreint la signification, et fait qu'il ne se prend plus pour ce mot général dans toute son étendue, mais seulement pour une partie de cette étendue ; comme si je dis : *Les corps transparents, les hommes savants, un animal raisonnable.* Ces additions ne sont point de simples explications, mais des déterminations, parce qu'elles restreignent l'étendue du premier terme, en faisant que le mot de corps ne signifie plus qu'une partie des corps, le mot d'homme, qu'une partie des hommes, le mot d'animal, qu'une partie des animaux.

Et ces additions sont quelquefois telles, qu'elles rendent individuel un mot général, quand on y ajoute des conditions individuelles, comme quand je dis : *Le pape qui est aujourd'hui*, cela détermine le mot général de pape à la personne unique et singulière d'Alexandre VII.

On peut de plus distinguer deux sortes de termes complexes, les uns dans l'expression, et les autres dans le sens seulement.

Les premiers sont ceux dont l'addition est exprimée, tels que sont tous les exemples qu'on a rapportés jusqu'ici.

Les derniers sont ceux dont l'un des termes n'est point exprimé mais seulement sous-entendu, comme quand nous disons en France *le roi*, c'est un terme complexe dans le sens, parce que nous n'avons pas dans l'esprit, en prononçant ce mot de roi, la seule idée générale qui répond à ce mot; mais nous y joignons mentalement l'idée de Louis XIV, qui est maintenant roi de France. Il y a une infinité de termes dans les discours ordinaires des hommes qui sont complexes en cette manière, comme le nom de *monsieur* dans chaque famille.

Il y a même des mots qui sont complexes dans l'expression pour quelque chose, et qui le sont encore dans le sens pour d'autres ; comme quand on dit : *Le prince des philosophes*, c'est un terme complexe dans l'expression, puisque le mot de prince est déterminé par celui de philosophe ; mais au regard d'Aristote, que l'on marque dans les écoles par ce mot, il n'est complexe que dans le sens, puisque l'idée d'Aristote n'est que dans l'esprit, sans être exprimée par aucun son qui la distingue en particulier.

Tous les termes connotatifs ou adjectifs, ou sont parties d'un terme complexe quand leur substantif est exprimé ; ou sont complexes dans le sens quand il est sous-entendu : car, comme il a été dit dans le chapitre II, ces termes connotatifs marquent directement un sujet, quoique plus confusément, et indirectement une forme ou un mode, quoique plus distinctement; et ainsi ce sujet n'est qu'une idée fort générale et fort confuse, quelquefois d'un être, quelquefois d'un corps qui est pour l'ordinaire déterminé par l'idée distincte de la forme qui lui est jointe ; comme *album* signifie une chose qui a de la blancheur ; ce qui détermine l'idée confuse de chose à ne représenter que celles qui ont cette qualité.

Mais ce qui est de plus remarquable dans ces termes complexes, est qu'il y en a qui sont déterminés dans la vérité à un seul individu, et qu'ils ne laissent pas de conserver une certaine universalité équivoque qu'on peut appeler une équivoque d'erreur, parce que les hommes demeurant d'accord que ce terme ne signifie qu'une chose unique, faute de bien discerner quelle est véritablement cette chose unique, l'appliquent, les uns à une chose, et les autres à une autre ; ce qui fait qu'il a besoin d'être encore déterminé, ou par diverses circonstances, ou par la suite du discours, afin que l'on sache précisément ce qu'il signifie.

Ainsi le mot de *véritable religion* ne signifie qu'une seule et unique religion qui est dans la vérité, la catholique, n'y ayant que celle-là de véritable. Mais parce que chaque peuple et chaque secte croit que sa religion est la véritable, ce mot est très-équivoque dans la bouche des hommes, quoique par erreur. Et si on lit dans un historien qu'un prince a été zélé pour la véritable religion, on ne saurait dire ce qu'il a entendu par là, si on ne sait de quelle religion a été cet historien : car si c'est un protestant, cela voudra dire la religion protestante ; si c'est un Arabe mahométan qui parlât ainsi de son prince, cela voudrait dire la religion mahométane, et on ne pourrait juger que ce serait la religion catholique, si on ne savait que cet historien était catholique.

Les termes complexes, qui sont ainsi équivoques par erreur, sont principalement ceux qui enferment des qualités dont les sens ne jugent point, mais seulement l'esprit, sur lesquelles il est facile que les hommes aient divers sentiments.

Si je dis par exemple : Il n'y avait que des hommes de six pieds qui fussent enrôlés dans l'armée de Marius ; ce terme complexe d'hommes de six pieds n'est pas sujet à être équivoque par erreur, parce qu'il est bien aisé de mesurer des hommes pour juger s'ils ont six pieds. Mais si l'on eût dit qu'on ne devait enrôler que de vaillants hommes, le terme de vaillants hommes eût été plus sujet à être équivoque par erreur, c'est-à-dire à être attribué à des hommes qu'on eût crus vaillants, et qui ne l'eussent pas été en effet.

Les termes de comparaison sont aussi fort sujets à être équivoques par erreur. *Le plus grand géomètre de Paris, le plus savant homme, le plus adroit, le plus riche*. Car, quoique ces termes soient déterminés par des conditions individuelles, n'y ayant qu'un seul homme qui soit le plus grand géomètre de Paris, néanmoins ce mot peut être facilement attribué à plusieurs, quoiqu'il ne convienne qu'à un seul dans la vérité, parce qu'il est fort aisé que les hommes soient partagés de sentiments sur ce sujet, et qu'ainsi plusieurs donnent ce nom à celui que chacun croit avoir cet avantage par-dessus les autres.

Les mots de *sens d'un auteur*, de *doctrine d'un auteur sur un tel sujet*, sont encore de ce nombre, surtout quand un auteur n'est pas si clair qu'on ne dispute quelle a été son opinion, comme nous voyons que les philosophes disputent tous les jours touchant les opinions d'Aristote, chacun le tirant de son côté. Car, quoique Aristote n'ait qu'un seul et unique sens sur un tel sujet, néanmoins, comme il est différemment entendu, ces mots de *sentiment d'Aristote* sont équivoques par erreur, parce que chacun appelle sentiment d'Aristote ce qu'il a compris être son véritable sentiment ; et ainsi, l'un comprenant une chose et l'autre une autre, ces termes de sentiment d'Aristote sur un tel sujet, quelque individuels qu'ils soient en eux-mêmes, pourront convenir à plusieurs choses, savoir : à tous les divers sentiments qu'on lui aura attribués, et ils signifieront dans la bouche de chaque personne ce que chaque personne aura conçu être le sentiment de ce philosophe.

Mais, pour mieux comprendre en quoi consiste l'équivoque de ces termes, que nous avons appelés équivoques par erreur, il faut remarquer que ces mots sont connotatifs ou expressément, ou dans le sens. Or, comme nous avons déjà dit, on doit considérer, dans les mots connotatifs, le sujet, qui est directement, mais confusément exprimé, et la forme ou le mode, qui est distinctement, quoique indirectement exprimé. Ainsi, le blanc signifie confusément un corps, et la blancheur distinctement ; sentiment d'Aristote signifie confusément quelque opinion, quelque pensée, quelque doctrine, et distinctement la relation de cette pensée à Aristote, auquel on l'attribue.

Or, quand il arrive de l'équivoque dans ces mots, ce n'est pas proprement à cause de cette forme ou de ce mode, qui, étant distinct, est invariable ; ce n'est pas aussi à cause du sujet confus, lorsqu'il demeure dans cette confusion : car, par exemple, le mot de *prince des philosophes* ne peut jamais être équivoque, tant qu'on n'appliquera cette idée de prince des philosophes à aucun individu distinctement connu ; mais l'équivoque arrive seulement parce que l'esprit, au lieu de ce sujet confus, y substitue souvent un sujet distinct et déterminé, auquel il attribue la forme et le mode. Car, comme les hommes sont de différents avis sur ce sujet, ils peuvent donner cette qualité à diverses personnes, et les marquer ensuite par ce mot, qu'ils croient leur convenir, comme autrefois on entendait Platon par le nom de prince des philosophes, et maintenant on entend Aristote.

Le mot de véritable religion n'étant pas joint avec l'idée distincte d'aucune religion particulière, et demeurant dans son idée confuse, n'est point équivoque, puisqu'il ne signifie que ce qui est en effet la véritable religion. Mais lorsque l'esprit a joint cette idée de véritable religion à une idée distincte d'un certain culte particulier distinctement connu, ce mot devient très-équivoque, et signifie, dans la bouche de chaque peuple, le culte qu'il prend pour véritable.

Il en est de même de ces mots, *sentiment d'un tel philosophe sur une telle matière* ; car, demeurant dans leur idée générale, ils signifient simplement et en général la doctrine que ce philosophe a enseignée sur cette matière, comme ce qu'a enseigné Aristote sur la nature de notre âme, *id quod sensit talis scriptor*; et cet *id*, c'est-à-dire cette doctrine, demeurant dans son idée confuse sans être appliquée à une idée distincte, ces mots ne sont nullement équivoques ; mais lorsqu'au lieu de cet *id* confus, de cette doctrine confusément conçue, l'esprit substitue une doctrine distincte et un sujet distinct, alors, selon les différentes idées distinctes qu'il y pourra substituer, ce terme deviendra équivoque. Ainsi, l'opinion d'Aristote touchant la nature de notre âme est un mot équivoque dans la bouche de Pomponace [1], qui prétend qu'il l'a crue mortelle, et dans celle de plusieurs autres interprètes de ce philosophe, qui prétendent, au contraire, qu'il l'a crue immortelle, aussi bien que ses maîtres Platon et Socrate. Et de là il arrive que ces sortes de mots peuvent souvent signifier une chose à qui la forme exprimée indirectement ne convient pas. Supposant, par exemple, que Philippe n'ait pas été véritablement père d'Alexandre, comme Alexandre lui-même le voulait faire croire, le mot de *fils de Philippe*, qui signifie en général celui qui a été engendré par Philippe, étant appliqué par erreur à Alexandre, signifiera une personne qui ne serait pas véritablement le fils de Philippe.

Le mot de *sens de l'Écriture* étant appliqué par un hérétique à une erreur contraire à l'Écriture, signifiera dans sa bouche cette erreur qu'il aura cru être le sens de l'Écriture, et qu'il aura, dans cette pensée, appelée le sens de l'Écriture. C'est pourquoi les calvinistes n'en sont pas plus catholiques, pour protester qu'ils ne suivent que la parole de Dieu, car ces mots de *parole de Dieu* signifient dans leur bouche toutes les erreurs qu'ils prennent faussement pour la parole de Dieu.

CHAPITRE IX

DE LA CLARTÉ ET DISTINCTION DES IDÉES, ET DE LEUR OBSCURITÉ ET CONFUSION.

On peut distinguer dans une idée la clarté d'avec la distinction, et l'obscurité d'avec la confusion : car on peut dire qu'une idée nous est claire quand elle nous frappe vivement, quoiqu'elle ne soit point distincte, comme l'idée de la douleur nous frappe très-vivement, et, selon cela, peut être appelée claire ; et néanmoins elle est

---

[1]. Pierre Pomponace (Pomponazzi), né à Mantoue en 1462, mort en 1524.

fort confuse [1], en ce qu'elle nous représente la douleur comme dans la main blessée, quoiqu'elle soit dans notre esprit.

Néanmoins, on peut dire que toute idée est distincte en temps que claire, et que leur obscurité ne vient que de leur confusion, comme dans la douleur le seul sentiment qui nous frappe est clair et est distinct aussi ; mais ce qui est confus, qui est que ce sentiment soit dans notre main, ne nous est point clair.

Prenant donc pour une même chose la clarté et la distinction des idées, il est très-important d'examiner pourquoi les unes sont claires et les autres obscures.

Mais c'est ce qui se connaît mieux par des exemples que par tout autre moyen, et ainsi nous allons faire un dénombrement des principales de nos idées qui sont claires et distinctes, et des principales de celles qui sont confuses et obscures.

L'idée que chacun a de soi-même comme d'une chose qui pense est très-claire, et de même aussi l'idée de toutes les dépendances de notre pensée, comme juger, raisonner, douter, vouloir, désirer, sentir, imaginer.

---

1. « J'appelle claire, dit Descartes, la connaissance qui est présente et manifeste à un esprit attentif... et distincte celle qui est tellement précise et différente de toutes les autres qu'elle ne comprend en soi que ce qui paraît manifestement à celui qui la considère comme il faut. » *Principes*, I, 45. « Je dis qu'une idée est claire, dit Leibnitz, lorsqu'elle suffit pour reconnaître la chose et pour la distinguer : comme lorsque j'ai une idée bien claire d'une couleur, je ne prendrai pas une autre pour celle que je demande ; et si j'ai une idée claire d'une plante, je la discernerai parmi d'autres voisines : sans cela l'*idée est obscure*. Je crois que nous n'en avons guère de parfaitement claires sur les choses sensibles. Il y a des couleurs qui s'approchent de telle sorte qu'on ne saurait les discerner par mémoire, et cependant on les discernera l'une étant mise près de l'autre...

» C'est pourquoi j'ai coutume de suivre ici le langage de M. Descartes, chez qui une idée pourra être claire et confuse en même temps : et telles sont les idées des qualités sensibles et affectées aux organes, comme celles de la couleur ou de la chaleur. Elles sont claires, car on les reconnaît et on les discerne aisément les unes des autres ; mais elles ne sont point distinctes, parce qu'on ne distingue pas ce qu'elles renferment. Ainsi on n'en saurait donner la définition. On ne les fait connaître que par des exemples ; et au reste, il faut dire que c'est un *je ne sais quoi*, jusqu'à ce qu'on en déchiffre la contexture. Ainsi, quoique selon nous les idées distinctes distinguent l'objet d'un autre, néanmoins comme les claires mais confuses en elles-mêmes le font aussi, nous nommons distinctes non pas toutes celles qui sont bien distinguantes ou qui distinguent les objets, mais celles qui sont bien distinguées. » (LEIBNITZ, *Nouveaux Essais sur l'Entendement humain*, II, ch. XXIX.)

Nous avons aussi des idées fort claires de la substance étendue et de ce qui lui convient, comme figure, mouvement, repos; car quoique nous puissions feindre qu'il n'y a aucun corps ni aucune figure, et que nous ne pouvons pas feindre de la substance qui pense tant que nous pensons, néanmoins nous ne pouvons pas nous dissimuler à nous-mêmes que nous ne concevions clairement l'étendue et la figure.

Nous concevons aussi clairement l'être, l'existence, la durée, l'ordre, le nombre, pourvu que nous pensions seulement que la durée de chaque chose est un mode ou une façon dont nous considérons cette chose en tant qu'elle continue d'être, et que pareillement l'ordre et le nombre ne diffèrent pas en effet des choses ordonnées et nombrées.

Toutes ces idées-là sont si claires que souvent, en voulant les éclaircir davantage et ne pas se contenter de celles que nous formons naturellement, on les obscurcit [1].

Nous pouvons aussi dire que l'idée que nous avons de Dieu en cette vie est claire en un sens, quoiqu'elle soit obscure en un autre sens et très-imparfaite.

Elle est claire en ce qu'elle suffit pour nous faire connaître en Dieu un très-grand nombre d'attributs que nous sommes assurés ne se trouver qu'en Dieu seul; mais elle est obscure, si on la compare à celle qu'ont les bienheureux dans le ciel, et elle est imparfaite en ce que notre esprit, étant fini, ne peut concevoir que très-imparfaitement un objet infini. Mais ce sont différentes conditions en une idée d'être parfaite et d'être claire; car elle est parfaite quand elle nous représente tout ce qui est son objet, et elle est claire quand elle nous en représente assez pour le concevoir clairement et distinctement.

Les idées confuses et obscures sont celles que nous avons des qualités sensibles, comme des couleurs, des sons, des odeurs, des goûts, du froid, du chaud, de la

---

[1]. Comparez les réflexions analogues de Pascal dans l'*Essai sur l'esprit géométrique*.

pesanteur, etc., comme aussi de nos appétits, de la faim, de la soif, de la douleur corporelle, et voici ce qui fait que ces idées sont confuses.

Comme nous avons été plus tôt enfants qu'hommes, et que les choses extérieures ont agi sur nous en causant divers sentiments dans notre âme par les impressions qu'elles faisaient sur notre corps, l'âme, qui voyait que ce n'était pas par sa volonté que ces sentiments s'excitaient en elle, mais qu'elle ne les avait qu'à l'occasion de certains corps, comme qu'elle sentait de la chaleur en s'approchant du feu, ne s'est pas contentée de juger qu'il y avait quelque chose hors d'elle qui était cause qu'elle avait ces sentiments, en quoi elle ne se serait pas trompée ; mais elle a passé plus outre, ayant cru que ce qui était dans ces objets était entièrement semblable aux sentiments ou aux idées qu'elle avait à leur occasion ; et de ces jugements elle en forme des idées, en transportant ces sentiments de chaleur, de couleur, etc., dans les choses mêmes qui sont hors d'elle, et ce sont là ces idées obscures et confuses que nous avons des qualités sensibles, l'âme ayant ajouté ses faux jugements à ce que la nature lui faisait connaître.

Et comme ces idées ne sont point naturelles, mais arbitraires, on y a agi avec une grande bizarrerie. Car quoique la chaleur ni la brûlure ne soient que deux sentiments, l'un plus faible et l'autre plus fort, on a mis la chaleur dans le feu, et l'on a dit que le feu a de la chaleur ; mais l'on n'y a pas mis la brûlure ou la douleur qu'on sent en s'en approchant de trop près, et on ne dit point que le feu a de la douleur [1].

---

[1]. « Quand le philosophe dit qu'il n'y a point de chaleur dans le feu, qu'est-ce qu'il entend ? que le feu n'éprouve pas la sensation de la chaleur ; il a raison, et, s'il prend la peine de s'expliquer le vulgaire sera de son avis ; mais il s'exprime mal, car il y a réellement dans le feu une qualité qu'on appelle *chaleur*, et les philosophes et le vulgaire désignent plus souvent par ce nom la qualité que la sensation. Les philosophes prennent donc le terme dans un sens et le vulgaire l'entend dans un autre. Dans le sens du vulgaire, la proposition est absurde, et le vulgaire soutient qu'elle l'est ; dans le sens des philosophes, elle est vraie, et le vulgaire l'avouera aussitôt qu'il l'aura comprise : il sait très-bien que le feu ne sent pas la chaleur, et c'est tout ce que le philosophe entend en disant qu'il n'y a pas de chaleur dans le feu. » REID, *Œuvres complètes*, t. III ; *Essais sur les facultés intellectuelles*, II, 17.

Mais si les hommes ont bien vu que la douleur n'est pas dans le feu qui brûle la main, peut-être qu'ils se sont encore trompés en croyant qu'elle est dans la main que le feu brûle ; au lieu qu'à le bien prendre, elle n'est que dans l'esprit, quoique à l'occasion de ce qui se passe dans la main, parce que la douleur n'est autre chose qu'un sentiment d'aversion que l'âme conçoit de quelque mouvement contraire à la constitution naturelle de son corps.

C'est ce qui a été reconnu, non-seulement par quelques anciens philosophes, comme les cyrénaïques, mais aussi par saint Augustin en divers endroits. Les douleurs (dit-il dans le livre XIV de la *Cité de Dieu*, chap. xv) qu'on appelle corporelles, ne sont pas du corps, mais de l'âme, qui est dans le corps, et à cause du corps : *Dolores qui dicuntur carnis, animæ sunt, in carne, et ex carne ;* car la douleur du corps, ajoute-t-il, n'est autre chose qu'un chagrin de l'âme à cause de son corps, et l'opposition qu'elle a à ce qui se fait dans le corps, comme la douleur de l'âme qu'on appelle tristesse, est l'opposition qu'a notre âme aux choses qui arrivent contre notre gré : *Dolor carnis tantummodo offensio est animæ ex carne et quædam ab ejus passione dissensio; sicuti animæ dolor, quæ tristitia nuncupatur, dissensio est ab his rebus, quæ nobis nolentibus acciderunt.*

Et au livre vii de la Genèse à la lettre, chap. 19, la répugnance que ressent l'âme de voir que l'action par laquelle elle gouverne le corps est empêchée par le trouble qui arrive dans son tempérament est ce qui s'appelle douleur : *Quum afflictiones corporis moleste sentit (anima), actionem suam, qua illi regendo adest, turbato ejus temperamento impediri offenditur, et hæc offensio dolor vocatur.*

En effet, ce qui fait voir que la douleur qu'on appelle corporelle est dans l'âme, non dans le corps, c'est que les mêmes choses qui nous causent de la douleur quand nous y pensons, ne nous en causent point lorsque notre esprit est fortement occupé ailleurs, comme ce prêtre de Calame, en Afrique, dont parle saint Augustin dans le livre XIV de la *Cité de Dieu*, chap. xxiv, qui, toutes les fois qu'il voulait, s'aliénait [1] tellement des sens, qu'il demeurait comme mort, et non-seulement ne sentait pas quand on le pinçait ou quand on le piquait, mais non pas même quand on le brûlait : *Qui, quando ei placebat, ad imitatas, quasi lamentantis hominis voces, ita se auferebat a sensibus, et jacebat simillimus mortuo, ut non solum vellicantes atque pungentes minime sentiret, sed aliquando etiam igne ureretur admoto, sine ullo doloris sensu, nisi postmodum ex vulnere.*

Il faut de plus remarquer que ce n'est pas proprement la mauvaise disposition de la main, et le mouvement que la brûlure y cause, qui fait que l'âme sent de la douleur; mais qu'il faut que ce mouvement se communique au cerveau par le moyen des petits filets enfermés dans les nerfs, comme dans des tuyaux, qui sont étendus comme de petites cordes depuis le cerveau jusqu'à la main et les autres parties du corps ; ce qui fait qu'on ne saurait remuer ces petits filets qu'on ne remue aussi la partie du cerveau d'où ils tirent leur origine ; et c'est pourquoi si quelque obstruction empêche que ces filets de nerfs ne puissent communiquer leur mouvement au cerveau, comme il arrive dans la paralysie, il se peut faire qu'un homme voie couper et brûler sa main sans qu'il en sente de la douleur; et au contraire ce qui semble bien étrange, on peut avoir ce qu'on appelle mal à la main sans avoir de main, comme il arrive très-souvent à ceux qui ont la main coupée, parce que les filets des nerfs qui s'étendaient depuis la main jusqu'au cerveau, étant remués par quelque fluxion vers le coude, où ils se terminent, lorsqu'on a le bras coupé jusque-là, peuvent tirer la partie du cerveau à laquelle ils sont attachés, en la même manière qu'ils la tiraient lorsqu'ils s'étendaient jusqu'à la main, comme l'extrémité d'une corde peut être remuée de la même sorte en la tirant par le milieu, qu'en la tirant par l'autre bout; et c'est ce qui est cause que l'âme alors sent la même douleur qu'elle

---

1. C'est-à-dire : se séparait.

sentait quand elle avait une main, parce qu'elle porte son attention au lieu d'où avait accoutumé de venir ce mouvement du cerveau ; comme ce que nous voyons dans un miroir nous paraît au lieu où il serait, s'il était vu par des rayons droits, parce que c'est la manière la plus ordinaire de voir les objets [1].

Et cela peut servir à faire comprendre qu'il est très-possible qu'une âme séparée du corps soit tourmentée par le feu ou de l'enfer ou du purgatoire, et qu'elle sente la même douleur que l'on sent quand on est brûlé, puisque, lors même qu'elle était dans le corps, la douleur de la brûlure était en elle, et non dans le corps, et que ce n'était autre chose qu'une pensée de tristesse qu'elle ressentait à l'occasion de ce qui se passait dans le corps auquel Dieu l'avait unie. Pourquoi ne pourrions-nous pas concevoir que la justice de Dieu puisse tellement disposer une certaine portion de la matière à l'égard d'un esprit, que le mouvement de cette matière soit une occasion à cet esprit d'avoir des pensées affligeantes, qui est tout ce qui arrive à notre âme dans la douleur corporelle.

Mais pour revenir aux idées confuses, celle de la pesanteur, qui paraît si claire, ne l'est pas moins que les autres dont nous venons de parler ; car les enfants voyant des pierres et autres choses semblables qui tombent en bas aussitôt qu'on cesse de les soutenir, ils ont formé de là l'idée d'une chose qui tombe, laquelle idée est naturelle et vraie, et de plus, de quelque cause de cette chute, ce qui est encore vrai. Mais, parce qu'ils ne voyaient rien que la pierre, et qu'ils ne voyaient point ce qui la poussait, par un jugement précipité, ils ont conclu que ce qu'ils ne voyaient point n'était point, et qu'ainsi la pierre tombait d'elle-même par un principe intérieur qui était en elle, sans que rien autre chose la poussât en bas, et c'est à cette idée confuse, et qui n'était née que de leur erreur, qu'ils ont attaché le nom de gravité et de pesanteur [2].

Et il leur est encore ici arrivé de faire des jugements

---

[1]. La physiologie moderne a fait voir en effet que nous localisons nos sensations à l'extrémité des cordons nerveux.

[2]. Le terme de *gravité*, comme celui de *vertu dormitive*, n'est effectivement qu'un mot abstrait qui résume les phénomènes sans les expliquer.

tout différents des choses dont ils devaient juger de la même sorte. Car, comme ils ont vu des pierres qui se remuaient en bas vers la terre, ils ont vu des pailles qui se remuaient vers l'ambre, et des morceaux de fer ou d'acier qui se remuaient vers l'aimant ; ils avaient donc autant de raison de mettre une qualité dans les pailles et dans le fer pour se porter vers l'ambre ou l'aimant, que dans les pierres pour se porter vers la terre. Néanmoins il ne leur a pas plu de le faire ; mais ils ont mis une qualité dans l'ambre pour attirer les pailles, et une dans l'aimant pour attirer le fer, qu'ils ont appelées des qualités attractives, comme s'il ne leur eût pas été aussi facile d'en mettre une dans la terre pour attirer les choses pesantes [1]. Mais quoiqu'il en soit, ces qualités attractives ne sont nées, de même que la pesanteur, que d'un faux raisonnement, qui a fait croire qu'il fallait que le fer attirât l'aimant, parce qu'on ne voyait rien qui poussât l'aimant vers le fer ; quoiqu'il soit impossible de concevoir qu'un corps en puisse attirer un autre, si le corps qui attire ne se meut lui-même, et si celui qui est attiré ne lui est joint ou attaché par quelque lien.

On doit donc aussi rapporter à ces jugements de notre enfance l'idée qui nous représente les choses dures et pesantes comme étant plus matérielles et plus solides que les choses légères et déliées ; ce qui nous fait croire qu'il y a bien plus de matière dans une boîte pleine d'or que dans une autre qui ne serait pleine que d'air : car ces idées ne viennent que de ce que nous n'avons jugé dans notre enfance de toutes les choses extérieures que par rapport aux impressions qu'elles faisaient sur nos sens ; et ainsi, parce que les corps durs et pesants agissaient bien plus sur nous que les corps légers et subtils, nous nous sommes imaginé qu'ils contenaient plus de matière [2] ; au lieu que la raison nous devait faire juger que, chaque

---

1. C'est ce qu'on appelle les *qualités occultes*.

2. « La grandeur des parties dont un corps est composé ne dépend point de la pesanteur ou de la dureté que nous sentons à cette occasion, mais seulement de l'étendue, qui est toujours égale dans un même vase. » Descartes, *Principes*, II, 19.

partie de la matière n'occupant jamais que sa place, un espace égal est toujours rempli d'une égale quantité de matière.

De sorte qu'un vaisseau d'un pied cube n'en contient pas davantage étant plein d'or qu'étant plein d'air ; et même il est vrai, en un sens, qu'étant plein d'air, il comprend plus de matière solide, par une raison qu'il serait trop long d'expliquer ici [1].

On peut dire que c'est de cette imagination que sont nées toutes les idées extravagantes de ceux qui ont cru que notre âme était ou un air très-subtil composé d'atomes, comme Démocrite [2] et les épicuriens, ou un air enflammé comme les stoïciens ou une portion de la lumière céleste, comme les anciens manichéens [3] et Flud même de notre temps, ou un vent délié, comme les sociniens [4] ; car toutes ces personnes n'auraient jamais cru, qu'une pierre, du bois, de la boue fussent capables de penser ; et c'est pourquoi Cicéron, en même temps qu'il veut, comme les stoïciens, que notre âme soit une flamme subtile, rejette comme une absurdité insupportable de s'imaginer qu'elle soit de terre, ou d'un air grossier : *Quid enim, obsecro te; terrane tibi, aut hoc nebuloso, aut caliginoso cœlo, sata aut concreta esse videtur tanta vis memoriæ!* Mais ils se sont persuadé qu'en subtilisant cette matière, ils la rendraient moins matérielle, moins grossière et moins corporelle, et qu'enfin elle deviendrait capable de penser, ce qui est une imagination ridicule ; car une matière n'est plus subtile qu'une autre qu'en ce

---

1. Principe contestable qui se rattache à la théorie cartésienne selon laquelle l'étendue et la matière seraient identiques.

2. « Démocrite d'Abdère admettait, dit Diogène Laërce, pour principes de l'univers les atomes et le vide, rejetant tout le reste comme fondé sur des conjectures. Il croyait qu'il y a des mondes à l'infini, qu'ils ont un commencement et qu'ils sont sujets à corruption ; que rien ne se fait de rien ni ne s'anéantit ; que les atomes sont infinis par rapport à la grandeur et au nombre ; qu'ils se meuvent en tourbillon ; que la matière est un assemblage d'atomes ; que leur solidité les rend impénétrables et fait qu'ils ne peuvent être détruits ; que le soleil et la lune sont formés par les mouvements et les circuits grossis de ces masses agitées en tourbillon, et que *l'âme*, qu'il dit être la même chose que l'esprit, est un composé de même nature. »

3. *Manichéens*, disciples de Manès, né en Perse en 420.

4. *Sociniens* disciples de Socin, né en 1525 à Sienne.

qu'étant divisée en parties plus petites et plus agitées, elle fait d'une part moins de résistance aux autres corps et s'insinue, de l'autre, plus facilement dans leurs pores : mais divisée ou non divisée, agitée ou non agitée, elle n'en est ni moins matière, ni moins corporelle et plus capable de penser ; étant impossible de s'imaginer qu'il y ait aucun rapport du mouvement ou de la figure de la matière subtile ou grossière avec la pensée, et qu'une matière qui ne pensait pas lorsqu'elle était en repos comme la terre, ou dans un mouvement modéré comme l'eau, puisse parvenir à se connaître soi-même, si on vient à la remuer davantage et à lui donner trois ou quatre bouillons de plus [1].

On pourrait étendre cela beaucoup davantage ; mais c'est assez pour faire entendre toutes les autres idées confuses, qui ont presque toutes quelques causes semblables à ce que nous venons de dire.

L'unique remède à cet inconvénient est de nous défaire des préjugés de notre enfance, et de ne rien croire de ce qui est du ressort de notre raison parce que nous en avons jugé autrefois, mais par ce que nous en jugeons maintenant [2] ; et ainsi nous nous réduirons à nos idées naturelles ; et pour les confuses, nous n'en retiendrons que ce qu'elles ont de clair, comme qu'il y a quelque chose dans le feu qui est cause que je sens de la chaleur, que toutes les choses qu'on appelle pesantes sont poussées en bas par quelque cause, ne déterminant rien de ce qui peut être dans le feu qui me cause ce sentiment ou de la cause qui fait tomber une pierre en bas, que je n'aie des raisons claires qui m'en donnent la connaissance.

---

[1]. Leibnitz remarque également que, s'il suffisait de subtiliser la matière pour la rendre capable de penser, en augmentant les proportions de ce mécanisme subtil on pourrait pénétrer dedans comme dans un moulin.

[2]. Règle empruntée à Descartes.

CHAPITRE X

QUELQUES EXEMPLES DE CES IDÉES CONFUSES ET OBSCURES, TIRÉS DE LA MORALE.

On a rapporté dans le chapitre précédent divers exemples de ces idées confuses, que l'on peut appeler fausses, pour la raison que nous avons dite ; mais parce qu'ils sont tous pris de la physique, il ne sera pas inutile d'y en joindre quelques autres tirés de la morale, les fausses idées que l'on se forme à l'égard des biens et des maux étant infiniment plus dangereuses.

Qu'un homme ait une idée fausse ou véritable, claire ou obscure, de la pesanteur, des qualités sensibles et des actions des sens, il n'en est ni plus heureux ni plus malheureux ; s'il en est un peu plus ou moins savant, il n'en est ni plus homme de bien ni plus méchant. Quelque opinion que nous ayons de toutes ces choses, elles ne changeront pas pour nous. Leur être est indépendant de notre science, et la conduite de notre vie est indépendante de la connaissance de leur être : ainsi, il est permis à tout le monde de s'en remettre à ce que nous en connaîtrons dans l'autre vie, et de se reposer généralement de l'ordre du monde sur la bonté et sur la sagesse de celui qui le gouverne.

Mais personne ne se peut dispenser de former des jugements sur les choses bonnes ou mauvaises, puisque c'est par ces jugements qu'on doit conduire sa vie, régler ses actions, et se rendre heureux ou malheureux éternellement ; et comme les fausses idées que l'on a de toutes ces choses sont les sources des mauvais jugements que l'on en fait, il serait infiniment plus important de s'appliquer à les connaître et à les corriger [1], que non pas à réformer celles que la précipitation de nos jugements ou les préjugés de notre enfance nous font concevoir des

[1]. Ces réflexions rappellent des doctrines analogues de Socrate.

choses de la nature qui ne sont l'objet que d'une spéculation stérile[1].

Pour les découvrir toutes, il faudrait faire une morale tout entière; mais on n'a dessein ici que de proposer quelques exemples de la manière dont on les forme, en alliant ensemble diverses idées qui ne sont pas jointes dans la vérité, dont on compose ainsi de vains fantômes après lesquels les hommes courent, et dont ils se repaissent misérablement toute leur vie.

L'homme trouve en soi l'idée du bonheur et du malheur, et cette idée n'est point fausse ni confuse tant qu'elle demeure générale : il a aussi des idées de petitesse, de grandeur, de bassesse, d'excellence; il désire le bonheur, il fuit le malheur, il admire l'excellence, il méprise la bassesse.

Mais la corruption du péché qui le sépare de Dieu, en qui seul il pouvait trouver son véritable bonheur, et à qui seul par conséquent il en devait attacher l'idée, la lui fait joindre à une infinité de choses dans l'amour desquelles il s'est précipité pour y chercher la félicité qu'il avait perdue; et c'est par là qu'il s'est formé une infinité d'idées fausses et obscures, en se représentant tous les objets de son amour comme étant capables de le rendre heureux, et ceux qui l'en privent comme le rendant misérable. Il a de même perdu par le péché la véritable grandeur et la véritable excellence, et ainsi il est contraint, pour s'aimer, de se représenter à soi-même autre qu'il n'est en effet; de se cacher ses misères et sa pauvreté, et d'enfermer dans son idée un grand nombre de choses qui en sont entièrement séparées, enfin de la grossir et de l'agrandir; et voici la suite ordinaire de ces fausses idées.

La première et la principale pente de la concupiscence est vers le plaisir des sens qui naît de certains objets extérieurs; et comme l'âme s'aperçoit que ce plaisir qu'elle aime lui vient de ces choses, elle y joint incontinent

---

1. Exagération théologique et janséniste.

l'idée de bien, et celle de mal à ce qui l'en prive. Ensuite, voyant que les richesses et la puissance humaine sont les moyens ordinaires de se rendre maître de ces objets de la concupiscence, elle commence à les regarder comme de grands biens, et par conséquent elle juge heureux les riches et les grands qui les possèdent, et malheureux les pauvres qui en sont privés.

Or, comme il y a une certaine excellence dans le bonheur, elle ne sépare jamais ces deux idées, et elle regarde toujours comme grands tous ceux qu'elle considère comme heureux, et comme petits ceux qu'elle estime pauvres et malheureux ; et c'est la raison du mépris que l'on fait des pauvres, et de l'estime que l'on fait des riches. Ces jugements sont si injustes et si faux, que saint Thomas[1] croit que c'est ce regard d'estime et d'admiration pour les riches qui est condamné si sévèrement par l'apôtre saint Jacques[2], lorsqu'il défend de donner un siége plus élevé aux riches qu'aux pauvres dans les assemblées ecclésiastiques ; car ce passage ne pouvant s'entendre à la lettre d'une défense de rendre certains devoirs extérieurs plutôt aux riches qu'aux pauvres, puisque l'ordre du monde, que la religion ne trouble point, souffre ces préférences[3], et que les saints mêmes les ont pratiquées, il semble qu'on doive l'entendre de cette préférence intérieure qui fait regarder les pauvres comme sous les pieds des riches, et les riches comme étant infiniment élevés au-dessus des pauvres.

Mais quoique ces idées et les jugements qui en naissent soient faux et déraisonnables, ils sont néanmoins communs à tous les hommes, qui ne les ont pas corrigés parce qu'ils sont produits par la concupiscence dont ils sont tous infectés. Et il arrive de là que l'on ne se forme pas seulement ces idées des riches, mais que l'on sait que

---

1. Saint Thomas d'Aquin (né en 1227, mort en 1274) surnommé *Doctor angelicus*. Sa *Somme de théologie* est son principal ouvrage.
2. Saint Jacques, dit le *Mineur*, apôtre, premier évêque de Jérusalem, où il périt massacré par le peuple en 62.

Pour le passage dont il est parlé dans le texte, voir son *Épître* adressée aux douze tribus dispersées, ch. II, 3.

3. Interprétation étrange d'une parole de l'apôtre qui est cependant très-claire.

les autres ont pour eux les mêmes mouvements d'estime et d'admiration; de sorte que l'on considère leur état, non-seulement environné de toute la pompe et de toutes les commodités qui y sont jointes, mais aussi de tous ces jugements avantageux que l'on forme des riches, et que l'on connaît par les discours ordinaires des hommes et par sa propre expérience.

C'est proprement ce fantôme [1], composé de tous les admirateurs des riches et des grands, que l'on conçoit environner leur trône, et les regarder avec des sentiments intérieurs de crainte, de respect et d'abaissement, qui fait l'idole des ambitieux, pour lequel ils travaillent toute leur vie et s'exposent à tant de dangers.

Et pour montrer que c'est ce qu'ils recherchent et qu'ils adorent, il ne faut que considérer que, s'il n'y avait au monde qu'un homme qui pensât, et que tout le reste de ceux qui auraient la figure humaine ne fussent que des statues automates, et que de plus ce seul homme raisonnable, sachant parfaitement que toutes ces statues qui lui ressembleraient extérieurement seraient entièrement privées de raison et de pensée, sût néanmoins le secret de les remuer par quelques ressorts, et d'en tirer tous les services que nous tirons des hommes, on peut bien croire qu'il se divertirait quelquefois aux divers mouvements qu'il imprimerait à ces statues; mais certainement il ne mettrait jamais son plaisir et sa gloire dans les respects extérieurs qu'il se ferait rendre par elles; il ne serait jamais flatté de leurs révérences, et même il s'en lasserait aussitôt que l'on se lasse des marionnettes; de sorte qu'il se contenterait ordinairement d'en tirer les services qui lui seraient nécessaires, sans se soucier d'en amasser un plus grand nombre que ce qu'il en aurait besoin pour son usage.

Ce n'est donc pas les simples effets extérieurs de l'obéissance des hommes, séparés de la vue de leurs pensées, qui sont l'objet de l'amour des ambitieux; ils

---

[1]. Mot emprunté peut-être à Bacon, dont Arnauld avait lu les ouvrages. Bacon appelle les erreurs des *idola*, des fantômes.

veulent commander à des hommes et non à des automates, et leur plaisir consiste dans la vue des mouvements de crainte, d'estime et d'admiration qu'ils excitent dans les autres [1].

C'est ce qui fait voir que l'idée qui les occupe est aussi vaine et aussi peu solide que celle de ceux qu'on appelle proprement hommes vains, qui sont ceux qui se repaissent de louanges, d'acclamations, d'éloges, de titres et des autres choses de cette nature. La seule chose qui les en distingue est la différence des mouvements et des jugements qu'ils se plaisent d'exciter; car, au lieu que les hommes vains ont pour but d'exciter des mouvements d'amour et d'estime pour leur science, leur éloquence, leur esprit, leur adresse, leur bonté, les ambitieux veulent exciter des mouvements de terreur, de respect et d'abaissement sous leur grandeur, et des idées conformes à ces jugements par lesquels on les regarde comme terribles, élevés, puissants. Ainsi les uns et les autres mettent leur bonheur dans les pensées d'autrui; mais les uns choisissent certaines pensées, et les autres d'autres.

Il n'y a rien de plus ordinaire que de voir ces vains fantômes, composés des faux jugements des hommes, donner le branle aux plus grandes entreprises, et servir de principal objet à toute la conduite de la vie des hommes.

Cette valeur, si estimée dans le monde, qui fait que ceux qui passent pour braves se précipitent sans crainte dans les plus grands dangers, n'est souvent qu'un effet de l'application de leur esprit à ces images vides et creuses qui le remplissent. Peu de personnes méprisent sérieusement la vie; et ceux qui semblent affronter la mort avec tant de hardiesse à une brèche ou dans une bataille tremblent comme les autres, et souvent plus que les autres, lorsqu'elle les attaque dans leur lit. Mais ce qui produit la générosité qu'ils font paraître en quelques rencontres, c'est qu'ils envisagent, d'une part, les railleries que l'on fait des lâches et, de l'autre, les louanges

[1]. Ces pensées fines font reconnaître, dans ce chapitre, la main de Nicole.

qu'on donne aux vaillants hommes; et ce double fantôme, les occupant, les détourne de la considération des dangers et de la mort[1].

C'est par cette raison que ceux qui ont plus sujet de croire que les hommes les regardent, étant plus remplis de la vue de ces jugements, sont plus vaillants et plus généreux. Ainsi les capitaines ont d'ordinaire plus de courage que les soldats[2], et les gentilshommes que ceux qui ne le sont pas, parce qu'ayant plus d'honneur à perdre et à acquérir, ils en sont aussi plus vivement touchés. Les mêmes travaux, disait un grand capitaine, ne sont pas également pénibles à un général d'armée et à un soldat, parce qu'un général est soutenu par les jugements de toute une armée qui a les yeux sur lui, au lieu qu'un soldat n'a rien qui le soutienne que l'espérance d'une petite récompense et d'une basse réputation de bon soldat, qui ne s'étend pas souvent au delà de la compagnie[3].

Qu'est-ce que se proposent ces gens qui bâtissent des maisons superbes beaucoup au-dessus de leur condition et de leur fortune? Ce n'est pas la simple commodité qu'ils y recherchent; cette magnificence excessive y nuit plus qu'elle n'y sert, et il est visible aussi que s'ils étaient seuls au monde, ils ne prendraient jamais cette peine, non plus que s'ils croyaient que tous ceux qui verraient leurs maisons n'eussent pour eux que des sentiments de mépris. C'est donc pour des hommes qu'ils travaillent et pour des hommes qui les approuvent. Ils s'imaginent que tous ceux qui verront leurs palais concevront des mouvements de respect et d'admiration pour celui qui en est le maître; et ainsi ils se représentent à eux-mêmes au milieu de leurs palais, environnés d'une troupe de gens qui les regardent de bas en haut, et qui les jugent

---

1. On trouve dans les *Maximes* de La Rochefoucauld des pensées analogues. « Ni le soleil ni la mort, à en croire La Rochefoucauld, ne se peuvent regarder en face. »

2. Il n'en est pas toujours ainsi.

3. « Jetez-moi dans les troupes comme un simple soldat, je suis Thersite; mettez-moi à la tête d'une armée dont j'aie à répondre à toute l'Europe, je suis Achille. » LA BRUYÈRE, *des Grands*.

grands, puissants, heureux, magnifiques; et c'est pour cette idée qui les remplit qu'ils font ces grandes dépenses et prennent toutes ces peines.

Pourquoi croit-on que l'on charge les carrosses de ce grand nombre de laquais? Ce n'est pas pour le service qu'on en tire, ils incommodent plus qu'ils ne servent; mais c'est pour exciter en passant, dans ceux qui les voient, l'idée que c'est une personne de grande condition qui passe; et la vue de cette idée qu'ils s'imaginent que l'on se formera en voyant ces carrosses satisfait la vanité de ceux à qui ils appartiennent.

Si l'on examine de même tous les états, tous les emplois et toutes les professions qui sont estimés dans le monde, on trouvera que ce qui les rend agréables, et ce qui soulage les peines et les fatigues qui les accompagnent, est qu'ils présentent souvent à l'esprit des mouvements de respect, d'estime, de crainte, d'admiration, que les autres ont pour nous [1].

Ce qui rend, au contraire, la solitude ennuyeuse à la plupart du monde est que, les séparant de la vue des hommes, elle les sépare aussi de celle de leurs jugements et de leurs pensées. Ainsi, leur cœur demeure vide et affamé, étant privé de cette nourriture ordinaire, et ne trouvant pas dans soi-même de quoi se remplir. Et c'est pourquoi les philosophes païens ont jugé la vie solitaire si insupportable, qu'ils n'ont pas craint de dire que leur Sage ne voudrait pas posséder tous les biens du corps et de l'esprit, à condition de vivre toujours seul et de ne parler de son bonheur avec personne. Il n'y a que la religion chrétienne qui ait pu rendre la solitude agréable, parce que, portant les hommes à mépriser ces vaines idées, elle leur donne en même temps d'autres objets plus capables d'occuper l'esprit, et plus dignes de remplir le cœur pour lesquels ils n'ont point besoin de la vue et du commerce des hommes.

Mais il faut remarquer que l'amour des hommes ne se

---

[1]. Le penchant à la sociabilité n'a pas sa vraie explication dans des sentiments aussi égoïstes que ceux dont parle ici Nicole.

termine pas proprement à connaître les pensées et les sentiments des autres, mais qu'ils s'en servent seulement pour agrandir et pour rehausser l'idée qu'ils ont d'eux-mêmes, en y joignant et incorporant toutes ces idées étrangères, et s'imaginant, par une illusion grossière, qu'ils sont réellement plus grands parce qu'ils sont dans une plus grande maison et qu'il y a plus de gens qui les admirent, quoique toutes ces choses qui sont hors d'eux, et toutes ces pensées des autres hommes, ne mettant rien en eux, les laissent aussi pauvres et aussi misérables qu'ils étaient auparavant.

On peut découvrir par là ce qui rend agréables aux hommes plusieurs choses qui semblent n'avoir rien d'elles-mêmes qui soit capable de les divertir et de leur plaire; car la raison du plaisir qu'ils y prennent est que l'idée d'eux-mêmes se représente à eux plus grande qu'à l'ordinaire par quelque vaine circonstance que l'on y joint.

On prend plaisir à parler des dangers que l'on a courus, parce qu'on se forme sur ces accidents une idée qui nous représente à nous-mêmes, ou comme prudents, ou comme favorisés particulièrement de Dieu. On aime à parler des maladies dont on est guéri, parce qu'on se représente à soi-même comme ayant beaucoup de force pour résister aux grands maux [1].

On désire remporter l'avantage en toutes choses, et même dans les jeux de hasard, où il n'y a nulle adresse, lors même qu'on ne joue pas pour le gain, parce que l'on joint à son idée celle d'heureux : il semble que la fortune ait fait choix de nous, et qu'elle nous ait favorisés comme ayant égard à notre mérite. On conçoit même ce bonheur prétendu comme une qualité permanente qui donne droit d'espérer à l'avenir le même succès ; et c'est pourquoi il y en a que les joueurs choisissent, et avec qui ils aiment mieux se lier qu'avec d'autres, ce qui est entiè-

---

[1]. Il y a beaucoup d'autres raisons qu'Arnaud n'examine pas. Les interprétations qu'il donne de nos sentiments dans ce chapitre rappellent un peu trop la Rochefoucauld.

rement ridicule : car on peut bien dire qu'un homme a été heureux jusqu'à un certain moment ; mais, pour le moment suivant, il n'y a nulle probabilité plus grande qu'il le soit que ceux qui ont été les plus malheureux.

Ainsi, l'esprit de ceux qui n'aiment que le monde n'a pour objet en effet que de vains fantômes qui l'amusent et l'occupent misérablement, et ceux qui passent pour les plus sages ne se repaissent, aussi bien que les autres, que d'illusions et de songes. Il n'y a que ceux qui rapportent leur vie et leurs actions aux choses éternelles que l'on puisse dire avoir un objet solide, réel et subsistant, étant vrai à l'égard de tous les autres qu'ils aiment la vanité et le néant, et qu'ils courent après la fausseté et le mensonge.

CHAPITRE XI

D'UNE AUTRE CAUSE QUI MET DE LA CONFUSION DANS NOS PENSÉES ET DANS NOS DISCOURS, QUI EST QUE NOUS LES ATTACHONS A DES MOTS.

Nous avons déjà dit que la nécessité que nous avons d'user de signes extérieurs pour nous faire entendre fait que nous attachons tellement nos idées aux mots, que souvent nous considérons plus les mots que les choses [1]. Or, c'est une des causes les plus ordinaires de la confusion de nos pensées et de nos discours.

Car il faut remarquer que, quoique les hommes aient souvent de différentes idées des mêmes choses, ils se servent néanmoins des mêmes mots pour les exprimer, comme l'idée qu'un philosophe païen a de la vertu n'est pas la même que celle qu'en a un théologien, et néanmoins chacun exprime son idée par le même mot de vertu.

De plus, les mêmes hommes en différents âges ont considéré les mêmes choses en des manières très-différentes, et néanmoins ils ont toujours rassemblé toutes

---

1. Ce sont les *idola fori* de Bacon.

ces idées sous un même nom : ce qui fait que, prononçant ce mot, ou l'entendant prononcer, on se brouille facilement, le prenant tantôt selon une idée, tantôt selon l'autre. Par exemple, l'homme ayant reconnu qu'il y avait en lui quelque chose, quoi que ce fût, qui faisait qu'il se nourrissait et qu'il croissait, a appelé cela *âme*, et a étendu cette idée à ce qui est de semblable, non-seulement dans les animaux, mais même dans les plantes, et, ayant vu encore qu'il pensait, il a encore appelé du nom d'*âme* ce qui était en lui le principe de la pensée : d'où il est arrivé que, par cette ressemblance de nom, il a pris pour la même chose ce qui pensait et ce qui faisait que le corps se nourrissait et croissait. De même on a étendu également le mot de vie à ce qui est cause des opérations des animaux et à ce qui nous fait penser, qui sont deux choses absolument différentes [1].

Il y a de même beaucoup d'équivoques dans les mots de *sens* et de *sentiments,* lors même qu'on ne prend ces mots que pour quelqu'un des cinq sens corporels ; car il se passe ordinairement trois choses en nous lorsque nous usons de nos sens, comme lorsque nous voyons quelque chose : la première est qu'il se fait de certains mouvements dans les organes corporels, comme dans l'œil et dans le cerveau ; la seconde, que ces mouvements donnent occasion à notre âme de concevoir quelque chose, comme lorsque ensuite du mouvement qui se fait dans notre œil par la réflexion de la lumière dans des gouttes de pluie opposées au soleil, elle a des idées du rouge, du bleu et de l'orangé ; la troisième est le jugement que nous faisons de ce que nous voyons, comme de l'arc-en-ciel, à

---

1. « Un abus général mais peu remarqué, c'est que les hommes, ayant attaché certaines idées à certains mots par un long usage, s'imaginent que cette connexion est manifeste et que tout le monde en convient. D'où vient qu'ils trouvent fort étrange, quand on leur demande la signification des mots qu'ils emploient, lors même que cela est absolument nécessaire. Il y a peu de gens qui ne le prissent pour un affront, si on leur demandait ce qu'ils entendent en parlant de la vie. Cependant l'idée vague qu'ils en peuvent avoir ne suffit pas lorsqu'il s'agit de savoir si une plante, qui est déjà formée dans la semence, a vie, ou un poulet qui est dans un œuf qui n'a pas encore été couvé, ou bien un homme en défaillance sans sentiment ni mouvement. » Leibnitz, *Nouveaux Essais sur l'entendement humain*, liv. III, ch. x.

qui nous attribuons ces couleurs, et que nous concevons d'une certaine grandeur, d'une certaine figure et en une certaine distance. La première de ces trois choses est uniquement dans notre corps, les deux autres sont seulement en notre âme, quoique à l'occasion de ce qui se passe dans notre corps ; et néanmoins nous comprenons toutes les trois, quoique si différentes, sous le même nom de *sens* et de *sentiment*, ou de *vue*, d'*ouïe*, etc. Car, quand on dit que l'œil voit, que l'oreille ouït, cela ne peut s'entendre que selon le mouvement de l'organe corporel, étant bien clair que l'œil n'a aucune perception des objets qui le frappent, et que ce n'est pas lui qui en juge. On dit au contraire qu'on n'a pas vu une personne qui s'est présentée devant nous, et qui nous a frappé les yeux, lorsque nous n'y avons pas fait réflexion. Et alors on prend le mot de *voir* pour la pensée qui se forme en notre âme, ensuite de ce qui se passe dans notre œil et dans notre cerveau ; et, selon cette signification du mot de voir, c'est l'âme qui voit et non pas le corps, comme Platon le soutient, et Cicéron après lui par ces paroles : *Nos enim ne nunc quidem oculis cernimus ea quæ videmus. Neque enim est ullus sensus in corpore. Viæ quasi quædam sunt ad oculos, ad aures, ad nares, a sede animi perforatæ. Itaque sæpe aut cogitatione aut aliqua vi morbi impediti, apertis atque integris et oculis et auribus, nec videmus, nec audimus ; ut facile intelligi possit, animum et videre et audire, non eas partes quæ quasi fenestræ sunt animi*[1]. Enfin, on prend les mots des sens, de la vue, de l'ouïe, etc., pour la dernière de ces trois choses, c'est-à-dire pour les jugements que notre âme fait ensuite des perceptions qu'elle a eues à l'occasion de ce qui s'est passé dans les organes corporels, lorsque l'on dit que les sens se trompent, comme quand ils voient dans l'eau un bâton courbé, et que le soleil ne nous paraît que de deux pieds de diamètre. Car il est certain qu'il ne peut y avoir d'erreur ou de fausseté ni en tout ce qui se passe

---

[1]. *Tusculanes*, I, 20.

dans l'organe corporel, ni dans la seule perception de notre âme, qui n'est qu'une simple appréhension; mais que toute l'erreur ne vient que de ce que nous jugeons mal [1], en concluant, par exemple, que le soleil n'a que deux pieds de diamètre, parce que sa grande distance fait que l'image qui s'en forme au fond de notre œil est à peu près de la même grandeur que celle qu'y formerait un objet de deux pieds à une certaine distance plus proportionnée à notre manière ordinaire de voir. Mais, parce que nous avons fait ce jugement dès l'enfance, et que nous y sommes tellement accoutumés qu'il se fait au même instant que nous voyons le soleil, sans presque aucune réflexion [2], nous l'attribuons à la vue, et nous disons que nous voyons les objets petits ou grands, selon qu'ils sont plus proches et plus éloignés de nous, quoique ce soit notre esprit, et non notre œil, qui juge de leur petitesse et de leur grandeur.

Toutes les langues sont pleines d'une infinité de mots semblables, qui, n'ayant qu'un même son, sont néanmoins signes d'idées entièrement différentes.

Mais il faut remarquer que quand un nom équivoque signifie deux choses qui n'ont nul rapport entre elles, et que les hommes n'ont jamais confondues dans leur pensée, il est presque impossible alors qu'on s'y trompe, et qu'il soit cause d'aucune erreur; comme on ne se trompera pas, si l'on a un peu de sens commun, par l'équivoque du mot *bélier*, qui signifie un animal et un signe du zodiaque. Au lieu que quand l'équivoque est venue de l'erreur même des hommes, qui ont confondu par méprise des idées différentes, comme dans le mot d'âme, il est difficile de s'en détromper, parce qu'on suppose que ceux qui se sont les premiers servis de ces mots les ont bien

---

1. « A proprement parler, dit Bossuet, il n'y a point d'erreur dans le sens, qui fait toujours ce qu'il doit, puisqu'il est fait pour opérer selon les dispositions non-seulement des objets, mais des organes. C'est à l'entendement, qui doit juger des organes mêmes, à tirer des sensations les conséquences nécessaires; et s'il se laisse surprendre, c'est lui qui se trompe. »

2. La psychologie moderne confirme de plus en plus ces vues des Cartésiens et montre qu'il y a du raisonnement jusque dans les perceptions qui semblent les plus instantanées.

entendus; et ainsi nous nous contentons souvent de les prononcer, sans examiner jamais si l'idée que nous en avons est claire et distincte; et nous attribuons même à ce que nous nommons d'un même nom ce qui ne convient qu'à des idées de choses incompatibles, sans nous apercevoir que cela ne vient que de ce que nous avons confondu deux choses différentes sous un même nom.

CHAPITRE XII

DU REMÈDE A LA CONFUSION QUI NAIT DANS NOS PENSÉES ET DANS NOS DISCOURS DE LA CONFUSION DES MOTS; OU IL EST PARLÉ DE LA NÉCESSITÉ ET DE L'UTILITÉ DE DÉFINIR LES NOMS DONT ON SE SERT, ET DE LA DIFFÉRENCE DE LA DÉFINITION DES CHOSES D'AVEC LA DÉFINITION DES NOMS.

Le meilleur moyen pour éviter la confusion des mots qui se rencontrent dans les langues ordinaires est de faire une nouvelle langue et de nouveaux mots, qui ne soient attachés qu'aux idées que nous voulons qu'ils représentent; mais, pour cela, il n'est pas nécessaire de faire de nouveaux sons, parce qu'on peut se servir de ceux qui sont déjà en usage, en les regardant comme s'ils n'avaient aucune signification, pour leur donner celle que nous voulons qu'ils aient, en désignant par d'autres mots simples, et qui ne soient point équivoques, l'idée à laquelle nous voulons les appliquer : comme si je veux prouver que notre âme est immortelle, le mot d'âme étant équivoque, comme nous l'avons montré, fera naître aisément de la confusion dans ce que j'aurai à dire : de sorte que, pour l'éviter, je regarderai le mot d'âme comme si c'était un son qui n'eût point encore de sens, et je l'appliquerai uniquement à ce qui est en nous le principe de la pensée, en disant : *J'appelle âme ce qui est en nous le principe de la pensée.*

C'est ce qu'on appelle la définition du mot, *definitio nominis*, dont les géomètres se servent si utilement, laquelle il faut bien distinguer de la définition de la chose, *definitio rei*[1].

Car dans la définition de la chose, comme peut être celle-ci : *L'homme est un animal raisonnable, le temps est la mesure du mouvement,* on laisse au terme qu'on définit, comme *homme* ou *temps,* son idée ordinaire, dans laquelle on prétend que sont contenues d'autres idées, comme *animal raisonnable* ou *mesure du mouvement;* au lieu que dans la définition du nom, comme nous avons déjà dit, on ne regarde que le son, et ensuite on détermine ce son à être signe d'une idée que l'on désigne par d'autres mots.

Il faut aussi prendre garde de ne pas confondre la définition de nom dont nous parlons ici avec celle dont parlent quelques philosophes, qui entendent par là l'explication de ce qu'un mot signifie selon l'usage ordinaire d'une langue, ou selon son étymologie : c'est de quoi nous pourrons parler en un autre endroit[2]; mais ici, on ne regarde, au contraire, que l'usage particulier auquel celui qui définit un mot veut qu'on le prenne pour bien concevoir sa pensée, sans se mettre en peine si les autres le prennent dans le même sens.

Et de là il s'ensuit, premièrement, que les définitions de noms sont arbitraires[3], et que celles des choses ne le sont point ; car chaque son étant indifférent de soi-même et par sa nature à signifier toutes sortes d'idées, il m'est permis, pour mon usage particulier, et pourvu que j'en avertisse les autres, de déterminer un son à signifier précisément une certaine chose, sans mélange d'aucune autre ; mais il en est tout autrement de la définition des choses : car il ne dépend point de la volonté des hommes

---

1. Les définitions des géomètres ne sont point seulement des définitions de mots, elles sont des définitions d'idées. Elle ne portent ni sur des mots ni sur des *choses* réelles, mais sur des conceptions possibles, et il faut que cette *possibilité* même soit admise; aussi ne sont-elles pas arbitraires.

2. Voir les chapitres XIII et XIV de la première partie et les chapitres XV et XIV de la seconde.

3. Il faut cependant tenir compte de l'usage et du sens ordinaire des mots dans la langue.

que les idées comprennent ce qu'ils voudraient qu'elles comprissent ; de sorte que si, en voulant les définir, nous attribuons à ces idées quelque chose qu'elles ne contiennent pas, nous tombons nécessairement dans l'erreur.

Ainsi, pour donner un exemple de l'un et de l'autre, si, dépouillant le mot *parallélogramme* de toute signification, je l'applique à signifier un triangle, cela m'est permis, et je ne commets en cela aucune erreur, pourvu que je ne le prenne qu'en cette sorte : et je pourrai dire alors que le parallélogramme a trois angles égaux à deux droits ; mais si, laissant à ce mot sa signification et son idée ordinaire, qui est de signifier une figure dont les côtés sont parallèles, je venais à dire que le parallélogramme est une figure à trois lignes, parce que ce serait alors une définition de choses, elle serait très-fausse, étant impossible qu'une figure à trois lignes ait ses côtés parallèles.

Il s'ensuit, en second lieu, que les définitions des noms ne peuvent pas être contestées par cela même qu'elles sont arbitraires ; car vous ne pouvez pas nier qu'un homme n'ait donné à un son la signification qu'il dit lui avoir donnée, ni qu'il n'ait cette signification dans l'usage qu'en fait cet homme, après nous en avoir avertis ; mais pour les définitions des choses, on a souvent droit de les contester, puisqu'elles peuvent être fausses, comme nous l'avons montré.

Il s'ensuit, troisièmement, que toute définition de nom, ne pouvant être contestée, peut être prise pour principe[1], au lieu que les définitions de choses ne peuvent point du tout être prises pour principes, et sont de véritables propositions qui peuvent être niées par ceux qui y trouveront quelque obscurité, et par conséquent elles ont besoin d'être prouvées comme d'autres propositions,

---

1. Ce qui peut être pris pour principe, c'est la définition des conceptions ou idées, qui est à priori et qui montre de quelle manière a lieu la génération d'un concept, comme celui de cône ou de pyramide. Cette sorte de *définition par génération*, est le principe des sciences géométriques. La définition de choses est expérimentale, au contraire, et se fait par *composition*. Voir plus loin les chapitres relatifs à la définition.

et ne doivent pas être supposées, à moins qu'elles ne fussent claires d'elles-mêmes comme des axiomes [1].

Néanmoins ce que je viens de dire, que la définition du nom peut être prise pour principe, a besoin d'explication, car cela n'est vrai qu'à cause que l'on ne doit pas contester que l'idée qu'on a désignée ne puisse être appelée du nom qu'on lui a donné ; mais on n'en doit rien conclure à l'avantage de cette idée, ni croire, pour cela seul qu'on lui a donné un nom, qu'elle signifie quelque chose de réel. Car, par exemple, je puis définir le mot de *chimère,* en disant : J'appelle chimère ce qui implique contradiction ; et cependant il ne s'en suivra pas de là que la chimère soit quelque chose. De même, si un philosophe me dit : J'appelle pesanteur le principe intérieur qui fait qu'une pierre tombe sans que rien la pousse, je ne contesterai pas cette définition ; au contraire, je la recevrai volontiers, parce qu'elle me fait entendre ce qu'il veut dire ; mais je lui nierai que ce qu'il entend par ce mot pesanteur soit quelque chose de réel, parce qu'il n'y a point de tel principe dans les pierres.

J'ai voulu expliquer ceci un peu au long, parce qu'il y a deux grands abus qui se commettent sur ce sujet dans la philosophie commune. Le premier est de confondre la définition de la chose avec la définition du nom, et d'attribuer à la première ce qui ne convient qu'à la dernière ; car, ayant fait à leur fantaisie cent définitions, non de nom, mais de chose, qui sont très-fausses, et qui n'expliquent point du tout la vraie nature des choses ni les idées que nous en avons naturellement, ils veulent ensuite que l'on considère ces définitions comme des principes que personne ne peut contredire ; et si quelqu'un les leur nie, comme elles sont très-niables, ils prétendent qu'on ne mérite pas de disputer avec eux.

Le second abus est que, ne se servant presque jamais de définitions de nom, pour en ôter l'obscurité et les fixer à de certaines idées désignées clairement, ils les

---

1. Cf. le chapitre IX.

laissent dans leur confusion : d'où il arrive que la plupart de leurs disputes ne sont que des disputes de mots ; et, de plus, qu'ils se servent de ce qu'il y a de clair et de vrai dans les idées confuses, pour établir ce qu'elles ont d'obscur et de faux ; ce qui se reconnaîtrait facilement si on avait défini les noms [1]. Ainsi, les philosophes croient d'ordinaire que la chose du monde la plus claire est, que le feu est chaud, et qu'une pierre est pesante, et que ce serait une folie de le nier, et, en effet, ils le persuaderont à tout le monde, tant qu'on n'aura point défini les noms ; mais, en les définissant, on découvrira aisément si ce qu'on leur niera sur ce sujet est clair ou obscur ; car il leur faut demander ce qu'ils entendent par le mot de chaud et par le mot de pesant. Que s'ils répondent que, par chaud, ils entendent seulement ce qui est propre à causer en nous le sentiment de la chaleur, et par pesant, ce qui tombe en bas, n'étant point soutenu, il ont raison de dire qu'il faut être déraisonnable pour nier que le feu soit chaud, et qu'une pierre soit pesante ; mais, s'ils entendent par chaud ce qui a en soi une qualité semblable à ce que nous nous imaginons quand nous sentons de la chaleur, et par pesant ce qui a en soi un principe intérieur qui le fait aller vers le centre, sans être poussé par quoi que ce soit, il sera facile alors de leur montrer que ce n'est point leur nier une chose claire, mais très-obscure, pour ne pas dire très-fausse, que de leur nier qu'en ce sens le feu soit chaud et qu'une pierre soit pesante, parce qu'il est bien clair que le feu nous fait avoir le sentiment de la chaleur par l'impression qu'il fait sur notre corps ; mais il n'est nullement clair que le feu ait rien en lui qui soit semblable à ce que nous sentons quand nous sommes auprès du feu : et il est de même fort clair qu'une pierre descend en bas quand on la laisse ; mais il n'est nullement clair qu'elle y descende d'elle-même, sans que rien la pousse en bas.

---

[1]. « Si les hommes voulaient dire quelles idées ils attachent aux mots dont ils se servent, il ne pourrait pas y avoir la moitié tant d'obscurité ou de dispute qu'il y en a. » LOCKE, *Essai*, liv. III, ch. x.

Voilà donc la grande utilité de la définition des noms, de faire comprendre nettement de quoi il s'agit, afin de ne pas disputer inutilement sur des mots, que l'un entend d'une façon, et l'autre de l'autre, comme on fait si souvent, même dans les discours ordinaires.

Mais, outre cette utilité, il y en a encore une autre : c'est qu'on ne peut souvent avoir une idée distincte d'une chose qu'en y employant beaucoup de mots pour la désigner ; or, il serait important, surtout dans les livres de science, de répéter toujours cette grande suite de mots. C'est pourquoi, ayant fait comprendre la chose par tous ces mots, on attache à un seul mot l'idée qu'on a conçue, et ce mot tient lieu de tous les autres. Ainsi, ayant compris qu'il y a des nombres qui sont divisibles en deux également, pour éviter de répéter souvent tous ces termes, on donne un nom à cette propriété, en disant : J'appelle tout nombre qui est divisible en deux également, nombre pair : cela fait voir que toutes les fois qu'on se sert du mot qu'on a défini, il faut substituer mentalement la définition en la place du défini, et avoir cette définition si présente, qu'aussitôt qu'on nomme, par exemple, le nombre pair, on entende précisément que c'est celui qui est divisible en deux également, et que ces deux choses soient tellement jointes et inséparables, dans la pensée, qu'aussitôt que le discours en exprime l'une, l'esprit y attache immédiatement l'autre. Car ceux qui définissent les termes, comme font les géomètres, avec tant de soin, ne le font que pour abréger le discours, que de si fréquentes circonlocutions rendraient ennuyeux. *Ne assidue circumloquendo moras faciamus,* comme dit saint Augustin ; mais ils ne le font pas pour abréger les idées des choses dont ils discourent, parce qu'ils prétendent que l'esprit suppléera la définition entière aux termes courts, qu'ils n'emploient que pour éviter l'embarras que la multitude des paroles apporterait[1].

---

[1]. Pour compléter ce chapitre, il faut lire les chapitres xv et xvi de la seconde partie, et les chapitres iv et v de la quatrième.

CHAPITRE XIII

OBSERVATIONS IMPORTANTES TOUCHANT LA DÉFINITION DES MOTS.

Après avoir expliqué ce que c'est que les définitions des noms, et combien elles sont utiles et nécessaires, il est important de faire quelques observations sur la manière de s'en servir, afin de ne pas en abuser.

La première est qu'il ne faut pas entreprendre de définir tous les mots, parce que souvent cela serait inutile, et qu'il est même impossible de le faire. Je dis qu'il serait souvent inutile de définir certains noms ; car, lorsque l'idée que les hommes ont de quelque chose est distincte, et que tous ceux qui entendent une langue forment la même idée en entendant prononcer un mot, il serait inutile de le définir, puisqu'on a déjà la fin de la définition, qui est que le mot soit attaché à une idée claire et distincte. C'est ce qui arrive dans les choses fort simples dont tous les hommes ont naturellement la même idée ; de sorte que les mots par lesquels on les signifie sont entendus de la même sorte par tous ceux qui s'en servent, ou, s'ils y mêlent quelquefois quelque chose d'obscur, leur principale attention néanmoins va toujours à ce qu'il y a de clair ; et ainsi tous ceux qui ne s'en servent que pour en marquer l'idée claire, n'ont pas sujet de craindre qu'ils ne soient pas entendus. Tels sont les mots d'*être*, de *pensée*, d'*étendue*, d'*égalité*, de *durée* ou de *temps*, et autres semblables. Car, encore que quelques-uns obscurcissent l'idée du temps par diverses propositions qu'ils en forment, et qu'ils appellent définitions, comme que le temps est la mesure du mouvement selon l'antériorité et la postériorité [1], néanmoins ils ne s'arrêtent pas eux-mêmes à cette définition, quand ils entendent

---

1. Définition empruntée à Platon et à Aristote.

parler du temps, et n'en conçoivent autre chose que ce que naturellement tous les autres en conçoivent : et ainsi les savants et les ignorants entendent la même chose, et avec la même facilité, quand on leur dit qu'un cheval est moins de temps à faire une lieue qu'une tortue.

Je dis de plus qu'il serait impossible de définir tous les mots ; car, pour définir un mot, on a nécessairement besoin d'autres mots qui désignent l'idée à laquelle on veut attacher ce mot ; et, si l'on voulait aussi définir les mots dont on se serait servi pour l'explication de celui-là, on en aurait encore besoin d'autres, et ainsi à l'infini. Il faut donc nécessairement s'arrêter à des termes primitifs qu'on ne définisse point ; et ce serait un aussi grand défaut, de vouloir trop définir que de ne pas assez définir, parce que, par l'un et par l'autre, on tomberait dans la confusion que l'on prétend éviter [1].

La seconde observation est qu'il ne faut point changer les définitions déjà reçues, quand on n'a point sujet d'y trouver à redire ; car il est toujours plus facile de faire entendre un mot, lorsque l'usage déjà reçu, au moins parmi les savants, l'a attaché à une idée, que lorsqu'il l'y faut attacher de nouveau, et le détacher de quelque autre idée avec laquelle on a accoutumé de le joindre. C'est pourquoi ce serait une faute de changer les définitions reçues par les mathématiciens, si ce n'est qu'il y en eût quelqu'une d'embrouillée, et dont l'idée n'aurait pas été désignée assez nettement, comme peut-être celle de l'angle et de la proportion dans Euclide [2].

La troisième observation est que, quand on est obligé de définir un mot, on doit, autant que l'on peut, s'accommoder à l'usage, en ne donnant pas aux mots des sens tout à fait éloignés de ceux qu'ils ont, et qui pourraient même être contraires à leur étymologie, comme

---

1. « Si tous pouvaient être définis, dit également Locke, cela irait à l'infini. » *Essai*, III, iv.

2. « La géométrie ne définit aucune de ces choses, *espace*, *temps*, *mouvement*, *nombre*, *égalité*, ni les semblables, qui sont en grand nombre, parce que ces termes-là désignent si naturellement les choses qu'ils signifient, à ceux qui entendent la langue, que l'éclaircissement qu'on en voudrait faire apporterait plus d'obscurité que d'instruction. » Pascal, *Pensées*, sur l'*Esprit géométrique*.

qui dirait : J'appelle parallélogramme une figure terminée par trois lignes ; mais se contentant pour l'ordinaire de dépouiller les mots qui ont deux sens, de l'un de ces sens pour l'attacher uniquement à l'autre. Comme la chaleur signifiant, dans l'usage commun, et le sentiment que nous avons, et une qualité que nous nous imaginons dans le feu tout à fait semblable à ce que nous sentons ; pour éviter cette ambiguïté, je puis me servir du nom de chaleur, en l'appliquant à l'une de ces idées, et le détachant de l'autre ; comme si je dis : J'appelle chaleur le sentiment que j'ai quand je m'approche du feu, et donnant à la cause de ce sentiment, ou un nom tout à fait différent, comme serait celui d'ardeur, ou ce même nom, avec quelque addition qui le détermine et qui le distingue de chaleur prise pour le sentiment, comme qui dirait la chaleur virtuelle [1].

La raison de cette observation est que les hommes, ayant une fois attaché une idée à un mot, ne s'en défont pas facilement ; et ainsi leur ancienne idée, revenant toujours, leur fait aisément oublier la nouvelle que vous voulez leur donner en définissant ce mot ; de sorte qu'il serait plus facile de les accoutumer à un mot qui ne signifierait rien du tout, comme qui dirait : J'appelle *bara* une figure terminée par trois lignes, que de les accoutumer à dépouiller le mot de *parallélogramme* de l'idée d'une figure dont les côtés opposés sont parallèles, pour lui faire signifier une figure dont les côtés ne peuvent être parallèles.

C'est un défaut dans lequel sont tombés tous les chimistes, qui ont pris plaisir de changer les noms à la plupart des choses dont ils parlent, sans aucune utilité, et de leur en donner qui signifient déjà d'autres choses qui n'ont nul véritable rapport avec les nouvelles idées auxquelles ils les lient. Ce qui donne même lieu à quelques-uns de faire des raisonnements ridicules, comme est celui d'une personne qui, s'imaginant que la peste était un

---

1. La chaleur *virtuelle*, ou ce qui a la *vertu*, la *puissance* de produire la chaleur, par opposition à la sensation *actuelle*.

mal saturnien, prétendait qu'on avait guéri des pestiférés en leur pendant au col un morceau de plomb, que les chimistes appellent Saturne, sur lequel on avait gravé un jour de samedi, qui porte aussi le nom de Saturne[1], la figure dont les astronomes se servent pour marquer cette planète; comme si des rapports arbitraires et sans raison entre le plomb et la planète de Saturne, et entre cette même planète et le jour du samedi, et la petite marque dont on la désigne, pouvaient avoir des effets réels, et guérir effectivement des maladies.

Mais ce qu'il y a de plus insupportable dans ce langage des chimistes est la profanation qu'ils font des plus sacrés mystères de la religion pour servir de voile à leurs prétendus secrets, jusque-là même qu'il y en a qui ont passé jusqu'à ce point d'impiété, que d'appliquer ce que l'Ecriture dit des vrais chrétiens, qu'ils sont la race choisie, le sacerdoce royal, la nation sainte, le peuple que Dieu s'est acquis, et qu'il a appelé des ténèbres à son admirable lumière, à la chimérique confrérie des Rose-croix[2], qui sont, selon eux, des sages qui sont parvenus à l'immortalité bienheureuse, ayant trouvé le moyen, par la pierre philosophale, de fixer leur âme dans leur corps, d'autant, disent-ils, qu'il n'y a point de corps plus fixe et plus incorruptible que l'or. On peut voir ces rêveries et beaucoup d'autres semblables dans l'examen qu'a fait Gassendi de la philosophie de Fludd[3], qui font voir qu'il n'y a guère de plus mauvais caractère d'esprit que celui de ces écrivains énigmatiques qui s'imaginent que les pensées les moins solides, pour ne pas dire les plus fausses et les plus impies, passeront pour de grands mystères, étant revêtues des manières de parler inintelligibles au commun des hommes.

1. On dit encore aujourd'hui *sel de Saturne* pour désigner l'acétate de plomb.
2. Les Rose-Croix (de *Rosen-Kreutz*, philosophie mystique du XVᵉ siècle), formaient une société secrète qui s'occupait de science occulte.
3. *Exercitationes in Fluddanam philosophiam.* Fludd et Van Helmont avaient des doctrines analogues à celles de Paracelse.

CHAPITRE XIV

D'UNE AUTRE SORTE DE DÉFINITION DE NOMS, PAR LESQUELS ON MARQUE CE QU'ILS SIGNIFIENT DANS L'USAGE.

Tout ce que nous avons dit des définitions de noms ne doit s'entendre que de celles où l'on définit les mots dont on se sert en particulier; et c'est ce qui les rend libres et arbitraires, parce qu'il est permis à chacun de se servir de tel son qu'il lui plaît pour exprimer ses idées, pourvu qu'il en avertisse. Mais comme les hommes ne sont maîtres que de leur langage, et non pas de celui des autres, chacun a le droit de faire un dictionnaire pour soi; mais on n'a pas droit d'en faire pour les autres, ni d'expliquer leurs paroles par ces significations particulières qu'on aura attachées aux mots. C'est pourquoi, quand on n'a pas dessein de faire connaître simplement en quel sens on prend un mot, mais qu'on prétend expliquer celui auquel il est communément pris, les définitions qu'on en donne ne sont nullement arbitraires, mais elles sont liées et astreintes à représenter, non la vérité des choses, mais la vérité de l'usage; et on doit les estimer fausses, si elles n'expriment pas véritablement cet usage, c'est-à-dire si elles ne joignent pas aux sons les mêmes idées qui y sont jointes par l'usage ordinaire de ceux qui s'en servent; et c'est ce qui fait voir que ces définitions ne sont nullement exemptes d'être contestées, puisque l'on dispute tous les jours de la signification que l'usage donne aux termes.

Or, quoique ces sortes de définitions de mots semblent être le partage des grammairiens, puisque ce sont celles qui composent les dictionnaires, qui ne sont autre chose que l'explication des idées que les hommes sont convenus de lier à certains sons, néanmoins l'on peut faire sur ce sujet plusieurs réflexions très-importantes pour l'exactitude de nos jugements.

La première, qui sert de fondement aux autres, est que les hommes ne considèrent pas souvent toute la signification des mots, c'est-à-dire que les mots signifient souvent plus qu'il ne semble [1], et que, lorsqu'on en veut expliquer la signification, on ne représente pas toute l'impression qu'ils font dans l'esprit.

Car signifier, dans un son prononcé ou écrit, n'est autre chose qu'exciter une idée liée à ce son dans notre esprit, en frappant nos oreilles ou nos yeux. Or, il arrive souvent qu'un mot, outre l'idée principale que l'on regarde comme la signification propre de ce mot, excite plusieurs autres idées qu'on peut appeler accessoires, auxquelles on ne prend pas garde, quoique l'esprit en reçoive l'impression [2].

Par exemple, si l'on dit à une personne : Vous en avez menti, et que l'on ne regarde que la signification principale de cette expression, c'est la même chose que si on lui disait : Vous savez le contraire de ce que vous dites ; mais, outre cette signification principale, ces paroles emportent dans l'usage une idée de mépris ou d'outrage, et elles font croire que celui qui nous les dit ne se soucie pas de nous faire injure, ce qui les rend injurieuses et offensantes.

Quelquefois ces idées accessoires ne sont pas attachées aux mots par un usage commun, mais elles y sont seulement jointes par celui qui s'en sert ; et ce sont proprement celles qui sont excitées par le ton de la voix, par l'air du visage, par les gestes, et par les autres signes naturels qui attachent à nos paroles une infinité d'idées, qui en diversifient, changent, diminuent, augmentent la signification, en y joignant l'image des mouvements [3], des jugements et des opinions de celui qui parle.

C'est pourquoi, si celui qui disait qu'il fallait prendre la mesure du ton de sa voix, des oreilles de celui qui écoute, voulait dire qu'il suffit de parler assez haut pour

---

1. On pourrait même dire : toujours.
2. C'est ainsi qu'un son éveille les notes consonnantes, et une cou- leur les couleurs complémentaires.
3. Les mouvements intérieurs de la passion.

se faire entendre, il ignorait une partie de l'usage de la voix, le ton signifiant souvent autant que les paroles mêmes. Il y a voix pour instruire, voix pour flatter, voix pour reprendre ; souvent on ne veut pas seulement qu'elle arrive jusqu'aux oreilles de celui à qui l'on parle, mais on veut qu'elle le frappe et qu'elle le perce ; et personne ne trouverait bon qu'un laquais, que l'on reprend un peu fortement, répondît : Monsieur, parlez plus bas, je vous entends bien ; parce que le ton fait partie de la réprimande, et est nécessaire pour former dans l'esprit l'idée que l'on veut y imprimer.

Mais quelquefois ces idées accessoires sont attachées aux mots mêmes, parce qu'elles s'excitent ordinairement par tous ceux qui les prononcent ; et c'est ce qui fait qu'entre des expressions qui semblent signifier la même chose, les unes sont injurieuses, les autres douces ; les unes modestes, les autres impudentes ; les unes honnêtes, et les autres déshonnêtes ; parce qu'outre cette idée principale en quoi elles conviennent, les hommes y ont attaché d'autres idées, qui sont cause de cette diversité[1].

Cette remarque peut servir à découvrir une injustice assez ordinaire à ceux qui se plaignent des reproches qu'on leur a faits, qui est de changer les substantifs en adjectifs ; de sorte que, si on les a accusés d'ignorance ou d'imposture, ils disent qu'on les a appelés ignorants ou imposteurs ; ce qui n'est pas raisonnable, ces mots ne signifiant pas la même chose : car les mots adjectifs d'ignorant ou imposteur, outre la signification du défaut qu'ils marquent, enferment encore l'idée du mépris ; au lieu que ceux d'ignorance et d'imposture marquent la chose telle qu'elle est, sans l'aigrir ni l'adoucir. L'on en pourrait trouver d'autres qui signifieraient la même chose d'une manière qui enfermerait de plus une idée adoucissante et qui témoignerait qu'on désire épargner celui à qui l'on fait ces reproches ; et ce sont ces manières que choisissent les personnes sages et modérées,

---

1. On sait l'importance que l'école anglaise attache, avec raison, à l'*association des idées*, dont Arnauld donne ici d'ingénieux exemples.

à moins qu'elles n'aient quelque raison particulière d'agir avec plus de force.

C'est encore par là qu'on peut reconnaître la différence du style simple et du style figuré, et pourquoi les mêmes pensées nous paraissent beaucoup plus vives quand elles sont exprimées par une figure que si elles étaient renfermées dans des expressions toutes simples, car cela vient de ce que les expressions figurées signifient, outre la chose principale, le mouvement et la passion de celui qui parle, et expriment ainsi l'une et l'autre idée dans l'esprit, au lieu que l'expression simple ne marque que la vérité toute nue.

Par exemple, si ce demi-vers de Virgile :

Usque adeone mori miserum est[1] ?

était exprimé simplement et sans figure, de cette sorte : *Non est usque adeo mori miserum,* il est sans doute qu'il aurait beaucoup moins de force ; et la raison en est, que la première expression signifie beaucoup plus que la seconde, car elle n'exprime pas seulement cette pensée, que la mort n'est pas un si grand mal que l'on croit ; mais elle représente de plus l'idée d'un homme qui se roidit contre la mort, et qui l'envisage sans effroi, image beaucoup plus vive que n'est la pensée même à laquelle elle est jointe. Ainsi, il n'est pas étrange qu'elle frappe davantage, parce que l'âme s'instruit par les images des vérités ; mais elle ne s'émeut guère que par l'image des mouvements :

Si vis me flere, dolendum est
Primum ipsi tibi[2].

Mais, comme le style figuré signifie ordinairement, avec les choses, les mouvements que nous ressentons en les concevant et en parlant, on peut juger par là de l'usage que l'on en doit faire et quels sont les sujets auxquels il est propre. Il est visible qu'il est ridicule de s'en servir dans les matières purement spéculatives, que l'on regarde d'un œil tranquille, et qui ne produisent aucun

---

1. *Énéide*, XII, 646. | 2. Horace, *Art poétique*, vers 102.

mouvement dans l'esprit; car, puisque les figures expriment les mouvements de notre âme, celles que l'on mêle en des sujets où l'âme ne s'émeut point sont des mouvements contre la nature, et des espèces de convulsions. C'est pourquoi il n'y a rien de moins agréable que certains prédicateurs qui s'écrient indifféremment sur tout, et qui ne s'agitent pas moins sur des raisonnements philosophiques que sur les vérités les plus étonnantes et les plus nécessaires pour le salut.

Et, au contraire, lorsque la matière que l'on traite est telle qu'elle doit raisonnablement nous toucher, c'est un défaut d'en parler d'une manière sèche, froide et sans mouvement, parce que c'est un défaut de n'être pas touché de ce qui doit nous toucher.

Ainsi, les vérités divines n'étant pas proposées simplement pour être connues, mais beaucoup plus pour être aimées, révérées et adorées par les hommes, il est sans doute que la manière noble, élevée et figurée dont les saints Pères les ont traitées leur est bien plus proportionnée qu'un style simple et sans figure, comme celui des scolastiques, puisqu'elle ne nous enseigne pas seulement ces vérités, mais qu'elle nous représente aussi les sentiments d'amour et de référence avec lesquels les Pères en ont parlé, et que, portant ainsi dans notre esprit l'image de cette sainte disposition, elle peut beaucoup contribuer à y en imprimer une semblable; au lieu que le style scolastique, étant simple, et ne contenant que les idées de la vérité toute nue, est moins capable de produire dans l'âme les mouvements de respect et d'amour que l'on doit avoir pour les vérités chrétiennes; ce qui le rend en ce point, non-seulement moins utile, mais aussi moins agréable, le plaisir de l'âme consistant plus à sentir des mouvements qu'à acquérir des connaissances [1].

Enfin, c'est par cette même remarque qu'on peut résoudre cette question célèbre entre les anciens philo-

---

1. Comparer les réflexions de Pascal dans l'*Art de persuader* et dans le *Discours sur les passions de l'amour*.

sophes : s'il y a des mots déshonnêtes, et que l'on peut réfuter les raisons des stoïciens, qui voulaient qu'on pût se servir indifféremment des expressions qui sont estimées ordinairement infâmes et impudentes.

Ils prétendent, dit Cicéron, dans une lettre qu'il a faite sur ce sujet [1], qu'il n'y a point de paroles sales et honteuses ; car, ou l'infamie (disent-ils) vient des choses, ou elle est dans les paroles ; elle ne vient pas simplement des choses, puisqu'il est facile de les exprimer en d'autres paroles qui ne passent point pour déshonnêtes ; elle n'est pas aussi dans les paroles considérées comme sons, puisqu'il arrive souvent, comme Cicéron le montre, qu'un même son signifiant diverses choses, et étant estimé déshonnête dans une signification ne l'est point en une autre.

Mais tout cela n'est qu'une vaine subtilité qui ne naît que de ce que ces philosophes n'ont pas assez considéré ces idées accessoires que l'esprit joint aux idées principales des choses ; car il arrive de là qu'une même chose peut être exprimée honnêtement par un son, et déshonnêtement par un autre, si l'un de ces sons y joint quelque autre idée qui en couvre l'infamie, et si l'autre, au contraire, la présente à l'esprit d'une manière impudente. Ainsi les mots d'adultère, d'inceste, de péché abominable, ne sont pas infâmes, quoiqu'ils représentent des actions très-infâmes, parce qu'ils ne les représentent que couvertes d'un voile d'horreur, qui fait qu'on ne les regarde que comme des crimes ; de sorte que ces mots signifient plutôt le crime de ces actions que les actions mêmes, au lieu qu'il y a de certains mots qui les expriment sans en donner de l'horreur, et plutôt comme plaisantes que comme criminelles, et qui y joignent même une idée d'impudence et d'effronterie, et ce sont ces mots-là qu'on appelle infâmes et déshonnêtes.

Il en est de même de certains tours par lesquels on

---

1. Cicéron, *Epistolæ ad diversos*, IX, 22. « Sed, ut dico, placet stoicis suo quamque rem nomine appellare. Sic enim dixerunt, nihil esse obscenum nihil turpe dictu. »

exprime honnêtement des actions qui, quoique légitimes, tiennent quelque chose de la corruption de la nature; car ces tours sont en effet honnêtes, parce qu'ils n'expriment pas simplement ces choses, mais aussi la disposition de celui qui en parle de cette sorte, et qui témoigne par sa retenue qu'il les envisage avec peine et qu'il les couvre autant qu'il peut, et aux autres et à soi-même; au lieu que ceux qui en parleraient d'une autre manière feraient paraître qu'ils prendraient plaisir à regarder ces sortes d'objets; et ce plaisir étant infâme, il n'est pas étrange que les mots qui impriment cette idée soient estimés contraires à l'honnêteté[1].

C'est pourquoi il arrive aussi qu'un même mot est estimé honnête en un temps et honteux en un autre, ce qui a obligé les docteurs hébreux de substituer en certains endroits de la Bible des mots hébreux à la marge, pour être prononcés par ceux qui la liraient, au lieu de ceux dont l'Écriture se sert; car cela vient de ce que ces mots, lorsque les prophètes s'en sont servis, n'étaient point déshonnêtes, parce qu'ils étaient liés avec quelque idée qui faisait regarder ces objets avec retenue et avec peur; mais depuis, cette idée en ayant été séparée, et l'usage y en ayant joint une autre d'impudence et d'effronterie, ils sont devenus honteux; et c'est avec raison que, pour ne pas frapper l'esprit de cette mauvaise idée, les rabbins veulent qu'on en prononce d'autres en lisant la Bible, quoiqu'ils n'en changent pas pour cela le texte.

Ainsi c'était une mauvaise défense à un auteur que la profession religieuse obligeait à une exacte modestie, et à qui on avait reproché avec raison de s'être servi d'un mot peu honnête pour signifier un lieu infâme, d'alléguer que les Pères n'avaient pas fait difficulté de se servir de celui de *lupanar*, et qu'on trouvait souvent dans leurs écrits les mots de *meretrix*, de *leno*, et d'autres qu'on aurait peine à souffrir en notre langue; car la liberté avec laquelle les Pères se sont servis de ces mots devait lui

---

1. L'école anglaise expliquerait ces différents faits par les lois de l'association des idées.

faire connaître qu'ils n'étaient pas estimés honteux de leur temps, c'est-à-dire que l'usage n'y avait pas joint cette idée d'effronterie qui les rend infâmes, et il avait tort de conclure de là qu'il lui fût permis de se servir de ceux qui sont estimés déshonnêtes en notre langue, parce que ces mots ne signifient pas en effet la même chose que ceux dont les Pères se sont servis, puisque, outre l'idée principale en laquelle ils conviennent, ils enferment aussi l'image d'une mauvaise disposition d'esprit et qui tient quelque chose du libertinage et de l'impudence.

Ces idées accessoires étant donc si considérables et diversifiant si fort les significations principales, il serait utile que ceux qui font des dictionnaires les marquassent, et qu'ils avertissent, par exemple, des mots qui sont injurieux, civils, aigres, honnêtes, déshonnêtes ou plutôt qu'ils retranchassent entièrement ces derniers, étant toujours plus utile de les ignorer que de les savoir.

CHAPITRE XV

DES IDÉES QUE L'ESPRIT AJOUTE A CELLES QUI SONT PRÉCISÉMENT SIGNIFIÉES PAR LES MOTS.

On peut encore comprendre sous le nom d'idées accessoires une autre sorte d'idées que l'esprit ajoute à la signification précise des termes par une raison particulière : c'est qu'il arrive souvent qu'ayant conçu cette signification précise qui répond au mot, il ne s'y arrête pas quand elle est trop confuse et trop générale ; mais, portant sa vue plus loin, il en prend occasion de considérer encore dans l'objet qui lui est représenté d'autres attributs et d'autres faces, et de le concevoir ainsi par des idées plus distinctes.

C'est ce qui arrive particulièrement dans les pronoms démonstratifs, quand, au lieu du nom propre, on se sert du neutre, *hoc*, ceci ; car il est clair que *ceci* signifie cette chose, et que *hoc* signifie *hæc res, hoc negotium*. Or, le mot de chose, *res*, marque un attribut très-général et très-confus de tout objet, n'y ayant que le néant à quoi on ne puisse appliquer le mot de chose.

Mais, comme le pronom démonstratif *hoc* ne marque pas simplement la chose en elle-même, et qu'il l'a fait concevoir comme présente, l'esprit n'en demeure pas à ce seul attribut de chose, il y joint d'ordinaire quelques autres attributs distincts ; ainsi quand on se sert du mot de *ceci* pour montrer un diamant, l'esprit ne se contente pas de le concevoir comme une chose présente, mais il y ajoute les idées de corps dur et éclatant qui a une telle forme.

Toutes ces idées, tant la première et principale que celles que l'esprit y ajoute, s'excitent par le mot de *hoc* appliqué à un diamant ; mais elles ne s'y excitent pas de la même manière, car l'idée de l'attribut de chose présente s'y excite comme la propre signification du mot, et ces autres s'excitent comme des idées que l'esprit conçoit liées et identifiées avec cette première et principale idée, mais qui ne sont pas marquées précisément par le pronom *hoc* ; c'est pourquoi, selon que l'on emploie ce terme de *hoc* en des matières différentes, les additions sont différentes. Si je dis *hoc* en montrant un diamant, ce terme signifiera toujours *cette chose ;* mais l'esprit y suppléera, et ajoutera, qui est un diamant, qui est un corps dur et éclatant ; si c'est du vin, l'esprit y ajoutera les idées de la liquidité, du goût et de la couleur du vin, et ainsi des autres choses.

Il faut donc bien distinguer ces idées ajoutées des idées signifiées, car quoique les unes et les autres se trouvent dans un même esprit, elles ne s'y trouvent pas de la même sorte ; et l'esprit, qui ajoute ces autres idées plus distinctes, ne laisse pas de concevoir que le terme de *hoc* ne signifie de soi-même qu'une idée confuse, qui, quoique jointe à des idées plus distinctes, demeure toujours confuse.

C'est par là qu'il faut démêler une chicane importune que les ministres ont rendue célèbre, et sur laquelle ils fondent leur principal argument pour établir leur sens de figure dans l'eucharistie ; et l'on ne doit pas s'étonner que nous nous servions ici de cette remarque pour éclaircir cet argument, puisqu'il est plus digne de la logique que de la théologie.

Leur prétention est que, dans cette proposition de Jésus-Christ : *Ceci est mon corps*, le mot de *ceci* signifie le pain ; or, disent-ils, le pain ne peut être réellement le corps de Jésus-Christ, donc la proposition de Jésus-Christ ne signifie point, *ceci est réellement mon corps*.

Il n'est pas question d'examiner ici la mineure et d'en faire voir la fausseté ; on l'a fait ailleurs [1] ; et il ne s'agit que de la majeure par laquelle ils soutiennent que le mot de *ceci* signifie le pain ; et il n'y a qu'à leur dire sur cela, selon le principe que nous avons établi, que le mot de *pain* marquant une idée distincte, n'est point précisément ce qui répond au terme de *hoc*, qui ne marque que l'idée confuse de chose

---

[1] *De la perpétuité de la foi de l'Eglise catholique touchant l'Eucharistie*, par Arnauld.

présente ; mais qu'il est bien vrai que Jésus-Christ, en prononçant ce mot, et ayant en même temps appliqué ses apôtres au pain qu'il tenait entre ses mains, ils ont vraisemblablement ajouté à l'idée confuse de *chose présente* signifiée par le terme *hoc*, l'idée distincte du pain, qui était seulement excitée et non précisément signifiée par ce terme.

Ce n'est que le manque d'attention à cette distinction nécessaire entre les idées excitées et les idées précisément signifiées qui fait tout l'embarras des ministres ; ils font mille efforts inutiles pour prouver que Jésus-Christ montrant du pain, et les apôtres le voyant et y étant appliqués par le terme de *hoc*, ils ne pouvaient pas ne pas concevoir du pain. On leur accorde qu'ils conçurent apparemment du pain, et qu'ils eurent sujet de le concevoir ; il ne faut point tant faire d'efforts pour cela ; il n'est pas question s'ils conçurent du pain, mais comment ils conçurent.

Et c'est sur quoi on leur dit que s'ils conçurent, c'est-à-dire s'ils eurent dans l'esprit l'idée distincte du pain, ils ne l'eurent pas comme signifiée par le mot de *hoc*, ce qui est impossible, puisque ce terme ne signifiera jamais qu'une idée confuse ; mais ils l'eurent comme une idée ajoutée à cette idée confuse et excitée par les circonstances.

On verra dans la suite l'importance de cette remarque, mais il est bon d'ajouter ici que cette distinction est si indubitable, que lors même qu'ils entreprennent de prouver que le terme de *ceci* signifie du pain, ils ne font autre chose que l'établir. Ceci, dit un ministre qui a parlé le dernier sur cette matière, *ne signifie pas seulement cette chose présente mais cette chose présente que vous savez qui est du pain*. Qui ne voit dans cette proposition que ces termes, *que vous savez qui est du pain*, sont bien ajoutés au mot de *chose présente* par une proposition incidente, mais ne sont pas signifiées précisément par le mot de *chose présente*, le sujet d'une proposition ne signifiant pas la proposition entière, et par conséquent dans cette proposition qui a le même sens, *ceci que vous savez qui est du pain*, le mot de pain est bien ajouté au mot de *ceci*, mais n'est pas signifié par le mot de *ceci*.

Mais qu'importe, diront les ministres, que le mot de *ceci* signifie précisément le pain, pourvu qu'il soit vrai que les apôtres conçurent que ce que Jésus-Christ appelle *ceci* était du pain.

Voici à quoi cela importe ; c'est que le terme de *ceci* ne signifiant de soi-même que l'idée précise de *chose présente*, quoique déterminée au pain par les idées distinctes que les apôtres y ajoutèrent, demeura toujours capable d'une autre détermination et d'être liée avec d'autres idées, sans que l'esprit s'aperçût de ce changement d'objet. Et ainsi quand Jésus-Christ prononça de *ceci*, que c'était son corps, les apôtres n'eurent qu'à retrancher l'addition qu'ils y avaient faites par les idées distinctes de pain ; et, retenant la même idée de *chose présente*, ils conçurent, après la proposition de Jésus-Christ achevée, que cette chose présente était maintenant le corps de Jésus-Christ : ainsi ils lièrent le mot de *hoc, ceci*, qu'il avaient joint au pain par une proposition incidente, avec l'attribut du corps de Jésus-Christ. L'attribut de corps de

Jésus-Christ les obligea bien de retrancher les idées ajoutées ; mais il ne leur fit point changer l'idée précisément marquée par le mot de *hoc*, et ils conçurent simplement que c'était le corps de Jésus-Christ. Voilà tout le mystère de cette proposition, qui ne naît pas de l'obscurité des termes, mais du changement opéré par Jésus-Christ, qui fit que ce sujet *hoc* a eu deux différentes déterminations au commencement et à la fin de la proposition, comme nous l'expliquerons dans la seconde partie, chap. XII, en traitant de l'unité de confusion dans les sujets.

DEUXIÈME PARTIE

CONTENANT LES RÉFLEXIONS QUE LES HOMMES ONT FAITES SUR LEURS JUGEMENTS

CHAPITRE PREMIER

DES MOTS PAR RAPPORT AUX PROPOSITIONS.

Comme nous avons dessein d'expliquer ici les diverses remarques que les hommes ont faites sur leurs jugements, et que ces jugements sont des propositions qui sont composées de diverses parties [1], il faut commencer par l'explication de ces parties, qui sont principalement les noms, les pronoms et les verbes.

Il est peu important d'examiner si c'est à la grammaire ou à la logique d'en traiter, et il est plus court de dire que tout ce qui est utile à la fin de chaque art lui appartient, soit que la connaissance lui en soit particulière, soit qu'il y ait aussi d'autres arts et d'autres sciences qui s'en servent.

Or, il est certainement de quelque utilité pour la fin de la logique, qui est de *bien penser,* d'entendre les divers usages des sons qui sont destinés à signifier les idées, et que l'esprit a coutume d'y lier si étroitement que l'une ne se conçoit guère sans l'autre : en sorte que l'idée de la chose excite l'idée du son, et l'idée du son celle de la chose.

On peut dire en général sur ce sujet, que les mots sont des sons distincts et articulés, dont les hommes ont fait des signes pour marquer ce qui se passe dans leur esprit [2].

---

1. Arnauld confond trop souvent la proposition, simple expression du jugement, avec le jugement même, qui est l'acte intérieur de l'esprit.

2. Remarquez que le langage n'est nullement aux yeux d'Arnauld une institution divine, comme le soutiendront plus tard de Bonald et ses partisans.

Et comme ce qui s'y passe se réduit à concevoir, juger, raisonner et ordonner, ainsi que nous l'avons déjà dit, les mots servent à marquer toutes ces opérations ; et pour cela on en a inventé principalement de trois sortes qui y sont essentiels, dont nous nous contenterons de parler : savoir, les noms, les pronoms et les verbes, qui tiennent la place des noms, mais d'une manière différente ; et c'est ce qu'il faut expliquer ici plus en détail.

Des noms.

Les objets de nos pensées étant, comme nous avons déjà dit, ou des choses ou des manières de choses, les mots destinés à signifier, tant les choses que les manières, s'appellent *noms*.

Ceux qui signifient les choses, s'appellent *noms substantifs*, comme *terre, soleil*. Ceux qui signifient les manières, en marquant en même temps le sujet auquel elles conviennent, s'appellent *noms adjectifs*, comme *bon, juste, rond*.

C'est pourquoi, quand, par une abstraction de l'esprit, on conçoit ces manières sans les rapporter à un certain sujet, comme elles subsistent alors en quelque sorte dans l'esprit par elles-mêmes, elles s'expriment par un mot substantif, comme *sagesse, blancheur, couleur*.

Et, au contraire, quand ce qui est de soi-même substance et chose vient à être conçu par rapport à quelque sujet, les mots qui le signifient en cette manière deviennent adjectifs, comme *humain, charnel* ; et en dépouillant ces adjectifs, formés des noms de substance, de leur rapport, on en fait de nouveaux substantifs : ainsi, après avoir formé du mot substantif *homme* l'adjectif *humain*, on forme de l'adjectif *humain* le substantif *humanité*.

Il y a des noms qui passent pour substantifs en grammaire, qui sont de véritables adjectifs, comme *roi, philosophe, médecin*, puisqu'ils marquent une manière d'être ou mode dans un sujet. Mais la raison pourquoi ils passent pour substantifs, c'est que, comme ils ne conviennent qu'à un seul sujet, on sous-entend toujours cet unique sujet sans qu'il soit besoin de l'exprimer.

Par la même raison, ces mots *le rouge, le blanc*, etc., sont de véritables adjectifs, parce que le rapport est marqué ; mais la raison pourquoi on n'exprime pas le substantif auquel ils se rapportent, c'est que c'est un substantif général, qui comprend tous les sujets de ces modes, et qui est par là unique dans cette généralité. Ainsi le *rouge*, c'est toute chose rouge ; le *blanc*, toute chose blanche ; ou, comme l'on dit en géométrie, c'est une chose rouge *quelconque*.

Les adjectifs ont donc essentiellement deux significations : l'une distincte, qui est celle du mode ou manière ; l'autre confuse, qui est celle du sujet : mais, quoique la signification du mode soit plus distincte, elle est pourtant indirecte, et, au contraire, celle du sujet, quoique confuse, est directe. Le mot de *blanc, candidum*, signifie indirectement, quoique distinctement, *la blancheur*.

Des pronoms.

L'usage des pronoms est de tenir la place des noms, et de donner moyen d'en éviter la répétition, qui est ennuyeuse ; mais il ne faut pas s'imaginer qu'en tenant la place des noms, ils fassent entièrement le même effet sur l'esprit : ce n'est nullement vrai ; au contraire, ils ne remédient au dégoût de la répétition, que parce qu'ils ne représentent les noms que d'une manière confuse. Les noms découvrent en quelque sorte les choses à l'esprit, et les pronoms les présentent comme voilées, quoique l'esprit sente pourtant que c'est la même chose que celle qui est signifiée par les noms. C'est pourquoi il n'y a point d'inconvénient que le nom et le pronom soient joints ensemble : *Tu Phædria, Ecce ego Joannes.*

Des diverses sortes de pronoms.

Comme les hommes ont reconnu qu'il était souvent inutile et de mauvaise grâce de se nommer soi-même, ils ont introduit le pronom de la première personne pour mettre en la place de celui qui parle, *ego*, moi, je.

Pour n'être pas obligés de nommer celui à qui on parle, ils ont trouvé bon de le marquer par un mot qu'ils ont appelé pronom de la seconde personne, *toi*, ou *vous*.

Et pour n'être pas obligés de répéter les noms des autres personnes et des autres choses dont on parle, ils ont inventé les pronoms de la troisième personne, *ille, illa, illud*, entre lesquels il y en a qui marquent, comme au doigt, la chose dont on parle, et qu'à cause de cela on nomme démonstratifs, *hic, iste*, celui-ci, celui-là.

Il y en a aussi un qu'on nomme réciproque, parce qu'il marque un rapport d'une chose à soi-même. C'est le pronom *sui, sibi, se* : « Caton s'est tué. »

Tous les pronoms ont cela de commun, comme nous avons déjà dit, qu'ils marquent confusément le nom dont ils tiennent la place ; mais il y a de cela de particulier dans le neutre de ces pronoms *illud, hoc*, lorsqu'il est mis absolument, c'est-à-dire sans nom exprimé, qu'au lieu que les autres genres *hic, hæc, ille, illa*, peuvent se rapporter et se rapportent presque toujours à des idées distinctes, qu'ils ne marquent néanmoins que confusément : *Illum exspirantem flammas*, c'est-à-dire *illum Ajacem ; His ego nec metas rerum, nec tempora ponam*, c'est-à-dire *Romanis ;* le neutre, au contraire, se rapporte toujours à un nom général et confus : *Hoc erat in votis*, c'est-à-dire *hæc res, hoc negotium erat in votis : Hoc erat alma parens*, etc. Ainsi il y a une double confusion dans le neutre : savoir, celle du pronom, dont la signification est toujours confuse, et celle du mot *negotium*, chose, qui est encore aussi générale et aussi confuse.

Du pronom relatif.

Il y a encore un autre pronom qu'on appelle relatif, *qui, quæ, quod,* qui, lequel, laquelle.

Ce pronom relatif a quelque chose de commun avec les autres pronoms, et quelque chose de propre.

Ce qu'il a de commun, est qu'il se met au lieu du nom, et en excite une idée confuse.

Ce qu'il a de propre, est que la proposition dans laquelle il entre peut faire partie du sujet ou de l'attribut d'une proposition, et former ainsi une de ces propositions ajoutées ou incidentes, dont nous parlerons plus bas avec plus d'étendue, Dieu *qui est bon*, le monde *qui est visible*.

Je suppose ici qu'on entend ces termes de sujet et d'attribut des propositions, quoiqu'on ne les ait pas encore expliqués expressément, parce qu'ils sont si communs, qu'on les entend ordinairement avant d'avoir étudié la logique : ceux qui ne les entendraient pas, n'auront qu'à recourir au lieu où on en marque le sens.

On peut résoudre par là cette question : quel est le sens précis du mot *que*, lorsqu'il suit un verbe et qu'il semble ne se rapporter à rien. *Jean répondit qu'il n'était pas le Christ. Pilate dit qu'il ne trouvait point de crime en Jésus-Christ.*

Il y en a qui en veulent faire un adverbe aussi bien que du mot *quod*, que les Latins prennent quelquefois au même sens qu'a notre *que* français quoique rarement : *Non tibi objicio quod hominem spoliasti*, dit Cicéron [1].

Mais la vérité est que les mots *que, quod*, ne sont autre chose que le pronom relatif, et qu'ils en conservent le sens.

Ainsi, dans cette proposition, *Jean répondit qu'il n'était pas le Christ*, ce *que* conserve l'usage de lier une autre proposition, savoir, *n'était pas le Christ*, avec l'attribut enfermé dans le mot de *répondit*, qui signifie *fuit respondens*.

L'autre usage, qui est de tenir la place du nom et de s'y rapporter, y paraît à la vérité beaucoup moins : ce qui a fait dire à quelques personnes habiles que ce *que* en était entièrement privé dans cette occa-

---

1. *In Verrem*, act. II, lib. I.

sion. On pourrait dire néanmoins qu'il le retient aussi ; car, en disant que *Jean répondit*, on entend *qu'il fit une réponse ;* et c'est à cette idée confuse de *réponse* que se rapporte ce *que*. De même, quand Cicéron dit : *Non tibi objicio quod hominem spoliasti*, le *quod* se rapporte à l'idée confuse de *chose objectée*, formée par le mot d'*objicio ;* et cette *chose objectée*, conçue d'abord confusément, est ensuite particularisée par la proposition incidente, liée par le *quod*, *quod hominem spoliasti.*

Je suppose, donne l'idée confuse d'une *chose supposée ;* car on peut remarquer la même chose dans ces questions : *Je suppose que vous serez sage ; je vous dis que vous avez tort ;* ce terme, *je dis*, fait concevoir d'abord confusément *une chose dite ;* et c'est à cette *chose dite* que se rapporte le *que*. *Je dis que*, c'est-à-dire *je dis une chose qui est*. Et qui dit de même, *je suppose*, veut dire *je fais une supposition ;* et c'est à cette idée de *chose supposée* que se rapporte le *que*. *Je suppose que*, c'est-à-dire, *je fais une supposition qui est.*

On peut mettre au rang des pronoms l'article grec ὁ, ἡ, τό, lorsqu'au lieu d'être devant le nom, on le met après : τοῦτό ἐστι τὸ σῶμά μου τὸ ὑπὲρ ὑμῶν διδόμενον, dit saint Luc[1], car ce τό, *le*, représente à l'esprit le corps, σῶμα, d'une manière confuse ; ainsi il a la fonction de pronom.

Et la seule différence qu'il y a entre l'article employé à cet usage et le pronom relatif, est que, quoique l'article tienne la place du nom, il joint pourtant l'attribut qui le suit au nom qui précède dans une même proposition ; mais le relatif fait, avec l'attribut suivant, une proposition à part, quoique jointe à la première, ὃ δίδοται, *quod datur*, c'est-à-dire *quod est datum.*

On peut juger par cet usage de l'article, qu'il y a peu de solidité dans la remarque qui a été faite depuis peu par un ministre[2] sur la manière dont on doit traduire ces paroles de l'Évangile de saint Luc, que nous venons de rapporter, parce que, dans le texte grec, il y a non un pronom relatif, mais un article : *C'est mon corps donné pour vous*, et non *qui est donné pour vous*, τὸ ὑπὲρ ὑμῶν διδόμενον, et non ὃ ὑπὲρ ὑμῶν δίδοται ; il prétend que c'est une nécessité absolue, pour exprimer la force de cet article, de traduire ainsi ce texte : *Ceci est mon corps ; mon corps donné pour vous*, ou *le corps donné pour vous ;* et que ce n'est pas bien traduire que d'exprimer ce passage en ces termes, *ceci est mon corps qui est donné pour vous.*

Mais cette prétention n'est fondée que sur ce que cet auteur n'a pénétré qu'imparfaitement la vraie nature du pronom relatif et de l'article ; car il est certain que, comme le pronom relatif, *qui, quæ, quod*, en tenant la place du nom, ne le représente que d'une manière confuse, de même l'article ὁ, ἡ, τό ne représente que confusément le nom auquel il se rapporte, de sorte que cette représentation confuse étant proprement destinée à éviter la répétition distincte du même mot qui est

---

[1]. Saint Luc, ch. XXII, 19.
[2]. Jean Claude (né en 1619, mort en 1687). Son principal ouvrage est la *Réponse au Traité de la perpétuité de la Foi*, d'Arnauld.

choquante, c'est en quelque sorte détruire la fin de l'article que de le traduire par une répétition expresse d'un même mot, *ceci est mon corps, mon corps donné pour vous*, l'article n'étant mis que pour éviter cette répétition ; au lieu qu'en traduisant par le pronom relatif, *ceci est mon corps, qui est donné pour vous*, on garde cette condition essentielle de l'article, qui est de ne représenter le nom que d'une manière confuse, et de ne pas frapper l'esprit deux fois par la même image, et l'on manque seulement à en observer une autre, qui pourrait paraître moins essentielle, qui est que l'article tient de telle sorte la place du nom, que l'adjectif que l'on y joint ne fait point une nouvelle proposition, τὸ ὑπὲρ ὑμῶν διδόμενον ; au lieu que le relatif *qui, quæ, quod* sépare un peu davantage, et devient sujet d'une nouvelle proposition, ὃ ὑπὲρ ὑμῶν δίδοται. Ainsi il est vrai que ni l'une ni l'autre de ces deux traductions : *Ceci est mon corps qui est donné pour vous* ; *Ceci est mon corps, mon corps donné pour vous*, n'est entièrement parfaite ; l'une changeant la signification confuse de l'article en une signification distincte, contre la nature de l'article, et l'autre, qui conserve cette signification confuse, séparant en deux propositions, par le pronom relatif, ce qui n'en fait qu'une par le moyen de l'article. Mais si l'on est obligé par nécessité à se servir de l'une ou de l'autre, on n'a pas droit de choisir la première en condamnant l'autre, comme cet auteur a prétendu faire par sa remarque.

CHAPITRE II

DU VERBE.

Nous avons emprunté jusqu'ici ce que nous avons dit des noms et des pronoms d'un petit livre imprimé il y a quelque temps sous le titre de Grammaire générale [1], à l'exception de quelques points que nous avons expliqués d'une autre manière ; mais en ce qui regarde le verbe, dont il traite dans le chapitre XIII, je ne ferai que transcrire ce que cet auteur en dit, parce qu'il m'a semblé que l'on n'y pouvait rien ajouter.

Les hommes, dit-il, n'ont pas eu moins besoin d'inventer des mots qui marquassent l'affirmation, qui est la

---

1. Lancelot est le principal auteur de cette *Grammaire générale et raisonnée* connue sous le nom de *grammaire de Port-Royal*, et qui parut en 1660.

principale manière de notre pensée, que d'en inventer qui marquassent les objets de nos pensées.

Et c'est proprement en quoi consiste ce que l'on appelle *verbe*, qui n'est rien autre qu'*un mot dont le principal usage est de signifier l'affirmation*, c'est-à-dire de marquer que le discours où ce mot est employé est le discours d'un homme qui ne conçoit pas seulement les choses, mais qui en juge et qui les affirme ; en quoi le verbe est distingué de quelques noms, qui signifient aussi l'affirmation, comme *affirmans, affirmatio*, parce qu'ils ne la signifient qu'en tant que, par une réflexion d'esprit elle est devenue l'objet de notre pensée ; et ainsi ils ne marquent pas que celui qui se sert de ces mots affirme, mais seulement qu'il conçoit une affirmation.

J'ai dit que le *principal* usage du verbe était de signifier l'affirmation, parce que nous ferons voir plus bas que l'on s'en sert encore pour signifier d'autres mouvements de notre âme, comme ceux de désirer, de prier, de commander, etc. Mais ce n'est qu'en changeant d'inflexion et de mode, et ainsi nous ne considérons le verbe, dans tout ce chapitre, que selon sa principale signification, qui est celle qu'il a à l'indicatif. Selon cette idée, l'on peut dire que le verbe de lui-même ne devrait point avoir d'autre usage que de marquer la liaison que nous faisons dans notre esprit des deux termes d'une proposition ; mais il n'y a que le verbe *être*, qu'on appelle substantif, qui soit demeuré dans cette simplicité, et encore n'y est-il proprement demeuré que dans la troisième personne du présent *est*, et en de certaines rencontres ; car, comme les hommes se portent naturellement à abréger leurs expressions, ils ont joint presque toujours à l'affirmation d'autres significations dans un même mot.

I. — Ils y ont joint celle de quelque attribut, de sorte qu'alors deux mots font une proposition, comme quand je dis : *Petrus vivit*, Pierre vit, parce que le mot de *vivit* enferme seul l'affirmation, et de plus l'attribut d'*être vivant*; et ainsi c'est la même chose de dire *Pierre vit*, que de dire *Pierre est vivant*. De là est venue la grande diversité des verbes dans chaque langue ; au lieu que si l'on s'était contenté de donner au verbe la signification générale de l'affirmation, sans y joindre aucun attribut particulier, on n'aurait eu besoin dans chaque langue que d'un seul verbe, qui est celui que l'on appelle substantif.

II. — Ils ont encore joint en de certaines rencontres le sujet de la proposition ; de sorte qu'alors deux mots peuvent encore, et même un seul mot, faire une proposition entière : deux mots, comme quand je dis *sum homo*, parce que *sum* ne signifie pas seulement l'affirmation, mais enferme la signification du pronom *ego* qui est le sujet de cette proposition, et que l'on exprime toujours en français *je suis homme :* un seul mot, comme quand je dis *vivo, sedeo ;* car ces verbes enferment dans eux-mêmes l'affirmation et l'attribut, comme nous avons déjà dit ; et, étant à la première personne, ils enferment encore le sujet *je suis vivant, je suis assis.* De là est venue la différence des personnes qui est ordinairement dans tous les verbes [1].

III. — Ils ont encore joint un rapport au temps au regard duquel on affirme ; de sorte qu'un seul mot, comme *cœnasti,* signifie que j'affirme de celui à qui je parle l'action de souper, non pour le temps présent, mais pour le passé, et de là est venue la diversité des temps qui est encore pour l'ordinaire commune à tous les verbes.

La diversité de ces significations, jointe à un même mot, est ce qui a empêché beaucoup de personnes, d'ailleurs fort habiles, de bien connaître la nature du verbe, parce qu'ils ne l'ont pas considéré selon ce qui lui est essentiel, qui est l'*affirmation,* mais selon ces autres rapports qui lui sont accidentels en tant que verbe.

Ainsi Aristote s'étant arrêté à la troisième des significations ajoutées à celle qui est essentielle au verbe, l'a défini, *vox significans cum tempore* [1], un mot qui signifie avec temps.

D'autres, comme Buxtorf [2], y ayant ajouté la seconde, l'ont défini, *vox flexilis cum tempore et persona,* un mot qui a diverses inflexions avec temps et personnes.

D'autres s'étant arrêtés à la première de ces significations ajoutées, qui est celle de l'attribut, et ayant considéré que les attributs que les hommes ont joints à l'affirmation dans un même mot sont d'ordinaire des actions et des passions, ont cru que l'essence du verbe consistait à *signifier des actions ou des passions.*

Et enfin, Jules-César Scaliger a cru trouver un mystère dans son livre des Principes de la langue latine, en disant que la distinction de choses *in permanentes* et *fluentes,* en ce qui demeure et ce qui passe, était la vraie origine de la distinction entre les noms et les verbes, les noms étant pour signifier ce qui demeure et les verbes ce qui passe.

Mais il est aisé de voir que toutes ces définitions sont fausses et n'expliquent point la vraie nature du verbe.

La manière dont sont conçues les deux premières le fait assez voir, puisqu'il n'y est point dit ce que le verbe signifie, mais seulement ce avec quoi il signifie, *cum tempore, cum persona.*

Les deux dernières sont encore plus mauvaises ; car elles ont les deux

---

1. « Le verbe est le mot qui, outre sa signification propre, embrasse l'idée de temps, et dont aucune partie isolée n'a de sens par elle-même ; et il est toujours le signe des choses attribuées à d'autres choses. Je dis qu'il embrasse l'idée de temps, outre sa signification propre : par exemple : *la santé,* n'est qu'un nom : il se *porte bien,* est un verbe ; car il exprime en outre que la chose est dans le moment actuel ; de plus, il est toujours le signe de choses attribuées à d'autres choses ; par exemple, de choses dites d'un sujet ou qui sont dans un sujet. » ARISTOTE, *Hermeneia,* ch. III.

2. Jean Buxtorf, hébraïsant, né en Westphalie en 1564, mort en 1629.

plus grands vices d'une définition, qui est de ne convenir ni à tout le défini, ni au seul défini, *neque omni, neque soli.*

Car il y a des verbes qui ne signifient ni des actions, ni des passions, ni ce qui passe : comme *existit, quiescit, friget, alget, tepet, calet, albet, viret, claret,* etc.

Et il y a des mots qui ne sont point verbes qui signifient des actions et des passions et même des choses qui passent, selon la définition de Scaliger ; car il est certain que les participes sont de vrais noms, et que néanmoins ceux des verbes actifs ne signifient pas moins des actions, et ceux des passifs des passions que les verbes mêmes dont ils viennent ; et il n'y a aucune raison de prétendre que *fluens* ne signifie pas une chose qui passe, aussi bien que *fluit*.

A quoi on peut ajouter, contre les deux premières définitions du verbe, que les participes signifient aussi avec temps, puisqu'il y en a du présent, du passé et du futur, surtout en grec ; et ceux qui croient, non sans raison, qu'un vocatif est une vraie seconde personne, surtout quand il a une terminaison différente du nominatif, trouveront qu'il n'y aurait de ce côté-là qu'une différence du plus ou du moins entre le vocatif et le verbe.

Et ainsi la raison essentielle pourquoi un participe n'est point un verbe, c'est qu'il ne signifie point l'*affirmation :* d'où vient qu'il ne peut faire une proposition, ce qui est le propre du verbe, qu'en y ajoutant un verbe, c'est-à-dire en y remettant ce qu'on en a ôté, en changeant le verbe en participe. Car pourquoi est-ce que *Petrus vivit,* Pierre vit, est une proposition ; et que *Petrus vivens,* Pierre vivant, n'en est pas une, si vous n'y ajoutez *est, Petrus est vivens,* Pierre est vivant ; sinon parce que l'affirmation qui est enfermée dans *vivit* en a été ôtée pour en faire le participe *vivens ?* D'où il paraît que l'affirmation qui se trouve, ou qui ne se trouve pas dans un mot, est ce qui fait qu'il est verbe ou qu'il n'est pas verbe.

Sur quoi on peut encore remarquer en passant que l'infinitif qui est très-souvent nom, ainsi que nous dirons, comme lorsqu'on dit *le boire, le manger,* est alors différent des participes en ce que les participes sont des noms adjectifs, et que l'infinitif est un nom substantif fait par abstraction de cet adjectif, de même que de *candidus* se fait *candor,* et de *blanc* vient *blancheur.* Ainsi *rubet,* verbe, signifie *est rouge,* enfermant tout ensemble l'affirmation et l'attribut ; *rubens,* participe, signifie simplement rouge sans affimation ; et *rubere,* pris pour un nom, signifie *rougeur.*

Il doit donc demeurer pour constant qu'à ne considérer simplement que ce qui est essentiel au verbe, sa seule vraie définition est, *vox significans affirmationem,* un mot qui signifie l'affirmation : car on ne saurait trouver de mot qui marque l'affirmation qui ne soit verbe, ni de verbe qui ne serve à la marquer au moins dans l'indicatif. Et il est indubitable que, si l'on en avait inventé un, comme serait *est,* qui marquât toujours l'affirmation, sans aucune différence ni de personne ni de temps, de sorte que la diversité des personnes se marquât seulement par les noms et les pronoms et la diversité des temps par les adverbes, il ne laisserait pas d'être un vrai verbe. Comme en effet dans les propositions que les philosophes appellent d'éternelle vérité, comme *Dieu est infini; tout corps est divisible; le tout est plus grand que sa partie*, le mot *est* ne signifie que l'affirmation simple, sans aucun rapport au temps, parce que cela est vrai selon tous les temps, et sans que notre esprit s'arrête à aucune diversité de personne.

Ainsi le verbe, selon ce qui lui est essentiel, est un mot qui signifie l'affirmation ; mais si l'on veut mettre dans la définition du verbe ses principaux accidents, on pourra le définir ainsi : *vox significans affirmationem, cum designatione personæ, numeri et temporis;* un mot qui signifie l'affirmation, avec désignation de la personne, du nombre et du temps. Ce qui convient proprement au verbe substantif.

Car pour les autres verbes, en tant qu'ils diffèrent du verbe substantif par l'union que les hommes ont faite de l'affirmation avec de certains attributs, on peut les définir de cette sorte : *vox significans affirmationem alicujus attributi, cum designatione personæ, numeri et temporis;* un mot qui marque l'affirmation de quelque attribut, avec désignation de la personne, du nombre et du temps.

Et l'on peut remarquer en passant que l'affirmation, en tant que conçue, pouvant être aussi l'attribut du verbe, comme dans le verbe *affirmo*, ce verbe signifie deux affirmations, dont l'une regarde la personne qui parle, et l'autre la personne de qui on parle, soit que ce soit de soi-même, soit que ce soit d'un autre. Car quand je dis *Petrus affirmat*, *affirmat* est la même chose que *est affirmans*, et alors *est* marque mon affirmation ou le jugement que je fais touchant Pierre ; et *affirmans*, l'affirmation que je conçois et que j'attribue à Pierre. Le verbe *nego*, au contraire, contient une affirmation et une négation par la même raison.

Car il faut encore remarquer que, quoique tous nos jugements ne soient pas affirmatifs, mais qu'il y en ait de négatifs, les verbes néanmoins ne signifient jamais d'eux-mêmes que les affirmations ; la négation ne se marquant que par des particules *non, ne*, ou par des noms qui l'enferment, *nullus, nemo*, nul, personne, qui, étant joints aux verbes, en changent l'affirmation en négation : « nul homme n'est immortel : » *nullum corpus est indivisibile*.

CHAPITRE III

CE QUE C'EST QU'UNE PROPOSITION, ET DES QUATRE SORTES DE PROPOSITIONS.

Après avoir conçu les choses par nos idées, nous comparons ces idées ensemble ; et trouvant que les unes conviennent entre elles et que les autres ne conviennent pas, nous les lions ou délions, ce qui s'appelle *affirmer* ou *nier*, et généralement *juger* [1].

Ce jugement s'appelle aussi *proposition* [2], et il est aisé de voir qu'elle doit avoir deux termes : l'un de qui l'on affirme ou de qui l'on nie, lequel on appelle *sujet ;* et l'autre que l'on affirme ou que l'on nie, lequel s'appelle *attribut* ou *prædicatum*.

Et il ne suffit pas de concevoir ces deux termes ; mais il faut que l'esprit les lie ou les sépare : et cette action de notre esprit est marquée dans le discours par le verbe *est*, ou seul quand nous affirmons, ou avec une particule négative quand nous nions. Ainsi quand je dis *Dieu est juste, Dieu* est le sujet de cette proposition, et *juste* en est l'attribut ; et le mot *est* marque l'action de mon esprit qui affirme, c'est-à-dire qui lie ensemble les deux idées de *Dieu* et de *juste* comme convenant l'une à l'autre. Que si je dis *Dieu n'est pas injuste, est,* étant joint avec les particules *ne, pas,* signifie l'action contraire à celle d'affirmer, savoir : celle de nier par laquelle je regarde ces idées comme répugnantes l'une à l'autre, parce qu'il y a quelque chose d'enfermé dans l'idée d'*injuste* qui est contraire à ce qui est enfermé dans l'idée de *Dieu.*

Mais, quoique toute proposition enferme nécessairement ces trois choses, néanmoins, comme l'on a dit dans le chapitre précédent, elle peut n'avoir que deux mots ou même qu'un.

Car les hommes, voulant abréger leurs discours, ont fait une infinité de mots qui signifient tout ensemble l'affirmation, c'est-à-dire ce qui est signifié par le verbe substantif, et de plus un certain attribut qui est affirmé. Tels sont tous les verbes, hors celui qu'on appelle substan-

---

1. Cette théorie est aujourd'hui abandonnée. Nous ne commençons pas par avoir des idées nues pour les rassembler ensuite en jugements. Nous percevons et nous jugeons dès le début.

2. Le jugement ne s'appelle pas proposition, car la proposition n'est que l'expression verbale du jugement.

tif, comme *Dieu existe*, c'est-à-dire, *est existant; Dieu aime les hommes*, c'est-à-dire, *Dieu est aimant les hommes;* et le verbe substantif, quand il est seul, comme quand je dis *je pense, donc je suis*, cesse d'être purement substantif, parce qu'alors on y joint le plus général des attributs [1], qui est l'*être;* car *je suis* veut dire : *je suis un être, je suis quelque chose.*

Il y a aussi d'autres rencontres où le sujet et l'affirmation sont renfermés dans un même mot, comme dans les premières et secondes personnes des verbes, surtout en latin; comme quand je dis : *sum christianus;* car le sujet de cette proposition est *ego,* qui est renfermé dans *sum.*

D'où il paraît que, dans cette même langue, un seul mot fait une proposition dans les premières et secondes personnes des verbes, qui, par leur nature, enferment déjà l'affirmation avec l'attribut; comme *veni, vidi, vici,* sont trois propositions.

On voit par là que toute proposition est affirmative ou négative, et que c'est ce qui est marqué par le verbe, qui est affirmé ou nié.

Mais il y a une autre différence dans les propositions, laquelle naît de leur sujet, qui est d'être universelles, ou particulières ou singulières.

Car les termes, comme nous avons déjà dit dans la première partie, sont ou singuliers, ou communs, ou universels.

Et les termes universels peuvent être pris, ou selon toute leur étendue, en les joignant aux signes universels exprimés, ou sous-entendus, comme *omnis,* tout, pour l'affirmation; *nullus,* nul, pour la négation : *tout homme, nul homme;*

Ou selon une partie indéterminée de leur étendue, qui est lorsqu'on y joint le mot *aliquis,* quelque, comme

---

[1]. Nous ne commençons pas par avoir l'idée de l'être en général pour nous l'attribuer ensuite à nous-mêmes; nous saisissons primitivement notre être et notre pensée. L'interprétation qu'Arnauld donne ici du *cogito ergo sum,* est inexacte et enlève au principe cartésien toute sa valeur.

que homme, quelques hommes, ou d'autres, selon l'usage des langues.

D'où il arrive une différence notable dans les propositions ; car lorsque le sujet d'une proposition est un terme commun qui est pris dans toute son étendue, la proposition s'appelle universelle, soit qu'elle soit affirmative, comme *tout impie est fou :* ou négative, comme *nul vicieux n'est heureux.*

Et lorsque le terme commun n'est pris que selon une partie indéterminée de son étendue, à cause qu'il est resserré par le mot indéterminé *quelque,* la proposition s'appelle particulière, soit qu'elle affirme, comme *quelque cruel est lâche ;* soit qu'elle nie, comme *quelque pauvre n'est pas malheureux.*

Que si le sujet d'une proposition est singulier, comme quand je dis : *Louis XIII a pris La Rochelle,* on l'appelle singulière [1].

Mais quoique cette proposition singulière soit différente de l'universelle, en ce que son sujet n'est pas commun, elle doit néanmoins plutôt s'y rapporter qu'à la particulière : parce que son sujet, par cela même qu'il est singulier, est nécessairement pris dans toute son étendue ; ce qui fait l'essence d'une proposition universelle, et qui la distingue de la particulière ; car il importe peu pour l'universalité d'une proposition, que l'étendue de son sujet soit grande ou petite, pourvu que, telle qu'elle soit, on la prenne tout entière ; et c'est pourquoi les propositions singulières tiennent lieu d'universelles dans l'argumentation. Ainsi l'on peut réduire toutes les propositions à quatre sortes, que l'on a marquées par ces quatre voyelles, A, E, I, O, pour soulager la mémoire.

A. L'universelle affirmative, comme, *tout vicieux est esclave.*

E. L'universelle négative, comme *nul vicieux n'est heureux.*

---

[1]. Προτάσεις αἱ καθ' ἕκαστον, ou τὰ ἄτομα. Aristote, *Hermeneia*, I, 7. *Premières analytiques,* I, 1.

I. La particulière affirmative, comme *quelque vicieux est riche*.

O. La particulière négative, comme *quelque vicieux n'est pas riche*.

Et pour les faire mieux retenir on a fait ces deux vers :

> Asserit A, negat E, verum generaliter ambo;
> Asserit I, negat O, sed particulariter ambo.

On a aussi accoutumé d'appeler quantité, l'universalité ou la particularité des propositions.

Et on appelle qualité, l'affirmation ou la négation qui dépendent du verbe, qui est regardé comme la forme de la proposition.

Et ainsi, A et E conviennent selon la quantité, et diffèrent selon la qualité, et de même I et O.

Mais A et I conviennent selon la qualité, et diffèrent selon la quantité, et de même E et O.

Les propositions se divisent encore, selon la matière, en vraies et en fausses; et il est clair qu'il n'y en peut point avoir qui ne soient ni vraies ni fausses, puisque toute proposition marquant le jugement que nous faisons des choses, elle est vraie quand ce jugement est conforme à la vérité [1], et fausse lorsqu'il n'y est pas conforme.

Mais, parce que nous manquons souvent de lumière pour reconnaître le vrai ou le faux, outre les propositions qui nous paraissent certainement vraies, et celles qui nous paraissent certainement fausses, il y en a qui nous semblent vraies, mais dont la vérité ne nous est pas si évidente que nous n'ayons quelque appréhension qu'elles ne soient fausses, ou qui nous semble fausses, mais de la fausseté desquelles nous ne nous tenons pas assurés. Ce sont les propositions qu'on appelle probables, dont les premières sont plus probables et les dernières moins probables. Nous dirons quelque chose, dans la quatrième partie, de ce qui nous fait juger avec certitude qu'une proposition est vraie.

---

1. Il faut probablement lire : à la *réalité*.

CHAPITRE IV

DE L'OPPOSITION ENTRE LES PROPOSITIONS QUI ONT MÊME SUJET ET MÊME ATTIBUT.

Nous venons de dire qu'il y a quatre sortes de propositions, A, E, I, O. On demande maintenant quelle convenance ou disconvenance elles ont ensemble, lorsqu'on fait du même sujet et du même attribut diverses sortes de propositions. C'est ce qu'on appelle opposition.

Et il est aisé de voir que cette opposition ne peut être que de trois sortes, quoique l'une des trois se divise en deux autres.

Car, si elles sont opposées en quantité et en qualité tout ensemble, comme A, O, et E, I, on les appelle contradictoires, comme, *tout homme est animal, quelque homme n'est pas animal; nul n'est impeccable, quelque homme est impeccable.*

Si elles diffèrent en quantité seulement, et qu'elles conviennent en qualité, comme A, I, et E, O, on les appelle subalternes, comme *tout homme est animal, quelque homme est animal; nul homme n'est impeccable, quelque homme n'est pas impeccable* [1].

Et si elles diffèrent en qualité, et qu'elles conviennent en quantité, alors elles sont appelées *contraires* ou *subcontraires; contraires,* quand elles sont universelles, comme, *tout homme est animal, nul homme n'est animal;*

Subcontraires, quand elles sont particulières, comme, *quelque homme est animal, quelque homme n'est pas animal.*

En regardant maintenant ces propositions opposées selon la vérité ou la fausseté, il est aisé de juger:

---

[1]. A vrai dire les propositions subalternes ne sont pas *opposées.*

1° Que les contradictoires ne sont jamais ni vraies ni fausses ensemble; mais si l'une est vraie, l'autre est fausse; et si l'une est fausse, l'autre est vraie : car s'il est vrai que tout homme soit animal, il ne peut pas être vrai que quelque homme n'est pas animal; et si, au contraire, il est vrai que quelque homme n'est pas animal, il n'est donc pas vrai que tout homme soit animal. Cela est si clair, qu'on ne pourrait que l'obscurcir en l'expliquant davantage.

2° Les contraires ne peuvent jamais être vraies ensemble; mais elles peuvent être toutes deux fausses. Elles ne peuvent être vraies parce que les contradictoires seraient vraies; car s'il est vrai que tout homme soit animal, il est faux que quelque homme n'est pas animal, qui est la contradictoire, et par conséquent encore plus faux que nul homme ne soit animal, qui est la contraire [1].

Mais la fausseté de l'une n'emporte pas la vérité de l'autre; car il peut être faux que tous les hommes soient justes, sans qu'il soit vrai pour cela que nul homme ne soit juste, puisqu'il peut y avoir des hommes justes, quoique tous ne soient pas justes.

3° Les subcontraires, par une règle tout opposée à celle des contraires, peuvent être vraies ensemble, comme ces deux-ci, *quelque homme est juste, quelque homme n'est pas juste*; parce que la justice peut convenir à une partie des hommes, et ne pas convenir à l'autre; et ainsi l'affirmation et la négation ne regardent pas le même sujet, puisque *quelque homme* est pris pour une partie des hommes dans l'une des propositions, et pour une autre partie dans l'autre. Mais elles ne peuvent être toutes deux fausses; puisque autrement les contradictoires seraient toutes deux fausses, car s'il était faux que quelque homme fût juste, il serait donc vrai que nul homme n'est juste, qui est la contradictoire, et à plus forte raison que quelque homme n'est pas juste, qui est la subcontraire.

4° Pour les subalternes, ce n'est pas une véritable opposition, puisque la particulière est une suite de la générale; car, si tout homme est animal, quelque homme est animal; si nul homme n'est singe, quelque homme n'est pas singe. C'est pourquoi la vérité des universelles emporte celle des particulières; mais la vérité des particulières n'emporte pas celle des universelles; car il ne s'ensuit pas que, parce qu'il est vrai

---

[1]. Il importe de retenir cette distinction, trop souvent oubliée, entre les contradictoires et les contraires. Les critiques de Hegel, par exemple, n'y ont pas fait assez attention.

que quelque homme est juste, il soit vrai aussi que tout homme est juste ; et, au contraire, la fausseté des particulières emporte la fausseté des universelles ; car, s'il est faux que quelque homme soit impeccable, il est encore plus faux que tout homme soit impeccable. Mais la fausseté des universelles n'emporte pas la fausseté des particulières ; car, quoiqu'il soit faux que tout homme soit juste, il ne s'ensuit pas que ce soit une fausseté de dire que quelque homme est juste. D'où il s'ensuit qu'il y a plusieurs rencontres où ces propositions subalternes sont toutes deux vraies, et d'autres où elles sont toutes deux fausses.

Je ne dis rien de la réduction des propositions opposées en un même sens, parce que cela est tout à fait inutile, et que les règles qu'on en donne ne sont la plupart vraies qu'en latin.

CHAPITRE V

DES PROPOSITIONS SIMPLES ET COMPOSÉES. QU'IL Y EN A DE SIMPLES QUI PARAISSENT COMPOSÉES ET QUI NE LE SONT PAS, ET QU'ON PEUT APPELER COMPLEXES. DE CELLES QUI SONT COMPLEXES PAR LE SUJET OU PAR L'ATTRIBUT.

Nous avons dit que toute proposition doit avoir au moins un sujet et un attribut ; mais il ne s'ensuit pas de là qu'elle ne puisse avoir plus d'un sujet et plus d'un attribut. Celles donc qui n'ont qu'un sujet et qu'un attribut s'appellent *simples,* et celles qui ont plus d'un sujet ou plus d'un attribut s'appellent *composées,* comme quand je dis : les biens et les maux, la vie et la mort, la pauvreté et les richesses viennent du Seigneur ; cet *attribut : venir du Seigneur,* est affirmé, non d'un seul sujet, mais de plusieurs ; savoir, *biens et maux,* etc.

Mais avant que d'expliquer ces propositions composées, il faut remarquer qu'il y en a qui le paraissent, et qui sont néanmoins simples : car la simplicité d'une proposition se prend de l'unité du sujet et de l'attribut. Or, il y a plusieurs propositions qui n'ont proprement qu'un sujet et qu'un attribut ; mais dont le sujet et l'attribut est un terme complexe, qui enferme d'autres propositions qu'on peut appeler incidentes, qui ne font que partie du sujet ou de l'attribut, y étant jointes par le pronom relatif, *qui, lequel,* dont le propre est de joindre ensemble plusieurs propositions, en sorte qu'elles n'en composent toutes qu'une seule.

Ainsi, quand Jésus-Christ dit : *Celui qui fera la volonté de mon Père qui est dans le ciel, entrera dans le royaume des cieux,* le sujet de cette proposition contient deux propositions, puisqu'il comprend deux verbes; mais comme ils sont joints par des *qui,* ils ne font que partie du sujet : au lieu que quand je dis : *Les biens et les maux viennent du Seigneur,* il y a proprement deux sujets, parce que j'affirme également de l'un et de l'autre qu'ils viennent de Dieu.

Et la raison de cela est, que les propositions jointes à d'autres par des *qui,* ou ne sont des propositions que fort imparfaitement, selon ce qui sera dit plus bas, ou ne sont pas tant considérées comme des propositions que l'on fasse alors, que comme des propositions qui ont été faites auparavant, et qu'alors on ne fait plus que concevoir, comme si c'étaient de simples idées. D'où vient qu'il est indifférent d'énoncer ces propositions incidentes par des noms adjectifs ou par des participes sans verbes et sans *qui,* ou avec des verbes et des *qui ;* car c'est la même chose de dire : *Dieu invisible a créé le monde visible,* ou *Dieu qui est invisible, a créé le monde qui est visible. Alexandre, le plus généreux de tous les rois, a vaincu Darius,* ou *Alexandre, qui a été le plus généreux de tous les rois, a vaincu Darius :* et dans l'un et dans l'autre cas, mon but principal n'est pas d'affirmer que Dieu soit invisible, ou qu'Alexandre ait été le plus généreux des rois ; mais, supposant l'un et l'autre comme affirmé auparavant, j'affirme de Dieu conçu comme invisible, qu'il a créé le monde visible, et d'Alexandre conçu comme le plus généreux de tous les rois, qu'il a vaincu Darius.

Mais si je disais : *Alexandre a été le plus généreux de tous les rois et le vainqueur de Darius,* il est visible que j'affirmerais également d'Alexandre, et qu'il aurait été le plus généreux de tous les rois, et qu'il aurait été le vainqueur de Darius. Et ainsi c'est avec raison qu'on appelle ces dernières sortes de propositions des propositions composées, au lieu qu'on peut appeler les autres des propositions complexes.

Il faut encore remarquer que ces propositions complexes peuvent être de deux sortes : car la complexion, pour parler ainsi, peut tomber ou sur la matière de la proposition, c'est-à-dire sur le sujet ou sur l'attribut, ou sur tous les deux, ou bien sur la forme seulement.

1° La complexion tombe sur le sujet, quand le sujet est un terme complexe, comme dans cette proposition : « Tout homme qui ne craint rien est roi : » *Rex est qui metuit nihil.*

> Beatus ille qui procul negotiis,
> Ut prisca gens mortalium,
> Paterna rura bobus exercet suis,
> Solutus omni fœnore [1].

Car le verbe *est* est sous-entendu dans cette dernière proposition, et *beatus* en est l'attribut, et tout le reste le sujet.

2° La complexion tombe sur l'attribut, lorsque l'attribut est un terme complexe, comme : *La piété est un bien qui rend l'homme heureux dans les plus grandes adversités.*

> Sum pius Æneas famâ super æthera notus [2].

Mais il faut particulièrement remarquer ici que toutes les propositions composées de verbes actifs et de leur régime, peuvent être appelées complexes, et qu'elles contiennent en quelque manière deux propositions. Si je dis, par exemple, Brutus a tué un tyran, cela veut dire que Brutus a tué quelqu'un, et que celui qu'il a tué était tyran. D'où vient que cette proposition peut être contredite en deux manières, ou en disant : Brutus n'a tué personne, ou en disant que celui qu'il a tué n'était pas tyran. Ce qu'il est très-important de remarquer, parce que, lorsque ces sortes de propositions entrent en des arguments, quelquefois on n'en prouve qu'une partie en supposant l'autre : ce qui oblige souvent, pour réduire ces arguments dans la forme la plus naturelle, de changer l'actif en passif, afin que la partie qui est prouvée soit exprimée directement, comme nous remarquerons plus au long quand nous traiterons des arguments composés de ces propositions complexes.

3° Quelquefois la complexion tombe sur le sujet et sur l'attribut; l'un et l'autre étant un terme complexe, comme dans cette proposition : *Les grands qui oppriment les pauvres seront punis de Dieu, qui est le protecteur des opprimés.*

> Ille ego qui quondam gracili modulatus avenâ
> Carmen, et egressus silvis vicina coegi,
> Ut, quamvis avido, parerent arva colono,
> Gratum opus agricolis : at nunc horrentia Martis
> Arma, virumque cano, Trojæ qui primus ab oris
> Italiam, fato profugus, Lavinaque venit
> Littora [3].

Les trois premiers vers et la moitié du quatrième composent le sujet de cette proposition ; le reste en compose l'attribut, et l'affirmation est enfermée dans le verbe *cano.*

Voilà les trois manières selon lesquelles les propositions peuvent être complexes, quant à leur matière, c'est-à-dire quant à leur sujet et à leur attribut.

---

1. Horace, *Epodes*, 2.
2. Virgile, *Énéide*, I, v. 382.
3. *Énéide*, I, v. 1 et sqq.

CHAPITRE VI

DE LA NATURE DES PROPOSITIONS INCIDENTES, QUI FONT PARTIE DES PROPOSITIONS COMPLEXES [1].

Mais, avant que de parler des propositions dont la complexion tombe sur la forme, c'est-à-dire sur l'affirmation ou la négation, il y a plusieurs remarques importantes à faire sur la nature des propositions incidentes, qui font partie du sujet ou de l'attribut de celles qui sont complexes selon la matière.

1° On a déjà vu que ces propositions incidentes sont celles dont le sujet est le relatif *qui :* comme, *les hommes qui sont créés pour connaître et pour aimer Dieu,* ou *les hommes qui sont pieux :* Ôtant le terme d'*hommes,* le reste est une proposition incidente.

Mais il faut se souvenir de ce qui a été dit dans le chapitre VIII de la première partie, que les additions des termes complexes sont de deux sortes : les unes qu'on peut appeler de simples explications, qui est lorsque l'addition ne change rien dans l'idée du terme, parce que ce qu'on y ajoute lui convient généralement et dans toute son étendue, comme dans le premier exemple, *les hommes qui sont créés pour connaître et pour aimer Dieu.*

Les autres qui peuvent s'appeler des déterminations, parce que ce qu'on ajoute à un terme ne convenant pas à ce terme dans toute son étendue, en restreint et en détermine la signification, comme dans le second exemple, *les hommes qui sont pieux.* Suivant cela, on peut dire qu'il y a un *qui* explicatif et un *qui* déterminatif.

Or, quand le *qui* est explicatif, l'attribut de la proposition incidente est affirmé du sujet auquel le *qui* se rapporte, quoique ce ne soit qu'incidemment au regard de la proposition totale, de sorte qu'on peut substituer le sujet même au *qui,* comme on peut voir dans le premier exemple : *les hommes qui ont été créés pour connaître et pour aimer Dieu,* car on peut dire : *les hommes ont été créés pour connaître et pour aimer Dieu.*

Mais quand le *qui* est déterminatif, l'attribut de la proposition incidente n'est point proprement affirmé du sujet auquel le *qui* se rapporte; car si, après avoir dit *les hommes qui sont pieux sont charitables,* on voulait substituer le mot d'*hommes* au *qui,* en disant *les hommes sont pieux,* la proposition serait fausse, parce que ce serait affirmer le mot de pieux des hommes comme hommes; mais en disant, *les hommes qui sont pieux sont charitables,* on n'affirme ni des hommes en général, ni

---

1. Ce chapitre forme, avec le précédent, un véritable traité d'analyse logique.

d'aucuns hommes en particulier, qu'ils soient pieux; mais l'esprit, joignant ensemble l'idée de *pieux* avec celle d'*hommes*, et en faisant une idée totale, juge que l'attribut de *charitable* convient à cette idée totale, et ainsi, tout le jugement qui est exprimé dans la proposition incidente est seulement celui par lequel notre esprit juge que l'idée de *pieux* n'est point incompatible avec celle d'*homme*, et qu'ainsi il peut les considérer comme jointes ensemble et examiner ensuite ce qui leur convient selon cette union.

2º Il y a souvent des termes qui sont doublement et triplement complexes, étant composés de plusieurs parties dont chacune à part est complexe; et ainsi il peut s'y rencontrer diverses propositions incidentes et de diverse espèce, le *qui* de l'une étant déterminatif, et le *qui* de l'autre explicatif. C'est ce qu'on verra mieux par cet exemple : *La doctrine qui met le souverain bien dans la volupté du corps, laquelle a été enseignée par Epicure est indigne d'un philosophe.* Cette proposition a pour attribut, *indigne d'un philosophe*, et tout le reste pour sujet ainsi ce sujet est un terme complexe qui enferme deux propositions incidentes : la première est, *qui met le souverain bien dans la volupté du corps;* le *qui*, dans cette proposition incidente, est déterminatif, car il détermine le mot de doctrine, qui est général, à celle qui affirme que le souverain bien de l'homme est dans la volupté du corps; d'où vient qu'on ne pourrait, sans absurdité, substituer au *qui* le mot de doctrine, en disant : *la doctrine met le souverain bien dans la volupté du corps.* La seconde proposition incidente est *qui a été enseignée par Epicure,* et le sujet auquel ce *qui* se rapporte est tout le terme complexe : *la doctrine met le souverain bien dans la volupté du corps,* qui marque une doctrine singulière et individuelle, capable de divers accidents, comme d'être soutenue par diverses personnes, quoiqu'elle soit déterminée en elle-même à être toujours prise de la même sorte, au moins dans ce point précis, selon lequel on l'entend, et c'est pourquoi le *qui* de la seconde proposition incidente, *qui a été enseignée par Epicure,* n'est point déterminatif, mais seulement explicatif; d'où vient qu'on peut substituer le sujet auquel ce *qui* se rapporte en la place du *qui*, en disant : *la doctrine qui met le souverain bien dans la volupté du corps, a été enseignée par Epicure.*

3º La dernière remarque est que, pour juger de la nature de ces propositions, et pour savoir si le *qui* est déterminatif ou explicatif, il faut souvent avoir plus d'égard au sens et à l'intention de celui qui parle, qu'à la seule expression.

Car il y a souvent des termes complexes qui paraissent incomplexes, ou qui paraissent moins complexes qu'ils ne le sont en effet, parce qu'une partie de ce qu'ils enferment dans l'esprit de celui qui parle est sous-entendue et non exprimée, selon ce qui a été dit dans le chapitre VIII de la première partie, où l'on a fait voir qu'il n'y avait rien de plus ordinaire dans les discours des hommes, que de marquer des choses singulières par des noms communs, parce que les circonstances du discours font assez voir qu'on joint à cette idée commune qui répond à ce mot une idée singulière et distincte, qui le détermine à ne signifier qu'une seule et unique chose.

J'ai dit que cela se reconnaissait d'ordinaire par les circonstances, comme, dans la bouche des Français, le mot de roi signifie Louis XIV, Mais voici encore une règle qui peut servir à faire juger quand un terme commun demeure dans son idée générale, ou quand il est déterminé par une idée distincte et particulière, quoique non exprimée.

Quand il y a une absurdité manifeste à lier un attribut avec un sujet demeurant dans son idée générale, on doit croire que celui qui fait cette proposition n'a pas laissé ce sujet dans son idée générale. Ainsi, si j'entends dire à un homme : *Rex hoc mihi imperavit*, le roi m'a commandé telle chose; je suis assuré qu'il n'a pas laissé le mot de *roi* dans son idée générale : car le roi ne fait point de commandement particulier.

Si un homme m'avait dit : *La gazette de Bruxelles du 14 janvier 1662 touchant ce qui se passe à Paris est fausse*, je serais assuré qu'il aurait quelque chose dans l'esprit de plus que ce qui serait signifié par ces termes, parce que tout cela n'est point capable de faire juger si cette gazette est vraie ou fausse, et qu'ainsi il faudrait qu'il eût conçu une nouvelle distincte et particulière, laquelle il jugeât contraire à la vérité, comme si cette gazette avait dit *que le roi a fait cent chevaliers de l'ordre du Saint-Esprit*.

De même dans les jugements que l'on fait des opinions des philosophes quand on dit que la doctrine d'un tel philosophe est fausse, expliquer distinctement quelle est cette doctrine, comme, *que la doctrine de Lucrèce touchant la nature de notre âme est fausse*, il faut nécessairement que, dans ces sortes de jugements, ceux qui les font conçoivent une opinion distincte et particulière sous le mot général de doctrine d'un tel philosophe, parce que la qualité de fausse ne peut pas convenir à une doctrine, comme étant d'un tel auteur, mais seulement comme étant une telle opinion en particulier, contraire à la vérité ; et ainsi ces sortes de propositions se résolvent nécessairement en celles-ci : *Une telle opinion, qui a été enseignée par un tel auteur, est fausse : l'opinion que notre âme soit composée d'atomes, qui a été enseignée par Lucrèce, est fausse :* De sorte que ces jugements enferment toujours deux affirmations, lors même qu'elles ne sont pas distinctement exprimées : l'une principale, qui regarde la vérité en elle-même, qui est que c'est une grande erreur de vouloir que notre âme soit composée d'atomes; l'autre incidente, qui ne regarde qu'un point d'histoire, qui est que cette erreur a été enseignée par Lucrèce.

CHAPITRE VII

DE LA FAUSSETÉ QUI PEUT SE TROUVER DANS LES TERMES COMPLEXES ET DANS LES PROPOSITIONS INCIDENTES.

Ce que nous venons de dire peut servir à résoudre une question célèbre, qui est de savoir si la fausseté ne peut se trouver que dans les propositions, et s'il n'y en a point dans les idées et dans les simples termes.

Je parle de la fausseté plutôt que de la vérité, parce qu'il y a une vérité qui est dans les choses par rapport à l'esprit de Dieu, soit que les hommes y pensent ou n'y pensent pas; mais il ne peut y avoir de fausseté que par rapport à l'esprit de l'homme, ou à quelque esprit sujet à erreur, qui juge faussement qu'une chose est ce qu'elle n'est pas.

On demande donc si cette fausseté ne se rencontre que dans les propositions et dans les jugements.

On répond ordinairement que non, ce qui est vrai en un sens; mais cela n'empêche pas qu'il n'y ait quelquefois de la fausseté, non dans les idées simples, mais dans les termes complexes, parce qu'il suffit pour cela qu'il y ait quelque jugement et quelque affirmation, ou expresse, ou virtuelle.

C'est ce que nous verrons mieux en considérant en particulier les deux sortes de termes complexes, l'une dont le *qui* est explicatif, l'autre dont il est déterminatif.

Dans la première sorte de termes complexes, il ne faut pas s'étonner s'il peut y avoir de la fausseté; parce que l'attribut de la proposition incidente est affirmé du sujet auquel le *qui* se rapporte. *Alexandre qui est fils de Philippe;* j'affirme, quoique incidemment, du fils de Philippe, d'Alexandre, et par conséquent il y a en cela de la fausseté, si cela n'est pas.

Mais il faut remarquer deux ou trois choses importantes : 1º Que la fausseté de la proposition incidente n'empêche pas, pour l'ordinaire, la vérité de la proposition principale. Par exemple : *Alexandre, qui a été fils de Philippe, a vaincu les Perses :* cette proposition doit passer pour vraie, quand Alexandre ne serait pas fils de Philippe, parce que l'affirmation de la proposition principale ne tombe que sur Alexandre; et ce qu'on y a joint incidemment, quoique faux, n'empêche point qu'il soit vrai qu'Alexandre ait vaincu les Perses.

Que si néanmoins l'attribut de la proposition principale avait rapport à la proposition incidente, comme si je disais : *Alexandre, fils de Philippe, était petit-fils d'Amyntas,* ce serait alors seulement que la fausseté de la proposition incidente rendrait fausse la proposition principale.

2° Les titres qui se donnent communément à certaines dignités peuvent se donner à tous ceux qui possèdent cette dignité, quoique ce qui est signifié par ce titre ne leur convienne en aucune sorte. Ainsi, parce qu'autrefois le titre de *saint* et de *très-saint* se donnait à tous les évêques, on voit que les évêques catholiques, dans la conférence de Carthage, ne faisaient point de difficulté de donner ce nom aux évêques donatistes[1], *sanctissimus Petilianus dixit*, quoiqu'ils sussent bien qu'il ne pouvait pas y avoir de véritable sainteté dans un évêque schismatique. Nous voyons aussi que saint Paul, dans les Actes, donne le titre de *très-bon* ou *très-excellent* à Festus, gouverneur de Judée, par ce que c'était le titre qu'on donnait d'ordinaire à ces gouverneurs.

3° Il n'en n'est pas de même quand une personne est l'auteur d'un titre qu'il donne à un autre, et qu'il le lui donne parlant de lui-même. non selon l'opinion des autres, ou selon l'erreur populaire ; car on peut alors lui imputer avec raison la fausseté de ces propositions. Ainsi quand un homme dit : *Aristote, qui est le prince des philosophes,* ou simplement, *le prince des philosophes, a cru que l'origine des nerfs était dans le cœur,* on n'aurait pas droit de lui dire que cela est faux, parce qu'Aristote n'est pas le plus excellent des philosophes ; car il suffit qu'il ait suivi en cela l'opinion commune, quoique fausse. Mais si un homme disait : *Gassendi, qui est le plus habile des philosophes, croit qu'il y a du vide dans la nature,* on aurait sujet de disputer à cet homme la qualité qu'il voudrait donner à Gassendi, et de le rendre responsable de la fausseté qu'on pourrait prétendre se trouver dans cette proposition incidente. L'on peut donc être accusé de fausseté en donnant à la même personne un titre qui ne lui convient pas, et n'en être pas accusé en lui en donnant un autre qui lui convient encore moins dans la vérité. Par exemple : *Le pape Jean XII n'était ni saint, ni chaste, ni pieux,* comme Baronius le reconnaît, et cependant ceux qui l'appelaient *très-saint* ne pouvaient être repris de mensonge, et ceux qui l'eussent appelé *très-chaste* ou *très-pieux* eussent été de fort grands menteurs, quoiqu'ils ne l'eussent fait que par des propositions incidentes, comme s'ils eussent dit : *Jean XII, très-chaste pontife, a ordonné telle chose.*

Voilà pour ce qui est des premières sortes de propositions incidentes dont le *qui* est explicatif ; quant aux autres, dont le *qui* est déterminatif, comme : *Les hommes qui sont pieux, les rois qui aiment leurs peuples,* il est certain que, pour l'ordinaire, elles ne sont pas susceptibles de fausseté, parce que l'attribut de la proposition incidente n'y est pas affirmé du sujet auquel le *qui* se rapporte.

Car, si l'on dit, par exemple, *que les juges qui ne font jamais rien par prière et par faveur, sont dignes de louanges,* on ne dit pas pour cela qu'il n'y ait aucun juge sur la terre qui soit dans cette perfection. Néanmoins, je crois qu'il y a toujours dans ces propositions une affirmation tacite et virtuelle, non de la convenance actuelle de l'attribut au sujet auquel le *qui* se rapporte, mais de la convenance possible. Et si on se

---

1. *Donatistes*, partisans de Donat, évêque schismatique de Carthage (316).

trompe en cela, je crois qu'on a raison de trouver qu'il y aurait de la fausseté dans ces propositions incidentes, comme si on disait : *Les esprits qui sont carrés sont plus solides que ceux qui sont ronds*, l'idée de *carré* et de *rond* étant incompatible avec l'idée d'*esprit* pris pour le principe de la pensée, j'estime que ces propositions incidentes devraient passer pour fausses.

Et l'on peut même dire que c'est de là que naissent la plupart de nos erreurs : car ayant l'idée d'une chose, nous y joignons souvent une autre idée incompatible, quoique par erreur nous l'ayons crue compatible, ce qui fait que nous attribuons à cette même idée ce qui ne peut lui convenir.

Ainsi, trouvant en nous-mêmes deux idées, celle de la substance qui pense, et celle de la substance étendue, il arrive souvent que, lorsque nous considérons notre âme, qui est la substance qui pense, nous y mêlons insensiblement quelque chose de la substance étendue, comme quand nous nous imaginons qu'il faut que notre âme remplisse un lieu, ainsi que le remplit un corps, et qu'elle ne le serait point, si elle n'était nulle part, qui sont des choses qui ne conviennent qu'au corps ; et c'est de là qu'est née l'erreur impie de ceux qui croient l'âme mortelle. On peut voir un excellent discours de saint Augustin sur ce sujet, dans le livre X de la Trinité, où il montre qu'il n'y a rien de plus facile à connaître que la nature de notre âme ; mais que ce qui brouille les hommes est que, voulant la connaître, ils ne se contentent de ce qu'ils en connaissent sans peine, qui est que c'est une substance qui pense, qui veut, qui doute, qui sait ; mais ils joignent à ce qu'elle est ce qu'elle n'est pas, se la voulant imaginer sous quelques-uns de ces fantômes sous lesquels ils ont accoutumé de concevoir les choses corporelles.

Quand d'autre part nous considérons les corps, nous avons bien de la peine à nous empêcher d'y mêler quelque chose de l'idée de la substance qui pense ; ce qui nous fait dire des corps pesants, qu'ils veulent aller au centre ; des plantes, qu'elles cherchent les aliments qui leur sont propres ; des crises d'une maladie, que c'est la nature qui s'est voulu décharger de ce qui lui nuisait ; et de mille autres choses, surtout dans nos corps, que la nature veut faire ceci ou cela, quoique nous soyons bien assurés que nous ne l'avons pas voulu, n'y ayant pensé en aucune sorte, et qu'il soit ridicule de s'imaginer qu'il y ait en nous quelque autre chose que nous-même qui connaisse ce qui nous est propre ou nuisible, qui cherche l'un et qui fuie l'autre.

Je crois que c'est encore à ce mélange d'idées incompatibles qu'on doit attribuer tous les murmures que les hommes font contre Dieu ; car il serait impossible de murmurer contre Dieu, si on le concevait véritablement selon ce qu'il est, tout-puissant, tout sage et tout bon ; mais les méchants, le concevant comme tout-puissant et comme le maître souverain de tout le monde, lui attribuent tous les malheurs qui leur arrivent, en quoi ils ont raison ; et parce qu'en même temps ils le conçoivent cruel et injuste, ce qui est incompatible avec sa bonté, ils s'emportent contre lui, comme s'il avait eu tort de leur envoyer les maux qu'ils souffrent.

CHAPITRE VIII

DES PROPOSITIONS COMPLEXES SELON L'AFFIRMATION OU LA NÉGATION, ET D'UNE ESPÈCE DE CES SORTES DE PROPOSITIONS QUE LES PHILOSOPHES APPELLENT MODALES.

Outre les propositions dont le sujet ou l'attribut est un terme complexe, il y en a d'autres qui sont complexes, parce qu'il y a des termes ou des propositions incidentes qui ne regardent que la forme de la proposition, c'est-à-dire l'affirmation ou la négation qui est exprimée par le verbe, comme si je dis : *je soutiens que la terre est ronde;* je soutiens, n'est qu'une proposition incidente, qui doit faire partie de quelque chose dans la proposition principale; et cependant il est visible qu'elle ne fait partie ni du sujet, ni de l'attribut; car cela n'y change rien du tout, et ils seraient conçus entièrement de la même sorte, si je disais simplement, *la terre est ronde*; et ainsi cela ne tombe que sur l'affirmation qui est exprimée en deux manières : l'une à l'ordinaire par le verbe *est*, *la terre est ronde;* et l'autre plus expressément par le verbe *je soutiens*.

C'est de même, quand on dit : *je nie, il est vrai, il n'est pas vrai,* ou qu'on ajoute dans une proposition ce qui en appuie la vérité, comme quand je dis ; *Les raisons d'astronomie nous convainquent que le soleil est beaucoup plus grand que la terre;* car cette première partie n'est que l'appui de l'affirmation.

Néanmoins il est important de remarquer qu'il y a de ces sortes de propositions qui sont ambiguës, et qui peuvent être prises différemment, selon le dessein de celui qui les prononce, comme si je dis : *Tous les philosophes nous assurent que les choses pesantes tombent d'elles-mêmes en bas;* si mon dessein est de montrer que les choses pesantes tombent d'elles-mêmes en bas, la première partie de cette proposition ne sera qu'incidente, et ne fera qu'appuyer l'affirmation de la dernière partie; mais si, au contraire, je n'ai dessein que de rapporter cette opinion des philosophes, sans que moi-même je l'approuve, alors la première partie sera la proposition principale, et la dernière sera seulement une partie de l'attribut; car ce que j'affirmerai ne sera pas que les choses pesantes tombent d'elles-mêmes, mais seulement que tous les philosophes l'assurent. Et il est aisé de voir que ces deux différentes manières de prendre cette même proposition la changent tellement, que ce sont deux différentes propositions, et qui ont des sens tout différents. Mais il est souvent aisé de juger par la suite auquel de ces deux sens on la prend; car, par exemple, si, après avoir fait cette proposition, j'ajoutais : *or, les pierres sont pesantes; donc elles tombent en bas d'elles-mêmes*, il serait visible que je l'aurais prise au premier sens, et que la première partie ne serait qu'incidente ; mais si, au contraire, je concluais ainsi : *or, cela est une erreur; et par conséquent il peut se faire qu'une erreur soit enseignée par tous les philosophes,* il serait manifeste que je l'aurais prise dans le second sens ; c'est-à-dire, que la première partie serait la proposition principale, et que la seconde ferait partie seulement de l'attribut.

De ces propositions complexes, où la complexion tombe sur le verbe et non sur le sujet ni sur l'attribut, les philosophes ont particulièrement remarqué celles qu'ils ont appelées *modales,* parce que l'affirmation ou la négation y est modifiée par l'un de ces quatre modes, *possible, contingent, impossible, nécessaire;* et parce que chaque mode peut être affirmé ou nié, comme, *il est impossible, il n'est pas impossible,* et en l'une et en l'autre façon être joint avec une proposition affirmative ou négative, que *la terre est ronde,* que *la terre n'est pas ronde,* chaque mode peut avoir quatre propositions, et les quatre ensemble seize, qu'ils ont marquées par ces quatre mots : Purpurea, Iliace, Amabimus, Edentuli, dont voici tout le mystère. Chaque syllabe marque un de ces quatre modes.

La 1re, possible ;
La 2e, contingent ;
La 3e, impossible ;
La 4e, nécessaire.

Et la voyelle qui se trouve dans chaque syllabe, qui est ou A, ou E, ou I, ou U, marque si le mode doit être affirmé ou nié, et si la proposition qu'ils appellent *dictum* doit être affirmée ou niée en cette matière.

A. L'affirmation du mode, et l'affirmation de la proposition.
E. L'affirmation du mode, et la négation de la proposition.
I. La négation du mode, et l'affirmation de la proposition.
U. La négation du mode, et la négation de la proposition.

Ce serait perdre le temps que d'en apporter des exemples qui sont faciles à trouver. Il faut seulement observer que purpurea répond à l'A des propositions complexes, iliace à E, amabimus à I, edentuli à U, et qu'ainsi, si on veut que les exemples soient vrais, il faut, ayant pris un sujet, prendre pour *purpurea* un attribut qui en puisse être universellement affirmé ; pour *iliace,* qui en puisse être universellement nié ; pour *amabimus,* qui en puisse être affirmé particulièrement ; et pour *edentuli,* qui en puisse être nié particulièrement.

Mais quelque attribut qu'on prenne, il est toujours vrai que toutes les quatre propositions d'un même mot n'ont que le même sens ; de sorte que l'une étant vraie, toutes les autres le sont aussi.

CHAPITRE IX

DES DIVERSES SORTES DE PROPOSITIONS COMPOSÉES.

Nous avons déjà dit que les propositions composées sont celles qui ont ou un double sujet, ou un double attribut. Or, il y en a de deux sortes : les unes où la composition est expressément marquée, et les autres où elle est plus cachée, et que les logiciens, pour cette raison, appellent *exponibles*, qui ont besoin d'être exposées ou expliquées.

On peut réduire celles de la première sorte à six espèces : les *copulatives* et les *disjonctives*; les *conditionnelles* et les *causales*; les *relatives* et les *discrétives*.

Des copulatives.

On appelle copulatives celles qui enferment ou plusieurs sujets ou plusieurs attributs joints par une conjonction affirmative ou négative, c'est-à-dire *et* ou *ni*; car *ni* fait la même chose que *et* en ces sortes de propositions, puisque *ni* signifie *et* avec une négation qui tombe sur le verbe, et non sur l'union des deux mots qu'il joint, comme si je dis, *que la science et les richesses ne rendent pas un homme heureux*, j'unis autant la science aux richesses, en assurant de l'une et de l'autre, qu'elles ne rendent pas un homme heureux, que si je disais, que la science et les richesses rendent un homme vain.

On peut distinguer de trois sortes de ces propositions.
2° Quand elles ont plusieurs attributs.

> Mors et vita in manu linguæ [1].

La mort et la vie sont en la puissance de la langue.
2° Quand elles ont plusieurs attributs.

> Auream quisquis mediocritatem
> Diligit, tutus caret obsoleti
> Sordibus tecti, caret invidenda
> Sobrius aula [2].

Celui qui aime la médiocrité, qui est si estimable en toutes choses, n'est logé ni malproprement, ni superbement.

> Sperat infaustis, metuit secundis
> Alteram sortem, bene præparatum
> Pectus.

Un esprit bien fait espère une bonne fortune dans la mauvaise, et en craint une mauvaise dans la bonne.

---

1. Horace, *Odes*, II, 10. | 2. Id., *Ibid.*

3º Quand elles ont plusieurs sujets et plusieurs attributs.

> Non domus et fundus, non æris acervus et auri,
> Ægroto domini deduxit corpore febres,
> Non animo curas [1].

Ni les maisons, ni les terres, ni les plus grands amas d'or et d'argent ne peuvent ni chasser la fièvre du corps de celui qui les possède, ni délivrer son esprit d'inquiétude et de chagrin.

La vérité de ces propositions dépend de la vérité de toutes les deux parties : ainsi, si je dis, la foi et la bonne vie sont nécessaires au salut, cela est vrai, parce que l'une et l'autre y est nécessaire ; mais si je disais, la bonne vie et les richesses sont nécessaires au salut, cette proposition serait fausse, quoique la bonne vie y soit nécessaire, parce que les richesses n'y sont pas nécessaires.

Les propositions qui sont considérées comme négatives et contradictoires à l'égard des copulatives, et de toutes les autres composées, ne sont pas toutes celles où il se rencontre des négations, mais seulement celles où la négation tombe sur la conjonction ; ce qui se fait en diverses manières, comme en mettant le *nom* à la tête de la proposition, *non enim amas, et deseris*, dit saint Augustin ; c'est-à-dire, il ne faut pas croire que vous aimiez une personne et que vous l'abandonniez.

Car c'est encore en cette manière qu'on rend une proposition contradictoire à la copulative, en niant expressément la conjonction ; comme lorsqu'on dit qu'il ne peut pas se faire qu'une chose soit en même temps cela et cela :

Qu'on ne peut pas être amoureux et sage,

> Amare et sapere, vix deo conceditur [2] ;

Que l'amour et la majesté ne s'accordent point ensemble,

> Non bene conveniunt, nec in una sede morantur
> Majestas et amor [3].

Des disjonctives.

Les disjonctives sont de grand usage, et ce sont celles où entre la conjonction disjonctive *vel*, ou.

L'amitié, ou trouve les amis égaux, ou les rend égaux,

> Amicitia pares aut accipit, aut facit [4].

Une femme aime ou hait, il n'y a point de milieu,

> Aut amat, aut odit mulier, nihil est tertium [5].

---

1. Horace, *Epîtres*, I, 2, v. 48.
2. Publius Syrus, *Sentences*, 25.
3. Ovide, *Métamorph.*, II, 846.
4. Publius Syrus, *Sentences*, 32.
5. Publius Syrus, *Sentences*, 67.

Celui qui vit dans une entière solitude est une bête ou un ange (dit Aristote)[1].

Les hommes ne se remuent que par l'intérêt ou par la crainte.

La terre tourne autour du soleil, ou le soleil autour de la terre.

Toute action faite avec jugement est bonne ou mauvaise.

La vérité de ces propositions dépend de l'opposition nécessaire des parties, qui ne doivent point souffrir de milieu; mais, comme il faut qu'elles n'en puissent souffrir du tout pour être nécessairement vraies, il suffit qu'elles n'en souffrent point ordinairement pour être considérées comme moralement vraies. C'est pourquoi il est absolument vrai qu'une action faite avec jugement est bonne ou mauvaise, les théologiens faisant voir qu'il n'y en a point en particulier qui soit indifférente; mais quand on dit que les hommes ne se remuent que par l'intérêt ou par la crainte, cela n'est pas vrai absolument, puisqu'il y en a quelques-uns qui ne se remuent ni par l'une ni par l'autre de ces passions, mais par la considération de leur devoir; et ainsi, toute la vérité qui y peut être, est que ce sont les deux ressorts qui remuent la plupart des hommes.

Les propositions contradictoires aux disjonctives sont celles où on nie la vérité de la disjonction; ce qu'on fait en latin comme en toutes les autres propositions composées, en mettant la négation à la tête : *Non omnis actio est bona vel mala;* et en français : *Il n'est pas vrai que toute action soit bonne ou mauvaise.*

Des conditionnelles.

Les conditionnelles sont celles qui ont deux parties liées par la condition *si*, dont la première, qui est celle où est la condition, s'appelle l'antécédent, et l'autre le conséquent.

Si l'âme est spirituelle, c'est l'antécédent; *elle est immortelle,* c'est le conséquent.

Cette conséquence est quelquefois médiate et quelquefois immédiate; elle n'est que médiate, quand il n'y a rien dans les termes de l'une et de l'autre partie qui les lie ensemble, comme si je dis :

Si la terre est immobile, le soleil tourne;

Si Dieu est juste, les méchants seront punis.

Ces conséquences sont fort bonnes; mais elles ne sont pas immédiates, parce que les deux parties n'ayant pas de terme commun, elles ne se lient que par ce qu'on a dans l'esprit, et qui n'est pas exprimé, que la terre et le soleil se trouvant sans cesse en des situations différentes l'une à l'égard de l'autre, il faut nécessairement que si l'une est immobile, l'autre se remue.

---

[1] « L'Etat est dans la nature. La nature a créé l'homme pour vivre en société politique; celui qui par sa nature n'appartient à aucun Etat, sans qu'il puisse en accuser la fortune, est, ou plus qu'un homme, ou un être dégradé : on peut lui appliquer le vers d'Homère : *Sans famille, sans lois, sa foyer...* — Un tel être est indocile au joug comme un oiseau de proie. Il est en guerre avec la nature. » (*Politique,* liv. 1ᵉʳ, chap. II.)

Quand la conséquence est immédiate, il faut pour l'ordinaire,
1° Ou que les deux parties aient un même sujet :
Si la mort est un passage à une vie plus heureuse, elle est désirable.

Si *non* pavisti, occidisti,

Si vous avez manqué à nourrir les pauvres, vous les avez tués,
2° Ou qu'elles aient le même attribut :
Si toutes les épreuves de Dieu nous doivent être chères, les maladies nous le doivent être.
3° Ou que l'attribut de la première partie soit l'attribut de la seconde :
Si la patience est une vertu, il y a des vertus pénibles.
4° Ou enfin que le sujet de la première partie soit l'attribut de la seconde, ce qui ne peut être que quand cette seconde partie est négative.
Si tous les vrais chrétiens vivent selon l'Evangile, il n'y a guère de vrais chrétiens.

On ne regarde, pour la vérité de ces propositions, que la vérité de la conséquence; car, quoique l'une et l'autre parties fussent fausses, si néanmoins la conséquence de l'une à l'autre est bonne, la proposition, en tant que conditionnelle, est vraie, comme :
Si la volonté de la créature est capable d'empêcher que la volonté absolue de Dieu ne s'accomplisse, Dieu n'est pas tout-puissant.

Les propositions considérées comme négatives et contradictoires aux conditionnelles, sont celles-là seulement dans lesquelles la condition est niée; ce qui se fait en latin, en mettant une négation à la tête :

**Non si miserum fortuna Sinonem
Finxit, vanum etiam mendacemque improba finget[1].**

Mais en français on exprime ces contradictoires par *quoique* et une négation :
Si vous mangez du fruit défendu, vous mourrez.
Quoique vous mangiez du fruit défendu, vous ne mourrez pas.
Ou bien par *il n'est pas vrai :*
Il n'est pas vrai que, si vous mangez du fruit défendu, vous mourrez.

Des causales.

Les causales sont celles qui contiennent deux propositions liées par un mot de cause, *quia*, parce que, ou *ut*, afin que :
Malheur aux riches, parce qu'ils ont leur consolation en ce monde.
Les méchants sont élevés, afin que, tombant de plus haut, leur chute en soit plus grande.

**Tolluntur in altum,
Ut lapsu graviore ruant[2].**

---

1. Virgile, *Enéide,* II, v. 79. | 2. Claudianus, *in Rufum,* I, 22.

Ils le peuvent, parce qu'ils croient le pouvoir,

Possunt, quia posse videntur[1].

Un tel prince a été malheureux, parce qu'il était né sous une telle constellation.

On peut aussi réduire à ces sortes de propositions celles qu'on appelle *réduplicatives*[2] :

L'homme, en tant qu'homme, est raisonnable.

Les rois, en tant que rois, ne dépendent que de Dieu seul.

Il est nécessaire, pour la vérité des propositions, que l'une des parties soit cause de l'autre ; ce qui fait aussi qu'il faut que l'une et l'autre soient vraies ; car ce qui est faux n'est point cause, et n'a point de cause ; mais l'une et l'autre parties peuvent être vraies, et la causale être fausse, parce qu'il suffit pour cela que l'une des parties ne soit pas cause de l'autre ; ainsi un prince peut avoir été malheureux et être né sous une telle constellation, qu'il ne laisserait pas d'être faux qu'il ait été malheureux pour être né sous cette constellation.

C'est pourquoi c'est en cela proprement que consistent les contradictoires de ces propositions, quand on nie qu'une cause soit cause de l'autre : *Non ideo infelix, quia sub hoc natus sidere.*

Des relatives.

Les relatives sont celles qui renferment quelque comparaison et quelque rapport.

Où est le trésor, là est le cœur.
Telle est la vie, telle est la mort.

Tanti es, quantum habeas[3].

On est estimé dans le monde à proportion de son bien.

La vérité dépend de la justesse du rapport, et on les contredit en niant le rapport.

Il n'est pas vrai que telle est la vie, telle est la mort.

Il n'est pas vrai que l'on soit estimé dans le monde à proportion de son bien.

Des discrétives.

Ce sont celles où l'on fait des jugements différents en marquant cette différence par les particules *sed*, mais, *tamen*, néanmoins, ou autres semblables exprimées ou sous-entendues.

Fortuna opes auferre, non animum potest[4]. La fortune peut ôter le bien, mais elle ne peut ôter le cœur.

---

1. Virgile, *Énéide*, v, v. 231.
2. Propositions où il y a redoublement ou répétition du sujet.
3. Sénèque, *Épîtres à Lucilius*.
4. Sénèque, *Médée*, acte II, v. 176.

Et mihi res, non me rebus submittere conor[1]. Je tâche de me mettre au-dessus des choses, et non pas d'y être asservi.

Cœlum, non animum mutant qui trans mare currunt[2]. Ceux qui passent les mers ne changent que de pays, et non pas d'esprit.

La vérité de cette sorte de proposition dépend de la vérité de toutes les deux parties et de la séparation qu'on y met ; car quoique les deux parties fussent vraies, une proposition de cette sorte serait ridicule, s'il n'y avait point entre elles d'opposition comme si je disais :

Judas était un larron, et néanmoins il ne put souffrir que Marie répandit ses parfums sur JÉSUS-CHRIST.

Il peut y avoir plusieurs contradictoires d'une proposition de cette sorte, comme si on disait :

Ce n'est pas des richesses, mais de la science que dépend le bonheur.

On peut contredire cette proposition en toutes ces manières :

Le bonheur dépend des richesses et non pas de la science.

Le bonheur ne dépend ni des richesses ni de la science.

Le bonheur dépend des richesses et de la science.

Ainsi l'on voit que les copulatives sont contradictoires des discrétives ; car ces deux dernières propositions sont copulatives.

CHAPITRE X

DES PROPOSITIONS COMPOSÉES DANS LE SENS.

Il y a d'autres propositions composées, dont la composition est plus cachée, et on peut les réduire à ces quatre sortes : 1° *exclusives ;* 2° *exceptives ;* 3° *comparatives ;* 4° *inceptives* ou *désitives.*

1. — *Des exclusives.*

On appelle exclusives, celles qui marquent qu'un attribut convient à un sujet, et qu'il ne convient qu'à ce seul sujet, ce qui est marquer qu'il ne convient pas à d'autres ; d'où il s'ensuit qu'elles enferment deux jugements différents, et que par conséquent elles sont composées dans le sens. C'est ce qu'on exprime par le mot *seul*, ou autre semblable, ou en français, il n'y a que Dieu seul aimable pour lui-même.

Deus solus fruendus, reliqua utenda[3].

---

1. Horace, *Epîtres*, I, 17.
2. Horace, *id.*
3. Sénèque, *Epîtres à Lucilius.*

C'est-à-dire, nous devons aimer Dieu pour lui-même, et n'aimer les autres choses que pour Dieu.

> Quas dederis solas semper habebis opes[1].

Les seules richesses qui vous demeureront toujours, seront celles que vous aurez données libéralement.

> *Nobilitas* sola est atque unica virtus[2].

La vertu fait la noblesse, et toute autre chose ne rend point vraiment noble.

Hoc unum scio quod nihil scio, disaient les académiciens[3].

Il est certain qu'il n'y a rien de certain, et il n'y a qu'obscurité et incertitude en toute autre chose.

Lucain, parlant des druides, fait cette proposition disjonctive composée de deux exclusives :

> Solis nosse deos, et cœli numina vobis,
> Aut solis nescire datum est[4].

Ou vous connaissez les dieux, quoique tous les autres les ignorent;
Ou vous les ignorez quoique tous les autres les connaissent.

Ces propositions se contredisent en trois manières; car, 1° on peut nier que ce qui est dit convenir à un seul sujet, lui convienne en aucune sorte.

2° On peut soutenir que cela convient à autre chose.

3° On peut soutenir l'un et l'autre.

Ainsi, contre cette sentence, *la seule vertu est la vraie noblesse*, on peut dire :

1° Que la seule vertu ne rend point noble.

2° Que la naissance rend noble aussi bien que la vertu.

3° Que la naissance rend noble, et non la vertu.

Ainsi cette maxime des académiciens, *que cela est certain qu'il n'y a rien de certain*, était contredite différemment par les dogmatiques et par les pyrrhoniens ; car les dogmatiques la combattaient, en soutenant que cela était doublement faux, parce qu'il y avait beaucoup de choses que nous connaissions très-certainement; et qu'ainsi il n'était point vrai que nous fussions certain de ne rien savoir; et les pyrrhoniens disaient aussi que cela était faux, par une raison contraire, qui est que tout était tellement incertain, qu'il était même incertain s'il n'y avait rien de certain.

C'est pourquoi il y a un défaut de jugement dans ce que Lucain dit des druides, parce qu'il n'y a pas de nécessité que les seuls druides fussent dans la vérité au regard des dieux, ou qu'eux seuls fussent dans l'erreur; car, pouvant y avoir diverses erreurs touchant la nature de Dieu, il pouvait fort bien se faire que, quoique les druides eussent des pensées

---

1. Ovide, *Élégies*, v. 43.
2. Juvénal, *Satires*, VIII, v. 19.
3. Voir Cicéron, *Académiques*, I, 4.
4. Lucain, *Pharsale*, I, v. 451.

touchant la nature de Dieu, différentes de celles des autres nations, ils ne fussent pas moins dans l'erreur que les autres nations.

Ce qui est ici de plus remarquable, est qu'il y a souvent de ces propositions qui sont exclusives dans le sens, quoique l'exclusion ne soit pas exprimée : ainsi ce vers de Virgile, où l'exclusion est marquée,

> Una salus victis nullam sperare salutem 1.

a été traduit heureusement par ce vers français, dans lequel l'exclusion est sous-entendue :

> Le salut des vaincus est de n'en point attendre.

Néanmoins il est bien plus ordinaire en latin qu'en français de sous-entendre les exclusions : de sorte qu'il y a souvent des passages qu'on ne peut traduire dans toute leur force, sans en faire des propositions exclusives, quoique en latin l'exclusion n'y soit pas marquée.

Ainsi, *Cor.*, II, x, 17 : *Qui gloriatur in Domino glorietur*, doit être traduit : Que celui qui se glorifie, ne se glorifie qu'au Seigneur.

Galat., vi, 8 : *Quæ seminaverit homo, hæc et metet* : l'homme ne recueillera que ce qu'il aura semé.

Ephes., iv, 5 : *Unus Dominus, una fides, unum baptisma :* il n'y a qu'un Seigneur, qu'une foi, qu'un baptême.

Matth., v, 46 : *Si diligitis eos qui vos diligunt, quam mercedem habebitis?* Si vous n'aimez que ceux qui vous aiment, quelle récompense en mériterez-vous?

Sénèque dans la *Troade : Nullas habet spes Troja, si tales habet :* si Troie n'a que cette espérance, elle n'en a point ; comme s'il y avait, *si tantum tales habet.*

2. — *Des exceptives.*

Les exceptives sont celles où l'on affirme une chose de tout un sujet, à l'exception de quelqu'un des inférieurs de ce sujet à qui on fait entendre, par quelque particule exceptive, que cela ne convient pas, ce qui visiblement enferme deux jugements, et ainsi rend ces propositions composées dans le sens, comme si je dis :

Toutes les sectes des anciens philosophes, hors celle des platoniciens, n'ont point reconnu que Dieu fût sans corps.

Cela veut dire deux choses : la première, que les philosophes anciens ont cru Dieu corporel ; la seconde, que les platoniciens ont cru le contraire.

> Avarus, nisi quum moritur, nil recte facit 2.

L'avare ne fait rien de bien, si ce n'est de mourir.

> Et miser nemo, nisi comparatus 3,

---

1. *Enéide*, ii, v. 354.
2. Publius Syrus, *Sentences*, 75.
3. Sénèque, *Troas.*

Nul ne se croit misérable, qu'en se comparant à de plus heureux.

<small>Nemo læditur, nisi a seipso,</small>

Nous n'avons de mal que celui que nous nous faisons à nous-mêmes.

Excepté le sage, disaient les stoïciens, tous les hommes sont vraiment fous.

Ces propositions se contredisent, de même que les exclusives :

1º En soutenant que le sage des stoïciens était aussi fou que les autres hommes ;

2º En soutenant qu'il y en avait d'autres que ce sage qui n'étaient point fous :

3º En prétendant que ce sage des stoïciens était fou et que d'autres hommes ne l'étaient pas.

Il faut remarquer que les propositions exclusives et les exceptives ne sont, pour ainsi dire, que la même chose exprimée un peu différemment, de sorte qu'il est toujours fort aisé de les changer réciproquement les unes aux autres : et ainsi nous voyons que cette exceptive de Térence,

<small>Imperitus, nisi quod ipse facit, nil rectum putat [1].</small>

a été changée par Cornélius Gallus en cette exclusive :

<small>Hoc tantum rectum quod facit ipse putat [2].</small>

3. — *Des comparatives.*

Les propositions où l'on compare enferment deux jugements, parce que, c'en sont deux de dire qu'une chose est telle, et de dire qu'elle est telle plus ou moins qu'une autre, et ainsi ces sortes de propositions sont composées dans le sens.

<small>Amicum perdere est damnorum maximum [3],</small>

La plus grande de toutes les pertes, est de perdre un ami.

<small>Ridiculum acri
Fortius et melius magnas plerumque secat res [4],</small>

On fait souvent plus d'impression dans les affaires, même les plus importantes, par une raillerie agréable, que par les meilleures raisons.

<small>Meliora sunt vulnera amici, quam fraudulenta oscula inimici [5],</small>

Les coups d'un ami valent mieux que les baisers trompeurs d'un ennemi.

On contredit ces propositions en plusieurs manières, comme cette

---

1. *Adelphes*, acte Ier, 5, ch. II.
2. Homine imperito nunquam quidquam injustiu 'st, qui, nisi quod ipse fecit, nil rectum putat.
3. Publius Syrus, *Sentences*, 37.
4. Horace, *Satires*, I, 10.
5. *Proverbes*, XXVII, 6.

maxime d'Epicure, *la douleur est le plus grand de tous les maux*, était contredite d'une sorte par les stoïciens, et d'une autre par les péripatéticiens; car les péripatéticiens avouaient que la douleur était un mal; mais ils soutenaient que les vices et les autres déréglements d'esprit étaient de bien plus grands maux; au lieu que les stoïciens ne voulaient pas même reconnaître que la douleur fût un mal, bien loin d'avouer que ce fût le plus grand de tous les maux.

Mais on peut traiter ici une question, qui est de savoir s'il est toujours nécessaire que, dans ces propositions, le positif du comparatif convienne à tous les deux membres de la comparaison, et s'il faut, par exemple, supposer que deux choses soient bonnes, afin de pouvoir dire que l'une est meilleure que l'autre.

Il semble d'abord que cela devrait être ainsi; mais l'usage est au contraire, puisque nous voyons que l'Écriture se sert du mot meilleur non-seulement en comparant deux biens ensemble, *melior est sapientia quam vires, et vir prudens quam fortis*, la sagesse vaut mieux que la force, et l'homme prudent que l'homme vaillant;

Mais aussi en comparant un bien à un mal, *melior est patiens arrogante;* un homme patient vaut mieux qu'un homme superbe;

Et même en comparant deux maux ensemble, *melius est habitare cum dracone, quam cum muliere litigiosa;* il vaut mieux demeurer avec un dragon qu'avec une femme querelleuse. Et dans l'Evangile: il vaut mieux être jeté dans la mer une pierre au cou, que de scandaliser le moindre des fidèles.

La raison de cet usage est qu'un plus grand bien est meilleur qu'un moindre, parce qu'il a plus de bonté qu'un moindre bien. Or, par la même raison, on peut dire, quoique moins proprement, qu'un bien est meilleur qu'un mal, parce que ce qui a de la bonté en a plus que ce qui n'en a point; et l'on peut dire aussi qu'un moindre mal est meilleur qu'un plus grand mal, parce que la diminution du mal tenant lieu de bien dans les maux, ce qui est moins mauvais a plus de cette sorte de bonté que ce qui est plus mauvais.

Il faut donc éviter de s'embarrasser mal à propos par la chaleur de la dispute à chicaner sur ces façons de parler, comme fit un grammairien donatiste, nommé Cresconius, en écrivant contre saint Augustin; car ce saint ayant dit que les catholiques avaient plus de raison de reprocher aux donatistes d'avoir livré les livres sacrés, que les donatistes n'en avaient de le reprocher aux catholiques : *Traditionem non vobis probabilius objicimus*, Cresconius s'imagina avoir droit de conclure de ces paroles, que saint Augustin avouait par là que les donatistes avaient raison de le reprocher aux catholiques. *Si enim vos probabilius*, disait-il, *nos ergo probabiliter : nam gradus iste quod ante positum est auget, non quod ante dictum est improbat*. Mais saint Augustin réfute premièrement cette vaine subtilité par des exemples de l'Ecriture, et entre autres par ce passage de l'Epître aux Hébreux, où saint Paul ayant dit que la terre qui ne porte que des épines était maudite, et ne devait attendre que le feu, il ajoute : *Confidimus autem de vobis, fratres charissimi, meliora; non quia*, dit ce

Père, *bona illa erant quæ supra dixerat, proferre spinas et tribulos et ustionem mereri, sed magis, quia mala erant, ut illis devitatis meliora eligerent et optarent, hoc est, bona tantis malis contraria.* Et il lui montre ensuite, par les plus célèbres auteurs de son art, combien la conséquence était fausse, puisqu'on aurait pu de la même sorte, reprocher à Virgile d'avoir pris pour une bonne chose la violence d'une maladie qui porte les hommes à se déchirer avec leurs propres dents, parce qu'il souhaite une meilleure fortune aux gens de bien.

Di meliora piis, erroremque hostibus illum !
Discissos nudis laniabant dentibus artus[1].

Quomodo ergo meliora piis, dit ce Père, *quasi bona essent istis, ac non potius magna mala, qui discissos nudis laniabant dentibus artus.*

4. — *Des inceptives ou désitives.*

Lorsqu'on dit qu'une chose a commencé ou cesse d'être telle, on fait deux jugements : l'un de ce qu'était cette chose avant le temps dont on parle ; l'autre de ce qu'elle est depuis ; et ainsi ces propositions, dont les unes sont appelées inceptives, et les autres désitives, sont composées dans le sens ; et elles sont si semblables, qu'il est plus à propos de n'en faire qu'une espèce, et de les traiter ensemble.

Les Juifs ont commencé, depuis le retour de la captivité de Babylone, à ne plus se servir de leurs caractères anciens, qui sont ceux qu'on appelle maintenant samaritains.

La langue latine a cessé d'être vulgaire en Italie depuis cinq cents ans.

Les Juifs n'ont commencé qu'au cinquième siècle depuis J.-C. à se servir des points pour marquer les voyelles.

Ces propositions se contredisent selon l'un et l'autre rapport aux deux temps différents. Ainsi il y en a qui contredisent cette dernière, en prétendant, quoique faussement, que les Juifs ont toujours eu l'usage des points, au moins pour les livres, et qu'ils étaient gardés dans le temple ; et d'autres le contredisent, en prétendant, au contraire, que l'usage des points est même plus nouveau que le cinquième siècle.

Réflexion générale.

Quoique nous ayons montré que les propositions exclusives, exceptives, etc., pouvaient être contredites en plusieurs manières, il est vrai néanmoins que quand on les nie simplement sans s'expliquer davantage, la négation tombe naturellement sur l'exclusion, ou l'exception, ou la comparaison, ou le changement marqué par les mots de commencer et de cesser. C'est pourquoi, si une personne croyait qu'Épicure n'a pas mis le souverain bien dans la volupté du corps, et qu'on lui dît *que le*

---

1. Virgile, *Georg.*, III, v. 513, 514.

seul Épicure y a mis le souverain bien, si elle le niait simplement sans ajouter autre chose, elle ne satisferait pas à sa pensée, parce qu'on aurait sujet de croire, sur cette simple négation, qu'elle demeure d'accord qu'Épicure a mis en effet le souverain bien dans la volupté du corps, mais qu'elle ne le croit pas seul de cet avis.

De même, si, connaissant la probité d'un juge, on me demandait *s'il ne vend plus la justice*, je ne pourrais pas répondre simplement par *non*, parce que le *non* signifierait qu'il ne la vend plus, mais laisserait croire en même temps que je reconnais qu'il l'a autrefois vendue.

Et c'est ce qui fait voir qu'il y a des propositions auxquelles il serait injuste de demander qu'on y répondît simplement par oui ou par non parce qu'en formant deux sens, on n'y peut faire de réponse juste qu'en s'expliquant sur l'un et sur l'autre.

CHAPITRE XI

OBSERVATIONS POUR RECONNAITRE DANS QUELQUES PROPOSITIONS EXPRIMÉES D'UNE MANIÈRE MOINS ORDINAIRE, QUEL EN EST LE SUJET ET QUEL EN EST L'ATTRIBUT.

C'est sans doute un défaut de la logique ordinaire, qu'on n'accoutume point ceux qui l'apprennent à reconnaître la nature des propositions et des raisonnements, qu'en les attachant à l'ordre et à l'arrangement dont on les forme dans les écoles, et qui est souvent très-différent de celui dont on les forme dans le monde et dans les livres, soit d'éloquence, soit de morale, soit des autres sciences.

Ainsi on n'a presque point d'autre idée d'un sujet et d'un attribut, sinon que l'un est le premier terme d'une proposition, et l'autre le dernier; et de l'universalité ou particularité, sinon qu'il y a dans l'une *omnis* ou *nullus*, tout ou nul, et dans l'autre, *aliquis*, quelque.

Cependant tout cela trompe très-souvent, et il est besoin de jugement pour discerner ces choses en plusieurs propositions. Commençons par le sujet et l'attribut.

L'unique et véritable règle est de regarder par le sens ce dont on affirme, et ce qu'on affirme ; car le premier est toujours le sujet, et le dernier l'attribut, en quelque ordre qu'ils se trouvent.

Ainsi il n'y a rien de plus commun en latin que ces sortes de proposition : *Turpe est obsequi libidini* ; il est honteux d'être esclave de ses passions ; où il est visible par le sens, que *turpe*, honteux, est ce qu'on affirme, et par conséquent l'attribut, et *obsequi libidini*, être esclave de ses passions, ce dont on affirme, c'est-à-dire, ce qu'on assure être honteux, et par conséquent le sujet. De même dans saint Paul : *Est quæstus magnus pietas cum sufficientia* [1], le vrai ordre serait, *pietas cum sufficientia est quæstus.*

Et de même dans ces vers :

> Felix qui potuit rerum cognoscere causas;
> Atque metus omnes, et inexorabile fatum
> Subjecit pedibus, strepitumque Acherontis avari..., etc. [2]

Felix est l'attribut, et le reste le sujet.

Le sujet et l'attribut sont souvent encore plus difficiles à reconnaître dans les propositions complexes ; et nous avons déjà vu qu'on ne peut quelquefois juger que par la suite du discours et l'intention d'un auteur quelle est la proposition principale, et quelle est l'incidente dans ces sortes de propositions.

Mais, outre ce que nous avons dit, on peut encore remarquer que, dans ces propositions complexes, où la première partie n'est que la proposition incidente, et la dernière est la principale, comme dans la majeure et la conclusion de ce raisonnement :

Dieu commande d'honorer les rois :

Louis XIV est roi :

Donc Dieu commande d'honorer Louis XIV ;

il faut souvent changer le verbe actif en passif, pour avoir le vrai sujet de cette proposition principale, comme dans cet exemple même ; car il est visible que, raisonnant de la sorte, mon intention principale, dans la majeure, est d'affirmer quelque chose des rois, dont je puisse conclure qu'il faut honorer Louis XIV ; et ainsi ce que je dis du commandement de Dieu n'est proprement qu'une proposition incidente qui confirme cette affirmation : « Les rois doivent être honorés ; » *reges sunt honorandi.* D'où il s'ensuit que *les rois* est le sujet de la majeure, et *Louis XIV* le sujet de la conclusion, quoiqu'à ne considérer les choses que superficiellement, l'une et l'autre semblent n'être qu'une partie de l'attribut.

Ce sont aussi des propositions fort ordinaires à notre langue : *C'est une folie que de s'arrêter à des flatteurs ; c'est de la grêle qui tombe ; c'est un Dieu qui nous a rachetés.* Or, le sens doit faire encore juger que pour les remettre dans l'arrangement naturel, en plaçant le sujet avant l'attribut, il faudrait les exprimer ainsi : *S'arrêter à des flatteurs est une folie ; ce qui tombe est de la grêle ; celui qui nous a rachetés est Dieu ;* et cela est presque universel dans toutes les propositions qui commencent par *c'est*, où l'on trouve après un *qui* ou un *que*, d'avoir leur attribut au commencement et le sujet à la fin. C'est assez d'en avoir averti une fois, et tous ces exemples ne sont que pour faire voir qu'on en doit juger par le sens, et non par l'ordre des mots. Ce qui est un avis très-nécessaire pour ne pas se tromper, en prenant des syllogismes pour vicieux qui sont en effet très-bons ; parce que, faute de discerner dans les propositions le sujet et l'attribut, on croit qu'ils sont contraires aux règles lorsqu'ils y sont très-conformes [3].

---

1. *Ad Timotheum*, VI, 6.
2. Virgile, *Georg.*, II, v. 490 à 599.
3. Voir la troisième partie, ch. II.

CHAPITRE XII

DES SUJETS CONFUS ÉQUIVALENTS A DEUX SUJETS.

Il est important, pour mieux entendre la nature de ce qu'on appelle *sujet* dans les propositions, d'ajouter ici une remarque qui a été faite dans des ouvrages plus considérables que celui-ci, mais qui, appartenant à la logique, peut trouver ici sa place.

C'est que, lorsque deux ou plusieurs choses qui ont quelque ressemblance se succèdent l'une à l'autre dans le même lieu, et principalement quand il n'y paraît pas de différence sensible, quoique les hommes puissent les distinguer en parlant métaphysiquement, ils ne les distinguent pas néanmoins dans leurs discours ordinaires; mais, les réunissant sous une idée commune qui n'en fait pas voir la différence et qui ne marque que ce qu'ils ont de commun, ils en parlent comme si c'était une même chose.

C'est ainsi que, quoique nous changions d'air à tout moment, nous regardons néanmoins l'air qui nous environne comme étant toujours le même, et nous disons que de froid il est devenu chaud comme si c'était le même; au lieu que souvent cet air, que nous sentons froid, n'est pas le même que celui que nous trouvions chaud.

Cette eau, disons-nous aussi en parlant d'une rivière, était trouble il y a deux jours, et la voilà claire comme du cristal: cependant combien s'en faut-il que ce soit la même eau ! *In idem flumen bis non descendimus*, dit Sénèque, *manet idem fluminis nomen, aqua transmissa est* [1].

Nous considérons le corps des animaux, et nous en parlons comme étant toujours le même, quoique nous ne soyons pas assurés qu'au bout de quelques années il reste aucune partie de la première matière qui le composait; et non-seulement nous en parlons comme d'un même corps sans y faire réflexion, mais nous le faisons aussi lorsque nous y faisons une réflexion expresse. Car le langage ordinaire permet de dire : le corps de cet animal était composé, il y a dix ans, de certaines parties de matière, et maintenant il est composé de parties toutes différentes. Il semble qu'il y ait de la contradiction dans ce discours; car si les parties sont toutes différentes, ce n'est donc pas le même corps : il est vrai ; mais on en parle néanmoins comme d'un même corps; et ce qui rend ces propositions véritables, c'est que le même terme *est* pris pour différents sujets dans cette différente application.

Auguste disait de la ville de Rome qu'il l'avait trouvée de brique, et qu'il la laissait de marbre. On dit de même d'une ville, d'une maison,

---

1. Sénèque, *Epîtres à Lucilius*, 58.

d'une église, qu'elle a été ruinée en un tel temps, et rétablie en un autre temps. Quelle est donc cette Rome qui est tantôt de brique et tantôt de marbre? quelles sont ces villes, ces maisons, ces églises qui sont ruinées en un temps et rétablies en un autre? Cette *Rome*, qui était de brique, était-elle la même que la *Rome* de marbre? Non, mais l'esprit ne laisse pas de se former une certaine idée confuse de *Rome* à qui il attribue ces deux qualités, d'être de brique en un temps et de marbre en un autre; et quand il en fait ensuite des propositions, et qu'il dit, par exemple, que *Rome*, qui avait été de brique avant Auguste, était de marbre quand il mourut, le mot de *Rome*, qui ne paraît qu'un sujet, en marque néanmoins deux réellement distincts, mais réunis sous une idée confuse de *Rome*, qui fait que l'esprit ne s'aperçoit pas de la distinction de ces sujets.

C'est par là qu'on a éclairci, dans le livre dont on a emprunté cette remarque[1], l'embarras affecté que les ministres se plaisent à trouver dans cette proposition, *ceci est mon corps*, que personne n'y trouvera en suivant les lumières du sens commun. Car, comme on ne dira jamais que c'était une proposition fort embarrassée et fort difficile à entendre que de dire d'une église qui aurait été brûlée et rebâtie : cette église fut brûlée il y a dix ans, et elle a été rebâtie depuis un an; de même on ne saurait dire raisonnablement qu'il y ait aucune difficulté à entendre cette proposition : *ceci, qui est du pain en ce moment-ci, est mon corps dans cet autre moment*. Il est vrai que ce n'est pas le même *ceci* dans ces différents moments, comme l'église brûlée et l'église rebâtie ne sont pas réellement la même église; mais l'esprit, concevant et le pain et le corps de Jésus-Christ sous une idée commune d'objet présent qu'il exprime par *ceci*, attribue à cet objet réellement double, et qui n'est un que d'une unité de confusion, d'être pain en un certain moment et d'être le corps de Jésus-Christ en un autre; de même qu'ayant formé de cette église brûlée et de cette église rebâtie une idée commune d'église, il donne à cette idée confuse deux attributs qui ne peuvent convenir au même sujet.

Il s'ensuit de là qu'il n'y a aucune difficulté dans cette proposition, *ceci est mon corps*, prise au sens des catholiques, puisqu'elle n'est que l'abrégé de cette autre proposition parfaitement claire, *ceci, qui est du pain dans ce moment-ci, est mon corps dans cet autre moment*; et que l'esprit supplée tout ce qui n'est pas exprimé. Car, comme nous avons remarqué à la fin de la première partie, quand on se sert du pronom démonstratif *hoc*, pour marquer quelque chose exposé aux sens, l'idée formée précisément par le pronom demeurant confuse, l'esprit y ajoute des idées claires et distinctes tirées des sens par forme de proposition incidente. Ainsi Jésus-Christ prononçant le mot de *ceci*, l'esprit des apôtres y ajoutait *qui est pain*; et comme il concevait qu'il était pain dans ce moment-là, il y faisait aussi cette addition du temps; et ainsi le mot de *ceci* formait cette idée, *ceci qui est du pain dans ce moment-ci*.

---

1. Le traité de *la Perpétuité de la Foi* d'Arnauld.

De même quand il dit que *c'était son corps*, ils conçurent que *ceci était son corps dans ce moment-là.* Ainsi l'expression, *ceci est mon corps*, forma en eux cette proposition totale ; *ceci, qui est du pain dans ce moment-ci, est mon corps dans cet autre moment ;* et cette expression étant claire, l'abrégé de la proposition, qui ne diminue rien de l'idée, l'est aussi.

Et quant à la difficulté proposée par les ministres, qu'une même chose ne peut être pain et corps de Jésus-Christ, comme elle regarde également la proposition étendue, *ceci, qui est pain dans ce moment-ci, est mon corps dans cet autre moment,* et la proposition abrégée, *ceci est mon corps,* il est clair que ce ne peut être qu'une chicanerie frivole pareille à celle qu'on pourrait alléguer contre ces propositions : cette église fut brûlée en un tel temps, et elle a été rétablie dans cet autre temps ; et qu'elles se doivent toutes démêler par cette manière de concevoir plusieurs sujets distincts sous une même idée, qui fait que le même terme est tantôt pris pour un sujet et tantôt pour un autre, sans que l'esprit s'aperçoive de ce passage d'un sujet à un autre.

Au reste, on ne prétend pas décider ici cette importante question, de quelle sorte on doit entendre ces paroles, *ceci est mon corps,* si c'est dans un sens de figure ou dans un sens de réalité. Car il ne suffit pas de prouver qu'une proposition peut se prendre dans un certain sens ; il faut de plus prouver qu'elle doit s'y prendre. Mais comme il y a des ministres qui, par les principes d'une très-fausse logique, soutiennent opiniâtrément que les paroles de Jésus-Christ ne peuvent recevoir le sens catholique, il n'est point hors de propos d'avoir montré ici en abrégé que le sens catholique n'a rien que de clair, de raisonnable et de conforme au langage commun de tous les hommes.

CHAPITRE XIII

AUTRES OBSERVATIONS POUR RECONNAITRE SI LES PROPOSITIONS SONT UNIVERSELLES OU PARTICULIÈRES.

On peut faire quelques observations semblables, et non moins nécessaires, touchant l'universalité et la particularité.

Observation I. Il faut distinguer deux sortes d'universalités : l'une qu'on peut appeler métaphysique, et l'autre morale.

J'appelle universalité métaphysique, lorsqu'une universalité est parfaite et sans exception, comme, *tout homme est vivant,* cela ne reçoit point d'exception.

Et j'appelle universalité morale celle qui reçoit quelque exception, parce que, dans les choses morales, on se contente que les choses soient telles ordinairement, *ut plurimum,* comme ce que saint Paul rapporte et approuve :

Cretenses semper mendaces, malæ bestiæ, ventres pigri [1].
Ou ce que dit le même apôtre :
Omnes quæ sua sint quærunt, non quæ Jesu-Christi [2].
Ou ce que dit Horace :

> Omnibus hoc vitium est cantoribus, inter amicos
> Ut nunquam inducant animum cantare rogati,
> Injussi nunquam desistant [3].

Ou ce qu'on dit d'ordinaire :
Que toutes les femmes aiment à parler ;
Que tous les jeunes gens sont inconstants ;
Que tous les vieillards louent le temps passé.

Il suffit, dans toutes ces sortes de propositions, qu'ordinairement cela soit ainsi, et on ne doit pas aussi en conclure rien à la rigueur.

Car, comme ces propositions ne sont pas tellement générales qu'elles ne souffrent des exceptions, il pourrait se faire que la conclusion serait fausse. Comme on n'aurait pas pu conclure de chaque Crétois en particulier, qu'il aurait été un menteur et une méchante bête, quoique l'Apôtre approuve en général ce vers d'un de leurs poëtes : *Les Crétois sont toujours menteurs, méchantes bêtes, grands mangeurs,* parce que quelques-uns de cette île pouvaient ne pas avoir les vices qui étaient communs aux autres.

Ainsi la modération qu'on doit garder dans ces propositions qui ne sont que moralement universelles, c'est, d'une part, de n'en tirer qu'avec grand jugement des conclusions particulières, et de l'autre de ne pas les contredire ni ne pas les rejeter comme fausses, quoiqu'on puisse opposer des instances où elles n'ont pas de lieu, mais de se contenter, si on les étendait trop loin, de montrer qu'elles ne doivent pas se prendre à la rigueur.

OBSERVATION II. Il y a des propositions qui doivent passer pour métaphysiquement universelles, quoiqu'elles puissent recevoir des exceptions, lorsque dans l'usage ordinaire ces exceptions extraordinaires ne passent point pour devoir être comprises dans ces termes universels, comme si je dis, *tous les hommes n'ont que deux bras*, cette proposition doit passer pour vraie dans l'usage ordinaire ; et ce serait chicaner que d'opposer qu'il y a eu des monstres qui n'ont pas cessé d'être hommes, quoiqu'ils eussent quatre bras, parce qu'on voit assez qu'on ne parle pas des monstres dans ces propositions générales, et qu'on veut dire seulement que, dans l'ordre de la nature, les hommes n'ont que deux bras. On peut dire de même que tous les hommes se servent des sons pour exprimer leurs pensées, mais que tous ne se servent pas de l'écriture : et ce ne serait pas une objection raisonnable que d'opposer les muets pour trouver de la fausseté dans cette proposition, parce qu'on voit assez, sans qu'on l'exprime, que cela ne doit s'entendre que de ceux qui n'ont

---

1. *Epist. ad Titum,* I, 13.
2. *Ibid.*
3. Horace, *Epîtres,* I, 3.

point d'empêchement naturel à se servir des sons, ou pour n'avoir pu les apprendre, comme ceux qui sont nés sourds, ou pour ne pouvoir les former, comme les muets.

Observation III. Il y a des propositions qui ne sont universelles que parce qu'elles doivent s'entendre *de generibus singulorum*, et non pas *de singulis generum*, comme parlent les philosophes, c'est-à-dire de toutes les espèces de quelque genre, et non pas de tous les particuliers de ces espèces. Ainsi l'on dit que tous les animaux furent sauvés dans l'arche de Noé, parce qu'il en fut sauvé quelques-uns de toutes les espèces. Jésus-Christ dit aussi des pharisiens, qu'ils payaient la dîme de toutes les herbes, *decimatis omne olus* [1], non qu'ils payassent la dîme de toutes les herbes qui étaient dans le monde, mais parce qu'il n'y avait point de sortes d'herbes dont ils ne payassent la dîme. Ainsi saint Paul dit: *Sicut et ego omnibus per omnia placeo* [2]; c'est-à-dire qu'il s'accommodait à toutes sortes de personnes, juifs, gentils, chrétiens, quoiqu'il ne plût pas à ses persécuteurs, qui étaient en si grand nombre. Ainsi l'on dit d'un homme, *qu'il a passé par toutes les charges*, c'est-à-dire par toutes sortes de charges.

Observation IV. Il y a des propositions qui ne sont universelles que parce que le sujet doit être pris comme restreint par une partie de l'attribut; je dis par une partie, car il serait ridicule qu'il fût restreint par tout l'attribut, comme qui prétendrait que cette proposition est vraie : *Tous les hommes sont justes*, parce qu'il l'entendrait en ce sens, que tous les hommes justes sont justes, et qui serait impertinent. Mais quand l'attribut est complexe, et a deux parties, comme dans cette proposition : *Tous les hommes sont justes par la grâce de Jésus-Christ*, c'est avec raison qu'on peut prétendre que le terme de *justes* est sous-entendu dans le sujet, quoiqu'il n'y soit pas exprimé ; parce qu'il est assez clair que l'on veut dire seulement que tous les hommes qui sont justes ne sont justes que par la grâce de Jésus-Christ: et ainsi cette proposition est vraie en toute rigueur, quoiqu'elle paraisse fausse à ne considérer que ce qui est exprimé dans le sujet, y ayant tant d'hommes qui sont méchants et pécheurs, et qui, par conséquent, n'ont point été justifiés par la grâce de Jésus-Christ. Il y a un très-grand nombre de propositions dans l'Écriture qui doivent être prises en ce sens, et entre autres ce que dit saint Paul: *Comme tous meurent par Adam, ainsi tous seront vivifiés par Jésus-Christ* [3]; car il est certain qu'une infinité de païens, qui sont morts dans leur infidélité, n'ont point été vivifiés par Jésus-Christ, et qu'ils n'auront aucune part à la vie de la gloire dont parle saint Paul en cet endroit : et ainsi le sens de l'Apôtre est que, comme tous ceux qui meurent, meurent par Adam, tous ceux aussi qui sont vivifiés, sont vivifiés par Jésus-Christ.

Il y a aussi beaucoup de propositions qui ne sont moralement universelles qu'en cette manière, comme quand on dit : *Les Français sont bons*

---

1. « Decimatis mentham, et rutam, et omne olus. » Saint Luc, xi, 42.
2. I. *Corinth.*, x, 133.
3. I. *Corinth.*, xv, 22.

soldats; les Hollandais sont bons matelots; les Flamands sont bons peintres; les Italiens sont bons comédiens; cela veut dire que les Français qui sont soldats sont ordinairement bons soldats, et ainsi des autres.

OBSERVATION V. Il ne faut pas s'imaginer qu'il n'y ait point d'autre marque de particularité que ces mots, *quidam, aliquis,* quelque, et autres semblables; car, au contraire, il arrive assez rarement que l'on s'en serve, surtout dans notre langue.

Quand la particule *des* ou *de* est le pluriel de l'article *un,* selon la nouvelle remarque de la Grammaire générale [1], elle fait que les noms se prennent particulièrement, au lieu que, pour l'ordinaire, ils se prennent généralement avec l'article *les.* C'est pourquoi il y a bien de la différence entre ces deux propositions : *Les médecins croient maintenant qu'il est bon de boire pendant le chaud de la fièvre; des médecins croient maintenant que le sang ne se fait pas dans le foie.* Car *les médecins,* dans la première, marque le commun des médecins d'aujourd'hui ; et *des médecins,* dans la seconde, marque seulement quelques médecins particuliers.

Mais souvent avant *des* ou *de,* ou *un* au singulier, on met *il y a,* comme *il y a des médecins,* et cela en deux manières.

La première est, en mettant seulement après *des,* ou *un,* un substantif pour être le sujet de la proposition, et un adjectif pour être l'attribut, soit qu'il soit le premier ou le dernier, comme : *Il y a des douleurs salutaires; il y a des plaisirs funestes; il y a de faux amis; il y a une humilité généreuse; il y a des vices couverts de l'apparence de la vertu.* C'est comme on exprime dans notre langue ce qu'on exprime par *quelque* dans le style de l'école : *Quelques douleurs sont salutaires, quelque humilité est généreuse,* et ainsi des autres.

La seconde manière est de joindre par un *qui* l'adjectif au substantif : *Il y a des craintes qui sont raisonnables.* Mais ce *qui* n'empêche pas que ces propositions ne puissent être simples dans le sens, quoique complexes dans l'expression : car c'est comme si on disait simplement : *Quelques craintes sont raisonnables.* Ces façons de parler sont encore plus ordinaires que les précédentes : *Il y a des hommes qui n'aiment qu'eux-mêmes; il y a des chrétiens qui sont indignes de ce nom.*

On se sert quelquefois en latin d'un mot semblable. Horace :

> Sunt quibus in satira videor nimis acer, et ultra [2]
> Legem tendere opus.

Ce qui est la même chose que s'il avait dit :

> Quidam existimant me nimis acrem esse in satira.

Il y en a qui me croient trop piquant dans la satire.

De même dans l'Ecriture : *Est qui nequiter se humiliat* [3], il y en a qui s'humilient mal.

---

1. Voir la *Grammaire générale* de Port-Royal, IIe partie ; chap. VII.
2. Horace, *Satires,* II, 1.
3. *Ecclésiast.,* XIX, 23.

Omnis, tout, avec une négation, fait aussi une proposition particulière, avec cette différence, qu'en latin la négation précède *omnis*, et en français elle suit *tout* : *Non omnis qui dicit mihi, Domine, Domine, intrabit in regnum cœlorum*[1]. Tous ceux qui me disent, Seigneur, Seigneur, n'entreront point dans le royaume des cieux. *Non omne peccatum est crimen*, tout péché n'est pas un crime.

Néanmoins dans l'hébreu, *non omnis* est souvent pour *nullus*, comme dans le psaume : *Non justificabitur in conspectu tuo omnis vivens*[2], nul homme vivant ne se justifiera devant Dieu. Cela vient de ce qu'alors la négation ne tombe que sur le verbe, et non point sur *omnis*.

OBSERVATION VI. — Voilà quelques observations assez utiles quand il y a un terme d'universalité, comme *tout*, *nul*, etc. Mais quand il n'y en a point, et qu'il n'y a point aussi de particularité, comme quand je dis, *l'homme est raisonnable, l'homme est juste*, c'est une question célèbre parmi les philosophes, si ces propositions, qu'ils appellent *indéfinies*, doivent passer pour universelles, ou pour particulières ; ce qui doit s'entendre quand elles sont sans aucune suite de discours, ou qu'on ne les a point déterminées par la suite à aucun de ces sens ; car il est indubitable qu'on doit prendre le sens d'une proposition, quand elle a quelque ambiguïté, de ce qui l'accompagne dans le discours de celui qui s'en sert.

La considérant donc en elle-même, la plupart des philosophes disent qu'elle doit passer pour universelle dans une matière nécessaire, et pour particulière dans une matière contingente.

Je trouve cette maxime approuvée par de fort habiles gens, et néanmoins elle est très-fausse : et il faut dire, au contraire, que lorsqu'on attribue quelque qualité à un terme commun, la proposition indéfinie doit passer pour universelle en quelque matière que ce soit : et ainsi, dans une matière contingente, elle ne doit point être considérée comme une proposition particulière, mais comme une universelle qui est fausse ; et c'est le jugement naturel que tous les hommes en font ; les rejettant comme fausses lorsqu'elles ne sont pas vraies généralement, au moins d'une généralité morale, dont les hommes se contentent dans les discours ordinaires des choses du monde.

Car qui souffrirait que l'on dît : *Que les ours sont blancs, que les hommes sont noirs, que les Parisiens sont gentilshommes, les Polonais sont sociniens, les Anglais sont trembleurs*? Et cependant, selon la distinction de ces philosophes, ces propositions devraient passer pour très-vraies, puisque étant indéfinies dans une matière contingente, elles devraient être prises pour particulières. Or, il est très-vrai qu'il y a quelques ours blancs, comme ceux de la Nouvelle-Zemble ; quelques hommes qui sont noirs, comme les Ethiopiens ; quelques Parisiens qui sont gentilshommes ; quelques Polonais qui sont sociniens ; quelques Anglais qui sont trembleurs. Il est donc clair qu'en quelque matière que ce soit, les propositions indéfinies de cette sorte sont prises pour universelles,

---

1. Saint Matthieu, VII, 21. | 2. *Psalm.* CXLII, 2.

mais que dans une matière contingente on se contente d'une universalité morale. Ce qui fait qu'on dit fort bien : *Les Français sont vaillants, les Italiens sont soupçonneux, les Allemands sont grands, les Orientaux sont voluptueux*, quoique cela ne soit pas vrai de tous les particuliers, parce qu'on se contente qu'il soit vrai de la plupart.

Il y a donc une autre distinction sur ce sujet, laquelle est plus raisonnable, qui est que ces propositions indéfinies sont universelles en matière de doctrine, comme, les anges n'ont point de corps, et qu'elles ne sont que particulières dans les faits et dans les narrations, comme quand il est dit dans l'Evangile : *Milites plectentes coronam de spinis, imposuerunt capiti ejus*[1] ; il est bien clair que cela ne doit être entendu que de quelques soldats, et non pas de tous les soldats. Donc la raison est qu'en matière d'actions singulières, lors surtout qu'elles sont déterminées à un certain temps, elles ne conviennent ordinairement à un terme commun qu'à cause de quelques particuliers, dont l'idée distincte est dans l'esprit de ceux qui font ces propositions : de sorte qu'à le bien prendre, ces propositions sont plutôt singulières que particulières, comme on pourra le juger par ce qui a été dit des termes complexes dans le sens, 1re partie, chapitre VIII, et 2e partie, chapitre VI.

OBSERVATION VII. — Les noms de *corps*, de *communauté*, de *peuple*, étant pris collectivement, comme ils le sont d'ordinaire, pour tout le corps, toute la communauté, tout le peuple, ne font point les propositions où ils entrent, proprement universelles, ni encore moins particulières, mais singulières, comme quand je dis : *Les Romains ont vaincu les Carthaginois ; les Vénitiens font la guerre aux Turcs ; les juges d'un tel lieu ont condamné un criminel*, ces propositions ne sont point universelles ; autrement on pourrait conclure de chaque Romain qu'il aurait vaincu les Carthaginois, ce qui serait faux : elles ne sont point aussi particulières ; car cela veut dire plus que si je disais que quelques Romains ont vaincu les Carthaginois ; mais elles sont singulières, parce que l'on considère chaque peuple comme une personne morale, dont la durée est de plusieurs siècles, qui subsiste tant qu'il compose un Etat, et qui agit en tous ces temps par ceux qui la composent, comme un homme agit par ses membres. D'où vient que l'on dit, que les Romains qui ont été vaincus par les Gaulois qui prirent Rome, ont vaincu les Gaulois au temps de César, attribuant ainsi à ce même terme de *Romains* d'avoir été vaincus en un temps, et d'avoir été victorieux en l'autre, quoiqu'en l'un de ces temps il n'y ait eu aucun de ceux qui étaient en l'autre : et c'est ce qui fait voir sur quoi est fondée la vanité que chaque particulier prend des belles actions de sa nation, auxquelles il n'a point eu de part, et qui est aussi sotte que celle d'une oreille, qui, étant sourde, se glorifierait de la vivacité de l'œil ou de l'adresse de la main.

1. Saint Matthieu, XXVI, 29.

CHAPITRE XIV

DES PROPOSITIONS OU L'ON DONNE AUX SIGNES LE NOM DES CHOSES

Nous avons dit, dans la première partie, que des idées, les unes avaient pour objet des choses, les autres des signes. Or, ces idées de signe attachées à des mots, venant à composer des propositions, il arrive une chose qu'il est important d'examiner en ce lieu, et qui appartient proprement à la logique, c'est qu'on en affirme quelquefois les choses signifiées ; et il s'agit de savoir quand on a droit de le faire, principalement à l'égard des signes d'institutions ; car, à l'égard des signes naturels, il n'y a pas de difficulté, parce que le rapport visible qu'il y a entre ces sortes de signes et les choses, marque clairement que quand on affirme du signe la chose signifiée, on veut dire, non que ce signe soit réellement cette chose, mais qu'il l'est en signification et en figure ; et ainsi l'on dira sans préparation et sans façon d'un portrait de César, que c'est César ; et d'une carte d'Italie, que c'est l'Italie.

Il n'est donc besoin d'examiner cette règle qui permet d'affirmer les choses signifiées de leurs signes, qu'à l'égard des signes d'institution qui n'avertissent pas par un rapport visible du sens auquel on entend ces propositions : et c'est ce qui a donné lieu à bien des disputes.

Car il semble à quelques-uns que cela puisse se faire indifféremment, et qu'il suffise pour montrer qu'une proposition est raisonnable en la prenant en un sens de figure et de signe, de dire qu'il est ordinaire de donner au signe le nom de la chose signifiée : et cependant cela n'est pas vrai ; car il y a une infinité de propositions qui seraient extravagantes, si l'on donnait aux signes le nom des choses signifiées ; ce que l'on ne fait jamais, parce qu'elles sont extravagantes. Ainsi un homme qui aurait établi dans son esprit que certaines choses en signifieraient d'autres, serait ridicule, si, sans en avoir averti personne, il prenait la liberté de donner à ces signes de fantaisie le nom de ces choses, et disait, par exemple, qu'une pierre est un cheval, et un âne un roi de Perse, parce qu'il aurait établi ces signes dans son esprit. Ainsi la première règle qu'on doit suivre sur ce sujet, est qu'il n'est pas permis indifféremment de donner aux signes le nom des choses.

La seconde, qui est une suite de la première, est que la seule incompatibilité évidente des termes n'est pas une raison suffisante pour conduire l'esprit au sens de signe, et pour conclure qu'une proposition ne pouvant se prendre proprement, se doit donc expliquer en un sens de signe. Autrement il n'y aurait point de ces propositions qui fussent extravagantes, et plus elles seraient impossibles dans le sens propre, plus on retomberait facilement dans le sens de signe, ce qui n'est pas néanmoins : car qui souffrirait que, sans autre préparation, et en vertu seulement d'une destination secrète, on dît que la mer est le ciel, que la terre est la lune, qu'un arbre est un roi? Qui ne voit qu'il n'y aurait point de voie plus courte pour s'acquérir la réputation de folie, que de prétendre introduire ce langage dans le monde? Il faut donc que celui à qui on parle soit préparé d'une certaine manière, afin qu'on ait droit de se servir de ces sortes de propositions, et il faut remarquer, sur ces préparations, qu'il y en a de certainement insuffisantes, et d'autres qui sont certainement suffisantes.

1º Les rapports éloignés qui ne paraissent point aux sens, ni à la première vue de l'esprit, et qui ne se découvrent que par méditation, ne suffisent nullement pour donner d'abord aux signes le nom des choses signifiées : car il n'y a presque point de choses, entre lesquelles on ne puisse trouver de ces sortes de rapports, et il est clair que des rapports qu'on ne voit pas d'abord ne suffisent point pour conduire au sens de figure.

2º Il ne suffit pas, pour donner à un signe le nom de la chose signifiée dans le premier établissement qu'on en fait, de savoir que ceux à qui on parle le considèrent déjà comme un signe d'une autre chose toute différente. On sait, par exemple, que le laurier est signe de la victoire, et l'olivier de la paix ; mais cette connaissance ne prépare nullement l'esprit à trouver bon qu'un homme à qui il plaira de rendre le laurier signe du roi de la Chine, et l'olivier du Grand Seigneur, dise sans façon, en se promenant dans un jardin : Voyez ce laurier, c'est le roi de la Chine ; et cet olivier, c'est le Grand Turc.

3º Toute préparation qui applique seulement l'esprit à attendre quelque chose de grand, sans le préparer à regarder en particulier une chose comme signe, ne suffit nullement pour donner droit d'attribuer à ce signe le nom de la chose signifiée dans la première institution. La raison en est claire, parce qu'il n'y a nulle conséquence directe et prochaine entre l'idée de grandeur et l'idée de signe ; et ainsi l'une ne conduit point à l'autre.

Mais c'est certainement une préparation suffisante pour donner aux signes le nom des choses, quand on voit dans l'esprit de ceux à qui on parle que, considérant certaines choses comme signes, ils sont en peine seulement de savoir ce qu'elles signifient.

Ainsi Joseph a pu répondre à Pharaon[1], que les sept vaches grasses et les sept épis pleins qu'il avait vus en songe, étaient sept années d'abondance ; et les sept vaches maigres et les sept épis maigres, sept années de stérilité ; parce qu'il voyait que Pharaon n'était en peine que de cela, et qu'il lui faisait intérieurement cette question : Qu'est-ce que ces vaches grasses et maigres, ces épis pleins et vides sont en signification?

Ainsi Daniel répondit fort raisonnablement à Nabuchodonosor, qu'il était la tête d'or[2] ; parce qu'il lui avait proposé le songe qu'il avait eu

---

1. *Genèse,* XLI. | 2. *Daniel,* XI.

d'une statue qui avait la tête d'or, et qu'il lui en avait demandé la signification.

Ainsi, quand on a proposé une parabole, et qu'on vient à l'expliquer, ceux à qui l'on parle, considérant déjà tout ce qui la compose comme des signes, on a droit, dans l'explication de chaque partie, de donner au signe le nom de la chose signifiée.

Ainsi Dieu ayant fait voir au prophète Ezéchiel en vision, *in spiritu*, un champ plein de morts, et les prophètes distinguant les visions des réalités, et étant accoutumés à les prendre pour des signes, Dieu lui parla fort intelligiblement en lui disant que *ces os étaient la maison d'Israël*[1]; c'est-à-dire qu'ils la signifiaient.

Voici les préparations certaines; et comme on ne voit pas d'autres exemples où l'on convienne que l'on ait donné au signe le nom de la chose signifiée, que ceux où elles se trouvent, on en peut tirer cette maxime de sens commun : que l'on ne donne aux signes le nom des choses, que lorsque l'on a droit de supposer qu'ils sont regardés comme signes, et que l'on voit dans l'esprit des autres qu'ils sont en peine de savoir, non ce qu'ils sont, mais ce qu'ils signifient.

Mais comme la plupart des règles morales ont des exceptions, on pourrait douter s'il n'en faudrait point faire une à celle-ci en un seul cas; c'est quand la chose signifiée est telle, qu'elle exige en quelque sorte d'être marquée par un signe : de sorte que, sitôt que le nom de cette chose est prononcé, l'esprit conçoit incontinent que le sujet auquel on l'a joint est destiné pour la désigner. Ainsi, comme les alliances sont ordinairement marquées par des signes extérieurs, si l'on affirmait le mot d'*alliance* de quelque chose extérieure, l'esprit pourrait être porté à concevoir qu'on l'en affirmerait comme de son signe : de sorte que, quand il y aurait dans l'Écriture que la *circoncision est l'alliance*, peut-être n'y aurait-il rien de surprenant, car l'alliance porte l'idée du signe sur la chose à laquelle elle est jointe : et ainsi, comme celui qui écoute une proposition conçoit l'attribut et les qualités de l'attribut avant qu'il en fasse l'union avec le sujet, on peut supposer que celui qui entend cette proposition, *la circoncision est l'alliance*, est suffisamment préparé à concevoir que la circoncision n'est alliance qu'en signe, le mot d'*alliance* lui ayant donné lieu de former cette idée, non avant qu'il soit prononcé, mais avant qu'il fût joint dans son esprit avec le mot de *circoncision*.

J'ai dit que l'on pourrait croire que les choses qui exigent, par une convenance de raison, d'être marquées par des signes, seraient une exception de la règle établie, qui demande une préparation précédente qui fasse regarder le signe comme signe, afin qu'on en puisse affirmer la chose signifiée, parce que l'on pourrait croire aussi le contraire; car : 1° cette proposition, *la circoncision est l'alliance*, n'est point dans l'Écriture, qui porte seulement : *Voici l'alliance que vous observerez entre vous, votre postérité et moi : Tout mâle parmi vous sera circoncis*[2]. Or, il n'est pas dit dans ces paroles que la circoncision soit l'alliance; mais la cir-

---

1. *Ezéchiel*, XXXVII. | 2. *Genèse*, XVII, 10.

concision y est commandée comme condition de l'alliance. Il est vrai que Dieu exigeait cette condition, afin que la circoncision fût signe de l'alliance, comme il est porté dans le verset suivant: *Ut sint in signum fœderis;* mais afin qu'elle fût signe, il en fallait commander l'observation, et la faire condition de l'alliance, et c'est ce qui est contenu dans le verset précédent.

2° Ces paroles de saint Luc: *Ce calice est la nouvelle alliance en mon sang*[1], que l'on allègue aussi, ont encore moins d'évidence pour confirmer cette exception. Car, en traduisant littéralement, il y a dans saint Luc: *Ce calice est le nouveau testament en mon sang*. Or, comme le mot de testament ne signifie pas seulement la dernière volonté du testateur, mais encore plus proprement l'instrument qui la marque, il n'y a point de figure à appeler le calice du sang de Jésus-Christ *testament*, puisque c'est proprement la marque, le gage et le signe de la dernière volonté de Jésus-Christ, l'instrument de la nouvelle alliance.

Quoi qu'il en soit, cette exception étant douteuse d'une part, et étant très-rare de l'autre, et y ayant très-peu de choses qui exigent d'elles-mêmes d'être marquées par des signes, elles n'empêchent pas l'usage de l'application de la règle à l'égard de toutes les autres choses qui n'ont pas cette qualité, et que les hommes n'ont point accoutumé de marquer par des signes d'institution. Car il faut se souvenir de ce principe d'équité, que la plupart des règles ayant des exceptions, elles ne laissent pas d'avoir leur force dans les choses qui ne sont point comprises dans l'exception.

C'est par ces principes qu'il faut décider cette importante question, si l'on peut donner à ces paroles, *ceci est mon corps*, le sens de figure; ou plutôt, c'est par ces principes que toute la terre l'a décidée, toutes les nations du monde s'étant portées naturellement à les prendre au sens de réalité, et à en exclure le sens de figure; car les apôtres ne regardant pas le pain comme un signe, et n'étant point en peine de ce qu'il signifiait, Jésus-Christ n'aurait pu donner aux signes le nom des choses, sans parler contre l'usage de tous les hommes, et sans les tromper: ils pouvaient peut-être regarder ce qui se faisait comme quelque chose de grand; mais cela ne suffit pas.

Je n'ai plus rien à remarquer sur le sujet des signes, auxquels l'on donne le nom des choses, sinon qu'il faut extrêmement distinguer entre les expressions où l'on se sert du nom de la chose pour marquer le signe, comme quand on appelle un tableau d'Alexandre du nom d'Alexandre, et celles dans lesquelles le signe étant marqué par son nom propre, ou par un pronom, on en affirme la chose signifiée; car cette règle, qu'il faut que l'esprit de ceux à qui on parle regarde déjà le signe comme signe, et soit en peine de savoir de quoi il est signe, ne s'entend nullement du premier genre d'expressions, mais seulement du second, où l'on affirme expressément du signe de la chose signifiée; car on ne se sert de ces expressions que pour apprendre à ceux à qui l'on parle ce que signifie

---

[1]. *Saint Luc,* XXII, 20.

ce signe, et on ne le fait en cette manière que lorsqu'ils sont suffisamment préparés à concevoir que le signe n'est la chose signifiée qu'en signification et en figure.

CHAPITRE XV

DE DEUX SORTES DE PROPOSITIONS QUI SONT DE GRAND USAGE DANS LES SCIENCES, LA DIVISION ET LA DÉFINITION, ET PREMIÈREMENT DE LA DIVISION.

Il est nécessaire de dire quelque chose en particulier de deux sortes de propositions qui sont de grand usage dans les sciences, la division et la définition.

La division est le partage d'un tout en ce qu'il contient[1].

Mais comme il y a deux sortes de *tout,* il y a aussi deux sortes de divisions. Il y a un tout composé de plusieurs parties réellement distinctes, appelé en latin *totum,* et dont les parties sont appelées *parties intégrantes.* La division de ce tout s'appelle proprement *partition;* comme quand on divise une maison en ses appartements, une ville en ses quartiers, un royaume ou un État en ses provinces, l'homme en corps et en âme, le corps en ses membres. La seule règle de cette division est de faire des dénombrements bien exacts et auxquels il ne manque rien[2].

L'autre *tout* est appelé en latin *omne,* et ses parties, *parties subjectives*[3] ou *inférieures,* parce que ce tout est un terme commun, et ses parties sont les sujets compris dans

---

1. « La division est *une proposition ou un discours qui, prenant un sujet commun,* fait voir *combien il y a de sortes de choses à qui la raison en convient,* comme quand, prenant pour sujet le terme *être,* on dit que tout ce qui est à l'être, ou de soi-même ou d'un autre ; de soi-même, comme Dieu seul ; d'un autre, comme tout le reste ; et encore, que ce qui a l'être, l'a en soi-même comme les substances, ou en un autre, comme les modes et les accidents. » BOSSUET, *Logique,* liv. II, ch. XIV.

2. Rapprocher cette règle de la quatrième règle contenue dans le *Discours de la Méthode :* « Faire des dénombrements si complets et des revues si exactes, que je fusse assuré de ne rien omettre. »

3. De *subjicere, subjectus,* placé dessous. Ne pas confondre avec le sens du mot *subjectif* chez les modernes.

son étendue. Le mot *d'animal* est un tout de cette nature, dont les inférieurs, comme *homme* et *bête*, qui sont compris dans son étendue, sont les parties subjectives. Cette division retient proprement le nom de division, et on en peut remarquer de quatre sortes.

La 1re est quand on divise le genre par ses espèces[1] : *Toute substance est corps ou esprit : tout animal est homme ou bête.*

La 2e est quand on divise le genre par ses différences : *Tout animal est raisonnable ou privé de raison; tout nombre est pair ou impair; toute proposition est vraie ou fausse; toute ligne est droite ou courbe.*

La 3e quand on divise un sujet commun par les accidents opposés dont il est capable, ou selon ses divers inférieurs, ou en divers temps, comme: *Tout astre est lumineux par soi-même, ou seulement par réflexion; tout corps est en mouvement ou en repos; tous les Français sont nobles ou roturiers; tout homme est sain ou malade; tous les peuples se servent pour s'exprimer ou de la parole seulement, ou de l'écriture outre la parole.*

La 4e d'un accident en ses divers sujets, comme la division des biens en ceux de l'esprit et du corps.

Les règles de la division sont : 1° qu'elle soit entière, c'est-à-dire que les membres de la division comprennent toute l'étendue du terme que l'on divise, comme *pair* et *impair* comprennent toute l'étendue du terme de *nombre*, n'y en ayant point qui ne soit pair ou impair. Il n'y a presque rien qui fasse faire tant de faux raisonnements que le défaut d'attention à cette règle; et ce qui trompe est qu'il y a souvent des termes qui paraissent tellement opposés, qu'ils semblent ne point souffrir de milieu, et qui ne laissent pas d'en avoir. Ainsi, entre ignorant et savant, il y a une certaine médiocrité de savoir qui tire un homme du rang des ignorants, et qui ne le met pas encore au rang des savants. Entre vicieux et vertueux, il y a aussi un certain état dont on peut dire ce que Tacite dit de Galba, *magis extra vitia quam cum virtutibus*[2]; car il y a des gens qui, n'ayant pas de vices grossiers, ne sont pas appelés vicieux, et qui, ne faisant point bien, ne

---

1. C'est la seule vraie division, qui analyse l'*extension* d'une idée générale, tandis que la définition en analyse la *compréhension*.
2. *Histoires*, I, 49.

peuvent point être appelés vertueux, quoique devant Dieu ce soit un grand vice que de n'avoir point de vertu. Entre sain et malade, il y a l'état d'un homme indisposé ou convalescent : entre le jour et la nuit, il y a le crépuscule : entre les vices opposés, il y a le milieu de la vertu, comme la piété entre l'impiété et la superstition; et quelquefois ce milieu est double, comme entre l'avarice et la prodigalité il y a libéralité et une épargne louable : entre la timidité qui craint tout et la témérité qui ne craint rien, il y a la générosité, qui ne s'étonne point des périls, et une précaution raisonnable, qui fait éviter ceux auxquels il n'est pas à propos de s'exposer[1].

La deuxième règle, qui est une suite de la première, est que les membres de la division soient opposés, comme *pair, impair; raisonnable, privé de raison.* Mais il faut remarquer ce qu'on a déjà dit dans la première partie, qu'il n'est pas nécessaire que toutes les différences qui font ses membres opposés soient positives; mais qu'il suffit qu'une le soit, et que l'autre soit le genre seul avec la négation de l'autre différence ; et c'est même par là qu'on fait que les membres sont plus certainement opposés[2]. Ainsi, la différence de la bête avec l'homme n'est que la privation de la raison, qui n'est rien de positif; l'imparité n'est que la négation de la divisibilité en deux parties égales. Le nombre premier n'a rien que n'ait le nombre composé; l'un et l'autre ayant l'unité pour mesure, et celui qu'on appelle premier n'étant différent du composé, qu'en ce qu'il n'a point d'autre mesure que l'unité.

Néanmoins, il faut avouer que c'est le meilleur d'exprimer les différences opposées par des termes positifs, quand cela se peut; parce que cela fait mieux entendre la nature des membres de la division. C'est pourquoi la division de la substance en celle qui pense et celle qui est étendue, est beaucoup meilleure que la commune, en celle

---

1. Dans ce milieu entre les extrêmes Aristote, comme on sait, plaçait la vertu : ἐν μέσῳ ἀρετή.

2. Sur le *genre* et la *différence*, voir plus haut le chapitre où l'on traite des cinq *universaux*.

qui est matérielle et celle qui est immatérielle, ou bien en celle qui est corporelle, et celle qui n'est pas corporelle; parce que les mots d'*immatérielle* ou d'*incorporelle* ne nous donnent qu'une idée fort imparfaite et fort confuse de ce qui se comprend beaucoup mieux par les mots de *substance qui pense*[1].

La troisième règle, qui est une suite de la seconde, est que l'un des membres ne soit pas tellement enfermé dans l'autre, que l'autre en puisse être affirmé, quoiqu'il puisse quelquefois y être enfermé en une autre manière ; car la ligne est enfermée dans la surface comme le terme[2] de la surface, et la surface dans le solide comme le terme du solide. Mais cela n'empêche pas que l'étendue ne se divise en ligne, surface et solide, parce qu'on ne peut pas dire que la ligne soit surface, ni la surface solide. On ne peut pas, au contraire, diviser le nombre en pair, impair et carré, parce que tout nombre carré étant pair ou impair, il est enfermé dans les deux premiers membres.

On ne doit pas aussi diviser les opinions en vraies, fausses et probables, parce que toute opinion probable est vraie ou fausse. Mais on peut les diviser premièrement en vraies et en fausses, et puis diviser les unes et les autres en certaines et en probables.

Ramus et ses partisans se sont fort tourmentés pour montrer que toutes les divisions ne doivent avoir que deux membres. Tant qu'on peut le faire commodément, c'est le meilleur ; mais la clarté et la facilité étant ce qu'on doit le plus considérer dans les sciences, on ne doit pas rejeter les divisions en trois membres, et plus encore quand elles sont plus naturelles, et qu'on aurait besoin de subdivisions forcées pour les faire toujours en deux membres : car alors, au lieu de soulager l'esprit, ce qui est le principal fruit de la division, on l'accable par un grand nombre de subdivisions, qu'il est bien plus difficile de retenir que si tout d'un coup on avait fait plus de

---

1. On reconnaît les deux définitions de Descartes : *res cogitans, res extensa*.

2. C'est-à-dire la *limite*.

membres à ce que l'on divise. Par exemple, n'est-il pas plus court, plus simple et plus naturel de dire: *Toute étendue est ou ligne ou surface, ou solide,* que de dire comme Ramus : *Magnitudo est linea vel lineatum, lineatum est superficies vel solidum* [1] ?

Enfin, on peut remarquer que c'est un égal défaut de ne faire pas assez et de faire trop de divisions; l'un n'éclaire pas assez d'esprit et l'autre le dissipe trop. Grassot, qui est un philosophe estimable entre les interprètes d'Aristote, a nui à son livre par le trop grand nombre de divisions [2]. On retombe par là dans la confusion que l'on prétend éviter : *confusum est quidquid in pulverem sectum est* [3] ?

CHAPITRE XVI

DE LA DÉFINITION QU'ON APPELLE DÉFINITION DE CHOSES.

Nous avons parlé fort au long, dans la première partie, des définitions des noms, et nous avons montré qu'il ne fallait pas les confondre avec les définitions des choses; parce que les définitions des noms sont arbitraires, au lieu que les définitions des choses ne dépendent point de nous, mais de ce qui est enfermé dans la véritable idée d'une chose, et ne doivent point être prises pour principes, mais être considérées comme des propositions qui doivent souvent être confirmées par raison, et qui peuvent être combattues. Ce n'est donc que de cette dernière sorte de définition que nous parlons en ce lieu.

Il y en a deux sortes : l'une plus exacte, qui retient le nom de définition; l'autre moins exacte, qu'on appelle description [4].

---

1. Ramus: *Arithmeticæ Libri tres*, I.
2. Jean Grassot, natif de Langres, mort en 1616, a laissé des *Éléments de physique et de logique*.
3. « Idem enim vitii habet nimia quod nulla divisio; simile confuso est quidquid usque in pulverem sectum est. » SÉNÈQUE, *Lettre* 90.
4. La description énumère les caractères d'un objet, et surtout les caractères extérieurs; la définition s'efforce d'en exprimer l'*essence*.

La plus exacte est celle qui explique la nature d'une chose par ses attributs essentiels, dont ceux qui sont communs s'appellent *genre*, et ceux qui sont propres *différence*[1].

Ainsi on définit l'homme un animal raisonnable ; l'esprit, une substance qui pense : le corps, une substance étendue ; Dieu, l'être parfait. Il faut, autant qu'on le peut, que ce qu'on met pour genre dans la définition, soit le genre prochain[2] du défini, et non pas seulement le genre éloigné.

On définit aussi quelquefois par les parties intégrantes, comme lorsqu'on dit que l'homme est une chose composée d'un esprit et d'un corps. Mais alors même il y a quelque chose qui tient lieu de genre, comme le mot de chose composée, et le reste tient lieu de différence.

La définition moins exacte qu'on appelle description, est celle qui donne quelque connaissance d'une chose par les accidents qui lui sont propres, et qui la déterminent assez pour en donner quelque idée qui la discerne des autres.

C'est en cette manière qu'on décrit les herbes, les fruits, les animaux, par leur figure, par leur grandeur, par leur couleur et autres semblables accidents. C'est de cette nature que sont les descriptions des poëtes et des orateurs.

Il y a aussi des définitions ou descriptions qui se font par les causes, par la matière, par la forme, par la fin, etc., comme si on définit une horloge, une machine de fer composée de diverses roues, dont le mouvement réglé est propre à marquer les heures.

Il y a trois choses nécessaires à une bonne définition : qu'elle soit universelle, qu'elle soit propre[3], qu'elle soit claire.

---

1. Exemple : la circonférence (espèce) est une ligne courbe (genre) dont tous les points sont également distants d'un point intérieur nommé centre (différence).

2. Exemple : il ne faut pas dire : la circonférence est une *ligne* (genre éloigné), mais une *ligne courbe* (genre prochain).

3. L'*universalité* et la *propriété* nécessaires aux définitions se déduisent d'un seul et même principe : l'attribut de la définition, étant *identique* en sujet, doit lui être exactement égal en extension.

1° Il faut qu'une définition soit universelle, c'est-à-dire qu'elle comprenne tout le défini. C'est pourquoi la définition commune du *temps*, que c'est *la mesure du mouvement*, n'est peut-être pas bonne, parce qu'il y a grande apparence que le temps ne mesure pas moins le repos que le mouvement, puisqu'on dit aussi bien qu'une chose a été tant de temps en repos, comme on dit qu'elle s'est remuée pendant tant de temps ; de sorte qu'il semble que le temps ne soit autre chose que la durée de la créature en quelque état qu'elle soit.

2° Il faut qu'une définition soit propre, c'est-à-dire qu'elle ne convienne qu'au défini. C'est pourquoi la définition commune des éléments, *un corps simple corruptible,* ne semble pas bonne ; car les corps célestes n'étant pas moins simples que les éléments par le propre aveu de ces philosophes, on n'a aucune raison de croire qu'il ne se fasse pas dans les cieux des altérations semblables à celles qui se font sur la terre, puisque, sans parler des comètes, qu'on sait maintenant n'être point formées des exhalaisons de la terre, comme Aristote se l'était imaginé, on a découvert des taches dans le soleil, qui s'y forment et qui s'y dissipent de la même sorte que nos nuages, quoique ce soient de bien plus grands corps.

3° Il faut qu'une définition soit claire, c'est-à-dire qu'elle nous serve à avoir une idée plus claire et plus distincte de la chose qu'on définit, et qu'elle nous en fasse, autant qu'il se peut, comprendre la nature ; de sorte qu'elle puisse nous aider à rendre raison de ses principales propriétés. C'est ce qu'on doit principalement considérer dans les définitions, et c'est ce qui manque à une grande partie des définitions d'Aristote.

Car qui est celui qui a mieux compris la nature du mouvement par cette définition : *Actus entis in potentia quatenus in potentia,* l'acte d'un être en puissance en tant qu'il est en puissance [1] ? L'idée que la nature nous en

---

1. ARISTOTE, *Métaphysique*, VI. La définition d'Aristote, qui ne doit pas être considérée indépendamment de toute sa doctrine, est des plus pro-

fournit n'est-elle pas cent fois plus claire que celle-là? et à qui servit-elle jamais pour expliquer aucune des propriétés du mouvement [1]?

Les quatre célèbres définitions de ces quatre premières qualités, *le sec, l'humide, le chaud, le froid,* ne sont pas meilleures.

Le *sec*, dit-il, est ce qui est facilement retenu dans ses bornes, et difficilement dans celles d'un autre corps : *Quod suo termino facile continetur, difficulter alieno* [2].

Et l'*humide*, au contraire, ce qui est facilement retenu dans les bornes d'un autre corps, et difficilement dans les siennes : *Quod suo termino difficulter continetur, facile alieno.*

Mais premièrement ces deux définitions conviennent mieux aux corps durs et aux corps liquides qu'aux corps secs et aux corps humides; car on dit qu'un air est sec et qu'un autre air est humide, quoiqu'il soit toujours facilement retenu dans les bornes d'un autre corps, parce qu'il est toujours liquide; et de plus, on ne voit pas comment Aristote a pu dire que le feu, c'est-à-dire la flamme, était sèche selon cette définition, puisqu'elle s'accommode facilement aux bornes d'un autre corps; d'où vient aussi que Virgile appelle le feu liquide : *Et liquidi simul ignis* [3]. Et c'est une vaine subtilité de dire avec Campanelle [4], que le feu étant enfermé, *aut rumpit, aut rumpitur;* car ce n'est point à cause de sa prétendue sécheresse, mais parce que sa propre fumée l'étouffe, s'il n'a de l'air. C'est pourquoi il s'accommodera fort bien aux bornes d'un autre corps, pourvu qu'il ait quelque ouverture par où il puisse chasser ce qui s'en exhale sans cesse.

Pour le *chaud,* il le définit, ce qui rassemble les corps semblables et désunit les dissemblables : *Quod congregat homogenea et disgregat heterogenea.*

Et le *froid,* ce qui rassemble les corps dissemblables et désunit les semblables : *Quod congregat heterogenea et disgregat homogenea* [5]. C'est ce qui convient quelquefois au chaud et au froid, mais non pas toujours, et ce qui de plus ne sert de rien à nous faire entendre la vraie cause qui fait que nous appelons un corps chaud et un autre froid; de sorte que le chancelier Bacon avait raison de dire que ces définitions étaient sem-

---

fondes. Elle s'applique non au mouvement proprement dit, mais au *changement*, au *devenir*: elle veut dire que le changement est un passage de la puissance à l'acte.—Voir, dans notre *Histoire de la philosophie*, le chapitre consacré à Aristote.

1. Leibnitz, *Nouveaux Essais*, III, IV. « La définition d'Aristote, n'est pas si absurde qu'on pense, faute d'entendre que le mot grec κίνησις chez lui ne signifiait pas ce que nous appelons *mouvement*, mais ce que nous exprimerions par le mot *changement*, d'où vient qu'il lui donne une définition si abstraite et si métaphysique ; au lieu que ce que nous appelons *mouvement* est appelé chez lui φορά, *latio*, et se trouve entre les espèces du changement (τῆς κινήσεως). »

2. *De Generatione*, I, 2.
3. *Enéide*, IV.
4. Thomas Campanella. *De Sensu rerum*, III.
5. Aristote, *De Generatione*, I, 2.

blables à celle qu'on ferait d'un homme en le définissant : *un animal qui fait des souliers et qui laboure les vignes.* Le même philosophe définit la nature : *Principium motus et quietis in eo in quo est*[1]; le principe du mouvement et du repos en ce en quoi elle est. Ce qui n'est fondé que sur une imagination qu'il a eue que les corps naturels étaient en cela différents des corps artificiels, que les naturels avaient en eux le principe de leur mouvement et que les artificiels ne l'avaient que de dehors; au lieu qu'il est évident et certain que nul corps ne peut se donner le mouvement à soi-même, parce que la matière étant de soi même indifférente au mouvement et au repos, ne peut être déterminée à l'un ou à l'autre que par une cause étrangère; ce qui ne pouvant aller à l'infini, il faut nécessairement que ce soit Dieu qui ait imprimé le mouvement dans la matière, et que ce soit lui qui l'y conserve.

La célèbre définition de l'âme parait encore plus défectueuse : *Actus primus corporis naturalis organici potentia vitam habentis*[2]; l'acte premier du corps naturel organique qui a la vie en puissance. On ne sait ce qu'il a voulu définir : car, 1° si c'est l'âme en tant qu'elle est commune aux hommes et aux bêtes, c'est une chimère qu'il a définie, n'y ayant rien de commun entre ces deux choses. 2° Il a expliqué un terme obscur par quatre ou cinq plus obscurs; et, pour ne parler que du mot de *vie*, l'idée qu'on a de la vie n'est pas moins confuse que celle qu'on a de l'âme, ces deux termes étant également ambigus et équivoques.

Voilà quelques règles de la division et de la définition; mais, quoiqu'il n'y ait rien de plus important dans les sciences que de bien diviser et de bien définir, il n'est pas nécessaire d'en rien dire ici davantage, parce que cela dépend beaucoup plus de la connaissance de la matière que l'on traite que des règles de la logique.

CHAPITRE XVII

DE LA CONVERSION DES PROPOSITIONS, OU L'ON EXPLIQUE PLUS A FOND LA NATURE DE L'AFFIRMATION ET DE LA NÉGATION, DONT CETTE CONVERSION DÉPEND, ET PREMIÈREMENT DE LA NATURE DE L'AFFIRMATION.

(Les chapitres suivants sont un peu difficiles à comprendre, et ne sont nécessaires que pour la spéculation. C'est pourquoi ceux qui ne voudront pas se fatiguer l'esprit à des choses peu utiles pour la pratique, peuvent les passer.)

J'ai réservé jusqu'ici à parler de la conversion des propositions, parce

---

[1]. *De Gener.*, I, 2.   [2]. Aristote, *Physique*, II, 1.

que de là dépendent les fondements de toute l'argumentation dont nous devons traiter dans la partie suivante; et ainsi il a été bon que cette matière ne fût pas éloignée de ce que nous avons à dire du raisonnement, quoique, pour bien la traiter, il faille reprendre quelque chose de ce que nous avons dit de l'affirmation ou de la négation, et expliquer à fond la nature de l'une et de l'autre.

Il est certain que nous ne saurions exprimer une proposition aux autres que nous ne nous servions de deux idées : l'une pour le sujet et l'autre pour l'attribut, et d'un autre mot qui marque l'union que notre esprit y conçoit.

Cette union ne peut mieux s'exprimer que par les paroles mêmes dont on se sert pour affirmer, en disant qu'une chose est une autre chose.

Et de là il est clair que la nature de l'affirmation est d'unir et d'identifier, pour le dire ainsi, le sujet avec l'attribut, puisque c'est ce qui est signifié par le mot *est*.

Et il s'ensuit aussi qu'il est de la nature de l'affirmation de mettre l'attribut dans tout ce qui est exprimé dans le sujet, selon l'étendue qu'il a dans la proposition : comme quand je dis que *tout homme est animal,* je veux dire et je signifie que tout ce qui est homme est aussi animal; et ainsi je conçois l'animal dans tous les hommes.

Que si je dis seulement *quelque homme est juste,* je ne mets pas *juste* dans tous les hommes, mais seulement dans quelque homme.

Mais il faut pareillement considérer ici ce que nous avons déjà dit, qu'il faut distinguer dans les idées la compréhension de l'extension, et que la compréhension marque les attributs contenus dans une idée, et l'extension, les sujets qui contiennent cette idée.

Car il s'ensuit de là qu'une idée est toujours affirmée selon sa compréhension, parce qu'en lui ôtant quelqu'un de ses attributs essentiels, on la détruit et on l'anéantit entièrement, et ce n'est plus la même idée; et, par conséquent, quand elle est affirmée, elle l'est toujours selon tout ce qu'elle comprend en soi. Ainsi, quand je dis qu'*un rectangle est un parallélogramme,* j'affirme du rectangle tout ce qui est compris dans l'idée du parallélogramme; car s'il y avait quelque partie de cette idée qui ne convînt pas au rectangle, il s'ensuivrait que l'idée entière ne lui conviendrait pas, mais seulement une partie de cette idée: et ainsi le mot de parallélogramme, qui signifie l'idée totale, devrait être nié et non affirmé du rectangle. On verra que c'est le principe de tous les arguments affirmatifs.

Et il s'ensuit, au contraire, que l'idée de l'attribut n'est pas prise selon toute extension, à moins que son extension ne fût plus grande que celle du sujet.

Car si je dis que *tous les impudiques seront damnés,* je ne dis pas qu'ils seront eux seuls damnés, mais qu'ils seront du nombre des damnés.

Ainsi, l'affirmation mettant l'idée de l'attribut dans le sujet, c'est proprement le sujet qui détermine l'extension de l'attribut dans la proposition affirmative, et l'identité qu'elle marque regarde l'attribut comme resserré dans une étendue égale à celle du sujet, et non pas dans toute sa généralité, s'il en a une plus grande que le sujet : car il est vrai que les lions sont tous animaux, c'est-à-dire que chacun des lions enferme l'idée d'animal ; mais il n'est pas vrai qu'ils soient tous les animaux.

J'ai dit que l'attribut n'est pas pris dans toute sa généralité, s'il en a une plus grande que le sujet ; car n'étant restreint que par le sujet, si le sujet est aussi général que cet attribut, il est clair qu'alors l'attribut demeurera dans toute sa généralité, puisqu'il en aura autant que le sujet, et que nous supposons que par sa nature il n'en peut avoir davantage.

De là on peut recueillir ces quatre axiomes indubitables :

AXIOME I. *L'attribut est mis dans le sujet par la proposition affirmative, selon toute l'extension que le sujet a dans la proposition ;* c'est-à-dire que si le sujet est universel, l'attribut est conçu dans toute l'extension du sujet ; et si le sujet est particulier, l'attribut n'est conçu que dans une partie de l'extension du sujet. Il y en a des exemples ci-dessus.

AXIOME II. *L'attribut d'une proposition affirmative est affirmé selon toute sa compréhension,* c'est-à-dire selon tous ses attributs. La preuve en est ci-dessus.

AXIOME III. *L'attribut d'une proposition affirmative n'est point affirmé selon toute son extension, si elle est de soi-même plus grande que celle du sujet.* La preuve en est ci-dessus.

AXIOME IV. *L'extension de l'attribut est resserrée par celle du sujet, en sorte qu'il ne simplifie plus que la partie de son extension qui convient au sujet ;* comme quand on dit que les hommes sont animaux, le mot d'animal ne signifie plus tous les animaux, mais seulement les animaux qui sont hommes.

CHAPITRE XVIII

DE LA CONVERSION DES PROPOSITIONS AFFIRMATIVES.

On appelle conversion d'une proposition, lorsqu'on change le sujet en attribut, et l'attribut en sujet, sans que la proposition cesse d'être vraie, si elle l'était auparavant, ou plutôt en sorte qu'il s'ensuive nécessairement de la conversion qu'elle est vraie, supposé qu'elle le fût.

Or, ce que nous venons de dire fera entendre facilement comment cette conversion doit se faire : car, comme il est impossible qu'une chose soit jointe et unie à une autre, que cette autre ne soit jointe aussi à la première, et qu'il s'ensuit fort bien que si A est joint à B, B aussi est joint à A, il est clair qu'il est impossible que deux choses soient conçues comme identifiées, qui est la plus parfaite de toutes les unions, que cette union ne soit réciproque, c'est-à-dire que l'on ne puisse faire une affirmation mutuelle des deux termes unis en la manière qu'ils sont unis [1] ; ce qui s'appelle conversion.

Ainsi, comme dans les propositions particulières affirmatives, par exemple, lorsqu'on dit : *Quelque homme est juste,* le sujet et l'attribut sont tous deux particuliers, le sujet d'*homme* étant particulier par la marque de particularité que l'on y ajoute, et l'attribut *juste* l'étant aussi, parce que, son étendue étant resserrée par celle du sujet, il ne signifie que la seule justice qui est en quelque homme : il est évident que si quelque homme est identifié avec quelque juste, quelque juste aussi est identifié avec quelque homme ; et qu'ainsi il n'y a qu'à changer simplement l'attribut en sujet, en gardant la même particularité, pour convertir ces sortes de propositions [2].

On ne peut pas dire la même chose des propositions universelles affirmatives, à cause que, dans ces propositions, il n'y a que le sujet qui soit universel, c'est-à-dire qui soit pris selon toute son étendue, et que l'attribut, au contraire, est limité et restreint; et partant, lorsqu'on le rendra sujet par la conversion, il faudra lui garder sa même restriction, et y ajouter une marque qui le détermine, de peur qu'on ne le prenne généralement. Ainsi, quand je dis que l'*homme est animal,* j'unis l'idée d'*homme* avec celle d'*animal,* restreinte et resserrée aux seuls hommes, et partant, quand je voudrai envisager cette union comme par une autre face, en commençant par l'*animal,* et affirmer ensuite l'*homme,* il faut conserver à ce terme sa même restriction, et de peur que l'on ne s'y trompe, y ajouter quelque note de détermination.

De sorte que de ce que les propositions universelles affirmatives ne peuvent se convertir qu'en particulières affirmatives, on ne doit pas conclure qu'elles se convertissent moins proprement que les autres; mais comme elles sont composées d'un sujet général et d'un attribut restreint, il est clair que lorsqu'on les convertit, en changeant l'attribut en sujet, elles doivent avoir un sujet restreint et resserré, c'est-à-dire particulier.

De là on doit tirer ces deux règles :

RÈGLE I. *Les propositions universelles affirmatives peuvent se convertir en ajoutant une marque de particularité à l'attribut devenu sujet.*

---

1. L'expression de l'identité, de la réciprocité parfaite est : A = A.

2. Exemple de conversion : Quelque homme est juste, quelque juste est homme; nul homme n'est parfait, nul parfait n'est homme; tout homme est animal, quelque animal est homme.

Règle II. *Les propositions particulières affirmatives doivent se convertir sans aucune addition ni changement*, c'est-à-dire en retenant pour l'attribut devenu sujet la marque de particularité qui était au premier sujet.

Mais il est aisé de voir que ces deux règles peuvent se réduire à une seule qui les comprendra toutes deux.

L'attribut étant restreint par le sujet dans toutes les propositions affirmatives, si on veut le faire devenir sujet, il faut lui conserver sa restriction, et par conséquent lui donner une marque de particularité, soit que le premier sujet fût universel, soit qu'il fût particulier.

Néanmoins il arrive assez souvent que des propositions universelles affirmatives peuvent se convertir en d'autres universelles ; mais c'est seulement lorsque l'attribut n'a pas de soi-même plus d'étendue que le sujet, comme lorsqu'on affirme la différence ou le propre de l'espèce, ou la définition du défini ; car alors l'attribut, n'étant pas restreint, peut se prendre dans la conversion aussi généralement que se prenait le sujet. *Tout homme est raisonnable. Tout raisonnable est homme.*

Mais ces conversions n'étant véritables qu'en des rencontres particulières, on ne les compte point pour de vraies conversions, qui doivent être certaines et infaillibles par la seule transposition des termes.

CHAPITRE XIX

DE LA NATURE DES PROPOSITIONS NÉGATIVES.

La nature d'une proposition négative ne peut s'exprimer plus clairement qu'en disant que c'est concevoir qu'une chose n'est pas une autre.

Mais, afin qu'une chose ne soit pas une autre, il n'est pas nécessaire qu'elle n'ait rien de commun avec elle, et il suffit qu'elle n'ait pas tout ce que l'autre a, comme il suffit, afin qu'une bête ne soit pas homme, qu'elle n'ait pas tout ce qu'a l'homme, et il n'est pas nécessaire qu'elle n'ait rien de ce qui est dans l'homme ; et de là on peut tirer cet axiome :

Axiome V. *La proposition négative ne sépare pas du sujet toutes les parties contenues dans la compréhension de l'attribut, mais elle sépare seulement l'idée totale et entière composée de tous ces attributs unis.*

Si je dis que la matière n'est pas une substance qui pense, je ne dis pas pour cela qu'elle n'est pas substance, mais je dis qu'elle n'est pas substance *pensante*, qui est l'idée totale et entière que je nie de la matière.

Il en est tout au contraire de l'extension de l'idée ; car la proposition négative sépare du sujet l'idée de l'attribut selon toute son extension : et la raison en est claire ; car être sujet d'une idée et être contenu dans son extension, n'est autre chose qu'enfermer cette idée ; et par conséquent, quand on dit qu'une idée n'en enferme pas une autre, qui est ce qu'on appelle nier, on dit qu'elle n'est pas un des sujets de cette idée.

Ainsi, si je dis que l'homme n'est pas un être insensible, je veux dire qu'il n'est aucun des êtres insensibles, et par conséquent je les sépare tous de lui; et de là on peut tirer cet autre axiome :

AXIOME VI. *L'attribut d'une proposition négative est toujours pris généralement.* Ce qui peut aussi s'exprimer ainsi plus distinctement : *Tous les sujets d'une idée qui est niée d'une autre sont aussi niés de cette autre idée;* c'est-à-dire qu'une idée est toujours niée selon toute son extension. Si le triangle est nié des carrés, tout ce qui est triangle sera nié du carré. On exprime ordinairement dans l'école cette règle en ces termes, qui ont le même sens : *Si on nie le genre, on nie aussi l'espèce;* car l'espèce est un sujet du genre, l'homme est un sujet d'animal, parce qu'il est contenu dans son extension.

Non-seulement les propositions négatives séparent l'attribut du sujet selon toute l'extension de l'attribut, mais elles séparent aussi cet attribut du sujet selon toute l'extension qu'a le sujet dans la proposition; c'est-à-dire qu'elles l'en séparent universellement si le sujet est universel, et particulièrement s'il est particulier. Si je dis que *nul vicieux n'est heureux*, je sépare toutes les personnes heureuses de toutes les personnes vicieuses ; et si je dis que *quelque docteur n'est pas docte,* je sépare docte de quelque docteur, et de là on doit tirer cet axiome :

AXIOME VII. *Tout attribut nié d'un sujet est nié de tout ce qui est contenu dans l'étendue qu'a ce sujet dans la proposition.*

CHAPITRE XX

DE LA CONVERSION DES PROPOSITIONS NÉGATIVES.

Comme il est impossible qu'on sépare deux choses totalement, que cette séparation ne soit mutuelle et réciproque, il est clair que si je dis que *nul homme n'est pierre*, je puis dire aussi que *nulle pierre n'est homme;* car si quelque pierre était homme, cet homme serait pierre, et par conséquent il ne serait pas vrai que nul homme ne fût pierre. Et ainsi :

RÈGLE III. *Les propositions universelles négatives peuvent se convertir simplement en changeant l'attribut en sujet, et conservant à l'attribut devenu sujet la même universalité qu'avait le premier sujet.*

Car l'attribut dans les propositions négatives est toujours pris universellement, parce qu'il est nié selon toute son étendue, ainsi que nous l'avons montré ci-dessus.

Mais, par cette même raison, on ne peut faire de conversion des propositions négatives particulières, et on ne peut pas dire, par exemple, que *quelque médecin n'est pas homme,* parce que l'on dit que *quelque homme n'est pas médecin.* Cela vient, comme j'ai dit, de la nature même de la négation que nous venons d'expliquer, qui est que dans les propositions négatives l'attribut est toujours pris universellement et selon toute son extension; de sorte que lorsqu'un sujet particulier devient attribut par la conversion dans une proposition négative particulière, il devient universel, et change de nature contre les règles de la véritable conversion, qui ne doit point changer la restriction ou l'étendue des termes. Ainsi, dans cette proposition, *quelque homme n'est pas médecin,* le terme d'*homme* est pris particulièrement. Mais dans cette fausse conversion, *quelque médecin n'est pas homme,* le mot d'*homme* est pris universellement.

Or, il ne n'ensuit nullement de ce que la qualité de médecin est séparée de quelque homme, dans cette proposition, *quelque homme n'est pas médecin,* et de ce que l'idée de triangle est séparée de celle de quelque figure en cette autre proposition, *quelque figure n'est pas triangle,* il ne s'ensuit, dis-je, nullement qu'il y ait des médecins qui ne soient pas hommes, ni des triangles qui ne soient pas figures.

TROISIÈME PARTIE

DU RAISONNEMENT

Cette partie que nous avons maintenant à traiter, qui comprend les règles du raisonnement, est estimée la plus importante de la logique, et c'est presque l'unique qu'on y traite avec quelque soin; mais il y a sujet de douter si elle est aussi utile qu'on se l'imagine. La plupart des erreurs des hommes, comme nous avons déjà dit ailleurs, viennent bien plus de ce qu'ils raisonnent sur de faux principes, que non pas de ce qu'ils raisonnent mal suivant leurs principes[1]. Il arrive rarement qu'on se laisse tromper par des raisonnements qui ne soient faux que parce que la conséquence en est mal tirée, et ceux qui ne seraient pas capables d'en reconnaître la fausseté par la seule lumière de la raison, ne le seraient pas ordinairement d'entendre les règles que l'on en donne et encore moins de les appliquer. Néanmoins, quand on ne considérerait ces règles que comme des vérités spéculatives, elles serviraient toujours à exercer l'esprit; et de plus, on ne peut nier qu'elles n'aient quelque usage en quelques rencontres, et à l'égard de quelques personnes, qui, étant d'un naturel vif et pénétrant, ne se laissent quelquefois tromper par de fausses conséquences que faute d'attention, à quoi la réflexion qu'ils feraient sur ces règles serait capable de remédier. Quoi qu'il en soit, voilà ce qu'on en dit ordinairement, et quelque chose même de plus que ce qu'on en dit.

---

1. Cf. Descartes, *Discours de la Méthode*, 3º partie : « Il y a des hommes qui se méprennent en raisonnant, même touchant les plus simples matières de la géométrie. »

CHAPITRE PREMIER

DE LA NATURE DU RAISONNEMENT ET DES DIVERSES ESPÈCES QU'IL PEUT Y EN AVOIR.

La nécessité du raisonnement n'est fondée que sur les bornes étroites de l'esprit humain, qui, ayant à juger de la vérité ou de la fausseté d'une proposition, qu'alors on appelle *question,* ne peut pas toujours le faire par la considération des deux idées qui la composent, dont celle qui en est le sujet est aussi appelée le *petit terme,* parce que le sujet est d'ordinaire moins étendu que l'attribut, et celle qui en est l'attribut est aussi appelée le *grand terme* par une raison contraire. Lors donc que la seule considération de ces deux idées ne suffit pas pour faire juger si l'on doit affirmer ou nier l'une de l'autre, il y a besoin de recourir à une troisième idée, ou incomplexe ou complexe (suivant ce qui a été dit des termes complexes), et cette troisième idée s'appelle *moyen*[1].

Or, il ne servirait de rien, pour faire cette comparaison de deux idées ensemble par l'entremise de cette troisième idée, de la comparer seulement avec un des deux termes. Si je veux savoir, par exemple, si l'âme est spirituelle, et que, ne le pénétrant pas d'abord, je choisisse, pour m'en éclaircir, l'idée de pensée, il est clair qu'il me sera utile de comparer la pensée avec l'âme, si je ne conçois dans la pensée aucun rapport avec l'attribut de spirituelle, par le moyen duquel je puisse juger s'il convient ou ne convient pas à l'âme. Je dirai bien, par exemple, l'âme pense ; mais je n'en pourrai pas conclure, donc elle est spirituelle, si je ne conçois aucun rapport entre le terme de *penser* et celui de *spirituelle.*

Il faut donc que ce terme moyen soit comparé, tant

---

1. Cette théorie du raisonnement est empruntée tout entière aux *Analytiques* d'Aristote.

avec le sujet ou le petit terme qu'avec l'attribut ou le grand terme, soit qu'il ne le soit que séparément avec chacun de ces termes, comme dans les syllogismes [1], qu'on appelle *simples* pour cette raison, soit qu'il le soit tout à la fois avec tous les deux, comme dans les arguments qu'on appelle *conjonctifs*.

Mais en l'une ou l'autre manière cette comparaison demande deux propositions.

Nous parlerons en particulier des arguments conjonctifs ; mais pour les simples cela est clair, parce que le moyen étant une fois comparé avec l'attribut de la conclusion (ce qui ne peut être qu'en affirmant ou niant), fait la proposition qu'on appelle *majeure*, à cause que cet attribut de la conclusion s'appelle *grand terme*.

Et, étant une autre fois comparé avec le sujet de la conclusion, fait celle qu'on appelle *mineure*, à cause que le sujet de la conclusion s'appelle *petit terme*.

Et puis la conclusion, qui est la proposition même qu'on avait à prouver, et qui, avant que d'être prouvée, s'appelait *question* [2].

Il est bon de savoir que les deux premières propositions s'appellent aussi *prémisses* (*præmissæ*), parce qu'elles sont mises, au moins dans l'esprit, avant la conclusion, qui en doit être une suite nécessaire si le syllogisme est bon ; c'est-à-dire que, supposé la vérité des prémisses, il faut nécessairement que la conclusion soit vraie.

Il est vrai que l'on n'exprime pas toujours les deux prémisses, parce que souvent une seule suffit pour en faire concevoir deux à l'esprit ; et, quand on n'exprime ainsi que deux propositions, cette sorte de raisonnement s'appelle *enthymème* [3], qui est un véritable syllogisme

---

1. Mot emprunté par Aristote à la langue des mathématiques, et qui a signifié d'abord *calcul, addition,* réunion dans une *somme.*

2. Il est bon de remarquer que, dans une question posée, ce qui est difficile à trouver, c'est le *moyen* terme entre les *extrêmes* (grand et petit) ; toute la force du raisonnement réside dans le moyen terme.

3. L'Enthymème n'exprimant pas les trois propositions, il en est une qui reste dans l'esprit, ἐν θυμῷ.

dans l'esprit, parce qu'il supplée la proposition qui n'est pas exprimée, mais qui est imparfaite dans l'expression, et ne conclut qu'en vertu de cette proposition sous-entendue.

J'ai dit qu'il y avait au moins trois propositions dans un raisonnement; mais il pourrait y en avoir beaucoup davantage, sans qu'il fût pour cela défectueux, pourvu qu'on garde toujours les règles; car, si, après avoir consulté une troisième idée, pour savoir si un attribut convient ou ne convient pas à un sujet, et l'avoir comparée avec un des termes, je ne sais pas encore s'il convient ou ne convient pas au second terme, j'en pourrais choisir une quatrième pour m'en éclaircir, et une cinquième si celle-là ne suffit pas, jusqu'à ce que je vinsse à une idée qui liât l'attribut de la conclusion avec le sujet [1].

Si je doute, par exemple, si *les avares sont misérables*, je pourrai considérer d'abord que les avares sont pleins de désirs et de passions; si cela ne me donne pas lieu de conclure : *donc ils sont misérables*, j'examinerai ce que c'est que d'être plein de désirs, et je trouverai dans cette idée celle de manquer de beaucoup de choses que l'on désire, et la misère dans cette privation de ce que l'on désire; ce qui me donnera lieu de former ce raisonnement : *Les avares sont pleins de désirs : ceux qui sont pleins de désirs manquent de beaucoup de choses, parce qu'il est impossible qu'ils satisfassent tous leurs désirs : ceux qui manquent de ce qu'ils désirent sont misérables : donc les avares sont misérables.*

Ces sortes de raisonnements, composés de plusieurs propositions, dont la seconde dépend de la première, et ainsi du reste, s'appellent *sorites* [2], et ce sont ceux qui sont les plus ordinaires dans les mathématiques; mais parce que, quand ils sont longs, l'esprit a plus de peine à les suivre, et que le nombre de trois propositions est assez proportionné avec l'étendue de notre esprit, on a

---

1. On intercale ainsi une série de moyens termes entre les extrêmes : cette opération fait le fond et l'essence de la méthode scientifique.

2. Sorite, tas de propositions : σωρός.

pris soin d'examiner les règles des bons et des mauvais syllogismes, c'est-à-dire des arguments de trois propositions ; ce qu'il est bon de suivre, parce que les règles qu'on en donne peuvent facilement s'appliquer à tous les raisonnements composés de plusieurs propositions, d'autant qu'ils peuvent tous se réduire en syllogismes, s'ils sont bons [1].

CHAPITRE II

DIVISION DES SYLLOGISMES EN SIMPLES ET EN CONJONCTIFS, ET DES SIMPLES EN INCOMPLEXES ET EN COMPLEXES.

Les syllogismes sont *simples* ou *conjonctifs*. Les simples sont ceux où le moyen n'est joint à la fois qu'à un des termes de la conclusion : les conjonctifs sont ceux où il est joint à tous les deux ; ainsi cet argument est simple :

Tout bon prince est aimé de ses sujets :
Tout roi pieux est bon prince :
Donc tout roi pieux est aimé de ses sujets ;

parce que le moyen est joint séparément avec *roi pieux*, qui est le sujet de la conclusion, et avec *aimé de ses sujets*, qui en est l'attribut. Mais celui-ci est conjonctif par une raison contraire :

Si un État électif est sujet aux divisions, il n'est pas de longue durée :
Or, un État électif est sujet aux divisions :
Donc un État électif n'est pas de longue durée ;

puisque *État électif*, qui est le sujet, et *de longue durée*, qui est l'attribut, entrent dans la majeure.

Comme ces deux sortes de syllogismes ont leurs règles séparées, nous en parlerons séparément.

Les syllogismes simples, qui sont ceux où le moyen est joint séparément avec chacun des termes de la conclusion, sont encore de deux sortes.

Les uns, où chaque terme est joint tout entier avec le moyen, savoir, avec l'attribut tout entier dans la majeure, et avec le sujet tout entier dans la mineure.

Les autres, où la conclusion étant complexe, c'est-à-dire composée de

---

1. La vraie raison est que les autres sortes de raisonnement déductif se ramènent à cette forme essentielle.

termes complexes, on ne prend qu'une partie du sujet, ou une partie de l'attribut, pour joindre avec le moyen dans l'une des propositions, et on prend tout le reste, qui n'est plus qu'un seul terme, pour joindre avec le moyen dans l'autre proposition, comme dans cet argument :
La loi divine oblige d'honorer les rois :
Louis XIV est roi :
Donc la loi divine oblige d'honorer Louis XIV.

Nous appellerons les premières sortes d'arguments démêlés ou incomplexes, et les autres impliqués ou complexes; non que tous ceux où il y a des propositions complexes soient de ce dernier genre, mais parce qu'il n'y a point de ce dernier genre où il n'y ait des propositions complexes.

Or, quoique les règles qu'on donne ordinairement pour les syllogismes simples puissent avoir lieu dans tous les syllogismes complexes en les renversant, néanmoins, parce que la force de la conclusion ne dépend point de ce renversement-là, nous n'appliquerons ici les règles des syllogismes simples qu'aux incomplexes, en nous réservant de traiter à part des syllogismes complexes.

CHAPITRE III

RÈGLES GÉNÉRALES DES SYLLOGISMES SIMPLES INCOMPLEXES.

Nous avons déjà vu, dans les chapitres précédents, qu'un syllogisme simple ne doit avoir que trois termes, les deux termes de la conclusion et un seul moyen, dont chacun étant répété deux fois, il s'en fait trois propositions : la majeure, où entre le moyen et l'attribut de la conclusion, appelé le grand terme; la mineure, où entre aussi le moyen et le sujet de la conclusion, appelé le petit terme ; et la conclusion, dont le petit terme est le sujet et le grand terme l'attribut.

Mais parce qu'on ne peut pas tirer toutes sortes de conclusions de toutes sortes de prémisses, il y a des règles générales qui font voir qu'une conclusion ne saurait être bien tirée dans un syllogisme où elles ne sont pas observées : et ces règles sont fondées sur les axiomes qui ont été établis dans la seconde partie, touchant la nature des propositions affirmatives et négatives, universelles et particulières, tels que sont ceux-ci, qu'on ne fera que proposer, ayant été prouvés ailleurs :

1. Les propositions particulières sont enfermées dans les générales de même nature, et non les générales dans les particulières, I dans A et O dans E, et non A dans I ni E dans O;

2. Le sujet d'une proposition, pris universellement ou particulièrement, est ce qui la rend universelle ou particulière;

3. L'attribut d'une proposition affirmative, n'ayant jamais plus d'é-

tendue que le sujet, est toujours considéré comme pris particulièrement, parce que ce n'est que par accident s'il est quelquefois pris généralement;

4. L'attribut d'une proposition négative est toujours pris généralement.

C'est principalement sur ces axiomes que sont fondées les règles générales des syllogismes, qu'on ne saurait violer sans tomber dans de faux raisonnements.

Règle I. *Le moyen ne peut être pris deux fois particulièrement; mais il doit être pris au moins une fois universellement*[1].

Car, devant unir ou désunir les deux termes de la conclusion, il est clair qu'il ne peut le faire s'il est pris pour deux parties différentes d'un même tout, parce que ce ne sera pas peut-être la même partie qui sera unie ou désunie de ces deux termes. Or, étant pris deux fois particulièrement, il peut être pris pour deux différentes parties du même tout; et par conséquent on n'en pourra rien conclure, au moins nécessairement; ce qui suffit pour rendre un argument vicieux, puisqu'on n'appelle bon syllogisme, comme on vient de le dire, que celui dont la conclusion ne peut être fausse, les prémisses étant vraies. Ainsi, dans cet argument : *Quelque homme est saint : quelque homme est voleur : donc quelque voleur est, saint* le mot d'*homme*, étant pris pour diverses parties des hommes ne peut unir *voleur* avec *saint*, parce que ce n'est pas le même homme qui est saint et qui est voleur.

On ne peut pas dire de même du sujet et de l'attribut de la conclusion : car, encore qu'ils soient pris deux fois particulièrement, on ne peut néanmoins les unir ensemble en unissant un de ces termes au moyen dans toute l'étendue du moyen; car il s'ensuit de là fort bien que, si ce moyen est uni dans quelqu'une de ses parties à quelque partie de l'autre terme, ce premier terme,

---

1. Euler, dans ses *Lettres à une princesse d'Allemagne*, rend cette règle sensible au moyen d'une figure géométrique. De ce qu'une partie du cercle A est contenue dans le cercle B qui le coupe, et de ce qu'une partie du cercle B à son tour est contenue dans le cercle C, il ne s'ensuit pas que le premier cercle ait une partie contenue dans le troisième.

que nous avons dit être joint à tout le moyen, se trouvera joint aussi avec le terme auquel quelque partie du moyen est jointe. S'il y a quelques Français dans chaque maison de Paris et qu'il y ait des Allemands en quelque maison de Paris, il y a des maisons où il y a tout ensemble un Français et un Allemand.

Si quelques riches sont sots,
Et que tout riche soit honoré,
Il y a des sots honorés.

Car ces riches qui sont sots sont aussi honorés, puisque tous les riches sont honorés, et par conséquent, dans ces riches sots et honorés, les qualités de sot et d'honoré sont jointes ensemble [1].

Règle II. *Les termes de la conclusion ne peuvent point être pris plus universellement dans la conclusion que dans les prémisses.*

C'est pourquoi, lorsque l'un ou l'autre est pris universellement dans la conclusion, le raisonnement sera faux s'il est pris particulièrement dans les deux premières propositions.

La raison est qu'on ne peut rien conclure du particulier au général (selon le premier axiome); car de ce que quelque homme est noir, on ne peut pas conclure que tout homme est noir [2].

1er *Corollaire.* Il doit toujours y avoir dans les prémisses un terme universel de plus que dans la conclusion, car tout terme qui est général dans la conclusion doit aussi l'être dans les prémisses; et de plus, le moyen doit y être pris au moins une fois généralement.

2e *Corollaire.* Lorsque la conclusion est négative, il faut nécessairement que le grand terme soit pris généralement dans la majeure; car il est pris généralement dans la conclusion négative (par le quatrième axiome), et par conséquent il doit aussi être pris généralement dans la majeure (par la seconde règle).

3° *Corollaire.* La majeure d'un argument dont la conclusion est néga-

---

1. En résumé, cette règle revient à celle qui prescrit que le syllogisme doit avoir trois termes, ni plus ni moins. Quand le moyen terme est pris deux fois particulièrement, il y a quatre termes : 1° le grand; 2° une première partie du moyen; 3° le petit; 4° une seconde partie du moyen.

2. Dans ce cas, la conclusion dépasserait les prémisses; ce ne serait donc plus une déduction, mais une généralisation et une induction non justifiées.

tive ne peut jamais être une particulière affirmative, car le sujet et l'attribut d'une proposition affirmative sont tous deux pris particulièrement (par le deuxième et le troisième axiome) : et ainsi le grand terme n'y serait pas pris particulièrement contre le second corollaire.

4° *Corollaire.* Le petit terme est toujours dans la conclusion comme dans les prémisses, c'est-à-dire que, comme il ne peut être que particulier dans la conclusion quand il est particulier dans les prémisses, il peut, au contraire, être toujours général dans la conclusion, quand il l'est dans les prémisses; car le petit terme ne saurait être général dans la mineure, lorsqu'il en est le sujet, qu'il ne soit généralement uni au moyen ou désuni du moyen, et il n'en peut être l'attribut, et y être pris généralement, que la proposition ne soit négative, parce que l'attribut d'une proposition affirmative est toujours pris particulièrement; or, les propositions négatives marquent que l'attribut pris selon toute son étendue est désuni d'avec le sujet.

Et, par conséquent, une proposition où le petit terme est général, marque ou une union du moyen avec ce petit terme, ou une désunion du moyen d'avec tout le petit terme.

Or, si, par cette union du moyen avec le petit terme, on conclut qu'une autre idée est jointe à tout le petit terme, ou doit conclure qu'elle est jointe à tout le petit terme et non-seulement à une partie; car le moyen, étant joint à tout le petit terme, ne peut rien prouver par cette union d'une partie qu'il ne le prouve aussi des autres, puisqu'il est joint à toutes.

De même, si la désunion du moyen d'avec le petit terme prouve quelque chose de quelque partie du petit terme, elle le prouve de toutes les parties, puisqu'il est également désuni de toutes ses parties.

5° *Corollaire.* Lorsque la mineure est une négative universelle, si on en peut tirer une conclusion légitime, elle peut être toujours générale. C'est une suite du précédent corollaire; car le petit terme ne saurait manquer d'être pris généralement dans la mineure, lorsqu'elle est négative universelle, soit qu'il en soit le sujet (par le deuxième axiome), soit qu'il en soit l'attribut (par le quatrième axiome).

RÈGLE III. *On ne peut rien conclure de deux propositions négatives.*

Car deux propositions négatives séparent le sujet du moyen, et l'attribut du même moyen; or, de ce que deux choses sont séparées de la même chose, il ne s'ensuit ni qu'elles soient, ni qu'elles ne soient pas la même chose. De ce que les Espagnols ne sont pas Turcs, et de ce que les Turcs ne sont pas chrétiens, il ne s'ensuit pas que les Espagnols ne soient pas chrétiens, et il ne s'ensuit pas aussi que les Chinois le soient, quoiqu'ils ne soient pas plus Turcs que les Espagnols[1].

RÈGLE IV. *On ne peut prouver une proposition négative par deux propositions affirmatives.*

Car de ce que les deux termes de la conclusion sont unis avec un troisième, on ne peut pas prouver qu'ils soient désunis entre eux.

RÈGLE V. *La conclusion suit toujours la plus faible partie, c'est-à-dire que, s'il y a une des deux propositions qui soit négative, elle doit être négative; et s'il y en a une particulière, elle doit être particulière.*

La preuve en est que, s'il y a une proposition négative, le moyen est désuni de l'une des parties de la conclusion, et ainsi il est incapable de les unir, ce qui est nécessaire pour conclure affirmativement.

Et s'il y a une proposition particulière, la conclusion n'en peut être générale; car si la conclusion est générale et affirmative, le sujet étant universel, il doit aussi être universel dans la mineure, et par conséquent il en doit être le sujet, l'attribut n'étant jamais pris généralement dans les propositions affirmatives : donc le moyen, joint à ce sujet, sera particulier dans la mineure : donc il sera général dans la majeure, parce qu'autrement il serait deux fois particulier : donc il en sera le sujet, et le terme ne saurait être général dans la mineure, lorsqu'il en est le sujet, qu'il ne le soit généralement, et par conséquent cette majeure sera aussi universelle; et ainsi il ne peut y avoir de proposition particulière dans un argument affirmatif dont la conclusion est générale.

Cela est encore plus clair dans les conclusions universelles négatives, car de là il s'ensuit qu'il doit y avoir trois termes universels dans les deux prémisses, suivant le premier corollaire; or, comme il doit y avoir une proposition affirmative, par la troisième règle, dont l'attribut est pris particulièrement, il s'ensuit que tous les autres trois termes sont

---

[1]. De ce que le cercle A est séparé du cercle B, et de ce que le cercle B est séparé du cercle C, il ne s'ensuit pas que les cercles A et C soient séparés ou soient unis : on peut faire des figures qui rendront la chose visible.

pris universellement, et par conséquent les deux sujets des deux propositions, ce qui les rend universelles : ce qu'il fallait démontrer.

6ᵉ *Corollaire. Ce qui conclut le général conclut le particulier.*

Ce qui conclut A conclut I; ce qui conclut E conclut O; mais ce qui conclut le particulier ne conclut pas pour cela le général : c'est une suite de la règle précédente et du premier axiome; mais il faut remarquer qu'il a plu aux hommes de ne considérer les espèces d'un syllogisme que selon sa plus noble conclusion, qui est la générale : de sorte qu'on ne compte point pour une espèce particulière de syllogisme celui où on ne conclut le particulier que parce qu'on en peut aussi conclure le général.

C'est pourquoi il n'y a point de syllogisme, où la majeure étant A et la mineure E, la conclusion soit O, car (par le cinquième corollaire), la conclusion d'une mineure universelle négative peut toujours être générale; de sorte que si on ne peut pas la tirer générale, ce sera parce qu'on n'en pourra tirer aucune : ainsi, A, E, O, n'est jamais un syllogisme à part, mais seulement en tant qu'il peut être enfermé dans A, E, E.

Règle VI. *De deux propositions particulières il ne s'ensuit rien.*

Car si elles sont toutes deux affirmatives, le moyen y sera pris deux fois particulièrement, soit qu'il soit sujet (par le deuxième axiome), soit qu'il soit attribut (par le troisième axiome[1]); or, par la première règle, on ne conclut rien par un syllogisme dont le moyen est pris deux fois particulièrement.

Et, s'il y en avait une négative, la conclusion l'étant aussi (par la règle précédente), il doit y avoir au moins deux termes universels dans les prémisses (suivant le deuxième corollaire); donc il doit y avoir une proposition universelle dans ces deux prémisses, étant impossible de disposer trois termes en deux propositions où il doit y avoir deux termes pris universellement, en sorte que l'on ne fasse ou deux attributs négatifs, ce qui serait contre la troisième règle, ou quelqu'un des sujets universels, ce qui fait la proposition universelle[2].

---

1. En effet, même dans une proposition universelle affirmative, l'attribut est pris particulièrement : *tout homme est animal* se convertit en : *quelque animal est homme.*

2. Les règles du syllogisme ont

CHAPITRE IV

DES FIGURES ET DES MODES DES SYLLOGISMES EN GÉNÉRAL; QU'IL NE PEUT Y AVOIR QUE QUATRE FIGURES.

Après l'établissement des règles générales qui doivent être nécessairement observées dans tous les syllogismes simples, il reste à voir combien il peut y avoir de ces sortes de syllogismes.

On peut dire en général qu'il y en a autant de sortes qu'il peut y avoir de différentes manières de disposer, en gardant ces règles, les trois propositions d'un syllogisme et les trois termes dont elles sont composées.

La disposition des trois propositions selon leurs quatre différences, A, E, I, O, s'appelle *mode*.

Et la disposition des trois termes, c'est-à-dire du moyen avec les deux termes de la conclusion s'appelle *figure*[1].

Or, on peut compter combien il peut y avoir de modes concluants, à n'y considérer point les différentes figures selon lesquelles un même mode peut faire divers syllogismes; car, par la doctrine des combinaisons, quatre termes (comme sont A, E, I, O), étant pris trois à trois, ne peuvent être différemment arrangés qu'en soixante-quatre manières[2], mais de ces soixante-quatre diverses

---

été résumées dans des vers attribués à Pierre d'Espagne qui devint pape, sous le nom de Jean XXI, en 1276 :

> Terminus esto triplex : medius, majorque, minorque.
> Latius hunc quam præmissæ conclusio non vult.
> Nequaquam medium capiat conclusio oportet.
> Aut semel aut iterum medius generaliter esto.
> Utraque si præmissa neget, nihil inde sequetur.
> Ambæ affirmantes nequeunt generare negantem.
> Pejorem sequitur semper conclusio partem.
> Nil sequitur geminis e particularibus unquam.

1. C'est ce qu'Aristote désigne par le mot σχῆμα.

2. La formule mathématique est $4^3 = 64$.

manières ceux qui voudront prendre la peine de les considérer chacune à part trouveront qu'il y en a

28 exclues par la troisième et la sixième règle, qu'on ne conclut rien de deux négatives et de deux particulières;

18, par la cinquième, que la conclusion suit la plus faible partie;

6, par la quatrième, qu'on ne peut conclure négativement de deux affirmatives;

1, savoir, I, E, O, par le troisième corollaire des règles générales;

1, savoir, A, E, O, par le sixième corollaire des règles générales.

Ce qui fait en tout cinquante-quatre, et par conséquent il ne reste que dix modes concluants:

4 affirmatifs. $\begin{cases} \text{A, A, A.} \\ \text{A, I, I.} \\ \text{A, A, I.} \\ \text{I, A, I.} \end{cases}$ 6 négatifs. $\begin{cases} \text{E, A, E.} \\ \text{A, E, E.} \\ \text{E, A, O.} \\ \text{A, O, O.} \\ \text{O, A, O.} \\ \text{E, I, O.} \end{cases}$

Mais cela ne fait pas qu'il n'y ait que dix espèces de syllogismes, parce qu'un seul de ces modes en peut faire diverses espèces, selon l'autre manière d'où se prend la diversité des syllogismes, qui est la différente disposition des trois termes, que nous avons déjà dit s'appeler *figure*.

Or, pour cette disposition des trois termes, elle ne peut regarder que les deux premières propositions, parce que la conclusion est supposée avant qu'on fasse le syllogisme pour la prouver; et ainsi, le moyen ne pouvant s'arranger qu'en quatre manières différentes avec les deux termes de la conclusion, il n'y a aussi que quatre figures possibles.

Car, ou le moyen est *sujet en la majeure et attribut en la mineure*, ce qui fait la première *figure*;

Ou il est *attribut en la majeure et en la mineure*, ce qui fait la deuxième *figure*;

TROISIÈME PARTIE. 187

Ou il est *sujet en l'une et l'autre*, ce qui fait la troisième *figure*;

Où il est enfin *attribut dans la majeure et sujet en la mineure*, ce qui peut faire une quatrième *figure*; étant certain que l'on peut conclure quelquefois nécessairement en cette manière, ce qui suffit pour faire un vrai syllogisme. On en verra des exemples ci-après[1].

Néanmoins, parce qu'on ne peut conclure de cette quatrième manière qu'en une façon qui n'est nullement naturelle et où l'esprit ne se porte jamais, Aristote et ceux qui l'ont suivi n'ont pas donné à cette manière de raisonner le nom de figure. Galien[2] a soutenu le contraire, et il est clair que ce n'est qu'une dispute de mots qui doit se décider en leur faisant dire de part et d'autre ce qu'ils entendent par le mot de figure.

Mais ceux-là se trompent sans doute qui prennent pour une quatrième figure, qu'ils accusent Aristote de n'avoir pas reconnue, les arguments de la première, dont la majeure et la mineure sont transposées, comme lorsqu'on dit : *Tout corps est divisible; tout ce qui est divisible est imparfait : donc tout corps est imparfait.* Je m'étonne que Gassendi[3] soit tombé dans cette erreur, car il est ridicule de prendre pour la majeure d'un syllogisme la proposition qui se trouve la première, et pour mineure, celle qui se trouve la seconde; si cela était, il faudrait prendre souvent la conclusion même pour la majeure ou la mineure d'un argument, puisque c'est assez souvent la première ou la seconde des trois propositions qui le composent, comme dans ces vers d'Horace, la conclusion est la première, la mineure la seconde, et la majeure la troisième :

> Qui melior servo, qui liberior sit avarus,
> In triviis fixum quum se dimittit ob assem,
> Non video : nam qui cupiet, metuet quoque ; porro
> Qui metuens vivit, liber mihi non erit unquam.

Car tout se réduit à cet argument :
Celui qui est dans de continuelles appréhensions n'est point libre :
Tout avare est dans de continuelles appréhensions :
Donc nul avare n'est libre.

---

1. Un vers mnémotechnique résume ainsi les quatre figures, en désignant par *sub* le sujet (subjectum) et par *præ* l'attribut ou prédicat (prædicatum) :
   Subpræ, tum *præpræ*, tum *subsub*,
   [denique *præsub*.

2. Claude Galien, né à Pergame l'an 131 de J.-C., mort vers 200. C'est Averrhoës qui a attribué la quatrième figure à Galien, quoiqu'on n'en trouve aucune mention dans ses écrits.

3. Gassendi, *Institutiones logicæ*, pars III, I.

Il ne faut donc point avoir égard au simple arrangement local des propositions qui ne changent rien dans l'esprit; mais on doit prendre pour syllogisme de la première figure tous ceux où le milieu est sujet dans la proposition où se trouve le grand terme (c'est-à-dire l'attribut de la conclusion) et attribut dans celle où se trouve le petit terme c'est-à-dire le sujet de la conclusion), et ainsi il ne reste pour quatrième figure que ceux au contraire où le milieu est attribut dans la majeure et sujet dans la mineure; et c'est ainsi que nous les appellerons, sans que personne puisse le trouver mauvais, puisque nous avertissons par avance que nous n'entendons par ce terme de figure qu'une différente disposition du moyen.

CHAPITRE V

RÈGLES, MODES ET FONDEMENTS DE LA PREMIÈRE FIGURE.

La première figure est donc celle où le moyen est sujet dans la majeure et attribut dans la mineure.

Cette figure n'a que deux règles.

RÈGLE I. *Il faut que la mineure soit affirmative.*

Car si elle était négative, la majeure serait affirmative par la troisième règle générale, et la conclusion négative par la cinquième : donc le grand terme serait pris universellement dans la conclusion, parce qu'elle serait négative, et particulièrement dans la majeure, parce qu'il en est l'attribut dans cette figure, et qu'elle serait affirmative, ce qui serait contre la seconde règle, qui défend de conclure du particulier au général. Cette raison a lieu aussi dans la troisième figure, où le grand terme est aussi attribut dans la majeure.

RÈGLE II. *La majeure doit être universelle.*

Car la mineure étant affirmative par la règle précédente, le moyen qui y est attribut, y est pris particulièrement: donc il doit être universel dans la majeure où il est sujet, ce qui la rend universelle; autrement il serait pris deux fois (particulièrement) contre la première règle générale.

Démonstration.

Qu'il ne peut y avoir que quatre modes de la première figure.

On a fait voir, dans le chapitre précédent, qu'il ne peut y avoir que dix modes concluants; mais de ces dix modes, A, E, E et A, O, O sont exclus par la première règle de cette figure, qui est que la mineure doit être affirmative.

I, A, I, et O, A, O, sont exclus par la deuxième, qui est que la majeure doit être universelle.

A, A, I et E, A, O, sont exclus par le quatrième corollaire des règles générales ; car le petit terme étant sujet dans la mineure, elle ne peut être universelle que la conclusion ne puisse l'être aussi.

Et, par conséquent, il ne reste que ces quatre modes :

2 affirmatifs. { A, A, A. / A, I, I. }   2 négatifs. { E, A, E. / E, I, O. }

Ce qu'il fallait démontrer.

Ces quatre modes, pour être plus facilement retenus, ont été réduits à des mots artificiels dont les trois syllabes marquent les trois propositions, et la voyelle de chaque syllabe marque quelle doit être cette proposition ; de sorte que ces mots ont cela de très-commode dans l'école, qu'on marque clairement par un seul mot une espèce de syllogisme, que sans cela on ne pourrait faire entendre qu'avec beaucoup de discours.

BAR-   *Quiconque laisse mourir de faim ceux qu'il doit nourrir est homicide ;*

BA-   *Tous les riches qui ne donnent point l'aumône dans les nécessités publiques laissent mourir de faim ceux qu'ils doivent nourrir :*

RA.   *Donc ils sont homicides.*

CE-   *Nul voleur impénitent ne doit s'attendre d'être sauvé :*

LA-   *Tous ceux qui meurent après s'être enrichis du bien de l'Église, sans vouloir le restituer, sont des voleurs impénitents ;*

RENT.   *Donc nul d'eux ne doit s'attendre d'être sauvé.*

DA-   *Tout ce qui est attaché au salut est avantageux.*

RI-   *Il y a des afflictions qui servent au salut ;*

I.   *Donc il y a des afflictions qui sont avantageuses.*

FE-   *Ce qui est suivi d'un juste repentir n'est jamais à souhaiter ;*

RI- *Il y a des plaisirs qui sont suivis d'un juste repentir;*
O. *Donc il y a des plaisirs qui ne sont point à souhaiter.*

Fondement de la première figure.

Puisque dans cette figure le grand terme est affirmé ou nié du moyen pris universellement, et ce même moyen affirmé ensuite dans la mineure du petit terme, ou sujet de la conclusion, il est clair qu'elle n'est fondée que sur deux principes, l'un pour les modes affirmatifs, l'autre pour les modes négatifs.

Principe des modes affirmatifs.

Ce qui convient à une idée prise universellement convient aussi à tout ce dont cette idée est affirmée, ou qui est sujet de cette idée, ou qui est compris dans l'extension de cette idée : car ces expressions sont synonymes.

Ainsi l'idée d'*animal*, convenant à tous les hommes, convient aussi à tous les Éthiopiens. Ce principe a été tellement éclairci dans le chapitre où nous avons traité de la nature des propositions affirmatives, qu'il n'est pas nécessaire de l'éclaircir ici davantage. Il suffira d'avertir qu'on l'exprime ordinairement dans l'école en cette manière : *Quod convenit consequenti convenit antecedenti;* et que l'on entend par terme conséquent une idée générale qui est affirmée d'une autre, et par antécédent le sujet dont elle est affirmée, parce qu'en effet l'attribut se tire par conséquence du sujet : s'il est homme, il est animal.

Principe des modes négatifs.

Ce qui est nié d'une idée prise universellement est nié de tout ce dont cette idée est affirmée.

Arbre est nié de tous les animaux ; il est donc nié de tous les hommes, parce qu'ils sont animaux. On l'exprime ainsi dans l'école : *Quod negatur de consequente, negatur de antecedente.*

Ce que nous avons dit en traitant des propositions négatives me dispense d'en parler ici davantage.

Il faut remarquer qu'il n'y a que la première figure qui conclue tout, A, E, I, O.

Et qu'il n'y a qu'elle aussi qui conclue A, dont la raison est, qu'afin que la conclusion soit universelle affirmative, il faut que le petit terme soit pris généralement dans la mineure, et par conséquent qu'il en soit sujet, et que le moyen en soit l'attribut : d'où il arrive que le moyen y est pris particulièrement ; il faut donc qu'il soit pris généralement dans la majeure (par la première règle générale), et que par conséquent il en soit le sujet. Or, c'est en cela que consiste la première figure, que le moyen y est sujet en la majeure et attribut en la mineure.

CHAPITRE VI

RÈGLES, MODES ET FONDEMENTS DE LA SECONDE FIGURE.

La seconde figure est celle où le moyen est deux fois attribut, et de là il s'ensuit qu'afin qu'elle conclue nécessairement, il faut que l'on garde ces deux règles.

Règle I. *Il faut qu'il y ait une des deux propositions négatives, et par conséquent que la conclusion le soit aussi par la sixième règle générale.*

Car, si elles étaient toutes deux affirmatives, le moyen, qui est toujours attribut, serait pris deux fois particulièrement contre la première règle générale.

Règle II. *Il faut que la majeure soit universelle.*

Car, la conclusion étant négative, le grand terme ou l'attribut est pris universellement. Or, ce même terme est sujet de la majeure : donc il doit être universel, et, par conséquent, rendre la majeure universelle.

Démonstration.

Qu'il ne peut y avoir que quatre modes dans la seconde figure.

Des dix modes concluants, les quatre affirmatifs sont exclus par la première règle de cette figure, qui est que l'une des prémisses doit être négative.

O, A, O, est exclu par la seconde règle, qui est que la majeure doit être universelle.

E, A, O est exclu par la même raison qu'en la première figure, parce que le petit terme est aussi sujet en la mineure.

Il ne reste donc de ces dix modes que ces quatre :

2 généraux. { E, A, E.
A, E, E. }   2 particuliers. { E, I, O.
A, O, O. }

Ce qu'il fallait démontrer.

On a compris ces quatre modes sous ces mots artificiels [1] :

---

[1] L'inventeur de ces mots artificiels, pour les trois premières figures, est Pierre d'Espagne, qui devint pape sous le nom de Jean XXI, et mourut en 1277. (Voy. p. 185.)

CE- *Nul menteur n'est croyable,*
SA- *Tout homme de bien est croyable :*
RE- *Donc nul homme de bien n'est menteur.*

CA- *Tous ceux qui sont à* Jésus-Christ *crucifient leur chair ;*
MES- *Tous ceux qui mènent une vie molle et voluptueuse ne crucifient point leur chair :*
TRES, *Donc nul d'eux n'est à* Jésus-Christ.

FES- *Nulle vertu n'est contraire à l'amour de la vérité ;*
TI- *Il y a un amour de la paix qui est contraire à l'amour de la vérité :*
NO. *Donc il y a un amour de la paix qui n'est pas vertu.*

BA- *Toute vertu est accompagnée de discrétion ;*
RO- *Il y a des zèles sans discrétion :*
CO. *Donc il y a des zèles qui ne sont pas vertu.*

Fondement de la seconde figure.

Il serait facile de réduire toutes ces diverses sortes d'arguments à un même principe par quelques détours ; mais il est plus avantageux d'en réduire deux à un principe, et deux à un autre, parce que la dépendance et la liaison qu'ils ont avec ces deux principes est plus claire et plus immédiate.

Principe des arguments en Cesare *et* Festino.

Le premier de ces principes est celui qui sert aussi de fondement aux arguments négatifs de la première figure ; savoir, *que ce qui est nié d'une idée universelle est aussi nié de tout ce dont cette idée est affirmée, c'est-à-dire de tous les sujets de cette idée :* car il est clair que les arguments en *Cesare* et *Festino* sont établis sur ce principe. Pour montrer, par exemple, que nul homme de bien n'est menteur, j'ai affirmé croyable de tout homme de bien, et j'ai nié menteur de tout homme croyable en disant que nul menteur n'est croyable. Il est vrai que cette façon de nier est indirecte, puisqu'au lieu de nier menteur de croyable, j'ai nié croyable de menteur ; mais comme les propositions négatives universelles se convertissent simplement en niant l'attribut d'un sujet universel, on nie ce sujet universel de l'attribut.

Cela fait voir néanmoins que les arguments en *Cesare* sont, en quelque manière, indirects, puisque ce qui doit être nié n'y est nié qu'indirectement ; mais comme cela n'empêche pas que l'esprit ne comprenne facilement et clairement la force de l'argument, ils peuvent passer pour directs, entendant ce terme pour des arguments clairs et naturels.

Cela fait voir aussi que ces deux modes *Cesare* et *Festino* ne sont différents des deux de la première figure, *Celarent* et *Ferio*, qu'en ce que la majeure en est renversée ; mais quoique l'on puisse dire que les modes négatifs de la première figure sont plus directs, il arrive néanmoins souvent que ces deux de la deuxième figure qui y répondent sont plus naturels, et que l'esprit s'y porte plus facilement ; car, par exemple, dans celui que nous venons de proposer, quoique l'ordre direct de la négation demandât que l'on dît : Nul homme croyable n'est menteur, ce qui eût fait un argument en *Celarent*, néanmoins notre esprit se porte naturellement à dire que nul menteur n'est croyable.

Principe des arguments en Camestres *et* Baroco.

Dans ces deux modes le moyen est affirmé de l'attribut de la conclusion et nié du sujet, ce qui fait voir qu'ils sont établis directement sur ce principe : *Tout ce qui est compris dans l'extension d'une idée universelle ne convient à aucun des sujets dont on la nie, l'attribut d'une proposition négative étant pris selon toute son extension, comme on l'a prouvé dans la seconde partie.*

Vrai chrétien est compris dans l'extension de charitable, puisque tout vrai chrétien est charitable ; charitable est nié d'impitoyable envers les pauvres ; donc vrai chrétien est nié d'impitoyable envers les pauvres ; ce qui fait cet argument :

Tout vrai chrétien est charitable ;
Nul impitoyable envers les pauvres n'est charitable :
Donc nul impitoyable envers les pauvres n'est vrai chrétien.

CHAPITRE VII

RÈGLES, MODES ET FONDEMENTS DE LA TROISIÈME FIGURE.

Dans la troisième figure, le moyen est deux fois sujet, d'où il s'ensuit :

RÈGLE I. *Que la mineure doit être affirmative.*

Ce que nous avons déjà prouvé par la première règle de la première figure; parce que, dans l'une et dans l'autre, l'attribut de la conclusion est aussi attribut dans la majeure.

RÈGLE II. *L'on n'y peut conclure que particulièrement.*

Car, la mineure étant toujours affirmative, le petit terme qui est attribut est particulier : donc, il ne peut être universel dans la conclusion où il est sujet, parce que ce serait conclure le général du particulier, contre la deuxième règle générale.

Démonstration.

Qu'il ne peut y avoir que six modes dans la troisième figure.

Des dix modes concluants, A, E, E et A, O, O, sont exclus par la première règle de cette figure, qui est que la mineure ne peut être négative.

A, A, A et E, A, E, sont exclus par la deuxième règle, qui est que la conclusion n'y peut être générale.

Il ne reste donc que ces six modes :

3 affirmatifs.
{ A, A, I.
  A, I, I,
  I, A, I.

3 négatifs.
{ E, A, O.
  E, I, O.
  O, A, O.

Ce qu'il fallait démontrer.

C'est ce qu'on a réduit à ces six mots artificiels, quoique dans un autre ordre :

DA-   *La divisibilité de la matière à l'infini est incom-*
      préhensible ;

RA-   *La divisibilité de la matière à l'infini est très-cer-*
      taine :

PTI. *Il y a donc des choses très-certaines qui sont in-*
      compréhensibles.

FE-   *Nul homme ne peut se quitter soi-même.*

LA-   *Tout homme est ennemi de soi-même ;*

PTON. *Il y a donc des ennemis que l'on ne saurait*
      quitter.

DI-   *Il y a des méchants qui font les plus grandes*
      fortunes ;

SA-   *Tous les méchants sont misérables :*

MIS. *Il y a donc des misérables dans les plus grandes*
      fortunes.

DA- *Tout serviteur de Dieu est roi.*
TI- *Il y a des serviteurs de Dieu qui sont pauvres :*
SI. *Il y a donc des pauvres qui sont rois.*

BO- *Il y a des colères qui ne sont pas blâmables ;*
CAR- *Toute colère est une passion :*
DO. *Donc il y a des passions qui ne sont pas blâmables.*

FE- *Nulle sottise n'est éloquente ;*
RI- *Il y a des sottises en figures :*
SON. *Il y a donc des figures qui ne sont pas éloquentes.*

Fondements de la troisième figure.

Les deux termes de la conclusion étant attribués dans les deux prémisses à un même terme qui sert de moyen, on peut réduire les modes affirmatifs de cette figure à ce principe :

Principe des modes affirmatifs.

Lorsque deux termes peuvent s'affirmer d'une même chose, ils peuvent aussi s'affirmer l'un de l'autre pris particulièrement.

Car, étant unis ensemble dans cette chose, puisqu'ils lui conviennent, il s'ensuit qu'ils sont quelquefois unis ensemble, et partant, que l'on peut les affirmer l'un de l'autre particulièrement ; mais, afin qu'on soit assuré que ces deux termes aient été affirmés d'une même chose, qui est le moyen, il faut que ce moyen soit pris au moins une fois universellement ; car s'il était pris deux fois particulièrement, ce pourrait être deux diverses parties d'un terme commun, qui ne serait pas la même chose.

Principe des modes négatifs.

Lorsque de deux termes l'un peut être nié et l'autre affirmé de la même chose, ils peuvent se nier particulièrement l'un de l'autre.

Car il est certain qu'ils ne sont pas toujours joints ensemble, puisqu'ils n'y sont pas joints dans cette chose : donc on peut les nier quelquefois l'un de l'autre, c'est-à-dire que l'on peut les nier l'un de l'autre pris particulièrement ; mais il faut, par la même raison, qu'afin que ce soit la même chose, le moyen soit pris au moins une fois universellement.

CHAPITRE VIII

DES MODES DE LA QUATRIÈME FIGURE.

La quatrième figure est celle où le moyen est attribut dans la majeure et sujet dans la mineure ; elle est si peu naturelle, qu'il est assez inutile d'en donner les règles. Les voilà néanmoins, afin qu'il ne manque rien à la démonstration de toutes les manières simples de raisonner.

Règle I. *Quand la majeure est affirmative, la mineure est toujours universelle.*

Car le moyen est pris particulièrement dans la majeure affirmative, parce qu'il en est l'attribut. Il faut donc (par la première règle générale) qu'il soit pris généralement dans la mineure, et que, par conséquent, il la rende universelle, parce qu'il en est le sujet.

Règle II. *Quand la mineure est affirmative, la conclusion est toujours particulière.*

Car le petit terme est attribut dans la mineure, et par conséquent il y est pris particulièrement, quand elle est affirmative ; d'où il s'ensuit (par la deuxième règle générale) qu'il doit être aussi particulier dans la conclusion, ce qui la rend particulière, parce qu'il en est le sujet.

Règle III. *Dans les modes négatifs, la majeure doit être générale.*

Car la conclusion étant négative, le grand terme y est pris généralement. Il faut donc (par la deuxième règle générale) qu'il soit pris aussi généralement dans les prémisses. Or, il est le sujet de la majeure aussi bien que dans la deuxième figure, et par conséquent il faut, aussi bien que dans la deuxième figure, qu'étant pris généralement, il rende la majeure générale.

Démonstration.

Qu'il ne peut y avoir que cinq modes dans la quatrième figure.

Des dix modes concluants, A, I, I, et A, O, O, sont exclus par la première règle.

A, A, A, et E, A, E, sont exclus par la deuxième ;

O, A, O, par la troisième.

Il ne reste donc que ces cinq :

2 affirmatifs. { A, A, I. / I, A, I.   3 négatifs. { A, E, E. / E, A, O. / E, I, O.

Ces cinq modes peuvent se renfermer dans ces mots artificiels.

BAR- BA- RI.	*Tous les miracles de la nature sont ordinaires ;* *Tout ce qui est ordinaire ne nous frappe point :* *Donc il y a des choses qui ne nous frappent point, qui sont des miracles de la nature.*
CA- LEN- TES.	*Tous les maux de la vie sont des maux passagers.* *Tous les maux passagers ne sont point à craindre :* *Donc nul des maux qui sont à craindre n'est un mal de cette vie.*
DI- BA- TIS.	*Quelque fou dit vrai ;* *Quiconque dit vrai mérite d'être suivi :* *Donc il y en a qui méritent d'être suivis, qui ne laissent pas d'être fous.*
FES- PA- MO.	*Nulle vertu n'est une qualité naturelle ;* *Toute qualité naturelle a Dieu pour premier auteur :* *Donc il y a des qualités qui ont Dieu pour auteur, qui ne sont pas des vertus.*
FRI- SE- SOM.	*Nul malheureux n'est content ;* *Il y a des personnes contentes qui sont pauvres :* *Il y a donc des pauvres qui ne sont pas malheureux.*

Il est bon d'avertir que l'on exprime ordinairement ces cinq modes en cette façon : *Baralipton, Celantes, Dabitis, Fespamo, Frisesomorum ;* ce qui est venu de ce qu'Aristote n'ayant pas fait une figure séparée de ces modes, on ne les a regardés que comme des modes indirects de la première figure, parce qu'on a prétendu que la conclusion en était renversée, et que l'attribut en était le véritable sujet. C'est pourquoi ceux qui ont suivi cette opinion ont mis pour première proposition celle où le sujet de la conclusion entre, et pour mineure celle où entre l'attribut.

Et ainsi ils ont donné neuf modes à la première figure, quatre directs et cinq indirects, qu'ils ont renfermés dans ces deux vers :

> Barbara, Celarent, Darii, Ferio, Baralipton,
> Celantes, Dabitis, Fespamo, Frisesomorum.

Et pour les deux autres figures :

> Cesare, Camestres, Festino, Baroco, Darapti,
> Felapton, Disamis, Datisi, Bocardo, Ferison.

Mais, comme la conclusion étant toujours supposée, puisque c'est ce qu'on veut prouver, on ne peut pas dire proprement qu'elle soit jamais renversée, nous avons cru qu'il était plus avantageux de prendre toujours pour majeure la proposition où entre l'attribut de la conclusion : ce qui nous a obligés, pour mettre la majeure la première, de renverser ces mots artificiels. De sorte que, pour mieux les retenir, on peut les renfermer en ce vers :

Barbari, Calentes, Dibatis, Fespamo, Frisesom.

Récapitulation des diverses espèces de syllogismes.

De tout ce qu'on vient de dire, on peut conclure qu'il y a dix-neuf espèces de syllogismes, qu'on peut diviser en diverses manières :

1º En { généraux 5 / particuliers 14 }   2º En { affirmatifs. 7 / négatifs. 12 }

3º En ceux qui concluent { A, 1. / E, 4. / I, 6. / O, 8. }

4º Selon les différentes figures, en les subdivisant par les modes ; ce qui a déjà été assez fait dans l'explication de chaque figure.

5º Ou, au contraire, selon les modes, en les subdivisant par les figures ; ce qui fera encore trouver dix-neuf espèces de syllogismes, parce qu'il y a trois modes dont chacun ne conclut qu'en une seule figure, six dont chacun conclut en deux figures, et un qui conclut en toutes les quatre.

CHAPITRE IX

DES SYLLOGISMES COMPLEXES, ET COMMENT ON PEUT LES RÉDUIRE AUX SYLLOGISMES COMMUNS, ET EN JUGER PAR LES MÊMES RÈGLES.

Il faut avouer que s'il y en a à qui la logique sert, il y en a beaucoup à qui elle nuit[1] ; et il faut reconnaître, en même temps, qu'il n'y en a point à qui elle nuise davantage qu'à ceux qui s'en piquent le plus, et qui affectent avec plus de vanité de paraître bons logiciens[2] : car cette affectation même étant la marque d'un esprit bas et peu

---

1. Allusion aux subtilités et aux arguties des scolastiques.
2. Tels étaient les professeurs d'alors, chez qui le raisonnement finissait par bannir la raison.

solide, il arrive que, s'attachant plus à l'écorce des règles qu'au bon sens, qui en est l'âme [1], ils se portent facilement à rejeter comme mauvais des raisonnements qui sont très-bons ; parce qu'ils n'ont pas assez de lumières pour les ajuster aux règles, qui ne servent qu'à les tromper, à cause qu'ils ne les comprennent qu'imparfaitement.

Pour éviter ce défaut, qui ressent beaucoup cet air de pédanterie si indigne d'un honnête homme, nous devons plutôt examiner la solidité d'un raisonnement par la lumière naturelle que par les formes ; et un moyen d'y réussir, quand nous y trouvons quelques difficultés, est d'en faire d'autres semblables en différentes matières ; et lorsqu'il nous paraît clairement qu'il conclut bien à ne considérer que le bon sens, si nous trouvons en même temps qu'il contienne quelque chose qui ne nous semble pas conforme aux règles, nous devons plutôt croire que c'est faute de bien le démêler, que non pas qu'il y soit contraire en effet.

Mais les raisonnements dont il est plus difficile de bien juger, et où il est plus aisé de se tromper, sont ceux que nous avons déjà dit se pouvoir appeler *complexes*, non pas simplement parce qu'il s'y trouvait des propositions complexes, mais parce que les termes de la conclusion, étant complexes, n'étaient pas pris tout entiers dans chacune des prémisses pour être joints avec le moyen, mais seulement une partie de l'un des termes, comme en cet exemple :

Le soleil est une chose insensible ;
Les Perses adoraient le soleil ;
Donc les Perses adoraient une chose insensible ;

où l'on voit que, la conclusion ayant pour attribut *adoraient une chose insensible*, on n'en met qu'une partie dans la majeure, savoir : *une chose insensible*, et *adoraient*, dans la mineure.

Or, nous ferons voir deux choses touchant ces deux sortes de syllogismes ; nous montrerons premièrement,

---

[1]. Leibnitz, dans une métaphore analogue, dira que les scholastiques prenaient la paille des termes pour le grain des choses.

comment on peut les réduire aux syllogismes incomplexes dont nous avons parlé jusqu'ici pour en juger par les mêmes règles ;

Et nous ferons voir, en second lieu, que l'on peut donner des règles plus générales pour juger tout d'un coup de la bonté ou du vice de ces syllogismes complexes, sans avoir besoin d'aucune réduction.

C'est une chose assez étrange que, quoique l'on fasse peut-être beaucoup plus d'état de la logique qu'on ne devrait, jusqu'à soutenir qu'elle est absolument nécessaire pour acquérir les sciences, on la traite néanmoins avec si peu de soin, que l'on ne dit presque rien de ce qui peut avoir quelque usage ; car on se contente d'ordinaire de donner des règles des syllogismes simples, et presque tous les exemples qu'on en apporte sont composés de propositions incomplexes, qui sont si claires, que personne ne s'est jamais avisé de les proposer sérieusement dans aucun discours ; car, à qui a-t-on jamais ouï faire ces syllogismes : Tout homme est animal ; Pierre est homme : donc Pierre est animal.

Mais on se met peu en peine d'appliquer les règles des syllogismes aux arguments dont les propositions sont complexes, quoique cela soit souvent assez difficile, et qu'il y ait plusieurs arguments de cette nature qui paraissent mauvais, et qui sont néanmoins fort bons ; et que d'ailleurs l'usage de ces sortes d'arguments soit beaucoup plus fréquent que celui des syllogismes entièrement simples. C'est ce qu'il sera plus aisé de faire voir par des exemples que par des règles.

EXEMPLE I. Nous avons dit, par exemple, que toutes les propositions composées de verbes actifs sont complexes en quelque manière ; et de ces propositions on en fait souvent des arguments dont la forme et la force sont difficiles à reconnaître, comme celui-ci que nous avons déjà proposé en exemple :

La loi divine commande d'honorer les rois ;
Louis XIV est roi :
Donc la loi divine commande d'honorer Louis XIV.

Quelques personnes peu intelligentes ont accusé ces sortes de syllogismes d'être défectueux, parce que, disaient-elles, ils sont composés de pures affirmatives dans la deuxième figure, ce qui est un défaut essentiel ; mais ces personnes ont bien montré qu'elles consultaient plus la lettre et l'écorce des règles, que non pas la lumière de la raison, par laquelle ces règles ont été trouvées : car cet argument est tellement vrai et concluant, que s'il était contre la règle, ce serait une preuve que la règle serait fausse, et non pas que l'argument fût mauvais.

Je dis donc, premièrement, que cet argument est bon ; car dans cette proposition, *la loi divine commande d'honorer les rois,* ce mot de *rois* est pris généralement pour tous les rois en particulier, et par conséquent Louis XIV est du nombre de ceux que la loi divine commande d'honorer.

Je dis, en second lieu, que *roi*, qui est le moyen, n'est point attribut dans cette proposition, *la loi divine commande d'honorer les rois*, quoiqu'il soit joint à l'attribut *commande*, ce qui est bien différent; car ce qui est véritablement attribut est affirmé et convient : or, 1° *roi* n'est point affirmé, et ne convient point à la loi de Dieu ; 2° l'attribut est restreint par le sujet : or, le mot de *roi* n'est point restreint dans cette proposition, *la loi divine commande d'honorer les rois*, puisqu'il se prend généralement.

Mais si l'on demande ce qu'il est donc, il est facile de répondre qu'il est sujet d'une autre proposition enveloppée dans celle-là ; car, quand je dis que la loi divine commande d'honorer les rois, comme j'attribue à la loi de commander, j'attribue aussi l'honneur aux rois, car c'est comme si je disais : *la loi divine commande que les rois soient honorés.*

De même, dans cette conclusion, *la loi divine commande d'honorer Louis XIV*, Louis XIV n'est point l'attribut, quoique joint à l'attribut, et il est, au contraire, le sujet de la proposition enveloppée ; car c'est autant que si je disais : *la loi divine commande que Louis XIV soit honoré.*

Ainsi, ces propositions étant développées en cette manière :
La loi divine commande que les rois soient honorés ;
Louis XIV est roi :
Donc la loi divine commande que *Louis XIV soit honoré ;*
il est clair que tout l'argument consiste dans ces propositions :
Les rois doivent être honorés ;
Louis XIV est roi :
Donc Louis XIV doit être honoré ;
et que cette proposition, *la loi divine commande*, qui paraissait la principale, n'est qu'une proposition incidente à cet argument, qui est jointe à l'affirmation à qui la loi divine sert de preuve.

Il est clair de même que cet argument est de la première figure en *Barbara*, les termes singuliers, comme Louis XIV, passant pour universels, parce qu'ils sont pris dans toute leur étendue, comme nous avons déjà remarqué.

EXEMPLE II. Par la même raison, cet argument, qui paraît de la deuxième figure et conforme aux règles de cette figure, ne vaut rien :
Nous devons croire l'Écriture ;
La tradition n'est point l'Écriture :
Donc nous ne devons point croire la tradition.
Car il doit se réduire à la première figure, comme s'il y avait :
L'Écriture doit être crue ;
La tradition n'est point l'Écriture :
Donc la tradition ne doit pas être crue.
Or, l'on ne peut rien conclure dans la première figure d'une mineure négative.

EXEMPLE III. Il y a d'autres arguments dont les propositions paraissent de pures affirmatives dans la deuxième figure, et qui ne laissent pas d'être fort bons, comme :

Tout bon pasteur est prêt à donner sa vie pour ses brebis;

Or, il y a aujourd'hui peu de pasteurs qui soient prêts à donner leur vie pour leurs brebis;

Donc il y a aujourd'hui peu de bons pasteurs.

Mais ce qui fait que ce raisonnement est bon, c'est qu'on n'y conclut affirmativement qu'en apparence; car la mineure est une proposition exclusive, qui contient dans le sens cette négative : *plusieurs des pasteurs d'aujourd'hui ne sont pas prêts à donner leur vie pour leurs brebis;* et la conclusion aussi se réduit à cette négative : *plusieurs des pasteurs d'aujourd'hui ne sont pas de bons pasteurs.*

EXEMPLE IV. Voici encore un argument qui, étant de la première figure, paraît avoir la mineure négative, et qui néanmoins est fort bon.

Tous ceux à qui on ne peut ravir ce qu'ils aiment sont hors d'atteinte à leurs ennemis.

Or, quand un homme n'aime que Dieu, on ne peut lui ravir ce qu'il aime :

Donc tous ceux qui n'aiment que Dieu sont hors d'atteinte à leurs ennemis.

Ce qui fait que cet argument est fort bon, c'est que la mineure n'est *négative* qu'en apparence, et est en effet *affirmative*.

Car le sujet de la majeure, qui doit être attribut dans la mineure, n'est pas *ceux à qui on peut ravir ce qu'ils aiment;* mais c'est, au contraire, *ceux à qui on ne peut le ravir;* or, c'est ce qu'on affirme de ceux qui n'aiment que Dieu, de sorte que le sens de la mineure est :

Or, tous ceux qui n'aiment que Dieu sont du nombre de ceux à qui on ne peut ravir ce qu'ils aiment; ce qui est visiblement une proposition affirmative.

EXEMPLE V. C'est ce qui arrive encore quand la majeure est une proposition exclusive, comme :

Les seuls amis de Dieu sont heureux;

Or, il y a des riches qui ne sont pas amis de Dieu :

Donc il y a des riches qui ne sont pas heureux; car la particule *seuls* fait que la première proposition de ce syllogisme vaut ces deux-ci : *les amis de Dieu sont heureux;* et, *tous les autres hommes qui ne sont point amis de Dieu ne sont point heureux.*

Or, comme c'est de cette seconde proposition que dépend la force de ce raisonnement, la mineure qui semblait négative, devient affirmative; parce que le sujet de la majeure, qui doit être attribut dans la mineure, n'est pas *amis de Dieu*, mais *ceux qui ne sont pas amis de Dieu*, de sorte que tout l'argument doit se prendre ainsi :

Tous ceux qui ne sont point amis de Dieu ne sont pas heureux;

Or, il y a des riches qui sont du nombre de ceux qui ne sont pas amis de Dieu :

Donc il y a des riches qui ne sont point heureux.

Mais ce qui fait qu'il n'est pas nécessaire d'exprimer la mineure de cette sorte, et qu'on lui laisse l'apparence d'une proposition négative, c'est que c'est la même chose de dire négativement qu'un homme n'est pas ami de **Dieu**, et de dire affirmativement qu'il est non ami de Dieu, c'est-à-dire du nombre de ceux qui ne sont pas amis de Dieu.

EXEMPLE VI. Il y a beaucoup d'arguments semblables dont toutes les propositions paraissent négatives, et qui néanmoins sont très-bons, parce qu'il y en a une qui n'est négative qu'en apparence, et qui est affirmative en effet, comme nous venons de le faire voir, et comme on verra encore par cet exemple :

Ce qui n'a point de parties ne peut périr par la dissolution de ses parties ;
Notre âme n'a point de parties :
Donc notre âme ne peut périr par la dissolution de ses parties.

Il y a des gens qui apportent ces sortes de syllogismes pour montrer que l'on ne doit pas prétendre que cet axiome de la logique, *on ne conclut rien de pures négatives*, soit vrai généralement et sans distinction : mais ils n'ont pas pris garde que, dans le sens, la mineure de ce syllogisme et autres semblables est affirmative, parce que le milieu, qui est le sujet de la majeure, en est l'attribut ; or, le sujet de la majeure n'est pas *ce qui a des parties*, mais *ce qui n'a point de parties ;* et ainsi le sens de la mineure est : *notre âme est une chose qui n'a point de parties ;* ce qui est une proposition affirmative d'un attribut négatif.

Ces mêmes personnes prouvent encore que les arguments négatifs sont quelquefois concluants, par ces exemples : *Jean n'est pas raisonnable : donc il n'est point homme. Nul animal ne voit : donc nul homme ne voit.* Mais elles devaient considérer que ces exemples ne sont que des enthymèmes, et que nul enthymème ne conclut qu'en vertu d'une proposition sous-entendue, et qui par conséquent doit être dans l'esprit, quoiqu'elle ne soit pas exprimée ; or, dans l'un et l'autre de ces exemples, la proposition sous-entendue est nécessairement affirmative. Dans le premier, celle-ci : *Tout homme est raisonnable ; Jean n'est point raisonnable : donc Jean n'est point homme ;* et, dans l'autre : *Tout homme est animal ; nul animal ne voit : donc nul homme ne voit ;* or, on ne peut pas dire que ces syllogismes soient de pures négatives, et, par conséquent, les enthymèmes, qui ne concluent que parce qu'ils enferment ces syllogismes entiers dans l'esprit de celui qui les fait, ne peuvent être apportés en exemple, pour faire voir qu'il y a quelquefois des arguments de pures négatives qui concluent.

CHAPITRE X

PRINCIPE GÉNÉRAL PAR LEQUEL, SANS AUCUNE RÉDUCTION AUX FIGURES ET AUX MODES, ON PEUT JUGER DE LA BONTÉ OU DU DÉFAUT DE TOUT SYLLOGISME.

Nous avons vu comme on peut juger si les arguments

complexes sont concluants ou vicieux, en les réduisant à la forme des arguments plus communs, pour en juger ensuite par les règles communes ; mais comme il n'y a point d'apparence que notre esprit ait besoin de cette réduction pour faire ce jugement, cela a fait penser qu'il fallait qu'il y eût des règles plus générales, sur lesquelles même les communes fussent appuyées, par où l'on reconnût plus facilement la bonté ou le défaut de toutes sortes de syllogismes : et voici ce qui en est venu dans l'esprit.

Lorsqu'on veut prouver une proposition dont la vérité ne paraît pas évidemment, il semble que tout ce qu'on a à faire soit de trouver une proposition plus connue qui confirme celle-là, laquelle, pour cette raison, on peut appeler la proposition *contenante*. Mais parce qu'elle ne peut pas la contenir expressément et dans les mêmes termes puisque, si cela était, elle n'en serait pas différente, et ainsi elle ne servirait de rien pour la rendre plus claire, il est nécessaire qu'il y ait encore une autre proposition qui fasse voir que celle que nous avons appelée *contenante* contient en effet celle que l'on veut prouver ; et celle-là peut s'appeler *applicative*[1].

Dans les syllogismes affirmatifs, il est souvent indifférent laquelle des deux on appelle *contenante*, parce qu'elles contiennent toutes deux, en quelque sorte, la conclusion, et qu'elles servent mutuellement à faire voir que l'autre la contient.

Par exemple, si je doute si un homme vicieux est malheureux et que je raisonne ainsi :

Tout esclave de ses passions est malheureux ;
Tout vicieux est esclave de ses passions :
Donc tout vicieux est malheureux ;

quelque proposition que vous preniez, vous pourrez dire qu'elle contient la conclusion, et que l'autre le fait voir, car la majeure la contient, parce qu'*esclave de ses passions*

---

1. Cette explication du mécanisme de la déduction est extérieure et n'atteint pas le fond même des choses. Aristote a été plus profond en ramenant tout au rapport des trois termes.

contient sous soi *vicieux;* c'est-à-dire que *vicieux* est renfermé dans son étendue, et est un de ses sujets, comme la mineure le fait voir; et la mineure la contient aussi, parce qu'*esclave de ses passions* comprend dans son idée, celle de malheureux, comme la majeure le fait voir.

Néanmoins, comme la majeure est presque toujours plus générale, on la regarde d'ordinaire comme la proposition contenante, et la mineure comme applicative.

Pour les syllogismes négatifs, comme il n'y a qu'une proposition négative, et que la négation n'est proprement enfermée que dans la négative, il semble qu'on doive toujours prendre la proposition négative pour la contenante, et l'affirmative pour l'applicative seulement, soit que la négative soit la majeure, comme en *Celarent, Ferio, Cesare, Festino;* soit que ce soit la mineure, comme en *Camestres* et *Baroco.*

Car si je prouve par cet argument que nul avare n'est heureux.

Tout heureux est content;
Nul avare n'est content :
Donc nul avare n'est heureux;

il est plus naturel de dire que la mineure, qui est négative, contient la conclusion, qui est aussi négative, et que la majeure est pour montrer qu'elle la contient : car cette mineure, *nul avare n'est content,* séparant totalement *content* d'avec *avare,* en sépare aussi *heureux,* puisque, selon la majeure, *heureux* est totalement enfermé dans l'étendue de *content.*

Il n'est pas difficile de montrer que toutes les règles que nous avons données ne servent qu'à faire voir que la conclusion est contenue dans l'une des premières propositions et que l'autre le fait voir; et que les arguments ne sont vicieux que quand on manque à observer cela, et qu'ils sont toujours bons quand on l'observe. Car toutes ces règles se réduisent à deux principales, qui sont le fondement des autres: l'une, que *nul terme ne peut être plus général dans la conclusion que dans les prémisses;* or, cela dépend visiblement de ce principe général, que *les pré-*

misses doivent contenir la conclusion : ce qui ne pourrait être si, le même terme étant dans les prémisses et dans la conclusion, il avait moins d'étendue dans les prémisses que dans la conclusion ; car le moins général ne contient pas le plus général, *quelque homme* ne contient pas *tout homme.*

L'autre règle générale est que *le moyen doit être pris au moins une fois universellement;* ce qui dépend encore de ce principe, que *la conclusion doit être contenue dans les prémisses.* Car, supposons que nous avons à prouver que *quelque ami de Dieu est pauvre,* et que nous nous servions pour cela de cette proposition, *quelque saint est pauvre,* je dis qu'on ne verra jamais évidemment que cette proposition contient la conclusion que par une autre proposition où le moyen, qui est *saint* soit pris universellement; car, il est visible qu'afin que cette proposition, *quelque saint est pauvre,* contienne la conclusion, *quelque ami de Dieu est pauvre,* il faut et il suffit que le terme *quelque saint* contienne le terme *quelque ami de Dieu,* puisque pour l'autre elles l'ont commun. Or, un terme particulier n'a point d'étendue déterminée ; il ne contient certainement que ce qu'il enferme dans sa compréhension et dans son idée.

Et par conséquent, afin que le terme *quelque saint* contienne le terme *quelque ami de Dieu,* il faut qu'*ami de Dieu,* soit contenu dans la compréhension de l'idée de *saint.*

Or, tout ce qui est contenu dans la compréhension d'une idée en peut être universellement affirmé ; tout ce qui est affirmé dans la compréhension de l'idée de *triangle* peut être affirmé de *tout triangle;* tout ce qui est enfermé dans l'idée d'*homme* peut être affirmé de *tout homme,* et, par conséquent, afin qu'*ami de Dieu* soit enfermé dans l'idée de *saint,* il faut que *tout saint soit ami de Dieu :* d'où il s'ensuit que cette conclusion, *quelque ami de Dieu est pauvre,* ne peut être contenue dans cette proposition, *quelque saint est pauvre,* où le moyen *saint* est pris particulièrement, qu'en vertu d'une proposition où il soit pris universellement, puisqu'elle doit faire voir qu'un *ami de Dieu* est contenu dans la compréhension de l'idée de *saint :* c'est ce qu'on ne peut montrer qu'en affirmant *ami de Dieu,* de *saint* pris universellement, *tout saint est ami de Dieu ;* et par conséquent nulle des prémisses ne contiendrait la conclusion, si le moyen étant pris particulièrement dans l'une des propositions, il n'était pris universellement dans l'autre : ce qu'il fallait démontrer.

CHAPITRE XI

APPLICATION DE CE PRINCIPE GÉNÉRAL A PLUSIEURS SYLLOGISMES QUI PARAISSENT EMBARRASSÉS.

Sachant donc par ce que nous avons dit dans la seconde partie, ce que c'est que l'étendue et la compréhension des termes, par où l'on peut juger quand une proposition en contient ou n'en contient pas une autre, on peut juger de la bonté ou du défaut de tout syllogisme, sans considérer s'il est simple ou composé, complexe ou incomplexe, et sans prendre garde aux figures ni aux modes, par ce seul principe général, que *l'une des deux propositions doit contenir la conclusion,* et *l'autre faire voir qu'elle la contient :* c'est ce qui se comprendra mieux par des exemples [1].

EXEMPLE. I. Je doute si ce raisonnement est bon :
Le devoir d'un chrétien est de ne point louer ceux qui commettent des actions criminelles ;

---

[1]. Arnauld se fait ici illusion en croyant avoir trouvé une règle capable de simplifier les difficultés logiques. D'abord, cette règle ne nous apprend que ce que nous savons déjà et ce qui est contenu dans la définition même du syllogisme ; ensuite, pour appliquer la règle générale, il faut avoir recours aux règles particulières qu'on voulait exclure. De deux choses l'une, ou l'on peut scientifiquement étudier la logique et alors il faut reconnaître autant de règles et de lois qu'il en existe en effet, ou on veut simplement, dans la pratique, apprécier la valeur d'un raisonnement, et alors la règle d'Arnauld lui même est inutile.

Or, ceux qui se battent en duel commettent une action criminelle;

Donc le devoir d'un chrétien est de ne point louer ceux qui se battent en duel.

Je n'ai que faire de me mettre en peine pour savoir à quelle figure ni à quel mode on peut le réduire; mais il me suffit de considérer si la conclusion est contenue dans l'une des deux premières propositions, et si l'autre le fait voir, et je trouve d'abord que, la première n'ayant rien de différent de la conclusion, sinon qu'il y a en l'une *ceux qui commettent des actions criminelles*, et en l'autre, *ceux qui se battent en duel*, celle où il y a *commettre des actions criminelles* contiendra celle où il y a *se battre en duel*, pourvu que *commettre des actions criminelles* contienne *se battre en duel*.

Or, il est visible, par le sens, que le terme de *ceux qui commettent des actions criminelles* est pris universellement, et que cela s'entend de tous ceux qui en commettent quelles qu'elles soient : et ainsi la mineure, *ceux qui se battent en duel commettent une action criminelle,* faisant voir que *se battre en duel* est contenu sous ce terme de *commettre des actions criminelles,* elle fait voir aussi que la première proposition contient la conclusion [1].

Exemple II. Je doute si ce raisonnement est bon :

L'Évangile promet le salut aux chrétiens;

Il y a des méchants qui sont chrétiens;

Donc l'Évangile promet le salut aux méchants.

Pour en juger, je n'ai qu'à regarder que la majeure ne peut contenir la conclusion, si le mot de *chrétiens* n'y est pris généralement pour *tous les chrétiens*, et non pour *quelques chrétiens* seulement; car, si l'Évangile ne promet le salut qu'à quelques chrétiens, il ne s'ensuit pas qu'il le promette à des méchants qui seraient chrétiens, parce que ces méchants peuvent n'être pas du nombre de

---

[1]. Toute cette argumentation est inexacte au point de vue de la théorie logique, et inutile dans la pratique.

ces chrétiens auxquels l'Évangile promet le salut : c'est pourquoi ce raisonnement conclut bien, mais la majeure est fausse, si le mot de *chrétiens* se prend dans la majeure pour *tous les chrétiens,* et il conclut mal s'il ne se prend que pour *quelques chrétiens;* car alors la première proposition ne contiendrait point la conclusion.

Mais, pour savoir s'il doit se prendre universellement, cela doit se juger par une autre règle que nous avons donnée dans la seconde partie, qui est que, *hors les faits, ce dont on affirme est pris universellement, quand il est exprimé indéfiniment :* car quoique *ceux qui commettent des actions criminelles,* dans le premier exemple, et *chrétiens,* dans le deuxième, soient partie d'un attribut, ils tiennent lieu néanmoins de sujet au regard de l'autre partie du même attribut : car ils sont ce dont on affirme, qu'on ne doit pas les louer, ou qu'on leur promet le salut : et par conséquent, n'étant point restreints, ils doivent être pris universellement, et ainsi, l'un et l'autre argument est bon dans la forme ; mais la majeure du second est fausse, si ce n'est qu'on entendît par le mot de *chrétiens* ceux qui vivent conformément à l'Évangile, auquel cas la mineure serait fausse, parce qu'il n'y a point de méchants qui vivent conformément à l'Évangile [1].

Exemple III. Il est aisé de voir, par le même principe, que ce raisonnement ne vaut rien :

La loi divine commande d'obéir aux magistrats séculiers.

Les évêques ne sont point des magistrats séculiers :

Donc la loi divine ne commande point d'obéir aux évêques.

Car nulle des premières propositions ne contient la conclusion, puisqu'il ne s'ensuit pas que la loi divine, commandant une chose, n'en commande pas une autre : et ainsi, la mineure fait bien voir que *les évêques* ne sont pas compris sous le nom de *magistrats séculiers,* et que le

---

[1]. C'est encore là un appareil inutile pour juger, dans la pratique, une question aussi simple. Quant à la théorie, elle exige plus de rigueur.

commandement d'honorer les magistrats séculiers ne comprend point les évêques; mais la majeure ne dit pas que Dieu n'ait fait d'autres commandements que celui-là, comme il faudrait qu'elle fît pour enfermer la conclusion en vertu de cette mineure : ce qui fait que cet autre argument est bon :

EXEMPLE IV. *Le christianisme n'oblige les serviteurs de servir leurs maîtres que dans les choses qui ne sont point contre la loi de Dieu.*

Or, un mauvais commerce est contre la loi de Dieu :

Donc le christianisme n'oblige point les serviteurs de servir leurs maîtres dans un mauvais commerce.

Car la majeure contient la conclusion, puisque la mineure, *mauvais commerce*, est contenue dans le nombre des choses qui sont contre la loi de Dieu, et que la majeure étant exclusive, vaut autant que si on disait : *La loi divine n'oblige point les serviteurs de servir leurs maîtres dans toutes les choses qui sont contre la loi de Dieu.*

EXEMPLE V. On peut résoudre facilement ce sophisme commun par ce seul principe :

Celui qui dit que vous êtes un animal dit vrai;

Celui qui dit que vous êtes un oison dit que vous êtes un animal :

Donc celui qui dit que vous êtes un oison dit vrai.

Car il suffit de dire que nulle de ces deux premières propositions ne contient la conclusion, puisque, si la majeure la contenait, n'étant différente de la conclusion qu'en ce qu'il y a *animal* dans la majeure et *oison* dans conclusion, il faudrait qu'*animal* contînt *oison;* mais *animal* est pris particulièrement dans cette majeure, puisqu'il est attribut de cette proposition incidente affirmative, *vous êtes un animal*, et par conséquent il ne pourrait contenir *oison* que dans sa compréhension; ce qui obligerait, pour le faire voir, de prendre le mot d'*animal* universellement dans la mineure, en affirmant *oison* de tout animal : ce qu'on ne peut faire, et ce qu'on ne fait pas aussi, puisque *animal* est encore pris particulièrement dans la mineure, étant encore, aussi bien que dans la majeure, l'attribut de cette proposition affirmative incidente, *vous êtes un animal* [1].

EXEMPLE VI. On peut encore résoudre par là cet ancien sophisme, qui est rapporté par saint Augustin :

Vous n'êtes pas ce que je suis;
Je suis homme :
Donc vous n'êtes pas homme.

Cet argument ne vaut rien par les règles des figures, parce qu'il est de la première, et que la première proposition, qui en est la mineure, est négative ; mais il suffit de dire que la conclusion n'est point contenue dans la première de ces propositions, et que l'autre proposition, *je suis homme*, ne fait point voir qu'elle y soit contenue : car la conclusion étant négative, le terme d'homme y est pris universellement, et ainsi n'est point contenu dans le terme *ce que je suis*, parce que celui qui parle ainsi n'est pas *tout homme, mais seulement quelque homme*, comme il paraît en ce qu'il dit seulement dans la proposition applicative, *je suis homme*, où le terme d'homme est restreint à une signification particulière, parce qu'il est attribut d'une proposition affirmative : or, le général n'est pas contenu dans le particulier [2].

CHAPITRE XII

DES SYLLOGISMES CONJONCTIFS.

Les syllogismes conjonctifs ne sont pas tous ceux dont les propositions sont conjonctives ou composées, mais ceux dont la majeure est tellement composée qu'elle enferme toute la conclusion : on peut les réduire à trois genres, les *conditionnels*, les *disjonctifs* et les *copulatifs*.

DES SYLLOGISMES CONDITIONNELS.

Les syllogismes conditionnels sont ceux où la majeure est une proposition conditionnelle qui contient toute la conclusion, comme :

---

[1]. Arnauld se perd ici dans des subtilités bien inutiles.

[2]. Le plus simple bon sens suffit pour faire ici reconnaître le sophisme.

S'il y a un Dieu, il faut l'aimer ;
Or, il y a un Dieu :
Donc il faut l'aimer.

La majeure a deux parties : la première s'appelle l'antécédent, *s'il y a un Dieu;* la deuxième, le conséquent, *il faut l'aimer.*

Ce syllogisme peut être de deux sortes, parce que de la même majeure on peut former deux conclusions.

La première est, quand ayant affirmé le conséquent dans la majeure, on affirme l'antécédent dans la mineure, selon cette règle : *en posant l'antécédent, on pose le conséquent.*

Si la matière ne peut se mouvoir d'elle-même, il faut que le premier mouvement lui ait été donné de Dieu;
Or, la matière ne peut se mouvoir d'elle-même :
Il faut donc que le premier mouvement lui ait été donné de Dieu.

La deuxième sorte est, quand on ôte le conséquent pour ôter l'antécédent, selon cette règle : *ôtant le conséquent, on ôte l'antécédent.*

Si quelqu'un des élus périt, Dieu se trompe;
Mais Dieu ne se trompe point :
Donc aucun des élus ne périt.

C'est le raisonnement de saint Augustin : *Horum si quisquam perit, fallitur Deus : sed nemo eorum perit, quia non fallitur Deus.*

Les arguments conditionnels sont vicieux en deux manières : l'une est, quand la majeure est une conditionnelle déraisonnable, et dont la conséquence est contre les règles, comme si je concluais le général du particulier, en disant : Si nous nous trompons en quelque chose, nous nous trompons en tout.

Mais cette fausseté dans la majeure de ces syllogismes en regarde plutôt la matière que la forme ; ainsi, on ne les considère comme vicieux selon la forme, que quand on tire une mauvaise conclusion de la majeure, vraie ou fausse, raisonnable ou déraisonnable : ce qui se fait de deux sortes.

La première, lorsqu'on infère l'antécédent du conséquent, comme si on disait :

Si les Chinois sont mahométans, ils sont infidèles;
Or, ils sont infidèles :
Donc ils sont mahométans.

La deuxième sorte d'arguments conditionnels qui sont faux, est quand de la négation de l'antécédent on infère la négation du conséquent, comme dans le même exemple :

Si les Chinois sont mahométans, ils sont infidèles;
Or, ils ne sont pas mahométans :
Donc ils ne sont pas infidèles.

Il y a néanmoins de ces arguments conditionnels qui semblent avoir ce second défaut, qui ne laissent pas d'être fort bons, parce qu'il y a une exclusion sous-entendue dans la majeure, quoique non exprimée. Exemple : Cicéron ayant publié une loi contre ceux qui achèteraient les suffrages, et Muréna étant accusé de les avoir achetés, Cicéron, qui plaidait pour lui, se justifie par cet argument du reproche que lui faisait Caton, d'agir, dans cette défense, contre sa loi : *Etenim si largitionem factam esse confiterer, idque recte factum esse defenderem, facerem improbe, etiamsi alius legem tulisset; quum vero nihil commissum contra legem esse defendam, quid est quod meam defensionem latio legis impediat?* Il semble que cet argument soit semblable à celui d'un blasphémateur, qui dirait pour s'excuser : *Si je niais qu'il y eût un Dieu, je serais un méchant; mais quoique je blasphème, je ne nie pas qu'il y ait un Dieu : donc je ne suis pas un méchant.* Cet argument ne vaudrait rien, parce qu'il y a d'autres crimes que l'athéisme qui rendent un homme méchant; mais ce qui fait que celui de Cicéron est bon, quoique Ramus l'ait proposé pour exemple d'un mauvais raisonnement, c'est qu'il enferme dans le sens une partie exclusive, et qu'il faut le réduire à ces termes :

Ce serait alors seulement qu'on pourrait me reprocher avec raison d'agir contre ma loi, si j'avouais que Muréna eût acheté les suffrages, et que je ne laissasse pas de justifier son action;

Mais je prétends qu'il n'a point acheté les suffrages :

Et par conséquent je ne fais rien contre ma loi.

Il faut dire la même chose de ce raisonnement de Vénus dans Virgile, en parlant à Jupiter :

> Si sine pace tua atque invito numine Troes
> Italiam petiere, luant peccata, neque illos
> Juveris auxilio : sin tot responsa secuti,
> Quæ superi manesque dabant, cur nunc tua quisquam
> Flectere jussa potest, aut cur nova condere facta[1]?

car ce raisonnement se réduit à ces termes :

Si les Troyens étaient venus en Italie contre le gré des dieux, ils seraient punissables;

Mais ils n'y sont pas venus contre le gré des dieux :

Donc ils ne sont pas punissables.

Il faut donc y suppléer quelque chose; autrement il serait semblable à celui-ci, qui certainement ne conclut pas :

Si Judas était entré dans l'apostolat sans vocation, il aurait dû être rejeté de Dieu;

Mais il n'y est pas entré sans vocation :

Donc il n'a pas dû être rejeté de Dieu.

Mais ce qui fait que celui de Vénus, dans Virgile, n'est pas vicieux, c'est qu'il faut considérer la majeure comme étant exclusive dans le sens, de même que s'il y avait :

Ce serait alors seulement que les Troyens seraient punissables et indignes du secours des dieux, s'ils étaient venus en Italie contre leur gré :

Donc, etc.

Ou bien il faut dire, ce qui est la même chose, que l'affirmative, *si sine pace tua,* etc., enferme dans le sens cette négative :

---

1. *Enéide,* l. XI, v. 32 et sqq.

Si les Troyens ne sont venus dans l'Italie que par l'ordre des dieux, il n'est pas juste que les dieux les abandonnent;
Or, ils n'y sont venus que par l'ordre des dieux:
Donc, etc.

DES SYLLOGISMES DISJONCTIFS.

On appelle syllogismes disjonctifs ceux dont la première proposition est disjonctive, c'est-à-dire dont les parties sont jointes par *vel, ou*, comme celui-ci de Cicéron :
Ceux qui ont tué César sont parricides ou défenseurs de la liberté;
Or, ils ne sont point parricides :
Donc ils sont défenseurs de la liberté.

Il y en a de deux sortes : la première, quand on ôte une partie pour garder l'autre ; comme dans celui que nous venons de proposer, ou dans celui-ci :
Tous les méchants doivent être punis en ce monde ou en l'autre;
Or, il y a des méchants qui ne sont point punis en ce monde;
Donc ils le seront en l'autre.

Il y a quelquefois trois membres dans cette sorte de syllogismes, et alors on en ôte deux pour en garder un, comme dans cet argument de saint Augustin, dans son livre du Mensonge, chap. VIII.

Aut non est credendum bonis, aut credendum est eis quos credimus debere aliquando mentiri, aut non est credendum bonos aliquando mentiri. Horum primum perniciosum est; secundum stultum : restat ergo ut nunquam mentiantur boni.

La seconde sorte, mais moins naturelle, est quand on prend une des parties pour ôter l'autre, comme si l'on disait :
Saint Bernard[1], *témoignant que Dieu avait confirmé par des miracles sa prédication de la croisade, était un saint ou un imposteur;*
Or, c'était un saint :
Donc ce n'était pas un imposteur.

Ces syllogismes disjonctifs ne sont guère faux que par la fausseté de la majeure, dans laquelle la division n'est pas exacte, se trouvant un milieu entre les membres opposés, comme si je disais :
Il faut obéir aux princes en ce qu'ils commandent contre la loi de Dieu, ou se révolter contre eux:
Or, il ne faut pas leur obéir en ce qui est contre la loi de Dieu:
Donc il faut se révolter contre eux:
Ou: Or, il ne faut pas se révolter contre eux:
Donc il faut leur obéir en ce qui est contre la loi de Dieu.

L'un et l'autre raisonnement est faux, parce qu'il y a un milieu dans cette disjonction qui a été observé par les premiers chrétiens, qui est de souffrir patiemment toutes choses, plutôt que de rien faire contre la loi de Dieu, sans néanmoins se révolter contre les princes.

---

1. Saint Bernard, fondateur de l'abbaye de Clairvaux, adversaire d'Abélard, naquit près de Dijon en 1091 et mourut en 1153.

Ces fausses disjonctions sont une des sources les plus communes des faux raisonnements des hommes.

DES SYLLOGISMES COPULATIFS.

Ces syllogismes ne sont que d'une sorte, qui est quand on prend une proposition copulative niante, dont ensuite on établit une partie pour ôter l'autre.

Un homme n'est pas tout ensemble serviteur de Dieu et idolâtre de son argent;
Or, l'avare est idolâtre de son argent:
Donc il n'est pas serviteur de Dieu.

Car cette sorte de syllogisme ne conclut point nécessairement, quand on ôte une partie pour mettre l'autre, comme on peut voir par ce raisonnement tiré de la même proposition :

Un homme n'est pas tout ensemble serviteur de Dieu et idolâtre de l'argent;
Or les prodigues ne sont point idolâtres de l'argent:
Donc ils sont serviteurs de Dieu.

CHAPITRE XIII

DES SYLLOGISMES DONT LA CONCLUSION EST CONDITIONNELLE.

On a fait voir qu'un syllogisme parfait ne peut avoir moins de trois propositions; mais cela n'est vrai que quand on conclut absolument, et non quand on ne le fait que conditionnellement, parce qu'alors la seule proposition conditionnelle peut enfermer une des prémisses outre la conclusion, et même toutes les deux.

Exemple : si je veux prouver que la lune est un corps raboteux, et non poli comme un miroir, ainsi qu'Aristote se l'est imaginé, je ne puis le conclure absolument qu'en trois propositions.

Tout corps qui réfléchit la lumière de toutes parts est raboteux;
Or, la lune réfléchit la lumière de toutes parts:
Donc la lune est un corps raboteux.

Mais je n'ai besoin que de deux propositions pour la conclure conditionnellement en cette manière :

Tout corps qui réfléchit la lumière de toutes parts est raboteux;
Donc si la lune réfléchit la lumière de toutes parts, c'est un corps raboteux.

Et je puis même renfermer ce raisonnement en une seule proposition, ainsi :

Si tout corps qui réfléchit la lumière de toutes parts est raboteux, et que la lune *réfléchisse la lumière de toutes parts, il faut avouer que ce n'est point un corps poli, mais raboteux.*

Ou bien en liant une des propositions par la particule causale, *parce que*, ou *puisque*, comme :

Si tout vrai ami doit être prêt à donner sa vie pour son ami,
Il n'y a guère de vrais amis ;
Puisqu'il n'y en a guère qui le soient jusqu'à ce point.

Cette manière de raisonner est très-commune et très-belle, et c'est ce qui fait qu'il ne faut pas s'imaginer qu'il n'y ait de raisonnement que lorsqu'on voit trois propositions séparées et arrangées comme dans l'école ; car il est certain que cette seule proposition comprend ce syllogisme entier :

Tout vrai ami doit être prêt à donner sa vie pour ses amis ;
Or, il n'y a guère de gens qui soient prêts à donner leur vie pour leurs amis :
Donc il n'y a guère de vrais amis.

Toute la différence qu'il y a entre les syllogismes absolus et ceux dont la conclusion est enfermée avec l'une des prémisses dans une proposition conditionnelle, est que les premiers ne peuvent être accordés tout entiers, que nous ne demeurions d'accord de ce qu'on aurait voulu nous persuader ; au lieu que dans les derniers on peut accorder tout, sans que celui qui les fait ait encore rien gagné, parce qu'il lui reste à prouver que la condition d'où dépend la conséquence qu'on lui a accordée est véritable.

Et ainsi ces arguments ne sont proprement que des préparations à une conclusion absolue ; mais ils sont aussi très-propres à cela, et il faut avouer que ces manières de raisonner sont très-ordinaires et très-naturelles, et qu'elles ont cet avantage, qu'étant plus éloignées de l'air de l'école, elles en sont mieux reçues dans le monde.

On peut conclure de cette sorte en toutes les figures et en tous les modes, et ainsi, il n'y a point d'autres règles à y observer que les règles mêmes des figures.

Il faut seulement remarquer que la conclusion conditionnelle comprenant toujours l'une des prémisses outre la conclusion, c'est quelquefois la majeure, et quelquefois la mineure.

C'est ce qu'on verra par les exemples de plusieurs conclusions conditionnelles qu'on peut tirer de deux maximes générales, l'une affirmative et l'autre négative ; soit l'affirmative, ou déjà prouvée, ou accordée :

Tout sentiment de douleur est une pensée.

On en conclut affirmativement :

1. *Donc, si toutes les bêtes sentent de la douleur,*
Toutes les bêtes pensent. Barbara.
2. *Donc, si quelque plante sent de la douleur,*
Quelque plante pense. Darii.
3. *Donc, si toute pensée est une action de l'esprit.*
Tout sentiment de douleur est une action de l'esprit. Barbara.

4. *Donc, si tout sentiment de douleur est un mal,*
Quelque pensée est un mal. Darapti.
5. *Donc, si le sentiment de douleur est dans la main que l'on brûle,*
Il y a quelque pensée dans la main que l'on brûle. Disamis.
Négativement :
6. *Donc, si nulle pensée n'est dans le corps,*
Nul sentiment de douleur n'est dans le corps. Celarent.
7. *Donc, si nulle bête ne pense,*
Nulle bête ne sent de la douleur. Camestres.
8. *Donc, si quelque partie de l'homme ne pense point,*
Quelque partie de l'homme ne sent point la douleur. Baroco.
9. *Donc, si nul mouvement de la matière n'est une pensée.*
Nul sentiment de douleur n'est un mouvement de la matière. Cesare.
10. *Donc, si le sentiment de douleur n'est pas agréable,*
Quelque pensée n'est pas agréable. Felapton.
11. *Donc, si quelque sentiment de douleur n'est pas volontaire,*
Quelque pensée n'est pas volontaire. Bocardo.

On pourrait tirer encore quelques autres conclusions conditionnelles de cette maxime générale : *Tout sentiment de douleur est une pensée ;* mais comme elles seraient peu naturelles, elles ne méritent pas d'être rapportées.

De celles qu'on a tirées, il y en a qui comprennent la mineure, outre la conclusion, savoir, la 1re, 2e, 7e, 8e, et d'autres la majeure, savoir, la 3e, 4e, 5e, 6e, 9e, 10e, 11e.

On peut de même remarquer les diverses conclusions conditionnelles qui peuvent se tirer d'une proposition générale négative ; soit, par exemple, celle-ci :

Nulle matière ne pense.
1. *Donc, si toute âme de bête est matière,*
Nulle âme de bête ne pense. Celarent.
2. *Donc, si quelque partie de l'homme est matière,*
Quelque partie de l'homme ne pense point. Ferio.
3. *Donc, si notre âme pense,*
Notre âme n'est point matière. Cesare.
4. *Donc, si quelque partie de l'homme pense,*
Quelque partie de l'homme n'est point matière. Festino.
5. *Donc, si tout ce qui sent de la douleur pense,*
Nulle matière ne sent de la douleur. Camestres.
6. *Donc, si toute matière est une substance,*
Quelque substance ne pense point. Felapton.
7. *Donc, si quelque matière est cause de plusieurs effets qui paraissent très-merveilleux,*
Tout ce qui est cause d'effets merveilleux ne pense pas. Ferison.

De ces conditionnelles il n'y a que la cinquième qui enferme la majeure outre la conclusion : toutes les autres renferment la mineure.

Le plus grand usage de ces sortes de raisonnement est d'obliger celui à qui on veut persuader une chose, de reconnaître premièrement la bonté d'une conséquence qu'il peut accorder, sans s'engager encore à rien, parce qu'on ne la lui propose que conditionnellement, et séparée de la vérité matérielle, pour parler ainsi, de ce qu'elle contient.

Et par là on le dispose à recevoir plus facilement la conclusion absolue qu'on en tire : ou en mettant l'antécédent pour mettre le conséquent ; ou en ôtant le conséquent pour ôter l'antécédent.

Ainsi, un homme m'ayant avoué que, *nulle matière ne pense*, j'en conclurai : *donc si l'âme des bêtes pense, il faut qu'elle soit distincte de la matière*.

Et comme il ne pourra me nier cette conclusion conditionnelle, j'en pourrai tirer l'une ou l'autre de ces deux conséquences absolues :

Or, l'âme des bêtes pense :
Donc elle est distincte de la matière ;
ou bien au contraire :
Or, l'âme des bêtes n'est pas distincte de la matière :
Donc elle ne pense point.

On voit par là qu'il faut quatre propositions, afin que ces sortes de raisonnements soient achevés, et qu'ils établissent quelque chose absolument ; et néanmoins on ne doit pas les mettre au rang des syllogismes qu'on appelle composés, parce que ces quatre propositions ne contiennent rien davantage dans le sens que ces trois propositions d'un syllogisme commun :

Nulle matière ne pense ;
Toute âme de bête est matière :
Donc nulle âme de bête ne pense.

CHAPITRE XIV

DES ENTHYMÈMES ET DES SENTENCES ENTHYMÉMATIQUES.

On a déjà dit que l'enthymème était un syllogisme parfait dans l'esprit[1], mais imparfait dans l'expression, parce qu'on y supprimait quelqu'une des propositions comme trop claire et trop connue, et comme étant facilement suppléée par l'esprit de ceux à qui l'on parle. Cette manière d'argument est si commune dans les discours et dans les écrits, qu'il est rare, au contraire, que l'on y exprime toutes les propositions, parce qu'il y en a d'ordinaire une assez claire pour être supposée, et que la

---

1. De là le nom même de l'argument : ἐν θυμῷ.

nature de l'esprit humain est d'aimer mieux qu'on lui laisse quelque chose à suppléer, que non pas qu'on s'imagine qu'il ait besoin d'être instruit de tout.

Ainsi cette suppression flatte la vanité de ceux à qui l'on parle, en se remettant de quelque chose à leur intelligence, et en abrégeant le discours, elle le rend plus fort et plus vif. Il est certain, par exemple, que si de ce vers de la Médée d'Ovide, qui contient un enthymème très-élégant :

> *Servare potui, perdere an possim, rogas*[1] ?
> Je t'ai pu conserver, je te pourrai donc perdre ?

on en avait fait un argument en forme en cette manière : *celui qui peut conserver peut perdre ; or, je t'ai pu conserver : donc je te pourrai perdre*, toute la grâce en serait ôtée ; la raison en est que, comme une des principales beautés d'un discours est d'être plein de sens, et de donner occasion à l'esprit de former une pensée plus étendue que n'est l'expression, c'en est, au contraire, un des plus grands défauts d'être vide de sens et de renfermer peu de pensées, ce qui est presque inévitable dans les syllogismes philosophiques ; car l'esprit allant plus vite que la langue, et une des propositions suffisant pour en faire concevoir deux, l'expression de la seconde devient inutile, ne contenant aucun nouveau sens. C'est ce qui rend ces sortes d'arguements si rares dans la vie des hommes ; parce que, sans même y faire réflexion, on s'éloigne de ce qui ennuie, et l'on se réduit à ce qui est précisément nécessaire pour se faire entendre.

Les enthymèmes sont donc la manière ordinaire dont les hommes expriment leurs raisonnements, en supprimant la proposition qu'ils jugent devoir être facilement suppléée ; et cette proposition est tantôt la majeure, tantôt la mineure, et quelquefois la conclusion ; quoique alors cela ne s'appelle pas proprement enthymème, tout l'argument étant contenu en quelque sorte dans les deux premières propositions.

[1]. Ce vers, le seul que nous ayons de la tragédie d'Ovide, est cité par Quintilien, *Instit.*, VIII, 5.

Il arrive aussi quelquefois que l'on renferme les deux propositions de l'enthymème dans une seule proposition, qu'Aristote appelle, pour ce sujet, sentence enthymématique, et dont il rapporte cet exemple [1] :

> Ἀθάνατον ὀργὴν μὴ φύλαττε, θνητὸς ὤν.
> Mortel, ne garde pas une haine immortelle.

L'argument entier serait : *Celui qui est mortel ne doit pas conserver une haine immortelle; or, vous êtes mortel: donc, etc.*, et l'enthymème parfait serait : *Vous êtes mortel : que votre haine ne soit donc pas immortelle.*

CHAPITRE XV

DES SYLLOGISMES COMPOSÉS DE PLUS DE TROIS PROPOSITIONS.

Nous avons déjà dit que les syllogismes composés de plus de trois propositions s'appellent généralement *sorites* [2].

On peut en distinguer de trois sortes : 1° les gradations, dont il n'est point nécessaire de rien dire davantage que ce qui en a été dit au premier chapitre de cette troisième partie ;

2° Les dilemmes, dont nous traiterons dans le chapitre suivant ;

3° Ceux que les Grecs ont appelés épichérèmes [3], qui comprennent la preuve ou de quelqu'une des deux premières propositions ou de toutes les deux ; et ce sont ceux-là dont nous parlerons dans ce chapitre.

Comme l'on est souvent obligé de supprimer dans les discours certaines propositions trop claires, il est aussi

---

1. *Rhét.*, II, 21.
2. Le mot *sorite* désignait dans l'antiquité le sophisme du *tas*, σωρός, dû à Chrysippe ou à Eubulide le Mégarien. Depuis le XVᵉ siècle, on employa le mot de *sorite* pour désigner une accumulation de syllogismes.
3. Le mot *Epichérème* (ἐπὶ, χείρ), avait dans l'antiquité des acceptions très-diverses, que Quintilien passe en revue au livre V de son *Institution oratoire*.

souvent nécessaire, quand on en avance de douteuses, d'y joindre en même temps des preuves pour empêcher l'impatience de ceux à qui l'on parle, qui se blessent quelquefois lorsqu'on prétend les persuader par des raisons qui leur paraissent fausses ou douteuses ; car, quoique l'on y remédie dans la suite, néanmoins il est dangereux de produire, même pour un peu de temps, ce dégoût dans leur esprit : et ainsi, il vaut beaucoup mieux que les preuves suivent immédiatement ces propositions douteuses, que non pas qu'elles en soient séparées. Cette séparation produit encore un autre inconvénient bien incommode, c'est qu'on est obligé de répéter la proposition que l'on veut prouver. C'est pourquoi, au lieu que la méthode de l'école est de proposer l'argument entier, et ensuite de prouver la proposition qui reçoit difficulté, celle que l'on suit dans les discours ordinaires est de joindre aux propositions douteuses les preuves qui les établissent, ce qui fait une espèce d'argument composé de plusieurs propositions : car à la majeure on joint les preuves de la majeure, à la mineure les preuves de la mineure, et ensuite on conclut.

L'on peut réduire ainsi toute l'oraison pour Milon à un argument composé, dont la majeure est qu'il est permis de tuer celui qui nous dresse des embûches. Les preuves de cette majeure se tirent de la loi naturelle, du droit des gens, des exemples. La mineure est que Clodius a dressé des embûches à Milon, et les preuves de la mineure sont l'équipage de Clodius, sa suite, etc. La conclusion est qu'il a donc été permis à Milon de le tuer.

Le péché originel se prouverait par les misères des enfants, selon la méthode dialectique, en cette matière.

Les enfants ne sauraient être misérables qu'en punition de quelque péché qu'ils tirent de leur naissance ; or, ils sont misérables ; donc c'est à cause du péché originel. Ensuite, il faudrait prouver la majeure et la mineure ; la majeure, par cet argument disjonctif : la misère des enfants ne peut procéder que de l'une de ces quatre causes : 1° des péchés précédents commis en une autre vie ; 2° de l'impuissance de Dieu, qui n'avait pas le pouvoir de les en garantir ; 3° de l'injustice de Dieu, qui les asservirait sans sujet ; 4° du péché originel. Or, il est impie de dire qu'elle vienne des trois premières causes ; elle ne peut donc venir que de la quatrième, qui est le péché originel [1].

La mineure, *que les enfants sont misérables*, se prouverait par le dénombrement de leurs misères.

Mais il est aisé de voir combien saint Augustin a proposé cette preuve du péché originel avec plus de grâce et de force, en la renfermant dans un argument composé en cette sorte.

« Considérez la multitude et la grandeur des maux qui accablent les enfants, et combien les premières années de leur vie sont remplies de vanité, de souffrances, d'illusions, de frayeurs ; ensuite, lorsqu'ils sont devenus grands, et qu'ils commencent même à servir Dieu, l'erreur les tente pour les séduire, le travail et la douleur les tentent pour les affaiblir, la concupiscence les tente pour les enflammer, la tristesse les tente pour les abattre, l'orgueil les tente pour les élever ; et qui pourrait représenter, en peu de paroles, tant de diverses peines qui appesantissent le joug des enfants d'Adam? L'évidence de ces misères a forcé les philosophes païens, qui ne savaient et ne croyaient rien du péché de notre premier père, de dire que nous n'étions nés que pour souffrir les châtiments que nous avions mérités par quelques crimes commis en une autre vie que celle-ci, et qu'ainsi nos âmes avaient été attachées à des corps corruptibles, par le même genre de supplice que des tyrans de Toscane faisaient souffrir à ceux qu'ils attachaient tout vivants avec des corps morts. Mais cette opinion, que les âmes sont jointes à des corps en punition des fautes précédentes d'une autre vie, est rejetée par l'Apôtre. Que reste-t-il donc, sinon que la cause de ces maux effroyables soit ou l'injustice ou l'im-

---

1. L'argumentation d'Arnauld est d'ailleurs peu concluante, car elle pourrait s'appliquer aux animaux ; quelque animal a-t-il autrefois mangé, comme disait Malebranche, *du foin défendu?*

puissance de Dieu, ou la peine du premier péché de l'homme? Mais, parce que Dieu n'est ni injuste ni impuissant, il ne reste plus que ce que vous ne voulez pas reconnaître, mais qu'il faut pourtant que vous reconnaissiez malgré vous, que ce joug si pesant, que les enfants d'Adam sont obligés de porter depuis que leurs corps sont sortis du sein de leur mère, jusqu'au jour qu'ils rentrent dans le sein de leur mère commune, qui est la terre, n'aurait point été, s'ils ne l'avaient mérité par le crime qu'ils tirent de leur origine [1]. »

CHAPITRE XVI

DES DILEMMES.

On peut définir un dilemme un raisonnement composé, où, après avoir divisé un tout en ses parties, on conclut affirmativement ou négativement du tout ce qu'on a conclu de chaque partie [2].

Je dis *ce qu'on a conclu de chaque partie*, et non pas seulement ce qu'on en aurait affirmé ; car on n'appelle proprement dilemme que quand ce que l'on dit de chaque partie est appuyé de sa raison particulière.

Par exemple, ayant à prouver qu'*on ne saurait être heureux en ce monde*, on peut le faire par ce dilemme :

On ne peut vivre en ce monde qu'en s'abandonnant à ses passions ou en les combattant.

Si on s'y abandonne, c'est un état malheureux, parce qu'il est honteux, et qu'on ne saurait y être content ;

Si on les combat, c'est aussi un état malheureux, parce qu'il n'y a rien de plus pénible que cette guerre intérieure qu'on est continuellement obligé de se faire à soi-même :

Il ne peut donc y avoir en cette vie de véritable bonheur.

---

1. *Contra Julianum pelagianum*, lib. IV, 83.
2. A vrai dire, le dilemme n'est pas un syllogisme composé ou un double syllogisme, mais un syllogisme hypothétique où on divise le moyen terme en deux, trois, quatre espèces.

Si l'on veut prouver que *les évêques qui ne travaillent point au salut des âmes qui leur sont commises sont inexcusables devant Dieu,* on peut le faire par ce dilemme :

Ou ils sont capables de cette charge, ou ils en sont incapables :

S'ils en sont capables, ils sont inexcusables de ne pas s'y employer;

S'ils en sont incapables, ils sont inexcusables d'avoir accepté une charge si importante dont ils ne pouvaient pas s'acquitter;

Et par conséquent, en quelque manière que ce soit, ils sont inexcusables devant Dieu, s'ils ne travaillent au salut des âmes qui leur sont commises.

Mais on peut faire quelques observations sur ces sortes de raisonnements.

La première est que l'on n'exprime pas toujours toutes les propositions qui y entrent : car, par exemple, le dilemme que nous venons de proposer est renfermé dans ce peu de paroles d'une harangue de saint Charles[1], à l'entrée de l'un de ses conciles provinciaux : *Si tanto muneri impares, cur tam ambitiosi? si pares, cur tam negligentes?*

Ainsi, il y a beaucoup de choses sous-entendues dans ce dilemme célèbre par lequel un ancien philosophe prouvait qu'on ne devait point se mêler des affaires de la république :

Si on y agit bien, on offensera les hommes; si on y agit mal, on offensera les dieux : donc on ne doit pas s'en mêler.

Et de même en celui par lequel un autre[2] prouvait qu'il ne fallait pas se marier : *Si la femme qu'on épouse est belle, elle cause de la jalousie; si elle est laide, elle déplaît : donc il ne faut pas se marier.*

Car, dans l'un et l'autre de ces dilemmes, la proposition qui devait contenir la partition est-entendue; et

---

[1]. Saint Charles Borromée, cardinal archevêque de Milan, né en 1538, mort en 1584.

[2]. Antisthènes selon Diogène Laerce, Bias selon Aulu-Gelle.

c'est ce qui est fort ordinaire, parce qu'elle se sous-entend facilement, étant assez marquée par les propositions particulières où l'on traite chaque partie.

Et de plus, afin que la conclusion soit renfermée dans les prémisses, il faut sous-entendre partout quelque chose de général qui puisse convenir à tout comme dans le premier :

Si on agit bien, on offensera les hommes, ce qui est fâcheux ;

Si on agit mal, on offensera les dieux, ce qui est fâcheux aussi :

Donc il est fâcheux, en toute manière, de se mêler des affaires de la république.

Cet avis est fort important pour bien juger de la force d'un dilemme. Car ce qui fait, par exemple, que celui-là n'est pas concluant, est qu'il n'est point fâcheux d'offenser les hommes quand on ne peut l'éviter qu'en offensant Dieu.

La deuxième observation est qu'un dilemme peut être vicieux principalement par deux défauts. L'un est, quand la disjonctive sur laquelle il est fondé est défectueuse, ne comprenant pas tous les membres du tout que l'on divise.

Ainsi le dilemme pour ne point se marier ne conclut pas, parce qu'il peut y avoir des femmes qui ne seront pas si belles qu'elles causent de la jalousie, ni si laides qu'elles déplaisent.

C'est aussi, par cette raison, un très-faux dilemme que celui dont se servaient les anciens philosophes pour ne point craindre la mort[1]. *Ou notre âme*, disaient-ils, *périt avec le corps ; et ainsi, n'ayant plus de sentiment, nous serons incapables de mal ; ou si l'âme survit au corps, elle sera plus heureuse qu'elle n'était dans le corps : donc la mort n'est point à craindre.* Car, comme Montaigne[2] a fort bien remarqué, c'était un grand aveuglement de ne

---

1. Socrate et Epicure se servaient d'arguments analogues à celui que reproduit Arnauld.
2. *Essais*, liv. II, ch. XII.

pas voir qu'on peut concevoir un troisième état entre ces deux-là, qui est que l'âme, demeurant après le corps, se trouvât dans un état de tourment et de misère, et qui donne un juste sujet d'appréhender la mort, de peur de tomber en cet état.

L'autre défaut, qui empêche que les dilemmes ne concluent, est quand les conclusions particulières de chaque partie ne sont pas nécessaires. Ainsi, il n'est pas nécessaire qu'une belle femme cause de la jalousie, puisqu'elle peut être si sage et si vertueuse, qu'on n'aura aucun sujet de se défier de sa fidélité.

Il n'est pas nécessaire aussi qu'étant laide, elle déplaise à son mari, puisqu'elle peut avoir d'autres qualités si avantageuses d'esprit et de vertu qu'elle ne laissera pas de lui plaire.

La troisième observation est que celui qui se sert d'un dilemme doit prendre garde qu'on ne puisse le retourner contre lui-même. Ainsi Aristote témoigne qu'on retourna, contre le philosophe qui ne voulait pas qu'on se mêlât des affaires publiques, le dilemme dont il se servait pour le prouver; car on lui dit :

Si on s'y gouverne selon les règles corrompues des hommes, on contentera les hommes;

Si on garde la vraie justice, on contentera les dieux;

Donc on doit s'en mêler.

Néanmoins ce retour n'était pas raisonnable; car il n'est pas avantageux de contenter les hommes en offensant Dieu.

CHAPITRE XVII

DES LIEUX OU DE LA MÉTHODE DE TROUVER DES ARGUMENTS, COMBIEN CETTE MÉTHODE EST DE PEU D'USAGE.

Ce que les rhétoriciens et les logiciens appellent lieux, *loci argumentorum,* sont certains chefs généraux, auxquels on peut rapporter toutes les preuves dont on se sert dans les diverses matières que l'on traite ; et la partie de la logique qu'ils appellent invention n'est autre chose que ce qu'ils enseignent de ces lieux[1].

Ramus fait une querelle sur ce sujet à Aristote et aux philosophes de l'école, parce qu'ils traitent des lieux après avoir donné les règles des arguments, et il prétend contre eux qu'il faut expliquer les lieux et ce qui regarde l'invention avant que de traiter de ces règles.

La raison de Ramus est, que l'on doit avoir trouvé la matière avant que de songer à la disposer.

Or, l'explication des lieux enseigne à trouver cette matière, au lieu que les règles des arguments n'en peuvent apprendre que la disposition.

Mais cette raison est très-faible, parce qu'encore qu'il soit nécessaire que la matière soit trouvée pour la disposer, il n'est pas nécessaire néanmoins d'apprendre à trouver la matière avant d'avoir appris à la disposer : car, pour apprendre à disposer la matière, il suffit d'avoir certaines matières générales pour servir d'exemples ; or, l'esprit et le sens commun en fournissent toujours assez, sans qu'il soit besoin d'en emprunter d'aucun art ni d'aucune méthode. Il est donc vrai qu'il faut avoir une matière pour y appliquer les règles des arguments ; mais il est faux qu'il soit nécessaire de trouver cette matière par la méthode des lieux.

On pourrait dire, au contraire, que comme on prétend enseigner dans les lieux l'art de tirer des arguments et des syllogismes, il n'est nécessaire de savoir auparavant ce que c'est qu'argument et syllogisme ; mais on pourrait peut-être aussi répondre que la nature seule nous fournit une connaissance générale de ce que c'est que raisonnement, qui suffit pour entendre ce qu'on en dit en parlant des lieux.

Il est donc assez inutile de se mettre en peine en quel ordre on doit traiter des lieux, puisque c'est une chose à peu près indifférente ; mais il serait peut-être plus utile d'examiner s'il ne serait pas plus à propos de n'en point traiter du tout.

On sait que les anciens ont fait un grand mystère de cette méthode, et que Cicéron la préfère même à toute la dialectique, telle qu'elle était enseignée par les stoïciens, parce qu'ils ne parlaient point des lieux. Laissons, dit-il, toute cette science, qui ne nous dit rien de l'art de trouver des arguments et qui ne nous fait que trop de discours pour nous instruire à en juger : *Istam artem totam relinquamus quæ in excogitandis argumentis muta nimium est, in judicandis nimirum loquax*[2]. Quintilien et tous les autres rhétoriciens, Aristote et tous les philosophes en parlent de même ; de sorte que l'on aurait peine à n'être pas de leur sentiment, si l'expérience générale n'y paraissait entièrement opposée.

On peut en prendre à témoin presque autant de personnes qu'il y en

---

1. Aristote traite des *lieux* où l'on peut chercher des arguments dans la partie de l'*Organon* appelée *Topiques*. Cicéron a écrit un petit traité sur le même sujet.

2. *De Oratore*, II, 38.

a qui ont passé par le cours ordinaire des études, et qui ont appris de cette méthode artificielle de trouver des preuves ce qu'on en apprend dans les colléges ; car, y en a-t-il un seul qui puisse dire véritablement que, lorsqu'il a été obligé de traiter quelque sujet, il ait fait réflexion sur ces lieux et y ait cherché les raisons qui lui étaient nécessaires? Qu'on consulte tant d'avocats et de prédicateurs qui sont au monde, tant de gens qui parlent et qui écrivent, et qui ont toujours de la matière de reste ; et je ne sais si on en pourra trouver quelqu'un qui ait jamais pensé à faire un argument *a causa, ab effectu, ab adjunctis*, pour prouver ce qu'il désirait persuader.

Aussi, quoique Quintilien fasse paraître de l'estime pour cet art, il est obligé néanmoins de reconnaître qu'il ne faut pas, lorsqu'on traite une matière, aller frapper à la porte de tous ces lieux pour en tirer des arguments et des preuves. *Illud, quoque*, dit-il, *studiosi eloquentiæ cogitent non esse, quum proposita fuerit materia dicendi, scrutanda singula et velut ostiatim pulsanda, ut sciant an ad id probandum quod intendimus, forte respondeant*[1].

Il est vrai que tous les arguments qu'on fait sur chaque sujet peuvent se rapporter à ces chefs et à ces termes généraux qu'on appelle lieux ; mais ce n'est point par cette méthode qu'on les trouve. La nature, la considération attentive du sujet, la connaissance des diverses vérités, les fait produire, et ensuite l'art les rapporte à certains genres, de sorte que l'on peut dire véritablement des lieux ce que saint Augustin dit en général des préceptes de la rhétorique. On trouve, dit-il, que les règles de l'éloquence sont observées dans les discours des personnes éloquentes, quoiqu'ils n'y pensent pas en les faisant, soit qu'ils les sachent, soit qu'ils les ignorent. Ils pratiquent ces règles, parce qu'ils sont éloquents ; mais ils ne s'en servent pas pour être éloquents : *Implent quippe illa, quia sunt eloquentes, non adhibent ut sint eloquentes*[2].

L'on marche naturellement, comme ce même Père le remarque en un autre endroit, et en marchant on fait certains mouvements réglés du corps ; mais il ne servirait de rien, pour apprendre à marcher, de dire, par exemple, qu'il faut envoyer des esprits en certains nerfs, remuer

---

1. *Institut. orat.*, v. 10.
2. « In sermonibus atque dictionibus eloquentium, impleta reperiuntur præcepta eloquentiæ, de quibus illi ut eloquerentur, vel cum eloquerentur, non cogitaverunt, sive illa didicissent, sive ne attigissent quidem. Implent quippe illa, quia eloquentes sunt ; non adhibent, ut sint eloquentes. » *De Doctrina christiana*, IV, 3.

certains muscles, faire certains mouvements dans les jointures, mettre un pied l'un devant l'autre, et se reposer sur l'un pendant que l'autre avance. On peut bien former des règles en observant ce que la nature nous fait faire; mais on ne fait jamais ces actions par le secours de ces règles; ainsi on traite tous les lieux dans les discours les plus ordinaires, et l'on ne saurait rien dire qui ne s'y rapporte; mais ce n'est point en y faisant une réflexion expresse que l'on produit ces pensées, cette réflexion ne pouvant servir qu'à ralentir la chaleur de l'esprit et à l'empêcher de trouver les raisons vives et naturelles, qui sont les vrais ornements de toute sorte de discours.

Virgile, dans le neuvième livre de l'Énéide, après avoir représenté Euryale surpris et environné de ses ennemis, qui étaient près de venger sur lui la mort de leurs compagnons que Nisus, ami d'Euryale, avait tués, met ces paroles pleines de mouvement et de passion dans la bouche de Nisus :

> Me, me, adsum qui feci : in me convertite ferrum,
> O Rutuli! mea fraus omnis; nihil iste, nec ausus,
> Nec potuit : cœlum hoc, et sidera conscia testor :
> Tantum infelicem nimium dilexit amicum[1].

C'est un argument, dit Ramus, *a causa efficiente;* mais on pourrait bien juger avec assurance que jamais Virgile ne songea, lorsqu'il fit ces vers, au *lieu* de la cause efficiente. Il ne les aurait jamais faits, s'il s'était arrêté à y chercher cette pensée; et il faut nécessairement que, pour produire des vers nobles et si animés, il ait non-seulement oublié ces règles, s'il les savait, mais qu'il se soit en quelque sorte, oublié lui-même pour peindre la passion qu'il représentait[2].

Le peu d'usage que le monde a fait de cette méthode des lieux, depuis tant de temps qu'elle est trouvée et qu'on l'enseigne dans les écoles, est une preuve évidente

---

1. *Énéide*, IX, vers 427 et sqq.
2. Le caractère de l'inspiration dans l'art est en effet la spontanéité. C'est seulement après que vient la réflexion. Le génie, comme la nature, crée la forme par le fond même, et non par des moyens extérieurs, par des artifices et des règles.

qu'elle n'est pas de grand usage; mais quand on serait appliqué à en tirer tout le fruit qu'on en peut tirer, on ne voit pas qu'on puisse arriver par là à quelque chose qui soit véritablement utile et estimable : car tout ce qu'on peut prétendre par cette méthode, est de trouver sur chaque sujet diverses pensées générales, ordinaires, éloignées, comme les lullistes [1] en trouvent par le moyen de leurs tables; or, tant s'en faut qu'il soit utile de se procurer cette sorte d'abondance, qu'il n'y a rien qui gâte davantage le jugement.

Rien n'étouffe plus les bonnes semences que l'abondance des mauvaises herbes; rien ne rend un esprit plus stérile en pensées justes et solides que cette mauvaise fertilité de pensées communes. L'esprit s'accoutume à cette facilité, et ne fait plus d'efforts pour trouver les raisons propres, particulières et naturelles, qui ne se découvrent que dans la considération attentive de son sujet.

On devrait considérer que cette abondance qu'on recherche par le moyen de ces lieux, est un très-petit avantage. Ce n'est pas ce qui manque à la plupart du monde. On pèche beaucoup plus par excès que par défaut; et les discours que l'on fait ne sont que trop remplis de matière. Ainsi, pour former les hommes dans une éloquence judicieuse et solide, il serait bien plus utile de leur apprendre à se taire qu'à parler, c'est-à-dire à supprimer et à retrancher les pensées basses, communes et fausses, qu'à produire, comme ils font, un amas confus de raisonnements bons et mauvais, dont on remplit les livres et les discours.

Et comme l'usage des lieux ne peut guère servir qu'à trouver de ces sortes de pensées, on peut dire que s'il est bon de savoir ce qu'on en dit, parce que tant de personnes célèbres en ont parlé qu'ils ont formé une espèce de nécessité de ne pas ignorer une chose si commune, il est encore beaucoup plus important d'être persuadé qu'il

---

1. Les disciples de Raymond Lulle, qui s'efforcent d'appliquer l'*ars magna*.

n'y a rien de plus ridicule que de les employer pour discourir de tout à perte de vue, comme les lullistes font par le moyen de leurs attributs généraux, qui sont des espèces de lieux ; et que cette mauvaise facilité de parler de tout, et de trouver raison partout, dont quelques personnes font vanité, est un si mauvais caractère d'esprit, qu'il est beaucoup au-dessous de la bêtise[1].

C'est pourquoi tout l'avantage qu'on peut tirer de ces lieux se réduit au plus à en avoir une teinture générale, qui sert peut-être un peu, sans qu'on y pense, à envisager la matière que l'on traite par plus de faces et de parties.

CHAPITRE XVIII

DIVISION DES LIEUX EN LIEUX DE GRAMMAIRE, DE LOGIQUE ET DE MÉTAPHYSIQUE.

Ceux qui ont traité des lieux les ont divisés en différentes manières. Celle qui a été suivie par Cicéron dans les livres de l'Invention et dans le IIe livre de l'Orateur, et par Quintilien au Ve livre de ses Institutions, est moins méthodique ; mais elle est aussi plus propre pour l'usage des discours du barreau, auquel ils la rapportent particulièrement. Celle de Ramus est trop embarrassée de subdivisions.

En voici une qui paraît assez commode, d'un philosophe allemand fort judicieux et fort solide, nommé Clauberge[2], dont la Logique[3] m'est tombé entre les mains, lorsqu'on avait déjà commencé à imprimer celle-ci.

---

[1]. Un des principaux vices de la méthode scolastique était la substitution des artifices logiques à l'observation des choses et à l'analyse des idées.

[2]. Clauberg, né à Solingen (duché de Berg) en 1022, le premier propagateur de la doctrine cartésienne en Allemage.

[3]. *Logica vetus et nova* (1654).

Les lieux sont tirés ou de la grammaire, ou de la logique ou de la métaphysique.

LIEUX DE LA GRAMMAIRE.

Les lieux de grammaire sont l'étymologie et les mots dérivés de même racine, qui s'appellent en latin *conjugata* et en grec παρώνυμα.

On argumente par l'étymologie quand on dit, par exemple, que plusieurs personnes du monde ne se divertissent jamais à proprement parler, parce que se divertir, c'est se désappliquer des occupations sérieuses, et qu'ils ne s'occupent jamais sérieusement [1].

Les mots dérivés de même racine servent aussi à faire trouver des pensées.

>   Homo sum, humani nil a me alienum puto [2].
>   Mortali urgemur ab hoste, mortales.
>   Quid tam dignum misericordia quam miser?
>   Quid tam indignum misericordia quam superbus miser?

Qu'y a-t-il de plus digne de miséricorde qu'un misérable? Et qu'y a-t-il de plus indigne de miséricorde qu'un misérable qui est orgueilleux?

LIEUX DE LOGIQUE.

Les lieux de logique sont les termes universels, genre, espèce, différence, propre, accident, la définition, la division; et comme tous ces points ont été expliqués auparavant, il n'est pas nécessaire d'en traiter ici davantage.

Il faut seulement remarquer que l'on joint d'ordinaire à ces lieux certaines maximes communes qu'il est bon de savoir, non pas qu'elles soient fort utiles, mais parce qu'elles sont communes. On en a déjà rapporté quelques-unes sous d'autres termes; mais il est bon de les savoir sous les termes ordinaires.

1° Ce qui s'affirme ou se nie du genre s'affirme ou se nie de l'espèce. *Ce qui convient à tous les hommes convient aux grands; mais ils ne peuvent pas prétendre aux avantages qui sont au-dessus des hommes.*

2° En détruisant le genre, on détruit aussi l'espèce. *Celui qui ne juge point du tout ne juge point mal; celui qui ne parle point du tout ne parle jamais indiscrètement.*

---

1. Divertir vient en effet de *divertere*, détourner de.

2. Vers bien connu de Térence.

3° En détruisant toutes les espèces, on détruit les genres. *Les formes qu'on appelle substantielles (excepté l'âme raisonnable) ne sont ni corps ni esprit : donc ce ne sont point des substances.*

4° Si l'on peut affirmer ou nier de quelque chose la différence totale, on en peut affirmer ou nier l'espèce. *L'étendue ne convient pas à la pensée : donc elle n'est pas matière.*

5° Si l'on peut affirmer ou nier de quelque chose la propriété, on en peut affirmer ou nier l'espèce. *Étant impossible de se figurer la moitié d'une pensée, ni une pensée ronde et carrée, il est impossible que ce soit un corps.*

6° On affirme ou on nie le défini de ce dont on affirme ou nie la définition. *Il a peu de personnes justes, parce qu'il y en a peu qui aient une ferme et constante volonté de rendre à chacun ce qui lui appartient.*

LIEUX DE MÉTAPHYSIQUE.

Les lieux de métaphysique sont certains termes généraux convenant à tous les êtres, auxquels on rapporte plusieurs arguments, comme les causes, les effets, le tout, les parties, les termes opposés. Ce qu'il y a de plus utile est d'en savoir quelques divisions générales, et principalement des causes.

Les définitions qu'on donne dans l'école aux causes en général, en disant qu'*une cause est ce qui produit un effet,* ou *ce par quoi une chose est,* sont si peu nettes, et il est si difficile de voir comment elles conviennent à tous les genres de cause, qu'on aurait aussi bien fait de laisser ce mot entre ceux que l'on ne définit point, l'idée que nous en avons étant aussi claire que les définitions qu'on en donne.

Mais la division des causes en quatre espèces, qui sont la cause finale, efficiente, matérielle et formelle, est si célèbre, qu'il est nécessaire de la savoir[1].

On appelle CAUSE FINALE la fin pour laquelle une chose est[2].

Il y a des fins *principales,* qui sont celles que l'on regarde principalement, et des fins *accessoires,* qu'on ne considère que par surcroît.

---

1. Voir la *Métaphysique* d'Aristote, liv. Ier.

2. Cette définition, ainsi que les autres, est empruntée à Aristote. On sait le rôle que joue dans la logique péripatéticienne l'idée de cause finale, à laquelle Aristote finit par ramener toutes les autres causes.

Ce que l'on prétend faire ou obtenir est appelé *finis cujus gratiâ*. Ainsi, la santé est la fin de la médecine, parce qu'elle prétend la procurer.

Celui pour qui l'on travaille est appelé *finis cui*. L'homme est la fin de la médecine en cette manière, parce que c'est à lui qu'elle a dessein d'apporter la guérison.

Il n'y a rien de plus ordinaire que de tirer des arguments de la fin, ou pour montrer qu'une chose est imparfaite, comme qu'un discours est mal fait, lorsqu'il n'est pas propre à persuader ; ou pour faire voir qu'il est vraisemblable qu'un homme a fait ou fera quelque action, parce qu'elle est conforme à la fin qu'il a accoutumé de se proposer : d'où vient cette parole célèbre d'un juge de Rome, qu'il fallait examiner avant toutes choses *cui bono*, c'est-à-dire quel intérêt un homme aurait eu à faire une chose, parce que les hommes agissent ordinairement selon leur intérêt, ou pour montrer, au contraire, qu'on ne doit pas soupçonner un homme d'une action, parce qu'elle aurait été contraire à sa fin.

Il y a encore plusieurs autres manières de raisonner par la fin, que le bon sens découvrira mieux que tous les préceptes ; ce qui soit dit aussi pour les autres lieux.

La CAUSE EFFICIENTE est celle qui produit une autre chose[1]. On en tire des arguments, en montrant qu'un effet n'est pas, parce qu'il n'a pas eu de cause suffisante, ou qu'il est ou sera, en faisant voir que toutes ses causes sont. Si ces causes sont nécessaires, l'argument est nécessaire ; si elles sont libres et contingentes, il n'est que probable.

Il y a diverses espèces de cause efficiente, dont il est utile de savoir les noms :

Dieu créant Adam était sa cause *totale*, parce que rien ne concourait avec lui ; mais le père et la mère ne sont chacun que causes *partielles* de leur enfant, parce qu'ils ont besoin l'un de l'autre.

Le soleil est une cause *propre* de la lumière ; mais il n'est cause qu'*ac-*

---

[1]. Aristote l'appelle *la cause du mouvement ou changement*, τὴν ἀρχὴν τῆς κινήσεως. Il appelle la fin τὸ τοῦ ἕνεκεν, τὸ ἀγαθόν. (*Métaph.*, I, 3.)

cidentelle de la mort d'un homme que sa chaleur aura fait mourir, parce qu'il était mal disposé.

Le père est cause *prochaine* de son fils.

L'aïeul n'en est que la cause *éloignée*.

La mère est une cause *productive*.

La nourrice n'est qu'une cause *conservante*.

Le père est une cause *univoque* à l'égard de ses enfants, parce qu'ils lui sont semblables en nature.

Dieu n'est qu'une cause *équivoque* à l'égard des créatures, parce qu'elles ne sont pas de la nature de Dieu.

Un ouvrier est la cause *principale* de son ouvrage; ses instruments n'en sont que la cause *instrumentale*.

L'air qui entre dans les orgues est une cause *universelle* de l'harmonie des orgues;

La disposition particulière de chaque tuyau, et celui qui en joue, en sont les causes *particulières* qui déterminent l'universelle.

Le soleil est une cause *naturelle*.

L'homme, une cause *intellectuelle* à l'égard de ce qu'il fait avec jugement.

Le feu qui brûle du bois est une cause *nécessaire*.

Un homme qui marche est une cause *libre*.

Le soleil, éclairant une chambre, est la cause *propre* de sa clarté; l'ouverture de la fenêtre n'est qu'une cause ou condition, sans laquelle l'effet ne se ferait pas, *conditio sine qua non*.

Le feu, brûlant une maison, est la cause *physique* de l'embrasement; l'homme qui y a mis le feu en est la cause *morale*.

On rapporte encore à la cause efficiente la cause *exemplaire*, qui est le modèle que l'on se propose en faisant un ouvrage, comme le dessin d'un bâtiment par lequel un architecte se conduit[1]; ou généralement ce qui est cause de l'être objectif de notre idée, ou de quelque autre image que ce soit, comme le roi Louis XIV est la cause *exemplaire* de son portrait.

La CAUSE MATÉRIELLE[2] est ce dont les choses sont formées, comme l'or est la matière d'un vase d'or; ce qui convient ou ne convient pas à la matière convient ou ne convient pas aux choses qui en sont composées.

---

[1]. C'est cette cause que Platon appelait l'*idée*, τὸ εἶδος, que ses successeurs appelaient *le modèle*, τὸ παράδειγμα. Les autres causes s'y réduisent selon les platoniciens. « His quintam Plato adjicit, » dit Sénèque, « exemplar, quam ipse ideam vocat, hoc est enim ad quod respiciens artifex id quod destinabat, efficit. » *Lettre*, XLV.

[2]. Aristote l'appelait τὴν ὕλην.

La FORME[1] est ce qui rend une chose telle et la distingue des autres, soit que ce soit un être réellement distingué de la matière, selon l'opinion de l'école, soit que ce soit seulement l'arrangement des parties. C'est par la connaissance de cette forme qu'on en doit expliquer les propriétés.

Il y a autant de différents effets que de causes, ces mots étant réciproques. La manière ordinaire d'en tirer des arguments est de montrer que si l'effet est, la cause est, rien ne pouvant être sans cause. On prouve aussi qu'une cause est bonne ou mauvaise quand les effets en sont bons ou mauvais, ce qui n'est pas toujours vrai dans les causes par accident.

On a parlé suffisamment du tout et des parties dans le chapitre de la division, et ainsi il n'est pas nécessaire d'en rien ajouter ici.

On fait de quatre sortes de termes opposés :

Les relatifs, comme père, fils; maître, serviteur;

Les contraires, comme froid et chaud; sain et malade;

Les privatifs, comme la vie, la mort; la vue, l'aveuglement; l'ouïe, la surdité; la science, l'ignorance;

Les contradictoires, qui consistent dans un terme et dans la simple négation de ce terme: *voir*, ne *voir pas*. La différence qu'il y a entre ces deux dernières sortes d'opposés est que les termes privatifs enferment la négation d'une forme dans un sujet qui en est capable, au lieu que les négatifs ne marquent point cette capacité : c'est pourquoi on ne dit point qu'une pierre est aveugle ou morte, parce qu'elle n'est capable ni de la vue ni de la vie.

Comme ces termes sont opposés, on se sert de l'un pour nier l'autre. Les termes contradictoires ont cela de propre qu'en ôtant l'un on établit l'autre.

Il y a plusieurs sortes de comparaison : car l'on compare les choses, ou égales, ou inégales; ou semblables, ou dissemblables. On prouve que ce qui convient ou ne convient pas à une chose égale ou semblable convient ou ne convient pas à une autre chose à qui elle est égale ou semblable.

Dans les choses inégales, on prouve négativement que, si ce qui est plus probable n'est pas, ce qui est moins probable n'est pas à plus forte raison; ou affirmativement que, si ce qui est moins probable est, ce qui est plus probable est aussi. On se sert d'ordinaire des différences ou des dissimilitudes pour ruiner ce que d'autres auraient voulu établir par des similitudes, comme on ruine l'argument qu'on tire d'un arrêt en montrant qu'il est donné sur un autre cas.

Voilà grossièrement une partie de ce que l'on dit des lieux. Il y a des choses qu'il est plus utile de ne savoir qu'en cette manière. Ceux qui en désireront davantage le peuvent voir dans les auteurs qui en ont traité

---

[1]. Τὸ εἶδος, selon Aristote.

avec plus de soin. On ne saurait néanmoins conseiller à personne de l'aller chercher dans les Topiques d'Aristote, parce que ce sont des livres étrangement confus ; mais il y a quelque chose d'assez beau sur ce sujet dans le premier livre de sa Rhétorique, où il enseigne diverses manières de faire voir qu'une chose est utile, agréable, plus grande, plus petite. Il est vrai néanmoins qu'on n'arrivera jamais par ce chemin à aucune connaissance bien solide.

CHAPITRE XIX

DES DIVERSES MANIÈRES DE MAL RAISONNER, QUE L'ON APPELLE SOPHISMES.

Quoique, sachant les règles des bons raisonnements, il ne soit pas difficile de reconnaître ceux qui sont mauvais, néanmoins, comme les exemples à fuir frappent souvent davantage que les exemples à imiter, il ne sera pas inutile de représenter les principales sources des mauvais raisonnements que l'on appelle *sophismes*[1] ou *paralogismes*[2], parce que cela donnera encore plus de facilité à les éviter.

Je ne les réduirai qu'à sept ou huit, y en ayant quelques-uns de si grossiers, qu'ils ne méritent pas d'être remarqués.

I. *Prouver autre chose que ce qui est en question.*

Ce sophisme est appelé par Aristote *ignoratio elenchi*[3], c'est-à-dire l'ignorance de ce que l'on doit prouver contre son adversaire. C'est un vice très-ordinaire dans les contestations des hommes. On dispute avec chaleur, et souvent on ne s'entend pas l'un l'autre. La passion ou la mauvaise foi fait qu'on attribue à son adversaire ce qui est éloigné de son sentiment pour le combattre avec plus

---

1. Ces chapitres de la *Logique* d'Arnauld répondent au dernier des traités d'Aristote qui est intitulé ; *De la réfutation des sophismes*, περὶ τῶν σοφιστικῶν ἐλέγχων.
2. On appelle sophisme un faux raisonnement fait de mauvaise foi, et *aralogisme* un faux raisonnement commis de bonne foi.
3. Les scolastiques ont latinisé le mot ἔλεγχος : τὴν τοῦ ἐλέγχου ἄγνοιαν.

d'avantage, ou qu'on lui impute les conséquences qu'on s'imagine pouvoir tirer de sa doctrine, quoiqu'il les désavoue et qu'il les nie. Tout cela peut se rapporter à cette première espèce de sophisme qu'un homme de bien et sincère doit éviter sur toutes choses.

Il eût été à souhaiter qu'Aristote, qui a eu soin de nous avertir de ce défaut, eût eu autant de soin de l'éviter; car on ne peut dissimuler qu'il n'ait combattu plusieurs des anciens philosophes en rapportant leurs opinions peu sincèrement[1]. Il réfute Parménide[2] et Mélissus[3], pour n'avoir admis qu'un seul principe de toutes choses, comme s'ils avaient entendu par là le principe dont elles sont composées; au lieu qu'ils entendaient le seul et unique principe dont toutes les choses ont tiré leur origine, qui est Dieu[4].

Il accuse tous les anciens de n'avoir pas reconnu la privation pour un des principes des choses naturelles, et il les traite sur cela de rustiques et de grossiers; mais qui ne voit que ce qu'il nous représente comme un grand mystère qui eût été ignoré jusqu'à lui ne peut jamais avoir été ignoré de personne, puisqu'il est impossible de ne pas voir qu'il faut que la matière dont on fait une table ait la privation de la forme de table, c'est-à-dire ne soit pas table avant qu'on en fasse une table? Il est vrai que ces anciens ne s'étaient pas avisé de cette connaissance pour expliquer les principes des choses naturelles, parce qu'en effet il n'y a rien qui y serve moins, étant assez visible qu'on n'en connaît pas mieux comment se fait une horloge, pour savoir que la matière dont on l'a faite a dû n'être pas horloge avant qu'on en fît une horloge[5].

---

1. Aristote est au contraire d'une exactitude admirable dans l'exposition des systèmes, sauf peut-être celui de Platon.
2. Parménide d'Elée (vers 480 av. J.-C.) fut disciple de Xénophane. Voir notre *Histoire de la philosophie*.
3. Mélissus de Samos, disciple de Parménide, 460 av. J.-C.
4. Arnauld parle avec légèreté d'Aristote, qu'il connaît fort peu. Aristote a fort bien compris la doctrine des éléates, qui est le panthéisme, et Arnauld a tort d'y vouloir trouver une croyance plus ou moins analogue au christianisme.
5. *Phys.*, I, ch. XI.

C'est donc une injustice à Aristote de reprocher à ces anciens philosophes d'avoir ignoré une chose qu'il est impossible d'ignorer, et de les accuser de ne s'être pas servi, pour expliquer la nature, d'un principe qui n'explique rien ; et c'est une illusion et un sophisme que d'avoir produit au monde ce principe de la privation comme un rare secret, puisque ce n'est point ce que l'on cherche quand on tâche de découvrir les principes de la nature. On suppose, comme une chose connue, qu'une chose n'est pas avant que d'être faite ; mais on veut savoir de quels principes elle est composée et quelle cause l'a produite.

Aussi n'y a-t-il jamais eu de statuaire, par exemple, qui, pour apprendre à quelqu'un la manière de faire une statue, lui ait donné, pour première instruction, cette leçon par laquelle Aristote veut qu'on commence l'explication de tous les ouvrages de la nature : Mon ami, la première chose que vous devez savoir est que, pour faire une statue, il faut choisir un marbre qui ne soit pas encore cette statue que vous voulez faire [1].

II. *Supposer pour vrai ce qui est en question.*

C'est ce qu'Aristote appelle *pétition de principe* [2], ce qu'on voit assez être entièrement contraire à la vraie raison ; puisque, dans tout raisonnement, ce qui sert de preuve doit être plus clair et plus connu que ce qu'on veut prouver.

Cependant Galilée l'accuse, et avec justice, d'être tombé lui-même dans ce défaut, lorsqu'il veut prouver, par cet argument que la terre est au centre du monde.

La nature des choses pesantes est de tendre au centre du monde, et des choses légères de s'en éloigner ;

Or, l'expérience nous fait voir que les choses pesantes

---

[1]. Les plaisanteries d'Arnauld prouvent simplement qu'il ne connaît rien à la *métaphysique* d'Aristote ni à sa *physique*.

[2]. Παρὰ τὸ ἐν ἀρχῇ λαμβάνειν. *Réfutation des sophismes*, 27.

tendent au centre de la terre, et que les choses légères s'en éloignent.

Donc le centre de la terre est le même que le centre du monde.

Il est clair qu'il y a dans la majeure de cet argument une manifeste pétition de principe, car nous voyons bien que les choses pesantes tendent au centre de la terre; mais d'où Aristote a-t-il appris qu'elles tendent au centre du monde, s'il ne suppose que le centre de la terre est le même que le centre du monde? Ce qui est la conclusion même qu'il veut prouver par cet argument.

Ce sont aussi de pures pétitions de principe que la plupart des arguments dont on se sert pour prouver un certain genre bizarre de substances, qu'on appelle dans l'école *des formes substantielles,* lesquelles on prétend être corporelles, quoiqu'elles ne soient pas des corps; ce qui est assez difficile à comprendre. S'il n'y avait des formes substantielles, disent-ils, il n'y aurait point de génération; or, il y a génération dans le monde, donc il y a des formes substantielles [1].

Il n'y a qu'à distinguer l'équivoque du mot de génération pour voir que cet argument n'est qu'une pure pétition de principe; car si l'on entend par le mot de génération la production naturelle d'un nouveau tout dans la nature, comme la production d'un poulet qui se forme dans un œuf, on a raison de dire qu'il y a des générations en ce sens; mais on n'en peut pas conclure qu'il y ait des formes substantielles, puisque le seul arrangement des parties par la nature peut produire ces nouveaux tous et ces nouveaux êtres naturels. Mais si l'on entend par le mot de génération, comme ils l'entendent ordinairement, la production d'une nouvelle substance qui ne fût pas auparavant, savoir, de cette forme substantielle, on supposera justement ce qui est en question : étant visible que celui qui nie les formes substantielles ne peut pas accorder que la nature produise des formes substantielles, et tant s'en faut qu'il puisse être porté par cet argument à avouer qu'il y en ait, qu'il doit en tirer une conclusion contraire en cette sorte : S'il y avait des formes substantielles, la nature pourrait produire des substances qui ne seraient pas auparavant; or la nature ne peut pas produire de nouvelles substances, puisque ce

---

1. « Il semble que depuis peu le nom des formes substantielles est devenu infâme auprès de certaines gens, et qu'on a honte d'en parler. Cependant il y a en cela encore peut-être plus de mode que de raison. » Leibnitz (*Nouveaux Essais sur l'entendement,* III, ch. IV.)

serait une espèce de création, et partant il n'y a point de formes substantielles.

En voici un autre de même nature : S'il n'y avait point de formes substantielles, disent-ils encore, les êtres naturels ne seraient pas des tous, qu'ils appellent *per se, totum per se,* mais des êtres par accident; or ils sont des tous *per se,* donc il y a des formes substantielles.

Il faut encore prier ceux qui se servent de cet argument de vouloir expliquer ce qu'ils entendent par un tout *per se, totum per se;* car s'ils entendent, comme ils font, un être composé de matière et de forme, il est clair que c'est une pétition de principe, puisque c'est comme s'ils disaient : S'il n'y avait point de formes substantielles, les êtres naturels ne seraient pas composés de matière et de formes substantielles : or ils sont composés de matière et de formes substantielles, donc il y a des formes substantielles. Que s'ils entendent autre chose, qu'ils le disent, et on verra qu'ils ne prouvent rien.

On s'est arrêté un peu en passant à faire voir la faiblesse des arguments sur lesquels on établit dans l'école ces sortes de substances qui ne se découvrent ni par le sens, ni par l'esprit, et dont on ne sait autre chose, sinon qu'on les appelle des formes substantielles; parce que, quoique ceux qui les soutiennent le fassent à très-bon dessein, néanmoins les fondements dont ils se servent et les idées qu'ils donnent de ces formes obscurcissent et troublent des preuves très-solides et très-convaincantes de l'immortalité de l'âme, qui sont prises de la distinction des corps et des esprits, et de l'impossibilité qu'il y a qu'une substance qui n'est pas matière périsse par les changements qui arrivent dans la matière : car, par le moyen de ces formes substantielles, on fournit, sans y penser, aux libertins des exemples de substances qui périssent, qui ne sont pas proprement matière, et à qui on attribue, dans les animaux, une infinité de pensées, c'est-à-dire d'actions purement spirituelles ; et c'est pourquoi il est utile pour la religion et pour la conviction des impies et des libertins de leur ôter cette réponse, en leur faisant voir qu'il n'y a rien de plus mal fondé que ces substances périssables qu'on appelle des formes substantielles.

On peut rapporter encore à cette sorte de sophisme la preuve que l'on tire d'un principe différent de ce qui est en question, mais que l'on sait n'être pas moins contesté par celui contre lequel on dispute. Ce sont, par exemple, deux dogmes également constants parmi les catholiques : l'un, que tous les points de la foi ne peuvent pas se prouver par l'Écriture seule; l'autre, que c'est un point de la foi, que les enfants sont capables du baptême. Ce serait donc mal raisonner à un anabaptiste de prouver contre les catholiques qu'ils ont tort de croire que les enfants soient capables du baptême, parce que nous n'en voyons rien dans l'Écriture, puisque cette preuve supposerait que l'on ne devrait croire de foi que ce qui est dans l'Écriture : ce qui est nié par les catholiques.

Enfin on peut rapporter à ce sophisme tous les raisonnements où l'on prouve une chose inconnue par une qui est autant ou plus inconnue, ou une chose incertaine par une autre qui est autant ou plus incertaine.

III. *Prendre pour cause ce qui n'est point cause.*

Ce sophisme s'appelle *non causa pro causâ*. Il est très-ordinaire parmi les hommes [1], et on y tombe en plusieurs manières : l'une est par la simple ignorance des véritables causes des choses. C'est ainsi que les philosophes ont attribué mille effets à la crainte du vide, qu'on a prouvé démonstrativement en ce temps, et par des expériences très-ingénieuses, n'avoir pour cause que la pesanteur de l'air, comme on peut le voir dans l'excellent traité de Pascal [2]. Les mêmes philosophes enseignent ordinairement que les vases pleins d'eau se fendent à la gelée, parce que l'eau se resserre, et ainsi laisse du vide que la nature ne peut souffrir, et néanmoins on a reconnu qu'ils ne se trompent que parce qu'au contraire l'eau étant gelée, occupe plus de place qu'avant que d'être gelée, ce qui fait aussi que la glace nage sur l'eau.

On peut rapporter au même sophisme, quand on se sert de causes éloignées et qui ne prouvent rien, pour prouver des choses ou assez claires d'elles-mêmes, ou fausses, ou au moins douteuses, comme quand Aristote veut prouver que le monde est parfait par cette raison : « Le monde est parfait, parce qu'il contient des corps; le corps est parfait, parce qu'il a trois dimensions; les trois dimensions sont parfaites, parce que trois sont tout (*quia tria sunt omnia*), et trois sont tout, parce qu'on ne se sert pas du mot de *tout* quand il n'y a qu'une chose ou deux, mais seulement quand il y en a trois [3]. » On prouvera par cette raison que le moindre atome est aussi parfait que le monde, puisqu'il a trois dimensions aussi bien que le monde; mais tant s'en faut que cela prouve que le monde soit parfait, qu'au contraire, tout corps, en tant que corps, est essentiellement imparfait, et que la

---

1. Cela tient à la difficulté de l'induction et de l'analyse expérimentale, par lesquelles on distingue les phénomènes liés toujours entre eux de ceux qui ne se suivent qu'accidentellement.
2. *Expériences touchant le vide* (1647).
3. Aristote, *De Cœlo*, I, ch. I.

perfection du monde consiste principalement en ce qu'il enferme des créatures qui ne sont pas corps.

Le même philosophe prouve qu'il y a trois mouvements simples, parce qu'*il y a trois dimensions*. Il est difficile de voir la conséquence de l'un à l'autre.

Il prouve aussi que le ciel est inaltérable et incorruptible parce qu'il se meut circulairement, et qu'il n'y a rien de contraire au mouvement circulaire [1]; mais, 1° on ne voit pas ce que fait la contrariété du mouvement à la corruption ou à l'altération du corps; 2° on voit encore moins pourquoi le mouvement circulaire d'orient en occident n'est pas contraire à un autre mouvement circulaire d'occident en orient [2].

L'autre cause qui fait tomber les hommes dans ce sophisme est la sotte vanité qui nous fait avoir honte de reconnaître notre ignorance; car c'est de là qu'il arrive que nous aimons mieux nous forger des causes imaginaires des choses dont on nous demande raison, que d'avouer que nous n'en savons pas la cause, et la manière dont nous nous échappons de cette confession de notre ignorance est assez plaisante. Quand nous voyons un effet dont la cause nous est inconnue, nous nous imaginons l'avoir découverte, lorsque nous avons joint à cet effet un mot général de *vertu* et de *faculté*, qui ne forme dans notre esprit aucune autre idée, sinon que cet effet a quelque cause, ce que nous savions bien avant que d'avoir trouvé ce mot [3]. Il n'y a personne, par exemple, qui ne sache que ses artères battent; que le fer étant proche de l'aimant va s'y joindre, que le séné purge et que le pavot endort. Ceux qui ne font point profession de science, et à qui l'ignorance n'est pas honteuse, avouent franchement qu'ils connaissent ces effets mais qu'ils n'en savent pas la cause; au lieu que les savants, qui rougi-

---

1. Aristote, *De Cœlo*, ch. I.
2. La *Physique* d'Aristote, quoiqu'elle soit un chef d'œuvre pour l'époque, contient assurément beaucoup d'erreurs, mais, pour les relever et les apprécier, il faudrait une discussion plus sérieuse que celle d'Arnauld dans sa *Logique*.
3. Turgot et plus tard les positivistes insisteront sur cette prétendue explication de choses par des *vertus* ou *facultés*, par des entités métaphysiques.

raient d'en dire autant, s'en tirent d'une autre manière, et prétendent qu'ils ont découvert la vraie cause de ces effets, qui est qu'il y a dans les artères une vertu pulsifique, dans l'aimant une vertu magnétique, dans le séné une vertu purgative et dans le pavot une vertu soporifique. Voilà qui est fort commodément résolu, et il n'y a point de Chinois qui n'eût pu avec autant de facilité se tirer de l'admiration où on était des horloges en ce pays-là lorsqu'on leur en apporta d'Europe, car il n'aurait eu qu'à dire qu'il connaissait parfaitement la raison de ce que les autres trouvaient si merveilleux, et que ce n'était autre chose, sinon qu'il y avait dans cette machine une vertu *indicatrice* qui marquait les heures sur le cadran et une vertu *sonorifique* qui les faisait sonner; il se serait rendu aussi savant par là dans la connaissance des horloges que le sont ces philosophes dans la connaissance du battement des artères, et des propriétés de l'aimant, du séné et du pavot [1].

Il y a encore d'autres mots qui servent à rendre les hommes savants à peu de frais, comme de sympathie, d'antipathie, de qualités occultes; mais encore tous ceux-là ne diraient rien de faux, s'ils se contentaient de donner à ces mots de *vertu* et de *faculté* une notion générale de cause quelle qu'elle soit, intérieure ou extérieure, dispositive ou active. Car il est certain qu'il y a dans l'aimant quelque disposition qui fait que le fer va plutôt s'y joindre qu'à une autre pierre, et il a été permis aux hommes d'appeler cette disposition, en quoi que ce soit qu'elle consiste, *vertu magnétique*, de sorte que s'ils se trompent, c'est seulement en ce qu'ils s'imaginent en être plus savants pour avoir trouvé ce mot, ou bien en ce que par là ils veulent que nous entendions une certaine qualité imaginaire par laquelle l'aimant attire le fer, laquelle ni eux ni personne n'a jamais conçue.

Mais il y en a d'autres qui nous donnent pour les véri-

---

1. Cette critique spirituelle des facultés et vertus occultes rappelle les scènes très-connues de Molière.

tables causes de la nature de pures chimères, comme font les astrologues, qui rapportent tout aux influences des astres et qui ont même trouvé par là qu'il fallait qu'il y eût un ciel immobile au-dessus de tous ceux à qui ils donnent du mouvement, parce que la terre portant diverses choses en divers pays (*Non omnis fert omnia tellus, India mittit ebur, molles sua tura Sabæi*)[1], on n'en pouvait rapporter la cause qu'aux influences d'un ciel qui, étant immobile, eût toujours les mêmes aspects sur les mêmes endroits de la terre.

Aussi l'un deux, ayant entrepris de prouver par des raisons physiques l'immobilité de la terre, fait l'une de ses principales démonstrations de cette raison mystérieuse, que si la terre tournait autour du soleil, les influences des astres iraient de travers, ce qui causerait un grand désordre dans le monde.

C'est par ces influences qu'on épouvante les peuples, quand on voit paraître quelque comète, ou qu'il arrive quelque grande éclipse, comme celle de l'an 1654, qui devait bouleverser le monde, et principalement la ville de Rome, ainsi qu'il était expressément marqué dans la chronologie de Helvicus[2], *Romæ fatalis*, quoiqu'il n'y ait aucune raison, ni que les comètes et les éclipses puissent avoir aucun effet considérable sur la terre, ni que des causes générales, comme celle-là, agissent plutôt en un endroit qu'en un autre, et menacent plutôt un roi ou un prince qu'un artisan : aussi en voit-on cent qui ne sont suivies d'aucun effet remarquable. Que s'il arrive quelquefois des guerres, des mortalités, des pestes et la mort de quelque prince après des comètes ou des éclipses, il en arrive aussi sans comètes ou sans éclipses ; et d'ailleurs ces effets sont si généraux et si communs, qu'il est bien difficile qu'ils n'arrivent tous les ans en quelque endroit du monde : de sorte que ceux qui disent en l'air que cette comète menace quelque grand de la mort ne se hasardent pas beaucoup.

1. Virgile, *Géorgiques*.
2. Helvicus (1581-1616), professeur allemand. Sa *Chronologia universalis* parut en 1618.

C'est encore pis quand ils donnent ces influences chimériques pour la cause des inclinations des hommes, vicieuses ou vertueuses, et même de leurs actions particulières et des événements de leur vie, sans en avoir d'autre fondement, sinon qu'entre mille prédictions il arrive par hasard que quelques-unes sont vraies; mais si l'on veut juger des choses par le bon sens, on avouera qu'un flambeau allumé dans la chambre d'une femme qui accouche doit avoir plus d'effet sur le corps de son enfant que la planète de Saturne en quelque aspect qu'elle le regarde et avec quelque autre qu'elle soit jointe [1].

Enfin, il y en a qui apportent des causes chimériques d'effets chimériques, comme ceux qui, supposant que la nature abhorre le vide, et qu'elle fait des efforts pour l'éviter (ce qui est un effet imaginaire : car la nature n'a horreur de rien, et tous les effets qu'on attribue à cette horreur dépendent de la seule pesanteur de l'air), ne laissent pas d'apporter des raisons de cette horreur imaginaire, qui sont encore plus imaginaires [2]. La nature abhorre le vide, dit l'un d'entre eux, parce qu'elle a besoin de la continuité des corps pour faire passer les influences et pour la propagation des qualités. C'est une étrange sorte de science que celle-là, qui prouve ce qui n'est point par ce qui n'est point.

C'est pourquoi, quand il s'agit de rechercher les causes des effets extraordinaires que l'on propose, il faut d'abord examiner avec soin si ces effets sont véritables; car souvent on se fatigue inutilement à chercher des raisons de choses qui ne sont point, et il y en a une infinité qu'il faut résoudre en la même manière que Plutarque résout cette question qu'il se propose : Pourquoi les poulains qui ont été courus par les loups sont plus vites [3] que les autres; car, après avoir dit que c'est peut-être parce que ceux qui étaient plus lents ont été pris par les loups, et qu'ainsi ceux qui sont échappés étaient les plus vites, ou

---

[1]. Allusion à ce que les astrologues appelaient la *conjonction* des astres.
[2]. On connaît l'histoire de Galilée et sa réponse aux fontainiers de Florence.
[3]. On dirait aujourd'hui *vont plus vite*.

bien que la peur leur ayant donné une vitesse extraordinaire, ils en ont retenu l'habitude, il rapporte enfin une autre solution, qui est apparemment véritable : c'est dit-il, que peut-être cela n'est pas vrai. C'est ainsi qu'il faut résoudre un grand nombre d'effets qu'on attribue à la lune, comme, que les os sont pleins de moelle lorsqu'elle est pleine, et vides lorsqu'elle est en décours ; qu'il en est de même des écrevisses : car il n'y a qu'à dire que tout cela est faux, comme des personnes m'ont assuré l'avoir éprouvé, les os et les écrevisses se trouvent indifféremment tantôt pleins et tantôt vides dans tous les temps de la lune. Il y a bien de l'apparence qu'il en est de même de quantité d'observations que l'on fait pour la coupe des bois, pour cueillir ou semer les graines, pour enter les arbres, pour prendre des médecines ; et le monde se délivrera peu à peu de toutes ces servitudes, qui n'ont point d'autre fondement que des suppositions dont personne n'a jamais éprouvé sérieusement la vérité. C'est pourquoi il y a de l'injustice dans ceux qui prétendent que, pourvu qu'ils allèguent une expérience ou un fait tiré de quelque auteur ancien, on est obligé de le recevoir sans examen.

C'est encore à cette sorte de sophisme qu'on doit rapporter cette tromperie ordinaire de l'esprit humain, *post hoc, ergo propter hoc.* Cela est arrivé ensuite de telle chose : il faut donc que cette chose en soit la cause. C'est par là que l'on a conclu que c'était une étoile nommée Canicule qui était cause de la chaleur extraordinaire que l'on sent durant les jours que l'on appelle caniculaires ; ce qui a fait dire à Virgile, en parlant de cette étoile, que l'on appelle en latin *Sirius :*

Aut Sirius ardor :
Ille sitim morbosque ferens mortalibus ægris
Nascitur, et lævo contristat lumine cœlum[1].

Cependant, comme Gassendi a fort bien remarqué, il n'y a rien de moins vraisemblable que cette imagination : car cette étoile étant de l'autre côté de la ligne, ses effets

---

1. Virgile, *Enéide*, X, v. 273 et sqq.

devraient être plus forts sur les lieux où elle est plus perpendiculaire ; et néanmoins les jours que nous appelons caniculaires ici sont le temps de l'hiver de ce côté-là : de sorte qu'ils ont bien plus de sujet de croire en ce pays-là que la canicule leur apporte le froid, que nous n'en avons de croire qu'elle nous cause le chaud.

IV. *Dénombrement imparfait* [1].

Il n'y a guère de défaut de raisonnement où les personnes habiles tombent plus facilement qu'en celui de faire des dénombrements imparfaits, et de ne considérer pas assez toutes les manières dont une chose peut être ou peut arriver : ce qui leur fait conclure témérairement, ou qu'elle n'est pas, parce qu'elle n'est pas d'une certaine manière, quoiqu'elle puisse être d'une autre; ou qu'elle est de telle ou telle façon, quoiqu'elle puisse être encore d'une autre manière qu'ils n'ont pas considérée.

On peut trouver des exemples de ces raisonnements défectueux dans les preuves sur lesquelles Gassendi établit le principe de sa philosophie, qui est le vide répandu entre les parties de la matière, qu'il appelle *vacuum disseminatum;* et je les rapporterai d'autant plus volontiers, que Gassendi ayant été un homme célèbre, qui avait plusieurs connaissances très-curieuses, les fautes même qu'il pourrait avoir mêlées dans ce grand nombre d'ouvrages qu'on a publiés après sa mort ne sont pas méprisables et méritent d'être sues : au lieu qu'il est fort inutile de se charger la mémoire de celles qui se trouvent dans les auteurs qui n'ont point de réputation [2].

Le premier argument que Gassendi emploie pour prouver ce vide répandu, et qu'il prétend faire passer en un

---

1. C'est, on s'en souvient, un des vices de méthode que Descartes s'efforce d'éviter, en formulant sa quatrième règle.

2. On sait que Gassendi soutenait les doctrines d'Épicure et par conséquent admettait, entre les atomes, le vide qui les sépare et où ils se meuvent. Les Cartésiens, au contraire, n'admettaient aucun vide, parce qu'il n'y avait pour eux aucune différence entre l'étendue et la matière. Leibnitz n'admet également aucun vide, parce que ce serait dans la nature une discontinuité sans raison, une défaillance inintelligible de l'être.

endroit pour une démonstration aussi claire que celle des mathématiques, est celui-ci :

S'il n'y avait point de vide et que tout fût rempli de corps, le mouvement serait impossible, et le monde ne serait qu'une grande masse de matière roide, inflexible et immobile; car le monde étant tout rempli, aucun corps ne peut se remuer qu'il ne prenne la place d'un autre : ainsi, si le corps A se remue, il faut qu'il déplace un autre corps au moins égal à soi, savoir B; et B, pour se remuer, en doit aussi déplacer un autre. Or, cela ne peut arriver qu'en deux manières : l'une, que ce déplacement des corps aille à l'infini, ce qui est ridicule et impossible; l'autre, qu'il se fasse circulairement, et que le dernier corps déplacé occupe la place d'A.

Il n'y a point encore jusques ici de dénombrement imparfait; et il est vrai, de plus, qu'il est ridicule de s'imaginer qu'en remuant un corps, on en remue jusqu'à l'infini, qui se déplacent l'un l'autre : l'on prétend seulement que le mouvement se fait en cercle, et que le dernier corps remué occupe la place du premier, qui est A, et qu'ainsi tout se trouve rempli. C'est aussi ce que Gassendi entreprend de réfuter par cet argument : le premier corps remué, qui est A, ne peut se mouvoir, si le dernier, qui est X, ne peut se remuer. Or, X ne peut se remuer, puisque pour se remuer il faudrait qu'il prît la place de A, laquelle n'est pas encore vide; et partant, X ne pouvant se remuer, A ne le peut ainsi : donc tout demeure immobile. Tout ce raisonnement n'est fondé que sur cette supposition, que le corps X, qui est immédiatement devant A, ne puisse se remuer qu'en un seul cas, qui est, que la place de A soit déjà vide lorsqu'il commence à se remuer : en sorte qu'avant l'instant où il l'occupe, il y en ait un autre où l'on puisse dire qu'elle est vide. Mais cette supposition est fausse et imparfaite, parce qu'il y a encore un cas dans lequel il est très-possible que X se remue, qui est, qu'au même instant qu'il occupe la place de A, A quitte cette place, et dans ce cas il n'y a nul inconvénient que A pousse B, et B pousse C jusqu'à X, et que X dans le même instant occupe la place d'A; par ce moyen il y aura du mouvement, et il n'y aura point de vide.

Or, que ce soit un cas possible, c'est-à-dire qu'il puisse arriver qu'un corps occupe la place d'un autre corps au même instant que ce corps la quitte, c'est une chose qu'on est obligé de reconnaître dans quelque hypothèse que ce soit, pourvu seulement qu'on admette quelque matière continue : car, par exemple, en distinguant dans un bâton deux parties qui se suivent immédiatement, il est clair que, lorsqu'on le remue, au même instant que la première quitte un espace, cet espace est occupé par la seconde, et qu'il n'y en a point où l'on puisse dire que cet espace est vide de la première et n'est pas rempli de la seconde. Cela est encore plus clair dans un cercle de fer qui tourne autour de son centre; car alors chaque partie occupe au même instant l'espace qui a été quitté par celle qui la précède, sans qu'il soit besoin de s'imaginer aucun vide. Or, si cela est possible dans un cercle de fer, pourquoi ne le sera-t-il pas dans un cercle qui sera en partie de bois et en partie d'air? et pourquoi le corps A, que l'on suppose de bois, poussant et déplaçant le corps B, que l'on suppose d'air, le corps B n'en pourra-t-il pas déplacer un autre, et cet autre un autre jusqu'à X, qui entrera dans la même place qu'A au même temps qu'il la quittera.

Il est donc clair que le défaut du raisonnement de Gassendi vient de ce qu'il a cru qu'afin qu'un corps occupât la place d'un autre, il fallait que cette place fût vide auparavant, et en un instant précédent, et qu'il n'a pas considéré qu'il suffisait qu'elle se vidât au même instant [1].

Les autres preuves qu'il rapporte sont tirées de diverses expériences par lesquelles il fait voir, avec raison, que l'air se comprime, et que l'on peut faire entrer un

---

[1]. La question du vide, du plein et du mouvement est beaucoup plus difficile qu'Arnauld ne semble le croire, et nous ne possédons encore aucune solution satisfaisante.

nouvel air dans un espace qui en paraît déjà tout rempli, comme on voit dans les ballons et les arquebuses à vent.

Sur ces expériences, il forme ce raisonnement : si l'espace A étant déjà tout rempli d'air, est capable de recevoir une nouvelle quantité d'air par compression, il faut que ce nouvel air qui y entre, ou soit mis par pénétration dans l'espace déjà occupé par l'autre air, ce qui est impossible; ou que cet air renfermé dans A ne le remplit pas entièrement, mais qu'il y eût entre les parties de l'air des espaces vides, dans lesquels le nouvel air est reçu; et cette seconde hypothèse prouve, dit-il, ce que je prétends, qui est qu'il y a des espaces vides entre les parties de la matière, capables d'être remplis de nouveaux corps. Mais il est assez étrange que Gassendi ne se soit pas aperçu qu'il raisonnait sur un dénombrement imparfait, et qu'outre l'hypothèse de la pénétration, qu'il a raison de juger naturellement impossible, et celle des vides répandus entre les parties de la matière qu'il veut établir, il y en a une troisième dont il ne dit rien, et qui, étant possible, fait que son argument ne conclut rien; car l'on peut supposer qu'entre les parties plus grossières de l'air il y a une matière plus subtile et plus déliée, et qui, pouvant sortir par les pores de tous les corps, fait que l'espace qui semble rempli d'air peut encore recevoir un autre air nouveau, parce que cette matière subtile étant chassée par les parties de l'air qu'on y enfonce par force leur fait place en sortant au travers des pores.

Et Gassendi était d'autant plus obligé de réfuter cette hypothèse, qu'il admet lui-même cette matière subtile qui pénètre les corps et passe par tous les pores, puisqu'il veut que le froid et le chaud soient des corpuscules qui entrent dans nos pores, qu'il dit la même chose de la lumière, et qu'il reconnaît même que, dans l'expérience célèbre que l'on fait avec du vif-argent, qui demeure suspendu à une hauteur de deux pieds trois pouces et demi dans les tuyaux qui sont plus long que cela, et laisse en haut un espace qui paraît vide, et qui n'est certainement rempli d'aucune matière sensible[1]; il reconnaît, dis-je, qu'on ne peut pas prétendre avec raison que cet espace soit absolument vide, puisque la lumière y passe, laquelle il prend pour un corps.

Ainsi, en remplissant de matière subtile ces espaces qu'il prétend être vides, il trouvera autant de place pour y faire entrer de nouveaux corps que s'ils étaient actuellement vides.

V. *Juger d'une chose par ce qui ne lui convient que par accident.*

Ce sophisme est appelé dans l'école *fallacia accidentis*, qui est lorsque l'on tire une conclusion absolue, simple et sans restriction de ce qui n'est vrai que par accident[2]. C'est ce que font tant de gens qui déclament contre l'antimoine, parce qu'étant mal appliqué il produit de mauvais effets[3]; et d'autres qui attribuent à l'éloquence tous les mauvais effets qu'elle produit quand on en abuse; ou à la médecine, les fautes de quelques médecins ignorants.

C'est par là que les hérétiques de ce temps[4] ont fait croire à tant de peuples abusés qu'on devait rejeter comme des inventions de Satan l'invocation des saints, la vénération des reliques, la prière pour les morts, parce qu'il s'était glissé des abus et de la superstition parmi ces saintes pratiques autorisées par toute l'antiquité; comme si le mauvais usage que les hommes peuvent faire des meilleures choses les rendait mauvaises.

On tombe souvent aussi dans ce mauvais raisonnement, quand on prend les simples occasions pour les véritables causes : comme qui accuserait la religion chrétienne d'avoir été la cause du massacre d'une infinité de personnes qui ont mieux aimé souffrir la mort que de renoncer Jésus-Christ; au lieu que ce n'est pas à la reli-

---

1. Il s'agit du vide barométrique.
2. Les conclusions se trouvent alors dépasser les prémisses.
3. Allusion à l'abus de l'émétique.
4. Les partisans de la religion réformée.

gion chrétienne, ni à la constance des martyrs, qu'on doit attribuer ces meurtres, mais à la seule injustice et à la seule cruauté des païens. C'est par ce sophisme qu'on impute souvent aux gens de bien d'être cause de tous les maux qu'ils eussent pu éviter en faisant des choses qui eussent blessé leur conscience, parce que s'ils avaient voulu se relâcher dans cette exacte observance de la loi de Dieu, ces maux ne seraient pas arrivés.

On voit aussi un exemple considérable de ce sophisme dans le raisonnement ridicule des épicuriens, qui concluaient que les dieux devaient avoir une forme humaine, parce que, dans toutes les choses du monde, il n'y avait que l'homme qui eût l'usage de la raison. *Les dieux*, disaient-ils, *sont très-heureux : nul ne peut être heureux sans la vertu; il n'y a point de vertu sans la raison; et la raison ne se trouve nulle part ailleurs qu'en ce qui a la forme humaine : il faut donc avouer que les dieux sont en forme humaine*. Mais ils étaient bien aveugles de ne pas voir que, quoique dans l'homme la substance qui pense et qui raisonne soit jointe à un corps humain, ce n'est pas néanmoins la figure humaine qui fait que l'homme pense et raisonne, étant ridicule de s'imaginer que la raison et la pensée dépendent de ce qu'il a un nez, une bouche, des joues, deux bras, deux pieds; et ainsi c'était un sophisme puéril à ces philosophes de conclure qu'il ne pouvait y avoir de raison que dans la forme humaine, parce que dans l'homme elle se trouvait jointe par accident à la forme humaine.

VI. *Passer du sens divisé au sens composé, ou du sens composé au sens divisé.*

L'un de ces sophismes s'appelle *fallacia compositionis*[1], et l'autre *fallacia divisionis*[2]. On les comprendra mieux par des exemples.

Jésus-Christ dit dans l'Évangile, en parlant de ses mi-

---

[1]. Aristote l'appelle σύνθεσις. | [2]. Aristote l'appelle διαίρεσις.

racles ; *Les aveugles voient, les boiteux marchent droit, les sourds entendent*[1]. Cela ne peut être vrai qu'en prenant ces choses séparément, et non conjointement, c'est-à-dire dans le sens divisé, et non dans le sens composé : car les aveugles ne voyaient pas demeurant aveugles, et les sourds n'entendaient pas demeurant sourds; mais ceux qui avaient été aveugles auparavant et ne l'étaient plus voyaient, et de même des sourds.

C'est aussi dans le même sens qu'il est dit, dans l'Écriture, que Dieu justifie les impies[2], car cela ne veut pas dire qu'il tient pour justes ceux qui sont encore impies; mais qu'il rend justes, par sa grâce, ceux qui auparavant étaient impies.

Il y a, au contraire, des propositions qui ne sont véritables qu'en un sens opposé à celui-là, qui est le sens composé, comme quand saint Paul dit que les médisants, les fornicateurs, les avares, n'entreront point dans le royaume des cieux[3]; car cela ne veut pas dire que nul de ceux qui auront eu ces vices ne seront sauvés, mais seulement que ceux qui y demeureront attachés et qui ne les auront point quittés, en se convertissant à Dieu, n'auront point de part au royaume du ciel.

Il est aisé de voir qu'on ne peut passer, sans sophisme, de l'un de ses sens à l'autre, et que ceux-là, par exemple, raisonneraient mal, qui se promettraient le ciel en demeurant dans leurs crimes, parce que Jésus-Christ est venu pour sauver les pécheurs, et qu'il dit dans l'Évangile, que les femmes de mauvaise vie précéderont les pharisiens dans le royaume de Dieu[4]; ou qui, au contraire, ayant mal vécu, désespéreraient de leur salut, comme n'ayant plus rien à attendre que la punition de leurs crimes, parce qu'il est dit que la colère de Dieu est réservée à tous ceux qui vivent mal, et que toutes les

---

1. Matthieu, xi, 5.
2. « Ei vero qui non operatur, credenti autem in eum qui justificat impium, reputatur fides ejus ad justitiam. » (*Rom.*, iv, 5.)
3. « Omnis fornicator, aut immundus, aut avarus, quod est idolarum servitus, non habebit hæreditatem in regno Christi et Dei. » *Éphes.*, v.
4. « Meretrices præcedent vos in regnum Dei. » *Matth.*, xxi, 31.

personnes vicieuses n'ont point de part à l'héritage de Jésus-Christ. Les premiers passeraient du sens divisé au sens composé, en se promettant, quoique toujours pécheurs, ce qui n'est promis qu'à ceux qui cessent de l'être par une véritable conversion ; et les derniers passeraient du sens composé au sens divisé, en appliquant à ceux qui ont été pécheurs, et qui cessent de l'être en se convertissant à Dieu, ce qui ne regarde que les pécheurs qui demeurent dans leurs péchés et dans leur mauvaise vie.

VII. *Passer de ce qui est vrai à quelque égard à ce qui est vrai simplement.*

C'est ce qu'on appelle dans l'école *a dicto secundum quid ad dictum simpliciter*. En voici des exemples : les épicuriens prouvaient encore que les dieux devaient avoir la forme humaine, parce qu'il n'y en a point de plus belle que celle-là, et que tout ce qui est beau doit être en Dieu. C'était mal raisonner : car la forme humaine n'est point absolument une beauté, mais seulement au regard des corps ; et ainsi, n'étant une perfection qu'à quelque égard et non simplement, il ne s'ensuit pas qu'elle doive être en Dieu parce que toutes les perfections sont en Dieu, n'y ayant que celles qui sont simplement perfections, c'est-à-dire qui n'enferment aucune imperfection, qui soient nécessairement en Dieu.

Nous voyons aussi dans Cicéron, au IIIe livre de la Nature des dieux, un argument ridicule de Cotta[1] contre l'existence de Dieu, qui peut se rapporter au même défaut. « Comment, dit-il, pouvons-nous concevoir Dieu, ne pouvant lui attribuer aucune vertu? Car dirons-nous qu'il a de la prudence? Mais la prudence consistant dans le choix des biens et des maux, quel besoin Dieu peut-il avoir de ce choix, n'étant capable d'aucun mal? Dirons-nous qu'il a de l'intelligence et de la raison? Mais la

---

1. Cotta est un des personnages du *De Natura deorum*.

raison et l'intelligence nous servent à découvrir ce qui nous est inconnu par ce qui nous est connu : or, il ne peut y avoir rien d'inconnu à Dieu. La justice ne peut aussi être en Dieu, puisqu'elle ne regarde que la société des hommes; ni la tempérance, parce qu'il n'a point de voluptés à modérer; ni la force, parce qu'il n'est susceptible ni de douleur ni de travail, et qu'il n'est exposé à aucun péril. Comment donc pourrait être Dieu, ce qui n'aurait ni intelligence ni vertu [1]? »

Il est difficile de rien concevoir de plus impertinent que cette manière de raisonner[2]. Elle est semblable à la pensée d'un paysan qui, n'ayant jamais vu que des maisons couvertes de chaume, et ayant ouï dire qu'il n'y a point dans les villes de toits de chaume, en conclurait qu'il n'y a point de maisons dans les villes, et que ceux qui y habitent sont bien malheureux, étant exposés à toutes les injures de l'air. C'est comme Cotta ou plutôt Cicéron raisonne. Il ne peut y avoir en Dieu de vertus semblables à celles qui sont dans les hommes : donc il ne peut y avoir de vertus en Dieu. Et ce qui est merveilleux, c'est qu'il ne conclut qu'il n'y a point de vertu en Dieu, que parce que l'imperfection qui se trouve dans la vertu humaine ne peut être en Dieu, de sorte que ce lui est une preuve que Dieu n'a point d'intelligence, parce que rien ne lui est caché; c'est-à-dire qu'il ne voit rien, parce qu'il voit tout : qu'il ne peut rien, parce qu'il peut tout; qu'il ne jouit d'aucun bien, parce qu'il possède tous les biens.

VIII. *Abuser de l'ambiguïté des mots, ce qui peut se faire en diverses manières.*

On peut rapporter à cette espèce de sophisme tous les syllogismes qui sont vicieux, parce qu'il s'y trouve

---

1. Des arguments analogues ont été reproduits de nos jours par les critiques de l'idée de Dieu, qui ont soutenu que les qualités d'intelligence, de liberté, de vertu ne peuvent s'appliquer à Dieu sans perdre toute signification.

2. L'argument est plus difficile à bien réfuter qu'Arnauld ne se l'imagine.

quatre termes : soit parce que le milieu y est pris deux fois particulièrement[1] ; ou parce qu'il est pris en un sens dans la première proposition, et en un autre sens dans la seconde ; ou enfin parce que les termes de la conclusion ne sont pas pris dans le même sens dans les prémisses que dans la conclusion : car nous ne restreignons pas le mot d'ambiguïté aux seuls mots qui sont grossièrement équivoques, ce qui ne trompe presque jamais ; mais nous comprenons par là tout ce qui peut faire changer de sens à un mot, surtout lorsque les hommes ne s'aperçoivent pas aisément de ce changement, parce que diverses choses étant signifiées par le même son, ils les prennent pour la même chose[2]. Sur quoi on peut voir ce qui a été dit vers la fin de la première partie, où l'on a aussi parlé du remède qu'on doit apporter à la confusion des mots ambigus, en les définissant si nettement qu'on n'y puisse être trompé.

Ainsi, je me contenterai d'apporter quelques exemples de cette ambiguïté, qui trompe quelquefois d'habiles gens. Telle est celle qui se trouve dans les mots qui signifient quelque tout, qui peut se prendre ou collectivement pour toutes ses parties ensemble, ou distributivement pour chacune de ses parties. C'est par là qu'on doit résoudre ce sophisme des stoïciens, qui concluaient que le monde était un animal doué de raison, « parce que ce qui a l'usage de la raison est meilleur que ce qui ne l'a point. Or, il n'y a rien, disaient-ils, qui soit meilleur que le monde : donc le monde a l'usage de la raison[3]. » La mineure de cet argument est fausse, parce qu'ils attribuaient au monde ce qui ne convient qu'à Dieu, qui est d'être tel qu'on ne puisse rien concevoir de meilleur et de plus parfait. Mais, en se bornant dans les créatu-

---

[1]. Voir les règles du syllogisme, ch. x.

[2]. Ajoutons qu'en réalité le sens d'un mot est rarement absolu, fixé, déterminé de tout point. Les mots n'expriment jamais qu'une partie des idées.

[3]. En d'autres termes les stoïciens étaient panthéistes : ils ne séparaient pas Dieu du monde, ils considéraient Dieu comme l'âme du monde, principe de vie et de raison. Leur doctrine ne saurait se juger en quelques lignes, comme Arnauld semble le croire.

res, quoique l'on puisse dire qu'il n'y a rien de meilleur que le monde, en le prenant collectivement pour l'universalité de tous les êtres que Dieu a créés, tout ce qu'on en peut conclure au plus, est que le monde a l'usage de la raison, selon quelques-unes de ses parties, telles que sont les anges et les hommes, et non pas que le tout ensemble soit un animal qui ait l'usage de la raison.

Ce serait de même mal raisonner que de dire : l'homme pense ; or, l'homme est composé de corps et d'âme : donc le corps et l'âme pensent ; car il suffit, afin que l'on puisse attribuer la pensée à l'homme entier qu'il pense selon une des parties : d'où il ne s'ensuit nullement qu'il pense selon l'autre.

IX. *Tirer une conclusion générale d'une induction défectueuse.*

On appelle induction, lorsque la recherche de plusieurs choses particulières nous mène à la connaissance d'une vérité générale. Ainsi, lorsqu'on a éprouvé sur beaucoup de mers que l'eau en est salée, et sur beaucoup de de rivières que l'eau en est douce, on conclut généralement que l'eau de la mer est salée, et celle des rivières douce[1]. Les diverses épreuves qu'on a faites que l'or ne diminue point au feu a fait juger que cela est vrai de tout or : et comme on n'a point trouvé de peuple qui ne parle ; on croit pour très-certain que tous les hommes parlent, c'est-à-dire se servent des sons pour signifier leurs pensées.

C'est même par là que toutes nos connaissances commencent, parce que les choses singulières se présentent à nous avant les universelles, quoique ensuite les universelles servent à connaître les singulières[2].

Mais il est vrai néanmoins que l'induction seule n'est jamais un moyen certain d'acquérir une science parfaite,

---

[1]. Cette définition, quoique un peu vague, convient assez à l'induction proprement dite, telle que Bacon l'a étudiée.

[2]. C'est la théorie d'Aristote.

comme on le fera voir en un autre endroit[1], la considération des choses singulières servant seulement d'occasion à notre esprit de faire attention à ces idées naturelles[2], selon lesquelles il juge de la vérité des choses en général : car il est vrai, par exemple, que je ne me serais peut-être jamais avisé de considérer la nature d'un triangle, si je n'avais vu un triangle qui m'a donné occasion d'y penser[3] : mais ce n'est pas néanmoins l'examen particulier de tous les triangles qui m'a fait conclure généralement et certainement de tous que l'espace qu'ils comprennent est égal à celui du rectangle de toute leur base, et de la moitié de leur hauteur (car cet examen serait impossible), mais la seule considération de ce qui est renfermé dans l'idée du triangle que je trouve dans mon esprit[4].

Quoi qu'il en soit, réservant à un autre endroit de traiter de cette matière, il suffit de dire ici que les inductions défectueuses, c'est-à-dire qui ne sont pas entières, font souvent tomber en erreur, et je me contenterai d'en rapporter un exemple remarquable.

Tous les philosophes avaient cru jusqu'à ce temps, comme une vérité indubitable, qu'une seringue étant bien bouchée, il était impossible d'en tirer le piston sans la faire crever, et que l'on pouvait faire monter de l'eau si haut qu'on voudrait par des pompes aspirantes : ce qui le faisait croire si fermement, c'est qu'on s'imaginait s'en être assuré par une induction très-certaine, en ayant fait une infinité d'expériences; mais l'un et l'autre s'est trouvé faux, parce que l'on a fait de nouvelles expériences qui ont fait voir que le piston d'une seringue, quelque bouchée qu'elle fût, pouvait se tirer,

---

1. Arnauld n'a pas tenu cette promesse. Les logiciens de Port-Royal sont ici en défaut, et bien qu'ils eussent lu les ouvrages de Bacon, ils n'ont pas su en profiter pour la théorie de l'induction.

2. Ce n'est pas dans nos idées naturelles, mais dans l'expérience que nous pouvons découvrir les faits sur lesquels reposent la physique, la chimie et les autres sciences de la nature.

3. Exemple mal choisi. L'induction n'est sans doute pas à sa place dans la géométrie, science déductive; est-ce à dire qu'elle ne soit pas légitime dans les sciences d'observation ?

4. Nous ne trouvons pas dans notre esprit l'idée de triangle ; mais nous le construisons nous-mêmes, non sans l'aide de l'expérience.

pourvu qu'on y employât une force égale au poids d'une colonne d'eau de plus de trente-trois pieds de haut, de la grosseur de la seringue, et qu'on ne saurait lever de l'eau par une pompe aspirante plus haut de trente-deux à trente-trois pieds [1].

CHAPITRE XX

DES MAUVAIS RAISONNEMENTS QUE L'ON COMMET DANS LA VIE CIVILE ET DANS LES DISCOURS ORDINAIRES [2].

Voilà quelques exemples des fautes les plus communes que l'on commet en raisonnant dans les matières de sciences; mais parce que le principal usage de la raison n'est pas dans ces sortes de sujets qui entrent peu dans la conduite de la vie, et dans lesquels même il est moins dangereux de se tromper, il serait sans doute beaucoup plus utile de considérer généralement ce qui engage les hommes dans les faux jugements qu'ils font en toute sorte de matière, et principalement en celle des mœurs et des autres choses qui sont importantes à la vie civile, et qui font le sujet ordinaire de leurs entretiens. Mais, parce que ce dessein demanderait un ouvrage à part qui comprendrait presque toute la morale, on se contentera de marquer ici en général une partie des causes de ces faux jugements, qui sont si communs parmi les hommes.

On ne s'est pas arrêté à distinguer les faux jugements des mauvais raisonnements, et on a recherché indifféremment les causes des uns et des autres; tant parce que les faux jugements sont les sources des mauvais raisonnements, et les attirent par une suite nécessaire, que parce qu'en effet il y a presque toujours un raisonnement caché et enveloppé en ce qui nous paraît un jugement simple, y ayant toujours quelque chose qui sert de motif et de

---

[1]. Les expériences de Torricelli et de Pascal ont mis cette vérité en lumière.

[2]. Ce chapitre célèbre est très-probablement de Nicole.

principe à ce jugement¹. Par exemple, lorsque l'on juge qu'un bâton qui paraît courbé dans l'eau l'est en effet, ce jugement est fondé sur cette proposition générale et fausse, que ce qui paraît courbé à nos sens est courbé en effet, et ainsi enferme un raisonnement, quoique non développé. En considérant donc généralement les causes de nos erreurs, il semble qu'on puisse les rapporter à deux principales : l'une intérieure, qui est le déréglement de la volonté, qui trouble et dérègle le jugement; l'autre extérieure, qui consiste dans les objets dont on juge, et qui trompent notre esprit par une fausse apparence. Or quoique ces causes se joignent presque toujours ensemble, il y a néanmoins certaines erreurs où l'un paraît plus que l'autre; et c'est pourquoi nous les traiterons séparément.

Des sophismes d'amour-propre, d'intérêt et de passion.

I. Si on examine avec soin ce qui attache ordinairement les hommes plutôt à une opinion qu'à une autre, on trouvera que ce n'est pas la pénétration de la vérité et la force des raisons, mais quelque lien d'amour-propre, d'intérêt ou de passion. C'est le poids qui emporte la balance, et qui nous détermine dans la plupart de nos doutes; c'est ce qui donne le plus grand branle à nos jugements, et qui nous y arrête le plus fortement. Nous jugeons des choses non par ce qu'elles sont en elles-mêmes, mais par ce qu'elles sont à notre égard[2]; et la vérité et l'utilité ne sont pour nous qu'une même chose[3].

Il n'en faut point d'autres preuves que ce que nous voyons tous les jours, que des choses tenues par tout ailleurs pour douteuses, ou même pour fausses, sont tenues pour très-certaines par tous ceux d'une nation ou

---

[1]. Remarque d'une psychologie ingénieuse et vraie. Certains psychologues de l'Allemagne moderne vont jusqu'à soutenir qu'une sensation enveloppe déjà un raisonnement.

[2]. Ces remarques rappellent des passages analogues de Montaigne.

[3]. C'est ce que soutenaient dans l'antiquité les sophistes, tels que Protagoras. Voir le *Protagoras* de Platon.

d'une profession, ou d'un institut; car n'étant pas possible que ce qui est vrai en Espagne soit faux en France, ni que l'esprit de tous les Espagnols soit tourné si différemment de celui des Français, qu'à ne juger des choses que par les règles de la raison, ce qui paraît vrai généralement aux uns paraisse faux généralement aux autres, il est visible que cette diversité de jugement ne peut venir d'autre cause, sinon qu'il plaît aux uns de tenir pour vrai ce qui leur est avantageux, et que les autres n'y ayant point d'intérêt en jugent d'une autre sorte.

Cependant qu'y a-t-il de moins raisonnable que de prendre notre intérêt pour motif de croire une chose? Tout ce qu'il peut faire, au plus, est de nous porter à considérer avec plus d'attention les raisons qui peuvent nous faire découvrir la vérité de ce que nous désirons être vrai; mais il n'y a que cette vérité, qui doit se trouver dans la chose même indépendamment de nos désirs, qui doive nous persuader. Je suis d'un tel pays : donc je dois croire qu'un tel saint y a prêché l'Évangile. Je suis d'un tel ordre : donc je crois qu'un tel privilége est véritable. Ce ne sont pas là des raisons[1]. De quelque ordre et de quelque pays que vous soyez, vous ne devez croire que ce qui est vrai, et que ce que vous seriez disposé à croire si vous étiez d'un autre pays, d'un autre ordre, d'une autre profession.

II. Mais cette illusion est bien plus visible lorsqu'il arrive du changement dans les passions : car, quoique toutes soient demeurées dans leur place, il semble néanmoins à ceux qui sont émus de quelque passion nouvelle, que le changement qui ne s'est fait que dans leur cœur ait changé toutes les choses extérieures qui y ont quelque rapport. Combien voit-on de gens qui ne peuvent plus reconnaître aucune bonne qualité, ni naturelle, ni acquise, dans ceux contre qui ils ont conçu de l'aversion, ou qui ont été contraires en quelque chose à leurs sentiments, à leurs désirs, à leurs intérêts? Cela suffit pour devenir

---

[1] C'est ce qu'on appelle l'*esprit de corps*.

tout d'un coup à leur égard téméraire, orgueilleux, ignorant, sans foi, sans honneur, sans conscience. Leurs affections et leurs désirs ne sont pas plus justes ni plus modérés que leur haine. S'ils aiment quelqu'un, il est exempt de toute sorte de défaut[1]; tout ce qu'ils désirent est juste et facile, tout ce qu'ils ne désirent pas est injuste et impossible, sans qu'ils puissent alléguer aucune raison de tous ces jugements que la passion même qui les possède : de sorte qu'encore qu'ils ne fassent pas dans leur esprit ce raisonnement formel : je l'aime : donc c'est le plus habile homme du monde; je le hais : donc c'est un homme de néant, ils le font en quelque sorte dans leur cœur; et c'est pourquoi on peut appeler, ces sortes d'égarement des sophismes et des illusions du cœur, qui consistent à transporter nos passions dans les objets de nos passions, et à juger qu'ils sont ce que nous voulons ou désirons qu'ils soient : ce qui est sans doute très-déraisonnable, puisque nos désirs ne changent rien dans l'être de ce qui est hors de nous, et qu'il n'y a que Dieu dont la volonté soit tellement efficace, que les choses sont tout ce qu'il veut qu'elles soient.

III. On peut rapporter à la même illusion de l'amour-propre celle de ceux qui décident tout par un principe fort générale et fort commode, qui est, qu'ils ont raison, qu'ils connaissent la vérité[2]; d'où il ne leur est pas difficile de conclure que ceux qui ne sont pas de leur sentiment se trompent : en effet, la conclusion est nécessaire.

Le défaut de ces personnes ne vient que de ce que l'opinion avantageuse qu'elles ont de leurs lumières leur fait prendre toutes leurs pensées pour tellement claires et évidentes, qu'elles s'imaginent qu'il suffit de les proposer pour obliger tout le monde à s'y soumettre; et c'est pourquoi elles se mettent peu en peine d'en apporter des preuves : elles écoutent peu les raisons des autres, elles

---

1. On connaît les pages célèbres d'Aristote, d'Horace, de Molière sur ce sujet.
2. Cette sorte d'absolutisme intellectuel est malheureusement trop fréquent. Les modernes tendent à supprimer toute idée d'une connaissance *absolue*, principe d'intolérance, pour y substituer la *relativité de la connaissance*, principe de tolérance.

veulent tout emporter par autorité, parce qu'elles ne distinguent jamais leur autorité de la raison ; elles traitent de téméraires tous ceux qui ne sont pas de leur sentiment, sans considérer que si les autres ne sont pas de leur sentiment, elles ne sont pas aussi du sentiment des autres, et qu'il n'est pas juste de supposer sans preuve que nous avons raison, lorsqu'il s'agit de convaincre des personnes qui ne sont d'une autre opinion que nous que parce qu'elles sont persuadées que nous n'avons pas raison.

IV. Il y en a de même qui n'ont point d'autre fondement, pour rejeter certaines opinions, que ce plaisant raisonnement : *Si cela était, je ne serais pas un habile homme ; or, je suis un habile homme : donc cela n'est pas.* C'est la principale raison qui a fait rejeter longtemps certains remèdes très-utiles et des expériences très-certaines, parce que ceux qui ne s'en étaient point encore avisés concevaient qu'ils se seraient donc trompés jusqu'alors. Quoi ! si le sang, disaient-ils, avait une révolution circulaire dans le corps[1] ; si l'aliment ne se portait pas au foie par les veines mésaraïques ; si l'artère veineuse portait le sang au cœur ; si le sang montait par la veine cave descendante ; si la nature n'avait point d'horreur du vide ; si l'air était pesant et avait un mouvement en bas, j'aurais ignoré des choses importantes dans l'anatomie et dans la physique : il faut donc que cela ne soit pas. Mais pour les guérir de cette fantaisie, il ne faut que leur bien représenter que c'est un très-petit inconvénient qu'un homme se trompe, et qu'ils ne laisseront pas d'être habiles en d'autres choses, quoiqu'ils ne l'aient pas été en celles qui auraient été nouvellement découvertes.

V. Il n'y a rien aussi de plus ordinaire que de voir des gens se faire mutuellement les mêmes reproches, et se traiter, par exemple, d'opiniâtres, de passionnés, de chicaneurs, lorsqu'ils sont de différents sentiments. Il n'y a

---

[1] On sait avec quelle difficulté et quelle menace de persécution l'opinion de Harvey sur la circulation du sang fut adoptée. Voir l'*Arrêt burlesque*, de Boileau.

presque point de plaideurs qui ne s'entr'accusent d'allonger les procès, et de couvrir la vérité par des adresses artificieuses, et ainsi ceux qui ont raison et ceux qui ont tort parlent presque le même langage et font les mêmes plaintes, et s'attribuent les uns aux autres les mêmes défauts; ce qui est une des choses les plus incommodes qui soient dans la vie des hommes, et qui jettent la vérité et l'erreur, la justice et l'injustice dans une si grande obscurité, que le commun du monde est incapable d'en faire le discernement : et il arrive de là que plusieurs s'attachent, au hasard et sans lumière, à l'un des partis, et que d'autres les condamnent tous deux comme ayant également tort.

Toute cette bizarrerie naît encore de la même maladie qui fait prendre à chacun pour principe qu'il a raison : car de là il n'est pas difficile de conclure que tous ceux qui nous résistent sont opiniâtres, puisque être opiniâtre, c'est ne se rendre pas à la raison.

Mais encore qu'il soit vrai que ces reproches de passion, d'aveuglement, de chicanerie, qui sont très-injustes de la part de ceux qui se trompent, sont justes et légitimes de la part de ceux qui ne se trompent pas, néanmoins, parce qu'ils supposent que la vérité soit du côté de celui qui les fait, les personnes sages et judicieuses qui traitent quelque matière contestée doivent éviter de s'en servir avant que d'avoir suffisamment établi la vérité et la justice de la cause qu'ils soutiennent. Ils n'accuseront donc jamais leurs adversaires d'opiniâtreté, de témérité, de manquer de sens commun, avant que de l'avoir bien prouvé. Ils ne diront point, s'ils ne l'ont fait voir auparavant, qu'ils tombent en des absurdités et des extravagances insupportables ; car les autres en diront autant de leur côté : ce qui n'est rien avancer ; et ainsi ils aimeront mieux se réduire à cette règle si équitable de saint-Augustin : *Omittamus ista communia, quæ dici ex utrâque parte possunt, licet vere dici ex utrâque parte non possint;* et ils se contenteront de défendre la vérité par les armes qui lui sont propres et que le mensonge ne peut emprunter, qui sont les raisons claires et solides.

VI. L'esprit des hommes n'est pas seulement naturellement amoureux de lui-même, mais il est aussi naturellement jaloux, envieux et malin à l'égard des autres[1] : il ne souffre qu'avec peine qu'ils aient quelque avantage, parce qu'il les désire tous pour lui ; et comme c'en est un que de connaître la vérité et d'apporter aux hommes quelque nouvelle lumière, on a une passion secrète de leur ravir cette gloire : ce qui engage souvent à combattre sans raison les opinions et les inventions des autres.

Ainsi, comme l'amour-propre fait souvent faire ce raisonnement ridicule : *C'est une opinion que j'ai inventée, c'est celle de mon ordre, c'est un sentiment qui m'est commode, il est donc véritable ;* la malignité naturelle fait souvent faire cet autre qui n'est pas moins absurde : *C'est un autre que moi qui l'a dit, cela est donc faux ; ce n'est pas moi qui ai fait ce livre, il est donc mauvais.*

C'est la source de l'esprit de contradiction si ordinaire parmi les hommes, et qui les porte, quand ils entendent ou lisent quelque chose d'autrui, à considérer peu les raisons qui pourraient les persuader et à ne songer qu'à celles qu'ils croient pouvoir opposer. Ils sont toujours en garde contre la vérité, et ils ne pensent qu'aux moyens de la repousser et de l'obscurcir ; en quoi ils réussissent presque toujours, la fertilité de l'esprit humain étant inépuisable en fausses raisons.

Quand ce vice est dans l'excès, il fait un des principaux caractères de l'esprit de pédanterie, qui met son plus grand plaisir à chicaner les autres sur les plus petites choses et à contredire tout avec une basse malignité ; mais il est souvent plus imperceptible et plus caché, et l'on peut dire même que personne n'en est entièrement exempt, parce qu'il a sa racine dans l'amour-propre, qui vit toujours dans les hommes.

La connaissance de cette disposition maligne et envieuse qui réside dans le fond du cœur des hommes, nous fait voir qu'une des plus importantes règles qu'on puisse

---

[1]. On reconnait ici la doctrine janséniste sur le péché originel et sur la malignité naturelle de l'homme.

garder pour n'engager pas dans l'erreur ceux à qui l'on parle, et ne leur donner point d'éloignement de la vérité qu'on veut leur persuader, est de n'irriter que le moins qu'on peut leur envie et leur jalousie en parlant de soi, et en leur présentant des objets auxquels elle puisse s'attacher.

Car les hommes, n'aimant guère qu'eux-mêmes [1], ne souffrent qu'avec impatience qu'un autre les applique à soi et veuille qu'on le regarde avec estime. Tout ce qu'ils ne rapportent pas à eux-mêmes leur est odieux et importun, et ils passent ordinairement de la haine des personnes à la haine des opinions et des raisons; et c'est pourquoi les personnes sages évitent autant qu'elles peuvent d'exposer aux yeux des autres les avantages qu'elles ont : elles fuient de se présenter en face et de se faire envisager en particulier, et tâchant plutôt de se cacher dans la presse pour n'être pas remarquées, afin qu'on ne voie dans leurs discours que la vérité qu'elles proposent.

Pascal qui savait autant de véritable rhétorique que personne en ait jamais su, portait cette règle jusqu'à prétendre qu'un honnête homme devait éviter de se nommer, et même de se servir des mots de *je* et de *moi;* et il avait accoutumé de dire sur ce sujet que la piété chrétienne anéantit le *moi* humain, et que la civilité humaine le cache et le supprime [2]. Ce n'est pas que cette règle doive aller jusqu'au scrupule, car il y a des rencontres où ce

---

1. Arnauld se rapproche ici de la Rochefoucauld, quoiqu'il soit moins absolu et moins affirmatif que ce dernier touchant l'égoïsme irrémédiable de l'homme.

2. Voici le passage des *Pensées* auquel Nicole fait allusion : « Le *moi* est haïssable. Vous, Miton, le couvrez, vous ne l'ôtez pas pour cela; vous êtes donc toujours haïssable. — Point, car en agissant, comme nous faisons, obligeamment pour tout le monde, on n'a plus sujet de nous haïr. — Cela est vrai, si on ne haïssait dans le *moi* que le déplaisir qui nous en revient. Mais si je le hais parce qu'il est injuste, qu'il se fait centre du tout; je le haïrai toujours. En un mot, le *moi* a deux qualités : il est injuste en soi, en ce qu'il se fait centre du tout; et il est incommode aux autres, en ce qu'il les veut asservir : car chaque *moi* est l'ennemi et voudrait être le tyran de tous les autres. Vous en ôtez l'incommodité, mais non pas l'injustice; et ainsi vous ne le rendez pas aimable à ceux qui haïssent l'injustice. Vous ne le rendez aimable qu'aux injustes, qui n'y trouvent plus leur ennemi ; et ainsi vous demeurez injuste, et ne pouvez plaire qu'aux injustes. » *Pensées,* ch. VIII, 8.

serait se gêner inutilement que de vouloir éviter ces mots;
mais il est toujours bon de l'avoir en vue pour s'éloigner
de la méchante coutume de quelques individus qui ne parlent que d'eux-mêmes, et qui se citent partout lorsqu'il n'est
point question de leur sentiment; ce qui donne lieu à
ceux qui les écoutent de soupçonner que ce regard si fréquent vers eux-mêmes ne naisse d'une secrète complaisance
qui les porte souvent vers cet objet de leur amour, et excite
en eux, par une suite naturelle une aversion secrète pour
ces gens-là et pour tout ce qu'ils disent. C'est ce qui fait
voir qu'un des caractères les plus indignes d'un honnête
homme est celui que Montaigne a affecté de n'entretenir ses lecteurs que de ses humeurs, de ses inclinations,
de ses fantaisies, de ses maladies, de ses vertus et de ses
vices; et qu'il ne naît que d'un défaut de jugement aussi
bien que d'un violent amour de soi-même[1]. Il est vrai qu'il
tâche autant qu'il peut d'éloigner de lui le soupçon d'une
vanité basse et populaire, en parlant librement de ses
défauts aussi bien que de ses bonnes qualités : ce qui a
quelque chose d'aimable par une apparence de sincérité;
mais il est facile de voir que tout cela n'est qu'un jeu et
un artifice qui doit le rendre encore plus odieux[2]. Il parle
de ses vices pour les faire connaître, et non pour les faire
détester; il ne prétend pas qu'on doive moins l'en estimer; il les regarde comme des choses à peu près indifférentes et plutôt galantes que honteuses: s'il les découvre, c'est qu'il s'en soucie peu, et qu'il croit qu'il n'en
sera pas plus vil ni plus méprisable; mais quand il appréhende que quelque chose le rabaisse un peu, il est aussi
adroit que personne à le cacher : c'est pourquoi un auteur
célèbre de ce temps remarque agréablement, qu'ayant eu
soin fort inutilement de nous avertir en deux endroits de
son livre qu'il avait un page, qui était un officier assez peu
utile en la maison d'un gentilhomme de six mille livres

---

1. Quelle sévérité outrée ! En nous entretenant de lui-même, Montaigne nous entretient aussi de nous. C'est ce que dit Pascal.

2. L'intolérance de Nicole se montre dans ce mot « d'odieux » appliqué à Montaigne.

de rente, il n'avait pas eu le même soin de nous dire qu'il avait eu aussi un clerc, ayant été conseiller du parlement de Bordeaux ; cette charge, quoique très-honorable en soi, ne satisfaisant pas assez la vanité qu'il avait de faire paraître partout une humeur de gentilhomme et de cavalier, et un éloignement de robe et de procès.

Il y a néanmoins de l'apparence qu'il ne nous eût pas celé cette circonstance de sa vie, s'il eût pu trouver quelque maréchal de France qui eût été conseiller de Bordeaux, comme il a bien voulu nous faire savoir qu'il avait été maire de cette ville : mais après nous avoir avertis qu'il avait succédé en cette charge au maréchal de Biron, et qu'il l'avait laissée au maréchal de Matignon.

Mais ce n'est pas le plus grand mal de cet auteur que la vanité, et il est plein d'un si grand nombre d'infamies honteuses, et de maximes épicuriennes et impies, qu'il est étrange qu'on l'ait souffert si longtemps dans les mains de tout le monde[1], et qu'il y ait même des personnes d'esprit qui n'en connaissent pas le venin.

Il ne faut point d'autres preuves pour juger de son libertinage que cette manière même, dont il parle de ses vices ; car reconnaissant en plusieurs endroits qu'il avait été engagé en un grand nombre de désordres criminels, il déclare néanmoins en d'autres qu'il ne se repent de rien, et que s'il avait à revivre, il revivrait comme il avait vécu. « Quant à moi, dit-il, je ne puis désirer en général d'être autre ; je ne puis condamner ma forme universelle, m'en déplaire et supplier Dieu pour mon entière réformation et pour l'excuse de ma faiblesse naturelle ; mais cela, je ne dois le nommer repentir, non plus que le déplaisir de n'être ni ange, ni Caton : mes actions sont réglées et conformes à ce que je suis et à ma condition : je ne puis faire mieux, et le repentir ne touche pas proprement les choses qui ne sont pas en notre force... Je ne me suis pas attendu d'attacher monstrueusement la

---

[1]. L'intolérance devient de plus en plus choquante : Nicole ne voudrait rien moins que la proscription du livre des *Essais*.

queue d'un philosophe à la tête et au corps d'un homme perdu, ni que ce chétif bout [de vie¹] eût à désavouer et à démentir la plus belle, entière et longue partie de ma vie. Si j'avais à revivre, je revivrais comme j'ai vécu : ni je ne plains point le passé, ni je ne crains point l'avenir. » Paroles horribles, et qui marquent une extinction entière de tout sentiment de religion ; mais qui sont dignes de celui qui parle ainsi en un autre endroit : « Je me plonge la tête baissée stupidement dans la mort, sans la considérer et reconnaître, comme dans une profondeur muette et obscure, qui m'engloutit tout d'un coup et m'étouffe en un moment, plein d'un puissant sommeil, plein d'insipidité et d'indolence². Et en un autre endroit : « La mort, qui n'est qu'un quart d'heure de passion, sans conséquence et sans nuisance, ne mérite pas des préceptes particuliers. »

Quoique cette digression semble assez éloignée de ce sujet, elle y rentre néanmoins, par cette raison qu'il n'y a point de livre qui inspire davantage cette mauvaise coutume de parler de soi, de s'occuper de soi, de vouloir que les autres s'y occupent ; ce qui corrompt étrangement la raison, et dans nous, par la vanité qui accompagne toujours ces discours, et dans les autres, par le dépit et l'aversion qu'ils en conçoivent. Il n'est permis de parler de soi-même qu'aux personnes d'une vertu éminente, et qui témoignent par la manière avec laquelle elles le font, que si elles publient leurs bonnes actions, ce n'est que pour exciter les autres à en louer Dieu ou pour les édifier ; et si elles publient leurs fautes, ce n'est que pour s'en humilier devant les hommes, et pour les en détourner : mais pour les personnes du commun, c'est une vanité ridicule de vouloir informer les autres de leurs petits avantages ; et c'est une effronterie punissable que de découvrir leurs

---

1. Les mots *de vie* ne sont pas dans e texte de Montaigne.
2. Voici le véritable texte de Montaigne. « Il m'advient souvent d'imaginer avec quelque plaisir les dangers mortels et les attendre... Je me plonge la tête baissée stupidement dans la mort, sans la considérer et reconnaître, comme dans une profondeur muette et obscure, qui m'engloutit d'un saut et m'accable en un instant d'un puissant sommeil plein d'insipidité et d'indolence. » Liv. III, ch. IX.

désordres au monde, sans témoigner d'en être touchés, puisque le dernier excès de l'abandonnement dans le vice est de n'en point rougir, et de n'en avoir ni confusion ni repentir, mais d'en parler indifféremment comme de toute autre chose : en quoi consiste proprement l'esprit de Montaigne [1].

VII. On peut distinguer, en quelque sorte, de la contradiction maligne et envieuse une autre sorte d'humeur moins mauvaise, mais qui engage dans les mêmes fautes de raisonnement : c'est l'esprit de dispute, qui est encore un défaut qui gâte beaucoup l'esprit.

Ce n'est pas qu'on puisse blâmer généralement les disputes : on peut dire, au contraire, que pourvu qu'on en use bien, il n'y a rien qui serve davantage à donner diverses ouvertures, ou pour trouver la vérité, ou pour la persuader aux autres. Le mouvement d'un esprit qui s'occupe seul à l'examen de quelque matière est d'ordinaire trop froid et trop languissant ; il a besoin d'une certaine chaleur qui l'excite et qui réveille ses idées ; et c'est d'ordinaire par les diverses oppositions qu'on nous fait que l'on découvre où consiste la difficulté de la persuasion et l'obscurité, ce qui nous donne lieu de faire effort pour vaincre.

Mais il est vrai qu'autant cet exercice est utile, lorsque l'on en use comme il faut, et avec un entier dégagement de passion, autant est-il dangereux lorsqu'on en use mal, et que l'on met sa gloire à soutenir son sentiment à quelque prix que ce soit et à contredire celui des autres. Rien n'est plus capable de nous éloigner de la vérité, et de nous jeter dans l'égarement, que cette sorte d'humeur. On s'accoutume sans qu'on s'en aperçoive, à trouver raison partout, et à se mettre au-dessus des raisons, en ne

---

[1]. « Deux écrivains dans leurs ouvrages ont blâmé Montaigne, que je ne crois pas, aussi bien qu'eux, exempt de toute sorte de blâme : il paraît que tous deux ne l'ont estimé en aucune manière. L'un (Nicole) ne pensait pas assez pour goûter un auteur qui pense beaucoup ; l'autre (Malebranche), pense trop subtilement pour s'accommoder des pensées qui sont naturelles. » LA BRUYÈRE, *Caractères*, I, 3. Comparer l'*Entretien de Pascal avec M. de Sacy sur Epictète et Montaigne*.

s'y rendant jamais : ce qui conduit peu à peu à n'avoir rien de certain, et, à confondre la vérité avec l'erreur, en les regardant l'une et l'autre comme également probables. C'est ce qui fait qu'il est si rare que l'on termine quelque question par la dispute, et qu'il n'arrive presque jamais que deux philosophes tombent d'accord. On trouve toujours à répartir et à se défendre, parce que l'on a pour but d'éviter non l'erreur, mais le silence, et que l'on croit qu'il est moins honteux de se tromper toujours que d'avouer que l'on s'est trompé.

Ainsi, à moins qu'on ne soit habitué par un long exercice à se posséder parfaitement, il est très-difficile qu'on ne perde de vue la vérité dans les disputes, parce qu'il n'y a guère d'action qui excite plus les passions. « Quel vice n'éveillent-elles pas, dit un auteur célèbre [1], étant presque toujours commandées par la colère? Nous entrons en inimitié premièrement contre les raisons, puis contre les personnes ; nous n'apprenons à disputer que pour contredire, et chacun contredisant et étant contredit, il en arrive que le fruit de la dispute est d'anéantir la vérité. L'un va en Orient l'autre en Occident, on perd le principal et l'on s'écarte dans la presse des incidents ; au bout d'une heure de tempête, on ne sait ce qu'on cherche : l'un est en bas, l'autre est en haut, l'autre à côté ; l'un se prend à un mot et à une similitude, l'autre n'écoute et n'entend plus ce qu'on lui oppose, et il est si engagé dans sa course, qu'il ne pense plus qu'à se suivre et non pas vous. Il y en a qui, se trouvant faibles, craignent tout, refusent tout, confondent la dispute dès l'entrée, ou bien au milieu de la contestation, se mutinent à se taire, affectant un orgueilleux mépris ou une sottement modeste fuite de contention : pourvu que celui-ci frappe, il ne regarde pas combien il se découvre ; l'autre compte ses mots et les pèse pour raisons : celui-là n'y emploie que l'avantage de sa voix et de ses poumons ; on en voit qui concluent contre eux-mêmes

---

1. C'est Montaigne. Pourquoi Nicole ne le nomme-t-il pas ?

et d'autres qui lassent et étourdissent tout le monde de préfaces et de digressions inutiles. Il y en a enfin qui s'arment d'injures, et qui feront une querelle d'Allemand pour se défaire de la conférence d'un esprit qui presse le leur[1]. » Ce sont les vices ordinaires de nos disputes, qui sont assez ingénieusement représentées par cet écrivain qui, n'ayant jamais connu les véritables grandeurs de l'homme, en a assez bien connu les défauts ; et l'on peut juger par là combien ces sortes de conférences sont capables de dérégler l'esprit, à moins que l'on n'ait un extrême soin, non-seulement de ne pas tomber soi-même le premier dans ces défauts, mais aussi de ne pas suivre ceux qui y tombent, et de se régler tellement, qu'on puisse les voir égarer sans s'égarer soi-même, et sans s'écarter de la fin que l'on doit se proposer, qui est l'éclaircissement de la vérité qu'on examine.

VIII. Il se trouve des personnes principalement parmi ceux qui hantent la cour, qui, reconnaissant assez combien ces humeurs contredisantes sont incommodes et désagréables, prennent une route toute contraire, qui est de ne rien contredire, mais de louer et d'approuver tout indifféremment ; et c'est ce qu'on appelle complaisance[2], qui est une humeur plus commode pour la fortune, mais aussi désavantageuse pour le jugement : car, comme les contredisants prennent pour vrai le contraire de ce qu'on leur dit, les complaisants semblent prendre pour vrai tout ce qu'on leur dit ; et cette accoutumance corrompt premièrement leurs discours, et ensuite leur esprit.

C'est par ce moyen qu'on a rendu les louanges si communes et qu'on les donne si indifféremment à tout le monde, qu'on ne sait plus qu'en conclure. Il n'y a point dans la gazette de prédicateur qui ne soit des plus éloquents, et qui ne ravisse ses auditeurs par la profondeur de sa science : tous ceux qui meurent sont illustres en piété : les plus petits auteurs pourraient faire des livres

---

1. Voir les *Essais*, liv. III, ch. VIII.
2. On se rappelle le Philinte de Molière.

des éloges qu'ils reçoivent de leurs amis; de sorte que, dans cette profusion de louanges, que l'on fait avec si peu de discernement, il y a sujet de s'étonner qu'il y ait des personnes qui en soient si avides et qui ramassent avec tant de soin celles qu'on leur donne.

Il est impossible que cette confusion dans le langage ne produise la même confusion dans l'esprit, et que ceux qui s'accoutument à louer tout ne s'accoutument aussi à approuver tout; mais quand la fausseté ne serait que dans les paroles, et non dans l'esprit, cela suffit pour en éloigner ceux qui aiment sincèrement la vérité[1].

Il n'est pas nécessaire de reprendre tout ce qu'on voit de mal, mais il est nécessaire de ne louer que ce qui est véritablement louable; autrement l'on jette ceux qu'on loue de cette sorte dans l'illusion, l'on contribue à tromper ceux qui jugent de ces personnes par ces louanges, et l'on fait tort à ceux qui en méritent de véritables, en les rendant communes à ceux qui n'en méritent pas : enfin l'on détruit toute la foi du langage et l'on brouille toutes les idées des mots, en faisant qu'ils ne soient plus signes de nos jugements et de nos pensées, mais seulement d'une civilité extérieure qu'on veut rendre à ceux qu'on loue comme pourrait être une révérence : car c'est tout ce que l'on doit conclure des louanges et des compliments ordinaires.

IX. Entre les diverses manières par lesquelles l'amour-propre jette les hommes dans l'erreur, ou plutôt les y affermit et les empêche d'en sortir, il n'en faut pas oublier une, qui est sans doute des principales et des plus communes : c'est l'engagement à soutenir quelque opinion à laquelle on s'est attaché par d'autres considérations que par celle de la vérité; car cette vue de défendre son sentiment fait que l'on ne regarde plus dans les raisons dont on se sert, si elles sont vraies ou fausses, mais si elles peuvent servir à persuader ce que l'on soutient : l'on em-

---

1. Le danger moral de la complaisance excessive est analysé avec une grande finesse.

ploie toutes sortes d'arguments bons ou mauvais, afin qu'il y en ait pour tout le monde ; et l'on passe quelquefois jusqu'à dire des choses qu'on sait bien être absolument fausses, pourvu qu'elles servent à la fin qu'on se propose. En voici quelques exemples.

Une personne intelligente ne soupçonnera jamais Montaigne d'avoir cru toutes les rêveries de l'astrologie judiciaire ; cependant quand il en a besoin pour rabaisser sottement les hommes, il les emploie comme de bonnes raisons. « A considérer, dit-il, la domination et puissance que ces corps-là ont non-seulement sur nos vies et conditions de notre fortune, mais sur nos inclinations mêmes, qu'ils régissent, poussent et agitent à la merci de leurs influences, pourquoi les priverions-nous d'âme, de vie et discours? »

Veut-il détruire l'avantage que les hommes ont sur les bêtes par le commerce de la parole, il nous rapporte des contes ridicules et dont il connaît l'extravagance mieux que personne, et en tire des conclusions plus ridicules. « Il y en a, dit-il, qui se sont vantés d'entendre le langage des bêtes, comme Apollonius Tyanéus [1], Mélampus [2], Tirésias [3], Thalès, et autres ; et puisqu'il est ainsi, comme disent les cosmographes, qu'il y a des nations qui reçoivent un chien pour roi, il faut bien qu'ils donnent certaine interprétation à sa voix et à ses mouvements. »

L'on conclura, par cette raison, que quand Caligula fit son cheval consul, il fallait bien que l'on entendît les ordres qu'il donnait dans l'exercice de cette charge ; mais on aurait tort d'accuser Montaigne de cette mauvaise conséquence : son dessein n'était pas de parler raisonnablement, mais de faire un amas confus de tout ce qu'on peut dire contre les hommes ; ce qui est néanmoins un vice très-contraire à la justesse de l'esprit et à la sincérité d'un homme de bien.

---

1. Philosophe pythagoricien et thaumaturge qui se brûla lui-même sur un bûcher l'an 97 ap. J.-C.

2. Mélampus, cité par Hésiode en plusieurs endroits, était un ancien médecin, fils d'un roi de Pylos.

3. C'est le devin qui joue un rôle dans la tragédie d'Œdipe.

Qui pourrait de même souffrir cet autre raisonnement du même auteur sur le sujet des augures que les païens tiraient du vol des oiseaux, et dont les plus sages d'entre eux se sont moqués : De toutes les prédictions du temps passé, dit-il, les plus anciennes et les plus certaines étaient celles qui se tiraient du vol des oiseaux : nous n'avons rien de pareil ni de si admirable; cette règle, cet ordre du branler de leur aile, par lequel on tire des conséquences des choses à venir, il faut bien qu'il soit conduit par quelque excellent moyen à une si noble opération : car c'est prêter à la lettre que d'attribuer ce grand effet à quelque ordonnance naturelle, sans l'intelligence, le consentement et le discours de celui qui le produit, et c'est une opinion évidemment fausse. »

N'est-ce pas une chose assez plaisante que de voir un homme qui ne tient rien d'évidemment vrai ni d'évidemment faux, dans un traité fait exprès pour établir le pyrrhonisme et pour détruire l'évidence de la certitude, nous débiter sérieusement ces rêveries comme des vérités certaines, et traiter l'opinion contraire d'évidemment fausse? Mais il se moque de nous quand il parle de la sorte, il est inexcusable de se jouer ainsi de ses lecteurs, en leur disant des choses qu'il ne croit pas, et que l'on ne peut pas croire sans folie.

Il était sans doute aussi bon philosophe que Virgile, qui n'attribue pas même à une intelligence qui soit dans les oiseaux les changements réglés qu'on voit dans leurs mouvements selon la diversité de l'air, dont on peut tirer quelque conjecture pour la pluie et le beau temps, comme l'on peut voir dans ces vers admirables des Géorgiques :

> Haud equidem credo quia sit divinitus illis
> Ingenium, aut rerum fato prudentia major :
> Verum ubi tempestas et cœli mobilis humor
> Mutavere vias, et Jupiter humidus Austris
> Densat, erant quæ rara modo, et quæ densa, relaxat,
> Vertuntur species animorum et pectora motus
> Nunc hos nunc alios, dum nubila ventus agebat,
> Concipiunt : hinc illæ avium concentus in agris,
> Et lætæ pecudes, et ovantes gutture corvi 1.

1. *Géorgiques*, liv. I, v. 415.

Mais ces égarements étant involontaires, il ne faut qu'avoir un peu de bonne foi pour les éviter : les plus communs et les plus dangereux sont ceux que l'on ne reconnaît pas, parce que l'engagement où l'on est entré de défendre un sentiment trouble la vue de l'esprit, et lui fait prendre pour vrai tout ce qui sert à sa fin ; et l'unique remède qu'on peut y apporter est de n'avoir pour fin que la vérité, et d'examiner avec tant de soin les raisonnements que l'enseignement même ne puisse pas nous tromper.

Des faux raisonnements qui naissent des objets mêmes.

On a déjà remarqué qu'il ne fallait pas séparer les causes intérieures de nos erreurs de celles qui se tirent des objets, que l'on peut appeler extérieures, parce que la fausse apparence de ces objets ne serait pas capable de nous jeter dans l'erreur, si la volonté ne poussait l'esprit à former un jugement précipité, lorsqu'il n'est pas encore suffisamment éclairé.

Mais, parce qu'elle ne peut aussi exercer cet empire sur l'entendement dans les choses entièrement évidentes, il est visible que l'obscurité des objets y contribue beaucoup, et même il y a souvent des rencontres où la passion qui porte à mal raisonner est assez imperceptible ; et c'est pourquoi il est utile de considérer séparément ces illusions, qui naissent principalement des choses mêmes.

I. C'est une opinion fausse et impie, que la vérité soit tellement semblable au mensonge, et la vertu au vice, qu'il soit impossible de les discerner [1]; mais il est vrai que dans la plupart des choses il y a un mélange d'erreur et de vérité, de vice et de vertu, de perfection et d'imperfection, et que ce mélange est une des plus ordinaires sources des faux jugements des hommes [2].

Car c'est par ce mélange trompeur que les bonnes

---

[1]. On reconnaît la doctrine des pyrrhoniens et des sceptiques.
[2]. C'est pour cela que la tolérance envers les opinions des autres est nécessaire : Nicole l'oublie lui-même à l'égard de Montaigne.

qualités des personnes qu'on estime font approuver leurs défauts, et que les défauts de ceux qu'on n'estime pas font condamner ce qu'ils ont de bon ; parce que l'on ne considère pas que les personnes les plus imparfaites ne le sont pas en tout, et que Dieu laisse aux plus vertueuses des imperfections qui, étant des restes de l'infirmité humaine, ne doivent pas être l'objet de notre imitation ni de notre estime.

La raison en est que les hommes ne considèrent guère les choses en détail ; ils ne jugent que selon leur plus forte impression, et ne sentent que ce qui les frappe davantage : ainsi lorsqu'ils aperçoivent dans un discours beaucoup de vérités, ils ne remarquent pas les erreurs qui y sont mêlées ; et, au contraire, s'il y a des vérités mêlées parmi beaucoup d'erreurs, ils ne font attention qu'aux erreurs ; le fort emportant le faible, et l'impression la plus vive étouffant celle qui est plus obscure.

Cependant il y a une injustice manifeste à juger de cette sorte : il ne peut y avoir de juste raison de rejeter la raison, et la vérité n'en est pas moins vérité pour être mêlée avec le mensonge ; elle n'appartient jamais aux hommes, quoique ce soient les hommes qui la proposent : ainsi, encore que les hommes, par leurs mensonges, méritent qu'on les condamne, les vérités qu'ils avancent ne méritent pas d'être condamnées [1].

C'est pourquoi la justice et la raison demandent que, dans toutes les choses qui sont ainsi mêlées de bien et de mal, on en fasse le discernement, et c'est particulièrement dans cette séparation judicieuse que paraît l'exactitude de l'esprit : c'est par là que les Pères de l'Église, ont tiré des livres des païens des choses excellentes pour les mœurs, et que saint Augustin n'a pas fait de difficulté d'emprunter d'un hérétique donatiste sept règles pour l'intelligence de l'Écriture.

C'est à quoi la raison nous oblige lorsque l'on peut faire

---

1. Ces belles pensées rappellent le passage où Pascal nous montre « la vérité toujours plus ancienne que les opinions qu'on en a eues. »

cette distinction ; mais parce que l'on n'a pas toujours le temps d'examiner en détail ce qu'il y a de bien et de mal dans chaque chose, il est juste en ces rencontres de leur donner le nom qu'elles méritent selon leur plus considérable partie; ainsi, l'on doit dire qu'un homme est bon philosophe lorsqu'il raisonne ordinairement bien, et qu'un livre est bon lorsqu'il y a notablement plus de bien que de mal.

Et c'est encore en quoi les hommes se trompent beaucoup, que dans ces jugements généraux : car ils n'estiment et ne blâment souvent les choses que selon ce qu'elles ont de moins considérable, leur peu de lumière faisant qu'ils ne pénètrent pas ce qui est le principal, lorsque ce n'est pas le plus sensible.

Ainsi, quoique ceux qui sont intelligents dans la peinture estiment infiniment plus le dessin que le coloris ou la délicatesse du pinceau, néanmoins les ignorants sont plus touchés d'un tableau dont les couleurs sont vives et éclatantes que d'un autre plus sombre, qui serait admirable pour le dessin.

Il faut pourtant avouer que les faux jugements ne sont pas si ordinaires dans les arts, parce que ceux qui n'y savent rien s'en rapportent plus aisément aux sentiments de ceux qui y sont habiles; mais ils sont bien fréquents dans les choses qui sont de la juridiction du peuple, et dont le monde prend la liberté de juger, comme l'éloquence.

On appelle, par exemple, un prédicateur éloquent, lorsque ses périodes sont bien justes et qu'il ne dit point de mauvais mots; et, sur ce fondement, Vaugelas[1] dit en un endroit qu'un mauvais mot fait plus de tort à un prédicateur ou à un avocat qu'un mauvais raisonnement. On doit croire que c'est une vérité de fait qu'il rapporte, et non un sentiment qu'il autorise; et il est vrai qu'il se trouve des personnes qui jugent de cette sorte, mais il

---

1. L'auteur des *Remarques sur la langue française*. On sait que Vaugelas (1585-1650) fut chargé de commencer le dictionnaire de l'Académie.

est vrai aussi qu'il n'y a rien de moins raisonnable que ces jugements : car la pureté du langage, le nombre des figures, sont tout au plus dans l'éloquence ce que le coloris est dans la peinture, c'est-à-dire que ce n'en est que la partie la plus basse et la plus matérielle; mais la principale consiste à concevoir fortement les choses, et à les exprimer en sorte qu'on en porte dans l'esprit des auditeurs une image vive et lumineuse, qui ne présente pas seulement ces choses toutes nues, mais aussi les mouvements avec lesquels on les conçoit; et c'est ce qui peut se rencontrer en des personnes peu exactes dans la langue et peu justes dans le nombre, et qui se rencontre même rarement dans ceux qui s'appliquent trop aux mots et aux embellissements, parce que cette vue les détourne des choses et affaiblit la vigueur de leurs pensées, comme les peintres remarquent que ceux qui excellent dans le coloris n'excellent pas ordinairement dans le dessin; l'esprit n'étant pas capable de cette double application, et l'une nuisant à l'autre.

On peut dire généralement que l'on n'estime dans le monde la plupart des choses que par l'extérieur, parce qu'il ne se trouve presque personne qui en pénètre l'intérieur et le fond : tout se juge sur l'étiquette, et malheur à ceux qui ne l'ont pas favorable [1] ! Il est habile, intelligent, solide, tant que vous voudrez ; mais il ne parle pas facilement, et ne se démêle pas bien d'un compliment : qu'il se résolve à être peu estimé toute sa vie du commun du monde, et à voir qu'on lui préfère une infinité de petits esprits. Ce n'est pas un grand mal que de n'avoir pas la réputation qu'on mérite ; mais c'en est un considérable de suivre ces faux jugements et de ne regarder les choses que par l'écorce ; et c'est ce qu'on doit tâcher d'éviter.

II. Entre les causes qui nous engagent dans l'erreur par un faux éclat qui nous empêche de la reconnaître, on peut mettre avec raison une certaine éloquence pompeuse

---

1. Cela était vrai encore plus au xviie siècle et à la cour de Louis XIV.

et magnifique que Cicéron appelle *abundantem sonantibus verbis uberibusque sententiis;* car il est étrange combien un faux raisonnement se coule doucement dans la suite d'une période qui remplit bien l'oreille, ou d'une figure qui nous surprend et qui nous amuse à la regarder.

Non-seulement ces ornements nous dérobent la vue des faussetés qui se mêlent dans le discours, mais ils y engagent insensiblement, parce que souvent elles sont nécessaires pour la justesse de la période ou de la figure : ainsi, quand on voit un orateur commencer une longue gradation ou une antithèse à plusieurs membres, on a sujet d'être sur ses gardes, parce qu'il arrive rarement qu'il s'en tire sans donner quelque contorsion à la vérité pour l'ajuster à la figure : il en dispose ordinairement comme l'on ferait des pierres d'un bâtiment ou du métal d'une statue ; il la taille, il l'étend, il l'accourcit, il la déguise selon qu'il lui est nécessaire pour la placer dans ce vain ouvrage de paroles qu'il veut former [1].

Combien le désir de faire une pointe a-t-il fait produire de fausses pensées? Combien la rime a-t-elle engagé de gens à mentir? Combien l'affectation de ne se servir que des mots de Cicéron, et de ce qu'on appelle la pure latinité, a-t-elle fait écrire de sottises à certains auteurs italiens? Qui ne rirait d'entendre dire à Bembe [2] qu'un pape avait été élu par la faveur des dieux immortels, *deorum immortalium beneficiis?* Il y a même des poëtes qui s'imaginent qu'il est de l'essence de la poésie d'introduire des divinités païennes ; et un poëte allemand, aussi bon versificateur qu'écrivain peu judicieux, ayant été repris, avec raison, par François Pic de la Mirande [3], d'avoir fait entrer dans un poëme où il décrit des guerres de chrétiens contre chrétiens toutes les divinités du paganisme, et d'avoir mêlé Apollon, Diane, Mercure, avec le pape, les lecteurs et l'empereur, soutient nettement que

---

1. Comparez ce que dit Pascal, dans les *Pensées*, sur les *fausses fenêtres* dans le style.
2. Pierre Bembo (1470-1547) était le secrétaire de Léon X.
3. Philosophe mystique, neveu du fameux Jean Pic de la Mirandole qui proposait de soutenir des thèses *de omni re scibili.*

sans cela il n'aurait pas été poëte, en se servant, pour le prouver, de cette étrange raison que les vers d'Hésiode, d'Homère et de Virgile sont remplis des noms et des faibles de ces dieux, d'où il conclut qu'il lui est permis de faire de même.

Ces mauvais raisonnements sont souvent imperceptibles à ceux qui les font, et les trompent les premiers : ils s'étourdissent par le son de leurs paroles : l'éclat de leurs figures les éblouit et la magnificence de certains mots les attire, sans qu'ils s'en aperçoivent, à des pensées si peu solides, qu'ils les rejetteraient sans doute s'ils y faisaient quelque réflexion.

Il est croyable, par exemple, que c'est le mot de vestale qui a flatté un auteur de ce temps, et qui l'a porté à dire à une demoiselle, pour l'empêcher d'avoir honte de savoir le latin, qu'elle ne devait pas rougir de parler une langue que parlaient les vestales : car s'il avait considéré cette pensée, il aurait vu qu'on aurait pu dire avec autant de raison à cette demoiselle qu'elle devait rougir de parler une langue que parlaient autrefois les courtisanes de Rome, qui étaient en bien plus grand nombre que les vestales, ou qu'elle devait rougir de parler une autre langue que celle de son pays, puisque les anciennes vestales ne parlaient que leur langue naturelle. Tous ces raisonnements, qui ne valent rien, sont aussi bons que celui de cet auteur; et la vérité est que les vestales ne peuvent servir de rien pour justifier ni pour condamner les filles qui apprennent le latin.

Les faux raisonnements de cette sorte, que l'on rencontre si souvent dans les écrits de ceux qui affectent le plus d'être éloquents, font voir combien la plupart des personnes qui parlent ou qui écrivent auraient besoin d'être bien persuadées de cette excellente règle, qu'*il n'y a rien de beau que ce qui est vrai*[1]; ce qui retrancherait des discours une infinité de vains ornements et de pensées fausses. Il est vrai que cette exactitude rend le style plus sec

---

1. « Rien n'est beau que le vrai, le vrai seul est aimable, » dit Boileau.

et moins pompeux; mais elle le rend aussi plus vif, plus sérieux, plus clair et plus digne d'un honnête homme : l'impression en est bien plus forte et plus durable; au lieu que celle qui naît simplement de ces périodes si ajustées est tellement superficielle, qu'elle s'évanouit presque aussitôt qu'on les a entendues.

III. C'est un défaut très-ordinaire parmi les hommes de juger témérairement des actions et des intentions des autres, et l'on n'y tombe guère que par un mauvais raisonnement, par lequel en ne connaissant pas assez distinctement toutes les causes qui peuvent produire quelque effet, on attribue cet effet précisément à une cause, lorsqu'il peut avoir été produit par plusieurs autres; ou bien l'on suppose qu'une cause qui, par accident, a eu un certain effet en une rencontre, et étant jointe à plusieurs circonstances, le doit avoir en toutes rencontres [1].

Un homme de lettres se trouve de même sentiment qu'un hérétique sur une matière de critique indépendante des controverses de la religion; un adversaire malicieux en conclura qu'il a de l'inclination pour les hérétiques, mais il le conclura témérairement et malicieusement, parce que c'est peut-être la raison et la vérité qui l'engagent dans ce sentiment.

Un écrivain parlera avec quelque force contre une opinion qu'il croit dangereuse. On l'accusera sur cela de haine et d'animosité contre les auteurs qui l'ont avancée : mais ce sera injustement et témérairement, cette force pouvant naître de zèle pour la vérité aussi bien que de haine contre les personnes.

Un homme est ami d'un méchant : donc, conclut-on, il est lié d'intérêt avec lui, et il est participant de ses crimes : cela ne s'ensuit pas; peut-être les a-t-il ignorés, et peut-être n'y a-t-il point pris de part.

On manque de rendre quelque civilité à ceux à qui on

---

[1]. Nicole ramène ici habilement les sophismes du cœur aux sophismes de l'esprit.

en doit : c'est dit-on, un orgueilleux et un insolent; mais ce n'est peut-être qu'une inadvertance ou un simple oubli.

Toutes ces choses extérieures ne sont que des signes équivoques, c'est-à-dire qui peuvent signifier plusieurs choses ; et c'est juger témérairement que de déterminer ce signe à une chose particulière, sans en avoir de raison particulière ; le silence est quelquefois signe de modestie et de jugement, et quelquefois de bêtise ; la lenteur marque quelquefois la prudence, et quelquefois la pesanteur de l'esprit ; le changement est quelquefois signe d'inconstance, et quelquefois de sincérité : ainsi c'est mal raisonner que de conclure qu'un homme est inconstant, de cela seul qu'il a changé de sentiment, car il peut avoir eu raison d'en changer.

IV. Les fausses inductions par lesquelles on tire des propositions générales de quelques expériences particulières sont une des plus communes sources des faux raisonnements des hommes. Il ne leur faut que trois ou quatre exemples pour en former une maxime et un lieu commun, et pour s'en servir ensuite de principe pour décider toutes choses.

Il y a beaucoup de maladies cachées aux plus habiles médecins, et souvent les remèdes ne réussissent pas ; des esprits excessifs en concluent que la médecine est absolument inutile, et que c'est un métier de charlatan.

Il y a des femmes légères et déréglées : cela suffit à des jaloux pour concevoir des soupçons injustes contre les plus honnêtes, et à des écrivains licencieux pour les condamner toutes généralement.

Il y a souvent des personnes qui cachent de grands vices sous une apparence de piété : des libertins en concluent que toute la dévotion n'est qu'hypocrisie.

Il y a des choses obscures et cachées, et l'on se trompe quelquefois grossièrement. Toutes choses sont obscures et incertaines, disent les anciens et les nouveaux pyrrhoniens, et nous ne pouvons connaître la vérité d'aucune chose avec certitude [1].

Il y a de l'inégalité dans quelques actions des hommes; cela suffit pour en faire un lieu commun, dont personne ne soit excepté : « La raison, disent-ils, est si manque et si aveugle, qu'il n'y a nulle si claire facilité qui lui soit assez claire; l'aisé et le malaisé lui sont tout un, tous sujets également; et la nature, en général désavoue sa juridiction. Nous ne pensons ce que nous voulons qu'à l'instant que nous le voulons; nous ne voulons rien librement, rien absolument, rien constamment [2]. »

La plupart du monde ne saurait représenter les défauts ou les bonnes qualités des autres que par des propositions générales et excessives. De quelques actions particulières on en conclut l'habitude; de trois ou quatre fautes, on en fait une coutume : ce qui arrive une fois le mois ou une fois l'an, arrive tous les jours, à toute heure, à tout moment dans les discours des hommes, tant ils ont peu de soin de garder dans leurs paroles les bornes de la vérité et de la justice.

V. C'est une faiblesse et une injustice que l'on condamne souvent et que l'on évite peu, de juger des conseils par les événements, et de rendre coupables ceux qui ont pris une résolution prudente, selon les circonstances qu'ils pouvaient voir, de toutes les mauvaises suites qui en sont arrivées, ou par un simple hasard, ou par la malice de ceux qui l'on traversée, ou par quelques autres rencontres qu'il ne leur était pas possible de prévoir. Non-seulement les hommes aiment autant être heureux que sages, mais ils ne font pas de différence entre heureux et sages, ni entre malheureux et coupables. Cette distinction leur paraît trop subtile [3]. On est ingénieux pour trouver les fautes que l'on s'imagine avoir attiré les mauvais succès; et comme les astrologues, lorsqu'ils savent un certain

---

1. Il ne faut pas croire que le scepticisme ait son unique fondement dans une induction : il repose aussi sur l'analyse des facultés de l'esprit humain et des conditions de la certitude.
2. Montaigne, *Essais*, XIII.
3. On sait ce que, de nos jours, on a appelé la *théorie du succès*.

accident, ne manquent jamais de trouver l'aspect des astres qui l'a produit, on ne manque aussi jamais de trouver après les disgrâces et les malheurs, que ceux qui y sont tombés les ont mérités par quelque imprudence. Il n'a pas réussi, il a donc tort. C'est ainsi que l'on raisonne dans le monde, et qu'on y a toujours raisonné, parce qu'il y a toujours eu peu d'équité dans les jugements des hommes, et que, ne connaissant pas les vraies causes des choses, ils en substituent selon les événements, en louant ceux qui réussissent et en blâmant ceux qui ne réussissent pas.

VI. Mais il n'y a point de faux raisonnements plus fréquents parmi les hommes que ceux où l'on tombe, ou en jugeant témérairement de la vérité des choses par une autorité qui n'est pas suffisante pour nous en assurer, ou en décidant le fond par la manière. Nous appellerons l'un le sophisme de l'autorité[1] et l'autre le sophisme de la manière.

Pour comprendre combien ils sont ordinaires, il ne faut que considérer que la plupart des hommes ne se déterminent point à croire un sentiment plutôt qu'un autre par des raisons solides et essentielles qui en feraient connaître la vérité, mais par certaines marques extérieures et étrangères qui sont plus convenables, ou qu'ils jugent plus convenables à la vérité qu'à la fausseté.

La raison en est que la vérité intérieure des choses est souvent assez cachée ; que les esprits des hommes sont ordinairement faibles et obscurs, pleins de nuages et de faux jours, au lieu que ces marques extérieures sont claires et sensibles : de sorte que, comme les hommes se portent aisément à ce qui leur est plus facile, ils se rangent presque toujours du côté où ils voient ces marques extérieures qu'ils discernent facilement.

Elles peuvent se réduire à deux principales : l'autorité de celui qui propose la chose, et la manière dont elle

---

1. Comparez les pages qui suivent avec celles de Pascal sur l'*autorité en matière de philosophie* et avec les chapitres analogues de Malebranche dans la *Recherche de la vérité*.

est proposée; et ces deux voies de persuader sont si puissantes, quelles emportent presque tous les esprits.

Ainsi Dieu, qui voulait que la connaissance certaine des mystères de la foi pût s'acquérir par les plus simples d'entre les fidèles, a eu la bonté de s'accommoder à cette faiblesse de l'esprit des hommes, en ne la faisant pas dépendre d'un examen particulier de tous les points qui nous sont proposés à croire, mais en nous donnant pour règle certaine de la vérité l'autorité de l'Église universelle qui nous les propose, qui, étant claire et évidente, retire les esprits de tous les embarras où les engageraient nécessairement les discussions particulières de ces mystères.

Ainsi, dans les choses de la foi, l'autorité de l'Église universelle est entièrement décisive; et tant s'en faut qu'elle puisse être un sujet d'erreur, qu'on ne tombe dans l'erreur qu'en s'écartant de son autorité et en refusant de s'y soumettre.

On tire aussi, dans les matières de religion, des arguments convaincants, de la manière dont elles sont proposées. Quand on a vu, par exemple, en divers siècles de l'Église, et principalement dans le dernier, des hommes qui tâchaient de planter leurs opinions par le fer et par le sang; quand on les a vus armés contre l'Église, par le schisme, contre les puissances temporelles par la révolte; quand on a vu des gens sans mission ordinaire, sans miracles, sans aucunes marques extérieures de piété, et plutôt avec des marques sensibles de dérèglement entreprendre de changer la foi et la discipline de l'Église, une manière si criminelle était plus que suffisante pour les faire rejeter par toutes les personnes raisonnables et pour empêcher les plus grossières de les écouter [1].

Mais dans les choses dont la connaissance n'est pas absolument nécessaire, et que Dieu a laissées davantage au discernement de la raison de chacun en particulier, l'autorité et la manière ne sont pas si considérables, et

---

1. Nicole oublie que « le fer et le sang » étaient employés de part et d'autre.

elles servent souvent à engager plusieurs personnes à des jugements contraires à la vérité.

On n'entreprend pas ici de donner des règles et des bornes précises de la déférence qu'on doit à l'autorité dans les choses humaines, mais de marquer seulement quelques fautes grossières que l'on commet en cette matière.

Souvent on ne regarde que le nombre des témoins, sans considérer si ce nombre fait qu'il soit plus probable qu'on ait rencontré la vérité, ce qui n'est pas raisonnable. Car comme un auteur de ce temps [1] a judicieusement remarqué, dans les choses difficiles et qu'il faut que chacun trouve par soi-même, il est plus vraisemblable qu'un seul trouve la vérité que non pas qu'elle soit découverte par plusieurs. Ainsi ce n'est pas une bonne conséquence : cette opinion est suivie du plus grand nombre des philosophes, donc elle est la plus vraie.

Souvent on se persuade par certaines qualités qui n'ont aucune liaison avec la vérité des choses dont il s'agit. Ainsi, il y a quantité de gens qui croient sans autre examen ceux qui sont les plus âgés, et qui ont plus d'expérience dans les choses mêmes qui ne dépendent ni de l'âge ni de l'expérience, mais de la lumière de l'esprit.

La piété, la sagesse, la modération, sont sans doute les qualités les plus estimables qui soient au monde, et elles doivent donner beaucoup d'autorité aux personnes qui les possèdent, dans les choses qui dépendent de la piété, de la sincérité, et même d'une lumière de Dieu, qu'il est plus probable que Dieu communique davantage à ceux qui le servent plus purement ; mais il y a une infinité de choses qui ne dépendent que d'une lumière humaine, d'une expérience humaine, d'une pénétration humaine, et dans ces choses ceux qui ont l'avantage de l'esprit et de l'étude méritent plus de créance que les

---

[1]. Descartes, *Discours de la méthode*, I.

autres. Cependant il arrive souvent le contraire, et plusieurs estiment qu'il est plus sûr de suivre dans ces choses mêmes le sentiment des plus gens de bien.

Cela vient en partie de ce que ces avantages d'esprit ne sont pas si sensibles que le règlement extérieur qui paraît dans les personnes de piété, et en partie aussi de ce que les hommes n'aiment point à faire de distinction ; le discernement les embarrasse : ils veulent tout ou rien. S'ils ont créance à une personne pour quelque chose, ils la croient en tout ; s'ils n'en ont point pour une autre, ils ne la croient en rien ; ils aiment les voies courtes, décisives et abrégées ; mais cette humeur quoique ordinaire, ne laisse pas d'être contraire à la raison qui nous fait voir que les mêmes personnes ne sont pas croyables en tout, parce qu'elles ne sont pas éminentes en tout, et que c'est mal raisonner que de conclure : C'est un homme grave, donc il est intelligent et habile en **toutes** choses.

VII. Il est vrai que s'il y a des erreurs pardonnables, ce sont celles où l'on s'engage en déférant plus qu'il ne faut au sentiment de ceux qu'on estime gens de bien ; mais il y a une illusion beaucoup plus absurde en soi, et qui est néanmoins très-ordinaire, qui est de croire qu'un homme dit vrai, parce qu'il est de condition, qu'il est riche ou élevé en dignité.

Ce n'est pas que personne fasse expressément ces sortes de raisonnements : il a cent mille livres de rente donc il a raison ; il est de grande naissance, donc on doit croire ce qu'il avance comme véritable ; c'est un homme qui n'a point de bien, il a donc tort[1] : néanmoins il se se passe quelque chose de semblable dans l'esprit de la plupart des hommes, et qui emporte leur jugement sans qu'ils y pensent.

Qu'une même chose soit proposée par une personne de qualité ou par un homme de néant, on l'approuvera

---

1. Ce passage est un nouvel exemple du parti que Nicole a tiré des arguments logiques pour découvrir les sophismes de la passion : une fois *réduite en forme*, la passion apparaît ce qu'elle est, déraisonnable et illogique.

souvent dans la bouche de cette personne de qualité, lorsqu'on ne daignera pas même l'écouter dans celle d'un homme de basse condition. L'Écriture a voulu nous instruire de cette humeur des hommes, en la présentant parfaitement dans le livre de l'Ecclésiastique [1] : Si le riche parle, dit-elle, tout le monde se tait et on élève ses paroles jusqu'aux nues ; si le pauvre parle, on demande qui est celui-là ? *Dives locutus est ; et omnes tacuerunt, et verbum illius usque ad nubes perducent : pauper locutus est, et dicunt : quis est hic ?*

Il est certain que la complaisance et la flatterie ont beaucoup de part dans l'approbation que l'on donne aux actions et aux paroles des personnes de condition, et qu'ils l'attirent souvent aussi par une certaine grâce extérieure et par une manière d'agir noble, libre et naturelle, qui leur est quelquefois si particulière qu'elle est presque inimitable à ceux qui sont de basse naissance ; mais il est certain aussi qu'il y en a plusieurs qui approuvent tout ce que font et disent les grands, par un abaissement intérieur de leur esprit qui plie sous le faix de la grandeur et qui n'a pas la vue assez ferme pour en soutenir l'éclat, et que cette pompe extérieure qui les environne en impose toujours un peu, et fait quelque impression sur les âmes les plus fortes.

La raison de cette tromperie vient de la corruption du cœur des hommes, qui, ayant une passion ardente pour l'honneur et les plaisirs, conçoivent nécessairement beaucoup d'amour pour les richesses et les autres qualités par le moyen desquelles on obtient ces honneurs et ces plaisirs. Or, l'amour que l'on a pour toutes ces choses que le monde estime fait que l'on juge heureux ceux qui les possèdent ; et en les jugeant heureux, on les place au-dessus de soi, et on les regarde comme des personnes éminentes et élevées. Cette accoutumance de les regarder avec estime passe insensiblement de leur fortune à leur esprit : les hommes ne font pas d'ordinaire les choses à

---

[1]. Ch. XIII, v. 28, 29.

demi. On leur donne donc une âme aussi élevée que leur rang, on se soumet à leurs opinions, et c'est la raison de la créance qu'ils trouvent ordinairement dans les affaires qu'ils traitent.

Mais cette illusion est encore bien plus forte dans les grands mêmes, qui n'ont pas eu soin de corriger l'impression que leur fortune fait naturellement dans leur esprit, qu'elle n'est dans ceux qui leur sont inférieurs. Il y en a peu qui ne fassent une raison de leur condition et de leurs richesses, et qui ne prétendent que leurs sentiments doivent prévaloir sur celui de ceux qui sont au-dessous d'eux. Ils ne peuvent souffrir que ces gens qu'ils regardent avec mépris prétendent avoir autant de jugement et de raison qu'eux ; et c'est ce qui les rend si impatients à la moindre contradiction qu'on leur fait [1].

Tout cela vient encore de la même source, c'est-à-dire des fausses idées qu'ils ont de leur grandeur, de leur noblesse et de leurs richesses. Au lieu de les considérer comme des choses entièrement étrangères à leur être, qui n'empêchent pas qu'ils ne soient parfaitement égaux à tout le reste des hommes, selon l'âme et selon le corps, et qui n'empêchent pas qu'ils n'aient le jugement aussi faible et aussi capable de se tromper que celui de tous les autres, ils incorporent en quelque manière dans leur essence toutes ces qualités de grand, de noble, de riche, de maître, de seigneur, de prince ; ils en grossissent leur idée, et ne se représentent jamais à eux-mêmes sans tous leurs titres, tout leur attirail et tout leur train [2].

Ils s'accoutument à se regarder dès leur enfance comme une espèce séparée des autres hommes ; leur imagination ne les mêle jamais dans la foule du genre humain ; ils sont toujours comtes ou ducs à leurs yeux, et jamais simplement hommes : ainsi, ils se taillent une âme et un jugement selon la mesure de leur fortune, et ne se croient pas moins au-dessus des autres par leur es-

---

[1]. Excellent portrait des préjugés aristocratiques.

[2]. C'est, dirait un philosophe anglais, l'effet d'une association d'idées devenue *inséparable, indissoluble.*

prit qu'ils le sont par leur condition et par leur fortune.

La sottise de l'esprit humain est telle, qu'il n'y a rien qui ne lui serve à grandir l'idée qu'il a de lui-même. Une belle maison, un habit magnifique, une grande barbe, font qu'il s'en croit plus habile, et, si l'on y prend garde, ils s'estiment davantage à cheval ou en carrosse qu'à pied. Il est facile de persuader à tout le monde qu'il n'y a rien de plus ridicule que ces jugements ; mais il est très-difficile de se garantir entièrement de l'impression secrète que toutes ces choses extérieures font dans l'esprit. Tout ce qu'on peut faire est de s'accoutumer, autant qu'on le peut, à ne donner aucune autorité à toutes les qualités qui ne peuvent en rien contribuer à trouver la vérité, et de n'en donner à celles mêmes qui y contribuent qu'autant qu'elles y contribuent effectivement. L'âge, la science, l'étude, l'expérience, l'esprit, la vivacité, la retenue, l'exactitude, le travail, servent pour trouver la vérité des choses cachées, et ainsi ces qualités méritent qu'on y ait égard ; mais il faut pourtant les peser avec soin, et ensuite en faire comparaison avec les raisons contraires, car de chacune de ces choses en particulier on ne conclut rien de certain, puisqu'il y a des opinions très-fausses qui ont été approuvées par des personnes de fort bon esprit et qui avaient une grande partie de ces qualités.

VIII. Il y a encore quelque chose de plus trompeur dans les surprises qui naissent de la lumière, car on est porté naturellement à croire qu'un homme a raison, lorsqu'il parle avec grâce, avec facilité, avec gravité, avec modération et avec douceur, et à croire, au contraire, qu'un homme a tort, lorsqu'il parle désagréablement, ou qu'il fait paraître de l'emportement, de l'aigreur, de la présomption, dans ses actions et dans ses paroles.

Cependant, si l'on ne juge du fond des choses que par ces manières extérieures et sensibles, il est impossible qu'on n'y soit souvent trompé. Car il y a des gens qui débitent gravement et modestement des sottises ; et d'autres, au contraire, qui, étant d'un naturel prompt, ou qui, étant même possédés de quelque passion qui paraît dans leur visage et dans leurs paroles, ne laissent pas d'avoir la vérité de leur côté. Il y a des esprits fort médiocres et très-superficiels qui, pour avoir été nourris à la cour, où l'on étudie et où l'on pratique mieux l'art de plaire que partout ailleurs, ont des manières fort agréables, sous lesquelles ils font passer beaucoup de faux jugements; il y en a d'autres, au contraire, qui, n'ayant aucun extérieur, ne laissent pas d'avoir l'esprit grand et solide dans le fond. Il y en a qui parlent mieux qu'ils ne pensent, et d'autres qui pensent mieux qu'ils ne parlent. Ainsi, la raison veut que ceux qui en sont capables n'en jugent point par ces choses extérieures, et qu'ils ne laissent pas de se rendre à la vérité, non-seulement lorsqu'elle est proposée avec ces manières choquantes et désagréables, mais lors même qu'elle est mêlée avec quantité de faussetés : car une même personne peut dire vrai en une chose et faux dans une autre, avoir raison en ce point et tort en celui-là [1].

Il faut donc considérer chaque chose séparément, c'est-à-dire qu'il faut juger de la manière par la manière et du fond par le fond, et non du fond par la manière ni de la manière par le fond. Une personne a tort de parler avec colère, et elle a raison de dire vrai; et, au contraire, une autre a raison de parler sagement et civilement, et elle a tort d'avancer des faussetés.

Mais comme il est raisonnable d'être sur ses gardes, pour ne pas conclure qu'une chose est vraie ou fausse parce qu'elle est proposée de telle ou telle façon, il est juste aussi que ceux qui désirent persuader les autres de quelque vérité qu'ils ont reconnue s'étudient à la revêtir des manières favorables qui sont propres à la faire approuver, et à éviter les manières odieuses qui ne sont capables que d'en éloigner les hommes.

Ils doivent se souvenir que, quand il s'agit d'entrer dans l'esprit du monde, c'est peu de chose que d'avoir

---

[1]. La conclusion à laquelle aboutissent toutes ces fines remarques, c'est la tolérance, qui ne méprise rien et choisit la vérité partout où elle se trouve.

raison ; et que c'est un grand mal de n'avoir que raison, et de n'avoir pas ce qui est nécessaire pour faire goûter la raison.

S'ils honorent sérieusement la vérité, ils ne doivent pas la déshonorer, en la couvrant des marques de la fausseté et du mensonge ; et, s'ils l'aiment sincèrement, ils ne doivent pas attirer sur elle la haine et l'aversion des hommes par la manière choquante dont ils la proposent. C'est le plus grand précepte de la rhétorique [1], qui est d'autant plus utile, qu'il sert à régler l'âme aussi bien que les paroles ; car, encore que ce soient deux choses différentes d'avoir tort dans la manière et d'avoir tort dans le fond, néanmoins les fautes de la manière sont souvent plus grandes et plus considérables que celles du fond.

En effet, toutes ces manières fières, présomptueuses, aigres, opiniâtres, emportées, viennent toujours de quelque déréglement d'esprit, qui est souvent plus considérable que le défaut d'intelligence et de lumière que l'on reprend dans les autres ; et même il est toujours injuste de vouloir persuader les hommes de cette sorte : car il est bien juste que l'on se rende à la vérité, quand on la connaît ; mais il est juste qu'on exige des autres qu'ils tiennent pour vrai tout ce que l'on croit, et qu'ils défèrent à notre seule autorité ; et c'est néanmoins ce que l'on fait en proposant la vérité avec ces manières choquantes : car l'air du discours entre ordinairement dans l'esprit avec les raisons, l'esprit étant plus prompt pour apercevoir cet air qu'il ne l'est pour comprendre la solidité des preuves, qui souvent ne se comprennent point du tout. Or l'air du discours, étant ainsi séparé des preuves, ne marque que l'autorité que celui qui parle s'attribue ; de sorte que s'il est aigre et impérieux, il rebute nécessairement l'esprit des autres, parce qu'il paraît qu'on veut emporter par autorité, et par une espèce de tyrannie, ce qu'on ne doit obtenir que par la persuasion et par la raison.

1. Impossible de mieux montrer le côté moral de la rhétorique et sa vraie utilité.

Cette injustice est encore plus grande, s'il arrive qu'on emploie ces manières choquantes pour combattre des opinions communes et reçues ; car la raison d'un particulier peut bien être préférée à celle de plusieurs, lorsqu'elle est plus vraie : mais un particulier ne doit jamais prétendre que son autorité doive prévaloir à celle de tous les autres.

Ainsi, non-seulement la modestie et la prudence, mais la justice même oblige de prendre un air rabaissé quand on combat des opinions communes ou une autorité affermie, parce qu'autrement on ne peut éviter cette injustice, d'opposer l'autorité d'un particulier à une autorité, ou publique, ou plus grande et plus établie. On ne peut témoigner trop de modération, quand il s'agit de troubler la possession d'une opinion reçue ou d'une créance acquise depuis longtemps [1]. Ce qui est si vrai, que saint Augustin l'étend même aux vérités de la religion, ayant donné cette excellente règle à tous ceux qui sont obligés d'instruire les autres :

« Voici de quelle sorte, dit-il, les catholiques sages et religieux enseignent ce qu'ils doivent enseigner aux autres. Si ce sont des choses communes et autorisées, ils les proposent d'une manière pleine d'assurance et qui ne témoigne aucun doute, en l'accompagnant de toute la douceur qui leur est possible ; mais si ce sont des choses extraordinaires, quoiqu'ils en reconnaissent très-clairement la vérité, ils les proposent plutôt comme des doutes et comme des questions à examiner que comme des dogmes et des décisions arrêtées, pour s'accommoder en cela à la faiblesse de ceux qui les écoutent. » Que si une vérité est si haute qu'elle surpasse les forces de ceux à qui l'on parle, ils aiment mieux la retenir pour quelque temps, pour leur donner lieu de croître et de s'en rendre capables, que de la leur découvrir en cet état de faiblesse, où elle ne ferait que les accabler.

[1] Cette modération est d'ailleurs de règle dans toute discussion.

QUATRIÈME PARTIE

DE LA MÉTHODE

Il nous reste à expliquer la dernière partie de la logique, qui regarde la méthode, laquelle est sans doute l'une des plus utiles et des plus importantes. Nous avons cru devoir y joindre ce qui regarde la démonstration, parce qu'elle ne consiste pas d'ordinaire en un seul argument, mais dans une suite de plusieurs raisonnements, par lesquels on prouve invinciblement quelque vérité; et que même il sert de peu, pour bien démontrer, de savoir les règles des syllogismes, ce à quoi l'on manque très-peu souvent; mais que le tout est de bien arranger ses pensées, en se servant de celles qui sont claires et évidentes, pour pénétrer dans ce qui paraissait plus caché[1].

Et, comme la démonstration a pour fin la science[2], il est nécessaire d'en dire quelque chose auparavant.

CHAPITRE PREMIER

DE LA SCIENCE; QU'IL Y EN A. QUE LES CHOSES QUE L'ON CONNAÎT PAR L'ESPRIT SONT PLUS CERTAINES QUE CE QUE L'ON CONNAÎT PAR LES SENS. QU'IL Y A DES CHOSES QUE L'ESPRIT HUMAIN EST INCAPABLE DE SAVOIR. UTILITÉ QUE L'ON PEUT TIRER DE CETTE IGNORANCE NÉCESSAIRE.

Si, lorsque l'on considère quelque maxime, on en connaît la vérité en elle-même, et par l'évidence qu'on y aperçoit, qui nous persuade sans autre raison, cette sorte de connaissance s'appelle intelligence; et c'est ainsi que l'on connaît les premiers principes.

---

1. C'est la règle cartésienne. | 2. Proposition empruntée à Aristote.

Mais si elle ne nous persuade pas par elle-même, on a besoin de quelque autre motif pour s'y rendre, et ce motif est, ou l'autorité, ou la raison. Si c'est l'autorité qui fait que l'esprit embrasse ce qui lui est proposé, c'est ce qu'on appelle foi. Si c'est la raison, alors ou cette raison ne produit pas une entière conviction, mais laisse encore quelque doute ; et cet acquiescement de l'esprit, accompagné de doute, est ce qu'on nomme opinion[1].

Que si cette raison nous convainc entièrement, alors, ou elle n'est claire qu'en apparence et faute d'attention ; et la persuasion qu'elle produit est une erreur, si elle est fausse en effet, ou du moins un jugement téméraire, si, étant vraie en soi, on n'a pas néanmoins eu assez de raison de la croire véritable.

Mais si cette raison n'est pas seulement apparente, mais solide et véritable, ce qui se reconnaît par une attention plus longue et plus exacte, par une persuasion plus ferme, et par la qualité de la clarté qui est plus vive et plus pénétrante, alors la conviction que cette raison produit s'appelle science, sur laquelle on forme diverses questions[2].

La première est, s'il y en a, c'est-à-dire si nous avons des connaissances fondées sur des raisons claires et certaines ; ou, en général, si nous avons des connaissances claires et certaines : car cette question regarde autant l'intelligence que la science.

Il s'est trouvé des philosophes qui ont fait profession de le nier, et qui ont même établi sur ce fondement toute leur philosophie ; et entre ces philosophes, les uns se sont contentés de nier la certitude en admettant la vraisemblance ; et ce sont les nouveaux académiciens :

---

[1]. C'est ce que les anciens appelaient, avec Platon, δόξα, et qu'ils opposaient à la science, ἐπιστήμη.

[2]. Dans cette phrase, Arnauld énumère les conditions de la conviction intérieure : 1° l'attention, qui est la part de la volonté, 2° la persuasion, qui est l'effet de l'objet sur l'esprit, 3° la clarté ou évidence, qui est la manière dont l'objet même apparaît. Cette analyse est exacte au point de vue psychologique, mais elle ne résout point la question métaphysique de la certitude. Arnauld décrit la certitude intérieure ou subjective, et il reste toujours à savoir si l'objet est tel que le sujet le constate.

les autres, qui sont les pyrrhoniens, ont même nié cette vraisemblance, et ont prétendu que toutes choses étaient également obscures et incertaines.

« Mais la vérité est que toutes ces opinions, qui ont fait tant de bruit dans le monde, n'ont jamais subsisté que dans des discours, des disputes ou des écrits, et que personne n'en a jamais été sérieusement persuadé. C'étaient des jeux et des amusements de personnes oisives et ingénieuses[1] ; mais ce ne furent jamais des sentiments dont ils fussent intérieurement pénétrés, et par lesquels ils voulussent se conduire[2] : c'est pourquoi le meilleur moyen de convaincre ces philosophes était de les rappeler à leur conscience et à la bonne foi, et de leur demander, après tous ces discours par lesquels ils s'efforçaient de montrer qu'on ne peut distinguer le sommeil de la veille ni la folie du bon sens, s'ils n'étaient pas persuadés, malgré toutes leurs raisons, qu'ils ne dormaient pas et qu'ils avaient l'esprit sain ; et, s'ils eussent eu quelque sincérité, ils auraient démenti toutes leurs vaines subtilités, en avouant franchement qu'ils ne pouvaient pas ne point croire toutes ces choses quand ils l'eussent voulu.

Que s'il se trouvait quelqu'un qui pût entrer en doute s'il ne dort point ou s'il n'est point fou, ou qui pût même croire que l'existence de toutes les choses extérieures est incertaine, et qu'il est douteux s'il y a un soleil, une lune et une matière, au moins personne ne saurait douter, comme dit saint Augustin[3], s'il est, s'il pense, s'il vit : car, soit qu'il dorme ou qu'il veille, soit qu'il ait l'esprit sain ou malade, soit qu'il se trompe ou qu'il ne se trompe pas, il est certain au moins, puisqu'il pense, qu'il est et qu'il vit, étant impossible de séparer l'être et la vie de la pensée, et de croire que ce qui pense n'est pas et ne vit pas ;

---

1. Ce n'étaient point des jeux, mais un problème philosophique de première importance, qui se pose devant nous comme devant les anciens.

2. Arnauld mêle ici à tort le point de vue théorique et le point de vue pratique.

3. Arnauld aime à rappeler saint Augustin à propos du *cogito, ergo sum*, comme il le fit dans ses objections aux *Méditations* de Descartes.

et de cette connaissance claire, certaine et indubitable, il peut en former une règle pour approuver comme vraies toutes les pensées qu'il trouvera claires, comme celle-là lui paraît[1].

Il est impossible de même de douter de ses perceptions, en les séparant de leur objet : qu'il y ait ou qu'il n'y ait pas un soleil et une terre, il m'est certain que je m'imagine en voir un ; il m'est certain que je doute, lorsque je doute ; que je crois voir, lorsque je crois voir ; que je crois entendre, lorsque je crois entendre : et ainsi des autres : de sorte qu'en se renfermant dans son esprit seul, et en y considérant ce qui s'y passe, on y trouvera une infinité de connaissances claires et dont il est impossible de douter[2].

Cette considération peut servir à décider une autre question que l'on fait sur ce sujet, qui est, si les choses que l'on ne connaît que par l'esprit sont plus ou moins certaines que celles que l'on connaît par les sens : car il est clair, par ce que nous venons de dire, que nous sommes plus assurés de nos perceptions et de nos idées, que nous ne voyons que par une réflexion d'esprit, que nous ne le sommes de tous les objets de nos sens. L'on peut dire même qu'encore que les sens ne nous trompent pas toujours dans le rapport qu'ils nous font[3], néanmoins la certitude que nous avons qu'ils ne nous trompent pas ne vient pas des sens, mais d'une réflexion de l'esprit, par laquelle nous discernons quand nous devons croire et quand nous ne devons pas croire les sens.

Et c'est pourquoi il faut avouer que saint Augustin a eu raison de soutenir, après Platon, que le jugement de la vérité et la règle pour la discerner n'appartiennent point aux sens, mais à l'esprit : *Non est judicium veritatis in sensibus;* et que même cette certitude que l'on

---

1. Cette règle est celle de Descartes et n'appartient point à saint Augustin.

2. Toutes ces réflexions sont purement cartésiennes.

3. A vrai dire les données immédiates des sens ne sont jamais fausses ; la fausseté n'existe que dans les jugements formés à l'occasion des sensations.

peut tirer des sens ne s'étend pas bien loin, et qu'il y a plusieurs choses que l'on peut savoir par les sens, et dont on ne peut pas dire que l'on ait une assurance entière.

Par exemple, on peut bien savoir par les sens qu'un tel corps est plus grand qu'un autre corps ; mais on ne saurait savoir avec certitude quelle est la grandeur véritable et naturelle de chaque corps [1] ; et, pour comprendre cela, il n'y a qu'à considérer que si tout le monde n'avait jamais regardé les objets extérieurs qu'avec des lunettes qui les grossissent, il est certain qu'on ne se serait figuré les corps et toutes les mesures des corps que selon la grandeur dans laquelle ils nous auraient été représentés par ces lunettes : or, nos yeux mêmes sont des lunettes, et nous ne savons pas précisément s'ils ne diminuent point ou n'augmentent point les objets que nous voyons, et si les lunettes artificielles, que nous croyons les diminuer ou les augmenter, ne les établissent point, au contraire, dans leur grandeur véritable ; et partant, on ne connaît pas certainement la grandeur absolue et naturelle de chaque corps.

On ne sait point aussi si nous les voyons de la même grandeur que les autres hommes : car encore que deux personnes les mesurant conviennent ensemble qu'un certain corps n'a, par exemple, que cinq pieds, néanmoins ce que l'on conçoit par un pied n'est peut-être pas ce que l'autre conçoit : car l'un conçoit ce que ses yeux lui rapportent, et un autre de même : or, peut-être que les yeux de l'un ne lui rapportent pas la même chose que ce que les yeux des autres leur représentent, parce que ce sont des lunettes autrement taillées.

Il y a pourtant beaucoup d'apparence que cette diver-

---

[1]. Cette question n'a pas de sens, il n'existe point de *grandeur véritable, naturelle, absolue*, puisque la grandeur est un *rapport*. Tout est grand ou petit selon le point de comparaison. — Arnauld semble ici se méprendre sur le sens des spéculations platoniciennes reproduites par saint Augustin. Platon parle de la *grandeur en soi, de la grandeur absolue ;* mais il n'entend point par là la grandeur absolue d'un objet visible ; il entend le principe absolu qui rend possible, dans l'éternelle réalité, toutes les relations de grandeur, ou l'*idée* de la grandeur.

sité n'est pas grande, parce que l'on ne voit pas dans la conformation de l'œil une différence qui puisse produire un changement bien notable : outre que, quoique nos yeux soient des lunettes, ce sont pourtant des lunettes taillées de la main de Dieu[1] ; et ainsi l'on a sujet de croire qu'elles ne s'éloignent de la vérité des objets que par quelques défauts qui corrompent ou troublent leur figure naturelle.

Quoi qu'il en soit, si le jugement de la grandeur des objets est incertain en quelque sorte, aussi n'est-il guère nécessaire ; et il n'en faut nullement conclure qu'il n'y ait pas plus de certitude dans tous les autres rapports des sens : car, si je ne sais pas précisément, comme j'ai dit, quelle est la grandeur absolue et naturelle d'un éléphant[2], je sais pourtant qu'il est plus grand qu'un cheval et moindre qu'une baleine, ce qui suffit pour l'usage de la vie.

Il y a donc de la certitude et de l'incertitude et dans l'esprit et dans les sens ; et ce serait une faute égale de vouloir faire passer toutes choses ou pour certaines ou pour incertaines.

La raison, au contraire, nous oblige d'en reconnaître de trois genres.

Car il y en a que l'on peut connaître clairement et certainement ; il y en a que l'on ne connaît pas, à la vérité, clairement, mais que l'on peut espérer de pouvoir connaître ; et il y en a enfin qu'il est comme impossible de connaître avec certitude ou parce que nous n'avons point de principes qui nous y conduisent, ou parce qu'elles sont trop disproportionnées à notre esprit.

Le premier genre comprend tout ce que l'on connaît par démonstration ou par intelligence.

Le second est la matière de l'étude des philosophes ; mais il est possible qu'ils s'y occupent fort inutilement, s'ils ne savent le distinguer du troisième, c'est-à-dire

---

[1]. Le mot, pour être spirituel, n'en exprime pas moins une idée assez puérile.

[2]. Ces mots n'ont point de sens.

s'ils ne peuvent discerner les choses où l'esprit peut arriver de celles où il n'est pas capable d'atteindre.

Le plus grand abrégement que l'on puisse trouver dans l'étude des sciences est de ne s'appliquer jamais à la recherche de tout ce qui est au-dessus de nous, et que nous ne saurions espérer raisonnablement de pouvoir comprendre. De ce genre sont toutes les questions qui regardent la puissance de Dieu, qu'il est ridicule de vouloir renfermer dans les bornes étroites de notre esprit[1], et généralement tout ce qui tient de l'infini; car notre esprit étant fini, il se perd et s'éblouit dans l'infinité, et demeure accablé sous la multitude des pensées contraires qu'elle fournit[2].

C'est une solution très-commode et très-courte pour se tirer d'un grand nombre de questions, dont on disputera toujours tant que l'on en voudra disputer, parce que l'on n'arrivera jamais à une connaissance assez claire pour fixer et arrêter nos esprits. Est-il possible qu'une créature ait été créée dans l'éternité? Dieu peut-il faire un corps infini en grandeur, un mouvement infini en vitesse[3], une multitude infinie en nombre? Un nombre infini est-il pair ou impair[4]? Y a-t-il un infini plus grand que l'autre[5]. Celui qui dira tout d'un coup : *Je n'en sais rien*, sera aussi avancé en un moment que celui qui s'appliquera à raisonner vingt ans sur ces sortes de sujets[6]; et la seule différence qu'il peut y avoir entre eux est que celui qui s'efforcera de pénétrer ces questions est en danger de tomber en un degré plus bas que la simple ignorance, qui est de croire savoir ce qu'il ne sait pas[7].

---

1. Alors n'en parlons jamais.
2. Notre esprit a beau être fini, c'est pourtant lui qui conçoit l'infini et pourquoi ne se rendrait-il pas compte de toutes ses conceptions ?
3. Ce sont là des questions contradictoires.
4. Il existe des infinités supérieures à tout nombre, des multitudes sans nombre, mais il n'existe pas de *nombre infini* puisque tout nombre est déterminé.
5. Cette question peut être résolue et les mathématiciens montrent qu'en effet un infini peut être deux, trois fois, infinimentes fois plus grand qu'un autre infini.
6. Cette méthode aboutirait à supprimer toutes les spéculations de l'esprit. Il faut laisser les questions ouvertes.
7. « Les sciences, dit également Pascal, ont deux extrémités qui se touchent : la première est la pure ignorance naturelle où se trouvent tous les hommes en naissant. L'autre

Il y a de même une infinité de questions métaphysiques qui, étant trop vagues, trop abstraites, et trop éloignées des principes clairs et connus, ne se résoudront jamais[1] ; et le plus sûr est de s'en délivrer le plus tôt qu'on peut, et après avoir appris légèrement qu'on les forme, se résoudre de bon cœur à les ignorer :

> Nescire quædam magna pars sapientiæ.

Par ce moyen, en se délivrant des recherches où il est comme impossible de réussir, on pourra faire plus de progrès dans celles qui sont plus proportionnées à notre esprit.

Mais il faut remarquer qu'il y a des choses qui sont incompréhensibles dans leur manière, et qui sont certaines dans leur existence. On ne peut concevoir comment elles peuvent être, et il est certain néanmoins qu'elles sont.

Qu'y a-t-il de plus incompréhensible que l'éternité! et qu'y a-t-il en même temps de plus certain? en sorte que ceux qui, par un aveuglement horrible, ont détruit dans leur esprit la connaissance de Dieu sont obligés de l'attribuer au plus vil et au plus misérable de tous les êtres, qui est la matière.

Quel moyen de comprendre que le plus petit grain de matière soit divisible à l'infini, et que l'on ne puisse jamais arriver à une partie si petite, que non-seulement elle n'en enferme plusieurs autres, mais qu'elle n'en enferme une infinité ; que le plus petit grain de blé enferme en soi autant de parties, quoique à proportion plus petites, que le monde entier ; que toutes les figures imaginables s'y trouvent actuellement, et qu'il contienne en soi un petit monde avec toutes ses parties, un soleil, un ciel, des étoiles, des planètes, une terre dans une justesse

---

extrémité est celle où arrivent les grandes âmes qui, ayant parcouru tout ce que les hommes peuvent savoir, trouvent qu'ils ne savent rien, et se rencontrent en cette même ignorance d'où ils étaient partis. Mais c'est une ignorance savante qui se connaît. » Pensées, XI, 2.

1. Qu'est-ce qu'Arnauld en peut savoir? Pourquoi veut-il trancher la question au moment même où il recommande la modestie.

admirable de proportions ; et qu'il n'y ait aucune des parties de ce grain qui ne contienne encore un monde proportionnel! Quelle peut être la partie, dans ce petit monde, qui répond à la grosseur d'un grain de blé, et quelle effroyable différence doit-il y avoir, afin qu'on puisse dire véritablement que ce qu'est un grain de blé à l'égard du monde entier, cette partie l'est à l'égard d'un grain de blé! Néanmoins cette partie, dont la petitesse nous est déjà incompréhensible, contient encore un autre monde proportionnel, et ainsi à l'infini, sans qu'on en puisse trouver aucune qui n'ait autant de parties proportionnelles que tout le monde, quelque étendue qu'on lui donne [1].

Toutes ces choses sont inconcevables, et néanmoins il faut nécessairement qu'elles soient, puisque l'on démontre la divisibilité de la matière à l'infini, et que la géométrie nous en fournit des preuves aussi claires que d'aucune des vérités qu'elle nous découvre [2].

Car cette science nous fait voir qu'il y a de certaines lignes qui n'ont nulle mesure commune, et qu'elle appelle pour cette raison incommensurables, comme la diagonale d'un carré et les côtés. Or, si cette diagonale et ces côtés étaient composés d'un certain nombre de par-

---

1. « Qu'est-ce qu'un homme dans l'infini ? Mais pour lui présenter un autre prodige aussi étonnant, qu'il recherche dans ce qu'il connaît les choses les plus délicates, qu'un ciron lui offre dans la petitesse de son corps des parties incomparablement plus petites.... Qu'il y voie une infinité d'univers. » *Pensées* de Pascal, art. I.
2. « Dès que Votre Altesse m'accorde qu'une ligne peut être divisée en mille parties, en partageant chaque partie en deux, elle sera aussi divisible en mille parties, et par la même raison en quatre mille parties, et puis en huit mille, sans qu'on parvienne jamais à des parties si petites qu'on ne puisse plus diviser. Quelque petite qu'on conçoive une ligne, elle est divisible en deux moitiés, et ensuite chaque moitié en deux, et chacune de celles-ci encore en deux, et ainsi de suite à l'infini. Ce que je viens de dire ici d'une ligne s'applique aisément à une surface, et encore à plus forte raison à un solide doué de toutes les trois dimensions en longueur, largeur et profondeur. De là on dit que toute étendue est divisible à l'infini, et cette propriété est nommée la *divisibilité à l'infini*. Quiconque voudrait nier cette propriété de l'étendue serait obligé de soutenir qu'on en viendrait à des parties si petites, qu'elles ne seraient plus susceptibles d'une division ultérieure ; et cela, parce qu'elles n'auraient plus d'étendue. Cependant toutes ces particules prises ensemble doivent reproduire le tout, par la division duquel on y est parvenu ; donc, puisque la quantité de chacune serait *rien* ou *zéro*, plusieurs zéros pris ensemble produiraient quelque quantité, ce qui est manifestement absurde. » EULER, *Lettres à une princesse d'Allemagne*, XI, 4.

ties indivisibles, une de ces parties indivisibles ferait la mesure commune de ces deux lignes; et, par conséquent, il est impossible que ces deux lignes soient composées d'un certain nombre de parties indivisibles.

On démontre encore dans cette science qu'il est impossible qu'un nombre carré soit double d'un autre nombre carré, et que cependant il est très-possible qu'un carré d'étendue soit double d'un autre carré d'étendue; or, si ces deux carrés d'étendue étaient composés d'un certain nombre de parties finies, le grand carré contiendrait le double des parties du petit; et tous les deux étant carrés, il y aurait un carré de nombre double d'un autre carré de nombre, ce qui est impossible.

Enfin, il n'y a rien de plus clair que cette raison, que deux néants d'étendue ne peuvent former une étendue, et que toute étendue a des parties; or, en prenant deux de ces parties qu'on suppose indivisibles, je demande si elles ont de l'étendue ou si elles n'en ont point : si elles en ont, elles sont donc divisibles, et elles ont plusieurs parties; si elles n'en ont point, ce sont donc deux néants d'étendue; et ainsi il est impossible qu'elles puissent former une étendue [1].

Il faut renoncer à la certitude humaine, pour douter de la vérité de ces démonstrations; mais pour aider à concevoir, autant qu'il est possible, cette divisibilité infinie de la matière, j'y joindrai encore une preuve qui fait voir en même temps une division à l'infini et un mouvement qui se ralentit à l'infini sans arriver jamais au repos.

Il est certain que, quand on douterait que l'étendue peut se diviser à l'infini, on ne saurait au moins douter qu'elle ne puisse s'augmenter à l'infini, et qu'à un plan de cent mille lieues on ne puisse en joindre un autre de cent mille lieues, et ainsi à l'infini : or, cette augmentation infinie de l'étendue prouve sa divisibilité à l'infini; et pour

---

[1]. Arnauld, dans ces pages, confond comme tous les cartésiens l'étendue et la matière. L'étendue est certainement divisible à l'infini; quant à la matière, c'est une question encore douteuse.

le comprendre, il n'y a qu'à s'imaginer une mer plate, que l'on augmente en longueur à l'infini, et un vaisseau sur le bord de cette mer, qui s'éloigne du port en droite ligne : il est certain qu'en regardant du port le bas du vaisseau au travers d'un verre ou d'un autre corps diaphane, le rayon qui se terminera au bas de ce vaisseau passera par un certain point du verre, et que le rayon horizontal passera par un autre point du verre plus élevé que le premier. Or, à mesure que le vaisseau s'éloignera, le point du rayon qui se terminera au bas du vaisseau montera toujours, et divisera infiniment l'espace qui est entre ces deux points ; et plus le vaisseau s'éloignera, plus il montera lentement, sans que jamais il cesse de monter, ni qu'il puisse arriver au point du rayon horizontal, parce que ces deux lignes, se coupant dans l'œil, ne seront jamais ni parallèles, ni une même ligne. Ainsi cet exemple nous fournit en même temps la preuve d'une division à l'infini de l'étendue et d'un ralentissement à l'infini du mouvement.

C'est par cette diminution infinie de l'étendue, qui naît de sa divisibilité, qu'on peut prouver ces problèmes qui semblent impossibles dans les termes : trouver un espace infini égal à un espace fini, ou qui ne soit que la moitié, le tiers, etc., d'un espace fini. On peut les résoudre en diverses manières ; et en voici une assez grossière, mais très-facile : si on prend la moitié d'un carré, et la moitié de cette moitié, et ainsi à l'infini, et que l'on joigne toutes ces moitiés par leur plus longue ligne, on en fera un espace d'une figure irrégulière, et qui diminuera toujours à l'infini par un des bouts, mais qui sera égal à tout le carré : car la moitié, et la moitié de la moitié, plus la moitié de cette seconde moitié, et ainsi à l'infini, font le tout ; le tiers et le tiers du tiers, et le tiers du nouveau tiers, et ainsi à l'infini, font la moitié. Les quarts pris de la même sorte font le tiers, et les cinquièmes le quart. Joignant bout à bout ces tiers ou ces quarts, on en fera une figure qui contiendra la moitié ou le tiers de l'aire du total, et qui sera infini d'un côté en longueur, en diminuant continuellement en largeur [1].

L'utilité qu'on peut tirer de ces spéculations n'est pas simplement d'acquérir ces connaissances, qui sont elles-mêmes assez stériles, mais c'est d'apprendre à connaître les bornes de notre esprit, et à lui faire avouer, malgré qu'il en ait, qu'il y a des choses qui sont, quoiqu'il ne soit pas capable de les comprendre; et c'est pourquoi il est bon de le fatiguer à ces subtilités, afin de dompter sa présomption, et lui ôter la hardiesse d'opposer jamais ses faibles lumières aux vérités que l'Église lui propose, sous prétexte qu'il ne peut pas les comprendre [2] : car, puisque la vigueur de l'esprit des hommes est contrainte de succomber au plus petit atome de la matière, et d'avouer qu'il voit clairement qu'il est infiniment divisible, sans pouvoir comprendre comment cela peut se faire,

---

1. Comparer Pascal, *de l'esprit géométrique*. « Qu'y a-t-il de plus évident que cette vérité, qu'un nombre, tel qu'il soit, peut être augmenté? ne peut-on pas le doubler? Que la promptitude d'un mouvement peut être doublée, et qu'un espace peut être doublé de même?

» Et qui peut aussi douter qu'un nombre, tel qu'il soit, ne puisse être divisé par la moitié, et sa moitié encore par la moitié? Car cette moitié serait-elle un néant? Et comment ces deux moitiés, qui seraient deux zéros, feraient-elles un nombre?

» De même, un mouvement, quelque lent qu'il soit, ne peut-il pas être ralenti de moitié, en sorte qu'il parcoure le même espace dans le double de temps, et ce dernier mouvement encore? Car serait-ce un pur repos? Et comment se pourrait-il que ces deux moitiés de vitesse, qui seraient deux repos, fissent la première vitesse?

» Enfin un espace, quelque petit qu'il soit, ne peut-il pas être divisé en deux, et ces moitiés encore? Et comment pourrait-il se faire que ces moitiés fussent indivisibles sans aucune étendue, elles qui, jointes ensemble, ont fait la première étendue?

» Il n'y a point de connaissance naturelle dans l'homme qui précède celles-là, et qui les surpasse en clarté.

Néanmoins, afin qu'il y ait exemple de tout, on trouve des esprits, excellents en toutes autres choses, que ces infinités choquent, et qui n'y peuvent en aucune sorte consentir.

» Il n'y a point de géomètre qui ne croie l'espace divisible à l'infini. On ne peut non plus l'être sans ce principe qu'être homme sans âme. Et néanmoins il n'y en a point qui comprenne une division infinie; et l'on ne s'assure de cette vérité que par cette seule raison, mais qui est certainement suffisante, qu'on comprend parfaitement qu'il est faux qu'en divisant un espace on puisse arriver à une partie indivisible, c'est-à-dire qui n'ait aucune étendue. Car qu'y a-t-il de plus absurde que de prétendre qu'en divisant toujours un espace, on arrive enfin à une division telle qu'en la divisant en deux, *chacune des moitiés reste indivisible et sans aucune étendue, et qu'ainsi ces deux néants d'étendue fissent ensemble une étendue?* »

2. L'auteur de ce chapitre (Nicole, s'il en faut croire Bayle, *Dictionnaire historique*, art. ZÉNON), établit ici une analogie contestable entre les mystères de la science, dont l'existence est établie par la raison même, et les mystères de la foi.

n'est-ce pas pécher visiblement contre la raison que de refuser de croire les effets merveilleux de la toute-puissance de Dieu, qui est d'elle-même incompréhensible, par cette raison que notre esprit ne peut les comprendre ?

Mais comme il est avantageux de faire sentir quelquefois à son esprit sa propre faiblesse, par la considération de ces objets qui le surpassent, et qui, le surpassant, l'abattent et l'humilient, il est certain aussi qu'il faut tâcher de choisir, pour l'occuper ordinairement, des sujets et des matières qui lui soient plus proportionnés, et dont il soit capable de trouver et de comprendre la vérité, soit en prouvant les effets par les causes, ce qui s'appelle démontrer *a priori,* soit en démontrant, au contraire, les causes par les effets, ce qui s'appelle prouver *a posteriori*[1]. Il faut un peu étendre ces termes, pour y réduire toutes sortes de démonstrations ; mais il a été bon de les marquer en passant, afin qu'on les entende, et que l'on ne soit pas surpris en les voyant dans des livres ou dans des discours de philosophie ; et, parce que ces raisons sont d'ordinaire composées de plusieurs parties, il est nécessaire, pour les rendre claires et concluantes, de les disposer en un certain ordre et une certaine méthode ; et c'est de cette méthode que nous traiterons dans la plus grande partie de ce livre.

CHAPITRE II

DE DEUX SORTES DE MÉTHODE, ANALYSE ET SYNTHÈSE. EXEMPLE DE L'ANALYSE.

On peut appeler généralement méthode l'art de bien disposer une suite de plusieurs pensées, ou pour décou-

---

[1]. Arnauld prend ici ces deux termes *a priori* et *a posteriori* en un sens différent du sens adopté de nos jours.

vrir la vérité quand nous l'ignorons, ou pour la prouver aux autres quand nous la connaissons déjà.

Ainsi, il y a deux sortes de méthodes : l'une pour découvrir la vérité, qu'on appelle *analyse*[1] ou *méthode de résolution*, et qu'on peut aussi appeler *méthode d'invention;* et l'autre pour la faire entendre aux autres, quand on l'a trouvée, qu'on appelle *synthèse* ou *méthode de composition* et qu'on peut aussi appeler *méthode de doctrine*.

On ne traite pas d'ordinaire par analyse le corps entier d'une science, mais on s'en sert seulement pour résoudre quelque question.

Or, toutes les questions sont de mots ou de choses.

J'appelle ici questions de mots, non pas celles où on cherche des mots, mais celles où, par les mots, on cherche des choses, comme celles où il s'agit de trouver le sens d'une énigme, ou d'expliquer ce qu'a voulu dire un auteur par des paroles obscures et ambiguës.

Les questions[2] de choses peuvent se réduire à quatre principales espèces.

La première est quand on cherche les causes par les effets. On sait, par exemple, les divers effets de l'aimant; on en cherche la cause : on sait les divers effets qu'on a accoutumé d'attribuer à l'horreur du vide; on cherche si c'en est la vraie cause, et on a trouvé que non : on connaît le flux et le reflux de la mer; on demande quelle peut être la cause d'un si grand mouvement et si réglé.

La deuxième est quand on cherche les effets par les causes. On a su par exemple de tout temps, que le vent et l'eau avaient grande force pour mouvoir les corps; mais les anciens, n'ayant pas assez examiné quels pouvaient être les effets de ces causes, ne les avaient point appliqués, comme on a fait depuis, par le moyen des mou-

---

1. Le mot *analyse* est pris au sens des anciens géomètres, Platon, Euclide, Pappus d'Alexandrie, pour désigner la méthode de résolution propre aux sciences abstraites.

2. « La plus grande partie de tout ce que l'on dit ici des questions a été tiré d'un manuscrit de Descartes, que M. Clerselier a eu la bonté de prêter. » (Port-Royal.) — Ce manuscrit est le traité qui a pour titre: *Regulæ ad directionem ingenii* (publié en 1701).

lins, à un grand nombre de choses très-utiles à la société humaine, et qui soulagent notablement le travail des hommes; ce qui devrait être le fruit de la vraie physique[1]: de sorte que l'on peut dire que la première sorte de questions, où l'on cherche les causes par les effets, fait toute la spéculation de la physique; et que la seconde sorte, où l'on cherche les effets par les causes en fait toute la pratique.

La troisième espèce de questions est quand par les parties on cherche le tout, comme lorsque ayant plusieurs nombres, on en cherche la somme, en les ajoutant l'un à l'autre, ou qu'en ayant deux on en cherche le produit en les multipliant l'un par l'autre.

Le quatrième est quand, ayant le tout et quelque partie, on cherche une autre partie, comme lorsque ayant un nombre et ce que l'on en doit ôter, on cherche ce qui restera, ou qu'ayant un nombre, on cherche quelle en sera la tantième partie.

Mais il faut remarquer que, pour étendre plus loin ces deux dernières sortes de questions, et afin qu'elles comprennent ce qui ne pourrait pas proprement se rapporter aux deux premières, il faut prendre le mot de parties plus généralement pour tout ce que comprend une chose, ses modes, ses extrémités, ses accidents, ses propriétés et généralement tous ses attributs : de sorte que ce sera, par exemple, chercher un tout par ses parties, que de chercher l'aire d'un triangle par sa hauteur et par sa base; et ce sera, au contraire, chercher une partie par le tout et une autre partie, que de chercher le côté d'un rectangle par la connaissance qu'on a de son aire et de l'un de ses côtés.

Or, de quelque nature que soit la question que l'on propose à résoudre, la première chose qu'il faut faire est de concevoir nettement et distinctement ce que c'est précisément qu'on demande, c'est-à-dire quel est le point précis de la question.

---

1. On sait ce que Descartes, à qui ces considérations sont empruntées, espérait des progrès de la physique, de la médecine et en général des diverses sciences. Voir, sur ce sujet, la 6ᵉ partie du *Discours de la méthode*.

Car il faut éviter ce qui arrive à plusieurs qui, par une précipitation d'esprit, s'appliquent à résoudre ce qu'on leur propose avant que d'avoir assez considéré par quels signes et par quels marques ils pourront reconnaître ce qu'ils cherchent, quand ils le rencontreront : comme si un valet à qui son maître aurait commandé de chercher l'un de ses amis, se hâtait d'y aller avant que d'avoir su plus particulièrement de son maître quel est cet ami.

Or, encore que dans toute question il y ait quelque chose d'inconnu, autrement il n'y aurait rien à chercher, il faut néanmoins que cela même qui est inconnu soit marqué et désigné par de certaines conditions qui nous déterminent à rechercher une chose plutôt qu'une autre, et qui puissent nous faire juger, quand nous l'aurons trouvée, que c'est ce que nous cherchions.

Et ce sont ces conditions que nous devons bien envisager d'abord, en prenant garde de n'en point ajouter qui ne soient pas enfermées dans ce que l'on a proposé, et de n'en point omettre qui y seraient enfermées ; car on peut pécher en l'une et en l'autre manière.

On pécherait en la première manière, si lors par exemple que l'on nous demande quel est l'animal qui au matin marche à quatre pieds, à midi à deux, et au soir à trois [1], on se croyait astreint de prendre tous ces mots de pied, de matin, de midi, de soir, dans leur propre et naturelle signification : car celui qui propose cette énigme n'a point mis pour condition qu'on dût les prendre de la sorte ; mais il suffit que ces mots puissent par métaphore, se rapporter à autre chose ; et ainsi cette question est bien résolue, quand on a dit que cet animal est l'homme.

Supposons encore qu'on nous demande par quel artifice pouvait avoir été faite la figure d'un Tantale qui, étant couché sur une colonne, au milieu d'un vase, en posture d'un homme qui se penche pour boire, ne pouvait jamais

---

1. C'est, comme on sait, l'énigme du sphinx.

le faire, parce que l'eau pouvait bien monter dans le vase jusqu'à sa bouche, mais s'enfuyait toute sans qu'il en demeurât rien dans le vase aussitôt qu'elle était arrivée jusqu'à ses lèvres ; on pécherait, en ajoutant des conditions qui ne serviraient de rien à la solution de cette demande, si on s'amusait à chercher quelque secret merveilleux dans la figure de ce Tantale qui ferait fuir cette eau aussitôt qu'elle aurait touché ses lèvres, car cela n'est point enfermé dans la question ; et si on la conçoit bien, on doit la réduire à ces termes, de faire un vase qui tienne l'eau, n'étant plein que jusqu'à une certaine hauteur, et qui la laisse toute aller, si on le remplit davantage ; et cela est fort aisé, car il ne faut que cacher un siphon dans la colonne qui ait un petit trou en bas par où l'eau y entre, et dont la plus longue jambe ait son ouverture par-dessous le pied du vase : tant que l'eau que l'on mettra dans le vase ne sera pas arrivée au haut du siphon, elle y demeurera ; mais quand elle y sera arrivée, elle s'enfuira toute par la plus longue jambe du syphon qui est ouverte au dessous du pied du vase [1].

On demande encore quel pouvait être le secret de ce buveur d'eau qui se fit voir à Paris il y a vingt ans, et comment il pouvait se faire qu'en jetant de l'eau de sa bouche, il remplît en même temps cinq ou six verres différents d'eaux de diverses couleurs. Si on s'imagine que ces eaux de diverses couleurs étaient dans son estomac, et qu'il les séparait en les jetant l'une dans un verre et l'autre dans l'autre, on cherchera un secret que l'on ne trouvera jamais, parce qu'il n'est pas possible : au lieu qu'on n'a qu'à chercher pourquoi l'eau sortie en même temps de la même bouche paraissait de diverses couleurs dans chacun de ces verres ; et il y a grande apparence que cela venait de quelque teinture qu'il avait mise au fond de ces verres.

C'est aussi l'artifice de ceux qui proposent des ques-

---

[1]. Voir, dans les éclaircissements, les passages de Descartes imités par Arnauld.

tions qu'ils ne veulent pas que l'on puisse résoudre facilement, d'environner ce qu'on doit trouver de tant de conditions inutiles et qui ne servent de rien à le faire trouver, que l'on ne puisse pas facilement découvrir le vrai point de la question, et qu'ainsi on perde le temps et on se fatigue inutilement l'esprit en s'arrêtant à des choses qui ne peuvent contribuer en rien à la résoudre.

L'autre manière dont on pèche, dans l'examen des conditions de ce que l'on cherche, est quand on en omet qui sont essentielles à la question que l'on propose. On propose, par exemple, de trouver par art le mouvement perpétuel; car on sait bien qu'il y en a de perpétuels dans la nature, comme sont les mouvements des fontaines, des rivières, des astres. Il y en a qui, s'étant imaginé que la terre tourne sur son centre, et que ce n'est qu'un gros aimant dont la pierre d'aimant a toutes les propriétés, ont cru aussi qu'on pourrait disposer un aimant de telle sorte qu'il tournerait toujours circulairement; mais quand cela serait, on n'aurait pas satisfait au problème de trouver par art le mouvement perpétuel, puisque ce mouvement serait aussi naturel que celui d'une roue qu'on expose au courant d'une rivière [1].

Lors donc qu'on a bien examiné les conditions qui désignent et qui marquent ce qu'il y a d'inconnu dans la question, il faut ensuite examiner ce qu'il y a de connu, puisque c'est par là qu'on doit arriver à la connaissance de ce qui est inconnu; car il ne faut pas nous imaginer que nous devions trouver un nouveau genre d'être, au lieu que notre lumière ne peut s'étendre qu'à reconnaître que ce que l'on cherche participe en telle et telle manière à la nature des choses qui nous sont connues [2]. Si un homme, par exemple, était aveugle de naissance, on se tuerait en vain de chercher des arguments et des preuves

---

[1]. Cette question du mouvement perpétuel est, comme on sait, abandonnée aujourd'hui.

[2]. Cf. *Discours de la Méthode*, IVᵉ partie et fin de la Vᵉ partie.

pour lui faire avoir les vraies idées des couleurs telles que nous les avons par les sens : et de même, si l'aimant, et les autres corps dont on cherche la nature, était un nouveau genre d'être, et tel que notre esprit n'en aurait point conçu de semblable, nous ne devrions pas nous attendre de le connaître jamais par raisonnement ; mais nous aurions besoin pour cela d'un autre esprit que le nôtre. Et ainsi, on doit croire avoir trouvé tout ce qui peut se trouver par l'esprit humain, si on peut concevoir distinctement un tel mélange des êtres et des natures qui nous sont connus, qu'il produise tous les effets que nous voyons dans l'aimant.

Or, c'est dans l'attention que l'on fait à ce qu'il y a de connu dans la question que l'on veut résoudre, que consiste principalement l'analyse ; tout l'art étant de tirer de cet examen beaucoup de vérité qui puissent nous mener à la connaissance de ce que nous cherchons.

Comme si l'on propose : *Si l'âme de l'homme est immortelle,* et que pour le chercher on s'applique à considérer la nature de notre âme, on y remarque premièrement, que c'est le propre de l'âme de penser, et qu'elle pourrait douter de tout, sans pouvoir douter si elle pense, puisque le doute même est une pensée. On examine ensuite ce que c'est que de penser ; et, ne voyant point que dans l'idée de la pensée il y ait rien d'enfermé de ce qui est enfermé dans l'idée de la substance étendue qu'on appelle corps, et qu'on peut même nier de la pensée tout ce qui appartient au corps, comme d'être long, large, profond, d'avoir diversité de parties, d'être d'une telle ou d'une telle figure, d'être divisible, etc., sans détruire pour cela l'idée qu'on a de la pensée ; on en conclut que la pensée n'est point un mode de la substance étendue, parce qu'il est de la nature du mode de ne pouvoir être conçu en niant de lui la chose dont il serait mode. D'où l'on infère encore que la pensée n'étant point un mode de la substance étendue, il faut que ce soit l'attribut d'une autre substance ; et qu'ainsi la substance qui pense et la substance étendue soient deux substances réellement distinctes[1]. D'où il s'ensuit que la destruction de l'une ne doit point emporter la destruction de l'autre; puisque même la substance étendue n'est point proprement détruite, mais que tout ce qui arrive, en ce que nous appelons destruction, n'est autre chose que le changement ou la dissolution de quelques parties de la matière qui demeure toujours dans la nature, comme nous jugeons fort bien qu'en rompant toutes les roues d'une horloge, il n'y a point de substance détruite quoique l'on dise que cette horloge est détruite : ce qui fait voir que l'âme, n'étant point divisible et composée d'aucunes parties, ne peut périr, et par conséquent qu'elle est immortelle[2].

Voilà ce qu'on appelle *analyse* ou *résolution,* où il faut remarquer : 1° qu'on doit y pratiquer, aussi bien que dans la méthode qu'on appelle de *composition,* de passer toujours de ce qui est plus connu à ce qui l'est moins, car il n'y a point de vraie méthode qui puisse se dispenser de cette règle.

2° Mais qu'elle diffère de celle de composition, en ce que l'on prend ces vérités connues dans l'examen particulier de la chose que l'on se propose de connaître, et non dans les choses plus générales, comme on fait dans la méthode de doctrine. Ainsi, dans l'exemple que nous avons proposé, on ne commence pas par l'établissement de ces maximes générales : Que nulle substance ne périt, à proprement parler; que ce qu'on appelle destruction n'est qu'une dissolution de parties; qu'ainsi ce qui n'a point de parties ne peut être détruit, etc.; mais on monte par degrés à ces connaissances générales.

3° On n'y propose les maximes claires et évidentes qu'à mesure qu'on en a besoin, au lieu que dans l'autre on les établit d'abord, ainsi que nous dirons plus bas.

4° Enfin, ces deux méthodes ne diffèrent que comme le chemin qu'on fait en montant d'une vallée en une

---

1. Toute cette argumentation est empruntée, comme on le voit, aux *Méditations* de Descartes.

2. L'argument tiré de la simplicité de l'âme remonte à Platon. Voir le *Phédon.*

montagne, de celui que l'on fait en descendant de la montagne dans la vallée ; ou comme diffèrent les deux manières dont on peut se servir pour prouver qu'une personne est descendue de saint Louis, dont l'une est de montrer que cette personne a tel pour père, qui était fils d'un tel, et celui-là d'un autre, et ainsi jusqu'à saint Louis ; et l'autre, de commencer par saint Louis, et montrer qu'il a eu tels enfants, et ces enfants d'autres, en descendant jusqu'à la personne dont il s'agit : et cet exemple est d'autant plus propre, en cette rencontre, qu'il est certain que, pour trouver une généalogie inconnue, il faut remonter du fils au père ; au lieu que, pour l'expliquer après l'avoir trouvée, la lumière la plus ordinaire est de commencer par le tronc pour en faire voir les descendants [1] ; qui est aussi ce qu'on fait d'ordinaire dans les sciences, ou, après s'être servi de l'analyse pour trouver quelque vérité, on se sert de l'autre méthode pour expliquer ce qu'on a trouvé [2].

On peut comprendre par là ce que c'est que l'analyse des géomètres ; car voici en quoi elle consiste. Une question leur ayant été proposée, dont ils ignorent la vérité ou la fausseté si c'est un théorème, la possibilité ou l'impossibilité si c'est un problème, ils supposent que cela est comme il est proposé ; et, examinant ce qui s'ensuit de là, s'ils arrivent, dans cet examen, à quelque vérité claire dont ce qui leur est proposé soit une suite nécessaire, ils en concluent que ce qui leur est proposé est vrai ; et reprenant ensuite par où ils avaient fini, ils le démontrent par l'autre méthode qu'on appelle *de composition*. Mais s'ils tombent, par une suite nécessaire de ce qui leur est proposé, dans quelque absurdité ou impossibilité, ils en concluent que ce qu'on leur avait proposé est faux et impossible.

Voilà ce qu'on peut dire généralement de l'analyse,

---

1. Voir la *Logique* de Gassendi, IVe partie, règle 11e.
2. La méthode de composition ou de synthèse, quoique particulièrement utile pour « expliquer » les vérités découvertes, peut cependant servir aussi à découvrir des vérités nouvelles

qui consiste plus dans le jugement et dans l'adresse de l'esprit que dans des règles particulières. Ces quatre néanmoins, que Descartes propose dans sa *Méthode*, peuvent être utiles pour se garder de l'erreur en voulant rechercher la vérité dans les sciences humaines, quoique, à dire vrai, elles soient générales pour toutes sortes de méthodes, et non particulières pour la seule analyse.

La 1re *est de ne recevoir jamais aucune chose pour vraie, qu'on ne la connaisse évidemment être telle, c'est-à-dire d'éviter soigneusement la précipitation et la prévention, et de ne comprendre rien de plus en ses jugements que ce qui se présente si clairement à l'esprit, qu'on n'ait aucune occasion de le mettre en doute;*

La 2e, *de diviser chacune des difficultés qu'on examine en autant de parcelles qu'il se peut, et qu'il est requis pour les résoudre;*

La 3e, *de conduire par ordre ses pensées, en commençant par les objets les plus simples et les plus aisés à connaître, pour monter peu à peu, comme par degrés, jusqu'à la connaissance des plus composés, et supposant même de l'ordre entre ceux qui ne se précèdent point naturellement les uns les autres;*

La 4e, *de faire partout des dénombrements si entiers et des revues si générales, qu'on puisse s'assurer de ne rien omettre.*

Il est vrai qu'il y a beaucoup de difficultés à observer ces règles; mais il est toujours avantageux de les avoir dans l'esprit, et de les garder autant que l'on peut lorsqu'on veut trouver la vérité par la voie de la raison, et autant que notre esprit est capable de la connaître.

CHAPITRE III

DE LA MÉTHODE DE COMPOSITION, ET PARTICULIÈREMENT DE CELLE QU'OBSERVENT LES GÉOMÈTRES.

Ce que nous avons dit dans le chapitre précédent nous a déjà donné quelque idée de la méthode de composition, qui est la plus importante, en ce que c'est celle dont on se sert pour expliquer toutes les sciences.

Cette méthode consiste principalement à commencer par les choses les plus générales et les plus simples, pour passer aux moins générales et plus composées[1]. On évite par là les redites ; puisque, si on traite les espèces avant le genre, comme il est impossible de bien connaître une espèce sans en connaître le genre, il faudrait expliquer plusieurs fois la nature du genre dans l'explication de chaque espèce.

Il y a encore beaucoup de choses à observer pour rendre cette méthode parfaite et entièrement propre à la fin qu'elle doit se proposer, qui est de nous donner une connaissance claire et distincte de la vérité : mais, parce que les préceptes généraux sont plus difficiles à comprendre quand ils sont séparés de toute matière, nous considérerons la méthode que suivent les géomètres comme étant celle qu'on a toujours jugée la plus propre pour persuader la vérité et en convaincre entièrement l'esprit, et nous ferons voir premièrement ce qu'elle a de bon, et en second lieu, ce qu'elle semble avoir de défectueux.

Les géomètres ayant pour but de n'avancer rien que de convaincant, ils ont cru pouvoir y arriver en observant trois choses en général :

La première est de *ne laisser aucune ambiguïté dans les*

---

[1]. C'est encore là une des règles sur lesquelles Descartes aime à revenir.

termes, à quoi ils ont pourvu par les définitions des mots dont nous avons parlé dans la première partie ;

La deuxième est de *n'établir leurs raisonnements que sur des principes clairs et évidents,* et qui ne puissent être contestés par aucune personne d'esprit : ce qui fait qu'avant toutes choses ils posent les axiomes qu'ils demandent qu'on leur accorde comme étant si clairs, qu'on les obscurcirait en voulant les prouver ;

La troisième est de *prouver démonstrativement toutes les conclusions qu'ils avancent,* en ne se servant que des définitions qu'ils ont posées, des principes qui leur ont été accordés comme étant très-évidents, ou des propositions qu'ils en ont déjà tirées par la force du raisonnement, et qui leur deviennent après autant de principes.

Ainsi, on peut réduire à trois chefs tout ce que les géomètres observent pour convaincre l'esprit, et renfermer le tout en ces cinq règles très-importantes.

RÈGLES NÉCESSAIRES

POUR LES DÉFINITIONS.

1re. *Ne laisser aucun des termes un peu obscurs ou équivoques sans le définir.*

2°. *N'employer dans les définitions que des termes parfaitement connus ou déjà expliqués.*

POUR LES AXIOMES.

3°. *Ne demander en axiomes que des choses parfaitement évidentes.*

POUR LES DÉMONSTRATIONS.

4°. *Prouver toutes les propositions un peu obscures, en n'employant à leur preuve que les définitions qui auront précédé, ou les axiomes qui auront été accordés, ou les propositions qui auront déjà été démontrées, ou la construc-*

tion de la chose même dont il s'agira, lorsqu'il y aura quelque opération à faire [1].

5°. *N'abuser jamais de l'équivoque des termes, en manquant d'y substituer mentalement les définitions qui les restreignent et qui les expliquent.*

Voilà ce que les géomètres ont jugé nécessaire pour rendre les preuves convaincantes et invincibles : et il faut avouer que l'attention à observer ces règles est suffisante pour éviter de faire de faux raisonnements en traitant les sciences, ce qui sans doute est le principal, tout le reste pouvant se dire utile plutôt que nécessaire [2].

CHAPITRE IV

EXPLICATION PLUS PARTICULIÈRE DE CES RÈGLES, ET PREMIÈREMENT DE CELLES QUI REGARDENT LES DÉFINITIONS.

Quoique nous ayons déjà parlé dans la première partie

---

1. Par exemple, la construction d'un triangle, d'un angle, etc.
2. Arnauld emprunte ces règles au fragment de Pascal sur *l'art de persuader*. — « Voilà, ajoute Pascal, en quoi consiste cet art de persuader, qui se renferme dans ces deux principes : Définir tous les noms qu'on impose. Prouver tout, en substituant mentalement les définitions à la place des définis.

» Sur quoi il me semble à propos de prévenir trois objections principales qu'on pourra faire. L'une, que cette méthode n'a rien de nouveau ; l'autre, qu'elle est bien facile à apprendre, sans qu'il soit nécessaire pour cela d'étudier les éléments de géométrie, puisqu'elle consiste en ces deux mots qu'on sait à la première lecture ; et enfin qu'elle est assez inutile, puisque son usage est presque renfermé dans les seules matières géométriques. Il faut donc faire voir qu'il n'y a rien de si inconnu, rien de plus difficile à pratiquer, et rien de plus utile et de plus universel.

» Pour la première objection, qui est que ces règles sont communes dans le monde, qu'il faut tout définir et tout prouver ; et que les logiciens mêmes les ont mises entre les préceptes de leur art, je voudrais que la chose fût véritable, et qu'elle fût si connue, que je n'eusse pas eu la peine de rechercher avec tant de soins la source de tous les défauts des raisonnements, qui sont véritablement communs. Mais cela l'est si peu, que si l'on en excepte les seuls géomètres, qui sont en si petit nombre qu'ils sont uniques en tout un peuple et dans un long temps, on n'en voit aucun qui le sache aussi. Il sera aisé de le faire entendre à ceux qui auront parfaitement compris le peu que j'en ai dit ; mais s'ils ne l'ont pas conçu parfaitement, j'avoue qu'ils n'y auront rien à y apprendre. Mais s'ils sont entrés dans l'esprit de ces règles, et qu'elles aient assez fait d'impression pour s'y enraciner et s'y affermir, ils sentiront combien il y a de différence entre ce qui est dit ici et ce que quelques logiciens en ont peut-être écrit d'approchant au hasard, en quelques lieux de leurs ouvrages. »

QUATRIÈME PARTIE. 321

de l'utilité des définitions des termes, néanmoins cela est si important que l'on ne peut trop l'avoir dans l'esprit ; puisque par là on démêle une infinité de disputes qui n'ont souvent pour sujet que l'ambiguïté des termes, que l'un prend en un sens et l'autre en un autre : de sorte que de très-grandes contestations cesseraient en un moment, si l'un ou l'autre des disputants avait soin de marquer nettement et en peu de paroles ce qu'il entend par les termes qui sont le sujet de la dispute.

Cicéron a remarqué que la plupart des disputes entre les philosophes anciens, et surtout entre les stoïciens et les académiciens, n'étaient fondées que sur cette ambiguïté de paroles, les stoïciens ayant pris plaisir pour se relever, de prendre les termes de la morale en d'autres sens que les autres, ce qui faisait croire que leur morale était bien plus sévère et plus parfaite, quoique en effet cette prétendue perfection ne fût que dans les mots, et non dans les choses[1] : le sage des stoïciens ne prenant pas moins tous les plaisirs de la vie que les philosophes des autres sectes qui paraissaient moins rigoureux, et n'évitant pas avec moins de soin les maux et les incommodités, avec cette seule différence, qu'au lieu que les autres philosophes se servaient des mots ordinaires de biens et de maux, les stoïciens, en jouissant des plaisirs, ne les appelaient pas des biens[2] mais des choses préférables, προηγμένα, et en fuyant les maux, ne les appelaient pas des maux, mais seulement des choses rejetables, ἀποπροηγμένα[3].

C'est donc un avis très-utile de retrancher de toutes les disputes tout ce qui n'est fondé que sur l'équivoque des mots, en les définissant par d'autres termes si clairs qu'on ne puisse plus s'y méprendre.

A cela sert la première des règles que nous venons de

---

1. Cette appréciation de la différence qui existe entre les stoïciens et les autres sectes, est vraiment puérile. Il s'agissait de choses, et de choses de première importance, non de mots. Voir le *De finibus*.

2. C'est que les stoïciens réservaient le nom de bien au bien moral, ce dont Kant les loue avec raison dans sa *Métaphysique des mœurs*.

3. Voir Cicéron : *de Finibus bonorum et malorum*, III, 14 et 15.

rapporter : *Ne laisser aucun terme un peu obscur ou équivoque qu'on ne le définisse.*

Mais, pour tirer toute l'utilité que l'on doit de ces définitions, il faut encore y ajouter la seconde règle : *N'employer, dans les définitions, que des termes parfaitement connus ou déjà expliqués;* c'est-à-dire que des termes qui désignent clairement, autant qu'il se peut, l'idée qu'on veut signifier par le mot qu'on définit.

Car, quand on n'a pas désigné assez nettement et assez distinctement l'idée à laquelle on veut attacher un mot, il est presque impossible que dans la suite on ne passe insensiblement à une autre idée que celle qu'on a désignée, c'est-à-dire qu'au lieu de substituer mentalement, à chaque fois qu'on se sert de ce mot, la même idée qu'on a désignée, on n'en substitue une autre que la nature nous fournit : et c'est ce qu'il est aisé de découvrir, en substituant expressément la définition au défini; car cela ne doit rien changer de la proposition, si l'on est toujours demeuré dans la même idée : au lieu que cela la changera, si l'on n'y est pas demeuré.

Tout cela se comprendra mieux par quelques exemples. Euclide définit l'angle plan rectiligne : *La rencontre de deux lignes droites inclinées sur un même plan*[1]. Si l'on considère cette définition comme une simple définition de mots, en sorte qu'on regarde le mot d'*angle* comme ayant été dépouillé de toute signification, pour n'avoir plus que celle de la rencontre de deux lignes, on ne doit point y trouver à redire; car il a été permis à Euclide d'appeler du mot d'*angle* la rencontre de deux lignes : mais il a été obligé de s'en souvenir, et de ne prendre plus le mot d'*angle* qu'en ce sens. Or, pour juger s'il la fait, il ne faut que substituer, toutes les fois qu'il parle de l'*angle,* au mot d'*angle* la définition qu'il a donnée; et si, en substituant cette définition, il se trouve quelque absurdité en ce qu'il dit de l'angle, il s'ensuivra qu'il n'est pas demeuré dans la même idée qu'il avait dé-

---

[1]. *Éléments,* liv. I, déf. 8.

signée, mais qu'il est passé insensiblement à une autre, qui est celle de la nature. Il enseigne, par exemple, à diviser un angle en deux. Substituez sa définition. Qui ne voit que ce n'est point la rencontre de deux lignes qu'on divise en deux, que ce n'est point la rencontre de deux lignes qui a des côtés, et qui a une base ou soustendante; mais que tout cela convient à l'espace compris entre les lignes, et non à la rencontre des lignes?

Il est visible que ce qui a embarrassé Euclide, et ce qui l'a empêché de désigner l'angle par les mots d'espace compris entre deux lignes qui se rencontrent, est qu'il a vu que cet espace pouvait être plus grand ou plus petit, quand les côtés de l'angle sont plus longs ou plus courts, sans que l'angle en soit plus grand et plus petit; mais il ne devait pas conclure de là que l'angle rectiligne n'était pas un espace, mais seulement que c'était un espace compris entre deux lignes droites qui se rencontrent, indéterminé selon celle de ces deux dimensions qui répond à la longueur de ces deux lignes, et déterminé selon l'autre par la partie proportionnelle d'une circonférence qui a pour centre le point où ces lignes se rencontrent.

Cette définition désigne si nettement l'idée que tous les hommes ont d'un angle, que c'est tout ensemble une définition du mot et une définition de la chose[1]; excepté que le mot d'*angle* comprend aussi, dans le discours ordinaire, un angle solide, au lieu que, par cette définition, on le restreint à signifier un angle plan rectiligne : et lorsqu'on a ainsi défini l'angle, il est indubitable que tout ce que l'on pourra dire ensuite de l'angle plan rectiligne, tel qu'il se trouve dans toutes les figures rectilignes, sera vrai de cet angle ainsi défini, sans qu'on soit jamais obligé de changer d'idée, ni qu'il se rencontre jamais aucune absurdité en substituant la définition à la place du défini; car c'est cet espace ainsi expliqué que l'on peut diviser en deux, en trois, en quatre; c'est cet

---

1. La définition de l'angle n'en est pas moins considérée, aujourd'hui encore comme une des difficultés de la géométrie théorique.

espace qui a deux côtés entre lesquels il est compris ; c'est cet espace qu'on peut terminer du côté qu'il est de soi-même indéterminé, par une ligne qu'on appelle base ou sous-tendante ; c'est cet espace qui n'est point considéré comme plus grand ou plus petit, pour être compris entre des lignes plus longues ou plus courtes, parce qu'étant indéterminé selon cette dimension, ce n'est point de là qu'on doit prendre sa grandeur et sa petitesse. C'est par cette définition qu'on trouve le moyen de juger si un angle est égal à un autre angle, ou plus grand ou plus petit ; car, puisque la grandeur de cet espace n'est déterminée que par la partie proportionnelle d'une circonférence qui a pour centre le point où les lignes qui comprennent l'angle se rencontrent, lorsque deux angles ont pour mesure l'aliquote partie chacun de sa circonférence, comme la dixième partie, ils sont égaux ; et si l'un a la dixième et l'autre la douxième, celui qui a la dixième est plus grand que celui qui a la douzième. Au lieu que, par la définition d'Euclide, on ne saurait entendre en quoi consiste l'égalité de deux angles ; ce qui fait une horrible confusion dans ses éléments, comme Ramus a remarqué, quoique lui-même ne rencontre guère mieux.

Voici d'autres définitions d'Euclide, où il fait la même faute qu'en celle de l'angle. *La raison*[1], dit-il, *est une habitude*[2] *de deux grandeurs de même genre, comparées l'une à l'autre selon la quantité : la proportion est une similitude de raison*[3].

Par ces définitions, le nom de *raison* doit comprendre l'habitude qui est entre deux grandeurs, lorsque l'on considère de combien l'une surpasse l'autre : car on ne peut nier que ce ne soit une habitude de deux grandeurs comparées selon la quantité : et par conséquent, quatre grandeurs auront proportion ensemble, lorsque la différence de la première à la seconde est égale à la différence de la troisième à la quatrième. Il n'y a donc rien à dire à ces définitions d'Euclide, pourvu qu'il demeure

---

1. *Rapport*, ratio, λόγος.
2. *Habitudo*, ἕξις.
3. *Éléments*, liv. V, déf. 3.

toujours dans ces idées qu'il a désignées par ces mots, et à qui il a donné les noms de *raison* et de *proportion*. Mais il n'y demeure pas, puisque, selon toute la suite de son livre, ces quatre nombres 3, 5, 8, 10, ne sont point en proportion, quoique la définition qu'il a donnée au mot de *proportion* leur convienne; puisqu'il y a entre le premier nombre et le second, comparés selon la quantité, une habitude semblable à celle qui est entre le troisième et le quatrième.

Il fallait donc, pour ne pas tomber dans cet inconvénient, remarquer qu'on peut comparer deux grandeurs en deux manières : l'une, en considérant de combien l'une surpasse l'autre ; et l'autre, de quelle manière l'une est contenue dans l'autre : et comme ces deux habitudes sont différentes, il fallait leur donner divers noms, donnant à la première le nom de *différence* et réservant à la seconde le nom de *raison*. Il fallait ensuite définir la *proportion* l'égalité de l'une ou de l'autre de ces sortes d'habitudes, c'est-à-dire de la *différence* ou de la *raison;* et, comme cela fait deux espèces, les distinguer aussi par deux divers noms, en appelant l'égalité des différences *proportion arithmétique* et l'égalité des raisons *proportion géométrique :* et parce que cette dernière est d'un usage beaucoup plus grand que la première, on pouvait encore avertir que lorsque simplement on nomme *proportion,* ou grandeurs proportionnelles, on entend la proportion géométrique, et que l'on n'entend l'arithmétique que quand on l'exprime. Voilà ce qui aurait démêlé toute cette obscurité et aurait levé toute équivoque.

Tout cela nous fait voir qu'il ne faut pas abuser de cette maxime, que les définitions de mots sont arbitraires; mais qu'il faut avoir grand soin de désigner si nettement et si clairement l'idée à laquelle on veut lier le mot que l'on définit, qu'on ne puisse s'y tromper dans la suite du discours, en changeant cette idée, c'est-à-dire en prenant le mot en un autre sens que celui qu'on lui a donné par la définition, en sorte qu'on ne puisse substituer la définition en la place du défini sans tomber dans quelque absurdité.

CHAPITRE V

QUE LES GÉOMÈTRES SEMBLENT N'AVOIR PAS TOUJOURS BIEN COMPRIS LA DIFFÉRENCE QU'IL Y A ENTRE LA DÉFINITION DES MOTS ET LA DÉFINITION DES CHOSES.

Quoiqu'il n'y ait point d'auteurs qui se servent mieux de la définition des mots que les géomètres, je me crois néanmoins ici obligé de remarquer qu'ils n'ont pas toujours pris garde à la différence que l'on doit mettre entre les définitions des choses et les définitions des mots, qui est que les premières sont contestables et que les autres sont incontestables; car j'en vois qui disputent de ces définitions de mots avec la même chaleur que s'il s'agissait des choses mêmes.

Ainsi, l'on peut voir dans les commentaires de Clavius[1] sur Euclide, une longue dispute et fort échauffée entre Pelletier[2] et lui, touchant l'espace entre la tangente et la circonférence, que Pelletier prétendait n'être pas un angle, au lieu que Clavius soutient que c'en est un. Qui ne voit que tout cela pouvait se terminer par un seul mot, en se demandant l'un à l'autre ce qu'il entendait par le mot *angle*?

Nous voyons encore que Simon Stevin[3], très-célèbre mathématicien du prince d'Orange, ayant défini le nombre : *Nombre est cela par lequel s'explique la quantité de chacune chose,* il se met ensuite fort en colère contre ceux qui ne veulent pas que l'unité soit nombre, jusqu'à faire des exclamations de rhétorique comme s'il s'agissait d'une dispute fort solide. Il est vrai qu'il mêle dans ce discours une question de quelque importance, qui est de savoir si l'unité est au nombre comme le point est à la ligne; mais c'est ce qu'il fallait distinguer pour ne pas brouiller deux choses très-différentes : et ainsi, traitant à part ces deux questions, l'une, si l'unité est nombre, l'autre, si l'unité est au nombre ce qu'est le point à la ligne, il fallait dire, sur la première, que ce n'est qu'une dispute de mots, et que l'unité était nombre ou n'était pas nombre selon la définition qu'on voudrait donner au nombre : qu'en le définissant comme Euclide : *Nombre est une multitude d'unités assemblées,* il était vi-

---

1. Clavius (Christophe), de la société de Jésus (né à Bamberg en 1537, mort à Rome en 1612), principaux ouvrages : *Euclidis Elementorum lib. XVI cum Commentariis* et *Calendarii romani explicatio.*

2. Pelletier, mathématicien du XVIe siècle.

3. Simon Stevin, né à Bruges, mort en 1635.

sible que l'unité n'était pas nombre ; mais que comme cette définition d'Euclide était arbitraire, et qu'il était permis d'en donner une autre au nom de nombre, on pouvait lui en donner une comme est celle que Stevin apporte, selon laquelle l'unité est nombre. Par là la première question est vidée, et on ne peut rien dire, outre cela, contre ceux à qui il ne plaît pas d'appeler l'unité nombre, sans une manifeste pétition de principe, comme on peut voir en examinant les prétendues démonstrations de Stevin. La première est :

La partie est de même nature que le tout ;
Unité est partie d'une multitude d'unités ;
Donc l'unité est de même nature qu'une multitude d'unités, et par conséquent nombre.

Cet argument ne vaut rien du tout ; car, quand la partie serait toujours de la même nature que le tout, il ne s'ensuivrait pas qu'elle dût toujours avoir le même nom que le tout ; et, au contraire, il arrive très-souvent qu'elle n'a point le même nom. Un soldat est une partie de l'armée, et n'est point une armée ; une chambre est une partie d'une maison, et non point une maison ; un demi-cercle n'est point un cercle ; la partie d'un carré n'est point un carré. Cet argument prouve donc au plus que l'unité étant partie de la multitude des unités a quelque chose de commun avec toute multitude d'unités, selon quoi on pourra dire qu'ils sont de même nature ; mais cela ne prouve pas qu'on soit obligé de donner le même nom de nombre à l'unité et à la multitude d'unités, puisqu'on peut, si l'on veut, garder le nom de nombre pour la multitude d'unités, et ne donner à l'unité que son nom même d'unité ou de partie du nombre.

La seconde raison de Stevin ne vaut pas mieux :
Si du nombre donné l'on n'ôte aucun nombre, le nombre donné demeure :
Donc si l'unité n'était pas nombre, en ôtant un de trois, le nombre donné demeurerait ; ce qui est absurde.

Mais cette majeure est ridicule, et suppose ce qui est en question ; car Euclide niera que le nombre donné demeure, lorsqu'on n'en ôte aucun nombre, puisqu'il suffit, pour ne pas demeurer tel qu'il était, qu'on en ôte ou un nombre, ou une partie du nombre, telle qu'est l'unité : et, si cet argument était bon, on prouverait de la même manière qu'en ôtant un demi-cercle d'un cercle donné, le cercle donné doit demeurer, parce qu'on n'en a ôté aucun cercle.

Ainsi tous les arguments de Stevin prouvent au plus qu'on peut définir le nombre en sorte que le mot de nombre convienne à l'unité, parce que l'unité et la multitude d'unités ont assez de convenance pour être signifiées par un même nom ; mais ils ne prouvent nullement qu'on ne puisse pas aussi définir le nombre en restreignant ce mot à la multitude d'unités, afin de ne pas être obligé d'excepter l'unité toutes les fois qu'on explique des propriétés qui conviennent à tous les nombres, hormis à l'unité.

Mais la seconde question, qui est de savoir si l'unité est aux autres nombres comme le point est à la ligne, n'est point de même nature que la première, et n'est point une dispute de mot, mais de chose : car il est absolument faux que l'unité soit au nombre comme le point est à la ligne ; puisque l'unité ajoutée au nombre le fait plus grand, au lieu que le point ajouté à la ligne ne la fait point plus grande. L'unité est partie du nombre, et le point n'est pas partie de la ligne. L'unité ôtée du nombre, le nombre donné ne demeure point ; et le point ôté de la ligne, la ligne donnée demeure.

Le même Stevin est plein de semblables disputes sur les définitions des mots, comme quand il s'échauffe pour prouver que le nombre n'est point une quantité discrète ; que la proportion des nombres est toujours arithmétique, et non géométrique ; que toute racine de quelque nombre que ce soit est un nombre : ce qui fait voir qu'il n'a point compris proprement ce que c'était qu'une définition des mots, et qu'il a pris les définitions de mot, qui ne peuvent être contestées, pour les définitions des choses, que l'on peut souvent contester avec raison.

CHAPITRE VI

DES RÈGLES QUI REGARDENT LES AXIOMES, C'EST-A-DIRE LES PROPOSITIONS CLAIRES ET ÉVIDENTES PAR ELLES-MÊMES.

Tout le monde demeure d'accord qu'il y a des propositions si claires et si évidentes d'elles-mêmes, qu'elles n'ont pas besoin d'être démontrées[1], et que toutes celles qu'on ne démontre point doivent être telles pour être principes d'une véritable démonstration[2] : car si elles sont tant soit peu incertaines, il est clair qu'elles ne peuvent être le fondement d'une conclusion tout à fait certaine.

Mais plusieurs ne comprennent pas assez en quoi consiste cette clarté et cette évidence d'une proposition ; car, premièrement, il ne faut pas s'imaginer qu'une proposition ne soit claire et certaine que lorsque personne ne la contredit, et qu'elle doive passer pour douteuse, ou qu'au moins on soit obligé de la prouver, lorsqu'il se

---

1. Leibnitz remarque avec raison que ces propositions sont en très-petit nombre et qu'il faut s'efforcer de démontrer le plus de choses possible.

2. Les vrais principes de la démonstration ne sont pas des axiomes (vérités universelles qui ne renferment aucune conséquence particulière), mais des définitions générales.

trouve quelqu'un qui la nie. Si cela était, il n'y aurait rien de certain ni de clair, puisqu'il s'est trouvé des philosophes qui ont fait profession de douter généralement de tout, et qu'il y en a même qui ont prétendu qu'il n'y avait aucune proposition qui fût plus vraisemblable que sa contraire. Ce n'est donc point par les contestations des hommes qu'on doit juger de la certitude ni de la clarté, car il n'y a rien qu'on ne puisse contester, surtout de parole; mais il faut tenir pour clair ce qui paraît tel à tous ceux qui veulent prendre la peine de considérer les choses avec attention, et qui sont sincères à dire ce qu'ils en pensent intérieurement. C'est pourquoi il y a une parole de très-grand sens dans Aristote, qui est que la démonstration ne regarde proprement que le discours intérieur, et non pas le discours extérieur[1], parce qu'il n'y a rien de si bien démontré qui ne puisse être nié par un homme opiniâtre, qui s'engage à contester de paroles les choses mêmes dont il est intérieurement persuadé : ce qui est une très-mauvaise disposition, et très-indigne d'un esprit bien fait ; quoiqu'il soit vrai que cette humeur se prend souvent dans les écoles de philosophie, par la coutume qu'on y a introduite de disputer de toutes choses et de mettre son honneur à ne se rendre jamais, celui-là étant jugé avoir le plus d'esprit qui est le plus prompt à trouver des défaites pour s'échapper ; au lieu que le caractère d'un honnête homme est de rendre les armes à la vérité, aussitôt qu'il l'aperçoit, et de l'aimer dans la bouche même de son adversaire.

Secondement, les mêmes philosophes, qui tiennent que toutes nos idées viennent de nos sens, soutiennent aussi que toute la certitude et toute l'évidence des propositions vient, ou immédiatement ou médiatement des sens. « Car, disent-ils, cet axiome même qui passe pour le plus clair et le plus évident que l'on puisse désirer : *Le tout est*

---

1. « Ce n'est pas à la parole extérieure, c'est à la parole intérieure que s'adresse la démonstration tout aussi bien que le syllogisme. Contre la parole extérieure on peut bien trouver des objections ; mais on ne le peut pas toujours contre la parole du dedans. » ARISTOTE, *Derniers analyt.*, 10.

plus grand que sa partie, n'a trouvé de créance dans notre esprit que parce que, dès notre enfance, nous avons observé en particulier, et que tout l'homme est plus grand que sa tête, et toute une maison qu'une chambre, et toute une forêt qu'un arbre, et tout le ciel qu'une étoile. »

Cette imagination est aussi fausse que celle que nous avons réfutée dans la première partie, *que toutes nos idées viennent de nos sens :* car si nous n'étions assurés de cette vérité, *le tout est plus grand que sa partie*, que par les diverses observations que nous en avons faites depuis notre enfance, nous n'en serions que probablement assurés [1]; puisque l'induction n'est un moyen certain de connaître une chose que quand nous sommes assurés que l'induction est entière [2], n'y ayant rien de plus ordinaire que de découvrir la fausseté de ce que nous avions cru vrai sur des inductions qui nous paraissaient si générales, qu'on ne s'imaginait point pouvoir y trouver d'exception.

Ainsi, il n'y a pas longtemps qu'on croyait indubitable que l'eau contenue dans un vaisseau courbé, dont un côté était beaucoup plus large que l'autre, se tenait toujours au niveau, n'étant pas plus haute dans le petit côté

---

1. « Les sens, quoique nécessaires pour toutes nos connaissances actuelles, ne sont point suffisants pour nous les donner toutes, puisque les sens ne donnent jamais que des exemples, c'est-à-dire des vérités particulières ou individuelles. Or, tous les exemples qui confirment une vérité générale, de quelque nombre qu'ils soient, ne suffisent pas pour établir la nécessité universelle de cette même vérité, car il ne sait pas que ce qui est arrivé arrivera toujours de même. Par exemple, les Grecs et les Romains et tous les autres peuples ont toujours remarqué qu'avant le détour de vingt-quatre heures le jour se change en nuit et la nuit en jour. Mais on se serait trompé si l'on avait cru que la même règle s'observe partout, puisqu'on a vu le contraire dans le séjour de Nova-Zembla. Et celui-là se tromperait encore qui croirait que c'est au moins, dans nos climats, une vérité nécessaire et éternelle, puisqu'on doit juger que la terre et le soleil même n'existent pas nécessairement, et qu'il y aura peut-être un temps où ce bel astre ne sera plus, avec tout son système, au moins en sa forme présente. D'où il paraît que les vérités nécessaires, telles qu'on les trouve dans les mathématiques pures, et particulièrement dans l'arithmétique et la géométrie, doivent avoir des principes dont la preuve ne dépend point des exemples, ni par conséquent du témoignage des sens, quoique sans le sens on ne se serait jamais avisé d'y penser. » LEIBNITZ. *Nouveaux Essais sur l'entendement*. Avant-propos.

2. Proposition justement contestée de nos jours : Arnauld ne connaissait pas la vraie théorie de l'induction.

que dans le grand, parce qu'on s'en était assuré par une infinité d'observations : et néanmoins on a trouvé depuis peu que cela est faux, quand l'un des côtés est extrêmement étroit, parce qu'alors l'eau s'y tient plus haute que dans l'autre côté. Tout cela fait voir que les seules inductions ne sauraient nous donner une certitude entière d'aucune vérité, à moins que nous ne fussions assurés qu'elles fussent générales, ce qui est impossible ; et par conséquent nous ne serions que probablement assurés de la vérité de cet axiome : *Le tout est plus grand que sa partie*, si nous n'en étions assurés que pour avoir vu qu'un homme est plus grand que sa tête, une forêt qu'un arbre, une maison qu'une chambre, le ciel qu'une étoile, puisque nous aurions toujours sujet de douter s'il n'y aurait point quelque autre tout, auquel nous n'aurions pas pris garde, qui ne sera pas plus grand que sa partie.

Ce n'est donc point de ces observations que nous avons faites depuis notre enfance que la certitude de cet axiome dépend, puisqu'au contraire il n'y a rien de plus capable de nous entretenir dans l'erreur que de nous arrêter à ces préjugés de notre enfance ; mais elle dépend uniquement de ce que les idées claires et distinctes que nous avons d'un tout et d'une partie renferme clairement, et que le tout est plus grand que la partie, et que la partie est plus petite que le tout : et tout ce qu'ont pu faire les diverses observations que nous avons faites d'un homme plus grand que sa tête, d'une maison plus grande qu'une chambre, a été de nous servir d'occasion pour faire attention aux idées de *tout* et de *partie ;* mais il est absolument faux qu'elles soient cause de la certitude absolue et inébranlable que nous avons de la vérité de cet axiome, comme je crois l'avoir démontré.

Ce que nous avons dit de cet axiome peut se dire de tous les autres, et ainsi je crois que la certitude et l'évidence de la connaissance humaine dans les choses naturelles dépend de ce principe ;

Tout ce qui est contenu dans l'idée claire et dis-

tincte d'une chose, peut s'affirmer avec vérité de cette chose[1].

Ainsi, parce qu'*être animal* est renfermé dans l'idée de l'*homme*, je puis affirmer de l'homme qu'il est animal : parce qu'avoir tous ses diamètres égaux est renfermé dans l'idée d'un cercle, je puis affirmer de tout cercle que tous ses diamètres sont égaux; parce qu'avoir tous ses angles égaux à deux droits est renfermé dans l'idée d'un triangle, je dois l'affirmer de tout triangle.

Et l'on ne peut contester ce principe sans détruire toute l'évidence de la connaissance humaine, et établir un pyrrhonisme ridicule ; car nous ne pouvons juger des choses que par les idées que nous en avons, puisque nous n'avons aucun moyen de les concevoir qu'autant qu'elles sont dans notre esprit, et qu'elles n'y sont que par leurs idées. Or, si les jugements que nous formons en considérant ces idées ne regardaient pas les choses en elles-mêmes, mais seulement nos pensées, c'est-à-dire si de ce que je vois clairement qu'avoir trois angles égaux à deux droits est renfermé dans l'idée d'un triangle, je n'avais pas droit de conclure que, dans la vérité, tout triangle a trois angles égaux à deux droits, mais seulement que je le pense ainsi, il est visible que nous n'aurions aucune connaissance des choses, mais seulement de nos pensées : et par conséquent, nous ne saurions rien des choses que nous nous persuadons savoir le plus certainement ; mais nous saurions seulement que nous les pensons être de telle sorte, ce qui détruirait manifestement toutes les sciences[2].

Et il ne faut pas craindre qu'il y ait des hommes qui demeurent sérieusement d'accord de cette conséquence, que nous ne savons d'aucune chose si elle est vraie ou fausse en elle-même ; car il y en a de si simples et de si évidentes, comme : *Je pense : donc je suis ; Le tout est*

---

[1]. C'est le principe cartésien. Lorsque Descartes a voulu réduire en forme tous les arguments dont il s'est servi dans ses *Méditations* pour prouver l'existence de l'âme et de Dieu, il a commencé par poser ce principe, dont l'application la plus remarquable et aussi la plus contestable est l'argument ontologique.

[2]. Arnauld vient d'exposer en termes précis, mais non de détruire le fondement du scepticisme.

plus grand que sa partie, qu'il est impossible de douter sérieusement si elles sont telles en elles-mêmes que nous les concevons. La raison est qu'on ne saurait en douter sans y penser, et on ne saurait y penser sans les croire vraies, et par conséquent on ne saurait en douter.

Néanmoins ce principe seul ne suffit pas pour juger de ce qui doit être reçu pour axiome, car il y a des attributs qui sont véritablement renfermés dans l'idée des choses qui s'en peuvent néanmoins et s'en doivent démontrer, comme l'égalité de tous les angles d'un triangle à deux droits, ou de tous ceux d'un hexagone à huit droits; mais il faut prendre garde si l'on n'a besoin que de considérer l'idée d'une chose avec une attention médiocre, pour voir clairement qu'un tel attribut y est renfermé, ou si, de plus, il est nécessaire d'y joindre quelque autre idée pour s'apercevoir de cette liaison. Quand il n'est besoin que de considérer l'idée, la proposition peut être prise pour axiome, surtout si cette considération ne demande qu'une attention médiocre dont tous les esprits ordinaires soient capables : mais si l'on a besoin de quelque autre idée que de l'idée de la chose, c'est une proposition qu'il faut démontrer. Ainsi, l'on peut donner ces deux règles pour les axiomes.

RÈGLE I. *Lorsque, pour voir clairement qu'un attribut convient à un sujet, comme pour voir qu'il convient au tout d'être plus grand que sa partie, on n'a besoin que de considérer les deux idées du sujet et de l'attribut avec une médiocre attention, en sorte qu'on ne puisse le faire sans s'apercevoir que l'idée de l'attribut est véritablement renfermé dans l'idée du sujet : on a droit alors de prendre cette proposition pour un axiome qui n'a pas besoin d'être démontré, parce qu'il a de lui-même toute l'évidence que pourrait lui donner la démonstration, qui ne pourrait faire autre chose, sinon de montrer que cet attribut convient au sujet en se servant d'une troisième idée pour montrer cette liaison; ce qu'on voit déjà sans l'aide d'aucune troisième idée*[1].

1. Il faut se défier de cette règle peu scientifique. Leibnitz remarque

Mais il ne faut pas confondre une simple explication, quand même elle aurait quelque forme d'argument, avec une vraie démonstration, car il y a des axiomes qui ont besoin d'être expliqués pour mieux les faire entendre, quoiqu'ils n'aient pas besoin d'être démontrés ; l'explication n'étant autre chose que de dire en autres termes et plus au long ce qui est contenu dans l'axiome, au lieu que la démonstration demande quelque moyen nouveau que l'axiome ne contienne pas clairement.

Règle II. *Quand la seule considération des idées du sujet et de l'attribut ne suffit pas pour voir clairement que l'attribut convient au sujet, la proposition qui l'affirme ne doit point être prise pour axiome; mais elle doit être démontrée, en se servant de quelques autres idées pour faire voir cette liaison, comme on se sert de l'idée des lignes parallèles pour montrer que les trois angles d'un triangle sont égaux à deux droits.*

Ces deux règles sont plus importantes que l'on ne pense, car c'est un des défauts les plus ordinaires aux hommes, de ne pas assez se consulter eux-mêmes dans ce qu'ils assurent ou qu'ils nient ; de s'en rapporter à ce qu'ils en ont ouï dire ou qu'ils ont autrefois pensé, sans prendre garde à ce qu'ils en penseraient eux-mêmes, s'ils considéraient avec plus d'attention ce qui se passe dans leur esprit; de s'arrêter plus au son des paroles qu'à leurs véritables idées; d'assurer comme clair et évident ce qu'il leur est impossible de concevoir, et de nier comme faux ce qu'il leur serait impossible de ne pas croire vrai, s'ils voulaient prendre la peine d'y penser sérieusement.

Par exemple, ceux qui disent que dans un morceau de bois, outre ses parties et leur situation, leur figure, leur mouvement ou leur repos, et les pores qui se trouvent entre ces parties, il y a encore une forme substantielle distinguée de tout cela, croient ne rien dire que de certain, et cependant ils disent une chose que ni eux ni

---

avec raison qu'il faut essayer de prouver tout ce qui peut l'être, même ce qu'on prend pour des axiomes. Il ne peut en effet exister tant d'axiomes.

personne n'a jamais comprise et ne comprendra jamais.

Que si, au contraire, on veut leur expliquer les effets de la nature par les parties insensibles dont les corps sont composés, et par leur différente situation, grandeur, figure, mouvement ou repos, et par les pores qui se trouvent entre ces parties, et qui donnent ou ferment le passage à d'autres matières, ils croient qu'on ne leur dit que des chimères, quoiqu'on ne leur dise rien qu'ils ne conçoivent que très-facilement ; et même, par un renversement d'esprit assez étrange, la facilité qu'ils ont à concevoir ces choses les porte à croire que ce ne sont pas les vraies causes des effets de la nature, mais qu'elles sont plus mystérieuses et plus cachées ; de sorte qu'ils sont plus disposés à croire ceux qui les leur expliquent par des principes qu'ils ne conçoivent point, que ceux qui ne se servent que des principes qu'ils entendent [1].

Et ce qui est encore assez plaisant est que, quand on leur parle de parties insensibles, ils croient être bien fondés à les rejeter, parce qu'on ne peut les leur faire voir ni toucher ; et cependant ils se contentent de formes substantielles, de pesanteur, de vertu attractive, etc., que non-seulement ils ne peuvent voir ni toucher, mais qu'ils ne peuvent même concevoir.

CHAPITRE VII

QUELQUES AXIOMES IMPORTANTS ET QUI PEUVENT SERVIR DE PRINCIPES A DE GRANDES VÉRITÉS.

Tout le monde demeure d'accord qu'il est important d'avoir dans l'esprit plusieurs axiomes et principes qui, étant clairs et indubitables, puissent nous servir de fondement pour connaître les choses les plus cachées ; mais ceux que l'on donne ordinairement sont de si peu d'usage qu'il est assez inutile de les savoir, car ce qu'ils appellent le pre-

---

[1]. Arnauld parle ici selon les principes de Descartes, qui a introduit dans la physique *le mécanisme* et dans l'astronomie les théories purement mécanistes.

mier principe de la connaissance : *Il est impossible que la même chose soit et ne soit pas,* est très-clair et très-certain ; mais je ne vois point de rencontre où il puisse jamais servir à nous donner aucune connaissance. Je crois donc que ceux-ci pourront être plus utiles. Je commencerai par celui que nous venons d'expliquer.

Axiome I. *Tout ce qui est renfermé dans l'idée claire et distincte d'une chose peut en être affirmé avec vérité.*

Axiome II. *L'existence, au moins possible, est renfermée dans l'idée de tout ce que nous concevons clairement et distinctement.*

Car, dès là qu'une chose est conçue clairement, nous ne pouvons pas ne point la regarder comme pouvant être, puisqu'il n'y a que la contradiction qui se trouve entre nos idées qui nous fait croire qu'une chose ne peut être ; or, il ne peut y avoir de contradiction dans une idée lorsqu'elle est claire et distincte.

Axiome III. *Le néant ne peut être cause d'aucune chose.* Il naît d'autres axiomes de celui-ci, qui peuvent en être appelés des corollaires, tels que sont les suivants.

Axiome IV, ou 1er corollaire du 3e. *Aucune chose ni aucune perfection de cette chose actuellement existante ne peut avoir le néant ou une chose non existante pour cause de son existence.*

Axiome V, ou 2e corollare du 3e. *Toute la réalité ou perfection qui est dans une chose se rencontre formellement ou éminemment dans sa cause première et totale.*

Axiome VI, ou 3e corollaire du 3e. *Nul corps ne peut se mouvoir soi-même,* c'est-à-dire se donner le mouvement, n'en ayant point.

Ce principe est si évident naturellement, que c'est ce qui a introduit les formes substantielles et les qualités réelles de pesanteur et de légèreté ; car les philosophes voyant, d'une part, qu'il était impossible que ce qui devait être mû se mût soi-même, et s'étant faussement persuadés, de l'autre, qu'il n'y avait rien hors la pierre qui poussât en bas une pierre qui tombait, ils se sont crus obligés de distinguer deux choses dans une pierre, la matière qui recevait le mouvement, et la forme substantielle aidée de l'accident de la pesanteur qui le donnait ; ne prenant pas garde, ou qu'ils tombaient par là dans l'inconvénient qu'ils voulaient éviter, si cette forme était elle-même matérielle, c'est-à-dire une vraie matière ; ou que si elle n'était pas matière, ce devait être une substance qui en fût réellement distincte ; ce qu'il leur était impossible de concevoir clairement à moins que de la concevoir comme un esprit, c'est-à-dire une substance qui pense, comme est véritablement la forme de l'homme, et non pas celle de tous les autres corps.

Axiome VII, ou 4e corollaire du 3e. *Nul corps ne peut en mouvoir un autre, s'il n'est mû lui-même :* car si un corps étant en repos ne peut se donner le mouvement à soi-même, il peut encore moins le donner à un autre corps.

Axiome VIII. *On ne doit pas nier ce qui est clair et évident pour ne pouvoir comprendre ce qui est obscur.*

Axiome IX. *Il est de la nature d'un esprit fini de ne pouvoir comprendre l'infini.*

Axiome X. *Le témoignage d'une personne infiniment puissante, infiniment sage, infiniment bonne et infiniment véritable, doit avoir plus de force pour persuader notre esprit que les raisons les plus convaincantes.*

Car nous devons être plus assurés que celui qui est infiniment intelligent ne se trompe pas, et que celui qui est infiniment bon ne nous trompe pas, que nous ne sommes assurés que nous ne nous trompons pas dans les choses les plus claires.

Ces trois derniers axiomes sont le fondement de la foi, de laquelle nous pourrons dire quelque chose plus bas.

Axiome XI. *Les faits dont les sens peuvent juger facilement étant attestés par un très-grand nombre de personnes de divers temps, de diverses nations, de divers intérêts, qui en parlent comme les sachant par eux-mêmes, et qu'on ne peut soupçonner d'avoir conspiré ensemble pour appuyer un mensonge, doivent passer pour aussi constants et indubitables que si on les avait vus de ses propres yeux.*

C'est le fondement de la plupart de nos connaissances, y ayant infiniment plus de choses que nous savons par cette voie que ne sont celles que nous savons par nous-mêmes[1].

CHAPITRE VIII

DES RÈGLES QUI REGARDENT LES DÉMONSTRATIONS.

Une vraie démonstration demande deux choses : l'une, que dans la matière il n'y ait rien que de certain et indubitable ; l'autre, qu'il n'y ait rien de vicieux dans la forme d'argumenter : or, on aura certainement l'un et l'autre, si l'on observe les deux règles que nous avons posées.

Car il n'y aura rien que de véritable et de certain dans la matière, si toutes les propositions qu'on avancera pour servir de preuves sont :

Ou les définitions des mots qu'on aura expliqués, qui, étant arbitraires, ne peuvent être contestées ;

Ou les axiomes qui auront été accordés, et que l'on n'a point dû supposer s'ils n'étaient clairs et évidents d'eux-mêmes par la 3º règle ;

---

[1]. On remarque sans peine combien tous ces axiomes prétendus sont peu évidents, parfois même faux.

Ou des propositions déjà démontrées, et qui, par conséquent, sont devenues claires et évidentes par la démonstration qu'on en a faite ;

Ou la construction de la chose même dont il s'agira lorsqu'il y aura quelque opération à faire : ce qui doit être aussi indubitable que le reste, puisque cette construction doit avoir été auparavant démontrée possible, s'il y avait quelque doute qu'elle ne le fût pas.

Il est donc clair qu'en observant la première règle, on n'avancera jamais pour preuve aucune proposition qui ne soit certaine et évidente.

Il est aussi aisé de montrer qu'on ne péchera point contre la forme[1] de l'argumentation, en observant la seconde règle, qui est de n'abuser jamais de l'équivoque des termes, en manquant d'y substituer mentalement les définitions qui les restreignent et les expliquent.

Car s'il arrive jamais qu'on pèche contre les règles des syllogismes, c'est en se trompant dans l'équivoque de quelque terme, et le prenant en un sens dans l'une des propositions, et en un autre sens dans l'autre ; ce qui arrive principalement dans le moyen du syllogisme, qui, étant pris en deux divers sens dans les deux premières propositions, est le défaut le plus ordinaire des arguments vicieux. Or, il est clair qu'on évitera ce défaut si l'on observe cette seconde règle.

Ce n'est pas qu'il n'y ait encore d'autres vices de l'argumentation outre celui qui vient de l'équivoque des termes ; mais c'est qu'il est presque impossible qu'un homme d'un esprit médiocre, et qui a quelque lumière, y tombe jamais, surtout en des matières spéculatives, et ainsi il serait inutile d'avertir d'y prendre garde et d'en donner des règles ; et cela serait même nuisible, parce que l'application qu'on aurait à ces règles superflues pourrait divertir de l'attention qu'on doit avoir aux nécessaires. Aussi nous ne voyons point que les géomètres se mettent jamais en peine de la forme de leurs ar-

---

1. La distinction de la matière et de la forme dans l'argumentation est empruntée à la scolastique et à Aristote.

guments, ni qu'ils pensent à les conformer aux règles de la logique, sans qu'ils y manquent néanmoins, parce que cela se fait naturellement et n'a pas besoin d'étude[1].

Il y a encore une observation à faire sur les propositions qui ont besoin d'être démontrées. C'est qu'on ne doit pas mettre de ce nombre celles qui peuvent l'être par l'application de la règle de l'évidence à chaque proposition évidente ; car si cela était, il n'y aurait presque point d'axiome qui n'eût besoin d'être démontré, puisqu'ils peuvent l'être presque tous par celui que nous avons dit pouvoir être pris pour le fondement de toute évidence : *Tout ce que l'on voit clairement être contenu dans une idée claire et distincte peut en être affirmé avec vérité*. On peut dire, par exemple :

Tout ce qu'on voit clairement être contenu dans une idée claire et distincte peut en être affirmé avec vérité ;

Or, on voit clairement que l'idée claire et distincte qu'on a du tout enferme d'être plus grand que sa partie :

Donc on peut affirmer avec vérité que le tout est plus grand que sa partie.

Mais, quoique cette preuve soit très-bonne, elle n'est pas néanmoins nécessaire, parce que notre esprit supplée cette majeure, sans avoir besoin d'y faire une attention particulière, et ainsi voit clairement et évidemment que le tout est plus grand que sa partie, sans qu'il ait besoin de faire réflexion d'où lui vient cette évidence : car ce sont deux choses différentes, de connaître évidemment une chose et de savoir d'où nous vient cette évidence.

CHAPITRE IX

DE QUELQUES DÉFAUTS QUI SE RENCONTRENT D'ORDINAIRE DANS LA MÉTHODE DES GÉOMÈTRES.

Nous avons vu ce que la méthode des géomètres a de bon, que nous avons réduit à cinq règles qu'on ne peut trop avoir dans l'esprit ; et il faut avouer qu'il n'y a rien de plus admirable que d'avoir découvert tant de choses si cachées, et les avoir démontrées par des raisons si fermes et si invincibles, en se servant de si peu de règles : de sorte qu'entre tous les philosophes ils ont seuls cet avantage d'avoir banni de leur école et de leurs livres la contestation et la dispute.

Néanmoins, si l'on veut juger des choses sans préoccupation, comme

---

1. Les sophismes les plus subtils, dit Descartes, ne trompent que les sophistes, et presque jamais ceux qui se servent de leur seule raison. » Descartes, *Règles*, VI.

on ne peut leur ôter la gloire d'avoir suivi une voie beaucoup plus assurée que tous les autres pour trouver la vérité, on ne peut nier aussi qu'ils ne soient tombés en quelques défauts qui ne les détournent pas de leur fin, mais qui font seulement qu'ils n'y arrivent pas par la voie la plus droite et la plus commode ; c'est ce que je tâcherai de montrer, en tirant d'Euclide même les exemples de ces défauts.

DÉFAUT I. *Avoir plus de soin de la certitude que de l'évidence et de convaincre l'esprit que de l'éclairer.*

Les géomètres sont louables de n'avoir rien voulu avancer que de convaincant ; mais il semble qu'ils n'ont pas assez pris garde qu'il ne suffit pas, pour avoir une parfaite science de quelque vérité, d'être convaincu que cela est vrai, si de plus on ne pénètre, par des raisons prises de la nature de la chose même, pourquoi cela est vrai ; car, jusqu'à ce que nous soyons arrivés à ce point-là, notre esprit n'est point pleinement satisfait, et cherche encore une plus grande connaissance que celle qu'il a : ce qui est une marque qu'il n'a point encore la vraie science. On peut dire que ce défaut est la source de presque tous les autres que nous remarquerons, et ainsi il n'est pas nécessaire de l'expliquer davantage, parce que nous le ferons assez dans la suite.

DÉFAUT II. *Prouver des choses qui n'ont pas besoin de preuves.*

Les géomètres avouent qu'il ne faut pas s'arrêter à vouloir prouver ce qui est clair de soi-même. Ils le font néanmoins souvent, parce que, s'étant plus attachés à convaincre l'esprit qu'à l'éclairer, comme nous venons de dire, ils croient qu'ils le convaincront mieux en trouvant quelque preuve des choses même les plus évidentes, qu'en les proposant simplement, et laissant à l'esprit d'en reconnaître l'évidence.

C'est ce qui a porté Euclide à prouver que les deux côtés d'un triangle pris ensemble sont plus grands qu'un seul[1], quoique cela soit évident par la seule notion de la ligne droite, qui est la plus courte longueur qui puisse se donner entre deux points, et la mesure naturelle de la distance d'un point à un point : ce qu'elle ne serait pas, si elle n'était aussi la plus courte de toutes les lignes qui puissent être tirées d'un point à un point.

C'est ce qui l'a encore porté à ne pas faire une demande, mais un problème qui doit être démontré, de *tirer une ligne égale à une ligne donnée,* quoique cela soit aussi facile et plus facile que de faire un cercle ayant un rayon donné.

Ce défaut est venu, sans doute, de n'avoir pas considéré que toute la certitude et l'évidence de nos connaissances dans les sciences naturelles vient de ce principe : *Qu'on peut assurer d'une chose tout ce qui est contenu dans son idée claire et distincte.* D'où il s'ensuit que si nous n'avons besoin, pour connaître qu'un attribut est renfermé dans une idée, que de la simple considération de l'idée, sans y en mêler d'autres, cela doit passer pour évident et pour clair, comme nous avons déjà dit plus haut.

---

[1]. Euclide, *Éléments,* liv. I, prop. 20.

Je sais bien qu'il y a de certains attributs qui se voient plus facilement dans les idées que les autres; mais je crois qu'il suffit qu'ils puissent s'y voir clairement avec une médiocre attention, et que nul homme qui aura l'esprit bien fait n'en puisse douter sérieusement, pour regarder les propositions qui se tirent ainsi de la simple considération des idées, comme des principes qui n'ont point besoin de preuves, mais au plus d'explication et d'un peu de discours. Ainsi, je soutiens qu'on ne peut faire un peu d'attention sur l'idée d'une ligne droite, qu'on ne conçoive non-seulement que sa position ne dépend que de deux points (ce qu'Euclide a pris pour une de ses demandes), mais qu'on ne comprenne aussi sans peine et très-clairement que si une ligne droite en coupe une autre et qu'il y ait deux points dans la coupante, dont chacun soit également distant de deux points de la coupée, il n'y aura aucun autre point de la coupante qui ne soit également distant de ces deux points de la coupée : d'où il sera aisé de juger quand une ligne sera perpendiculaire à une autre, sans se servir d'angle ni de triangle, dont on ne doit traiter qu'après avoir établi beaucoup de choses qu'on ne saurait démontrer que par les perpendiculaires.

Il est aussi à remarquer que d'excellents géomètres emploient pour principes des propositions moins claires que celles-là; comme lorsque Archimède[1] a établi ses plus belles démonstrations sur ces axiomes : *Que si deux lignes sur le même plan ont les extrémités communes, et sont courbées ou creuses vers la même part, celle qui est contenue sera moindre que celle qui la contient.*

J'avoue que ce défaut de prouver ce qui n'a pas besoin de preuves ne paraît pas grand, et qu'il ne l'est pas aussi en soi; mais il l'est beaucoup dans les suites, parce que c'est de là que naît ordinairement le renversement de l'ordre naturel dont nous parlerons plus bas; cette envie de prouver ce qui devait être supposé comme clair et évident de soi-même ayant souvent obligé les géomètres de traiter des choses pour servir de preuve à ce qu'ils n'auraient pas dû prouver, qui ne devraient être traitées qu'après, selon l'ordre de la nature.

DÉFAUT III. *Démonstration par l'impossible.*

Ces sortes de démonstrations qui montrent qu'une chose est telle, non par ses principes, mais par quelque absurdité qui s'ensuivrait si elle était autrement, sont très-ordinaires dans Euclide. Cependant il est visible qu'elles peuvent convaincre l'esprit, mais qu'elles ne l'éclairent point, ce qui doit être le principal fruit de la science : car notre esprit n'est point satisfait, s'il ne sait non-seulement que la chose est, mais pourquoi elle est; ce qui ne s'apprend point par une démonstration qui réduit à l'impossible.

Ce n'est pas que ces démonstrations soient tout à fait à rejeter ; car on peut quelquefois s'en servir pour prouver des négatives qui ne sont proprement que des corollaires d'autres propositions, ou claires d'elles-

---

1. Archimède, né à Syracuse en 187 avant J.-C., mort en 212.

2. *Éléments*, liv. Ier, p. 2.

mêmes, ou démontrées auparavant par une autre voie : et alors cette sorte de démonstration, en réduisant à l'impossible, tient plutôt lieu d'explication que d'une démonstration nouvelle.

Enfin, on peut dire que ces démonstrations ne sont recevables que quand on n'en peut donner d'autres ; et que c'est une faute de s'en servir pour prouver ce qui peut se prouver positivement : or, il y a beaucoup de propositions dans Euclide qu'il ne prouve que par cette voie, qui peuvent se prouver autrement sans beaucoup de difficulté.

DÉFAUT IV. *Démonstrations tirées par des voies trop éloignées.*

Ce défaut est très-commun parmi les géomètres. Ils ne se mettent pas en peine d'où les preuves qu'ils apportent sont prises, pourvu qu'elles soient convaincantes ; et cependant ce n'est que prouver les choses très-imparfaitement que de les prouver par des voies étrangères, d'où elles ne dépendent point selon leur nature.

C'est ce qu'on comprendra mieux par quelques exemples. Euclide, liv. I, propos. 5, prouve qu'un triangle isocèle a les deux angles sur la base égaux en prolongeant également les côtés du triangle, et faisant de nouveaux triangles qu'il compare les uns avec les autres.

Mais il n'est pas incroyable qu'une chose aussi facile à prouver que l'égalité de ces angles ait besoin de tant d'artifice pour être prouvée ; comme s'il y avait rien de plus ridicule que de s'imaginer que cette égalité dépendît de ces triangles étrangers ; au lieu qu'en suivant le vrai ordre, il y a plusieurs voies très-faciles, très-courtes et très-naturelles pour prouver cette même égalité.

La 47° du livre I, où il est prouvé que le carré de la base qui soutient un angle droit est égal aux deux carrés des côtés, est une des plus estimées propositions d'Euclide ; et néanmoins il est assez clair que la manière dont elle est prouvée n'est point naturelle, puisque l'égalité de ces carrés ne dépend point de l'égalité des triangles qu'on prend pour moyen de cette démonstration, mais de la proportion des lignes, qu'il est aisé de démontrer sans se servir d'aucune autre ligne que de la perpendiculaire du sommet de l'angle droit sur la base.

Tout Euclide est plein de ces démonstrations par des voies étrangères.

DÉFAUT V. *N'avoir aucun soin du vrai ordre de la nature.*

C'est ici le plus grand défaut des géomètres. Ils se sont imaginé qu'il n'y avait presque aucun ordre à garder, sinon que les premières propositions pussent servir à démontrer les suivantes ; et ainsi, sans se mettre en peine des règles de la véritable méthode, qui est de commencer toujours par les choses les plus simples et les plus générales pour passer ensuite aux plus composées et aux plus particulières, ils brouillent toutes choses, et traitent pêle-mêle les lignes et les surfaces, les triangles et les carrés, prouvent, par des figures, les propriétés des lignes simples, et font une infinité d'autres renversements qui défigurent cette belle science.

Les Éléments d'Euclide sont tout pleins de ce défaut. Après avoir traité de l'étendue dans les quatre premiers livres, il traite généralement des proportions de toutes sortes de grandeurs dans le cinquième.

Il reprend l'étendue dans le sixième, et traite des nombres dans les septième, huitième et neuvième, pour recommencer au dixième à parler de l'étendue. Voilà pour le désordre général; mais il est rempli d'une infinité d'autres particuliers. Il commence le premier livre par la construction d'un triangle équilatère; et vingt-deux propositions après, il donne le moyen général de faire tout triangle de trois lignes droites données, pourvu que les deux soient plus grandes qu'une seule; ce qui emporte la construction particulière d'un triangle équilatère sur une ligne donnée.

Il ne prouve rien des lignes perpendiculaires et des parallèles que par des triangles. Il mêle la dimension des surfaces à celle des lignes.

Il prouve, livre I, proposition 16, que le côté d'un triangle étant prolongé, l'angle extérieur est plus grand que l'un ou l'autre des opposés intérieurement; et seize propositions plus bas, il prouve que cet angle extérieur est égal aux deux opposés.

Il faudrait transcrire tout Euclide pour donner tous les exemples qu'on pourrait apporter de ce désordre.

DÉFAUT VI. *Ne point se servir de divisions et de partitions.*

C'est encore un autre défaut dans la méthode des géomètres, de ne point se servir de divisions et de partitions. Ce n'est pas qu'ils ne marquent toutes les espèces de genres qu'ils traitent; mais c'est simplement en définissant les termes, et mettant toutes les définitions de suite, sans marquer qu'un genre a tant d'espèces, et qu'il ne peut pas en avoir davantage, parce que l'idée générale du genre ne peut recevoir que tant de différences, ce qui donne beaucoup de lumière pour pénétrer la nature du genre et des espèces.

Par exemple, on trouvera dans le Ier livre d'Euclide les définitions de toutes les espèces de triangles: mais qui doute que ce ne fût une chose bien plus claire de dire ainsi?

Le triangle peut se diviser selon les côtés ou selon les angles.

Car les côtés sont:

ou { tous égaux, et il s'appelle *Équilatère.*
     deux seulement égaux, et il s'appelle *Isocèle.*
     tous trois inégaux, et il s'appelle *Scalène.*

Les angles sont:

ou { tous trois aigus, et il s'appelle *Oxygone.*
     deux seulement aigus, et alors le 3e est

ou { droit, et il s'appelle *Rectangle.*
     obtus, et il s'appelle *Amblygone.*

Il est même beaucoup mieux de ne donner cette division du triangle qu'après avoir expliqué et démontré toutes les propriétés du triangle en général; d'où l'on aura appris qu'il faut nécessairement que deux angles au moins du triangle soient aigus, parce que les trois ensemble ne sauraient valoir plus de deux droits.

Ce défaut retombe dans celui de l'ordre, qui ne voudrait pas qu'on traitât ni même qu'on définît les espèces qu'après avoir bien connu le genre, surtout quand il y a beaucoup de choses à dire du genre, qui peut être expliqué sans parler des espèces.

CHAPITRE X

RÉPONSE A CE QUE DISENT LES GÉOMÈTRES A CE SUJET.

Il y a des géomètres qui croient avoir justifié ces défauts, en disant qu'ils ne se mettent pas en peine de cela ; qu'il leur suffit de ne rien dire qu'ils ne prouvent d'une manière convaincante ; et qu'ils sont par là assurés d'avoir trouvé la vérité, qui est leur unique but.

On avoue aussi que ces défauts ne sont pas si considérables, qu'on ne soit obligé de reconnaître que, de toutes les sciences humaines, il n'y en a point qui aient été mieux traitées que celles qui sont comprises sous le nom général de mathématiques ; mais on prétend seulement qu'on pourrait encore y ajouter quelque chose qui les rendrait plus parfaites, et que, quoique la principale chose qu'ils aient dû y considérer soit de ne rien avancer que de véritable, il aurait été néanmoins à souhaiter qu'ils eussent eu plus d'attention à la manière la plus naturelle de faire entrer la vérité dans l'esprit.

Car ils ont beau dire qu'ils ne se soucient pas du vrai ordre, ni de prouver par des voies naturelles ou éloignées, pourvu qu'ils fassent ce qu'ils prétendent, qui est de convaincre ; ils ne peuvent pas changer par là la nature de notre esprit, ni faire que nous n'ayons une connaissance beaucoup plus nette, plus entière et plus parfaite des choses que nous savons par leurs vraies causes et leurs vrais principes, que de celles qu'on ne nous a prouvées que par des voies obliques et étrangères.

Et il est de même indubitable qu'on apprend avec une facilité incomparablement plus grande, et qu'on retient beaucoup mieux ce qu'on enseigne dans le vrai ordre ; parce que les idées qui ont une suite naturelle s'arrangent bien mieux dans notre mémoire, et se réveillent bien plus aisément les unes les autres.

On peut dire même que ce qu'on a su une fois, pour en avoir pénétré la vraie raison, ne se retient pas par mémoire, mais par jugement, et que cela devient tellement propre, qu'on ne peut l'oublier : au lieu que ce qu'on ne sait que par des démonstrations qui ne sont point fondées sur des raisons naturelles, s'échappe aisément, et se retrouve difficilement quand il nous est une fois sorti de la mémoire, parce que notre esprit ne nous donne point de voie pour le retrouver.

Il faut donc demeurer d'accord qu'il est en soi beaucoup mieux de garder cet ordre que de ne point le garder ; mais tout ce que pourraient dire des personnes équitables est qu'il faut négliger un petit inconvénient, lorsqu'on ne peut l'éviter sans tomber dans un plus grand ; qu'ainsi c'est un inconvénient de ne pas toujours garder le vrai ordre ; mais qu'il vaut mieux néanmoins ne pas le garder que de manquer à prouver invinciblement ce que l'on avance, et s'exposer à tomber dans quelque erreur et quelque paralogisme, en recherchant de certaines preuves qui peuvent être plus naturelles, mais qui ne sont pas si convaincantes ni si exemptes de tout soupçon de tromperie.

Cette réponse est très-raisonnable, et j'avoue qu'il faut préférer à toutes choses l'assurance de ne point se tromper, et qu'il faut négliger le vrai ordre, si on ne peut le suivre sans perdre beaucoup de la force des démonstrations, et s'exposer à l'erreur: mais je ne demeure pas d'accord qu'il soit impossible d'observer l'un et l'autre, et je m'imagine qu'on pourrait faire des éléments de géométrie où toutes choses seraient traitées dans leur ordre naturel, toutes les propositions prouvées par des voies très-simples et très-naturelles, et où tout néanmoins serait très-clairement démontré. (C'est ce qu'on a depuis exécuté dans les Nouveaux Éléments de Géométrie [1], et particulièrement dans la nouvelle édition qui vient de paraître.)

CHAPITRE XI

LA MÉTHODE DES SCIENCES RÉDUITE A HUIT RÈGLES PRINCIPALES.

On peut conclure de tout ce que nous venons de dire, que pour avoir une méthode qui soit encore plus parfaite que celle qui est en usage parmi les géomètres, on doit ajouter deux ou trois règles aux cinq que nous avons proposées dans le chapitre II : de sorte que toutes ces règles peuvent se réduire à huit,

Dont les deux premières regardent les idées, et peuvent se rapporter à la première partie de cette Logique ;

La 3ᵉ et la 4ᵉ regardent les axiomes, et peuvent se rapporter à la seconde partie ;

Les 5ᵉ et la 6ᵉ regardent les raisonnements, et peuvent se rapporter à la troisième partie ;

Et les deux dernières regardent l'ordre, et peuvent se rapporter à la quatrième partie.

---

[1]. Les *Nouveaux Éléments* d'Arnauld, contenus dans le tome XL de ses œuvres.

DEUX RÈGLES TOUCHANT LES DÉFINITIONS.

1. Ne laisser aucun des termes un peu obscurs ou équivoques sans le définir.
2. N'employer dans les définitions que des termes parfaitement connus ou déjà expliqués.

DEUX RÈGLES POUR LES AXIOMES.

3. Ne demander en axiomes que des choses parfaitement évidentes.
4. Recevoir pour évident ce qui n'a besoin que d'un peu d'attention pour être reconnu véritable.

DEUX RÈGLES POUR LES DÉMONSTRATIONS.

5. Prouver toutes les propositions un peu obscures, en n'employant à leurs preuves que les définitions qui auront précédé, et les axiomes qui auront été accordés, ou les propositions qui auront déjà été démontrées.
6. N'abuser jamais de l'équivoque des termes, en manquant de substituer mentalement les définitions qui les restreignent et qui les expliquent.

DEUX RÈGLES POUR LA MÉTHODE.

7. Traiter les choses, autant qu'il se peut, dans leur ordre naturel, en commençant par les plus générales et les plus simples, et expliquant tout ce qui appartient à la nature du genre avant que de passer aux espèces particulières.
8. Diviser, autant qu'il se peut, chaque genre en toutes ses espèces, chaque tout en toutes ses parties, et chaque difficulté en tous ses cas.

J'ai ajouté à ces deux règles, *autant qu'il se peut,*

---

1. Comparez ces diverses règles avec celle que donne Pascal dans l'*art de persuader*.

parce qu'il est vrai qu'il arrive beaucoup de rencontres où on ne peut pas les observer à la rigueur, soit à cause des bornes de l'esprit humain, soit à cause de celles qu'on a été obligé de donner à chaque science.

Ce qui fait qu'on y traite souvent d'une espèce, sans qu'on puisse y traiter tout ce qui appartient au genre ; comme on traite du cercle dans la géométrie commune, sans rien dire en particulier de la ligne courbe qui en est le genre, qu'on se contente seulement de définir.

On ne peut pas aussi expliquer d'un genre tout ce qui pourrait s'en dire, parce que cela serait souvent trop long; mais il suffit d'en dire tout ce qu'on veut en dire avant que de passer aux espèces.

Mais je crois qu'une science ne peut être traitée parfaitement qu'on n'ait grand égard à ces deux dernières règles aussi bien qu'aux autres, et qu'on ne se résolve à ne s'en dispenser que par nécessité ou par une grande utilité[1].

CHAPITRE XII

DE CE QUE NOUS CONNAISSONS PAR LA FOI, SOIT HUMAINE, SOIT DIVINE.

Tout ce que nous avons dit jusqu'ici regarde les sciences humaines, purement humaines, et les connaissances qui sont fondées sur l'évidence de la raison ; mais, avant de finir, il est bon de parler d'une autre sorte de connaissance, qui souvent n'est pas moins certaine ni moins évidente en sa manière, qui est celle que nous tirons de l'autorité.

Car il y a deux voies générales qui nous font croire

---

[1]. On remarquera parmi ces règles l'absence des règles concernant l'induction. Arnauld a eu le tort de ne s'occuper que des sciences mathématiques.

qu'une chose est vraie. La première est la connaissance que nous en avons par nous-mêmes, pour en avoir reconnu et recherché la vérité, soit par nos sens, soit par notre raison : ce qui peut s'appeler généralement *raison*, parce que les sens mêmes dépendent du jugement de la raison; ou *science*, prenant ici ce nom plus généralement qu'on ne le prend dans les écoles, pour toute connaissance d'un objet tiré de l'objet même.

L'autre voie est l'autorité des personnes dignes de croyance qui nous assurent qu'une telle chose est, quoique par nous-mêmes nous n'en sachions rien; ce qui s'appelle foi ou croyance, selon cette parole de saint Augustin : *Quod scimus, debemus rationi; quod credimus, auctoritati*[1].

Mais comme cette autorité peut être de deux sortes, de Dieu ou des hommes, il y a aussi deux sortes de foi, divine et humaine.

La foi divine ne peut être sujette à erreur, parce que Dieu ne peut ni nous tromper ni être trompé.

La foi humaine est de soi-même sujette à erreur, parce que tout homme est menteur selon l'Écriture, et qu'il peut se faire que celui qui nous assurera une chose comme véritable sera lui-même trompé; et néanmoins, ainsi que nous avons déjà marqué ci-dessus, il y a des choses que nous ne connaissons que par une foi humaine, que nous devons tenir pour aussi certaines et aussi indubitables que si nous en avions des démonstrations mathématiques; comme ce que l'on sait, par une relation constante de tant de personnes, qu'il est moralement impossible qu'elles eussent pu conspirer ensemble pour assurer la même chose, si elle n'était vraie. Par exemple, les hommes ont assez de peine naturellement à concevoir qu'il y ait des antipodes; cependant, quoique nous n'y ayons pas été, et qu'ainsi nous n'en sachions rien que par une foi humaine, il faudrait être fou pour ne pas le croire, et il faudrait de même avoir perdu le sens pour douter si ja-

---

1. *De Utilitate credendi*, cap. XI.

mais César, Pompée, Cicéron, Virgile, ont été, et si ce ne sont point des personnages feints comme ceux des Amadis [1].

Il est vrai qu'il est souvent assez difficile de marquer précisément quand la foi humaine est parvenue à cette certitude, et quand elle n'y est pas encore parvenue : et c'est ce qui fait tomber les hommes en deux égarements opposés, dont l'un est de ceux qui croient trop légèrement sur les moindres bruits, et l'autre de ceux qui mettent ridiculement la force de l'esprit à ne pas croire les choses les mieux attestées lorsqu'elles choquent les préventions de leur esprit; mais on peut néanmoins marquer de certaines bornes qu'il faut avoir passées pour avoir cette certitude humaine, et d'autres au delà desquelles on l'a certainement, en laissant un milieu entre ces deux sortes de bornes, qui approche plus de la certitude ou de l'incertitude, selon qu'il approche plus des unes ou des autres.

Que si l'on compare ensemble les deux voies générales qui nous font croire qu'une chose est, la raison et la foi, il est certain que la foi suppose toujours quelque raison; car, comme dit saint Augustin dans sa lettre XXII[2] et en beaucoup d'autres lieux, nous ne pourrions pas nous porter à croire ce qui est au-dessus de notre raison, si la raison même ne nous avait persuadés qu'il y a des choses que nous faisons bien de croire, quoique nous ne soyons pas encore capables de les comprendre : ce qui est principalement vrai à l'égard de la foi divine, parce que la vraie raison nous apprend que Dieu étant la vérité même, il ne peut nous tromper en ce qu'il nous révèle de sa nature

---

1. Toutefois, il faut distinguer, dans les objets sur lesquels portent le témoignage, ceux où les témoins sont vraiment compétents et éclairés, ceux où ils ne le sont pas et ne peuvent l'être.

2. « Absit namque ut hoc in nobis Deus oderit, in quo nos reliquis animantibus excellentiores creavit. Absit, inquam, ut ideo credamus, ne rationem accipiamus sive quæramus; cum etiam credere non possimus, nisi rationales animas haberemus. Ut ergo in quibusdam rebus ad doctrinam salutarem pertinentibus, quas ratione nunquam percipere valemus, sed aliquando valebimus, fides præcedat rationem, qua cor mundetur, ut imagine rationis capiat et perferat lucem, hoc utique rationis est. » (*Epist.* CXX.)

ou de ses mystères. D'où il paraît qu'encore que nous soyons obligés de captiver notre entendement pour obéir à Jésus-Christ, comme dit saint Paul, nous ne le faisons pas néanmoins aveuglément et déraisonnablement, ce qui est l'origine de toutes les fausses religions, mais avec connaissance de cause, et parce que c'est une action raisonnable que de se captiver de la sorte sous l'autorité de Dieu, lorsqu'il nous a donné des preuves suffisantes, comme sont les miracles et autres événements prodigieux, qui nous obligent de croire que c'est lui-même qui a découvert aux hommes les vérités que nous devons croire.

Il est certain, en second lieu, que la foi divine doit avoir plus de force sur notre esprit que notre propre raison ; et cela par la raison même qui nous fait voir qu'il faut toujours préférer ce qui est plus certain à ce qui l'est moins, et qu'il est plus certain que ce que Dieu dit est véritable que ce que notre raison nous persuade, parce que Dieu est plus incapable de nous tromper que notre raison d'être trompée [1].

Néanmoins à considérer les choses exactement, jamais ce que nous voyons évidemment et par la raison ou par le fidèle rapport des sens n'est opposé à ce que la foi divine nous enseigne ; mais ce qui fait que nous le croyons, c'est que nous ne prenons pas garde à quoi doit se terminer l'évidence de notre raison et de nos sens. Par exemple, nos sens nous montrent clairement dans l'Eucharistie de la rondeur et de la blancheur ; mais nos sens ne nous apprennent point si c'est la substance du pain qui fait que nos yeux y aperçoivent de la rondeur et de la blancheur : et ainsi la foi n'est point contraire à l'évidence de nos sens lorsqu'elle nous dit que ce n'est point la substance du pain qui n'y est plus, ayant été changée au corps de Jésus-Christ par le mystère de la transsubstantiation,

---

[1]. Arnauld ne s'aperçoit pas qu'il fait ici un cercle vicieux. « Il est plus certain que ce que Dieu dit est véritable que ce que notre raison nous persuade ; » mais comment savons-nous que Dieu a dit telle ou telle chose, sinon par la raison ? Les témoins qui le rapportent sont des hommes et parlent à des hommes.

et que nous n'y voyons plus que les espèces et les apparences du pain qui demeurent, quoique la substance n'y soit plus.

Notre raison, de même, nous fait voir qu'un seul corps n'est pas en même temps en divers lieux ni deux corps en un même lieu ; mais cela doit s'entendre de la condition naturelle des corps, parce que ce serait un défaut de raison de s'imaginer que, notre esprit étant fini, il pût comprendre jusqu'où peut aller la puissance de Dieu qui est infinie ; et ainsi lorsque les hérétiques, pour détruire les mystères de la foi, comme la Trinité, l'Incarnation et l'Eucharistie, opposent ces prétendues impossibilités qu'ils tirent de la raison, ils s'éloignent en cela même visiblement de la raison, en prétendant pouvoir comprendre par leur esprit l'étendue infinie de la puissance de Dieu[1]. C'est pourquoi il suffit de répondre à toutes ces objections ce que saint Augustin dit sur le sujet même de la pénétration des corps : *Sed nova sunt, sed insolita sunt, sed contra naturæ cursum notissimum sunt, quia magna, quia mira, quia divina, et eo magis vera, certa, firma.*

CHAPITRE XIII

QUELQUES RÈGLES POUR BIEN CONDUIRE SA RAISON DANS LA CROYANCE DES ÉVÉNEMENTS QUI DÉPENDENT DE LA FOI HUMAINE.

L'usage le plus ordinaire du bon sens et de cette puissance de notre âme qui nous fait discerner le vrai d'avec le faux n'est pas dans les sciences spéculatives auxquelles il y a si peu de personnes qui soient obligées de s'appliquer[2] ; mais il n'y a guère d'occasion où

---

[1]. L'objection peut se retourner : ceux qui affirment un mystère se prétendent, encore plus que ceux qui le nient, dans les secrets de Dieu.

[2]. Arnauld ne se doute point du caractère pratique des plus hautes spéculations scientifiques.

on l'emploie plus souvent et où elle soit plus nécessaire, que dans le jugement que l'on porte de ce qui se passe tous les jours parmi les hommes.

Je ne parle point du jugement que l'on fait si une action est bonne ou mauvaise, digne de louange ou de blâme, parce que c'est à la morale à le régler, mais seulement de celui que l'on porte touchant la vérité ou la fausseté des événements humains; ce qui seul peut regarder la logique soit qu'on les considère comme passés, comme lorsqu'il ne s'agit que de savoir si on doit les croire, ou ne pas les croire; ou qu'on les considère dans le temps à venir comme lorsqu'on appréhende qu'ils n'arrivent ou qu'on espère qu'ils arriveront : ce qui règle nos craintes et nos espérances.

Il est certain qu'on peut faire quelques réflexions sur ce sujet, qui ne seront peut-être pas inutiles, et qui pourront au moins servir à éviter des fautes où plusieurs personnes tombent pour n'avoir pas assez consulté les règles de la raison.

La première réflexion est qu'il faut mettre une extrême différence entre deux sortes de vérités : les unes qui regardent seulement la nature des choses et leur essence immuable, indépendamment de leur existence; et les autres qui regardent les choses existantes, et surtout les événements humains et contingents, qui peuvent être et n'être pas quand il s'agit de l'avenir, et qui pouvaient n'avoir pas été quand il s'agit du passé. J'entends tout ceci selon leurs causes prochaines, en faisant abstraction de leur ordre immuable dans la providence de Dieu; parce que, d'une part, il n'empêche pas la contingence, et que de l'autre, ne nous étant pas connu, il ne contribue en rien à nous faire croire les choses.

Dans la première sorte de vérités, comme tout y est nécessaire, rien n'est vrai qu'il ne soit universellement vrai; et ainsi nous devons conclure qu'une chose est fausse, si elle est fausse en un seul cas.

Mais si l'on pense se servir des mêmes règles dans la croyance des événements humains, on n'en jugera jamais que faussement, si ce n'est par hasard, et on y fera mille faux raisonnements.

Car ces événements étant contingents de leur nature, il serait ridicule d'y chercher une vérité nécessaire ; et ainsi un homme serait tout à fait déraisonnable, qui n'en voudrait croire aucun que quand on lui aurait fait voir qu'il serait absolument nécessaire que la chose se fût passée de la sorte [1].

Et il ne serait pas moins déraisonnable s'il voulait m'obliger d'en croire quelqu'un, comme serait la conversion du roi de la Chine à la religion chrétienne, par cette seule raison que cela n'est pas impossible ; car un autre qui m'assurerait du contraire pouvant se servir de la même raison, il est clair que cela ne pourrait me déterminer à croire l'un plutôt que l'autre.

Il faut donc poser pour une maxime certaine et indubitable dans cette rencontre, que la seule possibilité d'un événement n'est pas une raison suffisante pour me le faire croire ; et que je puis aussi avoir raison de le croire, quoi que je ne juge pas impossible que le contraire soit arrivé : de sorte que de deux événements je pourrais avoir raison de croire l'un et de ne pas croire l'autre, quoique je les croie tous deux possibles.

Mais par où me déterminerai-je donc à croire l'un plutôt que l'autre, si je les juge tous deux possibles ? Ce sera par cette maxime :

Pour juger de la vérité d'un événement, et me déterminer à le croire ou à ne pas le croire, il ne faut pas le considérer nûment et en lui-même, comme on ferait une proposition de géométrie ; mais il faut prendre garde à toutes les circonstances qui l'accompagnent, tant intérieures qu'extérieures. J'appelle circonstances intérieures celles qui appartiennent au fait même, et extérieures celles qui regardent les personnes par le témoignage desquelles nous sommes portés à le croire. Cela étant fait, si toutes ces circonstances sont telles qu'il n'arrive ja-

---

[1]. Arnauld, par une analyse exacte de la connaissance en matière de vérités contingentes, s'efforce de réfuter le scepticisme historique.

mais, ou fort rarement, que de pareilles circonstances soient accompagnées de fausseté, notre esprit se porte naturellement à croire que cela est vrai, et il a raison de le faire, surtout dans la conduite de la vie, qui ne demande pas une plus grande certitude que cette certitude morale, et qui doit même se contenter en plusieurs rencontres de la plus grande probabilité [1].

Que si, au contraire, ces circonstances ne sont pas telles qu'elles ne se trouvent fort souvent avec la fausseté, la raison veut ou que nous demeurions en suspens, ou que nous tenions pour faux ce qu'on nous dit, quand nous ne voyons aucune apparence que cela soit vrai, encore que nous n'y voyions pas une entière impossibilité.

On demande, par exemple, si l'histoire du baptême de Constantin par saint Sylvestre [2] est vraie ou fausse. Baronius la croit vraie ; le cardinal du Perron [3], l'évêque Sponde [4], le P. Pétau [5], le P. Morin [6] et les plus habiles gens de l'Église la croient fausse. Si l'on s'arrêtait à la seule possibilité, on n'aurait pas droit de la rejeter, car elle ne contient rien d'absolument impossible ; il est même possible, absolument parlant, qu'Eusèbe [7], qui témoigne le contraire, ait voulu mentir pour favoriser les ariens, et que les Pères qui l'ont suivi aient été trompés par son témoignage : mais si l'on se sert de la règle que nous venons d'établir, qui est de considérer quelles sont les circonstances de l'un ou de l'autre baptême de Constantin, et qui sont celles qui ont plus de marques de vérité, on trouvera que ce sont celles du dernier ; car d'une part, il n'y a pas grand sujet de s'appuyer sur le témoignage d'un écrivain aussi fabuleux qu'est l'auteur des actes de saint Sylvestre, qui est le seul ancien qui ait parlé du baptême de Constantin à Rome ; et, de l'autre,

---

1. Excellente analyse des conditions de la probabilité historique.
2. Le pape Silvestre Ier (314 à 346), ami de Constantin.
3. Archevêque de Sens (né à Saint-Lô en 1556, mort en 1618.)
4. Henri de Sponde (né en 1568, mort en 1643), évêque de Pamiers.
5. Pétau (1583-1652), professeur de théologie à Paris.
6. Jean Morin (1591-1659), prêtre de l'Oratoire.
7. Eusèbe (267-338), évêque de Césarée, auteur d'une histoire ecclésiastique.

il n'y a aucune apparence qu'un homme aussi habile qu'Eusèbe eût osé mentir en rapportant une chose aussi célèbre qu'était le baptême du premier empereur qui avait rendu la liberté à l'Église, et qui devait être connue de toute la terre lorsqu'il l'écrivait, puisque ce n'était que quatre ou cinq ans après la mort de cet empereur[1].

Il y a néanmoins une exception à cette règle, dans laquelle on doit se contenter de la possibilité et de la vraisemblance; c'est quand un fait, qui est d'ailleurs suffisamment attesté, est combattu par des inconvénients et des contrariétés apparentes avec d'autres histoires : car alors il suffit que les solutions qu'on apporte à ces contrariétés soient possibles et vraisemblables ; et c'est agir contre la raison que d'en demander des preuves positives, parce que le fait en soi étant suffisamment prouvé, il n'est pas juste de demander qu'on en prouve de la même sorte toutes les circonstances : autrement on pourrait douter de mille histoires très-assurées qu'on ne peut accorder avec d'autres qui ne le sont pas moins que par des conjectures qu'il est impossible de prouver positivement.

On ne saurait, par exemple, accorder ce qui est rapporté dans les Livres des Rois et dans ceux des Paralipomènes des années des règnes de divers rois de Juda et d'Israël, qu'en donnant à quelques-uns de ces rois deux commencements de règne, l'un, du vivant, et l'autre après la mort de leurs pères. Que si l'on demande quelle preuve on a qu'un tel roi ait régné quelque temps avec son père, il faut avouer qu'on n'en a point de positive; mais il suffit que ce soit une chose possible, et qui est arrivée assez souvent en d'autres rencontres, pour avoir droit de la supposer comme une circonstance nécessaire pour allier des histoires d'ailleurs très-certaines.

C'est pourquoi il n'y a rien de plus ridicule que les efforts qu'ont faits quelques hérétiques de ce dernier siècle

---

[1]. Cette question d'histoire est moins aisée à résoudre qu'Arnauld ne le croit.

pour prouver que saint Pierre n'a jamais été à Rome. Ils ne peuvent nier que cette vérité ne soit attestée par tous les auteurs ecclésiastiques, et même les plus anciens, comme Papias, saint Denis de Corinthe, Caïus, saint Irénée, Tertullien, sans qu'il s'en trouve aucun qui l'ait niée ; et néanmoins ils s'imaginent pouvoir la ruiner par des conjectures, comme par exemple, que saint Paul ne fait pas mention de saint Pierre dans ses Épîtres écrites de Rome ; et quand on leur répond que saint Pierre pouvait être alors hors de Rome, parce qu'on ne prétend pas qu'il y ait été tellement attaché qu'il n'en soit souvent sorti pour aller prêcher l'Évangile en d'autres lieux, ils répliquent que cela se dit sans preuve : ce qui est impertinent, parce que le fait qu'ils contestent étant une des vérités les plus assurées de l'histoire ecclésiastique, c'est à ceux qui le combattent de faire voir qu'il contient des contrariétés avec l'Écriture, et il suffit à ceux qui le soutiennent de résoudre ces prétendues contrariétés comme on fait celles de l'Écriture même, à quoi nous avons montré que la possibilité suffisait.

CHAPITRE XIV

APPLICATION DE LA RÈGLE PRÉCÉDENTE A LA CROYANCE DES MIRACLES.

La règle qui vient d'être expliquée est, sans doute, très-importante pour bien conduire sa raison dans la croyance des faits particuliers ; et, faute de l'observer, on est en danger de tomber en des extrémités dangereuses de crédulité et d'incrédulité.

Car il y en a, par exemple, qui feraient conscience de douter d'aucun miracle, parce qu'ils se sont mis dans l'esprit qu'ils seraient obligés de douter de tous s'ils doutaient d'aucuns, et qu'ils se persuadent que ce leur est assez de savoir que tout est possible à Dieu, pour croire tout ce qu'on leur dit des effets de sa toute-puissance.

D'autres, au contraire, s'imaginent ridiculement qu'il y a de la force d'esprit à douter de tous les miracles, sans en avoir d'autre raison, sinon qu'on en a souvent raconté qui ne se sont pas trouvés véritables, et qu'il n'y a pas plus de sujet de croire les uns que les autres.

La disposition des premiers est bien meilleure que celle des derniers; mais il est vrai néanmoins que les uns et les autres raisonnent également mal.

Ils se jettent de part et d'autre sur les lieux communs. Les premiers en font sur la puissance et sur la bonté de Dieu, sur les miracles certains qu'ils apportent pour preuve de ceux dont on doute, et sur l'aveuglement des libertins, qui ne veulent croire que ce qui est proportionné à leur raison. Tout cela est fort bon en soi, mais très-faible pour nous persuader d'un miracle en particulier, puisque Dieu ne fait pas tout ce qu'il peut faire; que ce n'est pas un argument qu'un miracle soit arrivé, de ce qu'il en est arrivé de semblables en d'autres occasions; et qu'on peut être fort bien disposé à croire ce qui est au-dessus de la raison, sans être obligé de croire tout ce qu'il plaît aux hommes de nous raconter comme étant au-dessus de la raison.

Les derniers font des lieux communs d'une autre sorte : « La vérité (dit l'un d'eux) et le mensonge ont leurs visages conformes, le port, le goût et les allures pareilles; nous les regardons de même œil. J'ai vu la naissance de plusieurs miracles de mon temps. Encore qu'ils s'étouffent en naissant, nous ne laissons pas de prévoir le train qu'ils eussent pris, s'ils eussent vécu leur âge : car il n'est que de trouver le bout du fil, on dévide tant qu'on veut, et il y a plus loin de rien à la plus petite chose du monde qu'il n'y a de celle-là jusqu'à la plus grande. Or, les premiers qui sont abreuvés de ce commencement d'étrangeté, venant à semer leur histoire, sentent, par les oppositions qu'on leur fait, où loge la difficulté de la persuasion, et vont calfeutrant cet endroit de quelque pièce fausse. L'erreur particulière fait premièrement l'erreur publique, et à son tour, après, l'erreur publique fait l'erreur particulière. Ainsi va tout ce bâtiment, s'étoffant et se formant de main en main, de manière que le plus éloigné témoin en est mieux instruit que le plus voisin, et le dernier informé mieux persuadé que le premier. »

Ce discours est ingénieux, et peut être utile pour ne pas se laisser emporter à toutes sortes de bruits : mais il y aurait de l'extravagance d'en conclure généralement qu'on doit tenir pour suspect tout ce qui se dit des miracles, car il est certain que cela ne regarde au plus que ce qu'on ne sait que par des bruit communs, sans remonter jusqu'à l'origine; et il faut avouer qu'il n'y a pas grand sujet de s'assurer de ce qu'on ne saurait que de cette sorte.

Mais qui ne voit qu'on peut faire aussi un lieu commun opposé à celui-là, qui sera pour le moins aussi bien fondé? Car, comme il y a quelques miracles qui se trouveraient peu assurés si l'on remontait jusqu'à la source, il y en a aussi qui s'étouffent dans la mémoire des hommes, ou qui trouvent peu de croyance dans leur esprit, parce qu'ils ne veulent pas prendre la peine de s'en informer. Notre esprit n'est pas sujet à une seule espèce de maladie: il y en a de différentes et de toutes contraires. Il y a une sotte simplicité qui croit les choses les moins croyables; mais il y a aussi une sotte présomption qui condamne comme faux tout ce qui passe les bornes étroites de son esprit. On a souvent de la curiosité pour des bagatelles, et l'on n'en a point pour des choses importantes. De fausses histoires se répandent partout, et de très-véritables n'ont point de cours.

Peu de gens savent le miracle arrivé de notre temps à Faremoutier, en la personne d'une religieuse tellement aveugle, qu'il lui restait à peine la forme des yeux, qui recouvra la vue en un moment par l'attouchement des reliques de sainte Fare, comme je le sais d'une personne qui l'a vue dans les deux états.

Saint Augustin dit qu'il y avait, de son temps, beaucoup de miracles très-certains, qui étaient connus de peu de personnes, et qui, quoique très-remarquables et très-étonnants, ne passaient pas d'un bout de la ville à l'autre. C'est ce qui les porta à faire écrire et réciter devant le peuple ceux qui se trouvaient assurés, et il remarque, dans le XXIIe livre de la Cité de Dieu, qu'il s'en était fait dans la seule ville d'Hippone près de soixante et dix depuis deux ans qu'on y avait bâti une chapelle en l'honneur de saint Étienne, sans beaucoup d'autres qu'on n'avait pas écrits, qu'il témoigne néanmoins avoir sus très-certainement.

On voit donc assez qu'il n'y a rien de moins raisonnable que de se conduire par des lieux communs en ces rencontres, soit pour embrasser tous les miracles, soit pour les rejeter tous, mais qu'il faut les examiner par leurs circonstances particulières et par la fidélité et la lumière des témoins qui les rapportent.

La piété n'oblige pas un homme de bon sens de croire tous les miracles rapportés dans la Légende dorée, ou dans Métaphraste, parce que ces auteurs sont remplis de tant de fables qu'il n'y a pas sujet de s'assurer de rien sur leur témoignage seul, comme le cardinal Bellarmin n'a pas fait difficulté de l'avouer du dernier.

Mais je soutiens que tout homme de bon sens, quand il n'aurait point de piété, doit reconnaître pour véritables les miracles que saint Augustin raconte dans ses Confessions ou dans la Cité de Dieu être arrivés devant ses yeux, ou dont il témoigne avoir été très-particulièrement informé par les personnes mêmes à qui les choses étaient arrivées, comme d'un aveugle guéri à Milan en présence de tout le peuple, par l'attouchement des reliques de saint Gervais et saint Protais, qu'il rapporte dans ses Confessions, et dont il dit, dans le XXIIe livre de la Cité de Dieu, chapitre VIII : *Miraculum quod Mediolani factum est quum illic essemus, quando illuminatus est cæcus, ad multorum notitiam potuit pervenire; quia et grandis est civitas, et ibi erat tunc Imperator, et immenso populo teste res gesta est, concurrente ad corpora martyrum Gervasii et Protasii;*

D'une femme guérie en Afrique par des fleurs qui avaient touché aux reliques de saint Étienne, comme il le témoigne au même lieu ;

D'une dame de qualité guérie d'un cancer jugé incurable par le signe de la croix qu'elle y fit faire par une nouvelle baptisée, selon la révélation qu'elle en avait eue ;

D'un enfant mort sans baptême dont la mère obtint la résurrection par les prières qu'elle en fit à saint Étienne, en lui disant avec une grande foi : *Saint martyr, rendez-moi mon fils. Vous savez que je ne demande sa vie qu'afin qu'il ne soit pas éternellement séparé de Dieu.* Ce que ce saint rapporte comme une chose dont il était très-assuré, dans un sermon qu'il fit à son peuple, sur le sujet d'un autre miracle très-insigne qui venait d'arriver en ce moment-là même dans l'église où il prêchait, lequel il décrit fort au long dans cet endroit de la Cité de Dieu.

Il dit que sept frères et trois sœurs, d'une honnête famille de Césarée en Cappadoce, ayant été maudits par leur mère pour une injure qu'ils lui avaient faite, Dieu les avait punis de cette peine, qu'ils étaient continuellement agités, et dans le sommeil même, par un horrible tremblement de tout le corps : ce qui était si difforme, que, ne pouvant plus souffrir la vue des personnes de leur connaissance, ils avaient tous quitté leur pays pour s'en aller de divers côtés, et qu'ainsi l'un de ces frères, appelé Paul, et l'une de ses sœurs, appelée Palladie, étaient venus à Hippone, et s'étant fait remarquer par toute la ville, on avait appris d'eux la cause de leur malheur ; que le propre jour de Pâques, le frère, priant Dieu devant les barreaux de la chapelle de Saint-Étienne, tomba tout d'un coup dans un assoupissement pendant lequel on s'aperçut qu'il ne tremblait plus ; et s'étant réveillé parfaitement sain, il se fit dans l'église un grand bruit du peuple, qui louait Dieu de ce miracle et qui courait à saint Augustin, lequel se préparait à dire la messe, pour l'avertir de ce qui s'était passé.

« Après, dit-il, que les cris de réjouissance furent passés et que l'Écriture sainte eut été lue, je leur dis peu de chose sur la fête et sur ce grand sujet de joie, parce que j'aimai mieux leur laisser, non pas entendre, mais considérer l'éloquence de Dieu dans cet ouvrage divin. Je menai ensuite chez moi le frère qui avait été guéri ; je lui fis conter toute son histoire, je l'obligeai de l'écrire, et le lendemain je promis au peuple que je la lui ferais réciter le jour d'après. Ainsi le troisième jour d'après Pâques, ayant fait mettre le frère et la sœur sur les degrés du jubé, afin que tout le peuple pût voir dans la sœur, qui avait encore cet horrible tremblement, de quel mal le frère avait été délivré par la bonté de Dieu, je fis lire le récit de leur histoire devant le peuple, et je les laissai aller. Je commençai alors à prêcher sur ce sujet (on a le sermon, qui est le 423e), et tout d'un coup, lorsque je parlais encore, un grand cri de joie s'élève du côté de la chapelle, et on m'amène la sœur, qui, étant sortie de devant moi, y était allée et y avait été parfaitement guérie en la même manière que son frère ; ce qui causa une telle joie parmi le peuple, qu'à peine pouvait-on supporter le bruit qu'ils faisaient. »

J'ai voulu rapporter toutes les particularités de ce miracle pour convaincre les plus incrédules qu'il y aurait de la folie à le révoquer en doute, aussi bien que tant d'autres que ce saint raconte au même endroit ; car, supposé que les choses soient arrivées comme il le rapporte, il n'y a point de personnes raisonnables qui n'y doivent reconnaître le doigt de Dieu, et ainsi tout ce qui resterait à l'incrédulité serait de douter du témoignage même de saint Augustin, de s'imaginer qu'il a altéré la vérité pour autoriser la religion chrétienne dans l'esprit des païens : or, c'est ce qui ne peut se dire avec la moindre couleur :

Premièrement, parce qu'il n'est point vraisemblable qu'un homme judicieux eût voulu mentir en des choses si publiques, où il aurait pu être convaincu de mensonge par une infinité de témoins : ce qui n'aurait pu tourner qu'à la honte de la religion chrétienne ; secondement, parce qu'il n'y eut jamais personne plus ennemi du mensonge que ce saint, surtout en matière de religion, ayant établi par des livres entiers, non-seulement qu'il n'est jamais permis de mentir, mais que c'est un crime horrible de le faire, sous prétexte d'attirer plus facilement les hommes à la foi.

Et c'est ce qui doit causer un extrême étonnement de voir que les hérétiques de ce temps, qui regardent saint Augustin comme un homme très-éclairé et très-sincère, n'aient pas considéré que la manière dont ils parlent de l'invocation des saints et de la vénération des reliques, comme d'un culte superstitieux et qui tient de l'idolâtrie, va à la ruine de toute la religion : car il est visible que c'est lui ôter un de ses plus solides fondements que d'ôter aux vrais miracles l'autorité qu'ils doivent avoir pour la confirmation de la vérité ; et il est clair que c'est détruire entièrement cette autorité des miracles, que de dire que Dieu en fasse pour récompenser un culte superstitieux et idolâtre. Or, c'est proprement ce que les hérétiques font, en traitant, d'une part, le culte que les catholiques rendent aux saints et à leurs reliques, d'une superstition criminelle ; et ne pouvant nier, de l'autre, que les plus grands amis de Dieu, tel qu'a été saint Augustin, par leur propre confession, ne nous aient assuré que Dieu a guéri des maux incurables, illuminé des aveugles et ressuscité des morts, pour récompenser la dévotion de ceux qui invoquaient les saints et révéraient leurs reliques.

En vérité, cette seule considération devrait faire reconnaître à tout homme de bon sens la fausseté de la religion prétendue réformée.

Je me suis un peu étendu sur cet exemple célèbre du jugement qu'on doit faire de la vérité des faits, pour servir de règle dans les rencontres semblables, parce qu'on s'y égare de la même sorte. Chacun croit que c'est assez pour les décider de faire un lieu commun, qui n'est souvent composé que de maximes, lesquelles non-seulement ne sont pas universellement vraies, mais qui ne sont pas même probables, lorsqu'elles sont jointes avec les circonstances particulières des faits que l'on examine. Il faut joindre les circonstances et non les séparer, parce qu'il arrive souvent qu'un fait qui est peu probable selon une seule circonstance, qui est ordinairement une marque de fausseté, doit être estimé certain selon d'autres circonstances ; et qu'au contraire, un fait qui nous paraîtrait vrai selon une certaine circonstance, qui est d'ordinaire jointe avec la vérité, doit être jugé faux selon d'autres qui affaiblissent celle-là, comme on l'expliquera dans le chapitre suivant.

CHAPITRE XV

AUTRE REMARQUE SUR LE SUJET DE LA CROYANCE DES ÉVÉNEMENTS.

Il y a encore une autre remarque très-importante à faire sur la croyance des événements : c'est qu'entre les circonstances qu'on doit considérer pour juger si on doit les croire ou ne pas les croire, il y en a qu'on peut appeler des circonstances communes, parce qu'elles se rencontrent en beaucoup de faits, et qu'elles se trouvent incomparablement plus souvent jointes à la vérité qu'à la fausseté ; et alors si elles ne sont point contre-balancées par d'autres circonstances particulières qui affaiblissent ou qui ruinent dans notre esprit les motifs de croyance qu'il tirait de ces circonstances communes, nous avons raison de croire ces événements, sinon certainement, au moins très-probablement : ce qui nous suffit quand nous sommes obligés d'en juger, car comme nous nous devons contenter d'une certitude morale dans les choses qui ne sont pas susceptibles d'une certitude métaphysique, lors aussi que nous ne pouvons pas avoir une entière certitude morale, le mieux que nous puissions faire, quand nous sommes engagés à prendre parti, est d'embrasser le plus probable, puisque ce serait un renversement de la raison d'embrasser le moins probable[1].

Que si, au contraire, ces circonstances communes qui nous auraient portés à croire une chose se trouvent jointes à d'autres circonstances particulières qui ruinent dans notre esprit, comme nous venons de dire, les motifs de croyance qu'il tirerait de ces circonstances communes, ou qui même soient telles qu'il soit fort rare que de semblables circonstances ne soient pas accompagnées de faus-

---

1. On reconnaît le principe logique du *probabilisme*, dont les moralistes de la Société de Jésus ont tant abusé.

setés, nous n'avons plus alors la même raison de croire cet événement : mais ou notre esprit demeure en suspens, si les circonstances particulières ne font qu'affaiblir le poids des circonstances communes ; ou il se porte à croire que le fait est faux, si elles sont telles qu'elles soient ordinairement des marques de fausseté. Voici un exemple qui peut éclaircir cette remarque.

C'est une circonstance commune à beaucoup d'actes d'être signés par deux notaires, c'est-à-dire par deux personnes publiques qui ont d'ordinaire grand intérêt à ne point commettre de fausseté, parce qu'il y va non-seulement de leur conscience et de leur honneur, mais aussi de leur bien et de leur vie. Cette seule considération suffit, si nous ne savons point d'autres particularités d'un contrat, pour croire qu'il n'est point antidaté ; non qu'il n'y en puisse avoir d'antidatés, mais parce qu'il est certain que de mille contrats, il y en a neuf cent quatre-vingt-dix-neuf qui ne le sont point : de sorte qu'il est incomparablement plus probable que ce contrat que je vois est l'un des neuf cent quatre-vingt-dix-neuf, que non pas qu'il soit cet unique qui entre mille peut se trouver antidaté. Que si la probité des notaires qui l'ont signé m'est parfaitement connue, je tiendrai alors pour très-certain qu'ils n'y auront point commis de fausseté[1].

Mais si à cette circonstance commune d'être signé par deux notaires, qui m'est une raison suffisante, quand elle n'est point combattue par d'autres, d'ajouter foi à la date d'un contrat, on y joint d'autres circonstances particulières, comme que ces notaires soient diffamés pour être sans honneur et sans conscience, et qu'ils aient pu avoir un grand intérêt à cette falsification, cela ne me fera pas encore conclure que ce contrat est antidaté, mais diminuera le poids qu'aurait eu sans cela dans mon esprit la signature des deux notaires pour me faire croire qu'il ne le serait pas. Que si, de plus, je puis découvrir d'autres

---

1. Pascal, auquel les logiciens de Port-Royal ont fait une foule d'emprunts, est l'inventeur du calcul des probabilités, dans lequel on détermine mathématiquement le nombre de chances favorables ou contraires.

preuves positives de cette antidate, ou par témoins, ou par des arguments très-forts, comme serait l'impuissance où un homme aurait été de prêter vingt mille écus en un temps où l'on montrerait qu'il n'aurait pas eu cent écus vaillant, je me déterminerai alors à croire qu'il y a de la fausseté dans ce contrat ; et ce serait une prétention très-déraisonnable de vouloir m'obliger, ou à ne pas croire ce contrat antidaté, ou à reconnaître que j'avais tort de supposer que les autres où je ne voyais pas les mêmes marques de la fausseté ne l'étaient pas, puisqu'ils pouvaient l'être comme celui-là.

On peut appliquer tout ceci à des matières qui causent souvent des disputes parmi les doctes. On demande si un livre est véritablement d'un auteur dont il a toujours porté le nom, ou si les actes d'un concile sont vrais ou supposés.

Il est certain que le préjugé est pour l'auteur qui est depuis longtemps en possession d'un ouvrage, et pour la vérité des actes d'un concile que nous lisons tous les jours, et qu'il faut des raisons considérables pour nous faire croire le contraire, nonobstant ce préjugé.

C'est pourquoi un fort habile homme de ce temps ayant voulu montrer que la lettre de saint Cyprien au pape Étienne sur le sujet de Martien, évêque d'Arles, n'est pas de ce saint martyr, il n'en a pu persuader les savants, ses conjectures ne leur ayant pas paru assez fortes pour ôter à saint Cyprien une pièce qui a toujours porté son nom, et qui a une parfaite ressemblance de style avec ses ouvrages.

C'est en vain aussi que Blondel et Saumaise, ne pouvant répondre à l'argument qu'on tire des lettres de saint Ignace pour la supériorité de l'évêque au-dessus des prêtres dès le commencement de l'Église, ont voulu prétendre que toutes ces lettres étaient supposées, selon même qu'elles ont été imprimées par Isaac Vossius et Ussérius sur l'ancien manuscrit grec de la bibliothèque de Florence ; ils ont été réfutés par ceux même de leur parti, parce qu'avouant, comme ils font que nous avons les mêmes lettres qui ont été citées par Eusèbe, par saint Jérôme, par Théodoret, et même par Origène, il n'y a nulle apparence que les lettres de saint Ignace, ayant été recueillies par saint Polycarpe, ces véritables lettres soient disparues, et qu'on en ait supposé d'autres dans le temps qui s'est passé entre saint Polycarpe et Origène, ou Eusèbe ; outre que ces lettres de saint Ignace, que nous avons maintenant, ont un certain caractère de sainteté et de simplicité si propre à ces temps apostoliques, qu'elles se défendent toutes seules contre ces vaines accusations de supposition et de fausseté.

Enfin, toutes les difficultés que le cardinal du Perron a proposées contre la lettre du concile d'Afrique au pape saint Célestin, touchant les appellations au saint-siége, n'ont point empêché que l'on n'ait cru depuis, comme auparavant, qu'elle a été véritablement écrite par ce concile.

Mais il y a néanmoins d'autres rencontres où les raisons particulières l'emportent sur cette raison générale d'une longue possession.

Ainsi, quoique la lettre de saint Clément à saint Jacques, évêque de Jérusalem, ait été traduite par Ruffin il y a près de treize cents ans, et qu'elle soit alléguée comme étant de saint Clément par un concile de France il y a plus de douze cents ans, il est toutefois difficile de ne pas avouer qu'elle est supposée, puisque ce saint évêque de Jérusalem ayant été martyrisé avant saint Pierre, il est impossible que saint Clément lui ait écrit depuis la mort de saint Pierre, comme le suppose cette lettre.

De même, quoique les commentaires sur saint Paul attribués à saint Ambroise aient été cités sous son nom par un très-grand nombre d'auteurs, et l'œuvre imparfait sur saint Mathieu sous celui de saint Chrysostome, tout le monde néanmoins convient aujourd'hui qu'ils ne sont pas de ces saints, mais d'autres auteurs anciens engagés dans beaucoup d'erreurs.

Enfin, les Actes que nous voyons dans les conciles de Sinuesse sous Marcellin, de deux ou trois de Rome sous saint Sylvestre, et d'un autre de Rome sous Sixte III, seraient suffisants pour nous persuader de la vérité de ces conciles, s'ils ne contenaient rien que de raisonnable et qui eût du rapport au temps qu'on attribue à ces conciles ; mais ils en contiennent tant de déraisonnables, et qui ne conviennent point à ces temps-là, qu'il y a grande apparence qu'ils sont faux et supposés.

Voilà quelques remarques qui peuvent servir en ces sortes de jugements : mais il ne faut pas s'imaginer qu'elles soient de si grand usage qu'elles empêchent toujours qu'on s'y trompe. Tout ce qu'elles peuvent, au plus, est de faire éviter les fautes les plus grossières, et d'accoutumer l'esprit à ne pas se laisser emporter par des lieux communs, qui, ayant quelque vérité en général, ne laissent pas d'être faux en beaucoup d'occasions particulières, ce qui est une des plus grandes sources des erreurs des hommes.

CHAPITRE XVI

DU JUGEMENT QUE L'ON DOIT FAIRE DES ACCIDENTS FUTURS.

Ces règles, qui servent à juger des faits passés, peuvent facilement s'appliquer aux faits à venir ; car, comme l'on doit croire probablement qu'un fait est arrivé lorsque les circonstances certaines que l'on connaît sont ordinairement jointes avec ce fait, on doit croire aussi probablement qu'il arrivera lorsque les circonstances présentes sont telles qu'elles sont ordinairement suivies d'un tel effet. C'est ainsi que les médecins peuvent juger du bon ou du mauvais succès des maladies, les capitaines des événements futurs d'une guerre, et que l'on juge dans le monde de la plupart des affaires contingentes.

Mais à l'égard des accidents où l'on a quelque part, et que l'on peut ou procurer ou empêcher en quelque sorte par ses soins en s'y exposant ou en les évitant, il arrive à bien des gens de tomber dans une illusion qui est d'autant plus trompeuse qu'elle leur paraît plus raisonnable. C'est qu'ils ne regardent que la grandeur et la conséquence de l'avantage qu'ils souhaitent ou de l'inconvénient qu'ils craignent, sans considérer en aucune sorte l'apparence et la probabilité qu'il y a que cet avantage ou cet inconvénient arrive ou n'arrive pas.

Ainsi, lorsque c'est quelque grand mal qu'ils appréhendent, comme la perte de la vie ou de tout leur bien, ils croient qu'il est de la prudence de ne négliger aucune précaution pour s'en garantir ; et si c'est quelque grand bien, comme le gain de cent mille écus, ils croient que c'est agir sagement que de tâcher de l'obtenir si le hasard en coûte peu, quelque peu d'apparence qu'il y ait qu'on y réussisse.

C'est par un raisonnement de cette sorte qu'une princesse ayant ouï dire que des personnes avaient été accablées par la chute d'un plancher, ne voulait jamais ensuite entrer dans une maison sans l'avoir fait visiter auparavant ; et elle était tellement persuadée qu'elle avait raison, qu'il lui semblait que tous ceux qui agissaient autrement étaient imprudents.

C'est aussi l'apparence de cette raison qui engage diverses personnes en des précautions incommodes et excessives pour conserver leur santé. C'est ce qui en rend d'autres défiantes jusqu'à l'excès dans les plus petites choses, parce que ayant été quelquefois trompées, elles s'imaginent qu'elles le seront même dans toutes les autres affaires. C'est ce qui attire tant de gens aux loteries : gagner, disent-ils, vingt mille écus pour un écu, n'est-ce pas une chose bien avantageuse? Chacun croit être cet heureux à qui le gros lot arrivera ; et personne ne fait réflexion que s'il est, par exemple, de vingt mille écus, il sera peut-être trente mille fois plus probable pour chaque particulier qu'il ne l'obtiendra pas, que non pas qu'il l'obtiendra [1].

Le défaut de ces raisonnements est que pour juger de ce que l'on doit faire pour obtenir un bien ou pour éviter un mal, il ne faut pas seulement considérer le bien et le mal en soi, mais aussi la probabilité qu'il arrive ou n'arrive pas, et regarder géométriquement la proportion que toutes ces choses ont ensemble : ce qui peut être éclairci par cet exemple.

Il y a des jeux où dix personnes mettant chacune un écu, il n'y en a qu'une qui gagne le tout et toutes les autres perdent : ainsi chacun des joueurs n'est au hasard que de perdre un écu, et pour en gagner neuf. Si l'on ne considérait que la perte et le gain en soi, il semblerait que tous y ont de l'avantage ; mais il faut de plus considérer que si chacun peut gagner neuf écus, et n'est au hasard que

---

[1]. Toutes ces questions relatives aux chances à venir rentrent dans le calcul des probabilités, dont la statistique moderne fait un usage si fréquent et si utile. C'est, dit-on, une partie de jeu interrompue et où il fallait partager le gain inégalement entre les joueurs selon les chances de leur jeu, qui mit Pascal sur la voie de ses découvertes dans le calcul des probabilités.

d'en perdre un, il est aussi neuf fois plus probable, à l'égard de chacun, qu'il perdra son écu et ne gagnera pas les neuf. Ainsi, chacun a pour soi neuf écus à espérer, un écu à perdre, neuf degrés de probabilité de perdre un écu et un seul de gagner les neuf écus : ce qui met la chose dans une parfaite égalité.

Tous les jeux qui sont de cette sorte sont équitables, autant que les jeux peuvent l'être, et ceux qui sont hors de cette proportion sont manifestement injustes; et c'est par là qu'on peut faire voir qu'il y a une injustice évidente dans ces espèces de jeu qu'on appelle loteries, parce que le maître de loterie prenant d'ordinaire sur le tout une dixième partie pour son préciput, tout le corps des joueurs est dupé de la même manière que si un homme jouait à un jeu égal, c'est-à-dire où il y a autant d'apparence de gain que de perte, dix pistoles contre neuf. Or, si cela est désavantageux à tout le corps, cela l'est aussi à chacun de ceux qui le composent, quoiqu'il arrive de là que la probabilité de la perte surpasse plus la probabilité du gain que l'avantage qu'on espère ne surpasse le désavantage auquel on s'expose, qui est de perdre ce qu'on y met [1].

Il y a quelquefois si peu d'apparence dans le succès d'une chose, que quelque avantageuse qu'elle soit, et quelque petite que soit celle que l'on hasarde pour l'obtenir, il est utile de ne pas la hasarder. Ainsi, ce serait une sottise de jouer vingt sols contre dix millions de livres, ou contre un royaume, à condition que l'on ne pourrait le gagner qu'autant qu'un enfant arrangeant au hasard les lettres d'une imprimerie composât tout d'un coup les vingt premiers vers de l'*Énéide* de Virgile [2] : aussi, sans qu'on y pense, il n'y a point de moment dans la vie où l'on ne le hasarde plus qu'un prince ne hasardera son royaume en le jouant à cette condition.

Ces réflexions paraissent petites, et elles le sont en effet

---

1. Ce sont les raisons scientifiques pour lesquelles notre législation interdit en principe les loteries.

2. Comparez les réflexions de Fénelon dans la première partie du *Traité de l'existence de Dieu*.

si on en demeure là; mais on peut les faire servir à des choses plus importantes; et le principal usage qu'on doit en tirer est de nous rendre plus raisonnables dans nos espérances et dans nos craintes. Il y a, par exemple, beaucoup de personnes qui sont dans une frayeur excessive lorsqu'elles entendent tonner. Si le tonnerre les fait penser à Dieu et à la mort, à la bonne heure: on n'y saurait trop penser; mais si c'est le seul danger de mourir par le tonnerre qui leur cause cette appréhension extraordinaire, il est aisé de leur faire voir qu'elle n'est pas raisonnable : car de deux millions de personnes, c'est beaucoup s'il y en a une qui meure de cette manière, et on peut dire même qu'il n'y a guère de mort violente qui soit moins commune. Puis donc que la crainte du mal doit être proportionnée non-seulement à la grandeur du mal, mais aussi à la probabilité de l'événement, comme il n'y a guère de genre de mort plus rare que de mourir par le tonnerre, il n'y en a guère aussi qui dût nous causer moins de crainte, vu même que cette crainte ne sert de rien pour nous le faire éviter.

C'est par là non-seulement qu'il faut détromper ces personnes qui apportent des précautions extraordinaires et importunes pour conserver leur vie et leur santé, en leur montrant que ces précautions sont un plus grand mal que ne peut être le danger si éloigné de l'accident qu'elles craignent, mais qu'il faut aussi désabuser tant de personnes qui ne raisonnent guère autrement dans leurs entreprises qu'en cette manière : Il y a du danger en cette affaire, donc elle est mauvaise; il y a de l'avantage dans celle-ci, donc elle est bonne; puisque ce n'est ni par le danger, ni par les avantages, mais par la proportion qu'ils ont entre eux qu'il faut en juger.

Il est de la nature des choses finies de pouvoir être surpassées, quelque grandes qu'elles soient, par les plus petites, si on les multiplie souvent, ou que ces petites choses surpassent plus les grandes en vraisemblance de l'événement qu'elles n'en sont surpassées en grandeur.

Ainsi, le moindre petit gain peut surpasser le plus grand qu'on puisse s'imaginer, si le petit est souvent réitéré, ou si ce grand bien est tellement difficile à obtenir, qu'il surpasse moins le petit en grandeur que le petit ne le surpasse en facilité ; et il en est de même des maux que l'on appréhende, c'est-à-dire que le moindre petit mal peut être plus considérable que le plus grand mal qui n'est pas infini, s'il le surpasse par cette proportion[1].

Il n'y a que les choses infinies, comme l'éternité et le salut qui ne peuvent être égalées par aucun avantage temporel, et ainsi on ne doit jamais les mettre en balance avec aucune des choses du monde. C'est pourquoi le moindre degré de facilité pour se sauver vaut mieux que tous les biens du monde joints ensemble ; et le moindre péril de se perdre est plus considérable que tous les maux temporels, considérés seulement comme maux.

Ce qui suffit à toutes les personnes raisonnables pour leur faire tirer cette conclusion, par laquelle nous finirons cette logique, que la plus grande de toutes les imprudences est d'employer son temps et sa vie à autre chose qu'à ce qui peut servir à en acquérir une qui ne finira jamais, puisque tous les biens et les maux de cette vie ne sont rien en comparaison de ceux de l'autre, et que le danger de tomber dans ces maux est très-grand, aussi bien que la difficulté d'acquérir ces biens.

Ceux qui tirent cette conclusion, et qui la suivent dans la conduite de leur vie, sont prudents et sages, fussent-ils peu justes dans tous les raisonnements qu'ils font sur les matières de science ; et ceux qui ne la tirent pas, fussent-ils justes dans tout le reste, sont traités dans l'Écriture de fous et d'insensés, et font un mauvais usage de la logique, de la raison et de la vie.

---

[1]. Arnauld emprunte ici à Pascal les prémisses de son fameux argument relatif à l'existence de Dieu et de l'autre vie.

[2]. On reconnait des réflexions analogues à l'argument du pari dans les *Pensées* de Pascal.

EXTRAITS ET ÉCLAIRCISSEMENTS

RELATIFS A LA LOGIQUE

EXTRAITS ET ÉCLAIRCISSEMENTS

RELATIFS A LA LOGIQUE

I

ARISTOTE

LE SYLLOGISME, L'INDUCTION ET LA DÉFINITION D'APRÈS ARISTOTE.

De même que, dans la morale, le bien, qui en soi est un extrême, se trouve dans le milieu entre les passions, de même la cause, extrémité, commencement ou fin dans la nature, est le terme moyen dans la science. Mais de même aussi que ce qui fixe entre les excès des passions le milieu du bien, c'est l'excellence de la raison en sa libre activité, de même c'est l'activité de la pensée qui détermine et qui réalise la cause dans la science, sous la forme du moyen terme. La sagacité à découvrir les causes n'est autre chose que la perspicacité dans la détermination d'une limite, ou mesure commune, entre deux termes homogènes. Ainsi, quelle que soit l'étendue d'une démonstration, la science ne sort pas des termes dont elle se propose de trouver le rapport : elle commence par diviser le milieu renfermé dans les limites de la conclusion, puis elle le resserre sur lui-même, et le condense jusqu'à ce que les extrêmes se confondent et ne fassent plus qu'un. Si l'on donne au géomètre une figure dans l'espace, ou que, cherchant une figure, il se la propose à lui-même, c'est en menant des lignes ou des surfaces par quelqu'un des points ou quelqu'une des lignes de cette figure qu'il en développe les propriétés : toute science fait de même. En effet, toute pensée est dans l'acte ; la pensée ne pense rien que ce qu'elle fait venir à l'acte. On ne sait qu'en faisant : savoir c'est faire ; or l'objet de la science est donné à la science, soit dans le possible, soit dans le réel. On ne connaît donc rien qu'en amenant à l'acte, par la division, ce qui n'est qu'en puissance dans la totalité de l'objet et en y réalisant le moyen terme.

La méthode syllogistique est donc une synthèse nécessaire, fondée sur une division antérieure de l'intervalle de ses termes....

La méthode de démonstration tire toute sa force du moyen terme. C'est le moyen terme qui fait la synthèse des extrêmes.

La science proprement dite suppose la connaissance antérieure des prémisses. Maintenant des deux prémisses, la majeure est l'expression du rapport du moyen terme avec le petit extrême, c'est-à-dire avec le sujet de la conclusion; la mineure est le rapport du moyen terme avec le grand extrême, l'attribut de la conclusion : or rien de plus simple que de trouver la mineure. En possession de la conclusion, et par conséquent du sujet, il nous suffit de l'expérience pour connaître dans ce sujet un attribut de plus; au contraire, la majeure est le rapport de deux attributs; ce n'est pas une proposition propre au sujet, et que l'expérience en puisse tirer immédiatement, mais un principe pour tout le genre dans lequel le moyen terme renferme le petit extrême. C'est donc la majeure qui est le principe général de la démonstration; c'est la majeure qu'il s'agit de trouver pour en tirer la science, en faisant ressortir les conclusions qu'elle enveloppe dans l'étendue de sa puissance.

Pour obtenir la majeure sans la conclure de démonstrations antécédentes, il faut donc une méthode nouvelle, qui n'est ni la démonstration ni l'expérience immédiate : l'*induction* est cette méthode. L'induction consiste à tirer la majeure de la comparaison de la mineure et de la conclusion; elle consiste à conclure, de ce que le grand terme (A) et le moyen (B) sont enfermés dans la compréhension du petit (C), que le grand est compris dans le moyen (A en B, B en C : donc A en C). Mais il est évident que cette conséquence, illégitime en elle-même, ne peut être légitime qu'à une seule condition; savoir, que le petit extrême (C) soit équivalent au moyen terme (B), et qu'on puisse les substituer l'un à l'autre; or, pour établir cette équation, il n'y a qu'une voie : c'est de prendre pour petit extrême tous les cas particuliers contenus dans l'extension du moyen terme. Dans les sciences naturelles, l'énumération complète est impossible et serait superflue : on se contente du plus grand nombre, et on néglige les exceptions et l'accident; mais la condition rigoureuse de la légitimité logique de l'induction n'en est pas moins la substitution, au moyen terme, de la somme totale des individualités qui composent son extension. Cette condition réalisée, le petit terme et le moyen peuvent se convertir l'un dans l'autre. La mineure tourne sur elle-même ; les deux autres propositions, sans tourner sur elles-mêmes, tournent autour de la mineure, afin de présenter à ses deux faces les mêmes faces qu'auparavant : la conclusion se trouve en tête, la majeure à la fin, à la place de la conclusion (au lieu de A en B, B en C, A en C, on a : A en C, C en B, A en B). Ainsi l'induction est un syllogisme sans moyen terme, où le petit extrême tient lieu du moyen terme, et où la conclusion devient la majeure et la majeure la conclusion.

La démonstration et l'induction s'opposent donc, comme la méthode qui descend des principes aux conséquences et la méthode qui s'élève des conséquences aux principes ; en outre, si toute démonstration suppose une majeure, et s'il est impossible que la preuve remonte à l'infini, toute démonstration dérive d'une majeure indémontrable. Toutes les majeures intermédiaires peuvent donc être trouvées indifféremment par l'induction ou la déduction ; mais la première majeure en chaque genre ne peut être trouvée logiquement que par l'induction. De son côté, l'induction suppose pour fondement, en dernière analyse, une conclusion élémentaire qui ne puisse pas être la conséquence d'une induction antécédente : cette conclusion ne peut être trouvée logiquement que par démonstration. La démonstration et l'induction sont donc les deux méthodes opposées qui vont, l'une des premiers principes aux dernières conséquences, l'autre des dernières conséquences aux premiers principes. Le point de départ de la première est le genre, et le terme auquel elle arrive, à travers toute la suite des espèces, l'individu : l'individu est le point de départ de la seconde, et le genre son point d'arrivée. L'une va du général au particulier, l'autre du particulier au général.

La science ne tourne pas pour cela dans un cercle ; la démonstration est la première dans l'ordre logique, l'induction dans l'ordre du temps. La démonstration est la forme essentielle de la science ; l'induction, qui doit s'y ramener, la forme accidentelle sous laquelle il nous faut saisir d'abord les éléments. Celle-là est plus claire en elle-même ; celle-ci plus claire pour nous. Ce qu'il y a de plus évident en soi, l'évidence même, c'est l'intelligible ; ce qu'il y a de plus évident pour nous, ce sont les choses sensibles. La pure lumière est trop vive pour nos yeux ; comme des oiseaux de nuit, nous voyons mieux dans l'ombre. Plongés dans le monde des sens, il nous faut apprendre par degrés à discerner les choses de l'entendement sous les formes de l'espace et du temps, et dans la réalité du mouvement. Ainsi se reproduit, dans la sphère même de la science, l'opposition universelle de l'ordre de l'essence et de l'ordre de la génération des choses, de la logique et de l'histoire, de la raison et de l'expérience, de l'idéalité et de la réalité.

Toute science a pour premier principe, dans l'ordre de sa déduction logique, l'idée d'un genre pris dans toute son étendue ; dans l'ordre de sa génération, l'expérience spéciale des individus enveloppés dans l'étendue de ce genre, et qui l'enveloppent à son tour dans leur compréhension. Toute science repose sur une sensation particulière : un sens de moins, un genre de moins ; par suite une science de moins. Cependant, en dehors des genres, il faut encore à toute science l'universel ; au delà des principes propres les principes communs, qui assujettissent à des lois communes toutes les démonstrations. Or l'universalité n'est pas, comme le genre, une possibilité impliquée dans la réalité de certains individus ; ce n'est pas une condition propre à certaines formes spécifiques comme une puissance l'est à son acte : c'est un rapport, une proportion entre tous les genres et toutes les possibilités. L'universel est donc nécessaire à la science en général, indépendamment de toute hypothèse et de toute restriction, et d'une nécessité universelle ; par conséquent les principes communs ne sont point des majeures de démonstrations, ni par conséquent encore, des conclusions d'inductions correspondantes. Ils ne se renferment pas dans les limites d'un genre défini et dans une sphère définie de la sensibilité. Ce n'est donc pas l'expérience qui nous les donne, comme elle nous donne les principes propres. Nécessaires à toute pensée, supérieurs à toute expérience, ce sont des possessions naturelles, non des acquisitions ; ce sont des *habitudes* primitives de l'intelligence.

Les principes universels seraient-ils donc en nous, de tout temps, comme une science toute faite ? Nous n'en avons pourtant nulle conscience avant de les avoir appliqués dans quelque cas particulier : or les principes sont par eux-mêmes plus intelligibles que les conséquences. Ne serait-il pas étrange que la plus haute et la plus puissante des sciences demeurât cachée dans l'âme sans qu'elle s'en aperçût? Les principes universels ne résident donc pas en nous avant toute expérience, sous la forme définie de conceptions actuelles, et dans l'acte de la pensée. C'est à l'expérience qu'il appartient encore de les faire arriver à l'acte : seulement il n'est plus besoin ici de l'énumération préalable de la totalité ou même du plus grand nombre des cas particuliers auxquels le principe s'applique. Dès la première expérience du rapport de deux termes universels, dans un genre quelconque, l'induction peut étendre le même rapport à tous les genres possibles avec une infaillible certitude. Dès la première expérience, elle peut établir comme nécessaire la proportion ou analogie qui fait l'essence de tout principe universel. Les axiomes ne sont pas dans l'âme seulement en puissance comme toutes les propositions contingentes qu'elle pourra concevoir un jour : ce sont en elle des dispositions prochaines, des habitudes toutes prêtes à l'acte ; aussi, lorsqu'elle applique ces principes, il ne lui semble point qu'elle apprenne, mais qu'elle reconnaisse : sa science lui semble réminiscence. On ne sait pourtant pas, avant l'expérience, l'individualité ou la réalité que l'expérience seule peut découvrir ; on ne sait pas que telle figure donnée a pour somme de ses angles deux angles droits avant de savoir que c'est un triangle, et il est faux que la science, d'une manière absolue, ne soit que réminiscence. Mais ce que l'âme possède d'avance, sans en avoir encore fait usage, sans savoir même qu'elle le possède, c'est le principe qui enveloppe dans son universalité toutes les particularités possibles.

La science de l'universel n'est pas en nous toute faite par avance, et elle ne s'engendre pas non plus de l'expérience par un mouvement successif : c'est une puissance prochaine que rien ne sépare de l'acte qu'un obstacle à l'extérieur, et qui, comme toute habitude, entre en acte dès que l'obstacle est levé. L'âme, sous le poids de la chair au commencement de la vie, est comme ensevelie dans le sommeil : elle n'a qu'à s'éveiller. Comme un homme qui sort de l'ivresse, ou qui de la maladie revient à la santé, il ne s'agit pas pour elle de devenir autre qu'elle n'était, mais de redevenir elle-même. Pour entrer en possession des principes de la pensée, elle ne subit pas de changement et d'altération. Ce n'est pas là du mouvement, mais le repos qui succède aux agitations de la nature et des sens. La pensée a été comme mise en déroute : elle se reforme par degrés. Une perception sensible s'arrête dans la mémoire, puis une autre toute semblable, puis une autre, et les individualités dispersées, les espèces, les genres retrouvent peu à peu leurs rangs dans l'universalité primitive. C'est l'ordre qui se rétablit, le rapport sous lequel les termes reviennent se placer d'eux-mêmes. Toute science, en effet, ainsi que toute vertu, toute habitude en général, est une disposition, un ordre, un rapport étranger au mouvement.

Le commencement de la science est la *définition*.

La proposition n'est que l'affirmation ou la négation d'un fait, et tout fait est une relation, savoir qu'une chose est ou n'est pas comprise dans une autre. La démonstration est la preuve du fait. Mais la définition est la détermination de la chose en elle-même, de sa nature, de son être. Elle ne dit pas *qu'*un terme est en un autre, elle dit *ce qu'*est un terme donné. L'objet de la démonstration est donc l'*existence* de l'attribut dans le sujet; l'objet de la définition, l'*essence*. Toute étendue se résout dans les intervalles et les limites, toute science dans les deux formes correspondantes de la démonstration et de la définition.

Les deux termes de toute proposition sont le petit et le grand extrême, le sujet et l'attribut; tels sont donc les deux objets de la définition. Tout attribut est un accident qui n'a pas d'être par lui-même, qui est sans essence, et ne peut se définir que dans son rapport avec un sujet. Or le rapport de l'attribut au sujet peut être de deux sortes : divisible ou indivisible, médiat ou immédiat : en d'autres termes, il peut être l'objet d'une conclusion ou d'un principe. La définition d'un attribut médiat est donc la conclusion d'un syllogisme.

Mais tout rapport médiat a sa cause hors de lui. Non-seulement l'attribut médiat ne peut pas être en lui-même, mais il ne peut pas être par lui-même dans le sujet où il est. C'est donc de la cause de son rapport avec le sujet que dépend son essence et que sa définition doit être tirée. Or la cause est le moyen terme qui produit, dans la conclusion, la synthèse des extrêmes. La définition de l'attribut médiat ne doit donc pas consister seulement dans la conclusion : elle doit renfermer le moyen terme. La conclusion, à elle seule, n'énonce qu'un rapport qui n'est pas nécessaire et évident par lui-même. Rien ne prouve que ce soit la définition d'une chose, et non pas simplement l'explication de la signification arbitraire d'un nom. Par exemple, définir la quadrature, comme on le fait vulgairement, la formation d'un carré équivalant à une figure donnée, c'est n'énoncer qu'une définition nominale ; la définition réelle est la définition par la cause : la formation d'un carré équivalant à une figure donnée par une moyenne proportionnelle. La moyenne proportionnelle est la cause de la quadrature, et le moyen terme par lequel on en prouve la possibilité. Enfin c'est le moyen terme qui est la raison et la définition même du grand extrême, et c'est pour cela précisément que toute science repose sur la définition : c'est que la science est dans le moyen terme. La définition de l'attribut médiat est donc de deux espèces : la première est une conclusion ; la seconde un syllogisme complet, avec ses trois termes. La première est imparfaite et purement nominale ; la seconde est la définition réelle, essentielle et parfaite[1]. (F. RAVAISON, *Essai sur la métaphysique d'Aristote*, tome I, 494-512.)

BACON

DE LA MÉTHODE INDUCTIVE.

I. — De la vraie méthode dans les sciences de la nature.

L'homme, serviteur et interprète de la nature, n'agit et ne comprend que dans la proportion de ses découvertes ex-

---

[1]. Le syllogisme, dit encore Aristote, est une énonciation dans laquelle, certaines questions étant posées, par cela seul qu'elles le sont, il en résulte nécessairement une autre assertion différente des premières. *Par cela seul qu'elles le sont* veut dire que c'est par ces assertions que l'autre est produite ; et être produite ainsi signifie qu'il n'est besoin, pour que le nécessaire en résulte, d'aucun autre terme étranger. J'appelle donc syllogisme complet celui dans lequel il ne faut rien de plus que les données pour que le nécessaire apparaisse, et incomplet celui qui a besoin, au contraire, d'une ou plusieurs données qu'on ajoute, lesquelles sont bien aussi nécessaires, d'après les termes supposés, mais qui toutefois ne sont pas énoncées dans les premières propositions. »

(*Analytiques*, liv. I, ch. I.)

périmentales et rationelles sur les lois de cette nature ; hors de là, il ne sait et ne peut plus rien.

Ni la main seule, ni l'esprit abandonné à lui-même, n'ont grande puissance; pour accomplir l'œuvre, il faut des instruments et des secours dont l'esprit a tout autant besoin que la main. De même que les instruments physiques accélèrent et règlent le mouvement de la main, les instruments intellectuels facilitent ou disciplinent le cours de l'esprit.

La science de l'homme est la mesure de sa puissance, parce qu'ignorer la cause, c'est ne pouvoir produire l'effet. On ne triomphe de la nature qu'en lui obéissant; et ce qui, dans la spéculation, porte le nom de cause, devient une règle dans la pratique...

Le principe unique et la racine de presque toutes les imperfections des sciences, c'est que, tandis que nous admirons et exaltons faussement les forces de l'esprit humain, nous n'en recherchons point les véritables aides. La nature est bien autrement subtile que nos sens et notre esprit; aussi toutes nos belles méditations et spéculations, toutes les théories inventées par l'homme sont-elles choses dangereuses, à moins toutefois que personne n'y prenne garde.

De même que les sciences, telles qu'elles sont maintenant, ne peuvent servir aux progrès de l'industrie, la logique que nous avons aujourd'hui ne peut servir au progrès de la science.

La logique en usage est plus propre à consolider et perpétuer les erreurs dont les notions vulgaires sont le fondement, qu'à découvrir la vérité : aussi est-elle plus dangereuse qu'utile.

On ne demande point au syllogisme les principes de la science ; on lui demande vainement les lois intermédiaires, parce qu'il est incapable de saisir la nature dans sa subtilité; il lie l'esprit, mais non les choses.

Le syllogisme se compose de propositions, les propositions de termes ; les termes n'ont d'autre valeur que celles des notions. C'est pourquoi, si les notions (ce qui est le point fondamental), sont confuses et dues à une abstraction précipitée, il n'est rien de solide dans ce qu'on édifie sur elles; nous n'avons donc plus d'espoir que dans une légitime *induction*...

Il n'y a et ne peut y avoir que deux voies pour la recherche et la découverte de la vérité : l'une qui, partant de l'expérience et des faits, s'envole aussitôt aux principes les plus généraux, et en vertu de ces principes qui prennent une autorité incontestable, juge et établit les lois secondaires (et c'est elle que l'on suit maintenant); l'autre qui de l'expérience et des faits tire les lois, en s'élevant progressivement et sans secousse jusqu'aux principes les plus généraux, qu'elle atteint en dernier lieu; celle-ci est la vraie, mais on ne l'a jamais pratiquée...

L'une et l'autre méthodes partent de l'expérience et des faits, et se reposent dans les premiers principes; mais il y a entre elles une différence immense; puisque l'une effleure seulement en courant l'expérience et les faits, tandis que l'autre en fait une chose enchaînée et approfondie; l'une, dès le début, établit certains principes généraux, abstraits et inutiles, tandis que l'autre s'élève graduellement aux lois qui sont en réalité les plus familières à la nature.

BACON, *Novum organum*.

De la nouvelle méthode.

Si les hommes, pendant tant de siècles, avaient suivi la vraie méthode de découvertes et de culture scientifique, sans faire plus de progrès, ce serait très-certainement une opinion audacieuse et téméraire que d'espérer une amélioration inconnue jusqu'ici. Mais si l'on s'est trompé de route, et si les hommes ont consumé leurs peines dans une direction qui ne pouvait les conduire à rien, il s'ensuit que ce n'est pas dans les choses elles-mêmes, sur lesquelles ne s'étend pas notre pouvoir, que se trouve la difficulté, mais dans l'esprit humain et dans la manière dont on l'a exercé, ce à quoi l'on peut remédier certainement. Ce sera donc une chose excellente que de montrer ces errements; car autant d'obstacles ils auront créés dans le passé, autant de motifs d'espérance on devra concevoir pour l'avenir. Et quoique nous en ayons déjà touché quelque chose, dans ce que nous avons dit plus haut, cependant il nous a paru utile de les expliquer ici brièvement en termes nus et simples.

Les sciences ont été traitées, ou par les empiriques, ou par les dogmatiques. Les empiriques, semblables aux fourmis, ne savent qu'amasser et user : les rationalistes, semblables aux araignées, font des toiles qu'ils tirent d'eux-mêmes; le procédé de l'abeille tient le milieu entre ces deux :

elle recueille ses matériaux sur les fleurs des jardins et des champs, mais elle les transforme et les distille par une vertu qui lui est propre : c'est l'image du véritable travail de la philosophie, qui ne se fie pas aux seules forces de l'esprit humain et n'y prend même pas son principal appui; qui ne se contente pas non plus de déposer dans la mémoire, sans y rien changer, des matériaux recueillis dans l'histoire naturelle et les arts mécaniques, mais les porte jusque dans l'esprit modifiés et transformés. C'est pourquoi il y a tout à espérer d'une alliance intime et sacrée de ces deux facultés expérimentale et rationnelle, alliance qui ne s'est pas encore rencontrée.

Jusqu'ici, la philosophie naturelle ne s'est jamais trouvée pure, mais toujours infestée et corrompue : dans l'école d'Aristote, par la logique ; dans l'école de Platon, par la théologie naturelle ; dans le néo-platonisme de Proclus et des autres, par les mathématiques qui doivent terminer la philosophie naturelle et non l'engendrer et la produire. Mais on doit espérer beaucoup mieux d'une philosophie naturelle, pure et sans mélange.

Personne jusqu'ici ne s'est rencontré avec un esprit assez ferme et rigoureux, pour s'imposer déterminément la loi de ruiner complétement en lui toutes les théories et les notions communes, et d'appliquer de nouveau à l'étude des faits son intelligence purifiée et nette. C'est pourquoi la raison humaine, telle qu'elle est maintenant, est un amas de notions incohérentes, où le crédit d'autrui, le hasard et les idées puériles que nous nous sommes faites dans notre enfance, jouent le principal rôle.

Si un homme d'un âge mûr, jouissant de tous ses sens, et d'un esprit purifié, s'applique de nouveau à l'expérience et à l'étude des faits, on doit bien augurer de son entreprise. Et c'est où nous osons nous promettre la fortune d'Alexandre le Grand ; et qu'on ne nous accuse pas de vanité, avant d'avoir entendu la fin, qui est faite pour ôter toute vanité.

Il est vrai qu'Eschine parla ainsi d'Alexandre et de ses hauts faits : « Pour nous, nous ne vivons pas une vie mortelle, mais nous sommes nés pour que la postérité raconte de nous des merveilles. » Comme s'il eût vu dans les actions d'Alexandre des miracles.

Mais dans les âges suivants, Tite Live a frappé plus juste, en disant d'Alexandre quelque chose de semblable à ceci :

« Ce n'est qu'un heureux audacieux qui a su mépriser les fantômes. » Et notre opinion est que dans les âges à venir on portera de nous le jugement « que nous n'avons rien fait d'extraordinaire, mais seulement réduit à leur juste valeur des choses dont on se faisait une idée exagérée. » Mais cependant, comme nous l'avons déjà dit, il n'y a d'espoir que dans une *régénération* des sciences, qui les fasse sortir de l'expérience suivant des lois fixes, et leur donne ainsi un fondement nouveau ; ce à quoi, de l'aveu universel, je pense, personne n'a encore travaillé ni songé.

Mais l'expérience, à laquelle il faut décidément recourir, n'a donné jusqu'ici à la philosophie que des fondements très-faibles ou nuls : on n'a pas encore recherché et amassé une forêts de faits et de matériaux dont le nombre, le genre et la certitude fussent en aucune façon suffisants et capables d'éclairer et de guider l'esprit. Mais les hommes doctes, négligents et faciles à la fois, ont recueilli comme des rumeurs de l'expérience, en ont reçu les échos et les bruits pour établir ou confirmer leur philosophie, et ont cependant donné à ces vains témoignages tout le poids d'une autorité légitime ; et, semblable à un royaume ou à tout autre Etat qui gouvernerait ses conseils et ses affaires, non d'après les lettres et les rapports de ses envoyés ou de messagers dignes de foi, mais d'après les rumeurs publiques et les bruits de carrefour, la philosophie a été gouvernée, en ce qui touche l'expérience, avec une négligence aussi blâmable. Notre histoire naturelle ne recherche rien suivant les véritables règles, ne vérifie, ne compte, ne pèse, ne mesure rien. Mais tout ce qui est indéterminé et vague dans l'observation devient inexact et faux dans la loi générale. Si l'on s'étonne de ce que nous disons, et si nos plaintes paraissent injustes à ceux qui savent qu'Aristote, un si grand homme et aidé des trésors d'un si grand roi, a écrit sur les animaux une histoire à laquelle il a donné beaucoup de soins, et que bien d'autres, avec plus de soins encore, quoique avec moins de bruit, ont beaucoup ajouté à cette histoire ; que d'autres encore ont écrit des histoires et des descriptions nombreuses de plantes, de métaux et de fossiles ; ceux-là certainement n'ont pas suffisamment entendu et compris ce dont il s'agit ici. Autre chose est une histoire naturelle faite pour elle-même, autre chose une histoire naturelle recueillie pour donner à l'esprit les lumières selon lesquelles la philosophie doit être légitimement fondée. Ces deux histoires naturelles, qui diffèrent sous tant d'autres rapports, diffèrent surtout en ce que la première contient seulement la variété des espèces naturelles, et non les expériences fondamentales des arts mécaniques. En effet, de même que dans un Etat, la portée de chaque esprit, et le génie particulier de son caractère et de ses secrets penchants se montre mieux dans une époque de troubles que dans toute autre; de même, les secrets de la nature se manifestent mieux sous le fer et le feu des arts, que dans le cours tranquille de ses opérations accoutumées. Ainsi donc il faudra bien espérer de la philosophie naturelle, alors que l'histoire naturelle, qui en est la base et le fondement, suivra une meilleure méthode; mais auparavant tout espoir serait vain.

D'un autre côté, parmi les expériences relatives aux arts mécaniques, nous trouvons une véritable disette de celles qui sont le plus propres à conduire l'esprit aux lois générales. Le mécanicien qui ne se met nullement en peine de rechercher la vérité, ne donne son attention et ne met la main qu'à ce qui peut faciliter son opération. Mais on ne pourra concevoir une espérance bien fondée du progrès ultérieur des sciences, que lorsque l'on recevra et l'on rassemblera dans l'histoire naturelle une foule d'expériences qui ne sont par elles-mêmes d'aucune utilité pratique, mais qui ont une grande importance pour la découverte des causes et des lois générales; expériences que nous appelons *lumineuses*, pour les distinguer des *fructueuses*, et qui ont cette admirable vertu de ne jamais tromper ni décevoir. Comme leur emploi n'est pas de produire quelque opération, mais de révéler une cause naturelle, quel que soit l'événement, il répond toujours également bien à nos désirs, puisqu'il donne une solution à la question.

Non-seulement il faut rechercher et recueillir un plus grand nombre d'expériences, et d'un autre genre, qu'on ne l'a fait jusqu'aujourd'hui, mais encore il faut employer une méthode toute différente, et suivre un autre ordre et une autre disposition dans l'enchaînement et la gradation des expériences. Une expérience vague et qui n'a d'autre but qu'elle-même, comme nous l'avons déjà dit, est un pur tâtonnement, plutôt fait pour étouffer que pour éclairer l'esprit de l'homme; mais, lorsque l'expérience suivra des règles certaines, et s'avancera graduellement dans un ordre méthodique, alors on pourra espérer mieux des sciences.

Lorsque les matériaux de l'histoire naturelle et d'une expérience telle que la réclame l'œuvre véritable de l'intelligence ou l'œuvre philosophique, seront recueillis et sous la main, il ne faut pas croire qu'il suffise alors à l'esprit d'opérer sur ces matériaux avec ces seules forces et l'unique secours de la mémoire, pas plus qu'on ne pourrait espérer retenir et posséder de mémoire la série entière de quelque éphéméride. Or, jusqu'ici on a beaucoup plus médité qu'écrit pour faire des découvertes, et personne encore n'a expérimenté, la plume à la main; or, toute bonne découverte doit sortir d'une préparation écrite. Lorsque cet usage se sera répandu, on pourra alors espérer mieux de l'expérience, gravée enfin par la plume.

Et de plus, comme le nombre, et j'ai presque dit l'armée des faits, est immense et dispersé au point de confondre et d'éparpiller l'intelligence, il ne faut rien espérer de bon des escarmouches, des mouvements légers et des reconnaissances poussées à droite et à gauche par l'esprit, à moins qu'elles n'aient leur plan et ne soient coordonnées dans des tables de découvertes toutes spéciales, bien disposées et en quelque façon vivantes, où viennent se réunir toutes les expériences relatives au sujet de recherches, et que l'esprit ne prenne son point d'appui dans ces tables bien ordonnées qui préparent son travail.

Mais, après avoir mis sous ses yeux un nombre suffisant de faits méthodiquement enchaînés et groupés, il ne faut pas passer sur-le-champ à la recherche et à la découverte de nouveaux faits ou des opérations de l'art; ou du moins, si l'on y passe, il ne faut pas y reposer l'esprit. Nous ne nions pas que lorsque les expériences de tous les arts seront réunies dans un seul corps, et offertes ainsi à la pensée et au jugement d'un seul homme, on ne puisse, en appliquant les expériences d'un art aux autres arts, faire beaucoup de nouvelles découvertes, utiles à la condition et au bien-être des hommes, par le secours de cette seule expérience que nous appelons écrite; mais cependant on doit espérer de cette expérience beaucoup moins que de la nouvelle lumière des lois générales, tirées légitimement de ces faits, suivant une méthode certaine, et qui indiquent et désignent à leur tour une foule de faits nouveaux. La vraie route n'est pas un chemin uni, elle monte et descend; elle monte d'abord aux lois générales, et descend ensuite à la pratique.

Cependant il ne faut pas permettre que l'intelligence saute et s'envole des faits aux lois les plus élevées et les plus générales, telles que les principes de la nature et des arts, comme on les nomme, et, leur donnant une autorité incontestable, établisse d'après elles les lois secondaires; ce que l'on a toujours fait jusqu'ici, l'esprit humain y étant porté par un entraînement naturel, et de plus y étant formé et habitué depuis longtemps par l'usage des démonstrations toutes syllogistiques. Mais il faudra bien espérer des sciences, lorsque l'esprit montera, par la véritable échelle et par des degrés continus et sans solution, des faits aux lois les moins élevées, ensuite aux lois moyennes, en s'élevant de plus en plus jusqu'à ce qu'il atteigne enfin les plus générales de toutes. Car les lois les moins élevées ne diffèrent pas beaucoup de la simple expérience; mais ces principes suprêmes et très-généraux que la raison emploie maintenant, sont fondés sur les notions abstraites, et n'ont rien de solide. Les lois intermédiaires, au contraire, sont les principes vrais, solides et en quelque sorte vivants, sur lesquels reposent toutes les affaires et les fortunes humaines; au-dessus d'eux enfin sont les principes suprêmes, mais constitués de telle façon qu'ils ne soient pas abstraits, et que les principes intermédiaires les déterminent.

Ce ne sont pas des ailes qu'il faut attacher à l'esprit humain, mais plutôt du plomb et des poids, pour l'arrêter dans son emportement et son vol. C'est ce qu'on n'a pas fait jusqu'ici, mais lorsqu'on le fera, on pourra espérer mieux des sciences.

Pour établir les lois générales, il faut chercher une autre forme d'*induction* que celle que l'on a employée jusqu'ici, et qui ne serve pas à découvrir et à constituer seulement les principes, comme on les nomme, mais encore les lois les moins générales, les intermédiaires, et toutes en un mot. L'induction, qui procède par une simple énumération, est une chose puérile, qui aboutit à une conclusion précaire, qu'une expérience contradictoire peut ruiner, et qui prononce le plus souvent sur un nombre de faits trop restreint, et sur ceux seulement qui se présentent d'eux-mêmes à l'observation. Mais l'induction, qui sera utile pour la découverte et la démonstration des sciences et des arts, doit séparer la nature par des rejets et des exclusions légitimes; et, après avoir repoussé tous les faits qu'il convient, conclure en vertu de ceux qu'elle admet; ce que personne n'a encore fait ni essayé, si ce n'est pourtant Platon, qui se sert quelquefois de cette forme d'induction, pour en tirer ses définitions et ses idées. Mais pour constituer complétement et légitimement cette induction ou démonstration, il faut lui appliquer une foule de règles, qui ne sont jamais venues à l'esprit d'aucun homme; de façon qu'il faut s'en occuper beaucoup plus qu'on ne s'est jamais occupé du syllogisme; et l'on doit se servir de cette induction, non-seulement pour découvrir les lois de la nature, mais encore pour déterminer les notions. Et certes, une immense espérance repose sur cette induction. (*Ibid.*)

Classification des causes d'erreur.

Il y a quatre sortes d'*idoles* qui remplissent l'esprit humain; pour nous faire entendre, nous leur donnons les noms suivants : la première espèce d'idoles, ce sont celles de la *tribu*; la seconde, les idoles de la *caverne*; la troisième, les idoles du *forum*; la quatrième, les idoles du *théâtre*.

Les idoles que nous appelons idoles de la *tribu*[1] ont leur origine, ou dans la régularité inhérente à l'essence de l'esprit humain, ou dans ses préjugés, ou dans son étroite portée, ou dans son instabilité continuelle, ou dans son commerce avec les passions, ou dans l'imbécillité des sens, ou dans le mode de l'impression que nous recevons des choses.

Les idoles de la *caverne*[2] viennent de la constitution d'esprit et de corps particulière à chacun; et aussi de l'éducation, de la coutume, des circonstances. Cette espèce d'erreur est très-nombreuse et variée; cependant nous indiquerons celles dont il faut le plus se garder, et qui ont la plus pernicieuse influence sur l'esprit qu'elles corrompent...

Les plus dangereuses de toutes les idoles sont celles du *forum*[3], qui viennent à l'esprit de son alliance avec le lan-

---

1. L'entendement humain est à l'égard des choses comme un miroir infidèle qui, recevant leurs rayons, mêle sa propre nature à leur nature, et ainsi les dévie et les corrompt. » (*Novum organum*, I, 41.)

2. « Chaque homme a en lui une certaine caverne où la lumière de la nature est brisée et corrompue, soit à cause des dispositions naturelles et particulières à chacun, soit en vertu du commerce avec d'autres hommes, et de l'éducation, soit en conséquence des lectures et de l'autorité de ceux que chacun révère et admire, etc. » (*Id.*, 42.)

3. « Nous les nommons idoles du forum pour signifier le commerce et la communauté des hommes où elles prennent naissance... Les mots font violence à l'esprit et troublent tout, et les hommes sont entraînés par eux dans des controverses innombrables et vaines. » (*Novum organum*, 1, 43.)

gage. Les hommes croient que leur raison commande aux mots; mais les mots exercent souvent à leur tour une influence toute-puissante sur l'intelligence, ce qui rend la philosophie et les sciences sophistiques et oiseuses. Le sens des mots est déterminé selon la portée de l'intelligence vulgaire, et le langage coupe la nature par les lignes que cette intelligence aperçoit le plus facilement. Lorsqu'un esprit plus pénétrant ou une observation plus attentive veut transporter ces lignes pour les mettre mieux en harmonie avec la réalité, le langage y fait obstacle; d'où il arrive que de grandes et solennelles controverses d'hommes très-doctes dégénèrent souvent en disputes de mots; tandis qu'il vaudrait mieux commencer, suivant la prudente habitude des mathématiciens, par couper court à toute discussion, en définissant rigoureusement les termes.

Quant aux idoles du *théâtre,* elles ne sont pas innées en nous, ou introduites furtivement dans l'esprit; mais ce sont les fables des systèmes et les mauvaises méthodes de démonstration qui nous les imposent. (*Ibid.*)

La recherche des causes finales doit rester l'objet
de la métaphysique.

La seconde partie de la métaphysique est la recherche des *causes finales,* partie que nous notons ici, non comme oubliée, mais comme mal placée; car, ces causes, on est dans l'habitude de les chercher parmi les objets de la physique et non parmi ceux de la métaphysique. Mais, s'il n'en résultait d'autre inconvénient que le défaut d'ordre, je n'y verrais pas tant de mal; car l'ordre, après tout, n'a pour but que l'éclaircissement de la vérité et ne tient point à la substance des sciences. Il faut convenir pourtant que ce renversement d'ordre a donné naissance à un défaut très-notable et introduit un grand abus dans la philosophie; c'est cette manie de traiter des causes finales dans la physique qui en a chassé et comme banni la recherche des causes physiques. Elle a fait que les hommes, se reposant sur des apparences, sur des ombres de causes de cette espèce, ne se sont pas attachés à la recherche des causes réelles et vraiment physiques, et cela au grand préjudice des sciences. Voilà ce que nous avions à dire sur la métaphysique. Or, nous ne disconvenons pas que la partie de cette science qui a pour objet les causes finales, ne soit traitée dans les livres de physique et dans ceux de métaphysique ; mais, nous disons que dans les derniers elle est à sa place, et qu'elle est déplacée dans les premiers, vu les inconvénients qui en ont résulté... Car la recherche des causes finales est stérile, et, semblable à une vierge consacrée à Dieu, elle n'engendre point. (*Ibid.*)

III

DESCARTES

EXTRAITS DES RÈGLES POUR LA DIRECTION DE L'ESPRIT.

Règle IV

Sur la méthode.

Il vaut beaucoup mieux ne jamais songer à chercher la vérité sur aucune chose que de le faire sans méthode ; car il est très-certain que des études sans ordre et des méditations obscures troublent les lumières naturelles et aveuglent l'esprit, et quiconque s'accoutume à marcher ainsi dans les ténèbres s'affaiblit tellement la vue qu'il ne peut plus supporter le grand jour ; ce que confirme aussi l'expérience, puisque le plus souvent nous voyons ceux qui n'ont jamais étudié juger beaucoup plus solidement et beaucoup plus clairement de ce qui se présente que ceux qui ont toujours fréquenté les écoles. Or, par méthode, j'entends des règles certaines et faciles dont la rigoureuse observation empêchera qu'on ne suppose jamais pour vrai ce qui est faux, et fera que, sans se consumer en efforts inutiles, mais au contraire en augmentant graduellement sa science, l'esprit parvienne à la véritable connaissance de toutes les choses qu'il peut atteindre.

Notons bien ici ces deux points : *Ne pas supposer vrai ce qui est faux, et tâcher de parvenir à la connaissance de toutes choses.* En effet, si nous ignorons quelque chose de tout ce que nous pouvons savoir, c'est que nous n'avons découvert aucune route qui nous conduisît à une telle connaissance, ou que nous sommes tombés dans l'erreur contraire. Mais si la méthode indique nettement comment il faut faire usage de l'intuition pour ne pas tomber dans l'erreur contraire à la vérité, et comment doit s'opérer la déduction pour que nous parvenions à la connaissance de toutes choses, elle me semble n'exiger rien de plus pour être complète, puisqu'il n'y a de science possible, comme je l'ai dit plus haut, qu'au moyen de l'intuition et de la déduction. Elle ne s'étend pas néanmoins jusqu'à enseigner comment se font ces opérations, parce qu'elles sont les plus simples et les premières de toutes; en sorte que si notre intelligence ne pouvait les faire auparavant, elle ne comprendrait aucune des règles de la méthode, quelque faciles qu'elles fussent. Quant aux autres opérations de l'esprit que la dialectique s'efforce de diriger à l'aide de ces deux premières, elles sont inutiles ici, ou plutôt elles doivent être comptées parmi les obstacles, parce qu'on ne peut rien ajouter à la pure lumière de la raison qui ne l'obscurcisse de quelque manière.

Puisque donc l'utilité de cette méthode est si grande que se livrer sans elle à la culture des lettres paraît devoir être plus nuisible que profitable, j'aime à croire que depuis longtemps les esprits supérieurs l'ont entrevue de quelque manière, sans autre guide que leur nature. Car l'esprit humain renferme je ne sais quoi de divin où les premières semences des pensées utiles ont été déposées, en sorte que souvent, si négligées et étouffées qu'elles soient par des études contraires, elles produisent des fruits spontanés. Nous en avons une preuve dans les sciences les plus faciles, l'arithmétique et la géométrie. En effet, on a remarqué que les anciens géomètres se servaient d'une certaine analyse qu'ils étendaient à la solution de tous les problèmes, bien qu'ils en aient envié la connaissance à la postérité. Et nous-mêmes ne nous servons-nous pas d'une espèce d'arithmétique, nommée algèbre, qui consiste à opérer sur un nombre ce que les anciens opéraient sur les figures? Or ces deux sortes d'analyse ne sont autre chose que les fruits spontanés des principes innés de cette méthode ; et je ne suis pas étonné qu'appliquées aux objets si simples de ces deux sciences elles aient obtenu un développement plus heureux que dans les autres, où de plus grands obstacles les étouffent ordinairement, mais où cependant elles peuvent encore atteindre infailliblement à une parfaite maturité, pourvu qu'elles soient cultivées avec soin.

C'est là le but principal de ce traité; car je ne ferais pas grand cas de ces règles si elles n'étaient utiles qu'à résoudre les vains problèmes dont les calculateurs et les géomètres ont coutume d'amuser leurs loisirs, et je croirais, dans ce cas, n'avoir réussi qu'à m'occuper de bagatelles avec plus de subtilité peut-être que les autres. Et bien que dans ce traité j'aille souvent parler de figures et de nombres, parce qu'il n'est aucune science à laquelle on puisse demander des exemples aussi évidents et aussi certains, toutefois, quiconque suivra attentivement ma pensée s'apercevra facilement que je n'embrasse rien moins que les mathématiques ordinaires, mais que j'expose une certaine autre science dont elles sont plutôt l'enveloppe que les parties. En effet, cette science doit contenir les premiers rudiments de la raison humaine et servir en outre à extraire d'un sujet quelconque les vérités qu'il renferme; et, pour parler librement, je suis persuadé qu'elle est préférable à toutes les autres connaissances que les hommes nous ont transmises, puisqu'elle en est la source. Si j'ai parlé d'enveloppe, ce n'est pas que je veuille envelopper et cacher cette science pour en éloigner le vulgaire; je désire au contraire la vêtir et l'orner de telle sorte qu'elle soit plus à la portée de l'esprit.

Quand je commençais à me livrer aux mathématiques, je me mis à lire la plupart des ouvrages de ceux qui les ont cultivées; j'étudiai surtout l'arithmétique et la géométrie, parce qu'elles étaient, dit-on, les plus simples et comme une voie pour arriver aux autres sciences; mais ni dans l'une ni dans l'autre je ne rencontrai un auteur qui me satisfît pleinement. Sans doute, en faisant subir l'épreuve du calcul à leurs propositions sur les nombres, je reconnaissais que la plupart étaient exactes; quant aux figures, ils me mettaient en quelque sorte sous les yeux un grand nombre de vérités, et souvent ils concluaient juste en se dirigeant d'après certains résultats; mais pourquoi ces choses étaient ainsi, et comment on parvenait à les découvrir, ils ne me paraissaient pas le montrer suffisamment. Aussi ne m'étonnais-je pas que la plupart même des hommes habiles et instruits, après avoir effleuré ces sciences, les négligeassent aussitôt comme des connaissances puériles et vaines, ou qu'au contraire ils s'arrêtassent effrayés sur le seuil même, les regardant comme des études très-difficiles et très-embrouillées.

En effet, rien de plus vide que de s'occuper de nombres stériles et de figures imaginaires, au point de paraître vouloir se renfermer dans la connaissance de pareilles bagatelles; rien de plus inutile que de s'attacher à ces démonstrations superficielles que l'on découvre plutôt par hasard qu'avec l'aide de la science, et qui s'adressent plutôt à l'imagination et aux yeux qu'à l'intelligence, au point de perdre en quelque sorte l'habitude de raisonner. Rien enfin de plus difficile que de dégager par cette méthode les difficultés nouvelles qui se présentent, de la confusion des nombres qui les enveloppent. Mais quand je me demandai d'où venait que les premiers inventeurs de la philosophie ne voulaient admettre à l'étude de la sagesse personne qui ne possédât les mathématiques, comme si cette science leur eût paru la plus facile et la plus nécessaire pour former et préparer l'esprit à en comprendre de plus hautes, je soupçonnai qu'ils connaissaient certaines mathématiques fort différentes des mathématiques vulgaires de notre temps. Non pas que je croie qu'ils aient parfaitement connu cette science; leurs folles joies et les sacrifices qu'ils offraient lorsqu'ils faisaient quelque légère découverte prouvent clairement combien ils étaient peu avancés sur ce point. Ces machines qu'ils auraient inventées, et que les historiens nous vantent, n'ébranlent pas mon opinion; car bien qu'elles aient été peut-être fort simples, il n'est pas étonnant qu'elles aient été célébrées comme des prodiges par une multitude ignorante et facile à émerveiller. Toutefois, je suis convaincu que les premiers germes de vérité qui ont été déposés par la nature dans l'esprit de l'homme, et que nous étouffons en nous en lisant et en écoutant chaque jour tant d'erreurs, avaient une telle force dans cette naïve et simple antiquité que les hommes, à l'aide de la même lumière intellectuelle qui leur faisait voir qu'on doit préférer la vertu au plaisir et l'honnête à l'utile, bien qu'ils ignorassent la raison de cette préférence, s'étaient formé des idées vraies sur la philosophie et sur les mathématiques, quoiqu'ils ne pussent encore comprendre parfaitement ces sciences. Or, il me semble que quelques traces de ces mathématiques véritables se trouvent encore dans Pappus et Diophante, qui, sans appartenir aux premiers âges, vivaient cependant bien des siècles avant nous. Mais je serais porté à croire que par une ruse coupable ces écrivains eux-mêmes ont exprimé par la suite les passages qui en traitaient. Car de même qu'on a vu beaucoup d'artisans dérober le secret de leurs inventions, eux aussi, craignant peut-être que la facilité et la simplicité de leur méthode ne lui fissent perdre de son prix en le rendant vulgaire, ils ont mieux aimé, pour se faire admirer, nous présenter comme des produits de leur art quelques vérités stériles subtilement déduites que de nous enseigner cet art lui-même, dont la connaissance eût fait cesser toute notre admiration. Enfin quelques hommes d'un grand esprit ont essayé, dans ce siècle, de ressusciter cette méthode; car celle qu'on désigne par le nom étranger d'algèbre ne paraît pas être autre chose, pourvu qu'on la délivre de la multiplicité de chiffres et de figures inexplicables qui la couvrent, et que par ce moyen on lui donne désormais cette clarté et cette facilité suprême que nous supposons devoir se trouver dans les vraies mathématiques. Ces pensées m'ayant ramené de l'étude spéciale de l'arithmétique et de la géométrie vers la recherche générale des mathématiques, je me demandai d'abord ce que tout le monde entendait précisément par ce mot, et pourquoi on regardait comme faisant partie des mathématiques, non-seulement l'arithmétique et la géométrie, mais encore l'astronomie, la musique, l'optique, la mécanique et plusieurs autres sciences. En effet, il ne suffit pas ici de considérer l'étymologie du mot, puisque le mot mathématiques ne signifiant que science, les sciences que je viens d'énumérer n'ont pas moins de droit que la géométrie au nom de mathématiques.

Au reste, il n'est personne, pour peu qu'il ait seulement touché le seuil des écoles, qui ne distingue facilement parmi les objets qui se présentent à lui, ceux qui se rattachent aux mathématiques et ceux qui appartiennent aux autres sciences. En réfléchissant plus attentivement à cela, je découvris enfin qu'on ne doit rapporter aux mathématiques que toutes les choses dans lesquelles on examine l'ordre ou la mesure, et qu'il importe peu que ce soit dans les nombres, les figures, les astres, les sons ou dans tout autre objet qu'on cherche cette mesure : qu'ainsi il doit y avoir une science générale qui explique tout ce qu'on peut chercher touchant l'ordre et la mesure, sans application à aucune matière spéciale, et qu'enfin elle est désignée, non sous un nom étranger, mais sous celui déjà ancien et usuel de mathématiques universelles, parce qu'elle contient tous les éléments qui ont fait appeler les autres sciences parties des mathématiques. Et la preuve que cette science l'emporte de beaucoup en utilité et en facilité sur toutes celles qui en dépendent, c'est qu'elle s'étend à tous les objets de ces dernières et en outre à beaucoup d'autres; et que si elle contient quelques difficultés, elles se rencontrent également dans les autres sciences qui, de plus, en renferment d'autres provenant de leur objet particulier, lesquelles ne se trouvent pas dans la science générale. Et maintenant, lorsque tout le monde connaît le nom de cette science, et que même sans s'y livrer chacun en conçoit l'objet, d'où vient que la plupart recherchent péniblement la connaissance des autres sciences qui en dépendent, et que personne ne se met en peine de l'étudier elle-même? J'en serais étonné si je ne savais qu'elle est regardée par tout le monde comme très-facile, et si depuis longtemps je n'avais remarqué que l'esprit humain, laissant de côté ce qu'il croit pouvoir atteindre facilement, se hâte aussitôt de courir à des objets nouveaux et plus élevés.

Mais moi, qui ai la conscience de ma faiblesse, je me propose d'observer constamment dans la recherche des connaissances un tel ordre que, commençant toujours par les choses les plus simples et les plus faciles, je ne passe jamais à d'autres avant qu'il me semble n'avoir plus rien à désirer sur les premières. C'est pourquoi j'ai cultivé jusqu'à ce jour, autant qu'il a été en moi, ces mathématiques universelles; de sorte que je crois pouvoir désormais me livrer à l'étude des sciences un peu plus hautes sans que mes efforts soient prématurés.

Règle V

Toute la méthode consiste dans l'ordre et la disposition des choses vers lesquelles il est nécessaire de tourner son esprit pour découvrir quelque vérité. Nous la suivrons de point en point si nous ramenons graduellement les propositions obscures et embarrassées à de plus simples, et si, partant de l'intuition des choses les plus faciles, nous tâchons de nous élever par les mêmes degrés à la connaissance de tous les autres.

C'est en cela seulement qu'est renfermée la perfection de l'habileté humaine, et l'observation de cette règle n'est pas moins nécessaire à celui qui veut aborder la science, que le fil de Thésée à celui qui voudrait pénétrer dans le labyrinthe. Mais beaucoup de gens ou ne réfléchissent pas à ce qu'elle recommande, ou l'ignorent tout à fait, ou présument n'en avoir pas besoin; et souvent ils examinent avec si peu d'ordre les questions les plus difficiles qu'ils me semblent agir comme un homme qui, du pied d'un édifice, voudrait s'élancer d'un saut jusqu'au faîte, soit en négligeant l'escalier destiné à cet usage, soit en ne l'apercevant pas. Ainsi font tous les astrologues, qui, sans connaître la nature des astres, sans même en avoir parfaitement observé tous les mouvements, espèrent pouvoir en indiquer les effets ; ainsi font la plupart de ceux qui étudient la mécanique sans savoir la physique, et qui fabriquent au hasard de nouveaux moteurs ; ainsi ces philosophes qui, négligeant l'expérience, croient que la vérité sortira de leur propre cerveau, comme Minerve du cerveau de Jupiter.

Or, tous pèchent également contre cette règle ; mais comme souvent l'ordre qu'elle prescrit est tellement obscur et embarrassé que tous ne peuvent reconnaître quel il est, on aura de la peine à ne pas s'égarer, à moins qu'on n'observe avec soin ce qui va être exposé dans la règle suivante.

Règle VI

Pour distinguer les choses les plus simples de celles qui sont enveloppées et suivre cette recherche avec ordre, il faut, dans chaque série d'objets ou de quelques vérités que nous avons directement déduites d'autres vérités, voir quelle est la chose la plus simple, et comment toutes les autres en sont plus ou moins ou également éloignées.

Quoique cette règle paraisse ne rien apprendre de bien nouveau, elle renferme cependant le principal secret de la méthode, et il n'en est pas une plus utile dans tout ce traité ; car elle nous apprend que toutes les choses peuvent se classer en diverses séries, non sans doute en tant qu'elles se rapportent à quelque genre d'être (division qui ressemblerait aux catégories des philosophes), mais en tant que de la connaissance des unes dépend la connaissance des autres ; en sorte que, toutes les fois qu'une difficulté se présente, nous puissions reconnaître aussitôt s'il est utile d'examiner préalablement certaines choses, quelles elles sont et dans quel ordre il faut les examiner.

Or, pour bien accomplir cette règle, notons d'abord que toutes les choses, dans le sens où elles peuvent se rattacher à ce que nous nous proposons, nous qui ne les considérons pas isolément, mais qui les comparons entre elles pour les connaître les unes par les autres, peuvent être appelées *ou absolues ou relatives*.

J'appelle absolu tout ce qui contient en soi la nature pure et simple que l'on cherche; ainsi, par exemple, tout ce qu'on regarde comme indépendant, cause, simple, universel, un, égal, semblable, droit, etc.; et je dis que l'absolu est ce qu'il y a de plus simple et de plus facile, et que nous devons nous en servir pour résoudre les questions.

J'appelle relatif ce qui est de la même nature, ou qui du moins en participe en un point par lequel on peut le rattacher à l'absolu et l'en déduire en suivant un certain ordre. Le relatif renferme en outre certaines autres choses que j'appelle des rapports; tel est tout ce qu'on nomme dépendant, effet, composé, particulier, multiple, inégal, dissemblable, etc. Les choses relatives s'éloignent d'autant plus des choses absolues qu'elles contiennent plus de rapports subordonnés l'un à l'autre; par la présente règle, nous recommandons de bien distinguer ces rapports et d'en observer la connexion et l'ordre naturel, de manière que, partant du dernier et passant par tous les autres, nous puissions arriver à ce qu'il y a de plus absolu.

Or tout le secret de la méthode consiste à chercher en tout avec soin ce qu'il y a de plus absolu; car certaines choses sont plus absolues sous un point de vue que sous un autre, tandis que, considérées autrement, elles sont plus relatives. Ainsi l'universel est plus absolu que le particulier, parce qu'il possède une nature plus simple; mais on peut le dire plus relatif, parce qu'il faut des individus pour qu'il existe. Quelquefois aussi certaines choses sont réellement plus absolues que d'autres, et cependant ne sont pas les plus absolues de toutes; comme, par exemple, si nous envisageons les individus, l'espèce est l'absolu; si nous regardons le genre, l'espèce est le relatif. Parmi les corps mesurables, c'est l'étendue qui est l'absolu; mais dans l'étendue, c'est la longueur, etc...
Enfin, pour mieux faire comprendre que nous considérons ici les séries des choses à connaître, et non la nature de chacune d'elles, c'est à dessein que nous avons compté la cause et l'égal au nombre des choses absolues, quoique leur nature soit vraiment relative; car en philosophie la cause et l'effet sont choses corrélatives. Cependant, si nous cherchons ici ce que c'est que l'effet, il faut d'abord connaître la cause, et non commencer par étudier l'effet; les choses égales se correspondent aussi, mais nous ne reconnaissons les choses iné-

gales qu'en les comparant aux choses égales, et non d'une autre manière.

Notons en second lieu qu'il est peu de natures simples et inconditionnelles que nous puissions voir de prime abord et en elles-mêmes, indépendamment de toutes autres, même par des expériences et à l'aide de cette lumière qui est en nous ; aussi dis-je qu'il faut les observer avec soin, car ce sont celles que nous appelons les plus simples dans chaque série. Or on ne peut percevoir toutes les autres qu'en les déduisant de celles-ci, soit immédiatement, soit par deux ou trois conclusions différentes ou par un plus grand nombre, conclusions dont il faut en outre noter le chiffre pour reconnaître si plus ou moins de degrés les séparent de la première et de la plus simple proposition ; tel est partout l'enchaînement des conséquences, duquel naissent ces séries d'objets auxquelles il faut ramener toute question, si l'on veut l'examiner avec une méthode sûre. Mais parce qu'il n'est pas facile de passer en revue toutes ces séries, et qu'il ne faut pas tant les retenir de mémoire que les reconnaître par une certaine pénétration de l'esprit, on doit chercher un moyen de former les esprits de telle sorte que, toutes les fois qu'il sera besoin, ils les découvrent aussitôt. A quoi, certes, rien n'est plus propre, je l'ai moi-même éprouvé, que de s'accoutumer à réfléchir avec une certaine sagacité aux moindres choses que l'on a précédemment perçues.

Notons en troisième lieu qu'il ne faut pas commencer l'étude d'une science par la recherche des choses difficiles, mais qu'il faut, avant d'aborder quelque question déterminée, recueillir sans choix et sur-le-champ les vérités qui se présentent, puis voir graduellement si l'on en peut déduire quelques autres, et de ces dernières d'autres encore, et ainsi de suite. Cela fait, il faut réfléchir attentivement sur les vérités que l'on a trouvées, et examiner avec soin pourquoi l'on a pu trouver les unes plus tôt et plus facilement que les autres, et quelles elles sont ; nous saurons ainsi, lorsque nous aborderons quelque question déterminée, par quelles recherches il conviendra de commencer.

Par exemple, je vois que le nombre 6 est le double de 3 ; je cherche ensuite le double de 6, c'est-à-dire 12 ; puis encore, si bon me semble, le double de 12, c'est-à-dire 24 ; puis le double de 24, c'est-à-dire 48, etc., etc. ; de là je conclus sans peine que la même proportion existe entre 3 et 6 qu'entre 6 et 12, entre 12 et 24, etc.; et par conséquent les nombres 3, 6, 12, 24, 48, etc., sont en proportion continue. De là, certes, bien que toutes ces choses soient si claires qu'elles paraissent presque puériles, je comprends, en y réfléchissant attentivement, de quelle manière toutes les questions relatives aux proportions ou aux rapports des choses sont enveloppées, et dans quel ordre on doit les chercher; ce qui constitue toute la science des mathématiques pures.

Car je remarque d'abord qu'il n'a pas été plus difficile de trouver le double de 6 que le double de 3; que pareillement dans toutes choses, une fois la proportion trouvée entre deux grandeurs quelconques, on peut présenter mille autres grandeurs qui soient toujours dans le même rapport; et que la nature de la difficulté ne change pas, cherchât-on 3 ou 4, ou un chiffre plus élevé, parce qu'il faut découvrir ces proportions chacune à part et sans avoir égard aux autres. Je remarque ensuite que, les grandeurs 3 et 6 étant données, j'en trouve il est vrai facilement une troisième en proportion continue, c'est-à-dire 12; mais qu'il ne m'est pas aussi facile, deux grandeurs extrêmes étant données, c'est-à-dire 3 et 12, de trouver la moyenne, c'est-à-dire 6. Si j'en examine la raison, je vois clairement qu'il y a ici une difficulté d'une tout autre sorte que la précédente, parce que, pour trouver la moyenne proportionnelle, il faut en même temps penser aux deux extrêmes et à la proportion qui existe entre eux, afin d'en trouver une nouvelle en divisant la première; opération bien différente de celle qu'il faut faire lorsque, deux grandeurs étant données, on veut en trouver une troisième en proportion continue. Je poursuis encore et j'examine, étant données les grandeurs 3 et 24, si les deux moyennes proportionnelles 6 et 12 sont aussi faciles à trouver l'une que l'autre. Ici se présente une autre sorte de difficulté plus embarrassante que les précédentes; car il faut penser non-seulement à un nombre ou à deux à la fois, mais à trois, pour en découvrir un quatrième. On peut aller plus loin encore, et voir si, étant donnés seulement 3 et 48, il serait encore plus difficile de trouver l'une de ces trois moyennes proportionnelles 6, 12, 24, ce qui paraît être tel au premier abord; mais on voit aussitôt que cette difficulté peut se diviser et se simplifier, si l'on ne cherche d'abord qu'une seule moyenne proportionnelle entre 3 et 48, savoir, 12; si l'on cherche ensuite une autre moyenne proportionnelle entre 3 et 12, savoir, 6; et une autre entre 12 et 48, savoir, 24 ; et on se trouve ramené ainsi à la seconde sorte de difficulté déjà exposée.

D'après tout ce qui précède, je vois comment on peut arriver à la connaissance d'une même chose par deux routes différentes, dont l'une est beaucoup plus difficile et beaucoup plus obscure que l'autre ; comme, par exemple, si pour trouver ces quatre nombres en proportion continue, 3, 6, 12, 24, on donne les deux conséquents 3 et 6, ou 6 et 12, ou 12 et 24, afin que par leur moyen on decouvre les deux autres, la chose sera très-facile à faire ; et alors nous disons que la proposition à résoudre est examinée directement. Mais si l'on donne deux nombres alternes, 3 et 12, ou 6 et 24, afin qu'avec leur aide on trouve les autres, alors nous dirons que la difficulté est examinée indirectement de la première manière ; de même, si l'on donne les deux extrêmes, 3 et 24, pour découvrir avec leur aide les nombres intermédiaires 6 et 12, alors la question sera examinée indirectement de la seconde manière. Je pourrais poursuivre ainsi, et de ce seul exemple tirer beaucoup d'autres conséquences ; mais celles que j'ai tirées suffiront pour que le lecteur voie ce que j'entends par une proposition déduite directement ou indirectement, et sache que les choses les plus faciles et les plus élémentaires, bien connues, peuvent, même dans les autres études, être d'un grand secours à l'homme qui apporte dans ses recherches de la sagacité et une attention réfléchie.

Règle VII.

Pour le complément de la science, il faut, par un mouvement continu de la pensée, parcourir tous les objets qui se rattachent à notre but, et les embrasser dans une énumération suffisante et méthodique.

L'observation de cette règle est nécessaire pour admettre comme certaines ces vérités qui, comme nous l'avons dit plus haut, ne se déduisent pas immédiatement des principes que l'on connaît par eux-mêmes. Quelquefois, en effet, on y arrive par une si longue suite de conséquences que difficilement on se rappelle tout le chemin qu'on a fait ; c'est pour cela que nous recommandons de suppléer à la faiblesse de la mémoire par un mouvement continu de la pensée. Si donc, par exemple, je trouve par diverses opérations, premièrement, quel est le rapport entre les grandeurs A et B, ensuite quel est le rapport entre B et C, puis entre C et D, et enfin entre A et

E, je ne vois pas pour cela celui qui existe entre A et E, et je ne puis le déterminer avec précision d'après les rapports connus, si je ne me les rappelle tous. C'est pourquoi je les parcourrai de temps en temps par un mouvement continu de l'imagination, en sorte qu'à la fois elle en voie un et passe à un autre, jusqu'à ce que j'aie appris à passer du premier au dernier assez rapidement pour paraître, presque sans le secours de la mémoire, les saisir tous d'un coup d'œil. Cette méthode, tout en aidant la mémoire, corrige en outre la lenteur de l'esprit et en étend pour ainsi dire la capacité.

J'ajoute que ce mouvement ne doit pas être interrompu; souvent, en effet, ceux qui trop vite, et de principes éloignés, veulent tirer une conséquence, ne parcourent pas toute la chaîne des conclusions intermédiaires avec tant de soin qu'ils n'en passent un grand nombre inconsidérément. Et certes, dès qu'on en omet une, fût-elle la moindre de toutes, la chaîne est aussitôt rompue et toute la certitude de la conclusion disparaît.

Je dis, en outre, que l'énumération est nécessaire au complément de la science; en effet, les autres règles sont utiles pour la solution d'un grand nombre de questions, mais il n'y a que l'énumération qui puisse faire que nous portions un jugement sûr et certain sur tous les objets auxquels nous nous appliquons, et conséquemment que rien ne nous échappe entièrement, mais que nous paraissions avoir quelques lumières sur toutes choses.

L'énumération ou l'induction est donc la recherche de tout ce qui se rattache à une question donnée, et cette recherche doit être si diligente et si soignée que l'on puisse en conclure avec évidence et certitude que nous n'avons rien omis par notre faute; en sorte que si, malgré l'emploi que nous en aurons fait, la chose cherchée nous échappe, nous soyons du moins plus savants, en ce que nous saurons fermement que pas une des voies à nous connues ne pourrait nous conduire à la découverte de cette chose, et que si par aventure, comme il arrive souvent, nous avons pu parcourir toutes les voies qui y conduisent, nous puissions affirmer hardiment que la connaissance en est au-dessus de l'intelligence humaine.

Notons en outre que, par énumération suffisante ou induction, nous entendons seulement le moyen qui sert à découvrir la vérité avec plus de certitude que ne pourrait le faire tout autre genre de preuves, excepté la simple intuition, et que toutes les fois qu'on ne peut ramener à l'intuition une connaissance quelconque, il faut rejeter les liens du syllogisme, et n'avoir foi que dans l'induction, seul recours qui nous reste ; car toutes les propositions que nous déduisons immédiatement l'une de l'autre, pourvu que la déduction soit évidente, sont dès lors ramenées à une véritable intuition. Mais si nous inférons une conséquence de propositions nombreuses et disjointes, souvent la capacité de notre intelligence n'est pas assez grande pour pouvoir les embrasser toutes d'une seule intuition ; auquel cas la certitude de cette opération doit nous suffire. De même nous ne pouvons pas d'un seul coup d'œil distinguer tous les anneaux d'une chaîne trop longue; mais néanmoins, si nous avons vu l'union de chaque anneau avec celui qui le précède et avec celui qui le suit, cela nous suffira même pour dire que nous avons vu comment le dernier se rattache au premier.

J'ai dit que cette opération doit être suffisante, parce que souvent elle peut être défectueuse, et par conséquent sujette à l'erreur. Quelquefois, en effet, tout en parcourant par la voie de l'énumération une longue suite de propositions de la plus grande évidence, si pourtant nous en omettons une seule, fût-ce la moindre, la chaîne se rompt et toute la certitude de la conclusion disparaît. Parfois aussi nous embrassons tout dans notre énumération, mais nous ne distinguons pas chaque proposition séparément, en sorte que nous n'avons du tout qu'une connaissance confuse.

Quelquefois cette énumération doit être complète, quelquefois distincte ; d'autres fois enfin elle n'a besoin d'aucun de ces deux caractères ; aussi ai-je dit seulement qu'elle doit être suffisante. En effet, si je veux prouver par énumération combien de sortes d'êtres sont corporels, ou de quelle manière ils tombent sous les sens, je n'affirmerai pas qu'il y en a tant, et non davantage, si je ne sais avec certitude que je les ai tous compris dans mon énumération et distingués les uns des autres; mais si par le même moyen je veux montrer que l'âme raisonnable n'est pas corporelle, il ne sera pas besoin que l'énumération soit complète; mais il suffira de réunir tous les corps sous quelques catégories, de manière à prouver que l'âme raisonnable ne peut se rapporter à aucune d'elles. Si enfin je veux montrer par énumération que la surface d'un cercle est plus grande que celle de toutes les autres figures dont le périmètre est égal, il n'est pas besoin de passer en revue toutes les figures, mais il suffit de démontrer cela de quelques-unes en particulier pour conclure de même, par induction, à l'égard de toutes les autres.

J'ai ajouté que l'énumération doit être méthodique, non-seulement parce qu'il n'est pas de meilleur préservatif contre les défauts déjà énoncés que de tout examiner avec ordre, mais encore parce qu'il arrive souvent que s'il fallait étudier séparément chacune des choses qui ont rapport au but que nous nous proposons la vie d'aucun homme n'y suffirait.

DESCARTES. *Règles pour la direction de l'esprit.*

IV

BOSSUET

Le néant n'est pas entendu et n'a pas d'idée.

A proprement parler, le néant n'est pas entendu. Il n'y a nulle vérité dans ce qui n'est pas : il n'y a donc aussi rien d'intelligible ; mais où l'idée de l'être manque, là nous entendons le non-être.

De là vient que, pour exprimer qu'une chose est fausse, souvent on se contente de dire : *cela ne s'entend pas, cela ne signifie rien* : c'est-à-dire qu'à ces paroles il ne répond, dans l'esprit, aucune idée.

Par là il faut dire encore qu'il n'y a point d'idée du faux comme faux. Car, de même que le vrai est ce qui est, le faux est ce qui n'est point.

On connaît donc la fausseté d'une chose dans la vérité qui lui est contraire.

Ainsi, lorsque, en faisant le dénombrement des idées, nous y avons rapporté celles du vrai et du faux, il faut entendre que l'idée du faux n'est que l'éloignement de l'idée du vrai.

De même, l'idée du mal n'est que l'éloignement de l'idée du bien.

De cette sorte, à ces termes *faux* et *mal* répond, dans notre esprit, quelque chose ; mais ce qui y répond, c'est le vrai qui exclut le faux, le bien qui exclut le mal.

Et tout cela est fondé sur ce que le faux et le mal, comme faux et comme mal, sont un *non-être*, qui n'a point d'idée, ou, pour parler plus correctement, ne sont pas un être qui ait une idée.

Ce qui pourrait nous tromper, c'est que nous donnons au vrai et au faux, et même au néant, un nom positif; mais de là il ne s'ensuit pas que l'idée qui y répond soit positive : autrement le néant serait quelque chose, ce qui est contradictoire.

Au reste, on entend assez que le *positif* c'est ce qui pose et qui met, et que le *négatif* est ce qui ôte. Le terme positif affirme, et le négatif nie, comme le porte son nom.

Nous aurions moins d'idées si notre esprit était plus parfait.

Il est véritable que nous aurions moins d'idées si notre esprit était plus parfait. Car à qui connaîtrait les choses pleinement et parfaitement en elles-mêmes, c'est-à-dire dans leur substance, il ne faudrait qu'une même idée pour une même chose; et cette idée ferait entendre par un seul regard de l'esprit tout ce qui serait dans son objet.

Mais comme notre manière de connaître les choses est imparfaite, et que nous avons besoin de les considérer par rapport aux autres choses, de là vient que la même chose ne peut nous être connue que par des idées différentes, ainsi que nous venons de dire. Si je connaissais pleinement et parfaitement la nature ou la substance de l'âme, je n'aurais besoin, pour la concevoir, que d'une seule idée en laquelle je découvrirais toutes ses propriétés et toutes ses opérations. Mais, comme je ne me connais moi-même, et à plus forte raison les autres choses, que fort imparfaitement, je me représente mon âme, sous des idées différentes, par rapport à ses différentes opérations, et je tâche de rattraper par cette diversité ce que je voudrais pouvoir trouver par l'unité indivisible d'une idée parfaite.

Les idées regardent des vérités éternelles, et non ce qui existe et ce qui se fait dans le temps.

En effet, quand je considère un triangle rectiligne comme une figure bornée de trois lignes droites et ayant trois angles égaux à deux droits, ni plus ni moins; et quand je passe de là à considérer un triangle équilatéral avec ses trois côtés et ses trois angles égaux, d'où s'ensuit que je considère chaque angle de ce triangle comme moindre qu'un angle droit; et quand je viens encore à considérer un rectangle et que je vois clairement dans cette idée jointe avec les précédentes que les deux angles de ce triangle sont nécessairement aigus, et que ces deux angles aigus en valent exactement un seul droit, ni plus ni moins, je ne vois rien de contingent ni de muable; et par conséquent les idées qui me représentent ces vérités sont éternelles.

Quand il n'y aurait dans la nature aucun triangle équilatéral ou rectangle, ou aucun triangle quel qu'il fût, tout ce que je viens de considérer demeure toujours vrai et indubitable.

En effet, je ne suis pas assuré d'avoir jamais aperçu aucun triangle équilatéral ou rectangle. Ni la règle ni le compas ne peuvent m'assurer qu'une main humaine, si habile qu'elle soit, ait jamais fait une ligne exactement droite, ni des côtés ni des angles parfaitement égaux les uns aux autres.

Il ne faut qu'un microscope pour nous faire, non pas entendre, mais voir à l'œil, que les lignes que nous traçons n'ont rien de droit ni de continu, par conséquent rien d'égal, à regarder les choses exactement.

Nous n'avons donc jamais vu que des images imparfaites de triangles équilatéraux, ou rectangles, ou isocèles, ou oxygones, ou amblygones, ou scalènes, sans que rien nous puisse assurer ni qu'il y en ait de tels dans la nature, ni que l'art en puisse construire.

Et néanmoins, ce que nous voyons de la nature et des propriétés du triangle, indépendamment de tout triangle existant, est certain et indubitable.

En quelque temps donné ou en quelque point de l'éternité, pour ainsi parler, qu'on mette un entendement, il verra ces vérités comme manifestes; elles sont donc éternelles.

Quand on a trouvé l'essence et ce qui répond aux idées, on peut dire qu'il est impossible que les choses soient autrement.

Que si cela est une fois posé, il s'ensuit que quand on a trouvé l'essence, c'est-à-dire ce qui répond premièrement et précisément à l'idée, on a trouvé en même temps ce qui ne peut être changé, en sorte qu'il est impossible que la chose soit autrement.

Il n'y a pour cela qu'à poser de suite les choses déjà établies. Toute idée a pour objet quelque vérité ; cette vérité est immuable et éternelle, et comme telle, est l'objet de la science ; cette vérité subsiste éternellement en Dieu, dans ses idées éternelles comme les appelle Platon, dans ses raisons immuables, comme les appelle saint Augustin, et tout cela, c'est Dieu même. Il est donc autant impossible que la vérité qui répond précisément à l'idée change jamais, qu'il est impossible que Dieu ne soit pas ; et ainsi, quand on sera assuré d'avoir démêlé précisément ce qui répond à notre idée, on aura trouvé l'essence invariable des choses, et on pourra dire qu'il est impossible qu'elles soient jamais autrement.

C'est ce qui nous a fait dire qu'il se peut qu'il n'y ait ni cercle ni triangle dans la nature ; mais supposé qu'ils soient, ils seront nécessairement tels que nous les avons conçus, et il n'est pas possible qu'ils soient autrement.

Tout est individuel et particulier dans la nature.

Après avoir connu l'universalité des idées, il faut maintenant considérer d'où elle vient ; et pour cela, il faut supposer, avant toutes choses, que dans la nature tout est individuel et particulier. Il n'y a point de triangle qui subsiste en général ; il n'y a que des triangles particuliers qu'on peut montrer au doigt et à l'œil ; il n'y a point d'âme raisonnable en général ; toute âme raisonnable qui subsiste est quelque chose de déterminé qui ne peut jamais composer qu'un seul et même homme distingué de tous les autres. On enseigne en métaphysique que la première propriété qui convient à une chose existante, c'est l'unité individuelle, et par là incommunicable. Cette vérité ne demande pas de preuve et ne veut qu'un moment de réflexion pour être entendue.

L'universel est dans la pensée ou dans l'idée.

Il n'y a donc rien en soi-même d'universel, c'est-à-dire qu'il n'y a rien qui soit réellement un dans plusieurs individus; un certain cercle, à le prendre en soi, est distingué des autres cercles par tout ce qu'il est : mais, parce que tous les cercles sont tellement semblables, comme cercles, qu'en cela l'esprit ne conçoit aucune différence entre eux, il n'en fait qu'un même objet, comme il a été dit, et se les représente sous la même idée.

Ainsi, l'universalité est l'ouvrage de la précision, par laquelle l'esprit considère en quoi plusieurs choses conviennent, sans considérer ou sans savoir en quoi précisément elles diffèrent.

Par là il se voit que l'universel ne subsiste que dans la pensée et que l'idée qui représente à l'esprit plusieurs choses comme un seul objet est l'universel proprement dit.

Cette idée universelle, par exemple, celle de cercle, a deux qualités. La première qu'elle convient à tous les cercles particuliers, et ne convient pas plus à l'un qu'à l'autre; la seconde, que, étant prise en elle-même, quoiqu'elle ne représente distinctement aucun cercle particulier, elle les représente tous confusément, et même nous fait toujours avoir sur eux quelque regard indirect, parce que, quelque occupé que soit l'esprit à regarder le cercle comme cercle, sans en contempler aucun en particulier, il ne peut jamais tout à fait oublier que cette raison de cercle n'est effective et réelle que dans les cercles particuliers à qui elle convient.

La nature de l'universel expliquée par la doctrine précédente.

Par là se comprend parfaitement la nature de l'universel.

Il y faut considérer ce que donne la nature même et ce que fait notre esprit.

La nature ne nous donne, au fond, que des êtres particuliers, mais elle nous les donne semblables. L'esprit venant là-dessus, et les trouvant tellement semblables qu'il ne les distingue plus dans la raison en laquelle ils sont semblables, ne se fait de tous qu'un seul objet, comme nous l'avons dit souvent, et n'en a qu'une seule idée.

C'est ce qui fait dire au commun de l'Ecole qu'il n'y a point d'universel dans les choses mêmes; *non datur universale à parte rei*; et encore, que la nature donne bien, indépendamment de l'esprit, quelque fondement à l'universel, en tant qu'elle fournit des choses semblables; mais qu'elle ne donne pas l'universalité aux choses mêmes, puisqu'elle les fait toutes individuelles, et enfin, que l'universalité se commence par la nature et s'achève par l'esprit. *Universale inchoatur a naturâ, perficitur ab intellectu.*

Ceux qui pensent le contraire, et qui mettent l'universalité dans les choses mêmes, indépendamment de l'esprit, ne tombent dans cette erreur que pour n'avoir pas compris la nature de nos idées, qui regardent d'une même vue les objets semblables quoique distingués, et pour avoir transporté l'unité qui est dans l'idée aux objets qu'elle représente.

Il paraît par la doctrine précédente que, de même qu'il se fait par les précisions une distinction de raison fondée sur quelque distinction réelle, il se fait, dans l'universalité, une espèce d'unité de raison fondée sur la ressemblance qui donne lieu à l'esprit de concevoir plusieurs choses, par exemple, plusieurs hommes et plusieurs triangles sous une même raison, c'est-à-dire sous celle d'homme et sous celle de triangle.

Nous ne connaissons pas ce qui fait précisément la différence numérique ou individuelle.

Il faut ici observer une chose très-importante pour entendre la nature et les causes des idées universelles ; c'est que nous ne connaissons pas ce qui fait précisément la différence numérique et individuelle des choses, c'est-à-dire ce qui fait qu'un cercle diffère précisément d'un autre cercle, ou un homme d'un autre homme. Si on me dit qu'un cercle est reconnu différent d'un autre, parce qu'il est plus au moins grand, je puis supposer deux cercles parfaitement égaux qui n'en seront pas moins distingués ; je ne sais point distinguer deux œufs ni deux gouttes d'eau. Il en serait de même de deux hommes qui seraient tout à fait semblables : témoin ces deux jumeaux tant connus de toute la cour, pour ne point parler de ceux de Virgile, qui, par la conformité de leur taille et de tous leurs traits faisaient une illusion agréable aux yeux de leurs propres parents, en sorte qu'ils ne pouvaient les distinguer l'un de l'autre.

Cela montre évidemment qu'outre les divers caractères qui conviennent ordinairement à chaque individu de la même espèce, et qui nous aident à les distinguer, il y a une distinction plus substantielle et plus foncière, mais, en même temps, inconnue à l'esprit humain.

Toutes nos idées sont universelles, et les unes plus que les autres.

De là s'ensuit clairement que toutes nos idées sont universelles. Car, s'il n'y a point d'idées qui fassent entendre les choses selon leur différence numérique, il paraît que les idées doivent toutes convenir à plusieurs objets, et que toutes, par conséquent, sont universelles, selon ce qui a été dit.

Mais les unes le sont plus que les autres. Car il y en a qui conviennent à plusieurs choses différentes en nombre seulement, comme par exemple celle du triangle oxygone ; et il y en a qui conviennent à plusieurs choses différentes en espèces, comme par exemple celle du triangle rectiligne, qui convient à six espèces de triangle ; trois à cause des côtés, l'équilatéral, l'isocèle et le scalène, et trois à cause des angles, l'oxygone, l'amblygone et le rectangle. BOSSUET, *Logique*.

V

MALEBRANCHE

Exemples généraux des erreurs causées par la force de l'imagination.

Il se trouve des exemples fort ordinaires de cette communication d'imagination dans les enfants à l'égard de leurs pères, et encore plus dans les filles à l'égard de leurs mères ; dans les serviteurs à l'égard de leurs maîtres, et dans les servantes à l'égard de leurs maîtresses ; dans les écoliers à l'égard de leurs précepteurs, dans les courtisans à l'égard des rois, et généralement dans tous les inférieurs à l'égard de leurs supérieurs, pourvu toutefois que les pères, les maîtres, et les autres supérieurs aient quelque force d'imagination, car sans cela il pourrait arriver que des enfants et des serviteurs ne reçussent aucune impression considérable de l'imagination faible de leurs pères ou de leurs maîtres.

Il se trouve encore des effets de cette communication dans les personnes d'une condition égale ; mais cela n'est pas si ordinaire, à cause qu'il ne se rencontre pas entre elles un certain respect qui dispose les esprits à recevoir sans examen les impressions des imaginations fortes. Enfin il se trouve de ces effets dans les supérieurs à l'égard de leurs inférieurs, et ceux-ci ont quelquefois une imagination si vive et si dominante, qu'ils tournent l'esprit de leurs maîtres et de leurs supérieurs comme il leur plait.

Il ne sera pas malaisé de comprendre comment les pères et les mères font des impressions très-fortes sur l'imagination de leurs enfants, si l'on considère que ces dispositions naturelles de notre cerveau qui nous portent à imiter ceux avec qui nous vivons, et à entrer dans leurs sentiments et dans leurs passions, sont encore bien plus fortes dans les enfants à l'égard de leurs parents que dans tous les autres hommes. L'on en peut donner plusieurs raisons. La première, c'est qu'ils sont de même sang. Car de même que les parents transmettent très-souvent dans leurs enfants des dispositions à certaines maladies héréditaires, telle que la goute, la pierre, la folie, et généralement toutes celles qui ne leur sont point survenues par accident, ou qui n'ont point pour cause seule et unique quelque fermentation extraordinaire des humeurs, comme les fièvres et quelques autres; car il est visible que celles-ci ne se peuvent communiquer; ainsi ils impriment les dispositions de leur cerveau dans celui de leurs enfants, et ils donnent à leur imagination un certain tour qui les rend tout à fait susceptibles des mêmes sentiments.

La seconde raison, c'est que d'ordinaire les enfants n'ont que très-peu de commerce avec le reste des hommes qui pourraient quelquefois tracer d'autres vestiges dans leur cerveau, et rompre en quelque façon l'effort continuel de l'impression paternelle. Car de même qu'un homme qui n'est jamais sorti de son pays s'imagine ordinairement que les mœurs et les coutumes des étrangers sont tout à fait contraires à la raison parce qu'elles sont contraires à la coutume de sa ville, au torrent de laquelle il se laisse emporter, ainsi un enfant qui n'est jamais sorti de la maison paternelle s'imagine que les sentiments et les manières de ses parents sont la raison universelle, ou plutôt il ne pense pas qu'il puisse y avoir quelque autre principe de raison ou de vertu que leur imitation. Il croit donc tout ce qu'il leur entend dire, et il fait tout ce qu'il leur voit faire.

Mais cette impression des parents est si forte, qu'elle n'agit pas seulement sur l'imagination des enfants, elle agit même sur les autres parties de leur corps. Un jeune garçon marche, parle, et fait les mêmes gestes que son père. Une fille de même s'habille comme sa mère, marche comme elle, parle comme elle ; si la mère grasseye, la fille grasseye ; si la mère a quelque tour de tête irrégulier, la fille le prend. Enfin les enfants imitent les parents en toute chose, jusque dans leurs défauts et dans leurs grimaces, aussi bien que dans leurs erreurs et dans leurs vices.

Il y a encore plusieurs autres causes qui augmentent l'effet de cette impression. Les principales sont l'autorité des parents, la dépendance des enfants, et l'amour mutuel des uns et des autres : mais ces causes sont communes aux courtisans, aux serviteurs, et généralement à tous les inférieurs aussi bien qu'aux enfants. Nous les allons expliquer par l'exemple des gens de cour.

Il y a des hommes qui jugent de ce qui ne paraît point par ce qui paraît ; de la grandeur, de la force, et de la capacité de l'esprit, qui leur sont cachées, par la noblesse, les dignités et les richesses qui leur sont connues. On mesure souvent l'un par l'autre ; et la dépendance où l'on est des grands, le désir de participer à leur grandeur, et l'éclat sensible qui les environne, portent souvent les hommes à rendre à des hommes des honneurs divins, s'il m'est permis de parler ainsi. Car, si Dieu donne aux princes l'autorité, les hommes leur donnent l'infaillibilité, mais une infaillibilité qui n'est point limitée dans quelques sujets ni dans quelques rencontres, et qui n'est point attachée à quelques cérémonies. Les grands savent naturellement toutes choses ; ils ont toujours raison, quoiqu'ils décident des questions desquelles ils n'ont aucune connaissance. C'est ne savoir pas vivre que d'examiner ce qu'ils avancent ; c'est perdre le respect que d'en douter. C'est se révolter, ou pour le moins, c'est se déclarer sot, extravagant et ridicule que de les condamner.

Mais lorsque les grands nous font l'honneur de nous aimer, ce n'est plus alors simplement opiniâtreté, entêtement, rébellion, c'est encore ingratitude et perfidie que de ne se rendre pas aveuglément à toutes leurs opinions ; c'est une faute irréparable qui nous rend pour toujours indignes de leurs bonnes grâces ; ce qui fait que les gens de cour, et par une suite nécessaire presque tous les peuples, s'engagent sans délibérer dans tous les sentiments de leur souverain, jusque-là même que dans les vérités de la religion ils se rendent très-souvent à leur fantaisie et à leur caprice.

Si les courtisans et tous les autres hommes abandonnent souvent des vérités certaines, des vérités essentielles, des vérités qu'il est nécessaire de soutenir ou de se perdre pour une éternité, il est visible qu'ils ne se hasarderont pas de défendre des vérités abstraites, peu certaines et peu utiles. Si la religion du prince fait la religion de ses sujets, la raison du prince fera aussi la raison de ses sujets; et ainsi les sentiments du prince seront toujours à la mode : ses plaisirs, ses passions, ses jeux, ses paroles, ses habits, et généralement toutes ses actions, seront à la mode ; car le prince est lui-même comme la mode essentielle, et il ne se rencontre presque jamais qu'il fasse quelque chose qui ne devienne pas à la mode. Et comme toutes les irrégularités de la mode ne sont que des agréments et des beautés, il ne faut pas s'étonner si les princes agissent si fortement sur l'imagination des autres hommes.

Si Alexandre penche la tête, ses courtisans penchent la tête. Si Denis le Tyran s'applique à la géométrie à l'arrivée de Platon dans Syracuse, la géométrie devient aussitôt à la mode, et le palais de ce roi, dit Plutarque, se remplit incontinent de poussière par le grand nombre de ceux qui tracent des figures. Mais dès que Platon se met en colère contre lui, et que ce prince se dégoûte de l'étude et s'abandonne de nouveau à ses plaisirs, ses courtisans en font aussitôt de même. Il semble, continue cet auteur, qu'ils soient enchantés, et qu'une Circée les transforme en d'autres hommes. Ils passent de l'inclination pour la philosophie à l'inclination pour la débauche, et de l'horreur de la débauche à l'horreur de la philosophie. C'est ainsi que les princes peuvent changer les vices en vertus et les vertus en vices, et qu'une seule de leurs paroles est capable d'en changer toutes les idées. Il ne faut d'eux qu'un mot, qu'un geste, qu'un mouvement des yeux ou des lèvres pour faire passer la science et l'érudition pour une basse pédanterie; la témérité, la brutalité, la cruauté, pour grandeur de courage ; et l'impiété et le libertinage, pour force et pour liberté d'esprit.

Mais cela, aussi bien que tout ce que je viens de dire, suppose que ces princes aient l'imagination forte et vive; car, s'ils avaient l'imagination faible et languissante, ils ne pourraient pas animer leurs discours, ni leur donner ce tour et cette force qui soumet et qui abat invinciblement les esprits faibles.

Il n'est pas absolument nécessaire, pour agir dans l'imagination des autres, d'avoir quelque autorité sur eux et qu'ils dépendent de nous en quelque manière; la seule force d'imagination suffit quelquefois pour cela. Il arrive souvent que des inconnus qui n'ont aucune réputation, et pour lesquels nous ne sommes prévenus d'aucune estime, ont une telle force d'imagination, et par conséquent des expressions si vives et si touchantes, qu'ils nous persuadent sans que nous sachions ni pourquoi ni même de quoi nous sommes persuadés. Il est vrai que cela semble fort extraordinaire, mais cependant il n'y a rien de plus commun.

Or cette persuasion imaginaire ne peut venir que de la force d'un esprit visionnaire qui parle vivement sans savoir ce qu'il dit, et qui tourne ainsi les esprits de ceux qui l'écoutent à croire fortement sans savoir ce qu'ils croient. Car la plupart des hommes se laissent aller à l'effort de l'impression sensible qui les étourdit et les éblouit, et qui les pousse à juger par passion de ce qu'ils ne conçoivent que fort confusément. On prie ceux qui liront cet ouvrage de penser à ceci, d'en remarquer des exemples dans les conversations où ils se trouveront, et de faire quelques réflexions sur ce qui se passe dans leur esprit en ces occasions. Cela leur sera beaucoup plus utile qu'ils ne peuvent se l'imaginer.

Il n'est pas nécessaire d'apporter ici des exemples particuliers de ces choses, car on ne se trouve presque jamais une seule heure dans une compagnie sans en remarquer plusieurs, si l'on y veut faire un peu de réflexion. La faveur et les rieurs, comme l'on dit ordinairement, ne sont que rarement du côté de la vérité, mais presque toujours du côté des personnes que l'on aime. Celui qui parle est obligeant et civil; il a donc raison. Si ce qu'il dit est seulement vraisemblable, on le regarde comme vrai; et si ce qu'il avance est absolument ridicule et impertinent, il deviendra tout au moins fort vraisemblable. C'est un homme qui m'aime, qui m'estime, qui m'a rendu quelque service, qui est dans la disposition et dans le pouvoir de m'en rendre, qui a soutenu mon sentiment en d'autres occasions : je serais donc un ingrat et un imprudent si je m'opposais aux siens et si je manquais même à lui applaudir. C'est ainsi qu'on se joue de la vérité, qu'on la fait servir à ses intérêts et qu'on embrasse les fausses opinions les uns des autres.

Un honnête homme ne doit point trouver à redire qu'on

l'instruise et qu'on l'éclaire quand on le fait selon les règles de la civilité ; et lorsque nos amis se choquent de ce que nous leur représentons modestement qu'ils se trompent, il faut leur permettre de s'aimer eux-mêmes et leurs erreurs, puisqu'ils le veulent et qu'on n'a pas le pouvoir de leur commander ni de leur changer l'esprit.

Mais un vrai ami ne doit jamais approuver les erreurs de son ami, car enfin nous devrions considérer que nous leur faisons plus de tort que nous ne pensons lorsque nous défendons leurs opinions sans discernement. Nos applaudissements ne font que leur enfler le cœur et les confirmer dans leurs erreurs ; ils deviennent incorrigibles ; ils agissent et ils décident enfin comme s'ils étaient devenus infaillibles.

D'où vient que les plus riches, les plus puissants, les plus nobles, et généralement tous ceux qui sont élevés au-dessus des autres, se croient fort souvent infaillibles, et qu'ils se comportent comme s'ils avaient beaucoup plus de raison que ceux qui sont d'une condition vile ou médiocre, si ce n'est parce qu'on approuve indifféremment et lâchement toutes leurs pensées? Ainsi l'approbation que nous donnons à nos amis leur fait croire peu à peu qu'ils ont plus d'esprit que les autres, ce qui les rend fiers, hardis, imprudents, et capables de tomber dans les erreurs les plus grossières sans s'en apercevoir.

C'est pour cela que nos ennemis nous rendent souvent un meilleur service et nous éclairent beaucoup plus l'esprit par leurs oppositions que ne font nos amis par leurs approbations; parce que nos ennemis nous obligent de nous tenir sur nos gardes et d'être attentifs aux choses que nous avançons, ce qui seul suffit pour nous faire reconnaître nos égarements. Mais nos amis ne font que nous endormir et nous donner une fausse confiance qui nous rend vains et ignorants. Les hommes ne doivent donc jamais admirer leurs amis et se rendre à leurs sentiments par amitié, de même qu'ils ne doivent jamais s'opposer à ceux de leurs ennemis par inimitié ; mais ils doivent se défaire de leur esprit flatteur ou contredisant pour devenir sincères et approuver l'évidence et la vérité partout où ils la trouvent.

Nous devons aussi nous bien mettre dans l'esprit que la plupart des hommes sont portés à la flatterie ou à nous faire des compliments par une espèce d'inclination naturelle, pour paraître spirituels, pour attirer sur eux la bienveillance des autres, et dans l'espérance de quelque retour, ou enfin par une espèce de malice et de raillerie ; et nous ne devons pas nous laisser étourdir par tout ce que l'on peut nous dire. Ne voyons-nous pas tous les jours que des personnes qui ne se connaissent point ne laissent pas de s'élever l'un l'autre jusques aux nues la première fois même qu'ils se voient et qu'ils se parlent ? Et qu'y a-t-il de plus ordinaire que de voir des gens qui donnent des louanges hyperboliques et qui témoignent des mouvements extraordinaires d'admiration à une personne qui vient de parler en public, même en présence de ceux avec lesquels ils s'en sont moqués quelque temps auparavant ? Toutes les fois qu'on se récrie, qu'on pâlit d'admiration, et comme surpris des choses que l'on entend, ce n'est pas une bonne preuve que celui qui parle dit des merveilles, mais plutôt qu'il parle à des hommes flatteurs, qu'il a des amis ou peut-être des ennemis qui se divertissent de lui. C'est qu'il parle d'une manière engageante, qu'il est riche et puissant ; ou, si on le veut, c'est une assez bonne preuve que ce qu'il dit est appuyé sur les notions des sens confuses et obscures, mais fort touchantes et fort agréables, ou qu'il a quelque feu d'imagination, puisque les louanges se donnent à l'amitié, aux richesses, aux dignités, aux vraisemblances, et très-rarement à la vérité.

Des erreurs les plus générales des passions ; quelques exemples particuliers.

C'est à la morale à découvrir toutes les erreurs particulières dans lesquelles nos passions nous engagent touchant le bien ; c'est à elle à combattre les amours déréglées, à rétablir la droiture du cœur, à régler les mœurs. Mais ici notre fin principale est de régler l'esprit, et de découvrir les causes de nos erreurs à l'égard de la vérité : ainsi nous ne pousserons pas davantage les choses que nous venons de dire, qui ne regardent que l'amour du vrai bien. Nous allons à l'esprit, et nous ne passons par le cœur que parce que le cœur en est le maître. Nous recherchons la vérité en elle-même et sans rapport à nous ; et nous ne considérons le rapport qu'elle a avec nous que parce que ce rapport est cause que l'amour-propre nous la cache et nous la déguise ; car nous jugeons de toutes choses selon nos passions, et par conséquent nous nous trompons en toutes choses, les jugements des passions n'étant jamais d'accord avec les jugements de la vérité.

C'est ce que nous apprend l'admirable saint Bernard par ces belles paroles : *L'amour et la haine*, dit-il, *ne savent point juger selon la vérité. Mais si vous voulez un jugement de vérité :* Je juge selon ce que j'entends. *Ce n'est point par haine, ce n'est point par amour, ce n'est point par crainte.* Voici un jugement *de haine* : Nous avons une loi, et il doit mourir selon notre loi. *Voici un jugement de crainte* : Si nous le laissons faire ainsi, les Romains viendront et ruineront notre ville et notre nation. *Voici enfin un jugement d'amour; c'est lorsque David, parlant de son fils parricide, dit :* Pardonnez à mon fils Absalon. Notre amour, notre haine, notre crainte ne nous font faire que de faux jugements; et il n'y a que la lumière pure de la vérité qui éclaire notre esprit, et que la voix distincte de notre maître commun qui nous fasse faire des jugements solides, pourvu que nous ne jugions que de ce qu'il nous dit et que selon qu'il nous le dit : *Sicut audio, sic judico.* Mais voyons de quelle manière nos passions nous séduisent, afin que nous puissions leur résister avec plus de facilité.

Les passions ont un si grand rapport avec les sens, qu'il ne sera pas difficile d'expliquer de quelle manière elles nous engagent dans l'erreur, après ce que nous avons dit dans le premier livre. Car les causes générales des erreurs de nos passions sont entièrement semblables à celles des erreurs de nos sens.

La cause la plus générale des erreurs de nos sens est, comme nous avons fait voir dans le premier livre, que nous attribuons aux objets de dehors ou à notre corps les sensations qui sont propres à notre âme; que nous attachons les couleurs sur la surface des corps; que nous répandons la lumière, les sons et les odeurs dans l'air, et que nous fixons la douleur et le chatouillement dans les parties de notre corps qui reçoivent quelques changements par le mouvement des corps qui les rencontrent.

Il faut dire à peu près la même chose de nos passions. Nous attribuons imprudemment aux objets qui les causent ou qui semblent les causer toutes les dispositions de notre cœur, notre bonté, notre douceur, notre malice, notre aigreur et toutes les autres qualités de notre esprit. L'objet qui fait naître en nous quelque passion nous paraît en quelque façon renfermer en lui-même ce qui se réveille en nous lorsque nous pensons à lui ; de même que les objets sensibles nous paraissent renfermer en eux-mêmes les sensations qu'ils excitent en nous par leur présence. Lorsque nous aimons quelque personne, nous sommes naturellement portés à croire qu'elle nous aime, et nous avons quelque peine à nous imaginer qu'elle ait dessein de nous nuire ni de s'opposer à nos désirs. Mais si la haine succède à l'amour, nous ne pouvons croire qu'elle nous veuille du bien ; nous interprétons toutes ses actions en mauvaise part ; nous sommes toujours sur nos gardes et dans la défiance, quoiqu'elle ne pense pas à nous ou qu'elle ne pense qu'à nous rendre service. Enfin nous attribuons injustement à la personne qui excite en nous quelque passion toutes les dispositions de notre cœur ; de même que nous attribuons imprudemment aux objets de nos sens toutes les qualités de notre esprit.

De plus, par la même raison que nous croyons que tous les hommes reçoivent les mêmes sensations que nous des mêmes objets, nous pensons que tous les hommes sont agités des mêmes passions que nous pour les mêmes sujets, pourvu que nous croyions qu'ils en puissent être agités. Nous pensons que l'on aime ce que nous aimons, ou que l'on désire ce que nous désirons ; et de là naissent les jalousies et les secrètes aversions, si le bien que nous recherchons ne peut être possédé tout entier de plusieurs : car si plusieurs personnes peuvent le posséder sans le diviser, comme le souverain bien, la science, la vertu, etc., il arrive tout le contraire. Nous pensons aussi que l'on hait, que l'on fuit, que l'on craint les mêmes choses que nous ; et de là viennent les liaisons et les conspirations secrètes ou manifestes, selon la nature et l'état de la chose que l'on hait, par le moyen desquelles liaisons nous espérons de nous délivrer de nos misères.

Nous attribuons donc aux objets de nos passions les émotions qu'ils produisent en nous ; et nous pensons que tous les autres hommes, et même quelquefois que les bêtes en sont agitées comme nous. Mais outre cela nous jugeons encore plus témérairement que la cause de nos passions, qui n'est souvent qu'imaginaire, est réellement dans quelque objet.

Lorsque nous avons un amour passionné pour quelqu'un, nous jugeons que tout en est aimable. Ses grimaces sont des agréments ; sa difformité n'a rien de choquant ; ses mouvements irréguliers et ses gestes mal composés sont justes, ou pour le moins ils sont naturels. S'il ne parle jamais, c'est qu'il est sage; s'il parle toujours, c'est qu'il est plein d'esprit; s'il parle de tout, c'est qu'il est universel; s'il interrompt les autres sans cesse, c'est qu'il a du feu, de la vivacité, du brillant; enfin s'il veut toujours primer, c'est qu'il le mérite. Notre passion nous couvre ou nous déguise de cette sorte tous les défauts de nos amis, et au contraire elle relève avec éclat leurs plus petits avantages.

Mais si cette amitié, qui n'est fondée, comme les autres passions, que sur l'agitation du sang et des esprits animaux, vient à se refroidir faute de chaleur ou d'esprits propres à l'entretenir, et si l'intérêt ou quelque faux rapport change la disposition du cerveau, la haine, succédant à l'amour, ne manquera pas de nous faire imaginer dans l'objet de notre passion tous les défauts qui peuvent être un sujet d'aversion. Nous verrons dans cette même personne des qualités toutes contraires à celles que nous y admirions auparavant. Nous aurons honte de l'avoir aimée, et la passion dominante ne manquera pas de se justifier et de rendre ridicule celle dont elle a pris la place.

Les choses que je viens de dire sont des principes si généraux et si féconds d'erreurs, de préventions et d'injustices, qu'il est impossible d'en faire remarquer toutes les suites. La plupart des vérités ou plutôt des erreurs de certains lieux, de certains temps, de certaines communautés, de certaines familles, en sont des conséquences. Ce qui est vrai en Espagne est faux en France; ce qui est vrai à Paris est faux à Rome; ce qui est certain chez les jacobins est incertain chez les cordeliers; ce qui est indubitable chez les cordeliers semble être une erreur chez les jacobins. Les jacobins se croient obligés de suivre saint Thomas, et pourquoi? c'est souvent parce que ce saint docteur était de leur ordre. Les cordeliers au contraire embrassent les sentiments de Scot, parce que Scot était cordelier.

Il y a de même des vérités et des erreurs de certains temps. La terre tournait il y a deux mille ans; elle est demeurée immobile jusqu'à nos jours; et voici qu'elle commence à s'ébranler. On a brûlé autrefois Aristote; un concile provincial, approuvé par un pape, a très-sagement défendu qu'on enseignât sa physique. On l'a admiré depuis ce temps-là, et voici qu'on commence à le mépriser. Il y a des opinions reçues présentement dans les écoles qui ont été rejetées comme des hérésies, et ceux qui les soutenaient excommuniés comme des hérétiques par quelques évêques ; parce que les passions causant des factions, les factions produisent de ces vérités ou de ces erreurs aussi inconstantes que la cause qui les excite. Par exemple, les hommes sont indifférents à l'égard de la stabilité de la terre et de la forme de *corporéité* ; mais ils ne sont point indifférents pour ces opinions lorsqu'elles sont soutenues par ceux qu'ils haïssent. Ainsi l'aversion soutenue par quelque sentiment confus de piété fait naître un zèle indiscret, qui s'échauffe et qui s'allume peu à peu, et qui produit enfin de ces événements qui ne paraissent étranges à tout le monde que longtemps après qu'ils sont arrivés.

On a de la peine à s'imaginer que la passion aille jusque-là ; mais c'est que l'on ne sait pas que nos passions s'étendent à tout ce qui les peut satisfaire. Aman ne voulait peut-être point de mal à tout le peuple juif ; mais Mardochée ne le salue pas, il est Juif : il faut donc perdre toute la nation, la vengeance en sera plus magnifique.

Il s'agit, entre des plaideurs, de savoir qui a droit à une terre : ils ne devraient apporter que leurs titres et ne dire que ce qui a rapport à leur affaire, ou qui la peut rendre meilleure. Cependant ils ne manquent pas de dire toute sorte de mal les uns des autres, de se contredire en toutes choses, de former des contestations et des accusations inutiles, et d'embrouiller leur procès d'une infinité d'accessoires qui confondent le principal. Enfin toutes les passions s'étendent aussi loin que la vue de l'esprit de ceux qui en sont émus ; je veux dire qu'il n'y a aucune chose que nous pensions avoir quelque rapport avec l'objet de nos passions, à laquelle le mouvement de ces passions ne s'étende. Et voici comment cela se fait.

Comment les passions se justifient. Les faux savants.

Tous les hommes désirent naturellement de savoir, car tout esprit est fait pour la vérité ; mais le désir de savoir, tout juste et tout raisonnable qu'il est en lui-même, devient souvent un vice très-dangereux par les faux jugements qui l'accompagnent. La curiosité offre souvent à l'esprit de vains objets de ses méditations et de ses veilles : elle attache souvent à ces objets de fausses idées de grandeur ; elle les relève par l'éclat trompeur de la rareté, et elle les représente si couverts de charmes et d'attraits, qu'il est difficile qu'on ne les contemple avec trop de plaisir et d'attachement.

Il n'y a point de bagatelle dont quelques esprits ne s'occupent tout entiers, et leur occupation se trouve toujours justifiée par les faux jugements que leur vaine curiosité leur fait faire. Ceux, par exemple, qui sont curieux de mots, s'imaginent que c'est dans la connaissance de certains termes que consistent toutes les sciences. Ils trouvent mille raisons pour se le persuader; et le respect que leur rendent ceux qu'un terme inconnu étourdit, n'est pas la plus faible, quoique ce soit la moins raisonnable.

Il y a certaines gens qui apprennent toute leur vie à parler, et qui devraient peut-être se taire toute leur vie; car il est évident qu'on doit se taire lorsqu'on n'a rien de bon à dire; mais ils n'apprennent pas à parler pour se taire. Ils ne savent point assez que pour bien parler il faut bien penser; qu'il faut se rendre l'esprit juste, discerner le vrai d'avec le faux, les idées claires de celles qui sont obscures, ce qui vient de l'esprit de ce qui part de l'imagination. Ils s'imaginent être de beaux et de rares génies, à cause qu'ils savent contenter l'oreille par une juste mesure, flatter les passions par des figures et des mouvements agréables, réjouir l'imagination par des expressions vives et sensibles, quoiqu'ils laissent l'esprit vide d'idées, sans lumière et sans intelligence.

Il y a quelque raison apparente de s'appliquer toute sa vie à l'étude de sa langue, puisqu'on en fait usage toute sa vie: cela est capable de justifier la passion de certains esprits. Mais j'avoue qu'il est difficile de justifier par quelque raison vraisemblable la passion de ceux qui s'appliquent indifféremment à toutes sortes de langues. On peut excuser la passion de ceux qui se font une bibliothèque entière de toutes sortes de dictionnaires, aussi bien que la curiosité de ceux qui veulent avoir des monnaies de tous les pays et de tous les temps. Cela peut leur être utile en quelques rencontres; et si cela ne leur fait pas grand bien, du moins cela ne leur fait-il point de mal. Ils ont un magasin de curiosités qui ne les embarrasse pas, car ils ne portent sur eux ni leurs livres ni leurs médailles. Mais comment justifier la passion de ceux qui font de leur tête même une bibliothèque de dictionnaires? Ils perdent le souvenir de leurs affaires et de leurs devoirs essentiels pour des mots de nul usage. Ils ne parlent leur langue qu'en hésitant. Ils mêlent à tous moments dans leurs entretiens des termes ou inconnus ou barbares, et ils ne payent jamais les honnêtes gens d'une monnaie qui ait cours dans le pays. Enfin leur raison n'est pas mieux conduite que leur langue ; car tous les recoins et tous les replis de leur mémoire sont tellement pleins d'étymologies, que leur esprit est comme étouffé par la multitude innombrable de mots qui voltigent sans cesse autour de lui.

Cependant il faut tomber d'accord que le désir bizarre des philologues se justifie. Mais comment? Ecoutez les jugements que ces faux savants font des langues, et vous le saurez. Ou bien supposez de certains axiomes qui passent parmi eux pour contestables, et tirez-en les conséquences qui s'en peuvent déduire. Supposez, par exemple, que les hommes qui parlent plusieurs langues sont autant de fois hommes qu'ils savent de langues, puisque c'est la parole qui les distingue des bêtes ; que l'ignorance des langues est la cause de l'ignorance où nous sommes d'une infinité de choses, puisque les anciens philosophes et les étrangers sont plus habiles que nous. Supposez de semblables principes et concluez, et vous formerez des jugements propres à faire naître la passion pour les langues, lesquels, par conséquent, seront semblables à ceux que la même passion forme dans les philologues pour justifier leurs études.

Toutes les sciences les plus basses et les plus méprisables ont toujours quelque endroit qui brille à l'imagination, et qui éblouit facilement l'esprit par l'éclat que la passion y attache. Il est vrai que cet éclat diminue, lorsque les esprits et le sang se refroidissent et que la lumière de la vérité commence à paraître ; mais cette lumière se dissipe aussi lorsque l'imagination reprend feu, et nous ne faisons plus alors qu'entrevoir ces belles raisons qui prétendaient condamner notre passion.

Au reste, lorsque la passion qui nous anime se sent mourir, elle ne se repent pas de sa conduite. On peut dire au contraire qu'elle dispose toutes choses, ou pour mourir avec honneur, ou pour revivre bientôt après ; je veux dire qu'elle dispose toujours l'esprit à former des jugements qui la justifient. Elle contracte encore en cet état une espèce d'alliance avec toutes les autres passions qui peuvent la secourir dans sa faiblesse, la fournir d'esprits et de sang dans son intelligence, rallumer ses cendres et l'en faire renaître ; car les passions ne sont point indifférentes les unes pour les autres.

Toutes celles qui se peuvent souffrir contribuent fidèlement à leur mutuelle conservation. Ainsi, les jugements qui justifient le désir qu'on a pour les langues ou pour telle autre chose qu'il vous plaira, sont incessamment sollicités et pleinement confirmés par toutes les passions qui ne lui sont point contraires.

Le faux savant se présente à lui-même, tantôt comme environné de gens qui l'écoutent avec respect, tantôt comme victorieux de ceux qu'il a terrassés par des mots incompréhensibles, et presque toujours comme élevé au-dessus du commun des hommes. Il se flatte des louanges qu'on lui donne, des établissements qu'on lui propose, des recherches qu'on fait de sa personne. Il tient à tous les temps, il s'étend à tous les pays; il ne se borne pas, comme les petits esprits, dans le temps présent, et, dans l'enceinte de sa ville, il se répand incessamment, et son épanchement fait son plaisir. Combien donc de passions se mêlent avec celle qu'il a pour la fausse érudition, lesquelles travaillent toutes à la justifier, et sollicitent chaudement des jugements en sa faveur !

Des règles qu'il faut observer dans la recherche de la vérité.

Le principe de toutes ces règles est qu'*il faut toujours conserver l'évidence dans ses raisonnements pour découvrir la vérité sans crainte de se tromper.* De ce principe dépend cette règle générale qui regarde le sujet de nos études, savoir : que *nous ne devons raisonner que sur des choses dont nous avons des idées claires*; et, par une suite nécessaire, que *nous devons toujours commencer par les choses les plus simples et les plus faciles, et nous y arrêter fort longtemps avant que d'entreprendre la recherche des plus composées et des plus difficiles.*

Les règles qui regardent la manière dont il s'y faut prendre pour résoudre les questions dépendent aussi de ce même principe, et la première de ces règles est qu'*il faut concevoir très-distinctement l'état de la question qu'on se propose de résoudre, et avoir des idées de ces termes assez distinctes pour les pouvoir comparer, et pour en reconnaître ainsi les rapports que l'on cherche.*

Mais lorsqu'on ne peut reconnaître les rapports que les choses ont entre elles en les comparant immédiatement, la seconde règle est qu'*il faut découvrir par quelque effort d'esprit une ou plusieurs idées moyennes qui puissent servir comme de mesure commune pour reconnaître par leur moyen les rapports qui sont entre elles.* Il faut observer inviolablement que ces idées soient claires et distinctes à proportion que l'on tâche de découvrir des rapports plus exacts et en plus grand nombre.

Mais lorsque les questions sont difficiles et de longue discussion, la troisième règle est qu'*il faut retrancher avec soin du sujet que l'on doit considérer toutes les choses qu'il n'est point nécessaire d'examiner pour découvrir la vérité que l'on cherche.* Car il ne faut point partager inutilement la capacité de l'esprit, et toute sa force doit être employée aux choses seules qui le peuvent éclairer. Les choses que l'on peut ainsi retrancher sont toutes celles qui ne touchent point la question, et qui étant retranchées, la question subsiste dans son entier.

Lorsque la question est ainsi réduite aux moindres termes, la quatrième règle est qu'*il faut diviser le sujet de sa méditation par parties, et les considérer toutes les unes après les autres selon l'ordre naturel, en commençant par les plus simples, c'est-à-dire par celles qui renferment moins de rapports, et ne passer jamais aux plus composées avant que d'avoir reconnu distinctement les plus simples, et se les être rendues familières.*

Lorsque ces choses sont devenues familières par la méditation, la cinquième règle est qu'*on doit en abréger les idées et les ranger ensuite dans son imagination, ou les écrire sur le papier afin qu'elles ne remplissent plus la capacité de l'esprit.* Quoique cette règle soit toujours utile, elle n'est absolument nécessaire que dans les questions très-difficiles et qui demandent une grande étendue d'esprit, à cause qu'on n'étend l'esprit qu'en abrégeant ses idées. L'usage de cette règle et de celles qui suivent ne se reconnaît bien que dans l'algèbre.

Les idées de toutes les choses qu'il est absolument nécessaire de considérer étant claires, familières, abrégées et rangées par ordre dans l'imagination ou exprimées sur le papier, la sixième règle est qu'*il faut les comparer toutes selon les règles des combinaisons, alternativement les unes avec les autres, ou par la seule vue de l'esprit, ou par le mouvement de l'imagination accompagné de la vue de l'esprit, ou par le calcul de la plume joint à l'attention de l'esprit et de l'imagination.*

Si, de tous les rapports qui résultent de toutes ces comparaisons, il n'y en a aucun qui soit celui que l'on cherche, *il faut de nouveau retrancher de tous ces rapports ceux qui sont inutiles à la résolution de la question; se rendre les autres familiers, les abréger et les ranger par ordre dans son imagina-*

tion, ou les exprimer sur le papier; les comparer ensemble selon les règles des combinaisons, et voir si le rapport composé que l'on cherche est quelqu'un de tous les rapports composés qui résultent de ces nouvelles comparaisons.

S'il n'y a pas un de ces rapports que l'on a découverts qui renferme la résolution de la question, *il faut de tous ces rapports retrancher les inutiles, se rendre les autres familiers,* etc...... Et en continuant de cette manière, on découvrira la vérité ou le rapport que l'on cherche, si composé qu'il soit, pourvu qu'on puisse étendre suffisamment la capacité de l'esprit en abrégeant ses idées, et que dans toutes ces opérations l'on ait toujours en vue le terme où l'on doit tendre. Car c'est la vue continuelle de la question qui doit régler toutes les démarches de l'esprit, puisqu'il faut toujours savoir où l'on va.

VII

SPINOZA

DES AXIOMES ET DES DÉFINITIONS.

Si la chose existe en soi, ou, comme on dit ordinairement, si elle est sa propre cause à elle-même, elle ne peut être comprise alors que par sa seule essence; si au contraire elle n'est pas en soi, mais qu'elle ait besoin d'une cause étrangère pour exister, alors c'est par sa cause immédiate qu'elle doit être comprise : car, en réalité, connaître l'effet n'est pas autre chose qu'acquérir une connaissance plus parfaite de la cause. Nous ne pourrons donc jamais, en nous livrant à l'étude des choses, rien conclure des abstractions, et nous devrons prendre bien garde de confondre ce qui est seulement dans l'entendement avec ce qui est dans les choses.

Mais la meilleure conclusion est celle qui se tirera d'une essence particulière affirmative, c'est-à-dire d'une définition vraie ou légitime. Car des axiomes universels seuls l'esprit ne peut descendre aux choses particulières puisque les axiomes s'étendent à l'infini, et ne déterminent pas l'entendement à contempler une chose particulière plutôt qu'une autre. Ainsi le véritable moyen d'inventer, c'est de former ses pensées en partant d'une définition donnée, ce qui réussira d'autant mieux et d'autant plus facilement qu'une chose aura été mieux définie. Ainsi le pivot de toute cette seconde partie de la méthode, c'est la connaissance des conditions d'une bonne définition, et ensuite du moyen de les trouver. Je traiterai donc d'abord des conditions de la définition.

RÈGLES DE LA DÉFINITION.

Une définition, pour être dite parfaite, devra expliquer l'essence intime de la chose, à laquelle il faudra prendre garde de substituer quelque propriété particulière. Pour expliquer ceci, et pour ne pas me servir d'exemples par lesquels j'aurais l'air de vouloir signaler les erreurs des autres, je prendrai l'exemple d'une chose abstraite, et qu'il importe peu de définir d'une manière ou d'une autre, telle que le cercle. Si on le définit une figure dans laquelle toutes les lignes menées du centre à la circonférence sont égales, personne n'est sans voir qu'une telle définition n'explique pas le moins du monde l'essence du cercle, mais seulement une de ses propriétés; et quoique, comme je l'ai dit, cela importe peu relativement aux figures et aux êtres de raison, cela importe beaucoup relativement aux êtres physiques et réels, parce que les propriétés des choses ne peuvent être comprises tant qu'on en ignore l'essence. Que si nous laissons celle-ci de côté, l'enchaînement de l'entendement qui doit reproduire l'enchaînement de la nature est nécessairement détruit, et nous manquons absolument notre but.

Pour nous affranchir de cette cause d'erreur, il faudra donc observer dans la définition les règles suivantes :

I. S'il s'agit d'une chose créée, la définition devra, comme nous l'avons dit, en comprendre la cause immédiate. Par exemple, il faudrait d'après cette règle définir ainsi le cercle : une figure décrite par toute ligne dont une extrémité est fixe et l'autre mobile; définition qui comprend évidemment la cause immédiate.

II. Il faut que la conception de la chose ou la définition soit telle que toutes les propriétés de la chose, tant qu'elle est considérée seule et non jointe à d'autres, puissent en être conclues, comme on peut le voir dans cette définition du cercle. Car on en conclut évidemment que toutes les lignes menées du centre à la circonférence sont égales; il est si évident que c'est là une condition nécessaire de la définition, pour peu qu'on veuille y faire attention, que je crois inutile d'y insister et de le démontrer, et même de faire voir que par cette seconde condition toute définition doit être affirmative. Je parle de la définition intellectuelle, me souciant peu de la définition verbale, que la pénurie des mots m'obligera peut-être quelquefois d'exprimer sous forme négative, quoiqu'elle soit comprise affirmativement.

J'ai dit encore que la meilleure conclusion est celle qui se tire d'une conclusion particulière affirmative. Car plus une idée est spéciale, plus elle est distincte, et par suite, plus elle est claire. Nous devons donc le plus possible chercher la connaissance des choses particulières.

DE L'ORDRE DES IDÉES.

Quant à l'ordre de nos perceptions, il faut, pour les ordonner et les lier, rechercher, autant que cela se peut et que la raison le demande, s'il y a quelque être (et en même temps quel il est) qui soit cause de toutes choses, de telle sorte que son essence objective soit aussi la cause de toutes nos idées; et alors notre esprit, comme nous l'avons dit, reproduira le plus exactement possible la nature, car il en contiendra objectivement l'essence, l'ordre et l'union. D'où nous pouvons voir qu'il nous est tout à fait nécessaire de tirer toutes nos idées des choses physiques, c'est-à-dire des êtres réels, en allant, suivant la série des causes, d'un être réel à un autre être réel, sans passer aux choses abstraites et universelles, ni pour en conclure rien de réel, ni pour les conclure de quelque être réel; car l'un et l'autre interrompent la marche véritable de l'entendement. Mais il faut remarquer que par la série des causes et des êtres réels je n'entends point ici la série des choses particulières et changeantes, mais seulement la série des choses fixes et éternelles. Car pour la série des choses particulières sujettes au changement, il serait impossible à la faiblesse humaine de l'atteindre, tant à cause de leur multitude innombrable qu'à cause des circonstances infinies qui se rencontrent dans une seule et même chose et peuvent être cause qu'elle existe ou n'existe pas; puisque l'existence de ces choses n'a aucune connexion avec leur essence, ou, comme nous l'avons déjà dit, puisqu'elle n'est pas une vérité éternelle. Mais, après tout, il n'est pas besoin que nous en comprenions la série, l'essence des choses sujettes au changement ne se tirant pas de leur ordre d'existence, lequel ne nous représente que des dénominations extrinsèques, des relations ou tout au plus des circonstances, toutes choses bien éloignées de l'essence intime. Celle-ci ne peut être demandée qu'aux choses fixes et éternelles, et aux lois qui y sont inscrites comme dans leurs véritables codes et selon lesquelles toutes les choses particulières se produisent et s'ordonnent. Bien plus, les choses particulières et changeantes dépendent de ces choses fixes si intimement, et pour ainsi parler, si essentiellement, qu'elles ne peuvent sans elles ni exister ni être conçues. D'où il résulte que ces choses fixes et éternelles, quoique particulières, seront pour nous, à cause de leur présence en tout l'univers et de l'étendue de leur puissance, comme des universaux, c'est-à-dire comme les genres des définitions des choses particulières et changeantes, et comme les causes immédiates de toutes choses[1].

VIII

LEIBNITZ

LA DÉMONSTRATION ET L'EXPÉRIENCE.

Ce qui a fait qu'il a été plus aisé de raisonner démonstrativement en mathématiques, c'est, en bonne partie, parce que l'expérience y peut garantir le raisonnement à tout moment, comme il arrive aussi dans les figures des syllogismes. Mais dans la métaphysique et dans la morale, ce parallélisme des raisons et des expériences ne se trouve plus; et dans la physique les expériences demandent de la peine et de la dépense. Or,

---

[1]. Spinoza décrit, comme on le voit, la méthode rationnelle et *à priori*, dont il a usé dans son *Éthique*.

les hommes se sont relâchés de leur attention, et égarés, par conséquent, lorsqu'ils ont été destitués de ce guide fidèle de l'expérience qui les aidait et soutenait dans leur démarche, comme fait cette petite machine roulante qui empêche les enfants de tomber en marchant. Il y avait quelque *succedaneum*, mais c'est de quoi on ne s'était pas et ne s'est pas encore avisé assez. Et j'en parlerai en son lieu. Au reste, le bleu et le rouge ne sont guère capables de fournir matière à des démonstrations, par les idées que nous en avons, parce que ces idées sont confuses. Et ces couleurs ne fournissent de la matière au raisonnement qu'autant que par l'expérience on les trouve accompagnés de quelques idées distinctes, mais où la connexion avec leurs propres idées ne paraît point.

LA MÉTHODE DES PROBABILITÉS.

THÉOPHILE. Je tiens que la *recherche des degrés de probabilité* serait très-importante et nous manque encore, et c'est un grand défaut de nos logiques. Car lorsqu'on ne peut point décider absolument la question, on pourrait toujours déterminer le degré de vraisemblance *ex datis*, et par conséquent on peut juger raisonnablement quel parti est le plus apparent. Je ne sais si l'établissement de l'*art d'estimer les vérisimilitudes* ne serait pas plus utile qu'une bonne partie de nos sciences démonstratives, et j'y ai pensé plus d'une fois.

PHILALÈTHE. La *connaissance sensitive*, ou qui établit l'existence des êtres particuliers hors de nous va au delà de la simple probabilité ; mais elle n'a pas toute la certitude des deux degrés de connaissance dont on vient de parler. Que l'idée que nous recevons d'un objet extérieur soit dans notre esprit, rien n'est plus certain, et c'est une connaissance intuitive ; mais de savoir si de là nous pouvons inférer certainement l'existence d'aucune chose hors de nous qui corresponde à cette idée, c'est ce que certaines gens croient qu'on peut mettre en question, parce que les hommes peuvent avoir de telles idées dans leur esprit, lorsque rien de tel n'existe actuellement. Pour moi, je crois pourtant qu'il y a un degré d'évidence qui nous élève au-dessus du doute. On est invinciblement convaincu qu'il y a une grande différence entre les perceptions qu'on a lorsque de jour on vient à regarder le soleil, et lorsque de nuit on pense à cet astre ; et l'idée qui est renouvelée par le secours de la mémoire est bien différente de celle qui nous vient actuellement par le moyen des sens. Quelqu'un dira qu'un *songe* peut faire le même effet ; je réponds premièrement qu'*il n'importe pas beaucoup que je lève ce doute,* parce que si tout n'est que songe, les raisonnements sont inutiles, la vérité et la connaissance n'étant rien du tout. En second lieu, il reconnaîtra, à mon avis, la différence qu'il y a entre songer d'être dans un feu et y être actuellement. Et s'il persiste à paraître sceptique, je lui dirai que c'est assez que nous trouvons certainement que le plaisir ou la douleur suivent l'application de certains objets sur nous, vrais ou songés, et que cette certitude est aussi grande que notre bonheur ou notre misère ; deux choses au delà desquelles nous n'avons aucun intérêt. Aussi je crois que nous pouvons compter trois sortes de connaissances : l'*intuitive,* la *démonstrative* et la *sensitive.*

Théophile. Je crois que vous avez raison, monsieur, et je pense même qu'à ces espèces de la *certitude,* ou à la *connaissance certaine* vous pourriez ajouter la *connaissance du vraisemblable* ; ainsi il y aura deux sortes de *connaissances* comme il y a deux sortes de *preuves,* dont les unes produisent la *certitude,* et les autres ne se terminent qu'à la *probabilité.* Je crois que le vrai *critérion* en matière des objets des sens est la liaison des phénomènes, c'est-à-dire la connexion de ce qui se passe en différents lieux et temps, et dans l'expérience de différents hommes, qui sont eux-mêmes les uns aux autres des phénomènes très-importants sur cet article. Et la liaison des phénomènes, qui garantit les *vérités de fait* à l'égard des choses sensibles hors de nous, se vérifie par le moyen des *vérités de raison* ; comme les apparences de l'optique s'éclaircissent par la géométrie. Cependant il faut avouer que toute cette certitude n'est pas du suprême degré, comme vous l'avez bien reconnu. Car il n'est point impossible, métaphysiquement parlant, qu'il y ait un songe suivi et durable comme la vie d'un homme ; mais c'est une chose aussi contraire à la raison que pourrait être la fiction d'un livre qui se formerait par le hasard en jetant pêle-mêle les caractères d'imprimerie. Au reste, il est vrai aussi que pourvu que les phénomènes soient liés, il n'importe qu'on les appelle songes ou non, puisque l'expérience montre qu'on ne se trompe point dans les mesures qu'on prend sur les phénomènes lorsqu'elles sont prises selon les vérités de raison.

L'ART DE DISCUTER.

L'art de disputer ou de combattre par raisons (où je comprends ici l'allégation des autorités et des exemples), est très-grand et très-important; mais par malheur il est fort mal réglé, et c'est aussi pour cela que souvent on ne conclut rien ou qu'on conclut mal. C'est pourquoi j'ai eu plus d'une fois le dessein de faire des remarques sur les colloques des théologiens, dont nous avons des relations, pour montrer les défauts qui s'y peuvent remarquer, et les remèdes qu'on y pourrait employer. Dans des consultations sur les affaires, si ceux qui ont le plus de pouvoir n'ont pas l'esprit fort solide, l'autorité ou l'éloquence l'emportent ordinairement quand elles sont bandées contre la vérité. En un mot, l'art de conférer et de disputer aurait besoin d'être tout refondu. Pour ce qui est de l'avantage de celui qui parle le dernier, il n'a presque lieu que dans les conversations libres; car dans les conseils les suffrages vont par ordre, soit qu'on commence ou qu'on finisse par le dernier en rang. Il est vrai que c'est ordinairement au président de commencer et de finir, c'est-à-dire de proposer et de conclure; mais il conclut selon la pluralité des voix. Et dans les disputes académiques, c'est le répondant ou le soutenant qui parle le dernier, et le champ de bataille lui demeure presque toujours par une coutume établie. Il s'agit de le tenter, et non pas de le confondre; autrement ce serait agir en ennemi. Et pour dire le vrai, il n'est presque point question de la vérité dans ces rencontres; aussi soutient-on en différents temps des thèses opposées dans la même chaire. On montra à Casaubon la salle de la Sorbonne, et on lui dit : « Voici un lieu où l'on a disputé durant tant de siècles. » Il répondit : « Qu'y a-t-on conclu? »

PHILALÈTHE. On a pourtant voulu empêcher que la dispute n'allât à l'infini, et faire qu'il y eût moyen de décider entre deux combattants également experts, afin qu'elle n'engageât pas dans une suite infinie de syllogismes. Et ce moyen a été d'introduire certaines propositions générales, la plupart évidentes par elles-mêmes, et qui, étant de nature à être reçues de tous les hommes avec un entier consentement, devaient être considérées comme des mesures générales de la vérité, et tenir lieu de principes (lorsque les disputants n'en avaient posé d'autres), au delà desquels on ne pouvait point aller, et auxquels on serait obligé de se tenir de part et d'autre. Ainsi ces maximes ayant reçu le nom de principes qu'on ne pourrait point nier dans la dispute, et qui terminaient la question, on les prit par erreur (selon mon auteur), pour la source des connaissances, et non pour les fondements des sciences.

THÉOPHILE. Plût à Dieu qu'on en usât de la sorte dans les disputes, il n'y aurait rien à redire ; car on déciderait quelque chose. Et que pourrait-on faire de meilleur que de réduire la controverse, c'est-à-dire des vérités contestées, à des vérités évidentes et incontestables? Ne serait-ce pas les établir d'une manière démonstrative? Et qui peut douter que ces principes qui finiraient les disputes, en établissant la vérité, ne seraient en même temps les sources des connaissances? Car pourvu que le raisonnement soit bon, il n'importe qu'on le fasse tacitement dans son cabinet ou qu'on l'établisse publiquement en chaire. Et quand même ces principes seraient plutôt des demandes que des axiomes, prenant les demandes non pas comme Euclide, mais comme Aristote, c'est-à-dire comme des suppositions qu'on veut accorder en attendant qu'il y ait lieu de les prouver, ces principes auraient toujours cet usage, que par ce moyen toutes les autres questions seraient réduites à un petit nombre de propositions. Ainsi je suis le plus surpris du monde de voir blâmer une chose louable par je ne sais quelle prévention dont on voit bien, par l'exemple de votre auteur, que les plus habiles hommes sont susceptibles, faute d'attention. Par malheur on fait tout autre chose dans les disputes académiques. Au lieu d'établir des axiomes généraux, on fait tout ce qu'on peut pour les affaiblir par des distinctions vaines et peu entendues, et l'on se plaît à employer certaines règles philosophiques dont il y a de grands livres tout pleins, mais qui sont peu sûres et peu déterminées, et qu'on a le plaisir d'éluder en les distinguant. Ce n'est pas le moyen de terminer les disputes, mais de les rendre infinies, et de lasser enfin l'adversaire. Et c'est comme si on le menait dans un lieu obscur où l'on frappe à tort et à travers, et où personne ne peut juger des coups. Cette invention est admirable pour les soutenants (*respondentes*), qui se sont engagés à soutenir certaines thèses. C'est un bouclier de Vulcain qui les rend invulnérables ; c'est *Orci galea*, le heaume de Pluton, qui les rend invisibles. Il faut qu'ils soient bien malhabiles ou bien malheureux, si avec cela on les peut attraper. Il est vrai qu'il y a des règles qui ont des exceptions, surtout dans les questions où il entre beaucoup de circonstances, comme dans la jurisprudence. Mais pour en rendre l'usage sûr il faut que ces exceptions soient déterminées en nombre et en sens, autant qu'il est possible : et alors il peut arriver que l'exception ait elle-même ses sous-exceptions, c'est-à-dire ses *réplications,* et que la réplication ait des *duplications,* etc. ; mais, au bout du compte, il faut que toutes ces exceptions et sous-exceptions bien déterminées, jointes avec la règle, achèvent l'universalité. C'est de quoi la jurisprudence fournit des exemples très-remarquables. Mais si ces sortes de règles chargées d'exceptions et de sous-exceptions devaient entrer dans les disputes académiques, il faudrait toujours disputer la plume à la main, en tenant comme un protocole de ce qui se dit de part et d'autre. Et cela serait encore nécessaire d'ailleurs, en disputant constamment en forme par plusieurs syllogismes mêlés de temps en temps de distinctions où la meilleure mémoire du monde se doit confondre. Mais on n'a garde de se donner cette peine de pousser assez les syllogismes en forme et de les enregistrer, pour découvrir la vérité quand elle est sans récompense ; et l'on n'en viendrait pas même à bout quand on voudrait, à moins que les distinctions ne fussent exclues ou mieux réglées.

INCONVÉNIENTS ET AVANTAGES DU SYLLOGISME.

PHILALÈTHE. On croit généralement que le *syllogisme* est le grand instrument de la raison et le meilleur moyen de mettre cette faculté en usage. Pour moi, j'en doute, car il ne sert qu'à voir la connexion des preuves *dans un seul exemple* et non au delà ; mais l'esprit la voit aussi facilement et peut-être mieux sans cela. Et ceux qui savent se servir des figures et des modes en supposent le plus souvent l'usage par une foi implicite pour leurs maîtres, sans en entendre la raison. Si le syllogisme est nécessaire, personne ne connaissait quoi que ce soit par raison avant son invention, et il faudra dire que Dieu, ayant fait de l'homme une créature à deux jambes, a laissé à Aristote le soin d'en faire un animal raisonnable : je veux dire ce petit nombre d'hommes qu'il pourrait engager à examiner les fondements des syllogismes où entrent plus de 60 manières de former les trois propositions, dont il n'y en a qu'environ 14 de sûres. Mais Dieu a eu beaucoup plus de bonté pour les hommes; il leur a donné un esprit capable de raisonner. Je ne dis point ceci pour rabaisser Aristote, que je regarde comme un des plus grands hommes de l'antiquité, que peu ont égalé en étendue, en subtilité, en pénétration d'esprit et par la force du jugement, et qui, en cela même qu'il a inventé ce petit système des formes de l'argumentation, a rendu un grand service aux savants contre ceux qui n'ont pas honte de nier tout. Mais cependant ces formes ne sont pas le seul ni le meilleur moyen de raisonner; et Aristote ne les trouva pas par le moyen des formes mêmes, mais par la voie originale de la convenance manifeste des idées; et la connaissance qu'on en acquiert par l'ordre naturel dans les démonstrations mathématiques paraît mieux sans le secours d'aucun syllogisme. *Inférer* est tirer une proposition comme véritable d'une autre déjà avancée pour véritable, en supposant une certaine connexion d'idées moyennes ; par exemple, de ce que les hommes seront punis en l'autre monde on inférera qu'ils se peuvent déterminer ici eux-mêmes. En voici la liaison : *les hommes seront punis et Dieu est celui qui punit; donc la punition est juste, donc le puni est coupable, donc il aurait pu faire autrement, donc il a liberté en lui, donc enfin il a la puissance de se déterminer.* La liaison se voit mieux ici que s'il y avait cinq ou six syllogismes embrouillés, où les idées seraient transposées, répétées et enchâssées dans les formes artificielles. Il s'agit de savoir quelle connexion a une idée moyenne avec les extrêmes dans le syllogisme; mais c'est ce que nul syllogisme ne peut montrer. C'est l'esprit qui peut apercevoir ces idées placées ainsi par une espèce de *juxtaposition*, et cela par sa propre vue. A quoi sert donc le syllogisme? Il est d'usage dans les écoles, où l'on n'a pas honte de nier la convenance des idées qui conviennent visiblement. D'où vient que les hommes ne font jamais de syllogismes en eux-mêmes lorsqu'ils cherchent la vérité ou qu'ils l'enseignent à ceux qui désirent sincèrement de la connaître? Il est assez visible aussi que cet ordre est plus naturel.

homme — animal — vivant

c'est-à-dire, l'homme est un animal, et l'animal est **vivant**, donc l'homme est vivant, que celui du syllogisme

Animal = *vivant. Homme* = *animal. Homme* = *vivant.*
C'est-à-dire l'animal est vivant, l'homme est un animal, donc l'homme est vivant. Il est vrai que les syllogismes peuvent servir à découvrir une fausseté cachée sous l'éclat brillant d'un ornement emprunté de la rhétorique, et j'avais cru autrefois que le syllogisme était nécessaire, au moins pour se garder des sophismes déguisés sous des discours fleuris ; mais après un plus sévère examen, j'ai trouvé qu'on n'a qu'à démêler les idées dont dépend la conséquence de celles qui sont superflues, et les ranger dans un ordre naturel pour en montrer l'incohérence. J'ai connu un homme à qui les règles du syllogisme étaient entièrement inconnues, qui apercevait d'abord la faiblesse et les faux raisonnements d'un long discours artificieux et plausible auquel d'autres gens exercés à toute la finesse de la logique se sont laissé attraper ; et je crois qu'il y aura peu de mes lecteurs qui ne connaissent de telles personnes. Et si cela n'était ainsi, les princes, dans les matières qui intéressent leur couronne et leur dignité, ne manqueraient pas de faire entrer les syllogismes dans les discussions les plus importantes, où cependant tout le monde croit que ce serait une chose ridicule de s'en servir. En Asie, en Afrique et en Amérique, parmi les peuples indépendants des Européens, personne n'en a presque jamais ouï parler. Enfin il se trouve au bout du compte que ces formes scolastiques ne sont pas moins sujettes à tromper ; les gens aussi sont rarement réduits au silence par cette méthode scolastique, et encore plus rarement convaincus et gagnés. Ils reconnaîtront tout au plus que leur adversaire est plus adroit, mais ils ne laissent pas d'être persuadés de la justice de leur cause. Et si l'on peut envelopper des raisonnements fallacieux dans le syllogisme, il faut que la fallace puisse être découverte par quelque autre moyen que celui du syllogisme. Cependant je ne suis point d'avis qu'on rejette les syllogismes ni qu'on se prive d'aucun moyen capable d'aider l'entendement. Il y a des yeux qui ont besoin de lunettes ; mais ceux qui s'en servent ne doivent pas dire que personne ne peut bien voir sans lunettes. Ce serait trop rabaisser la nature en faveur d'un art auquel ils sont peut-être redevables. Si ce n'est qu'il leur soit arrivé tout au contraire ce qui a été éprouvé par des personnes qui se sont servies des lunettes trop ou trop tôt, qu'ils ont si fort offusqué la vue par leur moyen qu'ils n'ont plus pu voir sans leurs secours.

THÉOPHILE. Votre raisonnement sur le peu d'usage des syllogismes est plein de quantité de remarques solides et belles. Et il faut avouer que la forme scolastique des syllogismes est peu employée dans le monde, et qu'elle serait trop longue et embrouillerait si on la voulait employer sérieusement. Et cependant, le croiriez-vous ? je tiens que l'invention de la forme des syllogismes est une des plus belles de l'esprit humain et même des plus considérables. C'est une espèce de *mathématique universelle* dont l'importance n'est pas assez connue; et l'on peut dire qu'un *art d'infaillibilité* y est contenu, pourvu qu'on sache et qu'on puisse s'en bien servir, ce qui n'est pas toujours permis. Or, il faut savoir que par les *arguments en forme* je n'entends pas seulement cette manière scolastique d'argumenter dont on se sert dans les colléges, mais tout raisonnement qui conclut par la force de la forme, et où l'on n'a besoin de suppléer aucun article ; de sorte qu'un *sorite*, un autre tissu de syllogismes qui évite la répétition, même un compte bien dressé, un calcul d'algèbre, une analyse des infinitésimales, me seront à peu près des arguments en forme, puisque leur forme de raisonner a été prédémontrée, en sorte qu'on est sûr de ne s'y point tromper. Et peu s'en faut que les démonstrations d'Euclide ne soient des arguments en forme le plus souvent; car quand il fait des *enthymèmes* en apparence, la proposition supprimée et qui semble manquer est suppléée par la citation à la marge, où l'on donne le moyen de la trouver déjà démontrée ; ce qui donne un grand abrégé sans rien déroger à la force. Ces inversions, compositions et divisions des raisons, dont il se sert, ne sont que des espèces de formes d'argumenter particulières et propres aux mathématiciens et à la matière qu'ils traitent, et ils démontrent ces formes avec l'aide des formes universelles de la logique.

Il y a une infinité d'autres *tissus* plus composés, non-seulement parce qu'un plus grand nombre de syllogismes simples y entrent, mais encore parce que les syllogismes *ingrédients* sont plus différents entre eux; car on y peut faire entrer non-seulement des catégoriques simples, mais encore des copulatifs, et non-seulement des catégoriques, mais encore des hypothétiques ; et non-seulement des syllogismes pleins, mais encore des enthymèmes où les propositions qu'on croit évidentes sont supprimées. Et tout cela joint avec des conséquences à syllogistiques et avec des transpositions des propositions, et avec quantité de tours et pensées qui cachent ces propositions par l'inclination naturelle de l'esprit à abréger, et par les propriétés du langage, qui paraissent en partie dans l'emploi des particules, fera un *tissu* de raisonnements, qui représentera toute argumentation même d'un orateur, mais décharnée et dépouillée de ses ornements et réduite à la *forme logique,* non pas scolastiquement, mais toujours suffisamment pour connaître la force, suivant les lois de la logique, qui ne sont autres que celles du *bon sens* mises en ordre et par écrit, et qui n'en diffèrent pas plus que la coutume d'une province diffère de ce qu'elle avait été quand de non écrite qu'elle était elle est devenue écrite, si ce n'est qu'étant mise par écrit et se pouvant mieux envisager tout d'un coup, elle fournit plus de lumières pour pouvoir être poussée et appliquée; car le bon sens naturel, sans l'aide de l'art faisant l'analyse de quelque raisonnement, sera un peu en peine quelquefois sur la force des conséquences en en trouvant, par exemple, qui enveloppent quelque mode, bon à la vérité, mais moins usité ordinairement. Mais un logicien qui voudrait qu'on ne se servît point de tels tissus ou ne voudrait point s'en servir lui-même, prétendant qu'on doit toujours réduire tous les arguments composés aux syllogismes simples dont ils dépendent en effet, serait, suivant ce que je vous ai déjà dit, comme un homme qui voudrait obliger les marchands dont il achète quelque chose de lui compter les nombres un à un, comme on compte aux doigts ou comme l'on compte les heures de l'horloge de la ville ; ce qui marquerait sa stupidité, s'il ne pouvait compter autrement, et s'il ne pouvait trouver qu'au bout des doigts que 5 et 3 font 8 ; ou bien cela marquerait un caprice s'il savait ces abrégés et ne voulait point s'en servir ou permettre qu'on s'en servît. Il serait aussi comme un homme qui ne voudrait point qu'on employât les axiomes et les théorèmes déjà démontrés, prétendant qu'on doit toujours réduire tout raisonnement aux premiers principes, où se voit la liaison immédiate des idées dont en effet ces théorèmes moyens dépendent. Après avoir expliqué l'usage des formes logiques de la manière que je crois qu'on le doit prendre, je viens à vos considérations, et je ne vois point comment vous voulez, monsieur, que le syllogisme ne serve qu'à voir la connexion des preuves *dans un seul exemple.* De dire que l'esprit voit toujours facilement les conséquences, c'est ce qui ne se trouvera pas, car on en voit quelquefois (au moins dans les raisonnements d'autrui) où l'on a lieu de douter d'abord tant qu'on n'en voit pas la démonstration. Ordinairement on se sert des exemples pour justifier les conséquences, mais cela n'est pas toujours assez sûr, quoiqu'il y ait un art de choisir des exemples qui ne se trouveraient point vrais si la conséquence n'était bonne. Je ne crois pas, qu'il fût permis, dans les écoles bien gouvernées, de *nier sans aucune honte* les convenances manifestes des idées, et il ne me paraît pas qu'on emploie le syllogisme à les montrer; au moins ce n'est pas son unique et principal usage. On trouvera plus souvent qu'on ne pense (en examinant les paralogismes des auteurs) qu'ils ont péché contre les règles de la logique, et j'ai moi-même expérimenté quelquefois, en disputant même par écrit avec des personnes de bonne foi, qu'on n'a commencé à s'entendre que lorsqu'on a argumenté en forme pour débrouiller un chaos de raisonnements. Il serait ridicule sans doute de vouloir argumenter à la scolastique dans des délibérations, à cause des prolixités importunes et embarrassantes de cette forme de raisonnement et parce que c'est comme compter aux doigts. Mais cependant il n'est que trop vrai que dans les plus importantes délibérations qui regardent la vie, l'État, le salut, les hommes se laissent éblouir souvent par le poids de l'autorité, par la lueur de l'éloquence, par des exemples mal appliqués, par des enthymèmes qui supposent faussement l'évidence de ce qu'ils suppriment et même par des conséquences fautives; de sorte qu'une logique sévère, mais d'un autre tour que celle de l'école, ne leur serait que trop nécessaire, entre autres pour déterminer de quel côté est la plus grande apparence. Au reste, de ce que le vulgaire des hommes ignore la logique artificielle et qu'on ne laisse pas d'y bien raisonner et mieux quelquefois que des gens exercés en logique, cela n'en prouve pas l'inutilité, non plus qu'on prouverait celle de l'arithmétique artificielle parce qu'on voit quelques personnes bien compter dans les rencontres ordinaires sans avoir appris à lire ou à écrire et sans savoir manier la plume ni les jetons, jusqu'à redresser même des fautes d'un autre qui a appris à calculer, mais qui se peut négliger ou embrouiller dans les caractères ou marques. Il est vrai qu'encore les syllogismes peuvent devenir sophistiques, mais leurs propres lois servent à les reconnaître, et les syllogismes ne convertissent et même ne convainquent pas toujours ; mais c'est parce que l'abus des distinctions et des termes mal entendus en rend l'usage prolixe jusqu'à devenir insupportable s'il fallait le pousser à bout.

Pour conclure, j'avoue que la forme d'argumenter scolastique est ordinairement incommode, insuffisante, mal ménagée ; mais je dis en même temps que rien ne serait plus important que l'art d'argumenter en forme selon la vraie logique, c'est-à-dire pleinement quant à la matière et clairement quant à l'ordre et à la force des conséquences, soit évidentes par elles-mêmes, soit prédémontrées.

Essais, IV, XVII.

DÉFENSE DU SYLLOGISME.

Je tiens que l'invention de la forme des syllogismes est une des plus belles de l'esprit humain, et même des plus considérables. C'est une espèce de mathématique universelle, dont l'importance n'est pas assez connue ; et l'on peut dire qu'un art d'infaillibilité y est contenu, pourvu qu'on sache et qu'on puisse s'en bien servir, ce qui n'est pas toujours permis. Or, il faut savoir que, par les arguments en forme, je n'entends pas seulement cette manière scolastique d'argumenter dont on se sert dans les colléges, mais tout raisonnement qui conclut par la force de la forme, et où l'on n'a besoin de suppléer aucun article ; de sorte qu'un *sorite*, un autre tissu de syllogismes, qui évite la répétition, même un compte bien dressé, un calcul d'algèbre, une analyse des infinitésimales me seront à peu près des arguments en forme, puisque leur forme de raisonner a été prédémontrée, en sorte qu'on est sûr de ne s'y point tromper.

VIII

CONDILLAC

LE RAISONNEMENT EST UNE SUITE D'ÉQUATIONS.

Comme en mathématiques on établit la question en la traduisant en algèbre, dans les autres sciences on l'établit en la traduisant dans l'expression la plus simple ; et, quand la question est établie, le raisonnement qui la résout n'est encore lui-même qu'une suite de traductions où une proposition qui traduit celle qui la précède est traduite par celle qui la suit. C'est ainsi que l'évidence passe avec l'identité depuis l'énoncé de la question jusqu'à la conclusion du raisonnement.

CONDILLAC, *Traité des sensations*, VIII.

L'ANALYSE.

Je suppose un château qui domine une campagne vaste, abondante, où la nature s'est plu à répandre la variété, et où l'art a su profiter des situations pour les varier et embellir encore. Nous arrivons dans ce château pendant la nuit. Le lendemain, les fenêtres s'ouvrent au moment où le soleil commence à dorer l'horizon, et elles se referment aussitôt.

Quoique cette campagne ne se soit montrée à nous qu'un instant, il est certain que nous avons vu tout ce qu'elle renferme. Dans un second instant, nous n'aurions fait que recevoir les mêmes impressions que les objets ont faites sur nous dans le premier. Il en serait de même dans un troisième. Par conséquent, si l'on n'avait pas refermé les fenêtres, nous n'aurions continué de voir que ce que nous avions d'abord vu. Mais ce premier instant ne suffit pas pour faire connaître cette campagne, c'est-à-dire pour nous faire démêler les objets qu'elle renferme; c'est pourquoi, lorsque les fenêtres se sont refermées, aucun de nous n'avait pu se rendre compte de ce qu'il a vu. Voilà comment on peut voir beaucoup de choses et ne rien apprendre. Enfin les fenêtres se rouvrent pour ne plus se refermer tant que le soleil sera sur l'horizon, et nous revoyons longtemps tout ce que nous avons d'abord vu. Mais si, semblables à des hommes en extase, nous continuons, comme au premier instant, de voir à la fois cette multitude d'objets différents, nous n'en saurons pas plus, lorsque la nuit surviendra, que nous n'en savions lorsque les fenêtres qui venaient de s'ouvrir se sont tout à coup refermées.

Pour avoir une connaissance de cette campagne, il ne suffit donc pas de la voir toute à la fois; il en faut voir chaque partie l'une après l'autre; et, au lieu de tout embrasser d'un coup d'œil, il faut arrêter ses regards successivement d'un objet sur un objet...

Il en est de l'esprit comme de l'œil : il voit à la fois une multitude de choses, et il ne faut pas s'en étonner, puisque c'est à l'âme qu'appartiennent toutes les sensations de la vue. Cette vue de l'esprit s'étend comme la vue du corps. Si l'on est bien organisé, il ne faut à l'une et à l'autre que de l'exercice, et on ne saurait en quelque sorte circonscrire l'espace qu'elles embrassent. En effet, un esprit exercé voit, dans un sujet qu'il médite, une multitude de rapports que nous n'apercevons pas; comme les yeux exercés d'un grand peintre démêlent en un moment dans un paysage une multitude de choses que nous voyons avec lui et qui cependant nous échappent. Si nous réfléchissons sur la manière dont nous acquérons des connaissances par la vue, nous remarquerons qu'un objet fort composé, tel qu'une vaste campagne, se décompose en quelque sorte, puisque nous ne le connaissons que lorsque ses parties sont venues, l'une après l'autre, s'arranger avec ordre dans l'esprit. Analyser n'est donc autre chose qu'observer dans un ordre successif les qualités d'un objet, afin de leur donner dans l'esprit l'ordre simultané dans lequel elles existent. C'est ce que la nature nous fait faire à tous. L'analyse, qu'on croit n'être connue que des philosophes, est donc connue de tout le monde, et je n'ai rien appris au lecteur ; je lui ai seulement fait remarquer ce qu'il fait continuellement.

CONDILLAC, *Logique*, ch. IV.

UNION INTIME DU RAISONNEMENT ET DU LANGAGE.

Les idées abstraites ne sont que des dénominations. Si nous voulions absolument y supposer autre chose, nous ressemblerions à un peintre qui s'obstinerait à vouloir peindre l'homme en général, et qui cependant ne peindrait jamais que des individus.

Cette observation sur les idées abstraites et générales démontre que leur clarté et leur précision dépendent uniquement de l'ordre dans lequel nous avons fait les dénominations des classes, et que, par conséquent, pour déterminer ces sortes d'idées, il n'y a qu'un moyen, c'est de bien faire la langue.

Elle confirme ce que nous avons déjà montré, combien les mots nous sont nécessaires : car, si nous n'avions point de dénominations, nous n'aurions point d'idées abstraites, nous n'aurions ni genres ni espèces ; et si nous n'avions ni genres ni espèces, nous ne pourrions raisonner sur rien. Or, si nous ne raisonnons qu'avec le secours de ces dénominations, c'est une nouvelle preuve que nous ne raisonnons bien ou mal que parce que notre langue est bien ou mal faite. L'analyse ne nous apprendra donc à raisonner qu'autant qu'en nous apprenant à déterminer les idées abstraites et générales, elle nous apprendra à bien faire notre langue ; et tout l'art de raisonner se réduit à l'art de bien parler.

CONDILLAC, *Logique*, ch. V.

IX

DIDEROT

La physique expérimentale peut être comparée dans ses bons effets au conseil de ce père qui dit à ses enfants, en mourant, qu'il y avait un trésor caché dans son champ, mais qu'il ne savait point dans quel endroit. Ses enfants se mirent à bêcher le champ, ils ne trouvèrent pas le trésor qu'ils cherchaient, mais ils firent dans la saison une récolte abondante, à laquelle ils ne s'attendaient pas.

L'année suivante, un des enfants dit à ses frères :

— J'ai soigneusement examiné le terrain que notre père nous a laissé, et je pense avoir découvert l'endroit du trésor. Ecoutez, voici comment j'ai raisonné : Si le trésor est caché dans le champ, il doit y avoir dans son enceinte quelques signes qui marquent l'endroit; or, j'ai aperçu des traces singulières vers l'angle qui regarde l'orient; le sol y paraît avoir été remué. Nous nous sommes assurés, par notre travail de l'année passée, que le trésor n'est point à la surface de la terre; il faut donc qu'il soit caché dans ses entrailles? Prenons incessamment la bêche, et creusons jusqu'à ce que nous soyons parvenus au souterrain de l'avarice.

Tous les frères entraînés, moins par la force de la raison que par le désir de la richesse, se mirent à l'ouvrage. Ils avaient déjà creusé profondément sans rien trouver; l'espérance commençait à les abandonner et le murmure à se faire entendre, lorsqu'un d'entre eux s'imagina reconnaître la présence d'une mine à quelques particules brillantes; c'en était en effet une de plomb, qu'on avait anciennement exploitée, qu'ils travaillèrent et qui leur produisit beaucoup. Telle est quelquefois la suite des expériences suggérées par les observations et les idées systématiques de la philosophie rationnelle. C'est ainsi que les chimistes et les géomètres, en s'opiniâtrant à la solution de problèmes peut-être impossibles, sont parvenus à des découvertes plus importantes que cette solution.

Tant que les choses ne sont que dans notre entendement, ce sont nos opinions; ce sont des notions qui peuvent être vraies ou fausses, accordées ou contredites. Elles ne prennent de la consistance qu'en se liant aux êtres extérieurs. Cette liaison se fait, ou par une chaîne ininterrompue d'expériences, ou par une chaîne ininterrompue de raisonnements, qui tient d'un bout à l'observation et de l'autre à l'expérience; ou par une chaîne d'expériences dispersées d'espace en espace entre des raisonnements, comme des poids sur la longueur d'un fil suspendu par ses deux extrémités. Sans ces poids, le fil deviendrait le jouet de la moindre agitation qui se ferait dans l'air.

On peut comparer les notions qui n'ont aucun fondement dans la nature à ces forêts du nord dont les arbres n'ont point de racines. Il ne faut qu'un coup de vent, qu'un fait léger pour renverser toute une forêt d'arbres et d'idées.

Nous avons trois moyens principaux : l'observation de la nature, la réflexion et l'expérience. L'observation recueille les faits, la réflexion les combine, l'expérience vérifie le résultat de la combinaison. Il faut que l'observation de la nature soit assidue, que la réflexion soit profonde et que l'expérience soit exacte. On voit rarement ces moyens réunis. Aussi les génies créateurs ne sont-ils pas communs.

Sont-ce les hommes de génie qui ont manqué à l'univers? Nullement. Est-ce en eux défaut de méditations et d'étude? Encore moins. L'histoire des sciences fourmille de noms illustres ; la surface de la terre est couverte des monuments de nos travaux. Pourquoi donc possédons-nous si peu de connaissances certaines? Par quelle fatalité les sciences ont-elles fait si peu de progrès? Sommes-nous destinés à n'être jamais que des enfants? J'ai déjà annoncé la réponse à ces questions. Les sciences abstraites ont occupé trop longtemps et avec trop peu de fruit les meilleurs esprits, ou l'on n'a point étudié ce qu'il importait de savoir, ou l'on n'a mis ni choix, ni vues, ni méthode dans ces études; les mots se sont multipliés sans fin, et la connaissance des choses est restée en arrière.

Les faits, de quelque nature qu'ils soient, sont la véritable richesse du philosophe. Mais un des préjugés de la philosophie rationnelle, c'est que celui qui ne saura pas nombrer ses écus ne sera guère plus riche que celui qui n'aura qu'un écu. La philosophie rationnelle, s'occupe malheureusement beaucoup plus à rapprocher et à lier les faits qu'on possède qu'à en recueillir de nouveaux.

Nous avons distingué deux sortes de philosophie, l'expérimentale et la rationnelle. L'une a les yeux bandés, marche toujours en tâtonnant, saisit tout ce qui lui tombe sous les mains, et rencontre à la fin des choses précieuses et tâche de s'en former un flambeau; mais ce flambeau prétendu lui a jusqu'à présent moins servi que le tâtonnement à sa rivale, et cela devait être. L'expérience multiplie ses mouvements à l'infini; elle est sans cesse en action; elle met à chercher des phénomènes tout le temps que la raison emploie à chercher des analogies. La philosophie expérimentale ne sait ni ce qui lui viendra ni ce qui ne lui viendra pas de son travail, mais elle travaille sans relâche. Au contraire, la philosophie rationnelle pèse les possibilités, prononce et s'arrête tout court. Elle dit hardiment :

— On ne peut décomposer la lumière.

La philosophie expérimentale l'écoute et se tait devant elle pendant des siècles entiers; puis, tout à coup elle montre le prisme et dit :

— La lumière se décompose.

DIDEROT, *de l'Interprétation de la nature.*

X

TURGOT

UTILITÉ DES HYPOTHÈSES POUR LA SCIENCE.

Toutes les fois qu'il s'agit de trouver la cause d'un effet, ce n'est que par voie d'hypothèse qu'on peut y parvenir, lorsque l'effet seul est connu.

On remonte, comme on peut, de l'effet à la cause, pour tâcher de conclure à ce qui est hors de nous. Or, pour deviner la cause d'un effet, quand nos idées ne nous la présentent pas, il faut en imaginer une; il faut vérifier plusieurs hypothèses et les essayer. Mais comment les vérifier? C'est en développant les conséquences de chaque hypothèse, et en les comparant aux faits. Si tous les faits qu'on prédit en conséquence de l'hypothèse se retrouvent dans la nature précisément tels que l'hypothèse doit les faire attendre, cette conformité, qui ne peut être l'effet du hasard, en devient la vérification, de la manière qu'on reconnaît le cachet qui a formé une empreinte en voyant que tous les traits de celle-ci s'insèrent dans ceux du cachet.

Telle est la marche des progrès de la physique. Des faits mal connus, mal analysés, et en petit nombre, ont dû faire imaginer des hypothèses très-fausses; la nécessité de faire une foule de suppositions, avant de trouver la vraie, a dû en amener beaucoup. De plus, la difficulté de tirer des conséquences de ces hypothèses, et de les comparer aux faits, a été très-grande dans les commencements. — Ce n'est que par l'application des mathématiques à la physique qu'on a pu, de ces hypothèses, qui ne sont que des combinaisons de ce qui doit arriver de certains corps mus suivant certaines lois, inférer les effets qui devaient s'en suivre; et là-dessus les recherches ont dû se multiplier avec le temps. L'art de faire des expériences ne s'est non plus perfectionné qu'à la longue; d'heureux hasards, qui pourtant ne se présentent qu'à ceux qui ont souvent ces objets devant les yeux et qui les connaissent, bien plus ordinairement encore une foule de théories délicates et de petits systèmes de détail souvent aidés encore des mathématiques, ont appris des faits, ou indiqué aux hommes les expériences qu'il fallait faire, avec la manière d'y réussir. — On voit ainsi comment les progrès des mathématiques ont secondé ceux de la physique, comment tout est lié, et, en même temps, comment le besoin d'examiner toutes les hypothèses a obligé à une foule de recherches mathématiques, qui, en multipliant les vérités, ont augmenté la généralité des principes, d'où naît la plus grande facilité du calcul et la perfection de l'art.

On peut conclure de tout ceci que les hommes ont dû passer par mille erreurs avant d'arriver à la vérité. De là cette foule de systèmes tous moins sensés les uns que les autres, et qui sont cependant de véritables progrès, des tâtonnements pour arriver à la vérité; systèmes qui, d'ailleurs, occasionnent des recherches, et sont par là utiles dans leurs effets. — Les hypothèses ne sont pas nuisibles; toutes celles qui sont fausses se détruisent d'elles-mêmes... Le premier pas est de trouver un système; le second de s'en dégoûter.

TURGOT, *Fragments divers*.

XI

KANT

EN QUOI LA LOGIQUE DIFFÈRE DE LA PSYCHOLOGIE.

A la vérité, des logiciens supposent des principes *psychologiques* dans la logique. Mais il est aussi absurde d'y introduire de pareils principes, que de dériver la morale de la conduite de la vie. Si nous prenions ces principes dans la psychologie, c'est-à-dire si nous les tirions des observations sur notre entendement, nous verrions simplement alors *de quelle manière* la pensée se manifeste, se produit ; comment elle est soumise à différents obstacles et à diverses conditions subjectives, ce qui nous conduirait à des lois simplement *contingentes*. En logique, il n'est pas question de lois *contingentes*, mais de lois *nécessaires* ; il ne s'agit pas de savoir comment nous pensons, mais comment nous *devons* penser. — Les règles de la logique ne doivent par conséquent pas être prises de l'usage *contingent* de l'entendement ; elles doivent l'être de son usage *nécessaire*, usage qui se trouve en soi, sans psychologie aucune. On ne demande pas en logique comment se comporte l'entendement, comment il pense, comment il a pensé jusqu'ici, mais simplement comment il a *dû* penser. La logique doit donc nous faire connaître l'usage légitime ou l'accord avec lui-même de l'entendement.

KANT, Logique, trad. Tissot, p. 6.

DISTINCTION ENTRE LA MATIÈRE DE LA CONNAISSANCE ET LA FORME DE LA CONNAISSANCE, OBJET DE LA LOGIQUE.

Dans toute connaissance, il faut distinguer la *matière*, c'est-à-dire l'objet, et la *forme*, c'est-à-dire la manière dont nous connaissons l'objet. Un sauvage, par exemple, voit de loin une maison, dont l'usage lui est inconnu : cet objet lui est, à la vérité, représenté comme il pourrait l'être à un autre homme qui le connaît distinctement comme une habitation appropriée à l'usage de l'homme. Mais quant à la *forme*, cette connaissance d'un seul et même objet est différente dans chacun d'eux : dans l'un c'est une simple *intuition*, dans l'autre c'est *intuition* et *notion* en même temps. KANT, *ibid.*, 41.

L'INDUCTION ET L'ANALOGIE.

Puisque le jugement va du particulier au général, pour dériver des jugements généraux de l'expérience, par conséquent non *a priori* (empiriquement), il conclut : ou de plusieurs choses d'une espèce à toutes les choses de cette espèce, ou de plusieurs *déterminations* et propriétés en quoi s'accordent des choses d'espèce identique, aux *autres* déterminations et propriétés *en tant qu'elles appartiennent au même principe.* — La première espèce de raisonnement s'appelle raisonnement *par induction*; la seconde, raisonnement *par analogie.*

OBSERVATIONS. — L'induction conclut du particulier au général (*a particulari ad universale*), d'après le principe de la *généralisation*, qui est ainsi conçu : *Ce qui convient à plusieurs choses d'un genre convient aussi à toutes les autres choses [du même genre].*

L'analogie conclut de la ressemblance *particulière* de deux choses à la ressemblance *totale*, d'après le principe de la *spécification.* Des choses d'un genre au sujet desquelles on connaît plusieurs caractères qui s'accordent entre eux, s'accordent pour le surplus que nous connaissons dans quelques individus de ce genre, mais que nous n'apercevons pas dans d'autres.

KANT, *Logique*, 195.

DU CRITÉRIUM DE LA VÉRITÉ EN LOGIQUE.

Quant aux critères *généraux et formels*, il est facile de voir qu'ils sont possibles : car la vérité *formelle* consiste simplement dans l'accord de la connaissance avec elle-même, abstraction faite de tous les objets et de leurs différences. Le critérium formel de la vérité n'est donc autre chose que le caractère logique général de l'accord de la connaissance avec elle-même, ou, ce qui est la même chose, avec les lois générales de l'entendement et de la raison.

Ces critères généraux formels sont sans doute insuffisants pour s'assurer de la vérité objective, mais ils en sont néanmoins la condition *sine qua non.*

Car la question de l'accord de la connaissance avec elle-même (quant à la forme) est antérieure à celle de l'accord de la connaissance avec son objet, et c'est l'affaire de la logique.

Les critères formels de la vérité en logique sont :

1° Le principe de contradiction ;

2° Le principe de la raison suffisante.

Le premier détermine la possibilité logique, le second la réalité logique d'une connaissance.

La vérité logique d'une connaissance requiert donc :

1° Que cette connaissance soit possible, c'est-à-dire qu'elle ne soit pas contradictoire ; mais ce caractère de la vérité logique interne est purement négatif : car une connaissance qui se contredit est fausse à la vérité, mais elle n'est pas toujours vraie alors même qu'elle ne se contredit pas.

2° Qu'elle soit fondée logiquement, c'est-à-dire qu'elle ait un principe et qu'elle n'ait pas de conséquences fausses.

KANT, *Logique*, p. 165.

EXTRAITS ET ÉCLAIRCISSEMENTS.

SUR LE SCEPTICISME ET LE DOGMATISME.

Il y a un principe de doute qui consiste dans cette maxime : se proposer, en traitant des connaissances, de les rendre incertaines. Ce principe tend à faire voir l'impossibilité de parvenir à la certitude. Cette manière de philosopher est le *scepticisme*. Elle est opposée à la méthode dogmatique, au *dogmatisme*, qui est une confiance aveugle en la faculté qu'aurait la raison de s'étendre *a priori* sans critique, par pures notions, uniquement pour obtenir un succès apparent.

Ces deux méthodes sont vicieuses si elles deviennent générales; car il y a un grand nombre de connaissances dans lesquelles nous ne pouvons procéder dogmatiquement; et, d'un autre côté, le scepticisme, en renonçant à toute connaissance affirmative, paralyse tous nos efforts pour acquérir la connaissance du *certain*.

Autant donc le scepticisme est nuisible, autant la méthode *sceptique* est utile et juste, en n'entendant par là que la manière de traiter quelque chose comme incertain, et de le réduire à la plus haute incertitude dans l'espoir de trouver la trace de la vérité sur cette voie. Cette méthode n'est donc proprement qu'une simple suspension du jugement. Elle est très-utile au procédé *critique* qui est la méthode de philosopher suivant laquelle on recherche les *sources* de ses affirmations ou de ses objections, et les raisons qui leur servent de base ; — méthode qui donne l'espoir de parvenir à la certitude.

Kant, *ibid.*, 70.

DE LA CERTITUDE ET DE SES DIVERSES ESPÈCES.

Il y a une différence essentielle, que nous allons faire connaître, entre *opiner, croire* et *savoir* ou *être certain*.

1° *Opiner*. — L'opiner, ou le croire par des raisons qui ne sont suffisantes ni subjectivement ni objectivement, peut être considéré comme un jugement *provisoire* (*sub conditione suspensiva, ad interim*) dont on ne peut pas facilement se passer. Il faut nécessairement opiner d'abord avant d'admettre et d'affirmer; mais il faut aussi se garder de prendre une opinion pour quelque chose de plus que pour une simple opinion. — L'opinion est en général le début de toute notre connaissance. Quelquefois nous avons un pressentiment obscur de la vérité ; une chose peut renfermer pour nous le signe de la vérité; une chose nous semble avoir les caractères de la vérité; — nous pressentons la vérité avant de la connaître avec une certitude déterminée... « Lorsque nous méditons sur un sujet, toujours nous devons juger provisoirement d'abord, et anticiper, flairer en quelque sorte, la connaissance qui nous est donnée en partie par la méditation. On doit toujours se faire un plan provisoire, etc. »

2° *Croire* (dans le sens étroit, foi). — La foi ou la croyance d'après un principe subjectivement suffisant, mais objectivement insuffisant, se rapporte aux objets dont on ne peut non-seulement rien *savoir*, mais encore rien opiner, dont on ne peut pas même pénétrer la vraisemblance, mais dont on peut simplement avoir la certitude qu'il n'y a pas de contradiction à les penser comme on le fait...

3° *Savoir.* — La croyance qui dérive d'un principe de connaissance valable tant objectivement que subjectivement, ou la *certitude*, est empirique ou rationelle, suivant qu'elle se fonde ou sur *l'expérience* soit personnelle, soit étrangère, ou sur la *raison*. Elle se rapporte donc aux deux sources dont toutes nos connaissances dérivent : *l'expérience* et la *raison*.

La certitude rationnelle est ou mathématique ou philosophique ; la première est *intuitive*, la seconde *discursive*.

La certitude mathématique s'appelle aussi *évidence*, parce qu'une connaissance intuitive est plus claire qu'une discursive. Quoique les connaissances rationnelles mathématiques et philosophiques soient également certaines en elles-mêmes, la certitude de l'une de ces sciences est cependant différente de la certitude de l'autre.

La certitude empirique est primitive (*originarie empirica*), quand je suis certain de quelque chose par expérience *propre;* elle est *dérivée* (*dérivative empirica*), quand je suis certain de quelque chose par l'expérience d'autrui ; c'est cette dernière sorte de certitude empirique qu'on appelle ordinairement certitude *historique*. La certitude rationnelle se distingue de la certitude empirique par la conscience de la nécessité qui l'accompagne...

La *science*, c'est-à-dire l'ensemble *systématique* d'un ordre de connaissances, résulte de la certitude. La science est opposée à la connaissance *commune*, c'est-à-dire à l'ensemble d'une connaissance comme *simple agrégat*. Le système repose sur une idée du tout, qui précède les parties ; dans la connaissance commune, au contraire, les parties précèdent le tout.   KANT, *ibid.*, p. 97, 111.

RÈGLES GÉNÉRALES POUR ÉVITER L'ERREUR.

Les règles générales à suivre pour éviter l'erreur sont :
1° De penser par soi-même ;
2° De se mettre dans la position des autres, et de considérer les choses sous toutes leurs faces ;
3° D'être toujours d'accord avec soi-même.

On peut appeler la maxime de penser par soi-même une façon de penser éclairée ; celle de se placer au point de vue des autres, une façon de penser étendue ; et celle d'être toujours d'accord avec soi-même, une façon de penser conséquente ou bien liée.

KANT, *ibid.*

LA SUSPENSION DU JUGEMENT, RÈGLE DE MÉTHODE.

Différer ou retenir son jugement, ce n'est que la résolution de ne pas faire d'un jugement provisoire un jugement définitif et déterminant. Un jugement provisoire est un jugement par lequel je vois, il est vrai, plus de raisons pour la vérité d'une chose que contre cette vérité, mais tout en m'apercevant bien que ces raisons ne suffisent pas pour fonder un jugement déterminant ou définitif. Le provisoire est donc un jugement purement problématique porté avec conscience de ce caractère.

La suspension du jugement peut avoir lieu pour deux raisons : ou pour rechercher les motifs d'un jugement déterminant, ou pour ne juger jamais. Dans le premier cas, la suspension du jugement est une suspension critique (*suspensio judicii indagatoria*) ; dans le second cas, elle est sceptique (*suspensio judicii sceptica*) ; car le sceptique renonce à tout jugement, tandis que le véritable philosophe ne fait que suspendre le sien, en tant qu'il n'a pas de raisons suffisantes de regarder une proposition comme vraie. KANT, *ibid.*, 102.

XII

HAMILTON

DE LA MÉTHODE D'INTERPRÉTATION DE LA CONSCIENCE EN PSYCHOLOGIE.

Un fait de conscience est ce dont l'existence est donnée et garantie par une croyance originelle et nécessaire. Mais il faut faire une distinction importante.

Il faut considérer les faits de conscience à deux points de vue, ou bien comme témoignant de leur propre existence idéale ou phénoménale, ou comme témoignant de l'existence objective de quelque autre chose au delà. Croire à la première interprétation, ce n'est pas la même chose que de croire à la seconde. On ne peut pas repousser la première, on peut fort bien repousser la seconde. S'agit-il d'un témoin ordinaire, nous ne pouvons mettre en doute sa réalité personnelle ni le fait de sa déposition, mais nous pouvons toujours douter de la vérité de ce qu'affirme la déposition. Il en est ainsi de la conscience, nous ne pouvons pas nier qu'elle porte un témoignage, mais nous pouvons faire difficulté d'admettre l'au delà dont il nous donne l'assurance. Prenons un exemple. Dans l'acte de la perception extérieure, la conscience donne comme un fait double l'existence de moi ou de soi en tant que percevant, et l'existence de quelque chose qui diffère de moi ou de soi en tant que perçue. Or, il est absolument impossible de douter de la réalité de ce fait comme donnée subjective, — comme phénomène mental, — sans douter de l'existence de la conscience, car la conscience est elle-même ce fait ; et il nous est absolument impossible de douter de l'existence de la conscience, car un tel doute ne peut exister que dans et par la conscience ;

par conséquent, il s'annihilerait lui-même. Nous douterions que nous doutons. En tant que contenue, — donnée, — dans la conscience, l'opposition de l'esprit qui connait et de la matière qui est connue ne peut être niée.

Mais on peut admettre tout le phénomène comme donné dans la conscience et pourtant contester sa conséquence. La conscience, dira-t-on peut-être, donne le sujet mental comme percevant un objet extérieur, distingué du sujet en tant que perçu : tout ceci nous ne le nions pas, nous ne pouvons pas le nier. Mais la conscience n'est qu'un phénomène; l'opposition entre le sujet et l'objet peut n'être qu'apparente et non réelle ; l'objet donné comme une réalité extérieure peut n'être qu'une représentation mentale que l'esprit est déterminé sans le savoir à produire en vertu d'une loi que nous ne connaissons pas et qu'il prend pour une chose différente de lui-même. On peut dire tout cela et le croire, sans se contredire et même l'immense majorité des philosophes modernes le dit et le croit.

C'est d'une manière analogue que, dans un acte de mémoire, la conscience relie une existence présente à une existence passée. Je ne puis nier le phénomène actuel, parce que ma négation se détruirait elle-même; mais je peux, sans me contredire, soutenir que la conscience peut être un faux témoin pour ce qui est d'une existence antérieure ; et je peux soutenir, si je veux, que la mémoire du passé, dans la conscience, n'est rien qu'un phénomène qui n'a pas de réalité en dehors du présent. Il y a bien d'autres faits de conscience que nous ne pouvons pas nous dispenser d'admettre à titre de phénomènes mentals, mais nous pouvons ne pas croire qu'ils garantissent rien de plus que leur propre existence phénoménale. Je n'examine pas à présent si ce doute est légitime, mais s'il est possible; tout ce que j'ai maintenant en vue, c'est de montrer que nous ne devons pas confondre, comme on l'a fait, deux faits d'une signification différente et deux témoignages de portée bien différente en faveur de leur réalité. M. Stewart, entre autres, a commis cette erreur.....

On me permettra de dire avec tout le respect que mérite l'opinion d'un philosophe aussi distingué que M. Stewart, que je regarde comme insoutenable son affirmation que l'existence présente des phénomènes de conscience, et la réalité des objets dont ils portent témoignage, reposent sur une base également solide. Le second fait, l'objet du témoignage, peut être digne de toute créance, et je m'accorde avec M. Stewart à penser qu'il en est ainsi ; mais pourtant il ne repose pas sur un fondement aussi solide que le fait du témoignage lui-même. M. Stewart avoue que les sceptiques les plus hardis n'ont jamais avancé un doute sur le premier; mais le dernier, au contraire, en tant qu'il nous assure une connaissance immédiate du monde extérieur (c'est ainsi que parle M. Stewart), a été mis en doute et même nié non-seulement par les sceptiques, mais encore par les philosophes modernes à peu près unanimement. L'histoire créerait donc d'elle-même une forte présomption en faveur de l'opinion que les deux faits doivent reposer sur des fondements très-différents, et cette présomption se confirme quand nous cherchons quels sont ces fondements.

L'un des faits, celui du témoignage, est un acte de conscience même, on ne peut par conséquent l'invalider sans contradiction. Car, ainsi que nous l'avons fait souvent observer, il est impossible de douter de la réalité de ce dont nous sommes conscients; en effet, comme nous ne pouvons douter que par le moyen de la conscience, douter de la conscience c'est douter de la conscience par la conscience. Si d'une part nous affirmons la réalité du doute, nous affirmons explicitement par là la réalité de la conscience, et nous contredisons notre doute; si d'autre part nous nions la réalité de la conscience, nous nions implicitement la réalité de notre propre dénégation. Ainsi, dans l'acte de la perception, la conscience donne, comme un fait double, un *ego* ou esprit, et un *non-ego* ou matière, connus ensemble et distingués l'un de l'autre. Or, en tant que fait présent, ce double phénomène ne peut être nié. Je ne puis par conséquent pas rejeter le fait que, dans la perception, je suis conscient d'un phénomène que je suis forcé de regarder comme l'attribut de quelque chose d'autre que mon esprit ou moi. Cela, je l'admets forcément, ou je tombe en contradiction. Mais en l'admettant, ne puis-je pas encore, sans me contredire, soutenir que ce que je suis forcé de considérer comme le phénomène de quelque chose autre que moi n'est pourtant (sans que je le sache), qu'une modification de mon esprit? J'admets bien le fait du témoignage de la conscience comme donné, mais je nie la vérité de son rapport. Que la négation de la vérité de conscience comme témoignage soit ou non légitime, nous n'avons pas à l'examiner à présent : tout ce que je veux, c'est, comme je l'ai dit, faire voir que nous devons distinguer dans la conscience deux espèces de faits, — le fait de la conscience témoignant, et le fait dont la conscience témoigne; et que nous ne devons pas, ainsi que M. Stewart, soutenir que nous ne pouvons pas plus douter de la réalité du monde extérieur que du fait que la conscience présente en opposition réciproque, le phénomène du soi en regard du phénomène du non-soi.

C'est seulement l'autorité de ces faits en tant que prouvant qu'il y a quelque chose au delà d'eux, — c'est-à-dire, seulement la seconde classe de faits, — qui devient un objet de discussion; ce n'est pas la réalité de la conscience que nous avons à prouver, c'est sa véracité.

HAMILTON, *Lectures*, I, 271-275, traduit par M. Cazelles.

DU SYLLOGISME.

Le raisonnement est un acte de comparaison médiate. Raisonner, c'est, en effet, reconnaître que deux idées sont l'une à l'égard de l'autre dans la relation d'un tout à ses parties, et cela en reconnaissant que ces deux idées sont chacune dans la même relation avec une troisième. Considéré comme un acte, le raisonnement, ou emploi discursif de la raison (τὸ λογίζεσθαι, λογισμός, διάνοια, τὸ διανοεῖσθαι), s'appelle aussi procédé *d'argumentation, d'inférence, d'illation, de conclusion, de syllogismes...* le produit de l'acte lui-même s'appelle aussi raisonnement; et dans ce sens on dit encore *argument* et *syllogisme*.

Rien de plus faux à cet égard que l'opinion vulgaire qui distingue ce procédé comme l'opération d'une faculté différente en espèce du jugement et de la conception. Conception, jugement, raisonnement, ce sont en réalité de simples applications de la même faculté, celle de comparaison... Il est donc également faux d'affirmer, comme on le fait communément, qu'un raisonnement ou syllogisme est un tout formé de jugements; et qu'un jugement est un tout composé, formé d'idées. C'est là une manière toute mécanique de trancher en parties les phénomènes de l'esprit; et elle diffère autant d'une analyse légitime, que l'acte du boucher de celui de l'anatomiste.

HAMILTON, *ibid.*, 312.

XIII

STUART MILL

PROCÉDÉS ET RÈGLES DE LA MÉTHODE EXPÉRIMENTALE. — APPLICATION A LA THÉORIE DE LA ROSÉE.

Il faut d'abord distinguer la rosée de la pluie aussi bien que des brouillards, et la définir en disant qu'elle est l'apparition spontanée d'une moiteur sur des corps exposés en plein air, quand il ne tombe point de pluie ni d'humidité visible. D'abord, nous avons des phénomènes analogues dans la moiteur qui couvre un métal froid ou une pierre lorsque nous soufflons dessus, qui apparaît en été sur les parois d'un verre d'eau fraîche qui sort du puits, qui se montre à l'intérieur des vitres quand la grêle ou une pluie soudaine refroidit l'air extérieur, qui coule sur nos murs lorsqu'après un long froid arrive un dégel tiède et humide. Comparant tous ces cas, nous trouvons qu'ils contiennent tous le phénomène en question. Or, tous ces cas s'accordent sur un point, à savoir que l'objet qui se couvre de rosée est plus froid que l'air qui le touche. Cela arrive-t-il aussi dans le cas de la rosée nocturne? Est-ce un fait que l'objet baigné de rosée est plus froid que l'air? Nous sommes tentés de répondre que non, car qui est-ce qui le rendrait plus froid? Mais l'expérience est aisée : nous n'avons qu'à mettre un thermomètre en contact avec la substance couverte de rosée, et à en suspendre un autre un peu au-dessus, hors de la portée de son influence. L'expérience a été faite, la question a été posée, et toujours la réponse s'est trouvée affirmative. Toutes les fois qu'un objet se recouvre de rosée, il est plus froid que l'air.

Voilà une application complète de la *méthode de concordance :* elle établit une liaison invariable entre l'apparition de la rosée sur une surface et la froideur de cette surface comparée à l'air extérieur. Mais laquelle des deux est cause, et laquelle effet? ou bien sont-elles toutes les deux les effets de quelque chose d'autre? Sur ce point, la méthode de concordance ne nous fournit aucune lumière. Nous devons avoir recours à une méthode plus puissante : nous devons varier les circonstances; nous devons noter les cas où la rosée manque ; car une des conditions nécessaires pour appliquer la *méthode de différence*, c'est de comparer des cas où le phénomène se rencontre avec d'autres où il ne se rencontre pas.

Or la rosée ne se dépose pas sur la surface des métaux polis, tandis qu'elle se dépose très-abondamment sur le verre. Voilà un cas où l'effet se produit et un autre où il ne se produit point... Mais, comme les différences qu'il y a entre le verre et les métaux polis sont nombreuses, la seule chose dont nous puissions encore être sûrs, c'est que la cause de la rosée se trouvera parmi les circonstances qui distinguent le verre des métaux polis... Cherchons donc à démêler cette circonstance, et pour cela employons la seule méthode possible, celle des *variations concomitantes*. Dans le cas des métaux polis et du verre poli, le contraste montre évidemment que la *substance* a une grande influence sur le phénomène. C'est pourquoi, faisons varier autant que possible la substance seule, en exposant à l'air des surfaces polies de différentes sortes. Cela fait, on voit tout de suite paraître une échelle d'intensité. Les substances polies qui conduisent le plus mal la chaleur sont celles qui s'imprègnent le plus de rosée ; celles qui conduisent le mieux la chaleur sont celles qui s'en humectent le moins : d'où l'on conclut que l'apparition de la rosée est liée au pouvoir que possède le corps de résister au passage de la chaleur.

Mais, si nous exposons à l'air des surfaces rudes au lieu de surfaces polies, nous trouvons quelquefois cette loi renversée. Ainsi le fer rude, particulièrement s'il est peint ou noirci, se mouille de rosée plus vite que le papier verni. L'*espèce de surface* a donc beaucoup d'influence. C'est pourquoi exposons la même substance en faisant varier le plus possible l'état de sa surface (ce qui est un nouvel emploi de la méthode des variations concomitantes), et une nouvelle échelle d'intensité se montrera. Les surfaces qui perdent leur chaleur le plus aisément par le rayonnement sont celles qui se mouillent le plus abondamment de rosée. On en conclut que l'apparition de la rosée est liée à la capacité de perdre la chaleur par le rayonnement.

A présent l'influence que nous venons de reconnaître à la *substance* et à la *surface* nous conduit à considérer celle de la *texture*, et là nous rencontrons une troisième échelle d'intensité, qui nous montre la substance d'une texture ferme et serrée, par exemple les pierres et les métaux, comme défavorables à l'apparition de la rosée, et au contraire les substances d'une texture lâche, par exemple le drap, le velours, la laine, le duvet, comme éminemment favorable à la production de la rosée. La texture lâche est donc une des circonstances qui la provoquent. Mais cette troisième cause se ramène à la première, qui est le pouvoir de résister au passage de la chaleur; car les substances de texture lâche sont précisément celles qui fournissent les meilleurs vêtements, en empêchant la chaleur de passer de la peau à l'air, ce qu'elles font en maintenant leur surface intérieure très-chaude pendant que leur surface extérieure est très-froide.

Ainsi, les cas très-variés dans lesquels beaucoup de rosée se déposent s'accordent en ceci, et, autant que nous pouvons l'observer, en ceci seulement, que les corps en question conduisent lentement la chaleur ou la rayonnent rapidement, — deux qualités qui ne s'accordent qu'en un seul point, qui est qu'en vertu de l'une ou de l'autre le corps tend à perdre sa chaleur par sa surface plus rapidement qu'elle ne peut lui être restituée par le dedans. Au contraire, les cas très-variés dans lesquels la rosée manque ou est très-peu abondante s'accordent en ceci, et, autant que nous pouvons l'observer, en ceci seulement, que les corps en question n'ont pas cette propriété. Nous pouvons maintenant répondre à la question primitive et savoir lequel des deux, du froid et de la rosée, est la cause de l'autre. Nous venons de trouver que la substance sur laquelle la rosée se dépose doit, par ses seules propriétés, devenir plus froide que l'air. Nous pouvons donc rendre compte de sa froideur, abstraction faite de la rosée, et, comme il y a une liaison entre les deux, c'est la rosée qui dépend de la froideur; en d'autres termes, la froideur est la cause de la rosée.

Maintenant, cette loi si amplement établie peut se confirmer de trois manières différentes, et premièrement, par déduction, et partant des lois connues que suit la vapeur aqueuse lorsqu'elle est diffuse dans l'air ou dant tout autre gaz. On sait par l'expérience directe que la quantité d'eau qui peut rester suspendue dans l'air à l'état de vapeur est limitée pour chaque degré de température, et que ce maximum devient moindre à mesure que la température diminue. Il suit de là déductivement que, s'il y a déjà autant de vapeur suspendue en l'air que peut en contenir sa température présente, tout abaissement de cette température portera une portion de la vapeur à se condenser et se changer en eau. Mais de plus, nous savons déductivement, d'après les lois de la chaleur, que le contact de l'air avec un corps plus froid que lui-même abaissera nécessairement la température de la couche d'air immédiatement appliquée à sa surface, et par conséquent la forcera d'abandonner une portion de son eau, laquelle, d'après les lois ordinaires de la gravitation ou cohésion, s'attachera à la surface du corps, ce qui constituera la rosée... Cette preuve déductive a l'avantage de rendre compte des exceptions, c'est-à-dire des cas où, le corps étant plus froid que l'air, il ne se dépose pourtant point de rosée; car elle montre qu'il en sera nécessairement ainsi, lorsque l'air sera si peu fourni de vapeur aqueuse, comparativement à sa température, que, même étant un peu refroidi par le contact d'un corps plus froid, il sera encore capable de tenir en suspension toute la vapeur qui s'y trouvait d'abord suspendue. Ainsi, dans un été très-sec il n'y a pas de rosée, ni, dans un hiver très-sec, de gelées blanches.

La seconde confirmation de la théorie se tire de l'expérience directe pratiquée selon la méthode de différence. Nous pouvons, en refroidissant la surface de n'importe quel corps, atteindre en tous les cas une température à laquelle la rosée commence à se déposer. Nous ne pouvons, à la vérité, faire cela que sur une petite échelle ; mais nous avons d'amples raisons pour conclure que la même opération, si elle était conduite dans le grand laboratoire de la nature, aboutirait au même effet.

Et finalement, nous sommes capables de vérifier le résultat, même sur cette grande échelle. Le cas est un de ces cas rares où la nature fait l'expérience pour nous, de la même manière que nous la ferions nous-mêmes, c'est-à-dire en introduisant dans l'état antérieur des choses une circonstance nouvelle, unique et parfaitement définie, et en manifestant l'effet si rapidement que le temps manquerait pour tout autre changement considérable dans les circonstances antérieures. On a observé que la rosée ne se dépose jamais abondamment dans des endroits fort abrités contre le ciel ouvert, et point du tout dans les nuits orageuses ; mais que, si les nuages s'écartent, fût-ce pour quelques minutes seulement, de façon à laisser une ouverture, la rosée commence à se déposer et va en augmentant. Ici, il est complétement prouvé que la présence ou l'absence d'une communication non interrompue avec le ciel cause la présence ou l'absence de la rosée. Mais puisqu'un ciel clair n'est que l'absence des nuages, et que les nuages, comme tous les corps entre lesquels et un objet donné il n'y a rien qu'un fluide élastique, ont cette propriété connue, qu'ils tendent à élever ou à maintenir la température de la surface de l'objet en rayonnant vers lui de la chaleur, nous voyons à l'instant que la retraite des nuages refroidira la surface. Ainsi, dans ce cas, la nature ayant produit un changement dans l'antécédent par des moyens connus et définis, le conséquent suit et doit suivre : expérience naturelle conforme aux règles de la méthode de différence.

Logique, I, 308 et suiv. (Traduit par M. Taine.)

TABLE DES MATIÈRES

Avis de la première édition.................................... 3
Avertissement de la cinquième édition........................ 4
Premier Discours où l'on fait voir le dessein de cette nouvelle *Logique*.. 5
Second Discours contenant la réponse aux principales objections qu'on a faites contre cette *Logique*........................ 17
La Logique ou l'art de penser................................. 27

PREMIÈRE PARTIE

CONTENANT LES RÉFLEXIONS SUR LES IDÉES, OU SUR LA PREMIÈRE ACTION DE L'ESPRIT, QUI S'APPELLE CONCEVOIR.

Chapitre premier. — Des idées selon leur nature et leur origine..... 30
Chapitre II. — Des idées, considérées selon leurs objets............ 40
Chapitre III. — Des dix catégories d'Aristote....................... 43
Chapitre IV. — Des idées des choses et des idées des signes........ 47
Chapitre V. — Des idées, considérées selon leur composition ou simplicité, et où il est parlé de la manière de connaître par abstraction ou précision.. 49
Chapitre VI. — Des idées, considérées selon leur généralité, particularité et singularité... 52
Chapitre VII. — Des cinq sortes d'idées universelles, genres, espèces, différences, propres, accidents................................... 55
Chapitre VIII. Des termes complexes et de leur universalité ou particularité.. 60
Chapitre IX. — De la clarté et distinction des idées, et de leur obscurité et confusion.. 64
Chapitre X. — Quelques exemples de ces idées confuses et obscures, tirés de la morale.. 74
Chapitre XI. — D'une autre cause qui met de la confusion dans nos pensées et dans nos discours, qui est que nous les attachons à des mots... 82
Chapitre XII. — Du remède à la confusion qui naît dans nos pensées et dans nos discours de la confusion des mots; où il est parlé de la nécessité et de l'utilité de définir les noms dont on se sert, et de la différence de la définition des choses d'avec la définition des noms... 86
Chapitre XIII. — Observations importantes touchant la définition des mots... 92
Chapitre XIV. D'une autre sorte de définition de noms, par lesquels on marque ce qu'ils signifient dans l'usage......................... 96
Chapitre XV. — Des idées que l'esprit ajoute à celles qui sont précisément signifiées par les mots.................................... 103

DEUXIÈME PARTIE

CONTENANT LES RÉFLEXIONS QUE LES HOMMES ONT FAITES SUR LEURS JUGEMENTS.

Chapitre premier. — Des mots par rapport aux propositions......... 107
Chapitre II. — Du verbe.. 112
Chapitre III. — Ce que c'est qu'une proposition, et des quatre sortes de propositions... 116
Chapitre IV. — De l'opposition entre les propositions qui ont même sujet et même attribut.. 121
Chapitre V. — Des propositions simples et composées. Qu'il y en a de simples qui paraissent composées et qui ne le sont pas, et qu'on peut appeler complexes. De celles qui sont complexes par le sujet ou par l'attribut... 123
Chapitre VI. — De la nature des propositions incidentes qui font partie des propositions complexes.................................... 126

TABLE DES MATIÈRES. 455

Chapitre VII. — De la fausseté qui peut se trouver dans les termes complexes et dans les propositions incidentes.................... 129
Chapitre VIII. — Des propositions complexes selon l'affirmation ou la négation, et d'une espèce de ces sortes de propositions que les philosophes appellent modales.. 132
Chapitre IX. — Des différentes sortes de propositions composées...... 134
Chapitre X. — Des propositions composées dans le sens............. 139
Chapitre XI. — Observations pour reconnaître dans quelques propositions exprimées d'une manière moins ordinaire, quel en est le sujet et quel en est l'attribut.. 145
Chapitre XII. — Des sujets confus équivalents à deux sujets.......... 147
Chapitre XIII. — Autres observations pour reconnaître si les propositions sont universelles ou particulières............................. 149
Chapitre XIV. — Des propositions où l'on donne aux signes le nom des choses... 155
Chapitre XV. — De deux sortes de propositions qui sont de grand usage dans les sciences, la division et la définition, et premièrement de la division... 159
Chapitre XVI. — De la définition qu'on appelle définition de choses... 163
Chapitre XVII. — De la conversion des propositions, où l'on explique plus à fond la nature de l'affirmation et de la négation dont cette conversion dépend, et premièrement de la nature de l'affirmation.... 167
Chapitre XVIII. — De la conversion des propositions affirmatives..... 169
Chapitre XIX. — De la nature des propositions négatives............. 171
Chapitre XX. — De la conversion des propositions négatives......... 172

TROISIÈME PARTIE.
DU RAISONNEMENT.

Chapitre premier. — De la nature du raisonnement et des diverses espèces qu'il peut y en avoir.................................... 175
Chapitre II. — Division des syllogismes en simples et en conjonctifs, et des simples en incomplexes et en complexes.................... 178
Chapitre III. — Règles générales des syllogismes simples incomplexes... 179
Chapitre IV. — Des figures et des modes des syllogismes en général, qu'il ne peut y avoir que quatre figures............................ 185
Chapitre V. — Règles, modes et fondements de la première figure.... 188
Chapitre VI. — Règles, modes et fondements de la deuxième figure... 191
Chapitre VII. — Règles, modes et fondements de la troisième figure. 193
Chapitre VIII. — Des modes de la quatrième figure.................. 196
Chapitre IX. — Des syllogismes complexes, et comment on peut les réduire aux syllogismes communs et en juger par les mêmes règles.. 198
Chapitre X. — Principe général par lequel, sans aucune réduction aux figures et aux modes, on peut juger de la bonté ou du défaut de tout syllogisme.. 203
Chapitre XI. — Application de ce principe général à plusieurs syllogismes qui paraissent embarrassés................................ 207
Chapitre XII. — Des syllogismes conjonctifs....................... 211
Chapitre XIII. — Des syllogismes dont la conclusion est conditionnelle... 215
Chapitre XIV. — Des enthymèmes et des sentences enthymématiques. 218
Chapitre XV. — Des syllogismes composés de plus de trois propositions.. 220
Chapitre XVI. — Des dilemmes.................................... 223
Chapitre XVII. — Des lieux ou de la méthode de trouver des arguments. Combien cette méthode est de peu d'usage.................. 226
Chapitre XVIII. — Division des lieux en lieux de grammaire, de logique et de métaphysique.. 231
Chapitre XIX. — Des diverses manières de mal raisonner, que l'on appelle sophismes.. 237
Chapitre XX. — Des mauvais raisonnements que l'on commet dans la vie civile et dans les discours ordinaires......................... 260

TABLE DES MATIÈRES.

QUATRIÈME PARTIE
DE LA MÉTHODE.

CHAPITRE PREMIER. — De la science; qu'il y en a. Que les choses que l'on connaît par l'esprit sont plus certaines que ce que l'on connaît par les sens. Qu'il y a des choses que l'esprit humain est incapable de savoir. Utilité qu'on peut tirer de cette ignorance nécessaire...... 296
CHAPITRE II. — De deux sortes de méthode, analyse et synthèse. Exemple de l'analyse... 308
CHAPITRE III. — De la méthode de composition, et particulièrement de celle qu'observent les géomètres.. 318
CHAPITRE IV. — Explication plus particulière de ces règles, et premièrement de celles qui regardent les définitions................................ 320
CHAPITRE V. — Que les géomètres semblent n'avoir pas toujours bien compris la différence qu'il y a entre la définition des mots et la définition des choses.. 326
CHAPITRE VI. — Des règles qui regardent les axiomes, c'est-à-dire les propositions claires et évidentes par elles-mêmes......................... 328
CHAPITRE VII. — Quelques axiomes importants et qui peuvent servir de principes à de grandes vérités.. 335
CHAPITRE VIII. Des règles qui regardent les démonstrations............ 337
CHAPITRE IX. — De quelques défauts qui se rencontrent d'ordinaire dans la méthode des géomètres.. 339
CHAPITRE X. — Réponse à ce que disent les géomètres à ce sujet..... 344
CHAPITRE XI. — La méthode des sciences réduite à huit règles principales.. 345
CHAPITRE XII. — De ce que nous connaissons par la foi, soit humaine, soit divine.. 347
CHAPITRE XIII. — Quelques règles pour bien conduire sa raison dans la croyance des événements qui dépendent de la foi humaine....... 351
CHAPITRE XIV. — Application de la règle précédente à la croyance des miracles... 356
CHAPITRE XV. — Autre remarque sur le sujet de la croyance des événements... 361
CHAPITRE XVI. — Du jugement que l'on doit faire des accidents futurs. 365

EXTRAITS ET ÉCLAIRCISSEMENTS
RELATIFS A LA LOGIQUE.

Extraits d'Aristote... 373
— de Bacon.. 379
— de Descartes... 389
— de Bossuet... 402
— de Malebranche... 408
— de Spinoza... 423
— de Leibnitz... 426
— de Condillac... 437
— de Diderot.. 439
— de Turgot... 441
— de Kant.. 443
— de Hamilton.. 445
— de Stuart Mill... 450

FIN DE LA TABLE.

www.ingramcontent.com/pod-product-compliance
Lightning Source LLC
Chambersburg PA
CBHW051619230426
43669CB00013B/2114